Giambattista Vico

La scienza nuova

introduzione e note di PAOLO ROSSI

Biblioteca Universale Rizzoli

ISBN 88-17-12110-X

prima edizione: gennaio 1977
terza edizione: novembre 1988

INTRODUZIONE

1. *Il rinnovamento della cultura italiana*

Nelle mirabili, umanissime pagine dell'*Autobiografia* composta dal Vico nel 1725, nella piena maturità, troviamo presente l'immagine di un solitario e sventurato pensatore, in contrasto perenne con l'ambiente della cultura napoletana e con le correnti dominanti del pensiero europeo, chiuso nel cerchio di una ingenerosa incomprensione della quale egli prende « generosa vendetta » ritirandosi nell'« alta inespugnabil rocca » del suo tavolo di lavoro, pronto a cogliere, con commovente candore, ogni parola di elogio e ogni manifestazione di benevolenza, oppresso dalle sventure e insieme orgogliosamente disdegnoso dell'altrui indifferenza. Quella *Vita*, che ha un altissimo valore stilistico e letterario, ha anche il valore di un insostituibile documento. A questo proposito una cosa va subito notata: in quelle pagine Vico non intende tanto fornire una serie di informazioni e di notizie sulle vicende esterne della sua biografia, quanto piuttosto mettere il lettore di fronte alla ricostruzione del processo logico e coerente del suo pensiero, processo che trova nella *Scienza nuova* la sua piena realizzazione e il suo compimento. Non a caso Vico, mentre traccia un quadro dei suoi studi già profondamente orientato verso le conclusioni poi raggiunte nell'opera maggiore, insiste molto sul carattere del tutto autonomo della sua formazione intellettuale, si compiace dell'appellativo di « autodidascalo », si sofferma a lungo sul suo « esilio » (più immaginario che reale) a Vatolla, accentua il suo isolamento dalla vita intellettuale della sua età. In realtà, come gli studi più recenti hanno chiarito, Vico tracciava in quelle pagine un ritratto in gran parte *mitico* della sua formazione culturale e proiettava all'indietro nel tempo, attribuendoli agli anni della giovinezza, giudizi ed esperienze propri dell'età matura. La sua polemica contro l'epicureismo, il cartesianesimo, l'atomismo, il meccanicismo non dovette essere, all'origine, così sicura e decisa com'egli amò più tardi raffigurarcela. Anche se nulla si può con sicurezza affermare circa una sostanziale adesione del giovane Vico a quel moto di idee che faceva capo agli *ateisti* napoletani, è certo che egli fu assai vicino, più vicino di quanto non risulti dalle pagine dell'*Autobiografia*, a quell'ambito di problemi e di discussioni nelle quali erano impegnati, a Napoli e nel resto d'Italia, i cosiddetti *novatori*.

Negli anni della formazione del pensiero vichiano la cultura italiana attraversava un periodo di profondo rinnovamento. Tra la fine del secolo XVII e i primi decenni del secolo XVIII penetrano in profondità, nel mondo intellettuale italiano, i risultati delle più moderne correnti di pensiero europee. Si fanno frequenti le discussioni sul metodo scientifico di Bacone e di Cartesio, sulla fisica e sulla fisiologia cartesiane, sull'atomismo di Gassendi; si accendono polemiche sul materialismo e sulle teorie politiche di Hobbes, sull'empirismo di Locke, sulla metafisica di Spinoza, sul razionalismo e sulla psicologia di Leibniz. Nell'ambito delle scienze della natura, mentre giunge a piena maturazione la grande scuola galileiana, si viene contrapponendo alla vecchia medicina « umorale » galenica la nuova fisiologia meccanicistica di ispirazione cartesiana. Un influsso decisivo esercitano, nel campo delle ricerche giuridiche e politiche, le dottrine di Grozio, di Selden e dei giusnaturalisti, mentre, in sede di estetica, vengono discusse le teorie razionalistiche dell'arte e della poesia, anch'esse legate all'atmosfera cartesiana. L'opera dei filologi e degli antiquari si fa imponente: nascono, in un clima di attiva partecipazione alla vita intellettuale del tempo, opere (ancor oggi fondamentali) di erudizione, storie generali della poesia e della letteratura, si moltiplicano gli studi di archeologia; con l'opera del Muratori la nostra storiografia si colloca ancora una volta sul piano europeo. Altrettanto vivaci, anche se limitate a circoli ristretti, le controversie che si vanno svolgendo sul piano religioso investendo i problemi della natura umana, della libertà e della grazia: temi questi che il giansenismo, in aspra polemica con il probabilismo gesuitico, aveva severamente riproposti alla coscienza moderna. Il rinnovamento investe naturalmente anche la letteratura e la poesia: contro il concettismo, il marinismo, il gongorismo, contro la « barbarie dell'ultimo secolo » si riaffermano le esigenze del « gusto », della chiarezza e della semplicità. Da un decoroso e raffinato neoclassicismo, che si richiama in particolare al Petrarca, trasse vita, fin dall'ultimo decennio del Seicento, l'attività dell'Arcadia. Anche gli strumenti di informazione e di diffusione del sapere si erano andati potenziando: sul modello del parigino « Journal des Sçavans » vedono la luce, tra la fine del Seicento e il primo Settecento, numerose pubblicazioni periodiche: dal « Giornale dei letterati » di Roma all'altro, dallo stesso titolo, fondato a Parma; dalla veneziana « Galleria di Minerva » al « Giornale dei letterati d'Italia » edito a Venezia da Apostolo Zeno. Uomini come Antonio Magliabechi attirano l'attenzione e la venerazione dei maggiori intellettuali europei, il padovano Antonio Conti intrattiene rapporti epistolari con Newton, con Leibniz, col Malebranche.

La cultura italiana di questo periodo non è però in alcun modo in un atteggiamento meramente recettivo o passivo di fronte alle grandi correnti del pensiero europeo. Mentre si tende ad abbandonare quella concezione meramente ornamentale o retorica della cultura che era stata caratteristica della mentalità della Controriforma, si provvede a chiarire e ad approfondire, anziché a rinnegare, i legami con la tradizione del Rinascimento. Le nuove esperienze europee vengono accettate o respinte, discusse o criticate, ma in ogni caso poste a raffronto con quella grande eredità. Così per esempio l'eredità del pensiero del Machiavelli, l'accettazione del suo vigoroso richiamo alla « realtà effettuale » valsero certo ad attenuare quel tanto di utopistico e di astrattamente intellettualistico presente nella tematica del giusnaturalismo; nei numerosi scritti attinenti all'estetica non mancarono d'altra parte ragionate critiche a quei tentativi di una totale razionalizzazione dell'esperienza estetica che si ispiravano al cartesianesimo. Sul terreno della filosofia e della metodologia delle scienze quest'opera di inserimento dei risultati più notevoli delle esperienze europee entro una tradizione per molti aspetti significativa risulta particolarmente evidente. I notevoli influssi esercitati sul pensiero italiano dalla filosofia di Cartesio e di Gassendi vanno a congiungersi strettamente con l'eredità viva ed operante dello sperimentalismo galileiano. Richiamandosi a Telesio e a Bruno, si sottolinea da più parti, d'altro canto, la sostanziale continuità fra la tradizione del naturalismo rinascimentale e il nuovo pensiero europeo. Cartesianesimo e gassendismo, accomunati dalla loro impostazione rigidamente meccanicistica, trovano validi alleati, nella loro lotta alla tradizione, nei seguaci di Galileo. A queste prese di posizione appare strettamente collegata la rinascita dell'epicureismo e dell'atomismo mentre, in modo molto significativo, il richiamo all'empio Lucrezio diviene il simbolo di queste nuove correnti di pensiero. Proprio ad un fervente galileiano, il Marchetti, si deve quella traduzione in versi italiani di Lucrezio che, realizzata fra il 1664 e il 1669, avrà risonanza vastissima e susciterà le ire dei censori ecclesiastici. A Napoli, nel '93, i fedeli venivano avvertiti della « necessità indispensabile di fuggire come mostri velenosi i libri infetti d'eresia e dell'infame ateismo e specialmente l'empio *Lucrezio traslato*, per arte del Demonio, in metro italiano, purtroppo applaudito e altri di simil fazione ». L'anno seguente vedevano la luce le *Lettere apologetiche in difesa della teologia scolastica* del gesuita De Benedictis, un vigoroso difensore della tradizione: il nome di Renato – scriveva – vola per la bocca degli uomini; « egli non ha solo seguaci nella sua Francia e nella nostra Italia, ma tutto quasi il Settentrione riceve per oracoli le sue dottrine ... Io fortemente dubbito se sia Renato quel fondatore di nova setta, qual egli a tutta voga d'ambizione si ingegna di comparire. Più presto voglio crederlo un puro Democritista e un marcio Epicureo. Questi nomi ad ogni cristiano orecchio sono di spavento ... ». Le accuse di eresia colpivano i tentativi di riprendere i temi dell'antico atomismo e la nuova fisica meccanicistica: da un lato si avvicinava il cartesianesimo a Epicuro e Democrito, dall'altro si accomunavano, nelle condanne e nei progetti di condanne, Cartesio e Gassendi e Galileo: a Roma si prospettavano « proibizioni generali di tutti gli autori di fisiche moderne, in capite Galileo, il Gassendo, il Cartesio, e come perniciosissime alla repubblica letteraria e alla sincerità della religione ». Sono accostamenti significativi che ritroviamo, fatti con ben altri intenti, nelle precise affermazioni di Francesco d'Andrea che rispecchiano opinioni diffuse: « la maniera di filosofare del Galileo è stata poi seguita da tutti gli altri filosofi e matematici del nostro secolo ... e basterà per tutti nominare i due famosi sistemi di Renato e di Gassendo ». La diagnosi dei reazionari coincideva con quella dei novatori: dietro le posizioni in realtà così varie di quei grandi esponenti della civiltà moderna erano presenti alcuni atteggiamenti comuni. La difesa del cartesianesimo e della nuova scienza, in Italia, traeva nuovo vigore proprio dall'insistente richiamo ai nomi di Telesio e di Galileo.

Questo richiamo alla tradizione ebbe tuttavia – è opportuno sottolinearlo – un peso decisivo. Lo stesso cartesianesimo si presenta, nella cultura italiana, con peculiari caratteristiche: fin dall'inizio si vennero sottolineando in esso quei motivi agostiniani che consentivano di inserirlo nei quadri di quel platonismo che restò, dal Quattrocento al primo Settecento, elemento fondamentale della tradizione italiana. Chi ha opposto, nella cultura italiana del tardo Seicento, il platonismo da un lato e il cartesianesimo dall'altro, non ha visto giusto ed è caduto in gravi equivoci che rendono, in ultima analisi, non chiaramente comprensibile la stessa polemica anticartesiana di Vico. Per il Doria, che pur fu acceso anticartesiano, «Renato deve servir d'introduzione alla filosofia platonica». «Un buon e vero cartesiano non dee biasimar Platone» scriveva lo Spinelli, mentre Valletta, uno dei difensori più intelligenti delle correnti moderne, presentava cartesiani e gassendisti come i legittimi, anzi i soli veri continuatori della tradizione pitagorico-platonica. In realtà, entro questa direzione di pensiero, era ancora una volta possibile, per i *moderni*, di richiamarsi al pensiero di Galilei e alla tradizione galileiana. Meccanicismo e platonismo non si erano certo opposti in Galileo, e nel Torricelli, nel Viviani, nel Rucellai, nel Nardi, nel Dati l'eredità dello sperimentalismo era andata sempre congiunta con una decisa accentuazione dei temi del platonismo.

In una lettera del 1685 un dotto francese, Michel Germain, scriveva: «Descartes a les plus beaux esprits de Naples pour sectateurs. Ils sont avides des ouvrages faits pour sa défense et pour éclaircir sa doctrine». Al fervido moto di idee di quegli anni Napoli dette un apporto singolare: a Napoli nacque la prima polemica italiana fra discepoli e avversari di Descartes; eruditi, scienziati, giuristi parteciparono all'opera di rinnovamento. Tommaso Cornelio, matematico, medico, astronomo, contribuisce alla diffusione del cartesianesimo; in Leonardo di Capua, medico e filosofo, una viva simpatia per l'atomismo democriteo si congiunge con l'accettazione del tema, baconiano e cartesiano, della superiorità dei moderni sugli antichi, mentre egli si fa sostenitore, contro il concettismo, di un ritorno al purismo trecentesco; Gregorio Caloprese insegna filosofia cartesiana e diffonde a Napoli il pensiero di Pascal, la logica dell'Arnauld, la tematica giansenista; Carlo Buragna, platonico, ma vicino agli interessi del Capua e del Cornelio, oppone al marinismo il culto del Petrarca e del Della Casa; Giuseppe Valletta e Costantino Grimaldi si ribellano validamente e coraggiosamente agli attacchi del gesuita De Benedictis; Francesco d'Andrea e Domenico Aulisio introducono a Napoli l'indirizzo erudito nella giurisprudenza; Paolo Mattia Doria, infine, avvia, in nome del platonismo, quella critica al cartesianesimo che, con ben altro vigore, verrà condotta avanti dal suo amico Giambattista Vico, e pubblica quella *Vita civile* che susciterà l'interesse del Montesquieu. Intorno all'Accademia degli Investiganti si riuniscono i « settatori della nuova filosofia »; nei vivaci salotti della città, spesso trasformatisi in accademie, si raccolgono uomini di lettere e poeti, eruditi e ricercatori di patrie memorie, anticurialisti e antibarocchisti, dilettanti di esperimenti fisici e musicofili, medici antigalenisti e filosofi. Molti studiosi si sono serviti, per qualificare questo ambiente culturale napoletano, del termine *eclettismo*. E senza dubbio, fermandosi alle apparenze, rilevando il richiamo a nomi così diversi, gli accostamenti di Telesio a Galileo, di Platone a Cartesio e a Gassendi, il mescolarsi e intrecciarsi di temi differenti, si può essere tentati – soprattutto se si guardi a quel mondo solo come ad una *preparazione* della filosofia vichiana – di adottare quel termine, che ha un chiaro sapore negativo, che implica, in ultima analisi, un giudizio di disvalore. Ma ove si guardi più a fondo, ci si potrà render conto che in quell'ambiente si affermavano, come dominanti, atteggiamenti scientistici e naturalistici, era operante una mentalità comune, antisistematica e antiautoritaria. Essa si manifestò sia nelle ricerche di metodologia delle scienze di un Valletta, sia nelle ricerche storico-giuridiche di un D'Andrea, giungendo ad investire anche coloro che, come il Doria, rappresentavano le correnti più legate alla tradizione. Gioverà, per rendersene conto, rileggere il preciso giudizio del Giannone: «La giurisprudenza e le altre scienze ... eransi negli altri regni d'Europa e spezialmente in Francia ristabilite già e ridotte nel più alto punto di perfezione fin dal principio di questo secolo XVII e nel suo decorso. Presso di noi però più tardi si perfezionarono e ricevettero maggior politezza e candore. La nostra giurisprudenza ... prese, come si disse, miglior forma, e non meno nelle cattedre che nel foro si cominciarono ad insegnar le leggi con nuovi metodi ... la filosofia che sino a questi tempi era stata fra noi ristretta ne' chiostri, e ridotta o ad alcune sottigliezze di logica e di metafisica, o ad alcuni discorsi vani ed inutili, prese un nuovo lustro dallo studio delle scienze naturali e da un'infinità di nuovi scoprimenti, e dal buon metodo posto in uso per trattarla ... Le matematiche e in spezie l'algebra furono spinte sino all'ultima astrazione col mezzo di metodi nuovi. Le accademie istituite fra noi ... contribuirono non poco ... alla perfezione delle scienze e all'avanzamento della letteratura». I caratteri della nuova cultura napoletana emergono con chiarezza da questa pagina: un allargamento di orizzonti e una presa di contatto con le grandi correnti di pensiero europee; una stretta connessione tra il progresso del sapere scientifico e quello delle discipline storico-giuridiche; un mondanizzarsi della filosofia che « esce dai chiostri » e affronta i problemi che nascono dalla nuova scienza. I richiami a Galileo e all'antico atomismo non erano senza significato: per il Capua, Galileo è in grado, da solo, « di oscurare e di sommergere affatto la gloria di tutta quanta l'antichità »; il Valletta contrappone alla tradizione il pensiero di Democrito che, « sbandeggiando le chimere degli altri filosofi, si volse ad esplicare gli effetti reali di natura », ed ha vivissimo il senso del profondo legame che intercorre fra la nuova filosofia e i progressi e le conquiste del sapere scientifico: « essendosi scoverte nuove stelle, nuovi pianeti et altri fenomeni, piante, circolazione di sangue, e tante altre cose, e quasi un nuovo mondo, par ch'egli era d'uopo di nuove filosofie per investigarle, non bastando le antiche ».

2. *Arcaicità del pensiero di Vico*

Molti dei salotti e delle accademie napoletane furono frequentati dal Vico, che avvicinò, pur con le interruzioni derivanti dai suoi soggiorni a Vatolla, anche non pochi degli esponenti della nuova cultura: dal Capua, al Valletta, al Doria. Di fronte al rinnovamento della cultura napoletana, come di fronte alle grandi correnti del pensiero moderno, Vico assume tuttavia, fin dal 1710, un atteggiamento di critica e di rifiuto. Egli avverte, spesso con grande penetrazione, i limiti e gli aspetti negativi della cultura settecentesca, ma la sua critica, anche là ove coglie nel segno, è sovente espressione di conservatorismo culturale, sembra nascere dallo smarrimento di chi, « assistendo alla fine di un mondo famigliare, non sa scoprire i segni del sorgere di un nuovo ». Davanti ad una tematica i cui motivi profondi gli restano sostanzialmente estranei, i suoi giudizi hanno spesso un tono retrivo: « per tutte le spezie delle scienze », scrive nel '26, « gl'ingegni d'Europa sono già esausti », e il « genio del secolo », del secolo dei lumi, gli pare « più vago di raccontare in somma ciò che altri seppero che profondarvisi per passar più oltre ». Oggi il mondo – afferma in un'altra lettera dello stesso anno – « fluttua e ondeggia tra le tempeste mosse a' costumi umani dal caso di Epicuro, o è inchiodato e fisso dalla necessità di Cartesio », si è abbandonato cioè alla « cieca fortuna » o si è lasciato trascinare dalla « sorda necessità »; la fama di Gassendi gli par legata a un sistema « che fa criterio del vero il senso, di cui a ciascuno piace il suo, e pone nel piacer del corpo, perché non vi è altro per Epicuro che vano e corpo, l'umana felicità »; Locke, d'altro canto, vien giudicato un filosofo che « si studia di stabilire la metafisica della moda » e « sullo stesso scandalo del Cartesio adorna la metafisica d'Epicuro »; perfino Bacone viene accusato, nel *De ratione*, di imperialismo culturale e rimproverato di aver obliato il carattere necessariamente imperfetto di ogni conoscenza e opera umana, mentre Grozio – l'altro « moderno » dei quattro autori – vien giudicato, nell'*Autobiografia*, « auttore eretico » che non conviene « ad uom cattolico di religione adornar di note » e, in una lettera del '24, un « sociniano » che pone « la naturale innocenza in una semplicità di natura umana »; l'ipotesi di Pufendorf « dell'uom gittato nel mondo senza cura o aiuto d'altrui » gli appare « scandalosa »; nel *De uno* Machiavelli vien ravvicinato ad Epicuro e accusato di scetticismo; contro il pensiero politico di Hobbes, di Spinoza, di Bayle e di Locke Vico intende riaffermare la provvidenza giacché questi autori, « con quelle stesse loro dottrine con le quali oppongono le massime civili cattoliche, si dimostrano andar essi a distruggere, quanto è per loro, tutta l'umana società ».

Quando avvicina cartesianesimo ed epicureismo (« Renato ... con la sua fisica macchinata sopra un disegno simile a quella di Epicuro ») e condanna la filosofia cartesiana dal punto di vista di una morale « comoda alla cristiana religione », e vede nei giusnaturalisti e in Hobbes, Locke e Spinoza i distruttori di ogni possibile convivenza civile; quando nega (nel *De ratione*) che le moderne scoperte tecniche siano legate alla nuova filosofia essendo esse invece un semplice prodotto del naturale ingegno; quando prende violentemente posizione contro il meccanicismo della scienza moderna e contro la critica libertina al concetto di senso comune, Vico è in realtà vicino – assai più vicino di quanto taluni non amino credere – alle tesi che molti dei reazionari del suo tempo (gesuiti in testa) avevano formulato e sostenuto in polemica con i novatori italiani ed europei. Basterà, per persuadersene, sfogliare i testi sempre edificanti, anche se non sempre appassionanti da un punto di vista filosofico, nei quali quella polemica prese corpo e si definì in termini precisi. Fra gli altri quelli del battagliero padre De Benedictis che dette l'avvio, a Napoli, alle polemiche fra cartesiani e anticartesiani: nelle sue *Lettere apologetiche* troviamo l'accostamento, del resto diffuso, tra la posizione di Cartesio e quelle di Democrito e di Epicuro, assertori del Caso e distruttori della Provvidenza; troviamo l'affermazione che la nuova fisica è costruita su quegli stessi princìpi – mole, figura, moto – che reggono quella epicureo-lucreziana; troviamo una critica al *cogito* che appare principio « estrinseco e comune » incapace di dar conto della realtà corporea, oltreché spirituale, dell'uomo; troviamo la distinzione fra gli « sperimentali », cui vengon fatte risalire tutte le conquiste della scienza moderna, e i « moderni filosofanti », che ad esse non hanno in alcun modo contribuito, intesi com'erano a distruggere, oltre che il vero sapere, anche la moralità e la società.

A conclusioni non dissimili condurrebbe un esame dei testi degli antigiusnaturalisti e degli avversari del pensiero politico moderno, ma il terreno sul quale è più facilmente individuabile il carattere «arcaico» che è proprio di certi aspetti della filosofia vichiana è senza dubbio quello, in verità non trascurabile, della problematica filosofica legata agli sviluppi della scienza moderna. Su questo aspetto del pensiero vichiano gli studiosi (fatta eccezione per il Corsano) non si sono molto soffermati, in base all'affermazione, più volte ripetuta, che Vico, tutto volto al mondo del diritto e della storia, non ebbe alcun interesse per le scienze della natura. Quest'affermazione, che è senza dubbio esatta ove venga riferita al periodo successivo al 1714-16, è invece decisamente falsa se applicata all'intero sviluppo del pensiero vichiano. Si consideri, per esempio, la critica al cartesianesimo svolta dal Vico nel *De nostri temporis studiorum ratione* del 1708. Com'è noto, in polemica con il razionalismo e il metodo deduttivo dei cartesiani, Vico muove qui a difesa della cultura barocca riaffermando il valore dell'eloquenza che sa muovere gli affetti, della retorica, della poesia, della fantasia, dell'ingegno come facoltà produttrice di metafore: di quelle discipline cioè e di quelle facoltà contro le quali cartesiani e giansenisti avevano preso posizione in nome di un culto per l'evidenza razionale che respingeva ogni contaminazione emotiva e di un ideale di austerità e sobrietà scientifica dello stile. Vico è interessato soprattutto a mostrare come l'esclusiva adesione a quel metodo finisca per bloccare ogni possibilità di sviluppo per le scienze morali (dalla storiografia al diritto, dalla politica alle arti del vivere in società) e a porre in luce, contemporaneamente, l'impossibilità di servirsi, in questi autonomi campi di ricerca, di quei metodi che sono invece fruttuosi nelle scienze della natura. Il suo interesse è tuttavia più vasto: egli si sofferma a tracciare un ampio quadro della situazione delle scienze, dei rapporti intercorrenti fra queste e gli sviluppi recenti della tecnica e a sottolineare i pericoli che, a suo avviso, derivano dall'applicazione del metodo « analitico » o cartesiano alla fisica, alla geometria, alla medicina. Di fronte alla grande controversia che opponeva gli uni agli altri empiristi e razionalisti, seguaci dello sperimentalismo baconiano e assertori del deduttivismo cartesiano, la posizione del Vico è precisa. La sua lotta contro il matematismo dei cartesiani lo induce a farsi sostenitore dell'indirizzo sperimentale e del metodo induttivo. Ciò che egli rifiuta, del razionalismo, è la pretesa di una corrispondenza reale tra la realtà obiettiva delle cose e la struttura formale delle scienze fisiche. La fede platonico-razionalistica in un mondo strutturato secondo rapporti matematici o « scritto in caratteri geometrici » gli appare empia e infeconda: « hanno trasportato nella fisica il metodo geometrico e, ad esso legati come ad un filo di Arianna, ... descrivono le cause mediante le quali questa mirabile macchina del mondo è stata costruita da Dio ottimo massimo, non come fisici che avanzano a tentoni, ma come architetti di una qualche opera immensa ... Questi dotti affermano che la fisica, da essi insegnata secondo il metodo geometrico, è la natura stessa e che, in qualunque modo tu ti volga a considerare l'universo, sempre ti troverai di fronte a questa fisica ». Ma chi autorizza costoro a credere che la loro *fisica* sia la *natura*, e a postulare una corrispondenza piena tra i fatti e le teorie? « Stiano attenti, stiano bene attenti a non trattare con troppa sicurezza la natura. »

Ai fisici « architetti del mondo », ad una fisica che pretende di aver decifrato le leggi stesse che hanno presieduto alla costruzione dell'universo, Vico contrappone dunque il tema, tipicamente empiristico e baconiano, dello scienziato che avanza faticosamente, « a tentoni », in quel complicato labirinto che è la natura. Vico aderisce tuttavia alla tematica dell'empirismo solo per usarla come strumento polemico contro il razionalismo cartesiano. L'atteggiamento che egli assume di fronte all'empirismo è significativo: la fede baconiana in una scienza capace di instaurare il dominio dell'uomo sul mondo gli appare altrettanto empia della pretesa razionalistica e cartesiana di aver decifrato le strutture della realtà: « coloro che molto posseggono desiderano solitamente cose ingenti e infinite; nel campo degli studi il Verulamio si comporta come, in politica, i sovrani dei maggiori imperi, i quali, avendo raggiunto la più alta potestà sul genere umano, hanno vanamente tentato di volgere le loro ingenti forze a far violenza alla natura ... In verità tutto ciò che all'uomo è dato di sapere è, come l'uomo stesso, finito e imperfetto ».

In nome della sua religiosità cattolica, Vico condannava dunque ogni atteggiamento empiamente « aggressivo » nei confronti della natura; in nome del suo anticartesianesimo aveva del pari rifiutato, come altrettanto empia, ogni forma di « platonismo » matematico. Questo suo duplice rifiuto lo colloca al di fuori degli orizzonti stessi della scienza moderna. « Lavoriamo dunque alla fisica, ma da filosofi, vale a dire moderiamo il nostro animo. In ciò saremo superiori agli antichi che coltivavano questi studi per contendere empiamente in felicità con gli dei; noi, al contrario, lo faremo per umiliare lo spirito umano. » Davanti ad una natura nella quale agiscono le leggi imperscrutabili del creatore e la cui architettura è destinata a restarci sconosciuta, la fisica, anziché strumento di dominio sul mondo, diviene solo un mezzo attraverso il quale l'uomo può prendere consapevolezza della sua finitezza e della sua invalicabile imperfezione.

Questi interessi per la fisica, in seguito abbandonati, non erano in realtà né secondari né marginali. Nel *De antiquissima italorum sapientia* del 1710 Vico espone ampiamente le sue dottrine dei *punti metafisici*, del *conato*, del carattere composto dei moti, della incomunicabilità dei moti, che costituivano la giustificazione, sul piano metafisico, di quella « fisica » che egli andò svolgendo nel *Liber physicus* e nel *De æquilibrio corporis animantis*. Entrambi questi scritti sono andati perduti, ma dalle numerose testimonianze vichiane possiamo avere un'idea abbastanza precisa del contenuto del secondo dei due testi ora ricordati. Al meccanicismo e al corpuscolarismo della scienza moderna Vico contrapponeva una cosmologia di origine gnostico-cabalistica nella quale si riaffacciano, in pieno Settecento, i motivi della tradizione ermetica e i temi vitalistici del *Timeo* platonico. A questo proposito è certo fuori luogo insistere, come pur si è fatto, sul concetto vichiano della « materia come energia » postulando discutibili rapporti con Leibniz e inesistenti relazioni con Kant: non a caso tra le fonti del Vico ritroviamo non tanto il Leibniz (dei cui testi Vico ebbe una conoscenza alquanto superficiale) quanto invece le macchinose e confusissime opere dell'inglese Robert Fludd pubblicate quasi un secolo prima, tra il 1617 e il 1621. In questi scritti confluivano le eredità di Paracelso e di Agrippa, il neoplatonismo e la cabala, l'ermetismo e la tematica dei rosacroce, il simbolismo mistico e l'allegorismo biblico. Essi rappresentavano nella cultura europea il residuo più pesante di una mentalità « magica » contro la quale già Galileo e Bacone avevano polemizzato, contro la quale, proprio in polemica con Fludd, presero effettivamente posizione Keplero e Cartesio, Gassendi e Mersenne.

Di fronte ad alcuni temi centrali della cultura del suo tempo, Vico appare dunque in una posizione singolarmente arretrata. Il tema dell'« arcaicità » del suo pensiero – che è venuto riemergendo con forza in questi anni di fronte ai tentativi di fare di Vico un tipico esponente dell'illuminismo o di fronte agli assertori del carattere tutto moderno e progressivo della sua filosofia – non costituisce certo una novità. Basta rileggere il giudizio di De Sanctis: « Era troppo innanzi pe' peripatetici, pe' gesuiti, per gli eruditi;

era troppo indietro per gli altri ... Nella medicina era con Galeno contro i moderni ... nel diritto biasimava gli eruditi moderni e se ne stava con gli antichi interpreti. Vantavano l'evidenza delle matematiche, ed egli se ne stava tra' misteri della metafisica ... Vico non comprende la Riforma e non i tempi nuovi, e vuol concordare la sua filosofia con la teologia ... Non comprese i tempi suoi, parendogli inizio di decadenza e di dissoluzione quella vasta agitazione religiosa e politica in cui era la crisi e la salute ... Non osò sottoporre alla sua critica il mito di Adamo e le tradizioni bibliche ... lasciando grandi ombre nelle sue pitture ». Pur sostenendo la tesi di un Vico precursore e anticipatore della filosofia tedesca dell'Ottocento, pur collegandolo a Hegel e presentandolo alla cultura italiana come una bandiera di rinnovamento, anche Benedetto Croce giungeva a rendersi conto della sostanziale validità di questo giudizio. Non è il caso di richiamare qui i giudizi di Cattaneo, o quelli di Gramsci, o le conclusioni alle quali è giunto di recente Isahia Berlin. Basterà ricordare che lo stesso Nicolini ebbe a parlare della presenza, in Vico, di « una tendenza umanistica, conservatrice e alquanto retriva ».

Del problema dell'arcaicità di Vico non è facile liberarsi. Perché non si tratta solo di temi attinenti ai suoi atteggiamenti verso il razionalismo e lo scetticismo, verso quella « ribellione al passato », come scriveva Croce, « che era necessario strumento di guerra contro re, nobili e preti », né del suo sdegnoso rifiuto di quei « ristretti o dizionari che dovevano mettere capo all'Enciclopedia ». In sede di ricerca storica e di erudizione antiquaria la situazione non è molto diversa. Vico fu in un atteggiamento di indifferenza di fronte a tutto il movimento di studi sulle antichità italiche (etrusche e pelasgiche) e paleocristiane che si andava svolgendo in Italia; di fronte anche ai problemi relativi al metodo della critica testuale e della ricerca delle fonti che si andavano dibattendo in Francia, in Olanda, in Inghilterra. Nel suo interesse per il Medioevo gli restò estraneo tutto ciò che apparve significativo e importante ai maggiori studiosi del suo tempo: il Bianchini, il Maffei, il Muratori. Non fu praticamente toccato dai metodi dei maggiori eruditi del suo secolo (Spanheim, Mabillon, Montfaucon) né condivise la fede e l'entusiasmo degli studiosi che stavano dando vita a un nuovo metodo storico e che andavano sostituendo alle speculazioni sulla storia universale le esplorazioni archeologiche, le ricerche sistematiche negli archivi e nelle biblioteche.

Arnaldo Momigliano, che ha posto in luce questi problemi, ha scritto: « C'è ben poco nella *Scienza nuova* che non potrebbe esser stato scritto con gli strumenti di cui l'erudizione europea era provvista prima del 1700 ... Vico fu isolato nel suo tempo in parte perché fu un pensatore più grande, ma in parte anche perché fu uno studioso peggiore dei suoi contemporanei ». Questo crudo ma esatto giudizio non può certo essere esteso al di là di limiti precisi, ma è opportuno ricordare che lo studioso che, in questo secolo, ha dedicato a Vico la sua intera esistenza ha notato, anche se un po' a malincuore, che in Vico « la conoscenza della letteratura degli innumerevoli argomenti si arresta agli ultimi anni del secolo XVII ». Nel 1729 Vico scrisse che da ben vent'anni aveva stabilito di non leggere più libri. La sua frase non ha un valore solo retorico. Vico è un pensatore *isolato* perché rifiuta la cultura del suo tempo e perché, a causa della sua totale ignoranza delle lingue straniere moderne, ha perso i contatti col più recente pensiero europeo, col lavoro svolto dai filosofi, dagli scienziati, dagli storici, dagli eruditi.

Vico è un pensatore per molti aspetti arretrato ed arcaico che tuttavia « da un angoletto morto della storia » andò affrontando una serie di problemi che erano stati caratteristici della situazione culturale della seconda metà del secolo a lui precedente. Affrontando alcuni di questi problemi egli giunse ad esprimere, con forza inconsueta, alcune idee di importanza fondamentale, destinate a intrecciarsi con altre idee elaborate dalla cultura illuministica e da quella romantica e ad acquistare una risonanza sempre più vasta. Alle pagine tormentate della *Scienza nuova*, che son piene di analisi precise e di errate citazioni, di lucide dottrine e di fantasiose etimologie, egli affidò la maggior parte di queste idee.

3. *La storia è fatta dagli uomini*

Nelle pagine del *De antiquissima italorum sapientia* (un breve testo pubblicato a Napoli nel 1710) Vico aveva formulato la sua dottrina del *verum-factum*. Il criterio della verità non è (come volevano i cartesiani) né nell'immediata evidenza, né nella chiarezza e distinzione delle idee, ma, invece, nella *conversione del vero col fatto*. In latino, aveva affermato Vico, le parole *verum* e *factum* hanno rapporto di reciprocità, sono termini sinonimi o equivalenti. Quest'uso linguistico è il residuo o la traccia di un'antica verità filosofica alla quale erano pervenuti gli antichissimi italici: *il criterio di verità di una cosa sta nel farla*. Di conseguenza la conoscenza piena della realtà, la *intelligentia*, spetta solo a Dio creatore o facitore dell'universo, che conosce il mondo proprio per averlo egli stesso costruito. Il sapere dell'uomo ha invece i caratteri della *cogitatio*, è una conoscenza finita, limitata e imperfetta. Il mondo appare all'uomo una realtà già costruita, un insieme di fatti; egli non conosce né può conoscere le regole che han presieduto alla costruzione e all'ordinamento di quei fatti: non può quindi penetrare oltre la superficie e l'esterna apparenza delle cose, deve limitarsi ad un'« anatomia » delle opere della natura. Ma nelle matematiche e nella geometria, là ove l'uomo costruisce artificialmente e convenzionalmente degli enti, e li impiega sulla base di regole – anch'esse artificialmente costruite e convenzionalmente ritenute valide –, è possibile una conoscenza certa, irrefutabile e rigorosa. L'uomo costruisce a se stesso un mondo di forme e di numeri, *intra se* può conoscere infinite verità. La matematica e la geometria non sono, come aveva inteso Galileo, rivelatrici del linguaggio divino presente nella natura, non dicono nulla sul mondo: sono un prodotto di quella singolare capacità che ha avuto l'uomo di trarre utili frutti dal limite costitutivo della sua mente.

Intorno al 1720, sulla base di un approfondimento di questa dottrina, Vico giunse a una scoperta d'importanza decisiva. Essa trasforma il suo atteggiamento nei confronti del sapere scientifico e del sapere storico, gli consente di superare le posizioni di semiscetticismo presenti nel *De antiquissima*. All'uomo, si è visto, era preclusa una scienza piena del mondo naturale e materiale; il suo sapere sembrava confinato al mondo della matematica e della geometria, condannato a muoversi fra enti fittizi e fra regole artificialmente e convenzionalmente stabilite. Vico estende ora il criterio del *verum-factum* alla realtà storica, lo allarga a comprendere quel mondo che è opera e costruzione dell'uomo. Un mondo contesto non di oggetti materiali ed esterni (come il mondo naturale), né di enti fittizi (come il mondo della matematica), ma di motivi, di propositi, di azioni, di terrori, di speranze, di linguaggi, di miti, di leggi, di istituzioni civili. Di fronte a questo mondo l'uomo non è uno spettatore passivo: può conoscere questo mondo dall'interno, dato che egli stesso che conosce è attore e protagonista in tale mondo. Dentro la natura della mente umana, nella « forza del nostro intendere » si possono rintracciare quei princìpi universali ed eterni, « quali devon essere d'ogni scienza », che consentono di parlare della storia come di una scienza, anzi di una *nuova* scienza.

Tutti i dubbi e le incertezze e le difficoltà relativi all'intendimento dei tempi remoti della storia umana « non ci possono in niun conto porre in dubbio questa unica verità, la quale dee esser la prima di sì fatta Scienza, poiché in cotal lunga e densa notte di tenebre quest'una sola luce barluma: che 'l mondo delle gentili nazioni egli è stato pur certamente fatto dagli uomini. In conseguenza della quale, per sì fatto immenso oceano di dubbiezze, appare questa sola picciola terra dove si possa fermare il piede: che i di lui principii si debbono ritruovare dentro la natura della nostra mente umana e nella forza del nostro intendere ».

4. *La storia come nuova scienza*

La storia potrà avere carattere scientifico ove rinunci a presentarsi come una semplice raccolta di fatti, come pura erudizione, e riesca ad essere « insieme storia e filosofia dell'umanità ». Si tratta di determinare la legge e l'ordine secondo i quali si susseguono nel tempo i fatti della storia, di configurare quella « storia ideale eterna, sopra la quale corra in tempo la storia di tutte le nazioni ». E solo attraverso di essa si potrà « ottenere in iscienza la storia universale con certe origini e perpetuità ». La storia come scienza dovrà essere insieme e contemporaneamente scienza del particolare, del dato, del certo e scienza dell'universale, del vero, dei princìpi assoluti del divenire storico: hanno « mancato per metà così i filosofi che non accertarono le loro ragioni con l'autorità dei filologi, come i filologi che non curarono d'avverare la loro autorità con la ragion de' filosofi ».

La filologia – che non è per Vico semplice studio del discorso, ma indagine sulle lingue, i costumi e le leggi, le guerre e le paci, le alleanze e i commerci – ha dunque il compito di confermare e rendere *certe* le verità della filosofia. Quest'ultima d'altro canto dovrà andar discoprendo, entro il « certo » delle cose umane, le leggi ideali, sostituendo al « fu, è e sarà » della descrizione empirica il « dovette, deve e dovrà » della conoscenza scientifica.

Lo stabilimento dei princìpi, le « pruove filosofiche », le « cose meditate in idea » sembrano dover precedere, in più punti del discorso vichiano, l'accertamento dei fatti, la dimostrazione cioè, fornita dalle « pruove filologiche », che i singoli eventi e le singole storie rientrano nelle norme costanti e nelle leggi dello sviluppo storico. Al termine della sezione *Degli elementi* del primo libro della seconda *Scienza nuova*, Vico chiarisce la funzione metodologica esercitata dalle celebri « degnità ». Un primo gruppo (1-4) dà i fondamenti in vista della confutazione delle precedenti teorie; un secondo gruppo (5-15) offre i « fondamenti del vero » e serve a meditare « questo mondo di nazioni nella sua idea eterna », secondo l'insegnamento di Aristotele che si dà scienza solo dell'universale e del necessario; infine un terzo gruppo (16-22) fornisce i « fondamenti del certo » secondo il metodo di Bacone « trasportato all'umane cose civili ».

Nel suo tentativo di fare della storia una scienza, pari e superiore in certezza alla conoscenza della natura, Vico si richiamava in realtà, contemporaneamente, alla grande tradizione dell'empirismo e a quella del razionalismo. Il richiamo a Bacone e al suo metodo non escludeva infatti il ricorso alle definizioni, agli assiomi, alle degnità. Né escludeva l'affermazione di un procedimento modellato su « uno stretto metodo geometrico con cui da vero passa ad immediato vero ». L'eredità cartesiana appare ancora operante: per comprendere la nuova scienza è necessario « aver fatto l'abito del ragionare geometricamente »; nel leggerla è necessario spogliarsi « d'ogni corpolenza e di tutto ciò che da quella alla nostra pura mente proviene » e, provvisoriamente, « addormentare la fantasia e sopir la memoria », perché la mente si riduca « in istato d'un puro intendimento informe d'ogni forma particolare ». Soprattutto sarà necessario « ridurci in uno stato di somma ignoranza di tutta l'umana e divina erudizione, come se per questa ricerca non vi fussero mai stati per noi né filosofi né filologi ».

Nei confronti della storia Vico assume un atteggiamento che non è, nella sostanza, molto dissimile da quello che il pensiero moderno aveva assunto nei confronti del mondo naturale, quando aveva posto in luce il valore di un'esperienza che non è semplice, passiva e indiscriminata registrazione di fatti e di una teoria capace di porsi come strumento di guida e di controllo dell'esperienza. Fra *esperienza* e *teoria*, fra l'*individuale* e il *tipico*, tra i *fatti* e le *idee* si pone per Vico, come sintesi attiva, quella scienza che è stata finora, in nome della fisica, trascurata dai dotti e alla quale spetta un compito immenso: giungere ad una comprensione razionale della totalità del processo temporale nel cui ambito si è andata realizzando la vita civile del genere umano.

Si tratta di un processo che ha caratteri di organicità e di coerenza, che si realizza attraverso una serie di fasi o di stadi, che ha una sua propria « logica » anche se l'uomo ha realizzato se stesso ed è *giunto alla ragione* per un lungo e difficile cammino, attraverso l'istinto e la violenza, la fantasia e la sapienza poetica: « come la metafisica ragionata insegna che *homo intelligendo fit omnia*, così questa metafisica fantasticata dimostra che *homo non intelligendo fit omnia* ». Conoscere la realtà si può solo geneticamente e storicamente; ma la possibilità di questa conoscenza, che vuol essere scientifica, è fondata sul principio della *ripetibilità* (e quindi generalizzabilità) dei processi della storia umana: « Natura di cose non è altro che nascimento di esse in certi tempi e con certe guise, le quali sempre che sono tali, indi tali e non altre nascon le cose ».

Non a caso, anche se da punti di vista assai differenti, i teorici positivisti della sociologia e gli assertori dello storicismo idealistico faranno appello alle pagine della *Scienza nuova*.

5. *La storia sacra, la storia profana, la provvidenza*

Ma il tema delle leggi, delle norme, della storia ideale eterna non si presenta nel pensiero di Vico come una riflessione di carattere metodologico. È invece strettamente intrecciato al suo discorso sulla provvidenza, alla posizione da lui assunta relativamente al problema della distinzione fra storia sacra e storia profana. Sono problemi centrali nella cultura del Seicento e del primo Settecento e Vico ha di fronte a sé avversari ben chiaramente individuati e individuabili.

La sua critica è rivolta, in primo luogo, contro quegli studiosi che, come il Witsius (*Aegyptiaca*, 1683), hanno pericolosamente mescolato la storia del popolo ebraico a quella dei popoli pagani, o che, come il Marsham e lo Spencer, hanno addirittura preteso che la sapienza ebraica derivasse da quella degli egiziani. Il testo del Vico non dà, su questo punto, luogo ad equivoci: la tavola cronologica « si propone tutta contraria » al *Canon chronicus* di John Marsham (1671) « ove vuol provare che gli egizi ... precedettero a tutte le nazioni del mondo, e che i di loro riti sagri ed ordinamenti civili ... si ricevettero dagli ebrei », e alla *Dissertatio* di John Spencer (1670) « ove oppina che gl'israeliti avesser apparato dagli egizi tutta la scienza delle divine cose ». Vico non rifiuta soltanto la tesi di una dipendenza della storia ebraica da quella profana. Respinge con decisione anche ogni tentativo di illustrare la storia sacra mediante la profana, e in questo senso prende posizione contro le opere di John Selden, di Daniel

Huet, di Samuel Bochart. Suo scopo dichiarato è l'affermazione recisa di due paralleli sviluppi della storia umana il primo dei quali, relativo al popolo ebraico, è documentato dalla Bibbia, il secondo dei quali, relativo alle nazioni gentili, è documentato dai poemi omerici e dalla legislazione delle dodici tavole.

Gli « ordinari aiuti dalla provvedenza » caratterizzano lo sviluppo storico delle nazioni gentili; gli ebrei, « filosofi per natura », ebbero « anco aiuti estraordinari dal vero Dio »: su queste affermazioni Vico fonda la distinzione fra storia sacra e storia profana. In polemica con molti esponenti della cultura del suo tempo, egli intende mantenerla ben salda, al di là di ogni difficoltà e a costo di non pochi compromessi. C'è un passo della prima *Scienza nuova* che dà la misura dell'intensità del problema. In esso Vico, pur con molte cautele e pur riaffermando le differenze tra la vera religione e le religioni dei gentili, asserisce che la poesia è stata « la lingua primitiva e comune di tutte le nazioni, anche dell'ebrea ». Per questa strada si poteva giungere assai vicino alle conclusioni di Spinoza e a quelle esposte nell'*Histoire critique du Vieux Testament* di Richard Simon, si poteva sostenere l'origine umana e non divina di ogni lingua, respingere ogni discorso sulla divina onomatesia, avvicinare i profeti biblici a Omero e considerarli come « caratteri poetici » del popolo ebraico. Si poteva giungere a sostenere, come farà Samuel Suckford nel 1728, che gli stessi metodi e procedimenti dell'indagine storica devono essere applicati ai miti dei greci e ai miracoli della Bibbia. Il libro di Suckford, che Vico non conobbe mai, aveva un titolo molto significativo: *The sacred and profane history of the world connected.* È precisamente questa la via che Vico non intende percorrere; non è certo un caso che di quell'affermazione non si trovi più traccia nelle successive edizioni della *Scienza nuova.*

L'affermazione vichiana della provvidenza va vista sullo

sfondo di queste discussioni e in relazione a questo contesto di problemi. Contro il caso di Epicuro, di Hobbes, di Machiavelli, contro il fato di Spinoza, contro l'empio Bayle che ritiene « che senza religioni possano reggere nazioni », Vico vuol riaffermare la presenza, nella storia in genere e nella storia dei popoli pagani in ispecie, di una divina provvidenza che « è l'architetta di questo mondo delle nazioni », la « regina delle faccende degli uomini ». Se è vero che gli uomini hanno « fatto » il mondo delle nazioni, è anche vero che questo mondo « è senza dubbio uscito da una mente diversa ed alle volte tutta contraria e sempre superiore » ai fini particolari che gli uomini si propongono. La riaffermazione che gli uomini hanno *fatto* il mondo delle nazioni non basta certo a trasformare il concetto vichiano di provvidenza in quello idealistico-hegeliano di una razionalità interamente risolta nel processo della storia. Anche qui il riferimento agli avversari che Vico ha di fronte appare essenziale. La « dimostrazione di fatto istorico » della provvidenza è presentata come l'argomento decisivo contro le posizioni di Grozio, di Selden, di Pufendorf che hanno ritenuto di poter fondare un sistema di diritto naturale prescindendo dalla provvidenza medesima. Vico intende respingere gli audaci paralleli e le pericolose confusioni fra storia sacra e storia profana, rifiutare le empie tesi di sapore epicureo e spinoziano sui testi sacri, dimostrare falsa l'ipotesi di Bayle che possa esistere una nazione di atei, confutare infine l'ipotesi groziana e hobbesiana di un uomo abbandonato interamente a sé, solo di fronte alla natura, « gittato in questo mondo senza niun aiuto e cura di Dio ».

6. *I bestioni e la barbarie*

Della possibilità di motivare questo rifiuto e di effettuare questa confutazione Vico si convinse nel momento stesso in cui accettò l'ipotesi di Hobbes e di Grozio secondo la quale alle radici della storia non sta – come avevano sostenuto i platonici del Rinascimento, e Bacone nel *De sapientia veterum*, e lo stesso Vico nel *De antiquissima* – la riposta sapienza e la sublime saggezza degli antichissimi filosofi, ma l'irrazionalità, l'istinto, la violenza, la ferocia, la stupefatta barbarie dei primitivi bestioni. Accentuando l'irrazionalità, la barbarie e l'istinto come elementi dominanti nella storia delle origini, Vico veniva a dare maggior forza all'esigenza di un senso e di una direzione presenti nel processo storico, di una teleologia in esso operante, di una provvidenza interna alla storia e tuttavia ad essa non riducibile, operante attraverso i gruppi e gli individui e tuttavia superiore alla consapevolezza dei gruppi e degli individui. Senza un Dio provvidente, aveva scritto nella prima *Scienza nuova*, « non sarebbe nel mondo altro stato che errore, bestialità, fierezza, marciume, sangue ».

Il discorso sulle « origini ferine » della civiltà era nato tuttavia da una ripresa di temi lucreziani, era collegato ai nomi di Bacone e di Hobbes, aveva tratto alimento dall'osservazione dei selvaggi americani capaci di vivere in società « senza alcuna cognizione di Dio », non si prestava facilmente ad essere inserito nel quadro tradizionale dello sviluppo della storia, fondato sul racconto della Bibbia. Si trattava per Vico di non compromettere il mito della creazione di Adamo, di non incrinare la distinzione fra storia sacra e storia profana. La tesi delle origini ferine subisce quindi due preliminari limitazioni: in primo luogo essa non concerne gli ebrei, che vissero nell'isolamento – « sconosciuti a tutte le nazioni gentili » –, che conservarono « le loro memorie ... fin dal principio del mondo », che non furono, come gli altri giganti, « di sformate forze e stature », ma, « fin dal principio del mondo, ... di giusta corporatura »; in secondo luogo quelle origini non coincidono – come volevano Lucrezio e Hobbes – con la comparsa dell'uomo sulla terra, ma sono successive al diluvio, dipendono dalla punizione inflitta da Dio agli empi costruttori della torre di Babele. I tempi antidiluviani venivano in tal modo esclusi dal quadro tracciato da Vico.

La barbarie e la ferocia dei primitivi non è pura bestialità: « tutti robustissimi sensi e vastissime fantasie », essi conservano sepolta dentro di sé una qualche scintilla della perfezione originaria; hanno « la sola facultà, e pur tutta stordita e stupida, di poter usare l'umana mente e ragione ». Il terrore dei tuoni e dei fulmini conduce al risvegliarsi di un'elementare vita religiosa, all'avvertimento del gran corpo del Cielo, alla personificazione delle forze della natura, alla nascita del mito di Giove di fronte al quale i giganti provano per la prima volta pudore dei loro bestiali accoppiamenti e cominciano « a strascinare per sé una donna dentro le lor grotte e tenerlavi dentro in perpetua compagnia di lor vita e sé usarono con esse la venere umana al coverto, nascostamente, cioè a dire con pudicizia ». Ed ecco la nascita dei matrimoni solenni e delle sepolture, delle monarchie ciclopiche e delle virtù dei padri; ecco le lotte fra giganti pii e giganti empi, il formarsi delle genealogie, il passaggio dalla famiglia dei figliuoli a quella dei famuli, e il contrasto tra i famuli e i padri, e la nascita delle città, e gli eroi che diventan senato e i famuli che diventano plebe. Ed ecco le varie fasi delle contese eroiche esemplificate sulla storia di Roma, e il raffinarsi e raddolcirsi della vita civile nell'età della ragione spiegata, e la filosofia e l'eloquenza di Atene e di Roma e il sorgere delle repubbliche democratiche.

Il passaggio dalla barbarie agli ordini civili, il lento costruirsi della civiltà, si svolge secondo un piano, ha un ritmo che corrisponde a quello medesimo della mente umana: alle tre fasi del senso, della fantasia, della ragione corrispondono i tre successivi momenti del divenire storico: l'età degli dei, l'età degli eroi, l'età degli uomini. Ciascuna di queste età si presenta come una totalità organica nella quale le varie manifestazioni delle civiltà e della vita sono l'un l'altra connesse da legami profondi: a certe istituzioni civili e politiche, a una certa vita sociale ed economica corrisponde un certo linguaggio, un certo tipo di mitologia e di fisica e di astronomia e di cronologia e di geografia.

7. *La fanciullezza del mondo: la sapienza poetica e il mito*

Gli uomini, secondo la notissima formula vichiana, « dapprima sentono senza avvertire, dippoi avvertono con animo perturbato e commosso, finalmente riflettono con mente pura ». Ma porre all'inizio della storia il senso e la bestialità, affermare che le origini dell'umanità « dovettero per natura essere picciole, rozze, oscurissime », voleva dire rinunciare in modo definitivo alla millenaria tradizione della « sapienza riposta », abbandonare ogni tentativo di interpretazione allegorica dei miti, avviarsi a localizzarli storicamente interpretandoli come l'espressione tipica e caratteristica di un primitivo *mondo magico*, diverso dal nostro mondo, retto da differenti categorie, dominato da differenti modi di vivere e di percepire la vita. I miti non appaiono più il frutto dell'invenzione dei poeti, o il prodotto dell'opera di astuti sacerdoti che mirano a nascondere al volgo la verità fasciandola di mistero. Non sono né arbitrarie invenzioni, né travestimenti di antiche verità filosofiche: in essi trova spontanea e naturale espressione la natura mitico-fantastica dell'umanità primitiva e in essi prende forma l'immaginazione collettiva dei primi popoli.

Per ricostruire quella metafisica « sentita ed immaginata » che fu caratteristica dell'aurora del genere umano è necessario però superare da un lato la « boria dei dotti » che considerano « ciò che essi sanno ... antico quanto che 'l mondo » e attribuiscono quindi ai primitivi la loro propria sapienza, e dall'altro la « boria delle nazioni », ciascuna delle quali vuole « aver prima di tutte le altre ritruovati i comodi della vita umana ». È necessario cioè emendare il nostro intelletto, modificare in profondità il nostro atteggiamento di fronte al passato, rifiutare un modo d'essere che è caratteristico della mente umana e che è alle radici di tutti gli errori che son stati commessi relativamente alla storia delle origini. Solo rifiutando la mentalità antistorica e deformante che proietta nel mondo primitivo le categorie della ragione, si potrà ricollocare i miti nel loro tempo, interpretarli come documenti di un'umanità diversa dalla nostra, evitare che quel mondo appaia, com'è finora apparso ai filosofi, tutto intessuto di assurdità, di contraddizioni, di incongruenze, di sconcezze morali. All'ardua ricostruzione della cultura e delle istituzioni dell'umanità primitiva è dedicato il secondo libro della seconda *Scienza nuova*. A differenza di quanto facciamo noi moderni, Vico identifica *mito* e *poesia* ed usa il termine « poetico » come sinonimo di « mitico » e di « primitivo ». In quella fanciullezza del mondo che Vico va ricostruendo, la *sapienza poetica* si esprime in forme diverse; metafisica, logica, politica, fisica, astronomia, geografia, cronologia furono tutte poetiche. Attraverso di esse trova espressione un mondo che non può essere interpretato in base alla logica della ragione.

Nell'età poetica dominano infatti quelle facoltà, come il senso, la fantasia, l'ingegno, la memoria, che « mettono le loro radici nel corpo e prendon vigore dal corpo ». E poiché i primi uomini, come fanciulli del genere umano, erano volti al concreto e al particolare e non erano in grado di elaborare concetti astratti e di costruire universali, si foggiarono dei « caratteri poetici » o « universali fantastici » che sono i modelli o « ritratti ideali » di una molteplicità di particolari fra loro somiglianti. Intorno a un'immagine concreta e corpulenta si costruisce un sapere. In quel mondo, che è ancora prelogico e prerazionale, l'immagine di un'entità singola sostituisce il concetto e adempie la funzione che verrà esercitata dal concetto in un secondo momento, quando, nell'età della ragione spiegata, la mente sarà pervenuta ad « astrarre le forme ». Proprio come accade nei fanciulli che apprendono e nominano « con l'idee e nomi degli uomini, femmine, cose che per la prima volta hanno conosciuto ... tutti gli uomini, femmine, cose ch'hanno con le prime alcuna somiglianza o rapporto ». Allo stesso modo gli antichi egiziani, che non erano filosofi e non « si intendevano di universali », simboleggiano nella figura di Ermete Trismegisto tutti i loro ritrovati utili o necessari al genere umano, e più tardi i greci riconducono ad Achille « tutti i fatti dei forti combattivi » e ad Ulisse « tutti i consigli de' saggi ».

I concetti, le astrazioni, la ragione non sono dunque un punto di partenza, ma il punto d'arrivo di un complicato processo. Fonti per la ricostruzione del mondo remoto al quale Vico si volge non saranno più – come voleva la storiografia tradizionale – le testimonianze degli storici, dei filosofi, dei letterati, ma gli stessi miti, le etimologie, i riti, le istituzioni sociali e religiose, la legislazione delle dodici tavole, i poemi omerici e i grandi frantumi dell'antichità: i monumenti, gli avanzi archeologici, le leggende, le monete, gli usi e costumi popolari. Tutto quel materiale cioè che è più tardi apparso pertinente all'archeologia, alla mitologia comparata, all'etnologia, all'antropologia culturale, alla sociologia, alla storia del folclore e delle tradizioni popolari.

I popoli, i gruppi, le classi, non gli individui, sono i protagonisti della storia narrata da Vico. Ricondotti alle loro lontane radici, i miti appaiono manifestazioni della vita collettiva, valgono a farci intendere quali fossero le istituzioni, i sentimenti e le passioni, i mutamenti politici e sociali. Sono « le prime storie delle nazioni gentili », le « vere e severe istorie de' costumi delle antichissime genti di Grecia ». Il mito di Minerva, nata dal cervello di Giove che Vulcano fendette con una scure, è il mito delle contese eroiche: Minerva è il principio degli ordini civili e Vulcano plebeo è la moltitudine dei famuli che ruppero il regno di Giove, ossia le monarchie teocratiche. La lotta di Ercole con Anteo è la lotta fra i nobili delle città eroiche e i famuli ammutinati. Nettuno è il principio dell'arte nautica che fa tremare le terre per il terrore dei corseggi. Le favole di Minosse, degli Argonauti, della guerra troiana, del ritorno di Ulisse, del Minotauro, di Perseo, di Teseo, sono i corseggi e i ladronecci eroici, la fondazione delle colonie.

8. *Il linguaggio*

I primi popoli della gentilità, « per una dimostrata necessità di natura, furon poeti, i quali parlarono per caratteri poetici ». Il discorso di Vico sul mito e sugli universali fantastici ci conduce alla sua meditazione sul linguaggio. Il quale nasce anch'esso sul piano della sapienza poetica e non ha quindi origini « a placito » o convenzionali, come vuole un'antica tradizione, né è spiegabile e interpretabile come il prodotto di un'operazione dell'intelletto. Il parlare muto « per cenni o corpi ch'avessero naturali rapporti all'idee ch'essi volevano significare » precede il parlare fonico; la rappresentazione pittorica e geroglifica precede la scrittura alfabetica che è prodotto di convenzione; la « locuzione poetica » dell'età eroica, che è fondata su immagini somiglianze comparazioni metafore, precede l'uso « letterale » delle parole e dei termini che è caratteristico della « lingua umana », la quale nasce, nell'età della ragione, « per voci convenute da' popoli ».

Così come la favola e il mito, la metafora non è dunque il prodotto di una consapevole elaborazione, non è un artificio, un accorgimento letterario o « un ingegnoso ritrovato degli scrittori »: è invece la forma naturale e spontanea mediante la quale si è espressa, in tempi remoti, una visione del mondo diversa dalla nostra. L'uso metaforico del linguaggio è caratteristico delle età primitive e precede l'uso letterale della lingua, così come la poesia precede la prosa.

Lo studio del linguaggio, come quello dei miti, è dunque uno strumento essenziale alla comprensione del passato. L'accertamento degli usi linguistici non è fine a se stesso, né mira ad una storia della lingua come realtà autonoma. Le etimologie, dice Vico, « narrano le storie delle cose ».

9. *I ricorsi*

La dottrina, anche troppo celebre, dei *ricorsi* occupa l'intero libro quinto della *Scienza nuova*. Per essa, le esperienze sociali, giuridiche e politiche dei primi secoli della storia greco-romana si ripetono nella civiltà medievale, interpretata come « nuova barbarie »: ritornano il diritto duro e le pene crudeli, i giudizi divini nelle purgazioni canoniche e nei duelli, i ladronecci eroici e le schiavitù eroiche nelle scorrerie piratesche e nelle lotte fra cristiani e musulmani; ritornano gli asili nelle piccole chiese costruite in luoghi diruti, le antiche clientele nelle feudalità, le smisurate fantasie nelle grandi immagini di Dio, di Cristo e della Vergine; ritornano, nella scomparsa del latino, il linguaggio muto e l'uso universale delle imprese, insegne e divise; ritorna infine Omero nella figura di Dante.

Nell'affermazione dei ricorsi trova piena espressione la

visione, insieme tragica e grandiosa, che Vico ha della storia. Perché in essa egli insiste non tanto sul motivo – che pure è presente e che è legato al naturalismo del Rinascimento – del « ritorno » e della « ripetizione » delle cose del mondo, del loro « riscontro, in ogni tempo, con gli antichi tempi » (secondo l'espressione del Machiavelli), quanto piuttosto sul tema del corrompersi della ragione, di una nuova barbarie che si riapre al termine del « corso » della civiltà, alla fine di un faticoso cammino, e che non ha più le caratteristiche di spontaneità e di immediatezza della generosa barbarie dell'età del senso e della fantasia, ma si presenta invece come un regresso, un dissolversi della vita civile, come il segno di una rinnovata solitudine dell'uomo.

All'interno del mondo della ragione spiegata operano dunque i germi di una dissoluzione. Ma non si tratta di « primitivismo », né, come pure si è detto, di precorrimenti delle posizioni freudiane. Fedele alla sua visione cristiana della storia, Vico vede anche in questo processo di decadenza una ragione di speranza. In una pagina fra le più significative della sua opera (qui pagg. 704-5) egli colloca la nuova barbarie sotto il segno della provvidenza e avverte in essa l'inizio di un nuovo ciclo di incivilimento.

10. *Le dispute su Vico e la situazione degli studi*

Persistendo a lungo l'immagine, già formulata da Vincenzo Cuoco, di un Vico solitario, in perenne contrasto col suo tempo, molte delle più belle pagine scritte su Vico – da quelle di Michelet, di Cattaneo e di Croce, sino a quelle, recentissime, di Sir Isahia Berlin – hanno il tono della riabilitazione o della scoperta o riscoperta di un pensiero rimasto a lungo sconosciuto per avversa fortuna o per l'incomprensione dei contemporanei e dei posteri. Anche se il numero e l'importanza delle ricerche su Vico sembrano aver reso inutile ogni rivendicazione del valore europeo del pensiero vichiano – che è ormai un dato pacificamente riconosciuto – la forza e la validità di alcune idee di Vico vanno sottolineate e messe nella giusta luce. L'affermazione del carattere artificiale e convenzionale della matematica; la distinzione della conoscenza storica dalla conoscenza scientifica e l'affermazione che la prima, a differenza della seconda, è fondata sulla comprensione degli eventi in un contesto da parte di uno spettatore non passivo rispetto agli eventi; l'affermazione che il passato non è quindi costituito da fatti simili o paragonabili ai fatti « estranei » della natura, ma da fatti che sono prodotto e opera dell'uomo e che perciò l'uomo può ricostruire « dall'interno »; la convinzione che ciascuna epoca storica abbia proprie e inconfondibili caratteristiche risultando da una serie di fattori tra di loro organicamente connessi e presentandosi quindi come qualcosa di unitario; l'insistenza sull'importanza dei fattori economici nello sviluppo degli aggregati sociali e degli organismi politici; l'affermazione del carattere scientifico della storiografia e della necessaria sintesi di filologia e di filosofia; il rispetto per il momento fantastico della vita umana e la descrizione delle condizioni del vivere umano nelle età primitive; la difesa appassionata del mondo della fantasia, della poesia, del mito, come di un mondo che ha dimensioni e caratteristiche sue proprie e che non può essere immediatamente adattato ai metodi della ragione; il richiamo al mondo favoloso del fanciullo che non va negato o compresso in nome di una ragione tutta spiegata; l'affermazione delle lontane radici, spesso inconsapevoli, di molte delle azioni e degli usi e delle istituzioni umane; la tesi che la ragione (e la civiltà che su di essa si fonda) sia una conquista che si presenta al termine di un lungo e difficile cammino e che reca dentro di sé i germi di una sconfitta e di un dissolvimento; la storicizzazione del mondo delle favole e dei miti e delle tradizioni popolari e il tentativo di riportarlo a un'epoca storica remota interpretandolo come una coerente espressione di quell'età scomparsa; la teoria anticonvenzionalistica relativa al linguaggio; l'insistenza su una necessaria pluralità di metodi nei vari campi del sapere: per tutte queste idee e intuizioni e dottrine – oltre che per una serie di particolari « discoverte » sulla storia romana e sulla storia del diritto romano, sul diritto feudale, sul senso della civiltà medievale, sulla poesia di Omero e di Dante – Vico appartiene senza alcun dubbio alla storia – e alla grande storia – del pensiero europeo.

E tuttavia tutti i maggiori e più acuti interpreti di Vico si sono resi conto, con maggiore o minor chiarezza, del carattere equivoco e incerto, a volte contraddittorio, di non poche delle soluzioni vichiane, dell'incertezza di molti atteggiamenti, del fatto che molte pagine di Vico offrono la possibilità di una duplice, talora contrastante, interpretazione. Se ne rendeva conto lo stesso Croce, che non era certo favorevole alle posizioni di neutralità filosofica o ideologica, quando notava, a proposito delle contrapposte interpretazioni dei cattolici moderati e dei radicali del Risorgimento, che entrambe risultavano giustificate dalla posizione stessa di Vico. Il complesso atteggiamento vichiano nei confronti del fatto religioso – che è ora concepito, con audacia tutta illuministica, come un'espressione della mentalità primitiva e ora invece cautamente inteso sulla base di una distinzione tra religioni favolose e religione vera – è sovente alla radice di queste oscillazioni della critica. Esse si sono spesso risolte in un tentativo, che in Italia si è più volte ripetuto, di servirsi della filosofia di Vico come di una bandiera per battaglie antilluministiche o antipositivistiche o antidealistiche, come di una base culturale in vista di precise operazioni ideologiche.

Si tratta in realtà, è appena il caso di dirlo, di un destino al quale non può sottrarsi nessun pensatore di rilievo, e tuttavia, nel caso di Vico, la violenza delle contrapposizioni di tipo ideologico ha avuto in Italia risonanze particolarmente ampie e toni polemici singolarmente aspri. Alle dure critiche del Finetti e del Rogadeo contro il Vico sostenitore della « ferinità » (sulle quali il Croce e il Nicolini hanno tanto insistito) fa riscontro l'utilizzazione, da parte di Appiano Buonafede, della polemica vichiana contro il caso degli epicurei, l'affermazione che la *Scienza nuova* insegna che « tutte le divine e umane cognizioni, scaturite da Dio, ritornano a Dio per circolo »; alle pagine di Tommaseo e di Rosmini, che vedono in Vico l'avversario in anticipo delle perniciose dottrine di Rousseau, di Bentham, di Kant e il campione della battaglia antisensistica, si contrappongono quelle di Ferrari, di Cattaneo, di De Sanctis, di Spaventa; all'esaltazione crociana e gentiliana di un Vico « secolo decimonono in germe », anticipatore e precursore della filosofia dello spirito, si è contrapposto il tentativo dell'Amerio di fare di Vico il rappresentante tipico della filosofia italiana e cristiana, il critico in anticipo dell'illuminismo, dell'immanentismo, del materialismo storico.

Le dispute di tipo risorgimentale dalle quali la storiografia italiana su Vico è stata a lungo ed è in parte tuttora condizionata sembrano aver definitivamente esaurito il loro compito, anche se è fin troppo facile, oggi, rendersi conto delle ragioni, che furono spesso buone ragioni, di quelle violente contrapposizioni e di quelle polemiche. Lo ha visto molto bene uno studioso del pensiero illuministico come Frank Manuel che, rifiutando di muoversi sul terreno di una disputa tra i difensori del Vico « devoto » e del Vico « laico », ha cercato di risolvere questi problemi riconoscendo nel pensiero vichiano una persistente tensione fra la giovanile adesione a Lucrezio e il cristianesimo della maturità. Si tratta di un'ipotesi che è stata avanzata anche in Italia e che è stata in seguito rifiutata o attenuata. Non è detto che non possa essere ripresa, anche se in modi differenti. Comunque stiano le cose, è certo che la tradizionale disputa sul cattolicesimo di Vico sembra aver perso molto del suo interesse. Essa sembra destinata a risolversi, e di fatto si sta risolvendo, da un lato in un'analisi delle « ambiguità » del pensiero vichiano, dall'altro in uno studio sempre più approfondito dei rapporti tra Vico e la cultura napoletana ed europea.

Kantiano prima di Kant, secolo decimonono in germe, simbolo della prima delle quattro età dello storicismo, pensatore la cui anima era destinata a trasmigrare in Hegel che ne è la più consapevole reincarnazione. E ancora: tipico rappresentante della sana tradizione italiana del pensiero cattolico, fermo oppositore degli errori del mondo moderno, precursore del marxismo, della psicanalisi, dell'antropologia contemporanea, efficace antidoto al marxismo e al positivismo, pensatore recuperato al platonismo agostiniano. Formule di questo tipo (che sono state tutte impiegate a proposito di Vico) sono spesso nate dall'aver imboccato la via – apparentemente eccitante ma che offre scarse illuminazioni – della « ricerca della paternità ». Un risultato queste formule hanno avuto: quello di accentuare l'isolamento di Vico, di schiacciare tutti i suoi interlocutori in uno scolorito passato senza senso e senza problemi, di distogliere l'attenzione da una lettura dei filosofi, degli scienziati, degli eruditi ai quali Vico ebbe a riferirsi e nei confronti dei quali prese variamente posizione. Che senso può avere studiare le fonti di un pensatore che venga qualificato « un miracolo di genialità solitaria »?

La situazione appare oggi profondamente mutata. Dopo gli studi di De Giovanni e di Mastellone, soprattutto dopo il libro così denso di Nicola Badaloni, non ha più molto senso cercare di sfuggire ai problemi continuando a discorrere del « precursore solitario » o delle « innovazioni divinatrici ». Ciò vale naturalmente anche per chi (e fra questi è chi scrive) sia persuaso della realtà di quella solitudine e della presenza di molte innovazioni. Molto lavoro resta tuttavia ancora da fare. Non solo relativamente alla fortuna, in Italia, di Bacone, di Cartesio, di Hobbes, di Bayle. Al recente fervore di ricerche sulla cultura dell'Italia meridionale non ha sempre corrisposto una sufficiente attenzione per i testi della cultura europea. Gli studi sulla tematica degli Investiganti o sul pensiero di Leonardo di Capua non debbono far dimenticare che tra gli autori che Vico ricorda più spesso, coi quali concorda, polemizza, o dissente, sono anche dotti e filosofi di fama europea. I suoi interlocutori diretti sono anche Bayle e Hobbes, Marsham e Spencer, Huet e Grozio, Lapeyrère e Von Heurn, Selden e Petau, Bochart e Gerhard Voss, Bacone e Pufendorf, Cartesio e Malebranche e Spinoza. I problemi che si pose Vico vanno visti e giudicati nel contesto di una serie di discussioni – relative al linguaggio, alla scrittura, alla cronologia, alla storia dei popoli antichi, ai rapporti fra storia sacra e storia profana – che avevano avuto e continuavano ad avere, in tutta Europa, risonanza vastissima.

PAOLO ROSSI

CRONOLOGIA DELLA VITA E DELLE OPERE

1668 Nasce a Napoli il 23 giugno da Antonio, un poverissimo libraio napoletano, e da Candida Masulla, napoletana anch'essa, figlia di un lavorante di carrozze.

1669-88 Una tremenda caduta (1675?) gli cagiona la frattura del cranio, « talché il cerusico ne fe' tal presagio: che egli o ne morrebbe o arebbe sopravvivuto stolido ». Gliene deriverà « una natura malinconica ed acre ». Dopo tre anni di cure ritorna (1678?) alla scuola già prima frequentata. Condotto da un altro maestro, viene poi iscritto (1680?) alla seconda fra le tre classi di grammatica della scuola dei gesuiti a Gesù Vecchio. Abbandona sdegnosamente la scuola intorno al 1681 e si dedica, in casa, a studi di grammatica e di logica. Dopo aver disertato gli studi per un anno e mezzo, scoraggiato dalla sua incapacità di comprensione dei testi di logica scolastica, frequenta la scuola di filosofia del gesuita Giuseppe Ricci. Presto la abbandona e si dedica, per suo conto, alla *Metafisica* del Suarez. Per volere del padre passa agli studi giuridici. Frequenta per qualche mese (estate 1685) lo studio del canonico Francesco Verde. Assistito dall'avvocato Fabrizio Del Vecchio, presso il quale faceva pratica forense, vince una causa in difesa del padre (1686). Si iscrive all'Università (resterà iscritto dal 1688-89 al 1691-92), ma non la frequenta e studia da sé istituzioni di diritto civile e canonico. Scrive poesie di stile secentesco.

1689-95 Questo periodo è stato chiamato degli « studi di autoperfezionamento ». Dal 1686 (secondo il racconto vichiano), in realtà dal 1689-90 all'autunno del 1695 soggiorna per alcuni periodi dell'anno a Vatolla, dove esercita le funzioni di precettore dei figli di Domenico Rocca marchese di Vatolla. Studia il problema della grazia e legge le opere di Sant'Agostino. Si entusiasma per la metafisica platonica e legge Ficino, Pico, Patrizi e altri testi del platonismo italiano. Continua probabilmente, nonostante le dichiarazioni di avversione per l'aristotelismo e la scolastica, nelle sue letture scotistiche. Legge, probabilmente in questi anni, le opere del Botero e del Bodin. Ammira Tacito. Avvia, e presto abbandona, studi di geometria. Pubblica (1693) la canzone, di ispirazione lucreziana, *Affetti di un disperato.* Scrive una serie di lavori d'occasione.

1695-99 A ventisette anni (autunno 1695) abbandona il tranquillo asilo della casa Rocca, dov'era entrato già minato dalla tisi, per far ritorno a Napoli, nella misera abitazione del padre. È costretto dalla difficile situazione economica a dare ripetizioni di retorica e grammatica. Nel marzo 1696 pubblica un discorso proemiale ad una miscellanea poetica composta per la partenza da Napoli del viceré spagnolo conte di Santostefano. Pubblica un'orazione funebre in morte di Caterina d'Aragona, madre del nuovo viceré (1697). Chiede invano il posto di segretario presso il Municipio di Napoli (dicembre 1697). Vince, con esigua maggioranza, il concorso per la cattedra di eloquenza presso l'Università di Napoli (gennaio 1699). È aggregato all'Accademia Palatina fondata dal viceré Medinaceli (1699). Sempre nel '99, apre uno studio privato di retorica e in dicembre sposa Teresa Caterina Destito (dalla quale avrà otto figli). Non ritroverà più, per il resto della sua vita, la pace e il raccoglimento necessari agli studi. Continuerà a lavorare con eroica tenacia, in mezzo a molte amarezze e umiliazioni, seguitando a scrivere e meditare «tra lo strepito de' suoi figlioli». A questo periodo risale la sua amicizia con Paolo Mattia Doria e il suo incontro con la filosofia di Bacone.

1699-1709 Frutto del suo insegnamento universitario sono le sei *Orazioni inaugurali* pronunciate in latino all'apertura dell'anno accademico (il 18 ottobre) fra il 1699 e il 1706. Nel 1708 o 1709 rielabora questi scritti e progetta di raccogliere in un unico volume, intitolato *De studiorum finibus naturae humanae convenientibus*, le sei orazioni ora ricordate, insieme col *De nostri temporis studiorum ratione*, che si aggiunge, come settima, alle sei precedenti. Quest'ultima prolusione, recitata il 18 ottobre 1708, viene pubblicata con aggiunte l'anno successivo. Nel *De ratione* Vico polemizza con il razionalismo e il metodo deduttivo dei cartesiani, e rivendica il valore dell'eloquenza, della retorica, della fantasia e dell'«ingegno» come facoltà produttrice di metafore. Nel 1703, per commissione del governo napoletano, aveva scritto la *Principum neapolitanorum coniuratio*. In una cena a casa del Doria espone le sue idee sulla filosofia della natura e nel novembre o dicembre dello stesso anno (1709) inizia la stesura del *Liber physicus*, ora perduto.

1710-16 È aggregato all'Accademia dell'Arcadia. Nel novembre dello stesso anno (1710) pubblica il *De antiquissima italorum sapientia ex linguae latinae originibus eruenda*. Seguiva il sottotitolo *Liber primus sive metaphysicus*. L'opera, dedicata a Paolo Mattia Doria, presenta la dottrina del *verum-factum*, quella dei «punti metafisici» e una psicologia fondata sulle tre potenze dell'anima non come il frutto della personale meditazione di Vico, ma come la riscoperta di antichissime verità elaborate in Italia prima dell'ingresso della cultura greca. Accanto al *Liber metaphysicus*, l'opera vichiana avrebbe dovuto comprendere anche un *Liber physicus* e un *Liber moralis.* Quest'ultimo non fu mai scritto. Dall'abbozzo del *Liber physicus* trae, nel 1713, un trattatello sulle febbri: il *De æquilibrio corporis animantis.* Anche quest'operetta è andata smarrita. Nel « Giornale de' letterati d'Italia » del 1711 l'opera viene ampiamente discussa da un anonimo recensore. Nel settembre del 1711 pubblica una sua *Risposta* nella quale fornisce, fra l'altro, un riassunto o « ristretto » della sua metafisica. Di fronte alle nuove obiezioni del recensore pubblica (agosto 1712) una *Seconda risposta.* Nel 1713 inizia la stesura della *Vita* del maresciallo Antonio Carafa (*De rebus gestis Antonii Caraphaei*), che lo terrà occupato per due anni. L'opera vedrà la luce nel marzo del 1716. Durante il lavoro di preparazione di questo scritto rilegge Grozio, che diventa (accanto a Platone, a Tacito, a Bacone) il suo quarto « auttore ». Nel 1716 inizia un commento (ora smarrito) al *De iure belli ac pacis* del Grozio.

1717-22 Recita una prolusione all'Università di Napoli (18 ottobre 1719), della quale restano il titolo nell'*Autobiografia* e pochi frammenti. L'incontro con Grozio ha avuto un'importanza decisiva. Il suo interesse si volge ora decisamente e interamente ai problemi del diritto e della storia. Abbandona la tesi di una « sapienza riposta » presente alle origini della storia. L'idea di un'umanità ferina e primitiva dominata dal senso e dalla fantasia, nel cui ambito vanno producendosi per forza propria gli « ordini civili », diviene il tema centrale del suo pensiero. Nel 1720 inizia la pubblicazione del *Diritto universale*, un'opera che può essere considerata un primo abbozzo della futura *Scienza nuova.* Oltre che un breve manifesto dell'opera, la *Sinopsi del diritto universale* (giugno 1720), pubblica un primo libro *De uno universi iuris principio et fine uno* (luglio 1720) e un secondo libro *De constantia iurisprudentis* (agosto-settembre 1721) diviso in due parti:

De constantia philosophiae e *De constantia philologiae*. Nell'agosto del 1722 pubblica una lunga serie di *Notæ* di notevole importanza.

1723-25 Il 24 marzo 1723 si iscrive al concorso per la cattedra « matutina » di diritto civile all'Università di Napoli. Il 24 aprile dello stesso anno parla di fronte ai giudici su un passo delle *Quæstiones* di Papiniano, ma la cattedra viene assegnata a tale Domenico Gentile. La sconfitta nel concorso fu un colpo durissimo; per essa Vico « disperò per l'avvenire aver mai più degno luogo nella sua patria ». Ma « da questo colpo di avversa fortuna ... egli non si sottrasse punto di lavorare altre opere ». Fra il 1723 e il 1725 stende la cosiddetta *Scienza nuova in forma negativa*, ora perduta. Nell'impossibilità di stamparla, è costretto a ridurre la mole dell'opera (agosto-settembre 1725). Vede così la luce a Napoli, pubblicata a spese dell'autore (ottobre 1725), la cosiddetta *Scienza nuova prima* (*Principii di una scienza nuova d'intorno alla natura delle nazioni*). Scrive la prima parte dell'*Autobiografia* (1725). Nel dicembre dello stesso anno scrive la lettera a Gherardo degli Angioli.

1726-31 Scrive tre importanti lettere all'abate Esperti, a Francesco Saverio Esteban e al padre Edoardo de Vitry (1726). Compone l'orazione funebre in morte di donna Angela Cimmino (1727). Nel 1728 inizia la stesura delle *Annotazioni alla Scienza nuova prima* (ora perdute). Nel novembre del 1729 pubblica le *Vindiciae*, infuriata risposta ad una malevola nota comparsa due anni prima negli « Acta eruditorum » di Lipsia. Impermalito per un'osservazione del tipografo veneziano, ritira dalla stampa, che doveva avvenire a Venezia, il testo della *Scienza nuova prima* con le relative *Annotazioni* (1729). Fra il Natale del 1729 e il 9 aprile 1730, in soli centocinque giorni, « con un estro quasi fatale », riscrive interamente la sua opera fondamentale. A Napoli (dicembre 1730) vengono così pubblicati i *Cinque libri di G.B. Vico de' principii d'una scienza nuova d'intorno alla comune natura delle nazioni.* L'opera, nota come la *Scienza nuova seconda*, è il risultato di un lavoro di rifacimento e di trasfusione nel testo delle numerosissime note e postille che Vico era andato accumulando. Ma alla fine del volume appariva già inserita, a stampa, una prima serie di *Correzioni, miglioramenti e aggiunte.* Per invito del Muratori compone una *Aggiunta alla Autobiografia* (1731) concernente il periodo 1725-31. Nel gennaio dello stesso anno aveva pubblicato un opuscoletto contenente una seconda serie di *Correzioni* all'opera maggiore. Nell'ottobre compone dedica e prefazione alla *Sifilide* del Fracastoro tradotta dal Belli. Termina (27 agosto 1731) le *Correzioni, miglioramenti e aggiunte terze poste insieme con le prime e le seconde e tutte ordinate per incorporarsi nell'opera nella ristampa della Scienza nuova seconda.*

1732-44 Il nuovo cappellano maggiore dell'Università, monsignor Celestino Galiani, prende a proteggerlo. Recita, all'apertura dell'anno accademico (18 ottobre 1732), la prolusione *De mente heroica.* La sua fama di scrittore latino, di educatore, di versificatore è a Napoli ormai ben salda. Gli viene affidato l'incarico di recitare, a nome dell'Università, un'orazione di benvenuto a Carlo, nuovo re delle Due Sicilie (giugno 1734). Ottiene l'anno seguente la carica di storiografo regio con lo stipendio di cento ducati annui. Sempre nel 1735, gli viene raddoppiato lo stipendio di professore. Anche gli ultimi anni furono, nonostante queste poche soddisfazioni, amari e dolorosi. Continuò, nel progressivo decadimento fisico, nel suo affannoso lavoro di integrazioni e di limatura. Nel 1731 aveva progettato di rinunziare agli studi « per l'avanzata età, logora da tante fatighe, afflitta da tante domestiche cure e tormentata da spasimosi dolori nelle cosce e nelle gambe e da uno stravagante male che gli ha divorato quasi tutto ciò ch'è tra l'osso inferior della testa e 'l palato». Nel 1732 o '33 aveva iniziato la stesura delle *Correzioni, miglioramenti e aggiunte quarte* e intorno al '34 una nuova stesura della *Scienza nuova*, alla quale lavorò infaticabilmente fino alla morte. Ma Vico non poté vedere i due volumi in ottavo, pubblicati a Napoli nel luglio del 1744, che contenevano la « terza impressione » della sua opera (la cosiddetta *Scienza nuova terza*). Era morto nella notte fra il 22 e il 23 gennaio di quello stesso anno. Dodici giorni prima (10 gennaio) aveva scritto o dettato la dedica all'Acquaviva.

BIBLIOGRAFIA

Opere bibliografiche. Notizie sulla storia esterna degli scritti vichiani, sulle edizioni, le ristampe, le traduzioni, le antologie vichiane, sulla fortuna del Vico (con analisi minuta di tutti gli scritti sull'argomento dagli anni stessi della vita di Vico al 1947), si trovano nell'indispensabile *Bibliografia vichiana* del Croce, accresciuta e rielaborata da F. Nicolini, Napoli, Ricciardi, 1947-48, 2 voll. Altre indicazioni in: E. Gianturco, *A selective bibliography of Vico Scholarship: 1948-1968*, Firenze, Grafica Toscana, 1968; M. Donzelli, *Contributo alla bibliografia vichiana: 1948-1970*, Napoli, Guida, 1973. Per una storia della critica: P. Rossi, *Lineamenti di storia della critica vichiana*, in *I classici italiani nella storia della critica*, a cura di W. Binni, Firenze, La Nuova Italia, 1961, II, pagg. 3-41. Per il periodo 1968-75 è ora disponibile A. Battistini, *Rassegna vichiana (1968-1975)*, in « Lettere italiane », 1976, 1, pagg. 76-112.

Edizioni. La prima edizione completa degli scritti vichiani è quella curata da G. Ferrari, Milano, Società Tipografica de' Classici Italiani, 1835-37, 6 voll., e numerose volte ristampata. Tale edizione è stata resa inutilizzabile dalla nuova raccolta degli scritti vichiani pubblicata in otto volumi nella collana « Scrittori d'Italia » della Casa editrice Laterza di Bari. I volumi sono stati curati da F. Nicolini; al primo volume ha collaborato il Croce, al quinto il Gentile. Gli scritti del Vico sono così distribuiti: vol. I (1914) le *Orazioni inaugurali*, il *De studiorum ratione*, il *De antiquissima italorum sapientia*, le *Risposte* agli articoli (anch'essi riprodotti) del « Giornale de' letterati »; vol. II (1936), in tre parti, il *Diritto universale*; vol. III (1931) la *Scienza nuova prima* e le *Vindiciae*; vol. IV (1928, riedito 1942 e 1953), in due parti, la *Scienza nuova seconda*: alla riproduzione della redazione del 1744 segue lo spoglio di tutte le varianti presenti sia nella redazione del 1730 sia nelle *Correzioni, miglioramenti e aggiunte prime seconde terze e quarte*; vol. V (1911, riedito 1929) l'*Autobiografia*, il *Carteggio*, una scelta di *Poesie* di interesse filosofico e autobiografico; vol. VI (1939) gli *Scritti storici*, fra i quali di rilievo particolare il *De rebus gestis Antonii Caraphaei* e il *Principum neapolitanorum coniurationis anni MDCCI historia*; vol. VII (1940) *Scritti vari e pagine disperse*, fra i quali l'orazione *De mente heroica*; vol. VIII (1941) i versi non compresi nel volume quinto, gli scritti di scuola (*Institutiones oratoriae* ecc.), una bibliografia. Nella collana « I Classici Mondadori » è apparso nel 1957 un primo volume di una nuova edizione di *Tutte le opere di G.B. Vico*. Questo volume, curato da F. Flora, comprende: la *Scienza nuova* secondo l'edizione del 1744 con le varianti dell'edizione del 1730 e le correzioni e aggiunte precedenti l'edizione definitiva; la *Scienza nuova prima*; le *Vindiciae*.

Edizioni di opere singole. Importanza particolare presentano le edizioni dell'*Autobiografia* curate da M. Fubini, Torino, Einaudi, 1947, e da F. Nicolini, Milano, Bompiani, 1947. La *Scienza nuova seconda* era già stata pubblicata dal Nicolini in tre volumi dei « Classici della filosofia moderna » dell'editore Laterza di Bari (1911, 1913, 1916). Il testo era accompagnato da un amplissimo commento, che il Nicolini considerò più tardi « oltrepassato e perciò rifiutato », ma che, anche dopo la pubblicazione del maggiore commento, indicato qui di seguito, presenta un interesse notevole. Nel volume G.B. Vico, *Le opere*, curato dal Nicolini, Milano-Napoli, Ricciardi, 1953, viene dato il testo, commentato, dell'*Autobiografia* e della *Scienza nuova seconda*. Oltre che un'ampia scelta dalle *Poesie*, dal *Carteggio* e dagli scritti minori, il volume comprende anche la traduzione italiana del testo completo del *De ratione*, del *De antiquissima* e del *De mente heroica*. Fra le edizioni parziali sono pure da segnalare: *La Scienza nuova e opere scelte*, a cura di N. Abbagnano, Torino, UTET, 1952; *Opere*, a cura di P. Rossi, Milano, Rizzoli, 1959; *Opere filosofiche* e *Opere giuridiche*, Introduzioni di N. Badaloni, Firenze, Sansoni, 1972, 1974.

Commenti. Strumento prezioso non solo per una comprensione del pensiero vichiano, ma per lo studio della cultura italiana ed europea dal Cinquecento al primo Settecento è il magistrale *Commento storico alla seconda Scienza nuova* di F. Nicolini pubblicato in due volumi a Roma, Edizioni di Storia e Letteratura, 1949-50.

Studi storici. Ci si limita a ricordare qui alcuni degli studi più significativi comparsi successivamente al 1900:

1. *L'interpretazione idealistica: B. Croce e G. Gentile*. Gli interessi crociani per la filosofia di Vico risalgono agli ultimi anni del secolo XIX. Nella rivista napoletana « Flegrea » (aprile 1901) Croce pubblicava un saggio intitolato *G. Vico primo scopritore della scienza estetica* che costituisce un'anticipazione delle pagine vichiane contenute nella parte storica dell'*Estetica*, Palermo, 1902 e 1904 e poi in numerose edizioni, Bari, Laterza. Nel 1904 Croce pubblicava, negli « Atti » dell'Accademia Pontaniana di Napoli (e in estratto, Napoli, Tessitore, 1904), una prima *Bibliografia vichiana*, cui succedettero (fra il 1911 e il 1940)

sette *Supplementi*, a taluni dei quali collaborò F. Nicolini. Il fondamentale studio del Croce è *La filosofia di G.B. Vico*, Bari, Laterza, 1911, più volte ristampata. Dopo aver dedicato i primi due capitoli a uno studio della gnoseologia vichiana dal *De ratione* al *De antiquissima*, Croce esamina la struttura della maggiore opera vichiana distinguendo in essa tre piani che si presenterebbero continuamente sovrapposti e confusi: un piano filosofico (una filosofia dello spirito), un piano sociologico (teoria delle fasi di sviluppo della civiltà), un piano storiografico (indagini sulle età storiche, sulla poesia omerica, sulla storia romana, sul medioevo ecc.). Oltre che trarne continuamente ispirazione in tutte le sue opere, Croce dedicò a Vico una numerosissima serie di altri studi, fra i quali ricordiamo: *Le fonti della gnoseologia vichiana*, e *Il Vico e la critica omerica*, in « La Critica », 1912 (poi ripubblicati in appendice al *Saggio sullo Hegel*, Bari, 1913); *Il Vico e l'ortodossia*, e *Il problema logico e il problema psicologico*, in « La Critica », 1936; *A proposito della filosofia italiana del Settecento*, in « Quaderni della Critica », 1947; *Stato odierno degli studi su Vico*, in « Quaderni della Critica », 17-8, 1950.

I primi saggi vichiani di Giovanni Gentile risalgono al 1904; gli studi composti tra il 1905 e il 1913 furono raccolti nel volume *Studi vichiani*, Messina, Principato, 1915 (successivamente Firenze, Le Monnier, 1927). Nelle *Orazioni inaugurali* Gentile vede presente un decisivo influsso del neoplatonismo italiano del Rinascimento e un'intonazione panteistica che consentirebbe di avvicinarle alla filosofia di Spinoza. A questa prima « fase » della filosofia vichiana ne segue una seconda, rappresentata dall'anticartesianesimo del *De antiquissima*; alla terza fase appartiene invece la *Scienza nuova*, che Gentile prende in esame soprattutto per quanto concerne la dottrina della provvidenza, che egli avvicina alla tesi hegeliana della razionalità immanente al processo storico. Si vedano inoltre la *Com-*

memorazione di G.B. Vico, Firenze, Sansoni, 1938, e *Cartesio e Vico*, in « Rendiconti » dell'Accademia nazionale dei Lincei, 1938.

2. *I lavori di F. Nicolini.* Oltre che con le edizioni delle opere, con la *Bibliografia vichiana* e col grande *Commento* sopra ricordati, Fausto Nicolini (la cui interpretazione appare strettamente legata al punto di vista crociano) ha dato un contributo essenziale e decisivo a quest'ordine di studi con oltre un centinaio di saggi. Fra gli scritti di natura biografica: *La giovinezza di G.B. Vico*, Bari, Laterza, 1932; le quindici biografie di amici e conoscenti del Vico raccolte in *Uomini di spada, di chiesa, di toga, di studio al tempo di G. Vico*, Milano, Hoepli, 1942; i quattordici « medaglioni » aggiunti all'edizione dell'*Autobiografia*, Milano, Bompiani, 1947. Fra gli scritti storico-critici: *Il Vico scrittore*, in « Pegaso », 1930; *Divagazioni omeriche*, Firenze, Le Monnier, 1919; *La religiosità di G. Vico*, Bari, Laterza, 1949; *Saggi vichiani*, Napoli, Giannini, 1955; *Vico storico*, Napoli, Morano, 1967 (pubblicato postumo a cura di F. Tessitore).

3. *La polemica cattolica contro l'interpretazione idealistica.* Per il significato di questa polemica si veda l'articolo introduttivo di A. Gemelli al volume miscellaneo *G.B. Vico*, Milano, Vita e pensiero, 1926; E. Chiocchetti, *La filosofia di G.B. Vico*, Milano, Vita e pensiero, 1935, ha inteso « rivendicare, contro il Gentile e specialmente contro il Croce, il pensiero di Vico alla tradizione platonico-cristiana »; C.G. Cappello (*La dottrina della religione in G.B. Vico*, Chieri, Martano, 1944; *La visione della storia in G.B. Vico*, Torino, SEI, 1948; *G.B. Vico e il processo contro gli ateisti napoletani*, in « Salesianum », VIII, 1947, nn. 3-4, pagg. 326-42) ha negato l'esistenza di ogni rapporto intellettuale tra Vico e il libertinismo napoletano. Notevo-

le è lo studio di F. Amerio, *Introduzione allo studio di G.B. Vico*, Torino, SEI, 1947. Della minuta analisi dei testi l'Amerio si serve per discutere, rifiutandola, l'interpretazione crociana e gentiliana delle singole dottrine di Vico. Il libro, che ha toni assai vivaci, ha dato luogo a numerose polemiche. Si veda, p. es.: A. Corsano, *Interpretazioni cattoliche del Vico*, in « Rivista di filosofia », 1949, e B. Croce, *Stato odierno degli studi su Vico*, in « Quaderni della Critica », 17-8, 1950.

4. *Revisione critica dell'interpretazione crociana*. A una discussione e ad una revisione di alcune tesi crociane e gentiliane su Vico hanno variamente contribuito: A. Corsano, *Umanesimo e religione in G.B. Vico*, Bari, Laterza, 1935, e *Il pensiero religioso italiano dall'umanesimo al giurisdizionalismo*, Bari, Laterza, 1937, e *G.B. Vico*, Bari, Laterza, 1956; N. Donati, *Nuovi studi sulla filosofia civile di G. Vico*, Firenze, Le Monnier, 1936 (che è il miglior studio d'insieme sul pensiero giuridico vichiano); G. Villa, *La filosofia del mito nella filosofia di G.B. Vico*, Milano, Bocca, 1949; M. Fubini, *Stile e umanità di G.B. Vico*, Bari, Laterza, 1946 (che è il miglior testo sul Vico scrittore); G. Fassò, *I « quattro auttori » del Vico*, Milano, Giuffrè, 1949.

5. *La concezione della storia*. Il libro di F. Meinecke *Le origini dello storicismo* [1936], Firenze, Sansoni, 1954, contiene una valutazione della visione vichiana della storia che è alternativa rispetto a quella crociana. A una visione ciclica della storia si richiama invece, interpretando la dottrina vichiana dei ricorsi, K. Loewith, *The meaning in history*, Chicago, The University of Chicago Press, 1949 (trad. ital. Milano, Comunità, 1963). È anche da vedere A.R. Caponigri, *Time and Idea: the theory of history in G. Vico*, London, Kegan Paul, 1953.

6. *Le teorie linguistiche.* È ancora fondamentale il contributo recato da E. Cassirer, *La filosofia delle forme simboliche* [1923], Firenze, La Nuova Italia, 1961. Un'analisi complessiva è quella di A. Pagliaro, *Lingua e poesia secondo G. Vico*, in *Altri saggi di critica semantica*, Messina-Firenze, D'Anna, 1961. Cfr. anche T. De Mauro, *G. Vico dalla retorica allo storicismo linguistico*, in « La Cultura », VI, 1968, pagg. 167-83, e P. Rossi, *La religione dei geroglifici e le origini della scrittura*, in *Le sterminate antichità, studi vichiani*, Pisa, Nistri-Lischi, 1969.

7. *La scoperta del mondo primitivo.* Su questo tema hanno particolarmente insistito E. Auerbach, *G. Vico und die Idee der Philologie*, in *Homenaje a A. Rubió y Lluch*, Barcelona, 1936, I, pagg. 293-304 (trad. ital. in « Convivium », 1956), ed E. Paci, *Ingens sylva*, Milano, Mondadori, 1949 (che vede in Vico il precursore della psicanalisi e delle teorie contemporanee sul pensiero mitico). Notevoli le pagine dedicate a Vico in S. Landucci, *I filosofi e i selvaggi*, Bari, Laterza, 1972.

8. *Gli studi recenti.* Sono principalmente caratterizzati dal tentativo di una ricollocazione storica del pensiero di Vico nella cultura del suo tempo. In essi sembra profilarsi un'alternativa fra quanti tendono a sottolineare le tematiche « illuministiche » presenti nel pensiero vichiano e a farne un pensatore « progressista » e quanti invece insistono sugli aspetti « arcaici » del pensiero vichiano e sull'arretratezza di talune sue posizioni di fronte alla cultura del suo secolo. Sui rapporti fra Vico e la cultura del suo tempo sono da vedere i relativi capitoli contenuti in E. Garin, *Storia della filosofia italiana*, Torino, Einaudi, 1966 (ma il libro risale al 1947); B. De Giovanni, *Filosofia e diritto in F. D'Andrea: contributo alla storia del previchismo*, Milano, Giuffrè, 1958; P. Piovani, *Il pensiero filosofico me-*

ridionale fra la nuova scienza e la Scienza Nuova, in « Atti » dell'Accademia di scienze morali e politiche, Napoli, 1959; E. De Mas, *Bacone e Vico*, in « Filosofia », 1960; S. Mastellone, *Note sulla cultura napoletana al tempo di F. D'Andrea e G. Valletta*, in « Critica storica »», 1962. Ma il lavoro più ricco d'informazione e di problemi è quello di N. Badaloni, *Introduzione a Vico*, Milano, Feltrinelli, 1961.

Si ricordino inoltre: F. Lanza, *Saggi di poetica vichiana*, Varese, Editrice Magenta, 1961; e, sull'erudizione, i fondamentali contributi di A. Momigliano: *Ancient History and the Antiquarians*, in *Contributo alla storia degli studi classici*, Roma, Edizioni di Storia e Letteratura, 1955; *La nuova storia romana di Vico*, in « Rivista storica italiana », 1965, pagg. 773-89; *Vico's Scienza Nuova: Roman « Bestioni » and Roman « Eroi »*, in « History and Theory », 1966, pagg. 3-21. Su quest'aspetto dell'opera vichiana sono da ricordare anche: S. Mazzarino, *Vico e Roma*, in *Campanella e Vico*, Roma, Accademia nazionale dei Lincei, 1969, pagg. 304-14, e G. Giarrizzo, *Alle origini della medievalistica moderna*, in « Bollettino dell'Istituto storico per il Medioevo », n. 74, 1962. Dello stesso Giarrizzo è da vedere il saggio *La politica di Vico*, in « Il pensiero politico », 1968, 3, pagg. 321-85. Contributi di Vari Autori (fra i quali A. Corsano, K. Löwith, F. Amerio, N. Badaloni, V. Mathieu, P. Piovani) sono contenuti in *Omaggio a Vico*, Napoli, Morano, 1968. Il profilo di P. Rossi apparso in *Storia della letteratura italiana*, Milano, Garzanti, 1968, nel vol. VI (« Il Settecento »), è stato ripubblicato, con altri saggi, in *Le sterminate antichità: studi vichiani*, Pisa, Nistri-Lischi, 1969. (Per una discussione delle tesi ivi sostenute: A. Bausola, *Studi vichiani*, in « Vita e pensiero », 1969, pagg. 753-57, e M. Reale, *Vico e il problema della storia ebraica in una recente interpretazione*, in « La Cultura », 1970, pagg. 81-107.) Cfr. inoltre: M. Donzelli, *Natura e Humanitas nel giovane Vico*, Napoli, Istituto per gli Studi Storici, 1970, e A. Battistini, *La degnità della retorica, studi su G.B. Vico*, Pisa, Pacini, 1975. Nella collana « Studi vichiani » diretta da P. Piovani e pubblicata dagli editori Guida di Napoli sono usciti vari studi importanti, fra i quali: R. Mondolfo, *Il verum-factum prima di Vico*; A. Child, *Fare e conoscere in Hobbes, Vico e Dewey*; G. Fassò, *Vico e Grozio*; G. Cantelli, *Vico e Bayle: premesse per un confronto*. Oltre che nel volume *G. Vico nel terzo centenario della nascita*, Napoli, Edizioni Scientifiche Italiane, 1971, saggi di vari autori sono contenuti nei numeri dedicati a Vico delle riviste: « De homine », 27-8, 1968; « Forum Italicum », 1968, 2; « Archivio di filosofia », 1969, 1; « Quaderni contemporanei », 1969, 2.

Fra i non pochi studi di autori stranieri è da segnalare I. Berlin, *The philosophical ideas of G.B. Vico*, in *Art and ideas in eighteenth-century Italy*, Roma, Edizioni di Storia e Letteratura, 1960. Ricco di contributi italiani e stranieri è il volume *Giambattista Vico: an international symposium*, a cura di G. Tagliacozzo, Baltimore, John Hopkins, 1969, nel quale si riaffaccia la tendenza alla considerazione di Vico come « precursore » delle più svariate dottrine contemporanee. Una continuazione di questo volume è la nuova raccolta di saggi *Giambattista Vico's Science of Humanity*, a cura di G. Tagliacozzo e D.Ph. Verene, Baltimore, John Hopkins, 1976. Un'ottima lettura analitica della *Scienza nuova* è presente nel volume di L. Pompa, *Vico: A Study of the « New Science »*, Cambridge, The University Press, 1975. Sulla *Scienza nuova* come chiave di lettura di *Finnegans Wake* di James Joyce cfr. S. Hampshire, *Joyce and Vico: the middle way*, in « The New York Review of Books », 1973 (ora in italiano nel volume *G. Vico, Galiani, Joyce, Lévi-Strauss, Piaget*, a cura di G. Tagliacozzo, Roma, Armando, 1975). Il « Bollettino » del Centro di studi vichiani, Napoli, Guida, 1972 segg., costituisce ora un indispensabile strumento di lavoro.

GIUDIZI CRITICI

Cuoco: "Precedeva d'un secolo i contemporanei"

[Vico] incomincia dai dati che gli offriva il suo secolo, talora incompleti, tal altra inesatti e spesso falsi; ma, a forza di raziocinio, ne tragge sistemi e conseguenze verissime. I progressi, che da un secolo in qua si son fatti nella fisica, nella geografia, nella storia, han distrutti moltissimi de' suoi dati: il sistema, le conseguenze rimangono sempre le stesse, anzi vien sempre più confermato dalle stesse eccezioni. ...

Il suo vero è sempre ideale. Ciò che la scuola tedesca in questi ultimi anni ha precettato, Vico un secolo prima lo aveva già eseguito. I princìpi ed il metodo della sua filosofia sono platonici, perfettamente platonici, spesso esorbitantemente platonici; ma bisogna confessare nel tempo istesso che nessun altro ha fatto del platonismo un uso tanto felice quanto Vico.

(Vincenzo Cuoco, *La filosofia di Giambattista Vico* [1804], in *Scritti vari*, a cura di N. Cortese e F. Nicolini, Bari, Laterza, 1924, I, pagg. 306 e 316.)

Ferrari: "Un filosofo del Cinquecento"

Il suo punto di partenza fu il Cinquecento; ... dal suo rispetto per gli antichi, alla sua ignoranza sul corso dell'Europa moderna, al circolo di Machiavelli che lo incatena in un'eterna ripetizione dell'antico; a quella speranza che lo anima quando vede cadere la civilizzazione europea, perché dalle sue rovine Roma e la Grecia sorgeranno nuovamente; al suo stesso linguaggio ora latino, ora formato dalla sintassi latina; alla sua adorazione verso ogni potente, ogni governo; al suo rispetto per le Accademie; al suo entusiasmo pel Cattolicismo che egli collega al profondo rispetto per il Paganesimo: da tutto ciò si scorge che Vico apparteneva al Cinquecento. Egli aveva letto Grozio, il rappresentante del Diritto pubblico europeo; ma per confutarlo, per negarlo, per internarsi nuovamente nel Diritto romano, d'onde però usciva più grande del suo secolo: egli aveva letto Descartes, il gran geometra che aveva distrutto l'autorità degli antichi, incominciata la filosofia moderna; ma per confutarlo colle idee sugli antichi, per internarsi nuovamente nell'antichità, d'onde però risorgeva più potente di Descartes: egli aveva conosciuto Lutero e tutte le sue rivoluzioni; ma per ricordarsi dell'antica Alessandria, per odiare la Riforma come un sintomo di decrepitudine europea.

(Giuseppe Ferrari, *La mente di Giambattista Vico*, in *Opere di G. Vico*, a cura di G. Ferrari, Milano, Società Tipografica de' Classici Italiani, 1837, I, pagg. 167-68.)

Cattaneo: "Il fondatore dell'ideologia sociale"

La cagione di questa lunga noncuranza dell'Europa per Vico stava nel pregio massimo della sua dottrina, cioè nell'indipendenza ed originalità. Il pensatore napolitano, educato nel secolo XVII, rimase affatto inaccessibile alle dottrine che dominarono nel XVIII; e saltando colla mente tutta la frapposta età, preluse alle opinioni che solo in quest'ultimo ventennio invalsero in tutta l'Europa, e riescono avverse a quelle del secolo precedente. ...

Noi non possiamo afferrare lo spirito umano, non possiamo scrutarne l'essenza, non possiamo conoscerlo se non in quanto si manifesta con li atti suoi e le sue elaborazioni. Se lo assumiamo quale la tradizione di molti secoli, ossia l'educazione, l'ha reso in noi, ci avventuriamo a mutilare le sue attitudini primitive, a confondere ciò ch'è essenziale in lui con ciò ch'è variabile e fortuito. È adunque mestieri studiarlo in quante più situazioni e più diverse si possa. Quando avremo contemplato il *poliedro* ideologico nel massimo numero delle innumerevoli sue facce, allora i tratti communi ad esse tutte ci segneranno la sua natura fondamentale e costante; li altri indicheranno il variato campo della sua perfettibilità. Ora codesti tratti stanno sparsi nelle istorie, nelle leggi, nei riti, nelle lingue; e da questo terreno tutto istorico ed *esperimentale* deve surgere l'intera cognizione dell'uomo, la quale indarno si cerca nelle latebre della solitaria coscienza. Lo studio dell'*individuo* nel seno dell'*umanità*, l'*ideologia sociale*, è il prisma che decompone in distinti e fulgidi colori l'intera albedine dell'interiore psicologia.

È questa la scienza fondata da Vico. A fronte di questa, pur nascente e novella ch'ella rimanga, s'eclissano le vecchie filosofie; la loro vanità, l'impotenza, la sterilità si fanno manifeste.

(Carlo Cattaneo, *Su la « Scienza nuova » di Vico* [1839], in *Opere scelte*, a cura di D. Castelnuovo Frigessi, Torino, Einaudi, 1972, I, pagg. 322-23 e 328.)

Marx: "Storia della tecnologia, storia umana, storia naturale"

Una *storia critica della tecnologia* dimostrerebbe, in genere, quanto piccola sia la parte d'un singolo individuo in un'invenzione qualsiasi del secolo XVIII. Finora tale opera non esiste. Il *Darwin* ha diretto l'interesse sulla storia della tecnologia naturale, cioè sulla formazione degli organi vegetali e animali come strumenti di produzione della vita delle piante e degli animali. Non merita eguale attenzione la storia della formazione degli organi produttivi dell'uomo sociale, base materiale di ogni organizzazione sociale particolare? E non sarebbe più facile da fare, poiché, come dice il *Vico*, la storia dell'umanità si distingue dalla storia naturale per il fatto che noi abbiamo fatto l'una e non abbiamo fatto l'altra? La tecnologia svela il comportamento attivo dell'uomo verso la natura, l'immediato processo di produzione della sua vita, e con essi anche l'immediato processo di produzione dei suoi rapporti sociali vitali e delle idee dell'intelletto che ne scaturiscono. Neppure una storia delle religioni, in qualsiasi modo eseguita, che faccia astrazione da questa base materiale, è critica. Di fatto è molto più facile trovare mediante l'analisi il nocciolo terreno delle nebulose religiose che, viceversa, *dedurre* dai rapporti reali di vita, che di volta in volta si presentano, le loro forme incielate. Quest'ultimo è l'unico metodo materialistico e quindi scientifico.

(Karl Marx, *Il Capitale* [1867], I, 4, 13, Roma, Edizioni di Rinascita, 1956, pagg. 72-3.)

De Sanctis: "La resistenza del genio"

Predicavano la ragione individuale, ed egli le opponeva la tradizione, la voce del genere umano. Gli uomini popolari, i progressisti di quel tempo, erano Lionardo di Capua, Cornelio, Doria, Calopreso, che stavano con le idee nuove, con lo spirito del secolo. Lui era un retrivo, con tanto di coda, come si direbbe oggi. La coltura europea e la coltura italiana s'incontravano per la prima volta, l'una maestra. l'altra ancella. Vico resisteva. Era vanità di pedante? Era fierezza di grande uomo? Resisteva a Cartesio, a Malebranche, a Pascal, i cui *Pensieri* erano « lumi sparsi », a

Grozio, a Puffendorfio, a Locke, il cui *Saggio* era la « metafisica del senso ». Resisteva, ma li studiava più che non facessero i novatori. Resisteva come chi sente la sua forza e non si lascia sopraffare. Accettava i problemi, combattea le soluzioni, e le cercava per le vie sue, co' suoi metodi e coi suoi studi. Era la resistenza della coltura italiana, che non si lasciava assorbire, e stava chiusa nel suo passato; ma resistenza del genio, che cercando nel passato trovava il mondo moderno. Era il retrivo che, guardando indietro e andando per la sua via, si trova da ultimo in prima fila, innanzi a tutti quelli che lo precedevano. Questa era la resistenza di Vico. Era un moderno, e si sentiva e si credeva antico; e resistendo allo spirito nuovo, riceveva quello entro di sé.

(Francesco De Sanctis, *Storia della letteratura italiana* [1870], a cura di N. Gallo, Torino, Einaudi, 1966, II, pagg. 819-20.)

Croce: "Il secolo decimonono in germe"

Si potrebbe presentare la storia ulteriore del pensiero come un *ricorso* delle idee del Vico. Ricorsero, in primo luogo, la critica di lui al sapere immediato di Cartesio e il suo criterio della conversione del vero col fatto, nel moto speculativo che andò dal Kant allo Hegel e che culminò nella tesi dell'identità del vero col fatto, del pensiero con l'essere. Ricorse la sua unità di filosofia e filologia nella rivendicazione della storia contro lo scetticismo e l'intellettualismo del secolo decimottavo, figlio del cartesianismo; nella sintesi a priori kantiana, che riconciliò ideale e reale, categoria ed esperienza; e nella filosofia storica dello Hegel, in cui lo storicismo del secolo decimonono toccò il più alto punto. Quell'unione di filosofia e filologia, che fu talvolta in lui unione violenta e commistione di metodi, ricorse anche in questa sua forma errata nella scuola hegeliana; talché siffatto indirizzo mentale potrebbe prendere a giusto titolo il nome di « vichismo »...

La logica poetica o la scienza della fantasia divenne l'Estetica, così ansiosamente indagata dai filosofi, letterati e artisti tedeschi nel corso del Settecento. ... Ricorsero le sue dottrine sul linguaggio, interpretato non più intellettualisticamente quale sistema artificioso di segni, ma come libera e poetica creazione dello spirito dallo Herder e dallo Humboldt ... Finalmente, la Provvidenza vichiana, cioè la razionalità e oggettività della storia, che osserva logica diversa da quella che le viene attribuita dalle individuali immaginazioni e illusioni, prese un nome più prosaico, ma non mutò carattere, nell'*astuzia della ragione*, formulata dallo Hegel; e fu spiritosamente e cervelloticamente ritradotta nella popolare *astuzia della specie* dello Schopenhauer, e, poco spiritosamente sebbene assai psicologicamente, nella così detta legge wundtiana dell'*eterogenesi dei fini.*

Questi molteplici ricorsi dell'opera di un individuo nell'opera di più generazioni, questo riscontro tra un individuo e un secolo, giustificano una definizione immaginosa che si può dare del Vico, desumendola dallo svolgimento posteriore: che egli fu né più né meno che il *secolo decimonono in germe.*

(Benedetto Croce, *La filosofia di Giambattista Vico*, Bari, Laterza, 1911, pagg. 251-54, 256.)

Cassirer: "Un dizionario spirituale"

[Vico] rigetta la dottrina secondo la quale le parole primitive della lingua risalgono semplicemente ad atti convenzionali; anche lui esige un legame « naturale » tra esse e il loro significato. Se la fase attuale dello sviluppo del linguaggio, se la nostra « lingua volgare » non lascia più riconoscere questo legame, ciò non ha altra causa se non che essa si è sempre più allontanata dalla sua sorgente prima, dal linguaggio degli dei e degli eroi. Ma anche nell'odierno oscuramento e spezzettamento, ad uno sguardo veramente filosofico si svela ancora l'originaria connessione ed affinità delle parole con ciò che esse significano. Poiché quasi tutte le parole sono sorte da qualità naturali delle cose o da impressioni sensibili e da emozioni, l'idea di un « dizionario universale » spirituale, che indichi il significato delle parole in tutte le diverse lingue articolate e le riconduca nel loro insieme ad un'unità originaria, non è un'idea temeraria. I tentativi che Vico stesso intraprende in questa direzione mostrano, come è naturale, ancora tutto l'arbitrio ingenuo di un'« etimologia » puramente speculativa, che non è frenata in alcun modo da considerazioni critiche o storiche ...

(Ernst Cassirer, *La filosofia delle forme simboliche*, I, *Il linguaggio* [1923], Firenze, La Nuova Italia, 1961, pagg. 106-7.)

Gramsci: "L'anello tradizione Vico-Spaventa-(Gioberti)"

Tra Croce-Gentile ed Hegel si è formato un anello tradizione Vico-Spaventa-(Gioberti). Ma ciò non significò un passo indietro rispetto ad Hegel? Hegel non può essere pensato senza la Rivoluzione francese e Napoleone con le sue guerre, senza cioè le esperienze vitali e immediate di un periodo storico intensissimo di lotte, di miserie, quando il mondo esterno schiaccia l'individuo e gli fa toccare la terra, lo appiattisce contro la terra, quando tutte le filosofie passate furono criticate dalla realtà in modo così perentorio? Cosa di simile potevano dare Vico e Spaventa? (Anche Spaventa che partecipò a fatti storici di portata regionale e provinciale, in confronto a quelli dall'89 al 1815 che sconvolsero tutto il mondo civile d'allora e costrinsero a pensare « mondialmente »? Che misero in movimento la « totalità » sociale, tutto il genere umano concepibile, tutto lo « spirito »? Ecco perché Napoleone può apparire ad Hegel lo « spirito del mondo » a cavallo!) A quale movimento storico di grande portata partecipa il Vico? Quantunque la sua genialità consista appunto nell'aver concepito un vasto mondo da un angoletto morto della « storia » aiutato dalla concezione unitaria e cosmopolita del cattolicismo... In ciò la differenza essenziale tra Vico ed Hegel, tra dio e la provvidenza e Napoleone – spirito del mondo, tra una astrazione remota e la storia della filosofia concepita come sola filosofia, che porterà all'identificazione sia pure speculativa tra storia e filosofia, del fare e del pensare, fino al proletariato tedesco come solo erede della filosofia classica tedesca.

(Antonio Gramsci, *Quaderni del carcere* [1932-35], a cura di V. Gerratana, Torino, Einaudi, 1975, pag. 1317.)

Auerbach: "La scoperta del mondo magico"

La più importante delle sue scoperte, quella da cui diramano tutte le altre sino ad attingere una organica totalità, è lo studio dell'uomo agli albori del suo stato sociale. Spetta appunto al Vico il merito, nell'epoca delle utopie razionali, nell'atmosfera dell'Illuminismo insorgente, d'essere stato il primo ad avere un'immagine concreta della struttura spirituale dell'uomo cosiddetto primitivo. I teorici del suo tempo concepivano i primordi della storia come uno stato di innocenza paradisiaca o come una lotta informe degli istinti, senza possederne, dunque, in nessun caso un'intuizione pertinente. Il Vico, invece, trovò nella sua concezione dell'universale fantastico il principio di una forma spirituale che, povera sì di forza logica, era tanto più ricca di motività sensuosa, di genio poetico e di fantasia. Con la loro fantasia smisurata gli uomini delle origini conferivano vita alla natura circostante, personificavano le sue forze, scrutavano la sua volontà, si creavano il loro sistema del mondo interamente fantastico, ma pur rigoroso e magico-rituale.

(Erich Auerbach, *Giambattista Vico e l'idea della filologia* [1936], in « Convivium », XXIV, 1956, pag. 394.)

NOTA AL TESTO

Il testo qui pubblicato riproduce l'edizione a cura di Fausto Nicolini stampata dalla Casa editrice Ricciardi: Vico, *Opere*, Milano-Napoli, 1953. Si è tenuto conto dell'edizione curata da Francesco Flora, Milano, Mondadori, 1957. Le varianti al testo del Nicolini che sono state accolte, sono state di volta in volta indicate in nota con l'abbreviazione *Flora* seguita dai numeri delle pagine dell'edizione stessa. Nel testo si è mantenuta la divisione, introdotta dal Nicolini, in sezioni e capitoli, ma si sono omessi i titoli non vichiani. Per la stesura delle note si è fatto frequentissimo ricorso al *Commento storico alla seconda Scienza nuova* del Nicolini (qui indicato con la sigla *Comm.* seguita dal numero del paragrafo), ma ci si è giovati anche del suo precedente commento all'edizione laterziana (Vico, *La Scienza nuova*, « Classici della filosofia moderna », Bari, 1911-13-16, 3 voll.). Alla fatica del Nicolini, che ha recato contributi essenziali, ben poco si poteva aggiungere; si vedano tuttavia le note qui di seguito elencate, nelle quali si ritiene di aver fornito qualche nuovo anche se non decisivo elemento. Il primo numero rinvia alla pagina, il secondo – fra parentesi – alla nota: 86 (2); 194 (73); 199 (86); 252 (2); 280 (7); 311 (66); 403 (58); 409 (4); 431 (12); 446 (5); 465 (41); 486 (4-5); 493 (11); 514 (3); 574 (23); 576 (1).

Questo ritratto di Vico, conservato all'Accademia Arcadia di Roma, è, come tutti gli altri esistenti, la copia di un perduto ritratto dipinto da Francesco Solimena fra il 1742 e il 1743. L'originale andò distrutto nel 1819 nell'incendio della casa in strada dei Mannesi abitata da Mercurio e Carlo Santanello, figli di Candida, nipote di Giambattista Vico.

Il largo e la chiesa dei Gerolomini a Napoli. In questa stampa settecentesca è visibile, a destra, il casamento in cui abitò Vico dal 1704 al 1718, in un appartamento composto di « saletta, quattro camere, cucina, camerino, camerino nelle grade e camerino sotto la cucina ».

Il frontespizio della cosiddetta *Scienza nuova prima* pubblicata a Napoli, da Felice Mosca, nel 1725. Il nome dell'autore, che non figura nel frontespizio, compare sotto la dedica al Corsini e sotto quella alle Accademie d'Europa. L'intera opera, composta in corpo minutissimo di « testino », occupava dodici fogli a stampa in dodicesimo. In tutto 274 pagine, più 12 non numerate all'inizio.

PRINCIPJ
DI UNA SCIENZA NUOVA
INTORNO
ALLA NATURA DELLE NAZIONI
PER LA QUALE
si ritruovano
I PRINCIPJ
DI ALTRO SISTEMA
DEL DIRITTO NATURALE
DELLE GENTI
ALL' EMINENTISS. PRINCIPE
LORENZO
CORSINI
AMPLISSIMO CARDINALE
DEDICATI.

IN Nap. Per Felice Mosca. cIↃ. IↃcc. xxv.

Con Licenza de' Superiori.

La *Dipintura allegorica* premessa alla seconda edizione della *Scienza nuova* (1730) e poi riprodotta nell'edizione del 1744 fu disegnata da Domenico Antonio Vaccaro sotto la direzione di Vico e incisa da Antonio Baldi. Nell'edizione del 1730 la *Dipintura* e la *Spiegazione alla dipintura* (nota anche come *Idea dell'opera*) furono inserite da Vico, quando la composizione era già quasi ultimata, al posto di novantasei fitte pagine di una *Novella letteraria* (ora perduta) che era stata soppressa a causa di «un ultimo emergente anco nato da Venezia», cioè di una polemica con un tipografo o libraio veneziano.

ABK
ABC
Dom. Ant. Vaccaro f.

Frontespizio dell'edizione definitiva della *Scienza nuova* pubblicata a Napoli nel 1744 e posta in commercio dopo il luglio dello stesso anno. Consta di due volumi in ottavo con numerazione continua da 1 a 528 più 6 pagine non numerate all'inizio e 4 in fine. L'autografo vichiano, usato per la stampa di quest'edizione, è conservato alla Biblioteca Nazionale di Napoli.

PRINCIPJ
DI
SCIENZA NUOVA
DI
GIAMBATTISTA VICO
D'INTORNO ALLA COMUNE NATURA
DELLE NAZIONI

IN QUESTA TERZA IMPRESSIONE

Dal medesimo Autore in un gran numero di luoghi
Corretta, Schiarita, e notabilmente Accresciuta.

TOMO I.

IN NAPOLI MDCCXLIV.

NELLA STAMPERIA MUZIANA

A spese di Gaetano, e Steffano Elia.

CON LICENZA DE' SUPERIORI.

La lapide sulla facciata della casa natale di Vico, in via San Biagio dei Librai a Napoli. Il testo della lapide fu dettato da Benedetto Croce. Nella domanda presentata al Municipio di Napoli – su suggerimento di Mario Forges Davanzati e per evitare che la domanda stessa venisse respinta dalle autorità fasciste – Fausto Nicolini si dichiarò autore del testo. La domanda fu accolta e lo scoprimento della lapide avvenne il 23 giugno 1941, alla presenza delle autorità e dell'« autore » Nicolini. Cfr. Vico, *Autobiografia*, a cura di F. Nicolini, Milano, Bompiani, 1947, pag. 155.

IN·QVESTA·CAMERETTA
NACQVE·IL·XXIII·GIVGNO·MDCLXVIII
GIAMBATTISTA VICO
QVI·DIMORÒ·FINO·AI·DICIASSETTE·ANNI
E·NELLA·SOTTOPOSTA·PICCOLA·BOTTEGA
DEL·PADRE·LIBRAIO
VSÒ·PASSARE·LE·NOTTI·NELLO·STVDIO
VIGILIA·GIOVANILE·DELLA·SVA·OPERA·SVBLIME
LA·CITTÀ·DI·NAPOLI·POSE
IL·XXIII·GIVGNO·MCMXLI
E.F.·XIX

LA SCIENZA NUOVA SECONDO L'EDIZIONE DEL MDCCXLIV

PRINCIPJ DI SCIENZA NUOVA

D'INTORNO ALLA COMUNE NATURA DELLE NAZIONI, IN QUESTA TERZA IMPRESSIONE DAL MEDESIMO AUTORE IN UN GRAN NUMERO DI LUOGHI CORRETTA, SCHIARITA, E NOTABILMENTE ACCRESCIUTA

1744

IDEA DELL'OPERA

SPIEGAZIONE
DELLA DIPINTURA PROPOSTA AL FRONTISPIZIO
CHE SERVE PER L'INTRODUZIONE DELL'OPERA

Quale Cebete tebano fece delle morali, tale noi qui diamo a vedere una *Tavola delle cose civili*, la quale serva al leggitore per concepire l'idea di quest'opera avanti di leggerla, e per ridurla più facilmente a memoria,[1] con tal aiuto che gli somministri la fantasia, dopo di averla letta.

La donna con le tempie alate che sovrasta al globo

1. *Quale Cebete tebano* ecc.: Vico si riferisce alla *Tabula Cebetis*, attribuita erroneamente a Cebete, discepolo di Filolao pitagorico e di Socrate, ricordato nel *Critone* e nel *Fedone*. L'erudito Giorgio Daniele Morhofen (1639-1691) che, alla fine del Seicento, manteneva questa attribuzione (« quod genuinum esse Socraticæ Scholæ specimen, facile videri potest »), ne parlava come di una « rappresentazione, sotto forma di favola, della condizione della vita umana ». L'edizione più importante, nel secolo XVII, è quella del 1640 (Lugduni Batavorum) con il testo in greco, latino e arabo e una prefazione del Salmasius. Vico conosceva probabilmente la versione commentata dell'italiano Agostino Moscardi (1591-1640) pubblicata a Venezia nel 1643. L'uso delle *dipinture* e delle *immagini* in vista di un rafforzamento della memoria è legato a quella trattatistica

mondano, o sia al mondo della natura, è la metafisica,[2] ché tanto suona il suo nome. Il triangolo luminoso con ivi dentro un occhio veggente egli è Iddio con l'aspetto della sua provvedenza, per lo qual aspetto la metafisica in atto di estatica il contempla sopra l'ordine delle cose naturali, per lo quale finora l'hanno contemplato i filosofi; perch'ella, in quest'opera, più in suso innalzandosi, contempla in Dio il mondo delle menti umane, ch'è 'l mondo metafisico, per dimostrarne la provvedenza nel mondo degli animi umani, ch'è 'l mondo civile, o sia il mondo delle nazioni; il quale, come da suoi elementi, è formato da tutte quelle cose le quali la dipintura qui rappresenta co' geroglifici che spone in mostra al di sotto. Perciò il globo, o sia il mondo fisico ovvero naturale, in una sola parte egli dall'altare vien sostenuto; perché i filosofi, infin ad ora, avendo contemplato la divina provvedenza per lo sol ordine naturale, ne hanno solamente dimostrato una parte, per la quale a Dio, come a Mente signora libera ed assoluta della natura (perocché, col suo eterno consiglio, ci ha dato naturalmente l'essere, e naturalmente lo ci conserva), si dànno dagli uomini l'adorazioni co' sagrifìci ed altri divini onori; ma nol contemplarono già per

della « memoria artificiale » che ebbe gran voga nei secoli del Rinascimento. Anche la *Istoria universale provata con monumenti e figurata con simboli degli antichi*, pubblicata nel 1697 da Francesco Bianchini, un testo ben noto al Vico, doveva « unire alla facilità dell'apprendere... la stabilità del ritenere ». L'uso di dipinture allegoriche premesse a testi filosofici e letterari era del resto assai diffuso: basti qui ricordare i frontespizi del *Novum Organum* di Bacone, dei *Second Characters* dello Shaftesbury e del *Leviathan* di Hobbes.

2. *La donna* ecc.: questa immagine sembra risultare dalla combinazione di due immagini presenti nella *Iconologia* del perugino Cesare Ripa, uno dei manuali più diffusi della letteratura iconografica del Rinascimento. La Metafisica è qui raffigurata come una donna « che sotto al piede sinistro (come nella dipintura vichiana) tenga un globo... Per la palla, considera il mondo tutto et le cose corruttibili che soggiacciono come vili a questa scienza ». Le *tempie alate* vengono attribuite dal Ripa alla Matematica: « L'ali della testa insegnano che ella con l'ingegno s'inalza al volo della contemplazione delle cose astratte » (cfr. ediz. di Padova, 1611, pp. 329, 350).

la parte ch'era più propia degli uomini, la natura de' quali ha questa principale propietà: d'essere socievoli. Alla qual Iddio provvedendo, ha così ordinate e disposte le cose umane, che gli uomini, caduti dall'intiera giustizia per lo peccato originale, intendendo di fare quasi sempre tutto il diverso e, sovente ancora, tutto il contrario — onde, per servir all'utilità, vissero in solitudine da fiere bestie —, per quelle stesse loro diverse e contrarie vie, essi dall'utilità medesima sien tratti da uomini a vivere con giustizia e conservarsi in società, e sì a celebrare la loro natura socievole; la quale, nell'opera, si dimostrerà essere la vera civil natura dell'uomo, e sì esservi diritto in natura. La qual condotta della provvedenza divina è una delle cose che principalmente s'occupa questa Scienza di ragionare; ond'ella, per tal aspetto, vien ad essere una teologia civile ragionata della provvedenza divina.

Nella fascia del zodiaco che cinge il globo mondano, più che gli altri, compariscono in maestà o, come dicono, in prospettiva i soli due segni di Lione e di Vergine, per significare che questa Scienza ne' suoi princìpi contempla primieramente Ercole (poiché si truova ogni nazione gentile antica narrarne uno, che la fondò); e 'l contempla dalla maggior sua fatiga, che fu quella con la qual uccise il lione, il quale, vomitando fiamme, incendiò la selva nemea, della cui spoglia adorno, Ercole fu innalzato alle stelle[3] (il qual lione qui si truova essere stata la gran selva antica della terra, a cui Ercole, il quale si truova essere stato il carattere degli eroi politici, i quali dovettero venire innanzi agli eroi delle guerre, diede il fuoco e la ridusse a coltura); — e per dar altresì il principio de' tempi, il quale, appo i greci (da' quali abbiamo tutto ciò ch'abbiamo dell'antichità gentilesche), incominciarono dalle olimpiadi co' giuochi olimpici, de' quali pur ci si

3. *il lione* ecc.: esso avrebbe dato origine al Leone segno dello Zodiaco.

narra essere stato Ercole il fondatore (i quali giuochi dovettero incominciar da' nemei, introdutti per festeggiare la vittoria d'Ercole riportata dell'ucciso lione); e sì i tempi de' greci cominciarono da che tra loro incominciò la coltivazione de' campi. E la Vergine, che da' poeti venne descritta agli astronomi andar coronata di spighe, vuol dire che la storia greca cominciò dall'età dell'oro, ch'i poeti apertamente narrano essere stata la prima età del loro mondo, nella quale, per lunga scorsa di secoli, gli anni si noverarono con le messi del grano, il quale si truova essere stato il primo oro del mondo; alla qual età dell'oro de' greci risponde a livello l'età di Saturno per li latini, detto *a « satis »*, da' seminati. Nella qual età dell'oro pur ci dissero fedelmente i poeti che gli dei in terra praticavano con gli eroi: perché dentro si mostrerà ch'i primi uomini del gentilesimo, semplici e rozzi, per forte inganno di robustissime fantasie, tutte ingombre da spaventose superstizioni, credettero veramente vedere in terra gli dei; e poscia si truoverà ch'egualmente, per uniformità d'idee, senza saper nulla gli uni degli altri, appo gli orientali, egizi, greci e latini, furono da terra innalzati gli dei all'erranti e gli eroi alle stelle fisse. [4] E così, da Saturno, ch'è *Χρόνος* a' greci (e *χρόνος* è il tempo ai medesimi), si danno altri princìpi alla cronologia o sia alla dottrina de' tempi.

Né dee sembrarti sconcezza che l'altare sta sotto e sostiene il globo. Perché truoverassi che i primi altari del mondo s'alzarono da' gentili nel primo ciel de' poeti; i quali, nelle loro favole, fedelmente ci trammandarono il Cielo avere in terra regnato sopra degli uomini ed aver lasciato de' grandi benefici al gener umano, nel tempo ch'i primi uomini, come fanciulli del nascente gener umano,

4. *erranti* ecc.: le *stelle erranti* sono i pianeti; *stelle fisse*, le costellazioni.

credettero che 'l cielo non fusse più in suso dell'alture de' monti (come tuttavia or i fanciulli il credono di poco più alto de' tetti delle lor case); — che poi, vieppiù spiegandosi le menti greche, fu innalzato sulle cime degli altissimi monti, come d'Olimpo, dove Omero narra a' suoi tempi starsi gli dei; — e finalmente alzossi sopra le sfere, come or ci dimostra l'astronomia, e l'Olimpo si alzò sopra il cielo stellato. Ove, insiememente, l'altare, portato in cielo, vi forma un segno celeste; e 'l fuoco, che vi è sopra, passò nella casa vicina, come tu vedi qui, del Lione (il quale, come testè si è avvisato, fu la selva nemea, a cui Ercole diede fuoco per ridurla a coltura); e ne fu alzata, in trofeo d'Ercole, la spoglia del lione alle stelle.

Il raggio della divina provvedenza, ch'alluma un gioiello convesso di che adorna il petto la metafisica, dinota il cuor terso e puro che qui la metafisica dev'avere, non lordo né sporcato da superbia di spirito o da viltà di corporali piaceri; col primo de' quali Zenone diede il fato, col secondo Epicuro diede il caso,[5] ed entrambi perciò niegarono la provvedenza divina. Oltracciò, dinota che la cognizione di Dio non termini in essolei, perch'ella privatamente s'illumini dell'intellettuali, e quindi regoli le sue sole morali cose, siccome finor han fatto i filosofi; lo che si sarebbe significato con un gioiello piano. Ma convesso, ove il raggio si rifrange e risparge al di fuori, perché la metafisica conosca Dio provvedente nelle cose morali pubbliche, o sia ne' costumi civili, co' quali sono provenute al mondo e si conservan le nazioni.

Lo stesso raggio si risparge da petto della metafisica nella statua d'Omero, primo autore della gentilità che ci sia pervenuto, perché, in forza della metafisica (la quale si è fatta da capo sopra una storia dell'idee umane, da

5. *Zenone* ecc.: lo stoicismo, rappresentato da Zenone, e l'epicureismo negarono la provvidenza appellandosi rispettivamente al caso e al fato.

che cominciaron tal'uomini a umanamente pensare), si è da noi finalmente disceso nelle menti balorde de' primi fondatori delle nazioni gentili, tutti robustissimi sensi e vastissime fantasie; e — per questo istesso che non avevan altro che la sola facultà, e pur tutta stordita e stupida, di poter usare l'umana mente e ragione — da quelli che se ne sono finor pensati si truovano tutti contrari, nonché diversi, i princìpi della poesia dentro i finora, per quest'istesse cagioni, nascosti princìpi della sapienza poetica, o sia la scienza de' poeti teologi, la quale senza contrasto fu la prima sapienza del mondo per gli gentili. E la statua d'Omero sopra una rovinosa base vuol dire la discoverta del vero Omero [6] (che nella *Scienza nuova* la prima volta stampata si era da noi sentita ma non intesa, e in questi libri, riflettuta, pienamente si è dimostrata); il quale, non saputosi finora, ci ha tenuto nascoste le cose vere del tempo favoloso delle nazioni, e molto più le già da tutti disperate a sapersi del tempo oscuro, e 'n conseguenza le prime vere origini delle cose del tempo storico: che sono gli tre tempi del mondo, che Marco Terenzio Varrone ci lasciò scritto (lo più dotto scrittore delle romane antichità) nella sua grand'opera intitolata *Rerum divinarum et humanarum*, che si è perduta. [7]

Oltracciò, qui si accenna che 'n quest'opera, con una nuova arte critica, [8] che finor ha mancato, entrando nella ricerca del vero sopra gli autori delle nazioni medesime (nelle quali deono correre assai più di mille anni per potervi provvenir gli scrittori d'intorno ai quali la critica

6. *la discoverta* ecc.: a questo problema è dedicato il terzo libro della *Scienza nuova*.

7. *gli tre tempi* ecc.: Vico accetta, modificandola, la tripartizione dei tempi presente nel *De antiquitatibus rerum humanarum divinarumque*, opera perduta dell'erudito Varrone (116-27 a. C.), a lui nota attraverso il *De civitate Dei* di sant'Agostino.

8. *arte critica*: mediante la nuova arte critica si realizza la sintesi di filosofia e filologia; la storia diviene una scienza; al di là della frammentarietà dei fatti, si viene rivelando il disegno di una storia ideale eterna.

si è finor occupata), qui la filosofia si pone ad esaminare la filologia (o sia la dottrina di tutte le cose le quali dipendono dall'umano arbitrio, come sono tutte le storie delle lingue, de' costumi e de' fatti così della pace come della guerra de' popoli), la quale, per la di lei deplorata oscurezza delle cagioni e quasi infinita varietà degli effetti, ha ella avuto quasi un orrore di ragionarne; e la riduce in forma di scienza, col discovrirvi il disegno di una storia ideal eterna, sopra la quale corrono in tempo le storie di tutte le nazioni: talché, per quest'altro principale suo aspetto, viene questa Scienza ad esser una filosofia dell'autorità. Imperciocché, in forza d'altri princìpi qui scoverti di mitologia, che vanno di séguito agli altri princìpi qui ritruovati della poesia, si dimostra le favole essere state vere e severe istorie de' costumi delle antichissime genti di Grecia, e, primieramente, che quelle degli dei furon istorie de' tempi che gli uomini della più rozza umanità gentilesca credettero tutte le cose necessarie o utili al gener umano esser deitadi; della qual poesia furon autori i primi popoli, che si truovano essere stati tutti di poeti teologi, i quali, senza dubbio, ci si narrano aver fondato le nazioni gentili con le favole degli dei. [9] E quivi, co' princìpi di questa nuov'arte critica, si va meditando a quali determinati tempi e particolari occasioni di umane necessità o utilità, avvertiti da' primi uomini del gentilesimo, eglino, con ispaventose religioni, le quali essi stessi si finsero e si credettero, fantasticarono prima tali e poi tali dei; la qual teogonia naturale, o sia generazione degli dei, fatta naturalmente nelle menti di tai primi uomini,

9. *si dimostra... degli dei*: è qui abbozzata una delle tesi centrali della *Scienza nuova*. I miti o favole antiche non sono allegorie esprimenti verità filosofiche (a questa tesi Vico stesso aveva aderito nel *De antiquissima italorum sapientia*), ma documenti storici dei tempi oscuri. Nel periodo che segue si modifica *avvertite* in *avvertiti* adottando la correzione del Flora (p. 1071) al testo del Nicolini.

ne dia una cronologia ragionata della storia poetica degli dei. Le favole eroiche furono storie vere degli eroi e de' lor eroici costumi, i quali si ritruovano aver fiorito in tutte le nazioni nel tempo della loro barbarie; sicché i due poemi d'Omero si truovano essere due grandi tesori di discoverte del diritto naturale delle genti greche ancor barbare. Il qual tempo si determina nell'opera aver durato tra' greci infino a quello d'Erodoto, detto padre della greca storia, i cui libri sono ripieni la più parte di favole e lo stile ritiene moltissimo dell'omerico; nella qual possessione si sono mantenuti tutti gli storici che sono venuti appresso, i quali usano una frase mezza tra la poetica e la volgare. Ma Tucidide, primo severo e grave storico della Grecia, sul principio de' suoi racconti professa che, fin al tempo di suo padre (ch'era quello di Erodoto, il qual era vecchio quando esso era fanciullo), i greci, nonché delle straniere (le quali, a riserba delle romane, noi abbiamo tutte da' greci), eglino non seppero nulla affatto dell'antichità loro propie: [10] che sono le dense tenebre, le quali la dipintura spiega nel fondo, dalle quali, al lume del raggio della provvedenza divina dalla metafisica risparso in Omero, escono alla luce tutti i geroglifici, che significano i princìpi conosciuti solamente finor per gli effetti di questo mondo di nazioni.

Tra questi la maggior comparsa vi fa un altare, perché 'l mondo civile cominciò appo tutti i popoli con le religioni, come poco dianzi si è divisato alquanto, e più se ne diviserà quindi a poco.

10. *Il qual tempo... propie*: anche per il filosofo inglese Francesco Bacone (1561-1626), il cui pensiero esercitò su Vico una notevole influenza, la civiltà greca era « vicina alle favole e povera di storia » e i Greci « fatta eccezione per le favole, non avevano notizia che di circa cinquecento anni dei tempi a loro precedenti ». Cfr. F. Bacon, *Works*, ed. Spedding, III, p. 565. Erodoto, nato ad Alicarnasso intorno al 484 a. C. e morto dopo il 424, fu detto « padre della storia » da Cicerone. Tucidide, che nacque ad Atene intorno al 460 a. C., morì dopo il 404.

Sull'altare, a man destra, il primo a comparire è un lituo, o sia verga, con la quale gli àuguri prendevan gli augùri ed osservavan gli auspìci; il quale vuol dar ad intendere la divinazione,[11] dalla qual appo i gentili tutti incominciarono le prime divine cose. Perché, per l'attributo della di lui provvedenza, così vera appo gli ebrei — i quali credevano Dio esser una Mente infinita e, 'n conseguenza, che vede tutti i tempi in un punto d'eternità; onde Iddio (o esso, o per gli angioli che sono menti, o per gli profeti de' quali parlava Iddio alle menti) egli avvisava le cose avvenire al suo popolo, — come immaginata appresso i gentili — i quali fantasticarono i corpi esser dei, che perciò con segni sensibili avvisassero le cose avvenire alle genti, — fu universalmente da tutto il gener umano dato alla natura di Dio il nome di « divinità » da un'idea medesima, la quale i latini dissero « *divinari* », « avvisar l'avvenire »; ma con questa fondamentale diversità che si è detta, dalla quale dipendono tutte l'altre (che da questa Scienza si dimostrano) essenziali differenze tra 'l diritto natural degli ebrei e 'l diritto natural delle genti, che i romani giureconsulti diffinirono essere stato con essi umani costumi dalla divina provvedenza ordinato. Laonde ad un colpo, con sì fatto lituo, si accenna il principio della storia universal gentilesca, la quale, con pruove fisiche e filologiche, si dimostra aver avuto il suo cominciamento dal diluvio universale, dopo il quale, a capo di due secoli, il Cielo (come pure la storia favolosa il racconta) regnò in terra e fece de' molti e grandi benefici al gener umano, e, per uniformità d'idee tra gli orientali, egizi, greci, latini ed altre nazioni gentili, sursero egualmente le religioni di tanti Giovi. Perché, a capo di tanto tempo dopo il diluvio, si pruova che dovette fulminare e

11. *lituo* ecc.: cfr. Ripa, *Iconologia*, cit., p. 124, « Divinatione secondo i gentili. Donna con lituo in mano, istromento proprio de gl'auguri... ».

tuonare il cielo, e da' fulmini e tuoni, ciascuna del suo Giove, incominciarono a prendere tai nazioni gli auspìci (la qual moltiplicità di Giovi, onde gli egizi dicevano il loro Giove Ammone essere lo più antico di tutti, ha fatto finora maraviglia a' filologi); e con le medesime pruove se ne dimostra l'antichità della religion degli ebrei sopra quelle con le quali si fondaron le genti, e quindi la verità della cristiana.

Sullo stesso altare, appresso il lituo, si vede l'acqua e 'l fuoco, e l'acqua contenuta dentro un urciuolo; perché, per cagione della divinazione, appresso i gentili provennero i sacrifizi da quel comune loro costume ch'i latini dicevano « *procurare auspicia* », o sia sagrificare per ben intendere gli augùri a fin di ben eseguire i divini avvisi, ovvero comandi di Giove. E queste sono le divine cose appresso i gentili, dalle quali provvennero poscia loro tutte le cose umane.

La prima delle quali furon i matrimoni, significati dalla fiaccola accesa al fuoco sopra esso altare ed appoggiata all'urciuolo; i quali, come tutt'i politici vi convengono, sono il seminario delle famiglie, come le famiglie lo sono delle repubbliche. E, per ciò dinotare, la fiaccola, quantunque sia geroglifico di cosa umana, è allogata sull'altare tra l'acqua e 'l fuoco, che sono geroglifici di cerimonie divine; appunto come i romani antichi celebrarono « *aqua et igni* » le nozze, perché queste due cose comuni (e, prima del fuoco, l'acqua perenne, come cosa più necessaria alla vita) dappoi s'intese che, per divino consiglio, avevano menato gli uomini a viver in società.

La seconda delle cose umane, per la quale a' latini, da « *humando* », « seppellire », prima e propiamente vien detta « *humanitas* », sono le seppolture, le quali sono rappresentate da un'urna ceneraria, riposta in disparte dentro le selve, la qual addita le seppolture essersi ritruovate fin dal tempo che l'umana generazione mangiava poma l'estate, ghiande l'inverno. Ed è nell'urna iscritto « D. M. »,[12] che vuol dire: « All'anime buone de' seppelliti »; il qual motto divisa il comun consentimento di tutto il gener umano in quel placito, dimostrato vero poi da se ne dimostra l'antichità della religion degli ebrei sopra ma che sieno immortali.

Tal urna accenna altresì l'origine tra' gentili medesimi della divisione de' campi, nella quale si deon andare a truovare l'origini della distinzione delle città e de' popoli e alfin delle nazioni. Perché truoverassi che le razze, prima di Cam, poi di Giafet e finalmente di Sem, élleno, senza la religione del loro padre Noè, ch'avevano rinniegata (la qual sola, nello stato ch'era allora di natura, poteva, co' matrimoni, tenergli in società di famiglie) — essendosi sperdute, con un errore o sia divagamento ferino, dentro la gran selva di questa terra, per inseguire le schive e ritrose donne, per campar dalle fiere (delle quali doveva la grande antica selva abbondare), e, sì sbandati, per truovare pascolo ed acqua, e, per tutto ciò, a capo di lunga età essendo andate in uno stato di bestie, — quivi, a certe occasioni dalla divina provvedenza ordinate (che da questa Scienza si meditano e si ritruovano), scosse e destate da un terribile spavento d'una da essi stessi finta e creduta divinità del Cielo e di Giove, finalmente se ne ristarono alquanti e si nascosero in certi luoghi; ove, fermi con certe donne, per lo timore dell'appresa divinità, al coverto, coi congiugnimenti carnali religiosi e pudichi, celebrarono i matrimoni e fecero certi figliuoli, e così fondarono le famiglie. E, con lo star quivi fermi lunga stagione e con le seppolture degli antenati, si ritruovarono aver ivi fondati e divisi i primi domìni della terra, i cui signori ne furon detti « giganti » (ché tanto suona tal

12. *D.M.*: diis manibus.

voce in greco quanto « figliuoli della terra », cioè discendenti da' seppelliti), e quindi se ne riputarono nobili, estimando, in quel primo stato di cose umane, con giuste idee, la nobiltà dall'essere stati umanamente eglino generati col timore della divinità; dalla qual maniera di umanamente generare e non altronde, come provvenne, così fu detta l' « umana generazione », dalla quale le case diramate in più così fatte famiglie, per cotal generazione, se ne dissero le prime « genti ». Dal qual punto di tempo antichissimo, siccome ne incomincia la materia, così s'incomincia qui la dottrina del diritto natural delle genti, ch'è altro principal aspetto con cui si dee guardar questa Scienza. Or tai giganti, con ragioni come fisiche così morali, oltre l'autorità dell'istorie, si truovano essere stati di sformate forze e stature; le quali cagioni non essendo cadute ne' credenti del vero Dio, criatore del mondo e del principe di tutto l'uman genere Adamo, gli ebrei, fin dal principio del mondo, furono di giusta corporatura. Così — dopo il primo d'intorno alla provvedenza divina, e 'l secondo il qual è de' matrimoni solenni — l'universal credenza dell'immortalità dell'anima, che cominciò con le seppolture, egli è il terzo degli tre princìpi, sopra i quali questa Scienza ragiona d'intorno all'origini di tutte l'innumerabili varie diverse cose che tratta.

Dalle selve ov'è riposta l'urna s'avvanza in fuori un aratro, il qual divisa ch'i padri delle prime genti furono i primi forti della storia; onde si truovano gli Ercoli fondatori delle prime nazioni gentili che si sono mentovati di sopra (de' quali Varrone noverò ben quaranta, e gli egizi dicevano che il loro era lo più antico di tutti), perché tali Ercoli domarono le prime terre del mondo e le ridussero alla coltura. Onde i primi padri delle nazioni gentili — ch'erano giusti per la creduta pietà di osservare gli auspìci, che credevano divini comandi di Giove (dal quale, appo i latini chiamato *Ious*, ne fu anticamente detto « *ious* » il gius, che poi, contratto, si disse « *ius* »; onde la giustizia appo tutte le nazioni s'insegna naturalmente con la pietà); erano prudenti co' sacrifizi fatti per proccurare o sia ben intender gli auspìci, e sì ben consigliarsi di ciò che per comandi di Giove dovevan operar nella vita; erano temperati co' matrimoni — furono, come qui s'accenna, anco forti. Quinci [13] si danno altri princìpi alla moral filosofia, onde la sapienza riposta de' filosofi debba cospirare con la sapienza volgare de' legislatori; per gli quali princìpi tutte le virtù mettano le loro radici nella pietà e nella religione, per le quali sole son efficaci ad operar le virtù, e 'n conseguenza de' quali gli uomini si debbano proporre per bene tutto ciò che Dio vuole. Si danno altri princìpi alla dottrina iconomica, [14] onde i figliuoli, mentre sono in potestà de' lor padri, si deono stimare essere nello stato delle famiglie, e, 'n conseguenza, non sono in altro da formarsi e fermarsi, in tutti i loro studi, che nella pietà e nella religione; e, quando non son ancor capaci d'intender repubblica e leggi, vi riveriscano e temano i padri come vivi simolacri di Dio; onde si truovino poi naturalmente disposti a seguire la religione de' loro padri ed a difender la patria, che conserva lor le famiglie, e, così, ad ubbidir alle leggi, ordinate alla conservazione della religione e della patria (siccome la provvedenza divina ordinò le cose umane con tal eterno consiglio: che prima si fondassero le famiglie con le religioni, sopra le quali poi avevan da surgere le repubbliche con le leggi).

L'aratro appoggia con certa maestà il manico in faccia all'altare, per darci ad intendere che le terre arate furono i primi altari della gentilità; e per dinotar altresì la supe-

13. *Quinci*: in quest'opera, e precisamente nel Libro secondo.

14. *dottrina iconomica*: dottrina del governo delle famiglie.

riorità di natura la quale credevano avere gli eroi sopra i loro soci (i quali, quindi a poco, vedremo significarsici dal timone, che si vede in atto d'inchinarsi presso al zoccolo dell'altare); nella qual superiorità di natura si mostrerà ch'essi eroi riponevano la ragione, la scienza e quindi l'amministrazione ch'essi avevano delle cose divine, o sia de' divini auspìci.

L'aratro scuopre la sola punta del dente e ne nasconde la curvatura (che, prima d'intendersi l'uso del ferro, dovett'esser un legno curvo ben duro, che potesse fender le terre ed ararle) — la qual curvatura da' latini fu detta « *urbs* », ond'è l'antico « *urbum* », « curvo » — per significare che le prime città, le quali tutte si fondarono in campi colti, sursero con lo stare le famiglie lunga età ben ritirate e nascoste tra' sagri orrori de' boschi religiosi, i quali si truovano appo tutte le nazioni gentili antiche e, con l'idea comune a tutte, si dissero dalle genti latine « *luci* », ch'erano « terre bruciate dentro il chiuso de' boschi », i quali sono condennati da Mosè a doversi bruciar anch'essi ovunque il popolo di Dio stendesse le sue conquiste. E ciò per consiglio della provvedenza divina, acciocché gli già venuti all'umanità non si confondessero di nuovo co' vagabondi, rimasti nella nefaria comunione sì delle cose sì delle donne.

Si vede al lato destro del medesimo altare un timone, il qual significa l'origine della trasmigrazione de' popoli fatta per mezzo della navigazione. E, per ciò che sembra inchinarsi a piè dell'altare, significa gli antenati di coloro che furono poi gli autori delle trasmigrazioni medesime: i quali furono dapprima uomini empi, che non conoscevano niuna divinità; — nefari, ché, per non esser tra loro distinti i parentadi co' matrimoni, giacevano sovente i figliuoli con le madri, i padri con le figliuole; — e finalmente, perché, come fiere bestie, non intendevano società in mezzo ad essa infame comunion delle cose, tutti soli e quindi deboli e finalmente miseri ed infelici, perché bisognosi di tutti i beni che fan d'uopo per conservare con sicurezza la vita. Essi, con la fuga de' propi mali, sperimentati nelle risse ch'essa ferina comunità produceva, per loro scampo e salvezza, ricorsero alle terre colte da' pii, casti, forti ed anco potenti, siccome coloro ch'erano già uniti in società di famiglie. Dalle quali terre si truoveranno le città essere state dette « are » dappertutto il mondo antico della gentilità: che dovetter essere i primi altari delle nazioni gentili, sopra i quali il primo fuoco il qual vi si accese fu quello che fu dato alle selve per isboscarle e ridurle a coltura, e la prima acqua fu quella delle fontane perenni, ch'abbisognarono acciocché coloro ch'avevano da fondare l'umanità non più, per truovar acqua, divagassero in uno ferino errore, anzi dentro circoscritte terre stassero fermi ben lunga età, onde si disavvezzassero dallo andar vagabondi. E, perché questi altari si truovan essere stati i primi asili del mondo (i quali Livio generalmente diffinisce « *vetus urbes condentium consilium* », come dentro l'asilo aperto nel luco ci è narrato aver Romolo fondato Roma), quindi le prime città quasi tutte si disser « are ». Tal minor discoverta, con quest'altra maggiore: che appo i greci (da' quali, come si è sopra detto, abbiamo tutto ciò ch'abbiamo dell'antichità gentilesche) la prima Tracia o Scizia (o sia il primo Settentrione), la prima Asia e la prima India (o sia il primo Oriente), la prima Mauritania o Libia (o sia il primo Mezzodì) e la prima Europa o prima Esperia (o sia il primo Occidente) e, con queste, il primo Oceano, nacquero tutte dentro essa Grecia; e che poi i greci, ch'uscirono per lo mondo, dalla somiglianza de' siti diedero sì fatti nomi alle di lui quattro parti ed all'oceano che 'l cinge; — tali discoverte diciamo dar altri princìpi alla geografia, i quali, come gli altri princìpi accennati darsi alla cronologia (che son i due occhi della storia), bisognavano per leggere la storia ideal eterna che sopra si è mentovata.

A questi altari, adunque, gli empi-vagabondi-deboli, inseguiti alla vita da' più robusti, essendo ricorsi, i pii-forti v'uccisero i violenti e vi riceverono in protezione i deboli, i quali, perché altro non vi avevano portato che la sola vita, ricevettero in qualità di famoli, con somministrar loro i mezzi di sostentare la vita; da' quali famoli principalmente si dissero le famiglie, i quali furono gli abbozzi degli schiavi, che poi vennero appresso con le cattività nelle guerre. Quinci, come da un tronco più rami, escono l'origini degli asili, come si è veduto; — l'origine delle famiglie, sulle quali poi sursero le città, come spiegherassi più sotto; — l'origine di celebrarsi le città, che fu per viver sicuri gli uomini dagl'ingiusti violenti; — l'origine delle giurisdizioni da esercitarsi dentro i propi territori; — l'origine di stender gl'imperi, [15] che si fa con usar giustizia, fortezza e magnanimità, che sono le virtù più luminose de' prìncipi e degli Stati; — l'origine dell'armi [16] gentilizie, delle quali i primi campi d'armi si truovano questi primi campi da semina; — l'origine della fama, dalla quale tai famoli furono detti, e della gloria, che eternalmente è riposta in giovar il gener umano; — l'origini della nobiltà vera, che naturalmente nasce dall'esercizio delle morali virtù; — l'origine del vero eroismo, ch'è di domar superbi e soccorrere a' pericolanti (nel qual eroismo il romano avvanzò tutti i popoli della terra, e ne divenne signor del mondo); — le origini, finalmente, della guerra e della pace, e che la guerra cominciò al mondo per la propia difesa, nella quale consiste la virtù vera della fortezza. Ed in tutte queste origini si scuopre

15. *imperi*: i poteri statali.

16. *armi*: stemmi.

disegnata la pianta eterna delle repubbliche, sulla quale gli Stati, quantunque acquistati con violenza e con froda, per durare, debbon fermarsi; come, allo 'ncontro, gli acquistati con queste origini virtuose, poscia, con la froda e con la forza rovinano. E cotal pianta di repubbliche è fondata sopra i due princìpi eterni di questo mondo di nazioni, che sono la mente e 'l corpo degli uomini che le compongono. Imperciocché — costando gli uomini di queste due parti, delle quali una è nobile, che, come tale, dovrebbe comandare, e l'altra vile, la qual dovrebbe servire; e, per la corrotta natura umana, senza l'aiuto della filosofia (la quale non può soccorrere ch'a pochissimi), non potendo l'universale degli uomini far sì che privatamente la mente di ciascheduno comandasse, e non servisse, al suo corpo; — la divina provvedenza ordinò talmente le cose umane con quest'ordine eterno: che, nelle repubbliche, quelli che usano la mente vi comandino e quelli che usano il corpo v'ubbidiscano.

Il timone s'inchina a piè dell'altare, perché tali famoli, siccome uomini senza dei, non avevano la comunione delle cose divine e, 'n conseguenza delle quali, nemmeno la comunità delle cose umane insieme co' nobili, e principalmente la ragione di celebrare nozze solenni, ch'i latini dissero « *connubium* », delle quali la maggior solennità era riposta negli auspìci, per gli qual i nobili si riputavano esser d'origine divina e tenevano quelli essere d'origine bestiale, siccome generati da' nefari concubiti. Nella qual differenza di natura più nobile si truova, egualmente tra gli egizi, greci e latini, che consisteva un creduto natural eroismo, il quale troppo spiegatamente ci vien narrato dalla storia romana antica.

Finalmente il timone è in lontananza dall'aratro, ch'in faccia dell'altare gli si mostra infesto e minaccevole con la punta, perché i famoli, non avendo parte, come si è divisato, nel dominio de' terreni, che tutti eran in signoria de' nobili, ristucchi di dover servire sempre a' signori, dopo lunga età finalmente faccendone la pretensione e perciò ammutinati, si rivoltarono contro gli eroi in sì fatte contese agrarie, che si truoveranno assai più antiche e di gran lunga diverse da quelle che si leggono sopra la storia romana ultima. E quivi molti capi d'esse caterve di famoli, sollevate e vinte da' lor eroi (come spesso i villani d'Egitto lo furono da' sacerdoti, all'osservare di Pier Cuneo,[17] *De republica hebræorum*), per non esser oppressi e truovare scampo e salvezza, con quelli delle loro fazioni, si commisero alla fortuna del mare ed andarono a truovar terre vacue per gli lidi del Mediterraneo, verso occidente, ch'a que' tempi non era abitato nelle marine. Ch'è l'origine della trasmigrazione de' popoli già dalla religione umanati, fatta da Oriente, da Egitto, e dall'Oriente sopra tutti dalla Fenicia, come, per le stesse cagioni, avvenne de' greci appresso. In cotal guisa, non le innondazioni de' popoli, che per mare non posson farsi; — non la gelosia di conservare gli acquisti lontani con le colonie conosciute, perché dall'Oriente, da Egitto, da Grecia non si legge essersi nell'Occidente alcun imperio disteso; — non la cagione de' traffichi, perché l'Occidente in tali tempi si truova non essere stato ancora sulle marine abitato; — ma il diritto eroico fece la necessità a sì fatte brigate d'uomini di tali nazioni d'abbandonare le propie terre, le quali, naturalmente, senonsé per qualche estrema necessità s'abbandonano. E con sì fatte colonie, le quali perciò saranno appellate « eroiche oltramarine », propagossi il gener umano, anco per mare, nel resto del nostro mondo; siccome con l'error ferino, lunga età innanzi, vi si era propagato per terra.

17. *Pier Cuneo*: è l'erudito olandese Pietro van der Kuhn (1586-1638), autore del *De republica hebræorum*, Saumur, 1674; Leida, 1703.

Esce più in fuori, innanzi l'aratro, una tavola con iscrittovi un alfabeto latino antico (che, come narra Tacito, [18] fu somigliante all'antico greco) e, più sotto, l'alfabeto ultimo che ci restò. Egli dinota l'origine delle lingue e delle lettere che sono dette volgari, che si truovano essere venute lunga stagione dopo fondate le nazioni, ed assai più tardi quella delle lettere che delle lingue; e, per ciò significare, la tavola giace sopra un rottame di colonna d'ordine corintiaco, assai moderno tra gli ordini dell'architettura.

Giace la tavola molto dapresso all'aratro e lontana assai dal timone, per significare l'origine delle lingue natie, le quali si formarono prima ciascuna nelle propie lor terre, ove finalmente si ritruovarono a sorte, fermati dal loro divagamento ferino, gli autori delle nazioni, che si erano, come sopra si è detto, sparsi e dispersi per la gran selva della terra; con le quali lingue natie, lunga età dopo, si mescolarono le lingue orientali o egiziache o greche, con la trasmigrazione de' popoli fatta nelle marine del Mediterraneo e dell'Oceano che si è sopra accennata. E qui si dànno altri princìpi d'etimologia (e se ne fanno spessissimi saggi per tutta l'opera), per gli quali si distinguono l'origini delle voci natie da quelle che sono d'origini indubitate straniere, con tal importante diversità: che l'etimologie delle lingue natie sieno istorie di cose significate da esse voci su quest'ordine naturale d'idee: che prima furono le selve, poi i campi colti e i tuguri, appresso le picciole case e le ville, quindi le città, finalmente l'accademie e i filosofi (sopra il qual ordine ne devono dalle prime lor origini camminar i progressi); e l'etimologie delle lingue straniere sieno mere storie di voci le quali una lingua abbia ricevute da un'altra.

La tavola mostra i soli princìpi degli alfabeti e giace

18. *Tacito*: *Annali*, XI, 14.

rimpetto alla statua d'Omero, perché le lettere, come delle greche si ha dalle greche tradizioni, non si ritruovarono tutte a un tempo; ed è necessario ch'almeno tutte non si fussero ritruovate nel tempo d'Omero, che si dimostra non aver lasciato scritto niuno de' suoi poemi. Ma dell'origine delle lingue natie si darà un avviso più distinto qui appresso.

Finalmente, nel piano più illuminato di tutti, perché vi si espongono i geroglifici [19] significanti le cose umane più conosciute, in capricciosa acconcezza l'ingegnoso pittore fa comparire un fascio romano, una spada ed una borsa appoggiate al fascio, una bilancia e 'l caduceo di Mercurio.

De' quali geroglifici il primo è 'l fascio, perché i primi imperi civili sursero sull'unione delle paterne potestadi de' padri, i quali, tra' gentili, erano sappienti in divinità d'auspìci, sacerdoti per proccurargli (o sia ben intendergli) co' sacrifizi, re, e certamente monarchi, i quali comandavano ciò che credevano volesser gli dei con gli auspìci, e n conseguenza non ad altri soggetti ch'a Dio. Così egli è un fascio di litui, che si truovano i primi scettri del mondo. Tai padri, nelle turbolenze agrarie di sopra dette, per resistere alle caterve de' famoli sollevati contro essoloro, furono naturalmente menati ad unirsi e chiudersi ne' primi ordini di senati regnanti (o senati di tanti re famigliari) sotto certi loro capi-ordini, che si truovano essere stati i primi re delle città eroiche, i quali pur ci narra, quantunque troppo oscuramente, la storia antica

19. *geroglifici*: emblemi. L'uso che qui e in altri passi Vico fa di questo termine è assai simile a quello presente nell'opera di F. Bacone. Per Bacone i geroglifici sono « contrassegni che, senza aiuto alcuno di parole, significano le cose... essi hanno sempre una qualche somiglianza con la cosa significata e sono in qualche modo emblemi »; le lettere dell'alfabeto, al contrario, significano « per convenzione » e non hanno alcuna corrispondenza con la cosa significata. (*De dignitate et augmentis scientiarum*, in *Works*, cit., I, pp. 652-53). Ma si veda anche la successiva n. 30.

che, nel primo mondo de' popoli, si criavano gli re per natura, de' quali qui si medita e se ne truova la guisa. Or tai senati regnanti, per contentare le sollevate caterve de' famoli e ridurle all'ubbidienza, accordarono loro una legge agraria, che si truova essere stata la prima di tutte le leggi civili che nacque al mondo; e, naturalmente, de' famoli, con tal legge ridutti, si composero le prime plebi delle città. L'accordato da' nobili a tai plebei fu il dominio naturale de' campi, restando il civile appo essi nobili, i quali soli furono i cittadini delle città eroiche, e ne surse il dominio eminente appo essi ordini, che furono le prime civili potestà, o sieno potestà sovrane de' popoli; le quali tutte e tre queste spezie di domini si formarono e si distinsero col nascere di esse repubbliche, le quali, da per tutte le nazioni, con un'idea spiegata in favellari diversi, si truovano essere state dette « repubbliche erculee », ovvero di cureti, ossia di armati in pubblica ragunanza. E quindi si schiariscono i princìpi del famoso « *ius quiritium* », che gl'interpetri della romana ragione han creduto esser propio de' cittadini romani, perché negli ultimi tempi tale lo era; ma ne' tempi antichi romani si truova essere stato diritto naturale di tutte le genti eroiche. E quindi sgorgano, come da un gran fonte più fiumi, l'origine delle città, che sursero sopra le famiglie non solo de' figliuoli ma anco de' famoli (onde si truovarono naturalmente fondate sopra due comuni: uno di nobili che vi comandassero, altro di plebei ch'ubbidissero; delle quali due parti si compone tutta la polizia, o sia la ragione de' civili governi); le quali prime città, sopra le famiglie sol di figliuoli, si dimostra che non potevano, né tali né di niuna sorta, affatto nascer nel mondo; — l'origini degl'imperi pubblici, che nacquero dall'unione degl'imperi privati paterni-sovrani nello stato delle famiglie; — l'origini della guerra e della pace, onde tutte le repubbliche nacquero con la mossa dell'armi, e poi si composero con le leggi; della qual natura di cose umane restò questa eterna propietà: che le guerre si fanno perché i popoli vivano sicuri in pace; — l'origini de' feudi, perché con una spezie di feudi rustici i plebei s'assoggettirono a' nobili, e con un'altra di feudi nobili, ovvero armati, i nobili, ch'eran sovrani nelle loro famiglie, s'assoggettirono alla maggiore sovranità de' lor ordini eroici; e si ritruova che sopra i feudi sono sempre surti al mondo i reami de' tempi barbari, e se ne schiarisce la storia de' nuovi reami d'Europa, surti ne' tempi barbari ultimi,[20] i quali ci sono riusciti più oscuri de' tempi barbari primi che Varrone diceva.[21] Perché tai primi campi da' nobili furon dati a' plebei col peso di pagarne loro la « decima » che fu detta « d'Ercole » appresso i greci, ovvero « censo » (che si truova quello da Servio Tullio ordinato a' romani), ovvero « tributo », il quale portava anco l'obbligazione di servir a propie spese i plebei a' nobili nelle guerre, come pur ben si legge apertamente nella storia romana antica. E quivi si scuopre l'origine del censo, che poi restò pianta delle repubbliche popolari; la qual ricerca ci ha costo la maggior fatiga di tutte sulle cose romane, in ritruovare la guisa come in questo si cangiò il censo di Servio Tullio, che si truoverà essere stato la pianta delle antiche repubbliche aristocratiche; lo che ha fatto cadere tutti in errore di credere Servio Tullio aver ordinato il censo [pianta] della libertà popolare.

Dallo stesso principio esce l'origine de' commerzi, che, 'n cotal guisa qual abbiam detto, cominciarono di beni stabili col cominciare d'esse città; che si dissero « commerzi » da questa prima mercede che nacque al mondo, la quale gli eroi, con tali campi, diedero a' famoli sotto la legge ch'abbiam detto di dover questi ad essoloro

20. *tempi... ultimi*: il medioevo. 21. *Varrone diceva*: cfr. qui n. 7.

servire; — l'origine degli erari, che si abbozzarono col nascere delle repubbliche, e poi i propiamente detti da « *aes aeris* », in senso di « danaio », s'intesero con la necessità di somministrare dal pubblico il danaio a' plebei nelle guerre; — l'origine delle colonie, che si truovano caterve, prima di contadini che servivano agli eroi per lo sostentamento della lor vita, poi di vassalli che ne coltivavano per sé i campi sotto i reali e personali pesi già divisati; le quali si appelleranno « colonie eroiche mediterranee », a differenza delle oltramarine già sopra dette; — e, finalmente, l'origini delle repubbliche, le quali nacquero al mondo di forma severissima aristocratica, nelle quali i plebei non avevano niuna parte di diritto civile. E quindi si ritruova il romano essere stato regno aristocratico, il quale cadde sotto la tirannia di Tarquinio Superbo, il quale aveva fatto pessimo governo de' nobili e spento quasi tutto il senato; ché Giunio Bruto, il quale nel fatto di Lugrezia afferrò l'occasione di commuovere la plebe contro i Tarquini e, avendo liberato Roma dalla tirannide, ristabilì il senato e riordinò la repubblica sopra i suoi princìpi e, per un re a vita, con due consoli annali, non introdusse la popolare, ma vi raffermò la libertà signorile. La qual si truova che visse fin alla legge Publilia, con la quale Publilio Filone dittatore, detto perciò « popolare », dichiarò la repubblica romana esser divenuta popolare di stato, e spirò finalmente con la legge Petelia, la quale liberò affatto la plebe dal diritto feudale rustico del carcere privato, ch'avevano i nobili sopra i plebei debitori: sulle quali due leggi, che contengono i due maggiori punti della storia romana, non si è punto riflettuto né da' politici né da' giureconsulti né dagl'interpetri eruditi della romana ragione, per la favola della legge delle XII Tavole venuta da Atene libera per ordinar in Roma la libertà popolare, la quale queste due leggi dichiarano essersi ordinata in casa co' suoi naturali costumi (la qual favola si è scoverta ne' *Princìpi del Diritto universale,*[22] usciti molti anni fa dalle stampe). Laonde, perché le leggi si deono interpetrare acconciamente agli stati delle repubbliche, da sì fatti princìpi di governo romano si danno altri princìpi alla romana giurisprudenza.

La spada che s'appoggia al fascio dinota che 'l diritto eroico fu diritto della forza, ma prevenuta dalla religione, la qual sola può tener in ufizio la forza e l'armi ove non ancora si sono ritruovate (o, ritruovate, non hanno più luogo) le leggi giudiziarie; il qual diritto è quell'appunto d'Achille, ch'è l'eroe cantato da Omero a' popoli della Grecia in esemplo dell'eroica virtù, il qual riponeva tutta la ragione nell'armi. E qui si scuopre l'origine dei duelli, i quali, come certamente si celebrarono ne' tempi barbari ultimi, così egli si truova essersi praticati ne' tempi barbari primi, ne' quali non erano ancor i potenti addimesticati di vendicare tra loro le offese e i torti con le leggi giudiziarie, e si esercitavano con certi giudizi divini, ne' quali protestavano Dio testimone e si richiamavano a Dio giudice dell'offesa, e dalla fortuna, qual fusse mai, dell'abbattimento ne ossequiavano con tanta riverenza la decisione che, se essa parte oltraggiata vi cadesse mai vinta, riputavasi rea. Alto consiglio della provvedenza divina, acciocché, in tempi barbari e fieri ne' quali non s'intendeva ragione, la stimassero dall'avere propizio o contrario Dio, onde da tali guerre private non si seminassero guerre ch'andassero a spegnere finalmente il gener umano; il quale natural senso barbaro non può in altro rifondersi che nel concetto innato c'hanno gli uomini di essa provvedenza divina, con la quale si devono conformare, ove vedano opprimersi i buoni e prosperarsi gli scellerati. Per le quali cagioni tutte funne il duello creduto

22. È il *De uno universi iuris principio et fine uno*, pubblicato nel 1720.

una spezie di purgazione divina; onde, quanto oggi, in questa umanità, la quale con le leggi ha ordinato i giudizi criminali e civili, sono vietati, tanto ne' tempi barbari furono creduti necessari i duelli. In tal guisa ne' duelli, o sieno guerre private, si truova l'origine delle guerre pubbliche, che le faccino le civili potestà, non ad altri soggette ch'a Dio, perché Iddio le diffinisca con la fortuna delle vittorie, perché 'l gener umano riposasse sulla certezza degli Stati civili: ch'è 'l principio della « giustizia esterna », che dicesi, delle guerre.

La borsa pur sopra il fascio dimostra ch'i commerzi i quali si celebrano con danaio non cominciarono che tardi — dopo fondati già gl'imperi civili —; talché la moneta coniata non si legge in niuno de' due poemi d'Omero. Lo stesso geroglifico accenna l'origine di esse monete coniate, la qual si truova provvenire da quelle dell'armi gentilizie, le quali si scuoprono (come sopra se n'è alquanto accennato de' primieri campi d'armi) aver significato diritti e ragioni di nobiltà appartenenti più ad una famiglia che ad altra; onde poi nacque l'origine dell'imprese pubbliche, o sien insegne de' popoli, le quali poi s'innalberarono nell'insegne militari (e se ne serve, come di parole mute, la militar disciplina), e finalmente diedero l'impronto per tutti i popoli alle monete. E qui si danno altri princìpi alla scienza delle medaglie, e quindi altri alla scienza, che dicono, del blasone; ch'è uno degli tre luoghi de' quali ci truoviamo soddisfatti della *Scienza nuova* la prima volta stampata. [23)]

La bilancia dopo la borsa dà a divedere che, dopo i governi aristocratici, che furono governi eroici, vennero i governi umani, di spezie prima popolari; [24)] ne' qual' i

23. *Scienza nuova* ecc.: è il capitolo XXIX del terzo libro della cosiddetta *Scienza nuova prima*, che il Vico pubblicò, a sue spese, nel 1725.

24. *governi... popolari*: le repubbliche democratiche.

popoli, perché avevano già finalmente inteso la natura ragionevole (ch'è la vera natura umana) esser uguale in tutti, da sì fatta ugualità naturale (per le cagioni che si meditano nella storia ideal eterna e si rincontrano appuntino nella romana), trassero gli eroi, tratto tratto, all'egualità civile nelle repubbliche popolari; la quale ci è significata dalla bilancia, perché, come dicevano i greci, nelle repubbliche popolari tutto corre a sorte o bilancia. Ma finalmente, non potendo i popoli liberi mantenersi in civile egualità con le leggi per le fazioni de' potenti, e andando a perdersi con le guerre civili, avvenne naturalmente che, per esser salvi, con una legge regia naturale la qual si truova comune a tutt'i popoli di tutti i tempi in tali Stati popolari corrotti (perché la legge regia civile, che dicesi comandata dal popolo romano per legittimare la romana monarchia nella persona d'Augusto, ella ne' *Princìpi del Diritto universale* si dimostra esser una favola, la quale, con la favola ivi dimostrata della legge delle XII Tavole venuta da Atene, sono due luoghi per li quali stimiamo non avere scritto inutilmente quell'opera), con tal legge o più tosto costume naturale delle genti umane, vanno a ripararsi sotto le monarchie, ch'è l'altra spezie degli umani governi. Talché queste due forme ultime de' governi, che sono umani, nella presente umanità si scambiano vicendevolmente tra loro; ma niuna delle due passano per natura in istati aristocratici, ch'i soli nobili vi comandino e tutti gli altri vi ubbidiscano; onde son oggi rimaste al mondo tanto rade le repubbliche de' nobili: in Germania, Norimberga; in Dalmazia, Ragugia; in Italia, Vinegia, Genova e Lucca. Perché queste sono le tre spezie degli Stati [25] che la divina provvedenza, con essi naturali costumi delle nazioni, ha fatto nascere al mondo, e con quest'ordine naturale succedono l'una all'altra; perché

25. *tre... Stati*: le repubbliche popolari, le monarchie, gli stati aristocratici.

altre per provvedenza umana di queste tre mescolate, perché essa natura delle nazioni non le sopporta, da Tacito (che vidde gli effetti soli delle cagioni che qui si accennano e dentro ampiamente si ragionano) son diffinite che « sono più da lodarsi che da potersi mai conseguire, e, se per sorta ve n'hanno, non sono punto durevoli ».[26] Per la qual discoverta si danno altri princìpi alla dottrina politica, non sol diversi ma affatto contrari a quelli che se ne sono immaginati finora.

Il caduceo[27] è l'ultimo de' geroglifici, per farci avvertiti ch'i primi popoli, ne' tempi lor eroici ne' quali regnava il diritto natural della forza, si guardavano tra loro da perpetui nimici, con continove rube e corseggi (e come, ne' tempi barbari primi, gli eroi si recavano a titolo d'onore d'esser chiamati ladroni, così, a' tempi barbari ritornati, d'esser i potenti detti corsali),[28] perché, essendo le guerre eterne tra loro, non bisognava intimarle; ma, venuti poi i governi umani, o popolari o monarchici, dal diritto delle genti umane furon introdutti gli araldi ch'intimasser le guerre, e s'incominciarono a finire l'ostilità con le paci. E ciò per alto consiglio della provvedenza divina, perché, ne' tempi della loro barbarie, le nazioni che novelle al mondo dovevano germogliare si stassero circoscritte dentro i loro confini, né, essendo feroci e indomite, uscissero quindi a sterminarsi tra essolor con le guerre; ma poi che, con lo stesso tempo, fussero cresciute e si truovassero insiememente addimesticate, e

26. *sono più* ecc.: Tacito, *Annali*, IV, 33.

27. *caduceo*: è la verga portata dal *caduceator*, l'araldo inviato dalla parte avversaria per le trattative. Come messaggero degli dèi Mercurio porta appunto la verga, con due serpenti attorcigliati, che è raffigurata nella « dipintura » della *Scienza nuova*. Il caduceo è dunque simbolo di pace. Cfr. anche C. Ripa, *Iconologia*, cit., p. 402: « Chiamorno gli Latini Caduceo, perché al suo apparire faceva cadere tutte le discordie, et fu per ciò l'insegna della pace ».

28. *corsali*: corsari, pirati.

perciò fatte comportevoli de' costumi l'une dell'altre, indi fusse facile a' popoli vincitori di risparmiare la vita a' vinti con le giuste leggi delle vittorie.

Così questa *Nuova Scienza*, o sia la metafisica, al lume della provvedenza divina meditando la comune natura delle nazioni, avendo scoverte tali origini delle divine ed umane cose tralle nazioni gentili, ne stabilisce un sistema del diritto natural delle genti, che procede con somma egualità e costanza per le tre età che gli egizi ci lasciaron detto aver camminato per tutto il tempo del mondo corso loro dinanzi, [29] cioè: l'età degli dei, nella quale gli uomini gentili credettero vivere sotto divini governi, e ogni cosa essere lor comandata con gli auspìci e con gli oracoli, che sono le più vecchie cose della storia profana; — l'età degli eroi, nella quale dappertutto essi regnarono in repubbliche aristocratiche, per una certa da essi riputata differenza di superior natura a quella de' lor plebei; — e finalmente l'età degli uomini, nella quale tutti si riconobbero esser uguali in natura umana, e perciò vi si celebrarono prima le repubbliche popolari e finalmente le monarchie, le quali entrambe sono forme di governi umani, come poco sopra si è detto.

Convenevolmente a tali tre sorte di natura e governi, si parlarono tre spezie di lingue, che compongono il vocabolario di questa Scienza: la prima, nel tempo delle famiglie, che gli uomini gentili si erano di fresco ricevuti all'umanità; la qual si truova essere stata una lingua muta per cenni o corpi ch'avessero naturali rapporti all'idee ch'essi volevano significare; [30] — la seconda si

29. *gli egizi* ecc.: per Diodoro, I, 44 « gli dèi e gli eroi hanno dapprima regnato sull'Egitto per circa diciottomila anni... poi il paese è stato governato dagli uomini durante circa cinquemila anni ».

30. *una lingua muta* ecc.: sul rapporto diretto di « somiglianza » fra i gesti o cenni e le cose significate aveva insistito anche F. Bacone nel *De dignitate et augmentis scientiarum* (in *Works*, cit., I, p. 652) paragonando i gesti a dei « geroglifici transitori ». Ma tutto il problema della

parlò per imprese eroiche, o sia per somiglianze, comparazioni, immagini, metafore e naturali descrizioni, che fanno il maggior corpo della lingua eroica, che si truova essersi parlata nel tempo che regnaron gli eroi; — la terza fu la lingua umana per voci convenute da' popoli, della quale sono assoluti signori i popoli, propia delle repubbliche popolari e degli Stati monarchici, perché i popoli dieno i sensi alle leggi, a' quali debbano stare con la plebe anco i nobili; onde, appo tutte le nazioni, portate le leggi in lingue volgari, la scienza delle leggi esce di mano a' nobili, delle quali, innanzi, come di cosa sagra, appo tutte si truova che ne conservavano una lingua segreta i nobili, i quali, pur da per tutte, si truova che furono sacerdoti: ch'è la ragion naturale dell'arcano delle leggi appo i patrizi romani, finché vi surse la libertà popolare. Queste sono appunto le tre lingue che pur gli egizi dissero essersi parlate innanzi nel loro mondo, corrispondenti a livello, così nel numero come nell'ordine, alle tre età che nel loro mondo erano corse loro dinanzi: la geroglifica, ovvero sagra o segreta, [31] per atti muti, convenevole alle religioni, alle quali più importa osservarle che favellarne; — la simbolica, o per somiglianze, qual testé abbiam veduto essere stata l'eroica; — e finalmente la pistolare, o sia volgare, che serviva loro per gli usi volgari della lor vita. Le quali tre lingue si truovavano tra' caldei, sciti, egizi, germani e tutte le altre nazioni gentili antiche; quantunque la scrittura geroglifica più si conservò tra gli egizi, perché più lungo tempo che le altre

lingua verrà più ampiamente affrontato dal Vico in quella parte del secondo libro che è dedicata alla *logica poetica*. Cfr. qui a p. 351 n. 86.

31. *la geroglifica... segreta*: il rilievo del carattere sacrale e segreto dei geroglifici è diffuso entro una vastissima letteratura. Si veda per esempio il Morhofius, *Polyhistor literarius philosophicus et practicus*, Lubecca, 1732 (prima ediz. 1707), I, p. 624: « la sapiente e per questo in tutto il mondo notissima gente egizia, poiché non voleva divulgare i suoi ritrovati presso il volgo, escogitò i geroglifici, cioè i simboli delle cose ».

furono chiusi a tutte le nazioni straniere (per la stessa cagione onde si è truovata durare tuttavia tra' chinesi), e quindi si forma una dimostrazione d'esser vana la lor immaginata lontanissima antichità.

Però qui si danno gli schiariti princìpi come delle lingue così delle lettere, d'intorno alle quali ha finora la filologia disperato, e se ne darà un saggio delle stravaganti e mostruose oppenioni che se ne sono finor avute. L'infelice cagione di tal effetto si osserverà ch'i filologi han creduto nelle nazioni esser nate prima le lingue, dappoi le lettere; quando (com'abbiamo qui leggiermente accennato e pienamente si pruoverà in questi libri) nacquero esse gemelle e caminarono del pari, in tutte e tre le loro spezie, le lettere con le lingue. E tai princìpi si rincontrano appuntino nelle cagioni della lingua latina, ritruovate nella *Scienza nuova* stampata la prima volta — ch'è l'altro luogo degli tre onde di quel libro [32] non ci pentiamo; — per le quali ragionate cagioni si sono fatte tante discoverte dell'istoria, governo e diritto romano antico, come in questi libri potrai, o leggitore, a mille pruove osservare. Al qual esemplo, gli eruditi delle lingue orientali, greca e, tralle presenti, particolarmente della tedesca, ch'è lingua madre, potranno fare discoverte d'antichità fuori d'ogni loro e nostra aspettazione.

Principio di tal'origini e di lingue e di lettere si truova essere stato ch'i primi popoli della gentilità, per una dimostrata necessità di natura, furon poeti, [33] i quali parlarono per caratteri poetici; la qual discoverta, ch'è la chiave

32. *l'altro luogo degli tre onde* ecc.: è il capit. XXXVII del terzo libro della *Scienza nuova prima*. Cfr. qui n. 23.

33. *i primi popoli... furon poeti*: « tutte le nazioni gentili furono... né loro cominciamenti poetiche », come dirà Vico nella *Degnità*, XLIV. Questa *discoverta* sta a fondamento di tutto il libro II della *Scienza nuova*: la primitiva sapienza del genere umano è stata una *sapienza poetica*; gli uomini che hanno fondato la società umana erano *bestioni* incapaci di *riflessione*, ma dotati di forti sensi e di *robustissima fantasia*.

maestra di questa Scienza, ci ha costo la ricerca ostinata di quasi tutta la nostra vita letteraria, perocché tal natura poetica di tai primi uomini, in queste nostre ingentilite nature, egli è affatto impossibile immaginare e a gran pena ci è permesso d'intendere. Tali caratteri ci truovano essere stati certi generi fantastici (ovvero immagini, per lo più di sostanze animate o di dei o d'eroi, formate dalla lor fantasia), ai quali riducevano tutte le spezie o tutti i particolari a ciascùn genere appartenenti; appunto come le favole de' tempi umani, quali sono quelle della commedia ultima, sono i generi intelligibili, ovvero ragionati dalla moral filosofia, de' quali i poeti comici formano generi fantastici (ch'altro non sono l'idee ottime degli uomini in ciascun suo genere), che sono i personaggi delle commedie.[34] Quindi sì fatti caratteri divini o eroici si truovano essere state favole, ovvero favelle vere; e se ne scuoprono l'allegorie, contenenti sensi non già analoghi ma univoci, non filosofici ma istorici di tali tempi de' popoli della Grecia. Di più, perché tali generi (che sono, nella lor essenza, le favole) erano formati da fantasie robustissime, come d'uomini di debolissimo raziocinio, se ne scuoprono le vere sentenze poetiche, che debbon essere sentimenti vestiti di grandissime passioni, e perciò piene di sublimità e risveglianti la maraviglia. Inoltre, i fonti di tutta la locuzion poetica si truovano questi due, cioè povertà di parlari e necessità di spiegarsi e di farsi intendere; da' quali proviene l'evidenza della favella eroica, che immediatamente succedette alla favella mutola per atti o corpi ch'avessero naturali rapporti all'idee che si

34. *generi fantastici... delle commedie*: i *generi fantastici* o *caratteri poetici* sono le personificazioni tipiche, e quindi mitiche dei concetti astratti. Questi *generi fantastici*, caratteristici dell'età poetica, corrispondono, nei *tempi umani*, ai *generi intelligibili* della filosofia morale. Di questi, commediografi come Terenzio e Menandro si servono per creare nuovi *generi fantastici*, i tipi o *personaggi* delle loro commedie. Cfr. su questo argomento nel libro III, la *Ricerca del vero Omero*, capit. 4.

volevan significare, la quale ne' tempi divini si era parlata. E finalmente, per tal necessario natural corso di cose umane, le lingue, appo gli assiri, siri, fenici, egizi, greci e latini, si truovano aver cominciato da versi eroici, indi passati in giambici, che finalmente si fermarono nella prosa; e se ne dà la certezza alla storia degli antichi poeti, e si rende la ragione perché nella lingua tedesca, particolarmente nella Slesia, provincia tutta di contadini, nascono naturalmente verseggiatori, e nella lingua spagnuola, francese ed italiana i primi autori scrissero in versi.

Da sì fatte tre lingue si compone il vocabolario mentale, da dar le propie significazioni a tutte le lingue articolate diverse, e se ne fa uso qui sempre, ove bisogna. E nella *Scienza nuova* la prima volta stampata se ne fa un pieno saggio particolare,[35] ove se ne dà essa idea: che dall'eterne propietà de' padri, che noi, in forza di questa Scienza, meditammo aver quelli avuto nello stato delle famiglie e delle prime eroiche città nel tempo che si formaron le lingue, se ne truovano le significazioni propie in quindeci lingue diverse, così morte come viventi, nelle quali furono, ove da una ove da un'altra propietà, diversamente appellati (ch'è 'l terzo luogo nel quale ci compiacciamo di quel libro di già stampato). Un tal lessico si truova esser necessario per sapere la lingua con cui parla la storia ideal eterna, sulla quale corrono in tempo le storie di tutte le nazioni, e per potere con iscienza arrecare l'autorità da confermare ciò che si ragiona in diritto natural delle genti, e quindi in ogni giurisprudenza particolare.

Con tali tre lingue — propie di tali tre età, nelle quali si celebrarono tre spezie di governi, conformi a tre spezie di nature civili, che cangiano nel corso che fanno le

35. *E nella Scienza nuova... saggio particolare*: nell'ultimo capitolo del III libro, confronta la precedente nota 26.

nazioni — si truova aver camminato con lo stess'ordine, in ciascun suo tempo, un'acconcia giurisprudenza.

Delle quali si truova la prima essere stata una teologia mistica, che si celebrò nel tempo ch'a' gentili comandavano i dei; della quale furono sappienti i poeti teologi (che si dicono aver fondato l'umanità gentilesca), ch'interpetravano i misteri degli oracoli, i quali da per tutte le nazioni risposero in versi. Quindi si truova nelle favole essere stati nascosti i misteri di sì fatta sapienza volgare; e si medita così nelle cagioni onde poi i filosofi ebbero tanto disiderio di conseguire la sapienza degli antichi, come nelle occasioni ch'essi filosofi n'ebbero di destarsi a meditare altissime cose in filosofia e nelle comodità d'intrudere nelle favole la loro sapienza riposta. [36)]

La seconda si truova essere stata la giurisprudenza eroica, tutta scrupolosità di parole (della quale si truova essere stato prudente Ulisse), la quale guardava quella che da' giureconsulti romani fu detta « *aequitas civilis* » e noi diciamo « ragion di Stato », per la quale, con le loro corte idee, estimarono appartenersi loro naturalmente quello diritto, ch'era ciò, quanto e quale si fusse con le parole spiegato; come pur tuttavia si può osservare ne' contadini ed altri uomini rozzi, i quali, in contese di parole e di sentimenti, ostinatamente dicono la lor ragione star per essi nelle parole. E ciò, per consiglio della provvedenza divina, acciocché gli uomini gentili, non essendo ancor capaci d'universali, quali debbon esser le buone

36. *Quindi si truova* ecc.: a differenza di quanto avviene in Platone, nella letteratura di ispirazione platonica del Rinascimento e in Bacone, le *favole antiche* non sono per Vico espressioni di una saggezza scomparsa o veli dietro i quali si nascondono verità di ordine filosofico-razionale. I miti sono per Vico fenomeni storici, storicamente localizzabili; naturale espressione delle verità spontanee e irriflesse che sono caratteristiche dell'età fantastica. Pur attraverso una serie di incertezze e di contraddizioni, Vico eliminava in tal modo i presupposti che stavano alla base di quella letteratura di tipo allegorico alla quale appartiene, tra l'altro, anche il *De sapientia veterum* di F. Bacone.

leggi, da essa particolarità delle loro parole fussero tratti ad osservare le leggi universalmente; e se per cotal equità in alcun caso riuscivan le leggi non solo dure ma anco crudeli, naturalmente il sopportavano, perché naturalmente tale stimavano essere il loro diritto. Oltreché, gli vi attirava ad osservarle un sommo privato interesse, che si truova aver avuto gli eroi medesimamente con quello delle loro patrie, delle quali essi soli erano cittadini; onde non dubitavano, per la salvezza delle loro patrie, consagrare sé e le loro famiglie alla volontà delle leggi, le quali, con la salvezza comune delle loro patrie, mantenevano loro salvi certi privati regni monarchici sopra le loro famiglie. Altronde, tal privato grande interesse, congionto col sommo orgoglio propio de' tempi barbari, formava loro la natura eroica, dalla quale uscirono tante eroiche azioni per la salvezza delle loro patrie. Con le quali eroiche azioni si componghino l'insopportabil superbia, la profonda avarizia e la spietata crudeltà con la quale i patrizi romani antichi trattavano gl'infelici plebei, come apertamente si leggono sulla storia romana nel tempo che lo stesso Livio dice essere stata l'età della romana virtù e della più fiorente finor sognata romana libertà popolare; e truoverassi che tal pubblica virtù non fu altro che un buon uso che la provvedenza faceva di sì gravi, laidi e fieri vizi privati, perché si conservassero le città ne' tempi che le menti degli uomini, essendo particolarissime, non potevano naturalmente intendere ben comune. Per lo che si danno altri princìpi per dimostrare l'argomento che tratta sant'Agostino, *De virtute romanorum*, [37] e si dilegua l'oppinione che da' dotti finor si è avuta dell'eroismo de' primi popoli. Sì fatta civil equità si truova naturalmente celebrata dalle nazioni eroiche così in pace come in guerra

37. *sant'Agostino* ecc.: si tratta probabilmente del *De civitate Dei*, libro II, capit. 18 o del capit. 12 del libro X.

(se n'arrecano luminosissimi esempli così della storia barbara prima come dell'ultima); e da' romani essersi praticata privatamente finché fu quella repubblica aristocratica, che si truova esserlo stata fin a' tempi delle leggi Publilia e Petelia, ne' quali si celebrò tutta sulla legge delle XII Tavole.

L'ultima giurisprudenza fu dell'equità naturale,[38] che regna naturalmente nelle repubbliche libere, ove i popoli, per un bene particolare di ciascheduno, ch'è eguale in tutti, senza intenderlo, sono portati a comandar leggi universali, e perciò naturalmente le disiderano benignamente pieghevoli inverso l'ultime circostanze de' fatti che dimandano l'ugual utilità; ch'è l'« *aequum bonum* », subbietto della giurisprudenza romana ultima, la quale da' tempi di Cicerone si era incominciata a rivoltare all'editto del pretore romano. È ella ancora, e forse anco più, connaturale alle monarchie, nelle qual' i monarchici hanno avvezzati i sudditi ad attendere alle loro private utilità, avendosi essi preso la cura di tutte le cose pubbliche, e vogliono tutte le nazioni soggette uguagliate tra lor con le leggi, perché tutte sieno egualmente interessate allo Stato. Onde Adriano imperadore riformò tutto il diritto naturale eroico romano col diritto naturale umano delle provincie, e comandò che la giurisprudenza si celebrasse sull'*Editto perpetuo*, che da Salvio Giuliano fu composto quasi tutto d'editti provinciali.

Ora — per raccogliere tutti i primi elementi di questo mondo di nazioni da' geroglifici che gli significano — il lituo, l'acqua e 'l fuoco sopra l'altare, l'urna ceneraria dentro le selve, l'aratro che s'appoggia all'altare e 'l timone prostrato a piè dell'altare, significano la divinazione, i sagrifizi, le famiglie prima de' figliuoli, le seppolture, la

38. *L' ultima giurisprudenza* ecc.: alle tre epoche della storia umana corrispondono dunque tre diversi tipi di giurisprudenza. Cfr. libro IV, 7.

coltivazione de' campi e la division de' medesimi, gli asili, le famiglie appresso de' famoli, le prime contese agrarie, e quindi le prime colonie eroiche mediterranee e, 'n difetto di queste, l'oltramarine e, con queste, le prime trasmigrazioni de' popoli, esser avvenute tutte nell'età degli dei degli egizi, che, non sappiendo o traccurando, « tempo oscuro » chiamò Varrone, come si è sopra avvisato;[39] — il fascio significa le prime repubbliche eroiche, la distinzione degli tre domini (cioè naturale, civile e sovrano), i primi imperi civili, le prime alleanze ineguali accordate con la prima legge agraria, per la quale si composero esse prime città sopra feudi rustici de' plebei, che furono suffeudi di feudi nobili degli eroi, ch'essendo sovrani, divennero soggetti a maggior sovranità di essi ordini eroici regnanti; — la spada che s'appoggia al fascio significa le guerre pubbliche che si fanno da esse città, incominciate da rube innanzi e corseggi (perché i duelli, ovvero guerre private, dovettero nascere molto prima, come qui sarà dimostrato, dentro lo stato d'esse famiglie); — la borsa significa divise di nobiltà o insegne gentilizie passate in medaglie, che furono le prime insegne de' popoli, che quindi passarono in insegne militari e finalmente in monete, ch'accennano i commerzi di cose anco mobili con danaio (perché i commerzi di robe stabili, con prezzi naturali di frutti e fatighe, avevan innanzi cominciato fin da' tempi divini con la prima legge agraria, sulla quale nacquero le repubbliche); — la bilancia significa le leggi d'ugualità, che sono propiamente le leggi; — e finalmente il caduceo significa le guerre pubbliche intimate, che si terminano con le paci. Tutti i quali geroglifici sono lontani dall'altare, perché sono tutte cose civili de' tempi ne' quali andarono tratto tratto a svanire le false religioni, incominciando dalle contese eroiche agrarie, le

39. *si è sopra avvisato*: cfr. qui n. 7.

quali diedero il nome all'età degli eroi degli egizi, che « tempo favoloso » chiamò Varrone. La tavola degli alfabeti è posta in mezzo a' geroglifici divini ed umani, perché le false religioni incominciaron a svanir con le lettere, dalle quali ebbero il principio le filosofie; a differenza della vera, ch'è la nostra cristiana, la quale dalle più sublimi filosofie, cioè dalla platonica e dalla peripatetica (in quanto con la platonica si conforma), anco umanamente ci è confermata.

Laonde tutta l'idea di quest'opera si può chiudere in questa somma. Le tenebre nel fondo della dipintura sono la materia di questa Scienza, incerta, informe, oscura, che si propone nella Tavola cronologica e nelle a lei scritte Annotazioni. Il raggio del quale la divina provvedenza alluma il petto alla metafisica sono le Degnità, le Diffinizioni e i Postulati, che questa Scienza si prende per Elementi di ragionare i Princìpi co' quali si stabilisce e 'l Metodo con cui si conduce: le quali cose tutte son contenute nel libro primo. Il raggio che da petto alla metafisica si risparge nella statua d'Omero è la luce propia che si dà alla Sapienza poetica nel libro secondo, dond'è il vero Omero schiarito nel libro terzo. Dalla Discoverta del vero Omero vengono poste in chiaro tutte le cose che compongono questo mondo di nazioni, dalle lor origini progredendo secondo l'ordine col quale al lume del vero Omero n'escono i geroglifici: ch'è il Corso delle nazioni, che si ragiona nel libro quarto; — e, pervenute finalmente a' piedi della statua d'Omero, con lo stess'ordine ricominciando, ricorrono: lo che si ragiona nel quinto ed ultimo libro.

E alla fin fine, per restrignere l'idea dell'opera in una somma brievissima, tutta la figura rappresenta gli tre mondi secondo l'ordine col quale le menti umane della gentilità da terra si sono al cielo levate. Tutti i geroglifici che si vedono in terra dinotano il mondo delle nazioni, al quale prima di tutt'altra cosa applicarono gli uomini. Il globo ch'è in mezzo rappresenta il mondo della natura, il quale poi osservarono i fisici. I geroglifici che vi sono al di sopra significano il mondo delle menti e di Dio, il quale finalmente contemplarono i metafisici. [40]

40. *E alla fin fine* ecc.: in questa *Spiegazione alla dipintura* Vico ha dunque esposto gli aspetti fondamentali della sua dottrina. Su ciascuno degli argomenti qui trattati, l'autore ritornerà, con ampiezza molto maggiore, nel corso dell'opera. Si veda per esempio sulla *sapienza volgare* il libro II, sulla *discoverta del vero Omero* il libro III, sulla *storia ideale eterna* il libro IV, sul *ricorso* il libro V.

TAVOLA CRONOLOGICA

TAVOLA CRONOLOGICA

Descritta sopra le tre epoche de' tempi degli Egizi, che dicevano tutto il mondo innanzi essere scorso per tre età, degli dei, degli eroi e degli uomini (1)

EBREI (II)	CALDEI (III)	SCITI (IV)	FENICI (V)	EGIZI (VI)	GRECI	ROMANI	Anni del mondo	Anni di Roma
Diluvio universale.							1656	
	Zoroaste, o regno de' Caldei (VII).						1756	
	Nebrod, o confusione delle lingue (IX)				Giapeto, dal quale provengono i giganti (VII Un de' quali, Prometeo, ruba il fuoco dal sole X).		1856	
				Dinastie in Egitto.	Deucalione (XI).			
Chiamata d'Abramo.				Mercurio Trimegisto il vecchio, ovvero età degli dei d'Egitto (XII).	Età dell'oro, ovvero età degli dei di Grecia (XIII).			
					Elleno, figliuolo di Deucalione, nipote di Prometeo, pronipote di Giapeto, per tre suoi figliuoli sparge nella Grecia tre dialetti (XIV).		2082	
					Cecrope egizio mena dodici colonie nell'Attica, delle quali poi Teseo compose Atene (XV).			
					Cadmo fenice fonda Tebe in Beozia, ed introduce in Grecia le lettere volgari (XVI).		2448	
Iddio dà la legge scritta a Mosè.						Saturno, ovvero l'età degli dei del Lazio (XVII).	2491	
				Mercurio Trimegisto il giovine o età degli eroi d'Egitto (XVIII).	Danao egizio caccia gl'Inachidi dal regno d'Argo (XIX). Pelope frigio regna nel Peloponneso.		2553	
					Eraclidi sparsi per tutta Grecia, che vi fanno l'età degli eroi. Cureti in Creta, Saturnia, ovvero Italia, ed in Asia, che vi fanno regni di sacerdoti (XX).	Aborigini.	2682	
	Nino regna con gli assiri.						2737	
			Didone da Tiro va a fondar Cartagine (XXI)					
			Tiro celebre per la navigazione e per le colonie.		Minosse re di Creta, primo legislatore delle genti e primo corsale dell'Egeo.		2752	
					Orfeo, e con essolui l'età de' poeti teologi (XXII). Ercole, con cui è al colmo il tempo eroico di Grecia (XXIII).	Arcadi.		
			Sancuniate scrive storie in lettere volgari (XXIV).		Giasone dà principio alle guerre navali con quella di Ponto. Teseo fonda Atene e vi ordina l'Areopago.	Ercole appo Evandro nel Lazio, ovvero età degli eroi d'Italia.	2800	

				Sesotride regna in Tebe (XXVI).	Colonie greche in Asia, in Sicilia, in Italia (XXVII).		2949	
					Ligurgo dà le leggi a' lacedemoni.		3120	
					Giuochi olimpici, prima ordinati da Ercole poi intermessi e restituiti da Isifilo (XXVIII).		3223	
						Fondazione di Roma (XXIX).		1
					Omero, il quale venne in tempo che non si eran ancor truovate le lettere volgari, e 'l quale non vidde l'Egitto (XXX).	Numa re.	3290	37
				Psammetico apre l'Egitto a' soli greci di Ionia e di Caria (XXXI).	Esopo, moral filosofo volgare (XXXII).		3334	
					Sette savi di Grecia; de' quali uno, Solone, ordina la libertà popolare d'Atene; l'altro, Talete Milesio, dà incominciamento alla filosofia con la fisica (XXXIII).		3406	
	Ciro regna in Assiria co' persiani.				Pittagora, di cui vivo dice Livio che nemmeno il nome poté sapersi in Roma (XXXIV).	Servio Tullio re (XXXV).	3468	225
					I Pisistratidi tiranni cacciati da Atene.		3491	
						I Tarquini tiranni cacciati da Roma.	3499	245
					Esiodo (XXXVI), Erodoto, Ippocrate (XXXVII).		3500	
		Idantura re di Scizia (XXXVIII).			Guerra peloponnesiaca. Tucidide, il qual scrive che fin a suo padre i greci non seppero nulla delle antichità loro propie; onde si diede a scrivere di cotal guerra (XXXIX).		3530	
					Socrate dà principio alla filosofia morale ragionata. Platone fiorisce nella metafisica. Atene sfolgora di tutte l'arti della più colta umanità (XL).	Legge delle XII Tavole.	3553	303
					Senofonte, con portar l'armi greche nelle viscere della Persia, è 'l primo a sapere con qualche certezza le cose persiane (XLI).		3583	333
						Legge Publilia (XLII).	3658	416
					Alessandro Magno rovescia nella Macedonia la monarchia persiana; ed Aristotile, che vi si porta in persona, osserva ch'i greci innanzi avevan detto favole delle cose dell'Oriente.		3660	
						Legge Petelia (XLIII).	3661	419
						Guerra di Taranto, ove s'incomincian a conoscer tra loro i latini co' greci (XLIV).	3708	489
						Guerra cartaginese seconda, da cui comincia la storia certa romana a Livio, il qual pur professa non saperne tre massime circostanze (XLV).	3849	552

LIBRO PRIMO

DELLO STABILIMENTO DE' PRINCÌPI

I

ANNOTAZIONI ALLA TAVOLA CRONOLOGICA NELLE QUALI SI FA L'APPARECCHIO DELLE MATERIE

I

[Tavola cronologica, descritta sopra le tre epoche de' tempi degli egizi, che dicevano tutto il mondo innanzi essere scorso per tre età: degli dèi, degli eroi e degli uomini]

Questa Tavola cronologica spone in comparsa il mondo delle nazioni antiche, il quale dal diluvio universale girasi dagli ebrei per gli caldei, sciti, fenici, egizi, greci e romani fin alla loro guerra seconda cartaginese. E vi compariscono uomini o fatti romorosissimi, determinati in certi tempi o in certi luoghi dalla comune de' dotti, i quali uomini o fatti o non furono ne' tempi o ne' luoghi ne' quali sono stati comunemente determinati, o non furon affatto nel mondo; e da lunghe densissime tenebre, ove giaciuti erano seppelliti, v'escon uomini insigni e fatti rilevantissimi, da' quali e co' quali son avvenuti grandissimi momenti di cose umane. Lo che tutto si dimostra in queste Annotazioni, per dar ad intendere quanto l'umanità delle nazioni abbia incerti o sconci o difettuosi o vani i princìpi.

Di più, ella si propone tutta contraria al *Canone cronico egiziaco, ebraico e greco* di Giovanni Marshamo,[1] ove vuol provare che gli egizi nella polizia e nella religione precedettero a tutte le nazioni del mondo, e che i di loro riti sagri ed ordinamenti civili, trasportati ad altri popoli, con qualche emendazione si ricevettero dagli ebrei. Nella qual oppenione il seguitò lo Spencero[2] nella dissertazione *De Urim et Tummim*, ove oppina che gl'israeliti avesser apparato dagli egizi tutta la scienza delle divine cose per mezzo della sagra Cabbala. Finalmente al Marshamo acclamò l'Ornio[3] nell'*Antichità della barbaresca filosofia*, ove, nel libro intitolato *Chaldaicus*, scrive che Mosè, addottrinato nella scienza delle divine cose dagli egizi, l'avesse portate nelle sue leggi agli ebrei. Surse allo 'ncontro Ermanno Witzio, nell'opera intitolata *Aegyptiaca sive de aegyptiacorum sacrorum cum hebraicis collatione*,[4] e stima che 'l primo autor gentile, che n'abbia dato le prime certe notizie degli egizi, egli sia stato Dion Cassio, il quale fiorì sotto Marco Antonino[5] filosofo. Di che può essere confutato con gli *Annali*[6] di Tacito, ove narra che Germanico, passato nell'Oriente, quindi portossi in Egitto per vedere l'antichità famose di Tebe, e quivi da un di

I. - 1. *Marshamo*: G. Marsham, inglese (1602-1683), autore del *Canon chronicus ægyptiacus, hebraicus, græcus et disquisitiones*, Londra, 1670.

2. *Spencero*: Giovanni Spencer, teologo inglese (1630-1695), autore della *Dissertatio de Urim et Tummim*, Cambridge, 1670.

3. *l'Ornio*: Ottone van Heurn, teologo olandese (1577-1648), autore degli *Antiquitatum philosophiæ barbaricæ libri duo*, Leida, 1600.

4. *Witzio* ecc.: l'opera del Wits, teologo olandese (1636-1708), fu pubblicata ad Amsterdam nel 1683. In questo sommario elenco di testi il Vico fa non poche confusioni: l'opera dello Spencer precede quella del Marsham, mentre l'opera di quest'ultimo che il Vico fa «acclamare» da O. van Heurn è posteriore a quella dello stesso van Heurn. Inoltre, come ha chiarito il Nicolini (*Comm.* 44), Vico ignorava molti più importanti lavori successivi a quelli da lui citati. Sulla letteratura del secolo XVII concernente l'Egitto è da vedere J. Brucker, *Historia critica philosophiæ*, Lipsia, 1742, I, pp. 244-305.

5. *Marco Antonino*: Marco Aurelio Antonino, imperatore romano (dal 161 al 180 d. C.) e filosofo, autore dei celebri *Pensieri*.

6. *Annali*: II, 60.

quei sacerdoti si fece spiegare i geroglifici iscritti in alcune moli, il quale, vaneggiando, gli riferì che que' caratteri conservavano le memorie della sterminata potenza ch'ebbe il loro re Ramse [7] nell'Affrica, nell'Oriente e fino nell'Asia Minore, eguale alla potenza romana di quelli tempi, che fu grandissima: il qual luogo, perché gli era contrario, forse il Witzio si tacque.

Ma, certamente, cotanto sterminata antichità non fruttò molto di sapienza riposta agli egizi mediterranei. Imperciocché ne' tempi di Clemente l'alessandrino, [8] com'esso narra negli *Stromati*, andavano attorno i loro libri detti « sacerdotali » [9] al numero di quarantadue, i quali in filosofia ed astronomia contenevano de' grandissimi errori, de' quali Cheremone, maestro di san Dionigi aeropagita, [10] sovente è messo in favola da Strabone; [11] — le cose della medicina si truovano da Galeno ne' libri *de medicina mercuriali* [12] essere manifeste ciance e mere imposture; — la morale era dissoluta, la quale, nonché tollerate o lecite, faceva oneste le meretrici; — la teologia era piena di superstizioni, prestigi e stregonerie. E la magnificenza delle loro moli e piramidi poté ben esser parto della barbarie, la quale si comporta col grande: però la scoltura e

7. *Ramse*: Ramsete II.

8. *Clemente l'alessandrino*: nato probabilmente ad Alessandria intorno al 150, morto in Asia Minore intorno al 250. Il passo degli *Stromata* (IV, 4) era tradotto nell'opera del Marsham, *Canon chronicus*, ecc., cit. (3ª ed., Franeker, 1693), pp. 241-43.

9. *sacerdotali*: dieci dei libri « ermetici », attribuiti cioè a Mercurio Trismegisto, erano detti *sacerdotali*.

10. *Cheremone* ecc.: Cheremone, filosofo, grammatico e storico del I secolo d. C., fu maestro non di Dionigi l'Areopagita, ma del grammatico alessandrino Dionigi figlio di Glauco.

11. *Strabone*: geografo e storico greco, nato intorno al 60 a. C. e morto intorno al 20 d. C., autore di una *Geografia* in 17 libri. L'ultimo libro descrive appunto l'Egitto e l'Africa Settentrionale e qui viene criticata l'opera dispersa di Cheremone sull'Egitto (XVII, 1, 29).

12. *de medicina mercuriali*: la medicina *mercuriale* è la medicina ermetica che Galeno, il grande medico e filosofo del I sec. d. C., critica in *Opera*, ed. Kuhn, Lipsia, 1821-33, XI, p. 798, ma per la posizione di Galeno verso la medicina magico-ermetica cfr. anche XI, pp. 792-93; XII, pp. 283; 307.

la fonderia egiziaca s'accusano ancor oggi essere state rozzissime. Perché la dilicatezza è frutto delle filosofie; onde la Grecia, che fu la nazion de' filosofi, sola sfolgorò di tutte le belle arti ch'abbia giammai truovato l'ingegno umano: pittura, scoltura, fonderia, arte d'intagliare, le quali sono dilicatissime, perché debbon astrarre le superficie da' corpi ch'imitano.

Innalzò alle stelle cotal antica sapienza degli egizi la fondatavi sul mare da Alessandro magno Alessandria, la qual, unendo l'acutezza affricana con la dilicatezza greca, vi produsse chiarissimi filosofi in divinità, per gli quali ella pervenne in tanto splendore d'alto divin sapere che 'l Museo alessandrino funne poi celebrato quanto unitamente erano stat'innanzi l'Accademia, il Liceo, lo Stoa e 'l Cinosargi in Atene; e funne detta « la madre delle scienze » Alessandria e, per cotanta eccellenza, fu appellata da' greci *Πόλις*, come *Ἄστυ* Atene e « *Urbs* » Roma. Quindi provenne Maneto, o sia Manetone,[13] sommo pontefice egizio, il quale traportò tutta la storia egiziaca ad una sublime teologia naturale, appunto come i greci filosofi avevano fatto innanzi delle lor favole, quali qui truoverassi essere state le lor antichissime storie; onde s'intenda lo stesso esser avvenuto delle favole greche che de' geroglifici egizi.

Con tanto fasto d'alto sapere, la nazione, di sua natura boriosa (che ne furono mottêggiati « *gloriae animalia* »), in una città ch'era un grand'emporio del Mediterraneo e, per lo Mar Rosso, dell'Oceano e dell'Indie (tra gli cui costumi vituperevoli da Tacito, in un luogo d'oro, si narra questo: « *novarum religionum avida* »),[14] tra per la pre-

13. *Manetone*: o Maneto, storico egiziano e sacrificatore e custode degli archivi del tempio di Eliopoli, vissuto nella seconda metà del terzo secolo a. C., autore di una *Storia universale dell'Egitto* che va dai tempi remoti fino ad Alessandro Magno e della quale restano solo alcuni frammenti.

14. *novarum... avida*: questa, come

giudicata oppenione della loro sformata antichità, la quale vanamente vantavano sopra tutte l'altre nazioni del mondo, e quindi d'aver signoreggiato anticamente ad una gran parte del mondo; e perché non sapevano la guisa come tra gentili, senza ch'i popoli sapessero nulla gli uni degli altri, divisamente nacquero idee uniformi degli dei e degli eroi (lo che dentro appieno sarà dimostro), tutte le false divinitadi, ch'essi dalle nazioni che vi concorrevano per gli marittimi traffichi udivano essere sparse per lo resto del mondo, credettero esser uscite dal lor Egitto, e che 'l loro Giove Ammone fusse lo più antico di tutti (de' quali ogni nazione gentile n'ebbe uno), e che gli Ercoli di tutte l'altre nazioni (de' quali Varrone giunse a noverare quaranta) avessero preso il nome dal lor Ercole egizio, come l'uno e l'altro ci vien narrato da Tacito.[15] E, con tutto ciò che Diodoro sicolo,[16] il quale visse a' tempi d'Augusto, gli adorni di troppo vantaggiosi giudizi, non dà agli egizi maggior antichità che di duemila anni; e i di lui giudizi sono rovesciati da Giacomo Cappello nella sua *Storia sagra ed egiziaca*,[17] che gli stima tali quali Senofonte aveva innanzi attaccati a Ciro e (noi aggiugniamo) Platone[18] sovente finge de' persiani. Tutto ciò, finalmente, d'intorno alla vanità dell'altissima antica sapienza egiziaca si conferma con l'impostura del *Pimandro* smaltito per dottrina ermetica, il quale si scuopre dal Casaubuono non contenere dottrina più antica di quella de' platonici spiegata con la medesima frase, nel rimanente giudicata dal

la precedente citazione, è errata.

15. *narrato da Tacito*: in *Annales*, II, 60. Tacito non parla però di Giove Ammone.

16. *Diodoro sicolo*: storico greco nato ad Argira in Sicilia intorno al 90 a. C. La sua *Biblioteca storica* fu probabilmente pubblicata al tempo di Augusto. In quest'opera (I, 23) Diodoro parla di diecimila anni intercorrenti fra Osiris e Isis e il regno di Alessandro.

17. *Cappello* ecc.: è la *Historia sacra et exotica ab Adamo usque ad Augustum* pubblicata a Sedan nel 1613 dal francese Giacomo Cappel (1570-1624), studioso, fra l'altro, dei rapporti fra Omero e la cultura ebraica.

18. *Platone*: la citazione, inesatta,

Salmasio per una disordinata e mal composta raccolta di cose.[19]

Fece agli egizi la falsa oppenione di cotanta lor antichità questa propietà della mente umana — d'esser indiffinita —, per la quale, delle cose che non sa, ella sovente crede sformatamente più di quello che son in fatti esse cose. Perciò gli egizi furon in ciò somiglianti a' chinesi, i quali crebbero in tanto gran nazione chiusi a tutte le nazioni straniere, come gli egizi lo erano stati fin a Psammetico e gli sciti fin ad Idantura, da' quali è volgar tradizione che furono vinti gli egizi in pregio d'antichità. La qual volgar tradizione è necessario ch'avesse avuto indi motivo onde incomincia la storia universale profana, la qual, appresso Giustino,[20] come antiprincìpi propone innanzi alla monarchia degli assiri due potentissimi re, Tanai scita e Sesostride egizio, i quali finor han fatto comparire il mondo molto più antico di quel ch'è in fatti; e che per l'Oriente prima Tanai fusse ito con un grandissimo esercito a soggiogare l'Egitto, il qual è per natura difficilissimo a penetrarsi con l'armi, e che poi Sesostride con altrettante forze si fusse portato a soggiogare la Scizia, la qual visse sconosciuta ad essi persiani (ch'avevano stesa la loro monarchia sopra quelli de' medi, suoi confinanti) fin a' tempi di Dario detto « maggiore », il qual intimò al di lei re Idantura la guerra; il qual si truova cotanto barbaro a' tempi dell'umanissima Persia, che gli risponde con cinque parole reali di cinque corpi, che non

fa riferimento ad *Alcibiade I,* 120 e.

19. *Tutto ciò... raccolta di cose*: il *Pimandro* attribuito ad Ermete Trismegisto. Gli opuscoli del cosiddetto *corpus hermeticum* furono tradotti da Marsilio Ficino nel 1471. Isacco Casaubon (1559-1614) nell'opera *De rebus sacris et ecclesiasticis*, Francoforte, 1615 e Claudio Saumaise (1588-1653) nelle *Plinianæ exercitationes*, Parigi, 1629, ritennero il *Pimandro* una falsificazione. Ma i riferimenti di Vico alle due opere seicentesche sono, come ha chiarito il Nicolini, di seconda mano.

20. *Giustino*: il riferimento all'*Apologia* di Giustino (I, 1, 3) non è esatto. Giustino parla del favoloso Tanao, ma non lo pone prima della monarchia assira. (Cfr. Nicolini, *Comm.*, 48).

seppe nemmeno scrivere per geroglifici. E questi due potentissimi re attraversano con due grandissimi eserciti l'Asia, e non la fanno provincia o di Scizia o d'Egitto, e la lasciano in tanta libertà ch'ivi poi surse la prima monarchia delle quattro più famose del mondo, che fu quella d'Assiria!

Perciò, forse, in cotal contesa d'antichità non mancarono d'entrar in mezzo i caldei, pur nazione mediterranea e, come dimostreremo, più antica dell'altre due, i quali vanamente vantavano di conservare le osservazioni astronomiche di ben ventiottomila anni: che forse diede il motivo a Flavio Giuseppe ebreo di credere con errore l'osservazioni avantidiluviane descritte nelle due colonne, una di marmo ed un'altra di mattoni, innalzate incontro a' due diluvi, e d'aver esso veduta nella Siria quella di marmo.[21] Tanto importava alle nazioni antiche di conservare le memorie astronomiche, il qual senso fu morto affatto tralle nazioni che loro vennero appresso! Onde tal colonna è da riporsi nel museo della credulità.

Ma così i chinesi si sono truovati scriver per geroglifici,[22] come anticamente gli egizi e, più degli egizi, gli sciti, i quali nemmeno gli sapevano scrivere. E, non avendo per molte migliaia d'anni avuto commerzio con altre nazioni dalle quali potesser esser informati della vera antichità del mondo, com'uomo, che dormendo sia chiuso in un'oscura picciolissima stanza, nell'orror delle tenebre la crede certamente molto maggiore di quello che con mani la toccherà; così, nel buio della loro cronologia, han fatto

21. *Flavio Giuseppe* ecc.: il racconto di Giuseppe Flavio, lo storico giudeo che fu a Roma al tempo di Nerone, è in *Antiquitates iudaicæ*, I, 2, 3.

22. *i chinesi* ecc.: accanto all'interesse per i geroglifici egiziani è vivissimo, nella cultura del Seicento, l'interesse per gli ideogrammi che venivano sovente, come qui fa Vico, accostati ai geroglifici. È inoltre da ricordare che per Vico la *lingua geroglifica* è la lingua di tutte le nazioni nella loro *prima barbarie* (cfr. *Degli elementi*, LVII). Il Nicolini (*Comm.*, 50) ha mostrato che Vico non aveva vasta e approfondita conoscenza della letteratura relativa alla civiltà cinese.

i chinesi e gli egizi e, con entrambi, i caldei. Pure, benché il padre Michel di Ruggiero, gesuita, affermi d'aver esso letti libri stampati innanzi la venuta di Gesù Cristo; e benché il padre Martini, pur gesuita, nella sua *Storia chinese* narri una grandissima antichità di Confucio, la qual ha indotti molti nell'ateismo, al riferire di Martino Scookio in *Demonstratione Diluvii universalis*, onde Isacco Pereyro, autore della *Storia preadamitica*, forse perciò abbandonò la fede catolica, e quindi scrisse che 'l diluvio si sparse sopra la terra de' soli ebrei: però Niccolò Trigaulzio, meglio del Ruggieri e del Martini informato, nella sua *Christiana expeditione apud Sinas* scrive la stampa appo i chinesi essersi truovata non più che da due secoli innanzi degli europei, e Confucio aver fiorito non più che cinquecento anni innanzi di Gesù Cristo. [23] E la filosofia confuciana, conforme a' libri sacerdotali egiziaci, nelle poche cose naturali ella è rozza e goffa, e quasi tutta si rivolge ad una volgar morale, o sia moral comandata a que' popoli con le leggi.

Da sì fatto ragionamento d'intorno alla vana oppenione ch'avevano della lor antichità queste gentili nazioni, e sopra tutte gli egizi, doveva cominciare tutto lo scibile gentilesco, tra per sapere con iscienza quest'importante principio: — dove e quando egli ebbe i suoi primi incominciamenti nel mondo, — e per assistere con ragioni anco umane a tutto il credibile cristiano, il quale tutto incomincia da ciò: che 'l primo popolo del mondo fu egli l'ebreo, di cui fu principe Adamo, il quale fu criato dal

23. *Padre Michel di Ruggiero* ecc.: gli autori e i testi ai quali Vico fa qui riferimento sono: Michele Ruggieri, *Nuovi avvisi del Giappone con alcuni altri della Cina*, Venezia, 1586; Martino Martini (1614-1661), *Sinicæ historiæ deca prima*, Monaco di Bav., 1658; Martino Schoock (1614-1659), *Diluvium Noachi universalis*, in appendice alla seconda ed. della *Fabula Hamelensis*, Groeningen, 1692; Isacco de la Peyrère (1594-1675), *Præadamitæ*, 1655; Nicola Trigault (1577-1628). *De christiana expeditione apud Sinas suscepta a Societate Jesu*, Augusta, 1615. A questi autori Vico attribuisce spesso opinioni delle quali non v'è in essi traccia.

vero Dio con la criazione del mondo. E [da ciò deriva] che la prima scienza da doversi apparare sia la mitologia, ovvero l'interpretazion delle favole (perché, come si vedrà, tutte le storie gentilesche hanno favolosi i princìpi), e che le favole furono le prime storie delle nazioni gentili. E con sì fatto metodo [son da] rinvenire i princìpi come delle nazioni così delle scienze, le quali da esse nazioni son uscite e non altrimente: come per tutta quest'opera sarà dimostro ch'alle pubbliche necessità o utilità de' popoli élleno hanno avuto i lor incominciamenti, e poi, con applicarvi la riflessione acuti particolari uomini, si sono perfezionate. E quindi cominciar debbe la storia universale, che tutti i dotti dicono mancare ne' suoi princìpi.

E, per ciò fare, l'antichità degli egizi in ciò grandemente ci gioverà, che ne serbarono due grandi rottami non meno maravigliosi delle loro piramidi, che sono queste due grandi verità filologiche. Delle quali una è narrata da Erodoto: ch'essi tutto il tempo del mondo ch'era corso loro dinanzi riducevano a tre età: la prima degli dei, la seconda degli eroi e la terza degli uomini. [24] L'altra è che, con corrispondente numero ed ordine, per tutto tal tempo si erano parlate tre lingue: la prima geroglifica ovvero per caratteri sagri, la seconda simbolica o per caratteri eroici, la terza pistolare o per caratteri convenuti da' popoli, al riferire dello Scheffero, *De philosofia italica.* [25] La qual divisione de' tempi egli è necessario che Marco Terenzio Varrone — perch'egli, per la sua sterminata erudizione, meritò l'elogio con cui fu detto il « dottissimo de' romani » ne' tempi loro più illuminati, che furon quelli di Cicerone — dobbiam dire, non già ch'egli non seppe

24. Come chiarisce il Nicolini (*Comm.*, 52) si tratta di una contaminazione fra il testo erodoteo (II, 36) e quello di Diodoro Siculo (I, 44).

25. *Scheffero* ecc.: Giovanni Scheffer da Strasburgo (1621-1679), *De natura et constitutione philosophiæ italicæ*, Upsala, 1644.

seguire, ma che non volle; perché, forse, intese della romana ciò che, per questi princìpi, si truoverà vero di tutte le nazioni antiche, cioè che tutte le divine ed umane cose romane erano native del Lazio: onde si studiò dar loro tutte latine origini nella sua gran opera *Rerum divinarum et humanarum*, della quale l'ingiuria del tempo ci ha privi (tanto Varrone credette alla favola della legge delle XII Tavole venuta da Atene in Roma!), e divise tutti i tempi del mondo in tre, cioè: tempo oscuro, ch'è l'età degli dei; quindi tempo favoloso, ch'è l'età degli eroi; e finalmente tempo istorico, ch'è l'età degli uomini che dicevan gli egizi.

Oltracciò, l'antichità degli egizi gioveracci con due boriose memorie, di quella boria delle nazioni, le quali osserva Diodoro sicolo [26] che, o barbare o umane si fussero, ciascheduna si è tenuta la più antica di tutte e serbare le sue memorie fin dal principio del mondo; lo che vedremo essere stato privilegio de' soli ebrei. Delle quali due boriose memorie una osservammo esser quella che 'l loro Giove Ammone era il più vecchio di tutti gli altri del mondo, l'altra che tutti gli altri Ercoli dell'altre nazioni avevano preso il nome dal lor Ercole egizio: cioè ch'appo tutte prima corse l'età degli dei, re de' quali appo tutte fu creduto esser Giove; e poscia l'età degli eroi, che si tenevano esser figliuoli degli dei, il massimo de' quali fu creduto esser Ercole.

II

[Ebrei]

S'innalza la prima colonna agli ebrei, i quali, per gravissime autorità di Flavio Giuseppe ebreo e di Lattanzio Firmiano ch'appresso [27] s'arrecheranno, vissero sconosciuti a tutte le nazioni gentili. E pur essi contavano giusta

26. *Diodoro sicolo*: *Biblioteca storica*, I, 9.

27. *appresso*: cfr. le *Annotazioni alla tavola cronologica*, XXXIV.

la ragione de' tempi corsi del mondo, oggi dagli più severi critici ricevuta per vera, secondo il calcolo di Filone giudeo; la qual se varia da quel d'Eusebio, il divario non è che di mille e cinquecento anni,[28] ch'è brievissimo spazio di tempo a petto di quanto l'alterarono i caldei, gli sciti, gli egizi e, fin al dì d'oggi, i chinesi. Che dev'esser un invitto argomento che gli ebrei furono il primo popolo del nostro mondo ed hanno serbato con verità le loro memorie nella storia sagra fin dal principio del mondo.

III
[Caldei]

Si pianta la seconda colonna a' caldei, tra perché in geografia[29] si mostra in Assiria essere stata la monarchia più mediterranea di tutto il mondo abitabile, e perché in quest'opera si dimostra che si popolarono prima le nazioni mediterranee, dappoi le marittime. E certamente i caldei furono i primi sappienti della gentilità, il principe de' quali dalla comune de' filologi è ricevuto Zoroaste caldeo. E senza veruno scrupolo la storia universale prende principio dalla monarchia degli assiri, la quale aveva dovuto incominciar a formarsi dalla gente caldea; dalla quale, cresciuta in grandissimo corpo, dovette passare nella nazion degli assiri sotto di Nino, il quale vi dovette fondare tal monarchia, non già con gente menata colà da fuori, ma nata dentro essa Caldea medesima, con la qual egli spense il nome caldeo e vi produsse l'assirio: che dovetter esser i plebei di quella nazione, con le forze de' quali Nino vi surse monarca, come in quest'opera tal civile costume di quasi tutte, come si ha certamente della roma-

28. *il divario* ecc.: secondo il calcolo di Filone, la data della creazione del mondo andava posta nel 3761 a.C., secondo Eusebio nel 5202.

29. *in geografia*: cfr. il *canone cronologico*, nella *cronologia poetica*.

na, vien dimostrato. Ed essa storia pur ci racconta che fu Zoroaste ucciso da Nino; lo che truoveremo esser stato detto, con lingua eroica, in senso che 'l regno, il qual era stato aristocratico, de' caldei (de' quali era stato carattere eroico Zoroaste) fu rovesciato per mezzo della libertà popolare da' plebei di tal gente, i quali ne' tempi eroici si vedranno essere stati altra nazione da' nobili, e che col favore di tal nazione Nino vi si fusse stabilito monarca. Altrimente, se non istanno così queste cose, n'uscirebbe questo mostro di cronologia nella storia assiriaca: che nella vita d'un sol uomo, di Zoroaste, da vagabondi eslegi si fusse la Caldea portata a tanta grandezza d'imperio che Nino vi fondò una grandissima monarchia. Senza i quali princìpi, avendoci Nino dato il primo incominciamento della storia universale, ci ha fatto finor sembrare la monarchia dell'Assiria, come una ranocchia in una pioggia d'està, esser nata tutta ad un tratto.

IV
[Sciti]

Si fonda la terza colonna agli sciti, i quali vinsero gli egizi in contesa d'antichità, come testé l'hacci narrato una tradizione volgare.

V
[Fenici]

La quarta colonna si stabilisce a' fenici innanzi degli egizi, ai quali i fenici, da' caldei, portarono la pratica del quadrante e la scienza dell'elevazione del polo, di che è volgare tradizione; e appresso dimostreremo che portarono anco i volgari caratteri. [30)]

30. *La quarta colonna* ecc.: secondo la *tradizione volgare* i Fenici si servirono per primi degli strumenti di navigazione. *Polo* sta per stella polare. I *volgari caratteri* sono le lettere dell'alfabeto.

VI
[Egizi]

Per tutte le cose sopra qui ragionate, quelli egizi che nel suo *Canone* vuol il Marshamo essere stati gli più antichi di tutte le nazioni, meritano il quinto luogo su questa *Tavola cronologica.*

VII
[Zoroaste o regno de' caldei. - Anni del mondo 1756]

Zoroaste si truova in quest'opera essere stato un carattere poetico di fondatori di popoli in Oriente,[31] onde se ne truovano tanti sparsi per quella gran parte del mondo quanti sono gli Ercoli per l'altra opposta dell'Occidente; e forse gli Ercoli, i quali con l'aspetto degli occidentali osservò Varrone anco in Asia (come il tirio, il fenicio), dovettero agli orientali essere Zoroasti.[32] Ma la boria de' dotti, i quali ciò ch'essi sanno vogliono che sia antico quanto ch'è il mondo, ne ha fatto un uomo particolare ricolmo d'altissima sapienza riposta e gli ha attaccato gli oracoli della filosofia, i quali non ismaltiscono altro che per vecchia una troppo nuova dottrina, ch'è quella de' pittagorici e de' platonici.[33] Ma tal boria de' dotti non si fermò qui, ché gonfiò più col fingerne anco la succession delle scuole per le nazioni: che Zoroaste addottrinò Beroso, per la Caldea; Beroso, Mercurio Trimegisto, per l'Egitto; Mercurio Trimegisto, Atlante, per l'Etiopia; Atlante, Orfeo, per la Tracia; e che, finalmente, Orfeo fermò la sua

31. *Zoroaste* ecc.: Zoroastro è la personificazione mitica della figura del fondatore dei popoli; cui corrisponde, in Occidente, quella di Ercole.

32. *Zoroasti*: agli Ercoli asiatici fanno riferimento Diodoro e Cicerone, *De natura deorum,* II, 6.

33. *platonici*: il mito di una *sapienza riposta* che è alle origini della filosofia accompagna dal sec. XV al XVII gli sviluppi del platonismo e la rinascita del pitagorismo; questo mito viene, come abbiamo visto, energicamente rifiutato dal Vico.

scuola in Grecia. Ma quindi a poco si vedrà quanto furono facili questi lunghi viaggi per le prime nazioni, le quali, per la loro fresca selvaggia origine, dappertutto vivevano sconosciute alle loro medesime confinanti, e non si conobbero tra loro che con l'occasion delle guerre o per cagione de' traffichi.

Ma de' caldei gli stessi filologi, sbalorditi dalle varie volgari tradizioni che ne hanno essi raccolte, non sanno s'eglino fussero stati particolari uomini o intiere famiglie o tutto un popolo o nazione. Le quali dubbiezze tutte si solveranno con questi princìpi: che prima furono particolari uomini, dipoi intiere famiglie, appresso tutto un popolo e finalmente una gran nazione, sulla quale si fondò la monarchia dell'Assiria; e 'l loro sapere fu prima in volgare divinità (con la qual indovinavano l'avvenire dal tragitto delle stelle cadenti la notte) e poi in astrologia giudiziaria, com'a' latini l'astrologo giudiziario restò detto « *chaldaeus* ».

VIII

[Giapeto, dal quale provvengon i giganti. - Anni del mondo 1856]

I quali, con istorie fisiche truovate dentro le greche favole, e pruove come fisiche così morali tratte da dentro l'istorie civili, si dimostreranno [34] essere stati in natura appo tutte le prime nazioni gentili.

IX

[Nebrod o confusione delle lingue. - Anni del mondo 1856]

La quale avvenne in una maniera miracolosa, onde allo istante si formarono tante favelle diverse. [35] Per la qual confusione di lingue vogliono i Padri che si venne

34. *si dimostreranno*: nel capitolo *Del diluvio universale e de' giganti* del secondo libro della *Scienza nuova*.

35. *tante favelle diverse*: nelle considerazioni qui di seguito svolte, Vico cerca di conciliare il racconto biblico

tratto tratto a perdere la purità della lingua santa avantidiluviana. Lo che si deve intendere delle lingue de' popoli d'Oriente, tra' quali Sem propagò il gener umano. Ma delle nazioni di tutto il restante mondo altrimente dovette andar la bisogna. Perocché le razze di Cam e Giafet dovettero disperdersi per la gran selva di questa terra con un error ferino di dugento anni; e così, raminghi e soli, dovettero produrre i figliuoli, con una ferina educazione, nudi d'ogni umano costume e privi d'ogni umana favella, e sì in uno stato di bruti animali. E tanto tempo appunto vi bisognò correre, che la terra, disseccata dall'umidore dell'universale diluvio, potesse mandar in aria delle esalazioni secche a potervisi ingenerare de' fulmini, da' quali gli uomini storditi e spaventati si abbandonassero alle false religioni di tanti Giovi, che Varrone giunse a noverarne quaranta e gli egizi dicevano il loro Giove Ammone essere lo più antico di tutti, e si diedero ad una spezie di divinazione d'indovinar l'avvenire da' tuoni e da' fulmini e da' voli dell'aquile, che credevano essere uccelli di Giove. Ma appo gli orientali nacque una spezie di divinazione più dilicata dall'osservare i moti de' pianeti e gli aspetti degli astri: onde il primo sapiente della gentilità si celebra Zoroaste, che 'l Bocharto [36] vuol detto « contemplatore degli astri ». E, siccome tra gli orientali nacque la prima volgar sapienza, [37] così tra essi surse la prima monarchia, che fu quella d'Assiria.

Per sì fatto ragionamento vengono a rovinare tutti gli etimologi ultimi, che vogliono rapportare tutte le lingue del mondo all'origini dell'orientali: quando tutte le nazioni provenute da Cam e Giafet si fondarono prima le lingue

sull'origine della confusione delle lingue con la sua concezione del linguaggio come prodotto dell'umana fantasia (cfr. Nicolini, *Comm.*, 62).

36. *Bocharto*: Samuele Bochart da Rouen (1599-1667), autore di una *Geografia sacra*, Leida, 1692.

37. *la... sapienza*: l'astrologia.

natie dentro terra, e poi, calate al mare, cominciarono a praticar co' fenici, che furono celebri ne' lidi del Mediterraneo e dell'Oceano per la navigazione e per le colonie. Come nella *Scienza nuova* la prima volta stampata [38] l'abbiam dimostro nelle origini della lingua latina, e, ad esemplo della latina, doversi lo stesso intendere dell'altre tutte.

X
[Un de' quali [giganti], Prometeo, ruba il fuoco dal sole. - Anni del mondo 1856]

Da questa favola si scorge il Cielo avere regnato in terra, quando fu creduto tant'alto quanto le cime de' monti, come ve n'ha la volgare tradizione, che narra anco aver lasciato de' molti e grandi benefizi al gener umano.

XI
[Deucalione]

Al cui tempo Temi, o sia la giustizia divina, aveva un templo sopra il monte Parnaso, e ch'ella [39] giudicava in terra le cose degli uomini.

XII
[Mercurio Trimegisto il vecchio ovvero età degli dei d'Egitto]

Questo è 'l Mercurio, ch'al riferire di Cicerone, *De natura deorum*, [40] fu dagli egizi detto « *Theut* » (dal quale a' greci fusse provenuto θεός), il quale truovò le lettere e le leggi agli egizi, e questi (per lo Marshamo) l'avesser insegnate all'altre nazioni del mondo. Però i greci non

38. *Scienza nuova* ecc.: *Scienza nuova prima*, III, 38.
39. *e ch'ella*: secondo la correzione del Flora (p. 1082) al testo del Nicolini che reca *ed ella*.
40. *De natura deorum*: III, 22.

iscrissero le loro leggi co' geroglifici, ma con le lettere volgari, che finora si è oppinato aver loro portato Cadmo dalla Fenicia, delle quali, come vedrassi, non si servirono per settecento anni e più appresso. Dentro il qual tempo venne Omero, che in niuno de' suoi poemi nomina νόμος (ch'osservò il Feizio [41] nell'*Omeriche antichità*), e lasciò i suoi poemi alla memoria de' suoi rapsodi, perché al di lui tempo le lettere volgari non si erano ancor truovate, come risolutamente Flavio Giuseffo ebreo il sostiene contro Appione, [42] greco grammatico. E pure, dopo Omero, le lettere greche uscirono tanto diverse dalle feniçie!

Ma queste sono minori difficultà a petto di quelle: come le nazioni, senza le leggi, possano truovarsi diggià fondate? e come dentro esso Egitto, innanzi di tal Mercurio, si erano già fondate le dinastie? Quasi fussero d'essenza delle leggi le lettere, e sì non fussero leggi quelle di Sparta, ove per legge d'esso Ligurgo erano proibiti saper di lettera! Quasi non vi avesse potuto essere quest'ordine in natura civile: — di concepire a voce le leggi e pur a voce di pubblicarle, — e non si truovassero di fatto appo Omero due sorte d'adunanze: una detta βουλή, segreta, dove si adunavano gli eroi per consultar a voce le leggi; ed un'altra detta αγορά, pubblica, nella quale pur a voce le pubblicavano! Quasi, finalmente, la provvedenza non avesse provveduto a questa umana necessità: che, per la mancanza delle lettere, tutte le nazioni nella loro barbarie si fondassero prima con le consuetudini e, ingentilite, poi si governassero con le leggi! Siccome nella barbarie ricorsa i primi diritti delle nazioni novelle d'Europa sono nati con le consuetudini, delle quali tutte [43] le più antiche son le feudali; lo che si dee

41. *Feizio*: Everardo Feith, erudito olandese del sec. XVII), *Antiquitatum homericarum libri sex*, Leida, 1679, p. 119.

42. *contro Appione*: Flavio Giuseppe, *Contra Apionem*, I, 2.

43. *tutte*: si aggiunge *tutte*, secondo la correzione del Flora (p. 1082).

ricordare per ciò ch'appresso diremo: ch'i' feudi sono state le prime sorgive di tutti i diritti che vennero appresso appo tutte le nazioni così antiche come moderne, e quindi il diritto natural delle genti, non già con leggi, ma con essi costumi umani essersi stabilito.

Ora, per ciò ch'attiensi a questo gran momento della cristiana religione: — che Mosè non abbia apparato dagli egizi la sublime teologia degli ebrei, — sembra fortemente ostare la cronologia, la qual alloga Mosè dopo di questo Mercurio Trimegisto. Ma tal difficultà, oltre alle ragioni con le quali sopra si è combattuta, ella si vince affatto per questi princìpi, fermati in un luogo veramente d'oro di Giamblico, *De mysteriis aegyptiorum*, dove dice che gli egizi tutti i loro ritruovati necessari o utili alla vita umana civile riferivano a questo loro Mercurio; talché egli dee essere stato, non un particolare uomo ricco di sapienza riposta che fu poi consagrato dio, ma un carattere poetico de' primi uomini dell'Egitto sappienti di sapienza volgare, che vi fondarono prima le famiglie e poi i popoli che finalmente composero quella gran nazione. E per questo stesso luogo arrecato testé di Giamblico, perché gli egizi costino [44] con la loro divisione delle tre età degli dei, degli eroi e degli uomini, e questo Trimegisto fu loro dio, perciò nella vita di tal Mercurio dee correre tutta l'età degli dei degli egizi.

XIII
[Età dell'oro ovvero età degli dei di Grecia]

Una delle cui particolarità la storia favolosa ci narra: che gli dei praticavano in terra con gli uomini. E, per dar certezza a' princìpi della cronologia, meditiamo in quest'opera una teogonia naturale, o sia generazione degli dei, fatta naturalmente nelle fantasie de' greci a certe

44. *costino*: perdurino.

occasioni di umane necessità o utilità, ch'avvertirono essere state loro soccorse o somministrate ne' tempi del primo mondo fanciullo, sorpreso da spaventosissime religioni: che tutto ciò che gli uomini o vedevano o immaginavano o anco essi stessi facevano, apprendevano essere divinità. E, de' famosi dodici dei delle genti che furon dette « maggiori », o sieno dei consagrati dagli uomini nel tempo delle famiglie, faccendo dodici minute epoche, con una cronologia ragionata della storia poetica si determina all'età degli dei la durata di novecento anni; onde si danno i princìpi alla storia universale profana.

XIV

[Elleno, figliuolo di Deucalione, nipote di Prometeo, pronipote di Giapeto, per tre suoi figliuoli sparge nella Grecia tre dialetti. - Anni del mondo 2082]

Da quest'Elleno i greci natii si disser « elleni »; ma i greci d'Italia si dissero « *graii* », e la loro terra *Γραικία*, onde « *graeci* » vennero detti a' latini. Tanto i greci d'Italia seppero il nome della nazion greca principe, che fu quella oltramare, ond'essi erano venuti colonie in Italia! Perché tal voce *Γραικία* non si truova appresso greco scrittore, come osserva Giovanni Palmerio [45)] nella *Descrizion della Grecia.*

XV

[Cecrope egizio mena dodici colonie nell'Attica, delle quali poi Teseo compose Atene]

Ma Strabone stima che l'Attica, per l'asprezza delle sue terre, non poteva invitare stranieri che vi venissero ad abitare, per pruovare che 'l dialetto attico è de' primi tra gli altri natii di Grecia.

45. *Giovanni Palmerio*: è Giacomo La Paulmier da Grentmesnil (1583-1670), autore di una *Greciæ antiquæ descriptio*, Leida, 1678.

XVI

[Cadmo fenice fonda Tebe in Beozia ed introduce in Grecia le lettere volgari. - Anni del mondo 2491]

E vi portò le lettere fenicie: onde Beozia, fin dalla sua fondazione letterata, doveva essere la più ingegnosa di tutte l'altre nazioni di Grecia; ma produsse uomini di menti tanto balorde che passò in proverbio « beoto » per uomo d'ottuso ingegno.

XVII

[Saturno ovvero l'età degli dei del Lazio. - Anni del mondo 2491]

Questa è l'età degli dei che comincia alle nazioni del Lazio, corrispondente nelle propietà dell'età dell'oro de' greci, a' quali il primo oro si ritruòverà per la nostra mitologia essere stato il frumento, con le cui raccolte per lunghi secoli le prime nazioni numerarono gli anni. E Saturno da' latini fu detto *a « satis »*, da' seminati, e si dice *Χρόνος* da' greci, appo i quali *Χρόνος* è il tempo, da cui vien detta essa « cronologia ».

XVIII

[Mercurio Trimegisto il giovine o età degli eroi d'Egitto. Anni del mondo 2553]

Questo Mercurio il giovine dev'essere carattere poetico dell'età degli eroi degli egizi. La qual a' greci non succedé che dopo novecento anni, per gli quali va a finire l'età degli dei di Grecia; ma agli egizi corre per un padre, figlio e nipote. A tal anacronismo nella storia egiziaca osservammo uno somigliante nella storia assiriaca nella persona di Zoroaste.

XIX

[Danao egizio caccia gl'Inachidi dal regno d'Argo. - Anni del mondo 2553]

Queste successioni reali sono gran canoni di cronologia: come Danao occupa il regno d'Argo, signoreggiato innanzi da nove re della casa d'Inaco, per gli quali dovevano correre trecento anni (per la regola de' cronologi), come presso a cinquecento per gli quattordici re latini che regnarono in Alba.

Ma Tucidide dice che ne' tempi eroici gli re si cacciavano tutto giorno di sedia l'un l'altro; come Amulio caccia Numitore dal regno d'Alba, e Romolo ne caccia Amulio e rimettevi Numitore. Lo che avveniva tra per la ferocia de' tempi, e perch'erano smurate l'eroiche città, né eran in uso ancor le fortezze, come dentro si rincontra de' tempi barbari ritornati.

XX

[Eraclidi sparsi per tutta Grecia, che vi fanno l'età degli eroi. - Cureti in Creta, Saturnia, ovvero Italia, ed in Asia, che vi fanno regni di sacerdoti. - Anni del mondo 2682]

Questi due grandi rottami d'antichità si osservano da Dionigi Petavio[46] gittati dentro la greca storia avanti il tempo eroico de' greci. E sono sparsi per tutta Grecia gli Eraclidi, o sieno i figliuoli d'Ercole, più di cento anni innanzi di provenirvi Ercole loro padre, il quale, per propagarli in tanta generazione, doveva esser nato molti secoli prima.

46. *Petavio*: Dionigi Petau (1583-1652). *De doctrina temporum*, Anversa, 1703.

XXI

[Didone, da Tiro, va a fondar Cartagine]

La quale noi poniamo nel fine del tempo eroico de' fenici, e sì, cacciata da Tiro perché vinta in contesa eroica, com'ella il professa d'esserne uscita per l'odio del suo cognato. Tal moltitudine d'uomini tirii con frase eroica fu detta « femmina », perché di deboli e vinti.

XXII

[Orfeo e, con essolui, l'età de' poeti teologi]

Quest'Orfeo, che riduce le fiere di Grecia all'umanità, si truova esser un vasto covile di mille mostri. Viene da Tracia, patria di fieri Marti, non d'umani filosofi, perché furono, per tutto il tempo appresso, cotanto barbari ch'Androzione [47] filosofo tolse Orfeo dal numero de' sapienti solamente per ciò che fusse nato egli in Tracia. E, ne' di lei princìpi, ne uscì tanto dotto di greca lingua che vi compose in versi di maravigliosissima poesia, con la quale addimestica i barbari per gli orecchi; i quali, composti già in nazioni, non furono ritenuti dagli occhi di non dar fuoco alle città piene di maraviglie. E truova i greci ancor fiere bestie; a' quali Deucalione, da un mille anni innanzi, aveva insegnato la pietà col riverire e temere la giustizia divina, col cui timore, innanzi al di lei templo posto sopra il monte Parnaso (che fu poi la stanza delle muse e d'Apollo, che sono lo dio e l'arti dell'umanità), insieme con Pirra sua moglie, entrambi co' capi velati (cioè col pudore del concubito umano, volendo significare col matrimonio), le pietre ch'erano loro dinanzi i piedi (cioè gli stupidi della vita innanzi ferina), gittandole die-

47. *Androzione*: storico del secolo III a. C.

tro le spalle, fanno divenir uomini (cioè con l'ordine della disciplina iconomica, nello stato delle famiglie); — Elleno, da settecento anni innanzi, aveva associati con la lingua e v'aveva sparso per tre suoi figliuoli tre dialetti; — la casa d'Inaco dimostrava esservi da trecento anni innanzi fondati i regni e scorrervi le successioni reali. Viene finalmente Orfeo ad insegnarvi l'umanità; e, da un tempo che la truova tanto selvaggia, porta la Grecia a tanto lustro di nazione ch'esso è compagno di Giasone nell'impresa navale del vello d'oro (quando la navale e la nautica sono gli ultimi ritruovati de' popoli), e vi s'accompagna con Castore e Polluce, fratelli d'Elena, per cui fu fatta la tanto romorosa guerra di Troia. E, nella vita d'un sol uomo, tante civili cose fatte, alle quali appena basta la scorsa di ben mill'anni! Tal mostro di cronologia sulla storia greca nella persona d'Orfeo è somigliante agli altri due osservati sopra: uno sulla storia assiriaca nella persona di Zoroaste, ed un altro sull'egiziaca in quelle de' due Mercuri. Per tutto ciò, forse, Cicerone, *De natura deorum*, [48] sospettò ch'un tal Orfeo non fusse giammai stato nel mondo.

A queste grandissime difficultà cronologiche s'aggiungono non minori altre morali e politiche: che Orfeo fonda l'umanità della Grecia sopra esempli d'un Giove adultero, d'una Giunone nimica a morte della virtù degli Ercoli, d'una casta Diana che sollecita gli addormentati Endimioni di notte, d'un Apollo che risponde oracoli ed infesta fin alla morte le pudiche donzelle Dafni, d'un Marte che, come non bastasse agli dèi di commetter adultèri in terra, gli trasporta fin dentro il mare con Venere. Né tale sfrenata libidine degli dei si contenta de' vietati concubiti con le donne: arde Giove di nefandi amori per Ganimede; né pur qui si ferma: eccede finalmente alla bestiale,

48. *De natura deorum*: I, 38, ma cfr. *Degli elementi*, IV.

e Giove, trasformato in cigno, giace con Leda: la qual libidine, esercitata negli uomini e nelle bestie, fece assolutamente l'infame nefas del mondo eslege. Tanti dei e dee nel cielo non contraggono matrimoni; ed uno ve n'ha, di Giove con Giunone, ed è sterile; né solamente sterile, ma anco pieno d'atroci risse; talché Giove appicca in aria la pudica gelosa moglie, ed esso partorisce Minerva dal capo; ed infine, se Saturno fa figliuoli, gli si divora. I quali esempli, e potenti esempli divini (contengansi pure cotali favole tutta la sapienza riposta, disiderata da Platone infino a' nostri tempi da Bacone di Verulamio, *De sapientia veterum*), come suonano, dissolverebbero i popoli più costumati e gl'istigherebbero ad imbrutirsi in esse fiere d'Orfeo: tanto sono acconci e valevoli a ridurre gli uomini da bestie fiere all'umanità! Della qual riprensione è una particella quella che degli dei della gentilità fa sant'Agostino nella *Città di Dio*,[49] per questo motivo dell'*Eunuco* di Terenzio:[50] che 'l Cherea, scandalezzato da una dipintura di Giove ch'in pioggia d'oro si giace con Danae, prende quell'ardire, che non aveva avuto, di violare la schiava, della quale pur era impazzato d'un violentissimo amore.

Ma questi duri scogli di mitologia si schiveranno co' princìpi di questa Scienza, la quale dimostrerà che tali favole, ne' loro princìpi, furono tutte vere e severe e degne di fondatori di nazioni, e che poi, con lungo volger degli anni, da una parte oscurandosene i significati, e dall'altra col cangiar de' costumi che da severi divennero dissoluti, perché gli uomini per consolarne le lor coscienze volevano peccare con l'autorità degli dei, passarono ne' laidi significati co' quali sonoci pervenute. L'aspre tempeste cronologiche ci saranno rasserenate dalla discoverta de' carat-

49. *Città di Dio*: *De civitate Dei*, II, 7.

50. *Terenzio*: *Eunuchus*, atto III, verso 567.

teri poetici, uno de' quali fu Orfeo, guardato per l'aspetto di poeta teologo, il quale con le favole, nel primo loro significato, fondò prima e poi raffermò l'umanità della Grecia. Il qual carattere spiccò più che mai nell'eroiche contese co' plebei delle greche città; ond'in tal età si distinsero i poeti teologi, com'esso Orfeo, Lino, Museo, Anfione, il quale de' sassi semoventi (de' balordi plebei) innalzò le mura di Tebe, che Cadmo aveva da trecento anni innanzi fondata; appunto come Appio, nipote del decemviro, circa altrettanto tempo dalla fondazione di Roma, col cantar alla plebe la forza degli dei negli auspìci, della quale avevano la scienza i patrizi, ferma lo stato eroico a' romani. Dalle quali eroiche contese ebbe nome il secolo eroico.

XXIII

[Ercole, con cui è al colmo il tempo eroico di Grecia]

Le stesse difficultà ricorrono in Ercole, preso per un uomo vero, compagno di Giasone nella spedizione di Colco; quando egli non sia, come si truoverà, carattere eroico di fondatore di popoli per l'aspetto delle fatighe.

XXIV

[Sancuniate scrive storie in lettere volgari. - Anni del mondo 2800]

Detto anco Sancunazione, chiamato « lo storico della verità » (al riferire di Clemente alessandrino negli *Stromati*),[51] il quale scrisse in caratteri volgari la storia fenicia, mentre gli egizi e gli sciti, come abbiam veduto, scrivevano per geroglifici, come si sono truovati scrivere fin al dì d'oggi i chinesi, i quali non meno degli sciti ed egizi vantano una mostruosa antichità, perché al buio del

51. *Sancunazione* o Sancuniate, del quale parla non Clemente alessandrino, ma Eusebio di Cesarea nella *Præparatio Evangelica.*

loro chiuso, non praticando con altre nazioni, non videro la vera luce de' tempi. E Sancuniate scrisse in caratteri fenici volgari, mentre le lettere volgari non si erano ancor truovate tra' greci, come sopra si è detto.

XXV

[Guerra troiana. - Anni del mondo 2820]

La quale, com'è narrata da Omero, avveduti critici giudicano non essersi fatta nel mondo; e i Ditti cretesi e i Dareti frigi, che la scrissero in prosa come storici del lor tempo, da' medesimi critici [52] sono mandati a conservarsi nella libraria dell'impostura.

XXVI

[Sesostride regna in Tebe. - Anni del mondo 2949]

Il quale ridusse sotto il suo imperio le altre tre dinastie dell'Egitto; che si truova esser il re Ramse che 'l sacerdote egizio narra a Germanico appresso Tacito. [53]

XXVII

[Colonie greche in Asia, in Sicilia, in Italia. - Anni del mondo 2949]

Questa è una delle pochissime cose nelle quali non seguiamo l'autorità d'essa cronologia, forzati da una prepotente cagione. Onde poniamo le colonie de' greci menate in Italia ed in Sicilia da cento anni dopo la guerra troiana, e sì da un trecento anni innanzi al tempo ove l'han poste

52. *critici*: allude probabilmente oltre che al Fabricius, al veronese Francesco Bianchini che nella *Istoria universale provata con monumenti e figurata con simboli de gli antichi*, Roma, 1697 aveva visto nella guerra di Troia un simbolo di contese commerciali. A Ditti di Creta e a Darete di Frigia erano stati nel Medioevo falsamente attribuiti racconti storici che si riferivano alla guerra di Troia.

53. *Tacito*: in *Annales*, II, 60.

i cronologi, cioè vicino a' tempi ne' quali i cronologi pongono gli errori degli eroi, come di Menelao, di Enea, d'Antenore, di Diomede e d'Ulisse. Né dee recare ciò maraviglia, quando essi variano di quattrocensessant'anni d'intorno al tempo d'Omero, ch'è 'l più vicino autore a sì fatte cose de' greci. Perché la magnificenza e dilicatezza di Siragosa a' tempi delle guerre cartaginesi non avevano che invidiare a quelle d'Atene medesima: quando nell'isole più tardi che ne' continenti s'introducono la morbidezza e lo splendor de' costumi, e, ne' di lui tempi, Cotrone fa compassione a Livio del suo poco numero d'abitatori, la quale aveva abitato innanzi più millioni.

XXVIII

[Giuochi olimpici, prima ordinati da Ercole, poi intermessi, e restituiti da Isifilo. - Anni del mondo 3223]

Perché si truova che da Ercole si noveravano gli anni con le raccolte; da Isifilo in poi, col corso del sole, per gli segni del zodiaco: onde da questi incomincia il tempo certo de' greci.

XXIX

[Fondazione di Roma. - Anni di Roma 1]

Ma, qual sole le nebbie, così sgombra tutte le magnifiche oppenioni che finora si sono avute de' princìpi di Roma, e di tutte l'altre città che sono state capitali di famosissime nazioni, un luogo d'oro di Varrone (appo sant'Agostino nella *Città di Dio* [54]): ch'ella sotto gli re, che vi regnarono da dugencinquant'anni, manomise da più di venti popoli, e non distese più di venti miglia l'imperio.

54. *Varrone* ecc.: *De civitate Dei*, III, 15; il riferimento a Varrone è inesatto.

XXX

[Omero, il quale venne in tempo che non si eran ancora truovate le lettere volgari e 'l quale non vidde l'Egitto. - Anni del mondo 3290, di Roma 35]

Del qual primo lume di Grecia ci ha lasciato al buio la greca storia d'intorno alle principali sue arti, cioè geografia e cronologia, poiché non ci è giunto nulla di certo né della di lui patria né dell'età. Il quale nel terzo di questi libri si truoverà tutt'altro da quello ch'è stato finor creduto. Ma, qualunque egli sia stato, non vide certamente l'Egitto; il quale nell'*Odissea* narra che l'isola ov'è il faro or d'Alessandria fosse lontana da terraferma quanto una nave scarica, con rovaio in poppa, potesse veleggiar un intiero giorno. Né vide la Fenicia; ove narra [55] l'isola di Calipso, detta Ogigia, esser tanto lontana che Mercurio dio, e dio alato, difficilissimamente vi giunse, come se da Grecia, dove sul monte Olimpo egli nell'*Iliade* canta starsi gli dei, fusse la distanza che vi è dal nostro mondo in America. Talché, se i greci a' tempi d'Omero avessero trafficato in Fenicia ed Egitto, egli n'arebbe perduto il credito a tutti e due i suoi poemi.

XXXI

[Psammetico apre l'Egitto a' soli greci di Ionia e di Caria. - Anni del mondo 3334]

Onde da Psammetico comincia Erodoto a raccontar cose più accertate degli egizi. E ciò conferma che Omero non vide l'Egitto; e le tante notizie, ch'egli narra e di Egitto e d'altri paesi del mondo, o sono cose e fatti dentro essa Grecia, come si dimostrerà nella *Geografia poetica*; o sono tradizioni, alterate con lungo tempo, de' fenici,

55. *ove narra*: *Odissea*, V, 43-54.

egizi, frigi, ch'avevano menate le loro colonie tra' greci; o sono novelle de' viaggiatori fenici, che da molto innanzi a' tempi d'Omero mercantavano nelle marine di Grecia.

XXXII

[Esopo, moral filosofo volgare. - Anni del mondo 3334]

Nella *Logica poetica* si truoverà Esopo non essere stato un particolar uomo in natura, ma un genere fantastico, ovvero un carattere poetico de' soci ovvero famoli degli eroi, i quali certamente furon innanzi a' sette saggi di Grecia.

XXXIII

[Sette savi di Grecia: de' quali uno, Solone, ordina la libertà popolare d'Atene; l'altro, Talete milesio, dà incominciamento alla filosofia con la fisica. - Anni del mondo 3406]

E cominciò da un principio troppo sciapito — dall'acqua —, forse perché aveva osservato con l'acqua crescere le zucche.

XXXIV

[Pittagora, di cui, vivo, dice Livio che nemmeno il nome poté sapersi in Roma. - Anni del mondo 3468, di Roma 225]

Ch'esso Livio [56] pone a' tempi di Servio Tullio (tanto ebbe per vero che Pittagora fosse stato maestro di Numa in divinità!); e ne' medesimi tempi di Servio Tullio, che sono presso a dugento anni dopo di Numa, dice che 'n quelli tempi barbari dell'Italia mediterranea fosse stato impossibile, nonché esso Pittagora, il di lui nome, per tanti popoli di lingue e costumi diversi, avesse potuto da Cotrone giugnere a Roma. Onde s'intenda quanto furono

56. *Livio*: I, 18.

spediti e facili tanti lunghi viaggi d'esso Pittagora in Tracia dagli scolari d'Orfeo, da' maghi nella Persia, da' caldei in Babillonia, da' ginnosofisti nell'India; quindi, nel ritorno, da' sacerdoti in Egitto e, quanto è larga l'Affrica attraversando, dagli scolari d'Atlante nella Mauritania; e di là, rivalicando il mare, da' druidi nella Gallia; ed indi fusse ritornato, ricco della sapienza barbaresca che dice l'Ornio,[57] nella sua patria: da quelle barbare nazioni, alle quali, lunga età innanzi, Ercole tebano, con uccider mostri e tiranni, era andato per lo mondo disseminando l'umanità; ed alle quali medesime, lunga età dopo, essi greci vantavano d'averla insegnata, ma non con tanto profitto che pure non restassero barbare. Tanto ha di serioso e grave la succession delle scuole della filosofia barbaresca che dice l'Ornio, alquanto più sopra accennata, alla quale la boria de' dotti ha cotanto applaudito!

Che hassi a dire se fa necessità qui l'autorità di Lattanzio,[58] che risolutamente niega Pittagora essere stato discepolo d'Isaia? La qual autorità si rende gravissima per un luogo di Giuseffo ebreo[59] nell'*Antichità giudaiche*, che pruova gli ebrei, a' tempi di Omero e di Pittagora, aver vivuto sconosciuti ad esse vicine loro mediterranee, nonché all'oltramarine lontanissime nazioni. Perché a Tolomeo Filadelfo, che si maravigliava perché delle leggi mosaiche né poeta né storico alcuno avesse fatto veruna menzione giammai, Demetrio ebreo[60] rispose essere stati puniti miracolosamente da Dio alcuni che attentato avevano di narrarle a' gentili, come Teopompo che ne fu

57. *Ornio*: Van Heurn, cfr. qui n. 3.
58. *Lattanzio*: *Divinae Institutiones*, IV, 2.
59. *Giuseffo ebreo*: Flavio Giuseppe, ma il luogo è in *Contra Apionem*, I, 12.
60. *Demetrio ebreo*: il Vico allude forse al greco, non ebreo, Demetrio di Falera. Tolomeo Filadelfo fu incitato dal bibliotecario Demetrio a far tradurre in greco l'Antico Testamento.

privato del senno, e Teodette che lo fu della vista. Quindi esso Giuseffo confessa generosamente questa lor oscurezza, e ne rende queste cagioni: « Noi — dic'egli — non abitiamo sulle marine, né ci dilettiamo di mercantare e per cagione di traffichi praticare con gli stranieri ». Sul quale costume Lattanzio [61] riflette essere stato ciò consiglio della provvedenza divina, acciocché coi commerzi gentileschi non si profanasse la religione del vero Dio; nel qual detto egli è Lattanzio seguìto da Pier Cuneo, [62] *De republica hebraeorum*. Tutto ciò si ferma con una confession pubblica d'essi ebrei, i quali per la versione de' Settanta facevan ogni anno un solenne digiuno nel dì otto di tebet, ovvero dicembre; perocché, quando ella uscì, tre giorni di tenebre furon per tutto il mondo, come sui libri rabbinici l'osservarono il Casaubuono nell'*Esercitazioni sopra gli Annali del Baronio*, il Buxtorfio nella *Sinagoga giudaica* e l'Ottingero nel *Tesoro filologico*. [63] E perché i giudei grecanti, dett' « ellenisti », tra' quali fu Aristea, detto capo di essa versione, le attribuivano una divina autorità, i giudei gerosolomitani gli odiavano mortalmente.

Ma per la natura di queste cose civili [è da reputare impossibile] che, per confini vietati anco dagli umanissimi egizi (i quali furono così inospitali a' greci lunga età dopo ch'avevano aperto loro l'Egitto, ch'erano vietati d'usar pentola, schidone, coltello ed anco carne tagliata col coltello che fusse greco), per cammini aspri ed infesti, senza alcuna comunanza di lingue, tra gli ebrei, che solevano motteggiarsi da' gentili ch'allo straniero assetato non addi-

61. *Lattanzio*: in realtà ancora Flavio Giuseppe in *Contra Apionem*, I, 12, donde è tratta anche la citazione che immediatamente precede.

62. *Pier Cuneo*: Pietro van der Kun già ricordato nell'*Idea dell'opera*.

63. *Casaubuono* ecc.: gli autori e le opere ai quali Vico si riferisce sono, oltre al già ricordato Casaubon: Giovanni Buxtorf senior (1564-1629), autore di una *Synagoga iudaica*, e Giovanni Enrico Hottinger (1620-1667), che pubblicò un *Thesaurus philologicus sive clavis Scripturae*.

tassero il fonte, i profeti avessero profanato la loro sagra dottrina a' stranieri, uomini nuovi e ad essolor sconosciuti, la quale in tutte le nazioni del mondo i sacerdoti custodivano arcana al volgo delle loro medesime plebi, ond'ella ha avuto appo tutte il nome di « sagra », ch'è tanto dire quanto « segreta ». E ne risulta una pruova più luminosa per la verità della cristiana religione: che Pittagora, che Platone, in forza di umana sublimissima scienza, si fussero alquanto alzati alla cognizione delle divine verità, delle quali gli ebrei erano stati addottrinati dal vero Dio; e, al contrario, ne nasce una grave confutazione dell'errore de' mitologi ultimi,[64] i quali credono che le favole sieno storie sagre, corrotte dalle nazioni gentili e sopra tutti da' greci. E, benché gli egizi praticarono con gli ebrei nella loro cattività, però, per un costume comune de' primi popoli, che qui dentro sarà dimostro, di tener i vinti per uomini senza dei, eglino della religione e storia ebraica fecero anzi beffe che conto; i quali, come narra il sacro *Genesi*,[65] sovente per ischerno domandavano agli ebrei perché lo Dio ch'essi adoravano non veniva a liberargli dalle lor mani.

XXXV

[Servio Tullio re. - Anni del mondo 3468, di Roma 225]

Il quale, con comun errore, è stato finor creduto d'aver ordinato in Roma il censo pianta della libertà popolare, il quale dentro si truoverà essere stato censo pianta di libertà signorile. Il qual errore va di concerto con quell'altro onde si è pur creduto finora che, ne' tempi ne' quali il debitor ammalato doveva comparire sull'asinello o den-

64. *mitologi ultimi*: allude, soprattutto, al *De theologia gentili et physiologia christiana* dell'umanista ed erudito tedesco Gherardo Giovanni Voss (1577-1649).

65. *Genesi*: il riferimento è errato.

tro la carriuola innanzi al pretore, Tarquinio Prisco avesse ordinato l'insegne, le toghe, le divise e le sedie d'avolio (de' denti di quelli elefanti che, perché i romani avevano veduto la prima volta in Lucania nella guerra con Pirro, dissero «*boves lucas*») e finalmente i cocchi d'oro da trionfare; nella quale splendida comparsa rifulse la romana maestà ne' tempi della repubblica popolare più luminosa.

XXXVI

[Esiodo. - Anni del mondo 3500]

Per le pruove che si faranno d'intorno al tempo che fra i greci si truovò la scrittura volgare, poniamo Esiodo circa i tempi d'Erodoto e alquanto innanzi; il quale da' cronologi con troppo risoluta franchezza si pone trent'anni innanzi d'Omero, della cui età variano quattrocensessant'anni gli autori. Oltreché, Porfirio (appresso Suida) e Velleo Patercolo voglion ch'Omero avesse di gran tempo preceduto ad Esiodo.[66] E 'l treppiedi ch'Esiodo consacrò in Elicona ad Apollo, con iscrittovi ch'esso aveva vinto Omero nel canto, quantunque il riconosca Varrone (appresso Aulo Gellio),[67] egli è da conservarsi nel museo dell'impostura, perché fu una di quelle che fanno tuttavia a' nostri tempi i falsatori delle medaglie per ritrarne con tal frode molto guadagno.

XXXVII

[Erodoto, Ippocrate. - Anni del mondo 3500]

Egli è Ippocrate posto da' cronologi nel tempo de' sette savi della Grecia. Ma, tra perché la di lui vita è troppo tinta di favole (ch'è raccontato figliuolo d'Eusculapio e

66. *Porfirio... Esiodo*: Porfirio, in Suida, ediz. Bernhardy, II, p. 1095, e Velleio Patercolo, I, 7.
67. *Gellio*: *Noctes atticæ*, III, 11, 3.

nipote d'Apollo), e perch'è certo autore d'opere scritte in prosa con volgari caratteri, perciò egli è qui posto circa i tempi d'Erodoto, il qual egualmente e scrisse in prosa con volgari caratteri e tessé la sua storia quasi tutta di favole.

XXXVIII

[Idantura, re di Scizia. - Anni del mondo 3530]

Il quale a Dario il maggiore, che gli aveva intimato la guerra, risponde con cinque parole reali (le quali, come dentro si mostrerà, i primi popoli dovettero usare prima che le vocali e, finalmente, le scritte); le quali parole reali furono una ranocchia, un topo, un uccello, un dente d'aratro ed un arco da saettare. Dentro, con tutta naturalezza e propietà se ne spiegheranno i significati; e c'incresce rapportare ciò che san Cirillo alessandrino [68] riferisce del consiglio che Dario tenne su tal risposta, che da se stesso accusa le ridevoli interpretazioni che le diedero i consiglieri. E questo è re di quelli sciti i quali vinsero gli egizi in contesa d'antichità, ch'a tali tempi sì bassi non sapevano nemmeno scrivere per geroglifici! Talché Idantura dovett'esser un degli [69] re chinesi, che, fin a pochi secoli fa chiusi a tutto il rimanente del mondo, vantano vanamente un'antichità maggiore di quella del mondo e, 'n tanta lunghezza di tempi, si sono truovati scrivere ancora per geroglifici, e, quantunque per la gran mollezza del cielo abbiano dilicatissimi ingegni, co' quali fanno tanti a maraviglia dilicati lavori, però non sanno ancora dar l'ombre nella pittura, sopra le quali risaltar possano i lumi; onde, non avendo sporti né addentrati, la loro pittura è goffissima. E le statuette, ch'indi ci vengon di porcellana, gli si accusano egualmente rozzi quanto lo

68. *san Cirillo alessandrino*: in realtà si tratta di Clemente Alessandrino, negli *Stromata*, V. 8.
69. *un degli*: simile a uno dei...

furono gli egizi nella fonderia; ond'è da stimarsi che, come ora i chinesi, così furono rozzi gli egizi nella pittura.

Di questi sciti è quell'Anacarsi, [70] autore degli oracoli scitici, come Zoroaste lo fu de' caldaici, che dovettero dapprima esser oracoli d'indovini, che poi per la boria de' dotti passarono in oracoli di filosofi. Se dagli iperborei della Scizia presente, o da altra nata anticamente dentro essa Grecia, sieno venuti a' greci i due più famosi oracoli del gentilesimo, il delfico e 'l dodoneo, come il credette Erodoto e, dopo lui, Pindaro e Ferenico, seguìti da Cicerone, *De natura deorum*, [71] onde forse Anacarsi fu gridato famoso autore d'oracoli e fu noverato tra gli antichissimi dei fatidici, si vedrà nella *Geografia poetica*. Vaglia per ora intendere quanto la Scizia fusse stata dotta in sapienza riposta, che gli sciti ficcavano un coltello in [72] terra e l'adoravan per dio, perché con quello giustificassero l'uccisioni ch'avevan essi da fare; dalla qual fiera religione uscirono le tante virtù morali e civili narrate da Diodoro sicolo, Giustino, Plinio, e innalzate con le lodi al cielo da Orazio. [73] Laonde Abari, volendo ordinare la Scizia con le leggi di Grecia, funne ucciso da Caduvido, suo fratello. Tanto egli profittò nella filosofia barbaresca dell'Ornio, [74] che non intese da sé le leggi valevoli di addimesticare una gente barbara ad un'umana civiltà, e dovette apprarle da' greci! Ch'è lo stesso, appunto, de' greci in rapporto degli sciti, che poco fa abbiam detto de' medesimi a riguardo degli egizi: che, per la vanità di dar al lor sapere romorose origini d'antichità forestiera,

70. *Anacarsi*: in realtà è Abari, e non il più tardo Anacarsi.

71. *Erodoto* ecc.: Erodoto, IV, 33; Pindaro, *Olimpiche*, III, 28-29, *Pitiche*, X, 30; Ferenico, *Scolii a Pindaro*, ediz. Boechk, II, 96; Cicerone, *De natura deorum*, III, 23.

72. *in*: al posto di *per* dell'edizione Nicolini, secondo la correzione del Flora (p. 1085).

73. *Diodoro sicolo* ecc.: Diodoro, *Biblioteca*, II, 43-44; Giustino, II, 2-3; Plinio, *Naturalis historia*, IV, 13; Orazio, *Carmina*, III, 24, 9-24.

74. *Ornio*: il citato van Heurn; cfr. qui n. 3.

meritarono con verità la riprensione ch'essi stessi sognarono d'aver fatta il sacerdote egizio a Solone (riferita da Crizia, appresso Platone in uno degli *Alcibiadi*):[75] ch'i greci fussero sempre fanciulli. Laonde hassi a dire che per cotal boria i greci, a riguardo degli sciti e degli egizi, quanto essi guadagnarono di vanagloria, tanto perderono di vero merito.

XXXIX

[Guerra peloponnesiaca. Tucidide, il qual scrive che fin a suo padre i greci non seppero nulla delle antichità loro propie, onde si diede a scrivere di cotal guerra. - Anni del mondo 3530]

Il qual era giovinetto nel tempo ch'era Erodoto vecchio, che gli poteva esser padre, e visse nel tempo più luminoso di Grecia, che fu quello della guerra peloponnesiaca, di cui fu contemporaneo, e perciò, per iscrivere cose vere, ne scrisse la storia; da cui fu detto ch'i greci fin al tempo di suo padre, ch'era quello d'Erodoto, non seppero nulla dell'antichità loro propie. Che hassi a stimare delle cose straniere che essi narrano, e quanto essi ne narrano tanto noi sappiamo dell'antichità gentilesche barbare? Che hassi a stimare, fin alle guerre cartaginesi, delle cose antiche di que' romani che fin a que' tempi non avevan ad altro atteso ch'all'agricoltura ed al mestiero dell'armi, quando Tucidide stabilisce questa verità de' suoi greci, che provennero tanto prestamente filosofi? Se non, forse, vogliam dire ch'essi romani n'avesser avuto un particolar privilegio da Dio.

75. *Alcibiadi*: invece nel *Timeo*, 3, 226.

XL

[Socrate dà principio alla filosofia morale ragionata. Platone fiorisce nella metafisica. Atene sfolgora di tutte l'arti della più colta umanità. Legge delle XII Tavole. - Anni del mondo 3553 di Roma 303]

Nel qual tempo da Atene si porta in Roma la legge delle XII Tavole, tanto incivile, rozza, inumana, crudele e fiera quanto ne' *Princìpi del Diritto universale* [76] sta dimostrata.

XLI

[Senofonte, con portar l'armi greche nelle viscere della Persia, è 'l primo a sapere con qualche certezza le cose persiane. - Anni del mondo 3583, di Roma 333]

Come osserva san Girolamo, *Sopra Daniello.* [77] E dopo che, per l'utilità de' commerzi, avevano cominciato i greci sotto Psammetico a sapere le cose di Egitto (onde da quel tempo Erodoto incomincia a scrivere cose più accertate degli egizi), da Senofonte la prima volta, per la necessità delle guerre, cominciaron a saper i greci cose più accertate de' persiani; de' quali pure Aristotile, portatovisi con Alessandro magno, scrive che, innanzi, da' greci se n'erano dette favole, come si accenna in questa Tavola cronologica. [78] In cotal guisa cominciaron i greci ad avere certa contezza delle cose straniere.

XLII

[Legge Publilia. - Anni del mondo 3658, di Roma 416].

Questa legge fu comandata negli anni di Roma CCCCXVI, e contiene un punto massimo d'istoria romana, ché con questa legge si dichiarò la romana repubblica

76. *Princìpi del Diritto universale*: *De constantia iurisprudentis*, parte II, 36-37.

77. *Girolamo* ecc.: nel *Commentarium in Danielem prophetam*, 5, ma il riferimento è inesatto.

78. *Aristotile* ecc.: Aristotele non ne parla.

mutata di stato da aristocratica in popolare; onde Publilio Filone, che ne fu autore, ne fu detto « dittator popolare ». E non si è avvertita, perché non si è saputo intendere il di lei linguaggio. Lo che appresso sarà da noi ad evidenza dimostrato di fatto: basta qui che ne diamo un'idea per ipotesi.

Giacque sconosciuta questa e la seguente legge Petelia, ch'è d'ugual importanza che la Publilia, per queste tre parole non diffinite: « popolo », « regno » e « libertà », per le quali si è con comun errore creduto che 'l popolo romano fin da' tempi di Romolo fusse stato di cittadini come nobili così plebei, che 'l romano fusse stato regno monarchico, e che la ordinatavi da Bruto fusse stata libertà popolare. E queste tre voci non diffinite han fatto cader in errore tutti i critici, storici, politici e giureconsulti, perché da niuna delle presenti poterono far idea delle repubbliche eroiche, le quali furono d'una forma aristocratica severissima e quindi a tutto cielo diverse da queste de' nostri tempi.

Romolo dentro l'asilo aperto nel luco egli fondò Roma sopra le clientele, le quali furono protezioni nelle quali i padri di famiglia tenevano i rifuggiti all'asilo in qualità di contadini giornalieri, che non avevano niun privilegio di cittadino, e sì niuna parte di civil libertà; e, perché v'erano rifuggiti per aver salva la vita, i padri proteggevano loro la libertà naturale col tenergli partitamente divisi in coltivar i di loro campi, de' quali così dovette comporsi il fondo pubblico del territorio romano, come di essi padri Romolo compose il senato.

Appresso, Servio Tullio vi ordinò il censo, con permettere a' giornalieri il dominio bonitario de' campi ch'erano propi de' padri, i quali essi coltivassero per sé, sotto il peso del censo e con l'obbligo di servir loro a propie spese nelle guerre, conforme, di fatto, i plebei ad essi patrizi servirono dentro cotesta finor sognata libertà popolare. La qual legge di Servio Tullio fu la prima legge agraria del mondo, ordinatrice del censo pianta delle repubbliche eroiche, ovvero antichissime aristocrazie di tutte le nazioni.

Dappoi, Giunio Bruto, con la discacciata de' tiranni Tarquini, restituì la romana repubblica a' suoi princìpi, e, con ordinarvi i consoli, quasi due re aristocratici annali (come Cicerone gli appella nelle sue *Leggi*), invece di uno re a vita, vi riordinò la libertà de' signori da' lor tiranni, non già la libertà del popolo da' signori. Ma, i nobili mal serbando l'agraria di Servio a' plebei, questi si criarono i tribuni della plebe, e gli si fecero giurare dalla nobiltà, i quali difendessero alla plebe tal parte di natural libertà del dominio bonitario de' campi: siccome perciò, disiderando i plebei riportarne da' nobili il dominio civile, i tribuni della plebe cacciarono da Roma Marcio Coriolano, per aver detto ch'i plebei andassero a zappare, cioè che, poiché non eran contenti dell'agraria di Servio Tullio e volevano un'agraria più piena e più ferma, si riducessero a' giornalieri di Romolo. Altrimente, che stolto fasto de' plebei sdegnare l'agricoltura, la quale certamente sappiamo che si recavano ad onore esercitar essi nobili? e per sì lieve cagione accendere sì crudel guerra, che Marcio, per vendicarsi dell'esiglio, era venuto a rovinar Roma, senonsé le pietose lagrime della madre e della moglie l'avessero distolto dall'empia impresa?

Per tutto ciò, pur seguitando i nobili a ritogliere i campi a' plebei poi che quelli gli avevano coltivati, né avendo questi azion civile da vendicargli, quivi i tribuni della plebe fecero la pretensione della legge delle XII Tavole (dalla quale, come ne' *Princìpi del Diritto universale* si è dimostrato, non si dispose altro affare che questo), con la qual legge i nobili permisero il dominio quiritario de' campi a' plebei; il qual dominio civile, per diritto natural delle genti, permettesi agli stranieri. E questa fu la seconda legge agraria dell'antiche nazioni.

Quindi — accorti i plebei che non potevan essi trammandar *ab intestato* i campi a' loro congionti, perché non avevano suità, agnazioni, gentilità [79] (per le quali ragioni correvano allora le successioni legittime), perché non celebravano matrimoni solenni, e nemmeno ne potevano disporre in testamento, perché non avevano privilegio di cittadini — fecero la pretensione de' connubi de' nobili, o sia della ragione di contrarre nozze solenni (ché tanto suona « *connubium* »), la cui maggior solennità erano gli auspìci, ch'erano propi de' nobili (i quali auspìci furono il gran fonte di tutto il diritto romano, privato e pubblico); e sì fu da' padri comunicata a' plebei la ragion delle nozze, le quali, per la diffinizione di Modestino giureconsulto, essendo « *omnis divini et humani iuris communicatio* », [80] ch'altro non è la cittadinanza, dieder essi a' plebei il privilegio di cittadini. Quindi, secondo la serie degli umani desideri, ne riportarono i plebei da' padri comunicate tutte le dipendenze degli auspìci ch'erano di ragion privata, come patria potestà, suità, agnazioni, gentilità e, per questi diritti, le successioni legittime, i testamenti e le tutele. Dipoi ne pretesero le dipendenze di ragion pubblica, e prima ne riportarono comunicati gl'imperi coi consolati, e finalmente i sacerdozi e i pontificati e, con questi, la scienza ancor delle leggi.

In cotal guisa i tribuni della plebe, sulla pianta sopra la qual erano stati criati di proteggerle la libertà naturale, tratto tratto si condussero a farle conseguire tutta la

79. *suità* ecc.: i plebei non erano *sui iuris*, non avevano cioè piena figura giuridica; non godevano dell'*agnazione*, che è il passaggio da una *gens* ad un'altra mediante adozione; non avevano *gentes*. In realtà di alcuni di questi diritti i plebei, a differenza di quanto ritiene Vico, godevano quasi un secolo prima del 455 a. C., data della rogazione Canuleia.

80. *Modestino* ecc.: in *Digestum*, XXIII, 2, 1.

libertà civile. E 'l censo ordinato da Servio Tullio — con disponersi dappoi che non più si pagasse privatamente a' nobili, ma all'erario, perché l'erario somministrasse le spese nelle guerre a' plebei —, da pianta di libertà signorile, andò da se stesso, naturalmente, a formar il censo pianta della libertà popolare; di che dentro [81] truoverassi la guisa.

Con uguali passi i medesimi tribuni s'avanzarono nella potestà di comandare le leggi. Perché le due leggi Orazia ed Ortensia non poterono accordar alla plebe ch'i di lei plebisciti obbligassero tutto il popolo senonsé nelle due particolari emergenze, per la prima delle quali la plebe si era ritirata nell'Aventino gli anni di Roma CCCIV, nel qual tempo, come qui si è detto per ipotesi e dentro [82] mostrerassi di fatto, i plebei non erano ancor cittadini; e per la seconda ritirossi nel Gianicolo gli anni CCCLXVII, quando la plebe ancora contendeva con la nobiltà di comunicarlesi il consolato. Ma, sulla pianta delle suddette due leggi, la plebe finalmente si avanzò a comandare leggi universali: per lo che dovetter avvenire in Roma de' grandi movimenti e rivolte; onde fu bisogno di criare [83] Publilio Filone dittatore, il quale non si criava se non negli ultimi pericoli della repubblica, siccome in questo, ch'ella era caduta in un tanto grande disordine di nudrire dentro il suo corpo due potestà somme legislatrici, senza essere di nulla distinte né di tempi né di materie né di territori, con le quali doveva prestamente andare in una certa rovina. Quindi Filone, per rimediare a tanto civil malore, ordinò che ciò che la plebe avesse co' plebisciti comandato ne' comizi tributi, *« omnes quirites teneret »*,

81. *dentro*: nel cap. 3 della *Politica poetica*: *Dell'origini del censo* ecc.

82. *le due leggi* ecc.: la legge Orazia sarebbe del 449 a. C., ma si discute oggi sulla sua autenticità; l'Ortensia, che rendeva obbligatori i plebisciti per tutti i cittadini, è del 289-286 a. C.; *dentro*, si riferisce al primo capitolo della *Politica poetica*.

83. *criare*: creare.

obbligasse tutto il popolo ne' comizi centuriati, ne' quali « *omnes quirites* » si ragunavano (perché i romani non si appellavano « *quirites* » che nelle pubbliche ragunanze, né « *quirites* » nel numero del meno [84] si disse in volgar sermone latino giammai); con la qual formola Filone volle dire che non si potessero ordinar leggi le quali fussero a' plebisciti contrarie. Per tutto ciò — essendo già, per leggi nelle quali essi nobili erano convenuti, la plebe in tutto e per tutto uguagliata alla nobiltà; e per quest'ultimo tentativo, al quale i nobili non potevano resistere senza rovinar la repubblica, ella era divenuta superiore alla nobiltà, ché senza l'autorità del senato comandava leggi generali a tutto il popolo; e sì essendo già naturalmente la romana repubblica divenuta libera popolare; — Filone, con questa legge, tale la dichiarò e ne fu detto « dittator popolare ».

In conformità di tal cangiata natura, le diede due ordinamenti, che si contengono negli altri due capi della legge Publilia. Il primo fu che l'autorità del senato, la qual era stata autorità di signori, per la quale, di ciò che 'l popolo avesse disposto prima, « *deinde patres fierent auctores* » (talché le criazioni de' consoli, l'ordinazioni delle leggi, fatte dal popolo per lo innanzi, erano state pubbliche testimonianze di merito e domande pubbliche di ragione), questo dittatore ordinò ch'indi in poi fussero i padri autori al popolo, ch'era già sovrano libero, « *in incertum comitiorum eventum* », come tutori del popolo, signor del romano imperio; che, se volesse comandare le leggi, le comandasse secondo la formola portata a lui dal senato, altrimente si servisse del suo sovrano arbitrio e l'« antiquasse » [85] (cioè dichiarasse di non voler novità);

84. *numero del meno*: al singolare, ma è una inesattezza.

85. *l'« antiquasse »*: nelle votazioni, per esprimere il « no » si usava

talché tutto ciò ch'indi in poi ordinasse il senato d'intorno a' pubblici affari, fussero o istruzioni da esso date al popolo, o commessioni del popolo date a lui. Restava finalmente il censo, perché, per tutto il tempo innanzi, essendo stato l'erario de' nobili, i soli nobili se n'erano criati censori: poi che egli per cotal legge divenne patrimonio di tutto il popolo, ordinò Filone nel terzo capo che si comunicasse alla plebe ancor la censura, il qual maestrato solo restava da comunicarsi alla plebe.

Se sopra quest'ipotesi si legga quindi innanzi la storia romana, a mille pruove si truoverà che vi reggono tutte le cose che narra, le quali, per le tre voci non diffinite anzidette, non hanno né alcun fondamento comune, né tra loro alcun convenevole rapporto particolare; onde quest'ipotesi perciò si dovrebbe ricever per vera. Ma, se ben si considera, questa non è tanto ipotesi quanto una verità meditata in idea, che poi con l'autorità truoverassi di fatto. E — posto ciò che Livio [86] dice generalmente: gli asili essere stati «*vetus urbes condentium consilium*», come Romolo entro l'asilo aperto nel luco egli fondò la romana — ne dà l'istoria di tutte l'altre città del mondo de' tempi finora disperati a sapersi. Lo che è un saggio d'una storia ideale eterna (la qual dentro [87] si medita e si ritruova), sopra la quale corrono in tempo le storie di tutte le nazioni.

XLIII

[Legge Petelia. - Anni del mondo 3661, di Roma 419]

Quest'altra legge fu comandata negli anni di Roma CCCCXIX, detta *de nexu* (e, sì, tre anni dopo la Publilia), da' consoli Caio Petelio e Lucio Papirio Mugilano; e

scrivere «A. P.», «antiqua probo».

86. *Livio*: I, 8.

87. *dentro*: sul concetto di *storia ideale eterna*, centrale nel pensiero vichiano, cfr. il V corollario alla *Metafisica poetica*.

contiene un altro punto massimo di cose romane, poiché con quella si rillasciò a' plebei la ragion feudale d'essere vassalli ligi de' nobili per cagion di debiti, per gli quali quelli tenevano questi, sovente tutta la vita, a lavorare per essi nelle loro private prigioni. Ma restò al senato il sovrano dominio ch'esso aveva sopra i fondi dell'impero romano, ch'era già passato nel popolo, e per lo senatoconsulto che chiamavano « ultimo », finché la romana fu repubblica libera, se 'l mantenne con la forza dell'armi; onde, quante volte il popolo ne volle disponere con le leggi agrarie de' Gracchi, tante il senato armò i consoli, i quali dichiararono rubelli ed uccisero i tribuni della plebe che n'erano stati gli autori. Il quale grand'effetto non può altrove reggere che sopra una ragione di feudi sovrani soggetti a maggiore sovranità; la qual ragione ci vien confermata con un luogo di Cicerone [88] in una *Catilinaria*, dove afferma che Tiberio Gracco con la legge agraria guastava lo stato della repubblica, e che con ragione da Publio Scipione Nasica ne fu ammazzato, per lo diritto dettato nella formola con la qual il consolo armava il popolo contro gli autori di cotal legge: « *Qui rempublicam salvam velit consulem sequatur* ».

XLIV

[Guerra di Taranto, ove s'incominciam a conoscer tra loro i latini co' greci. - Anni del mondo 3708, di Roma 489]

La cui cagione fu ch'i tarantini maltrattarono le navi romane ch'approdavano al loro lido e gli ambasciadori altresì, perché, per dirla con Floro, [89] essi si scusavano che « *qui essent aut unde venirent ignorabant* ». Tanto tra loro, quantunque dentro brievi continenti, si conoscevano i primi popoli!

88. *luogo di Cicerone*: *Catilinarie*, I, 2, ma la citazione è inesatta.

89. *Floro*: storico latino del II sec. d. C. La citazione che segue è tratta

XLV

[Guerra cartaginese seconda, da cui comincia la storia certa romana a Livio, il qual pur professa non saperne tre massime circostanze. Anni del mondo 3849, di Roma 552]

Della qual guerra pur Livio — il quale si era professato dalla seconda guerra cartaginese scrivere la storia romana con alquanto più di certezza, promettendo di scrivere una guerra la più memorabile di quante mai si fecero da' romani, e, 'n conseguenza di cotanto incomparabil grandezza, ne debbono, come di tutte più rumorose, esser più certe le memorie che scrive — non ne seppe, ed apertamente dice di non sapere, tre gravissime circostanze. La prima, sotto quali consoli, dopo aver espugnato Sagunto, avesse Annibale preso dalla Spagna il cammino verso l'Italia. La seconda, per quali Alpi vi giunse, se per le Cozie o l'Appennine. La terza, con quante forze; di che truova negli antichi annali tanto divario, ch'altri avevano lasciato scritto seimila cavalieri e ventimila pedoni, altri ventimila di quelli e ottantamila di questi. [90]

[Conclusione]

Per lo che tutto ragionato in queste *Annotazioni*, si vede che quanto ci è giunto dell'antiche nazioni gentili, fin a' tempi diterminati su questa *Tavola*, egli è tutto incertissimo. Onde noi in tutto ciò siamo entrati come in cose dette « *nullius* », delle quali è quella regola di ragione che « *occupanti conceduntur* »; e perciò non crediamo d'offendere il diritto di niuno se ne ragioneremo spesso diversamente ed alle volte tutto il contrario all'oppenioni

dalla *Epitome de Tito Livio*, I, 118, ma Vico ne dà una interpretazione errata: erano i Tarantini che volevano offendere i Romani.

90. *La prima* ecc.: Livio, XXXI 15, 38.

che finora si hanno avute d'intorno a' princìpi dell'umanità delle nazioni. E, con far ciò, gli ridurremo a princìpi di scienza, per gli quali ai fatti della storia certa si rendano le loro primiere origini, sulle quali reggano e per le quali tra essoloro convengano; i quali finora non sembrano aver alcun fondamento comune né alcuna perpetuità di séguito né alcuna coerenza tra lor medesimi.

II

DEGLI ELEMENTI

Per dar forma adunque alle materie qui innanzi apparecchiate sulla Tavola cronologica, proponiamo ora qui i seguenti assiomi o degnità [1] così filosofiche come filologiche, alcune poche, ragionevoli e discrete domande, con alquante schiarite diffinizioni; le quali, come per lo corpo animato il sangue, così deono per entro scorrervi ed animarla in tutto ciò che questa Scienza ragiona della comune natura delle nazioni.

I

L'uomo, per l'indiffinita natura della mente umana, ove questa si rovesci nell'ignoranza, egli fa sé regola dell'universo. [2]

Questa degnità è la cagione di que' due comuni costumi umani: uno che «*fama crescit eundo*», l'altro che «*minuit praesentia famam*», la qual, avendo fatto un cammino lunghissimo quanto è dal principio del mondo, è stata la sorgiva perenne di tutte le magnifiche oppenioni che si son finor avute delle sconosciute da noi lontanissime

II. - 1. *degnità*: assiomi, definizioni, postulati o verità immediatamente evidenti. Vico pensa qui a un metodo geometrico di trattazione, simile a quello presente in Euclide e nell'*Etica* di Spinoza, ove, a ogni libro, sono premessi delle « definizioni postulati e assiomi ». Da una trattazione *more geometrico* il Vico era, per temperamento e mentalità, assai alieno. Sulla funzione esercitata, nella fondazione della « nuova scienza », dalla *teoria*, si vedano le considerazioni svolte a pp. 33-4 della *Introduzione*. Nelle *degnità* vengono fissati, in forma epigrafica, lapidaria e « oracolare » i motivi essenziali della sua filosofia.

2. *indiffinita* ecc.: la natura umana è priva di una sua regola interiore; se non si appella alla ragione o alla rivelazione l'uomo assume se stesso come criterio dell'universo. Il concetto è già presente in Bacone, *De Augmentis*, V, 5.

antichità, per tal propietà della mente umana avvertita da Tacito nella *Vita d'Agricola* con quel motto: «*Omne ignotum pro magnifico est*».[3]

II

È altra proprietà della mente umana ch'ove gli uomini delle cose lontane e non conosciute non possono fare niuna idea, le stimano dalle cose loro conosciute e presenti.

Questa degnità addita il fonte inesausto di tutti gli errori presi dall'intiere nazioni e da tutt'i dotti d'intorno a' princìpi dell'umanità; perocché da' loro tempi illuminati, colti e magnifici, ne' quali cominciarono quelle ad avvertirle, questi a ragionarle, hanno estimato l'origini dell'umanità, le quali dovettero per natura essere picciole, rozze, oscurissime.

A questo genere sono da richiamarsi due spezie di borie che si sono sopra accennate: una delle nazioni ed un'altra de' dotti.

III

Della boria delle nazioni udimmo quell'aureo detto di Diodoro sicolo:[4] che le nazioni, o greche o barbare, abbiano avuto tal boria: d'aver esse prima di tutte l'altre ritruovati i comodi della vita umana e conservar le memorie delle loro cose fin dal principio del mondo.

Questa degnità dilegua ad un fiato la vanagloria de' caldei, sciti, egizi, chinesi, d'aver essi i primi fondato l'umanità dell'antico mondo. Ma Flavio Giuseffo ebreo ne purga la sua nazione, con quella confessione magnanima

3. *da Tacito*: *Agricola*, 20.

4. *Diodoro sicolo*: *Biblioteca*, I, 9. Cfr. le *Annotazioni alla tavola cronologica*, I, in fine.

ch'abbiamo sopra udito:[5] che gli ebrei avevano vivuto nascosti a tutti i gentili; e la sagra storia ci accerta l'età del mondo essere quasi giovine a petto della vecchiezza che ne credettero i caldei, gli sciti, gli egizi e fin al dì d'oggi i chinesi. Lo che è una gran pruova della verità della storia sagra.

IV

A tal boria di nazioni s'aggiugne qui la boria de' dotti, i quali, ciò ch'essi sanno, vogliono che sia antico quanto che 'l mondo.

Questa degnità dilegua tutte le oppinioni de' dotti d'intorno alla sapienza innarrivabile degli antichi; convince d'impostura gli oracoli di Zoroaste caldeo, d'Anacarsi scita, che non ci son pervenuti, il *Pimandro* di Mercurio Trimegisto,[6] gli orfici (o sieno versi d'Orfeo), il *Carme aureo* di Pittagora,[7] come tutti gli più scorti critici vi convengono; e riprende d'importunità[8] tutti i sensi mistici[9] dati da' dotti a' geroglifici egizi e l'allegorie filosofiche date alle greche favole.[10]

V

La filosofia, per giovar al gener umano, dee sollevar e reggere l'uomo caduto e debole, non convellergli la natura né abbandonarlo nella sua corrozione.[11]

5. *Flavio Giuseffo*: Giuseppe Flavio, *Contra Apionem*, I, 12. Cfr. le *Annotazioni* ecc., XXXIV.

6. *Zoroaste* ecc.: cfr. le *Annotazioni* ecc., I, e relative note.

7. *versi d'Orfeo* ecc.: i frammenti delle teogonie attribuite a Orfeo; i « versi aurei » composti in ambienti neoplatonici e attribuiti a Pitagora.

8. *riprende d'importunità*: rileva la infondatezza.

9. *sensi mistici*: i significati riposti, segreti, allegorici.

10. *allegorie... favole*: anche F. Bacone nel *De sapientia veterum*, 1609, aveva interpretato vari miti greci come allegorie di verità filosofiche.

11. *La filosofia... corrozione*: pur senza far violenza alla natura umana, la filosofia deve contribuire alla redenzione dell'uomo dal peccato originale.

Questa degnità allontana dalla scuola di quésta Scienza gli stoici, i quali vogliono l'ammortimento de' sensi, e gli epicurei, che ne fanno regola, ed entrambi niegano la provvedenza, quelli faccendosi strascinare dal fato, questi abbandonandosi al caso, e i secondi oppinando che muoiano l'anime umane coi corpi, i quali entrambi si dovrebbero dire « filosofi monastici o solitari ». E vi ammette i filosofi politici, e principalmente i platonici, i quali convengono con tutti i legislatori in questi tre principali punti: che si dia provvedenza divina, che si debbano moderare l'umane passioni e farne umane virtù, e che l'anime umane sien immortali. E, 'n conseguenza, questa degnità ne darà gli tre princìpi di questa Scienza. 12)

VI

La filosofia considera l'uomo quale dev'essere, e sì non può fruttare ch'a pochissimi, che vogliono vivere nella repubblica di Platone, non rovesciarsi nella feccia di Romolo. 13)

VII

La legislazione considera l'uomo qual è, per farne buoni usi nell'umana società: come della ferocia, dell'avarizia, dell'ambizione, che sono gli tre vizi che portano a travverso tutto il gener umano, ne fa la milizia, la mercatanzia e la corte, e sì la fortezza, l'opulenza e la sapienza delle repubbliche; e di questi tre grandi vizi, i quali cer-

12. *gli tre princìpi*: la religione, il matrimonio, la sepoltura. Cfr. la sezione *De princìpi* in questo I libro. Nel suo deciso rifiuto del rigorismo stoico, Vico prende in realtà posizione anche contro il rigorismo giansenista. Il Gravina, il Grimaldi, il Valletta se ne erano fatti sostenitori a Napoli.

13. *repubblica* ecc.: la contrapposizione è presente nella *Epistola ad Atticum*, II, 1,6 di Cicerone. La sentenza, attribuita a Nerone contro i politici del suo tempo, appare nelle *Considérations politiques sur les coups d'état*

tamente distruggerebbero l'umana generazione sopra la terra, ne fa la civile felicità.

Questa degnità pruova esservi provvedenza divina e che ella sia una divina mente legislatrice, la quale delle passioni degli uomini, tutti attenuti alle loro private utilità, per le quali viverebbono da fiere bestie dentro le solitudini, ne ha fatto gli ordini civili per gli quali vivano in una umana società.

VIII

Le cose fuori del loro stato naturale né vi si adagiano né vi durano.

Questa degnità sola, poiché 'l gener umano, da che si ha memoria del mondo, ha vivuto e vive comportevolmente in società, ella determina la gran disputa, della quale i migliori filosofi e i morali teologi ancora contendono con Carneade scettico e con Epicuro (né Grozio l'ha pur inchiovata):[14] se vi sia diritto in natura, o se l'umana natura sia socievole, che suonano la medesima cosa.[15]

Questa medesima degnità, congionta con la settima e 'l di lei corollario, pruova che l'uomo abbia libero arbitrio, però debole, di fare delle passioni virtù; ma che da Dio è aiutato naturalmente con la divina provvedenza, e soprannaturalmente dalla divina grazia.

IX

Gli uomini che non sanno il vero delle cose proccurano d'attenersi al certo, perché, non potendo soddisfare l'intel-

di Gabriel Naudé (ed. 1679, p. 54).

14. *inchiovata*: imbroccata.

15. *Grozio* ecc.: in *De iure belli et pacis, Prolegomena*, §§ 55 sgg. Grozio critica le tesi del probabilista Carneade (219-129 a. C.) e di Epicuro. Contro l'ottimismo di Grozio, Vico rivendica, nelle righe che seguono, da un lato la necessità di un'opera di continua autoeducazione dell'uomo, dall'altro la necessità della provvidenza e della grazia divine.

letto con la scienza, almeno la volontà riposi sulla coscienza.[16]

X

La filosofia contempla la ragione, onde viene la scienza del vero; la filologia osserva l'autorità dell'umano arbitrio, onde viene la coscienza del certo.[17]

Questa degnità per la seconda parte diffinisce i filologi essere tutti i gramatici, istorici, critici, che son occupati d'intorno alla cognizione delle lingue e de' fatti de' popoli, così in casa, come sono i costumi e le leggi, come fuori, quali sono le guerre, le paci, l'alleanze, i viaggi, i commerzi.

Questa medesima degnità dimostra aver mancato per metà così i filosofi che non accertarono le loro ragioni con l'autorità de' filologi, come i filologi che non curarono d'avverare le loro autorità con la ragion de' filosofi; lo che se avessero fatto, sarebbero stati più utili alle repubbliche e ci avrebbero prevenuto nel meditar questa Scienza.

XI

L'umano arbitrio, di sua natura incertissimo, egli si accerta e determina col senso comune degli uomini d'intorno alle umane necessità o utilità, che son i due fonti del diritto natural delle genti.

16. *Gli uomini* ecc.: il *certo* non vale come verità, ma come criterio di azione, è il mondo dell'opinione e del costume. L'opposizione tra scienza e coscienza era stata teorizzata, in funzione anticartesiana, dal Malebranche.

17. *La filosofia* ecc.: la filologia ha per oggetto il mondo del *certo*, la filosofia coglie il *vero* alla cui luce quel *certo* viene illuminato e giustificato. La prima è descrittiva, la seconda normativa: in questa *degnità* Vico afferma la tesi di una necessaria congiunzione di filologia e filosofia. Da un lato i « cartesiani », dall'altro gli « eruditi » non hanno avvertito questa necessità.

XII

Il senso comune è un giudizio senz'alcuna riflessione, comunemente sentito da tutto un ordine, da tutto un popolo, da tutta una nazione o da tutto il gener umano.[18)]

Questa degnità con la seguente diffinizione ne darà una nuova arte critica sopra essi autori delle nazioni, tralle quali devono correre assai più di mille anni per provenirvi gli scrittori, sopra i quali finora si è occupata la critica.

XIII

Idee uniformi nate appo intieri popoli tra essoloro non conosciuti debbon avere un motivo comune di vero.

Questa degnità è un gran principio, che stabilisce il senso comune del gener umano esser il criterio insegnato alle nazioni dalla provvedenza divina per diffinire il certo d'intorno al diritto natural delle genti, del quale le nazioni si accertano con intendere l'unità sostanziali di cotal diritto, nelle quali con diverse modificazioni tutte convengono. Ond'esce il dizionario mentale, da dar l'origini a tutte le lingue articolate diverse, col quale sta conceputa la storia ideal eterna che ne dia le storie in tempo di tutte le nazioni; del qual dizionario e della qual istoria si proporranno appresso le degnità loro propie.[19)]

Questa stessa degnità rovescia tutte l'idee che si son

18. *Il senso comune* ecc.: precedente alla riflessione consapevole, il senso comune vichiano, che è stato avvicinato allo « spirito oggettivo » di Hegel, è qualcosa di simile al « costume » che è proprio non del singolo, ma di una comunità, e fornisce un criterio di verità e di azione.

19. *Questa degnità* ecc.: le norme del diritto naturale e il linguaggio interiore, dal quale derivarono le diverse lingue, sono comuni a tutti i popoli, nati indipendentemente dai rapporti che in un dato momento storico vennero a stabilirsi fra un popolo e l'altro.

finor avute d'intorno al diritto natural delle genti,[20] il quale si è creduto esser uscito da una prima nazione da cui l'altre l'avessero ricevuto; al qual errore diedero lo scandalo gli egizi e i greci, i quali vanamente vantavano d'aver essi disseminata l'umanità per lo mondo: il qual error certamente dovette far venire la legge delle XII Tavole da' greci a' romani. Ma, in cotal guisa, egli sarebbe un diritto civile comunicato ad altri popoli per umano provvedimento, e non già un diritto con essi costumi umani naturalmente dalla divina provvedenza ordinato in tutte le nazioni. Questo sarà uno de' perpetui lavori che si farà in questi libri: in dimostrare che 'l diritto natural delle genti nacque privatamente appo i popoli senza sapere nulla gli uni degli altri; e che poi, con l'occasioni di guerre, ambasciarie, allianze, commerzi, si riconobbe comune a tutto il gener umano.

XIV

Natura di cose altro non è che nascimento di esse in certi tempi e con certe guise, le quali sempre che sono tali, indi tali e non altre nascon le cose.[21]

XV

Le propietà inseparabili da' subbietti devon essere produtte dalla modificazione o guisa con che le cose son nate; per lo che esse ci posson avverare[22] tale e non altra essere la natura o nascimento di esse cose.

20. *l'idee* ecc.: Vico polemizza contro il giusnaturalista inglese Giovanni Selden (1584-1654), autore di un *De iure naturali et gentium iuxta disciplinam Hebræorum.*

21. *Natura* ecc.: comprendere la natura delle cose è possibile solo indagando sul loro *nascimento*, vale a dire sulla loro storicità. A *tempi* e *guise* eguali corrispondono cose eguali: su ciò si fonda la dottrina vichiana dei *ricorsi* storici.

22. *avverare*: confermare. I *subbietti* cui si riferisce sopra Vico sono na-

XVI

Le tradizioni volgari devon avere avuto pubblici motivi di vero, onde nacquero e si conservarono da intieri popoli per lunghi spazi di tempi.

Questo sarà altro grande lavoro di questa Scienza: di ritruovarne i motivi del vero, il quale, col volger degli anni e col cangiare delle lingue e costumi, ci pervenne ricoverto di falso.

XVII

I parlari volgari debbon esser i testimoni più gravi degli antichi costumi de' popoli, che si celebrarono nel tempo ch'essi si formaron le lingue.

XVIII

Lingua di nazione antica, che si è conservata regnante finché pervenne al suo compimento, dev'esser un gran testimone de' costumi de' primi tempi del mondo.[23]

Questa degnità ne assicura che le pruove filologiche del diritto natural delle genti[24] (del quale, senza contrasto, sappientissima sopra tutte l'altre del mondo fu la romana) tratte da' parlari latini sieno gravissime. Per la stessa ragione potranno far il medesimo i dotti della lingua tedesca, che ritiene questa stessa propietà della lingua romana antica.

turalmente le lingue, gli Stati, i sistemi giuridici ecc.

23. *Lingua di nazione antica* ecc.: si interpreti, come chiarisce il Nicolini (*Comm.*, 152), « qualora una nazione antica si serbi indipendente (*regnante*), la sua lingua, che deve a ciò d'essere restata immune da infiltrazioni straniere, diventa, per questo fatto medesimo, una grande fonte storica dei costumi del mondo primitivo ».

24. *diritto natural delle genti*: qui vale civiltà, o vita civile.

XIX

Se la legge delle XII Tavole furono costumi delle genti del Lazio, incominciativisi a celebrare fin dall'età di Saturno, altrove sempre andanti e da' romani fissi nel bronzo e religiosamente custoditi dalla romana giurisprudenza, ella è un gran testimone dell'antico diritto natural delle genti del Lazio. [25]

Ciò si è da noi dimostro esser vero di fatto, da ben molti anni fa, ne' *Principi del Diritto universale*; [26] lo che più illuminato si vedrà in questi libri.

XX

Se i poemi d'Omero sono storie civili degli antichi costumi greci, saranno due grandi tesori del diritto naturale delle genti di Grecia.

Questa degnità ora qui si suppone: dentro [27] sarà dimostrata di fatto.

XXI

I greci filosofi affrettarono il natural corso che far doveva la loro nazione, col provenirvi essendo ancor cruda la lor barbarie, onde passarono immediatamente ad una somma dilicatezza, e nello stesso tempo serbaronv'intiere le loro storie favolose così divine com'eroiche; ove [28] i romani, i quali ne' lor costumi caminarono con giusto

25. *Se la legge* ecc.: si interpreti, come chiarisce il Nicolini (*Comm.*, 154): « Le consuetudini di tempi antichissimi, pure restando, presso altri popoli latini, non fissate per iscritto, e quindi sempre proclivi a cangiarsi, vennero invece dai Romani codificate nelle XII tavole, le quali, per tal modo, acquistano valore di documento della antica vita etico-politica del Lazio ».

26. *ne' Principi* ecc.: *De constantia iurisprudentis*, parte II, 37.

27. *dentro*: nel III libro: *Della discoverta del vero Omero*.

28. *ove*: al contrario, invece.

passo, affatto perderono di veduta la loro storia degli dei (onde l'« età degli dei », che gli egizi dicevano, Varrone chiama « tempo oscuro » d'essi romani), e conservarono con favella volgare[29] la storia eroica che si stende da Romolo fino alle leggi Publilia e Petelia, che si truoverà una perpetua mitologia storica dell'età degli eroi di Grecia.

Questa natura di cose umane civili ci si conferma nella nazione francese, nella quale perché di mezzo alla barbarie del mille e cento s'aprì la famosa scuola parigina,[30] dove il celebre maestro delle sentenze Piero lombardo si diede ad insegnare di sottilissima teologia scolastica,[31] vi restò come un poema omerico la storia di Turpino vescovo di Parigi,[32] piena di tutte le favole degli eroi di Francia che si dissero « i paladini », delle quali s'empieron appresso tanti romanzi e poemi. E, per tal immaturo passaggio dalla barbarie alle scienze più sottili, la francese restonne una lingua dilicatissima, talché, di tutte le viventi, sembra avere restituito a' nostri tempi l'atticismo de' greci e più ch'ogni altra è buona a ragionar delle scienze, come la greca; e come a' greci così a' francesi restarono tanti dittonghi, che sono propi di lingua barbara, dura ancor e difficile a comporre le consonanti con le vocali. In confermazione di ciò ch'abbiamo detto di tutte e due queste lingue, aggiugniamo l'osservazione

29. *con favella volgare*: in prosa. La filosofia, in Grecia, ha affrettato il passaggio dalla barbarie alla civiltà; non altrettanto avvenne in Roma. Nel primo caso fu direttamente conservato il patrimonio mitico; nel secondo il ricordo dell'età primitiva venne cancellato.

30. *mille e cento*: invece nel 1243.

31. *Piero* ecc.: Pietro Lombardo, filosofo e teologo del sec. XII, autore dei *Libri quatuor Sententiarum* che ebbero per tutto il Medioevo una immensa fortuna. Insegnò a Parigi, ma non nella scuola o Università di Parigi, non ancora fondata.

32. *Turpino* ecc.: in realtà arcivescovo di Reims, la leggenda ne fece il segretario di Carlo Magno. Nel sec. XVI gli fu attribuita la *Historia Caroli magni et Rotholandi*, che tratta delle favolose imprese di Carlo Magno e dei suoi paladini. Ma il Vico ha scarsa conoscenza diretta della letteratura cavalleresca francese (cfr. Nicolini, *Comm.*, 158).

che tuttavia si può fare ne' giovani, i quali, nell'età nella qual è robusta la memoria, vivida la fantasia e focoso l'ingegno — ch'eserciterebbero con frutto con lo studio delle lingue e della geometria lineare, senza domare con tali esercizi cotal acerbezza di menti contratta dal corpo, che si potrebbe dire la barbarie degl'intelletti —, passando ancor crudi agli studi troppo assottigliati di critica metafisica e d'algebra, divengono per tutta la vita affilatissimi nella loro maniera di pensare e si rendono inabili ad ogni grande lavoro.[33]

Ma, col più meditare quest'opera, ritruovammo altra cagione di tal effetto, la qual forse è più propia: che Romolo fondò Roma in mezzo ad altre più antiche città del Lazio, e fondolla con aprirvi l'asilo, che Livio diffinisce generalmente «*vetus urbes condentium consilium*»,[34] perché, durando ancora le violenze, egli naturalmente ordinò la romana sulla pianta sulla quale si erano fondate le prime città del mondo. Laonde, da tali stessi princìpi progredendo i romani costumi, in tempi che le lingue volgari del Lazio avevano fatto di molti avvanzi, dovette avvenire che le cose civili romane, le qual' i popoli greci avevano spiegato con lingua eroica,[35] essi spiegarono con lingua volgare; onde la storia romana antica si truoverà essere una perpetua mitologia della storia eroica de' greci. E questa dev'esser la cagione per che i romani furono gli eroi del mondo: perocché Roma manomise l'altre città del Lazio, quindi l'Italia e per ultimo il mondo, essendo tra' romani giovine l'eroismo; mentre tra gli altri popoli del Lazio, da' quali, vinti, provenne tutta la romana grandezza, aveva dovuto incominciar a invecchiarsi.

33. *In confermazione... lavoro*: già nell'*Autobiografia* e nel *De nostri temporis studiorum ratione* Vico aveva aspramente polemizzato contro il matematismo e lo scientismo della educazione dei cartesiani e dei portorealisti.

34. *vetus* ecc.: Livio, I, 8.

35. *con lingua eroica* ecc.: con racconti mitici; *onde... de' greci*: cfr. qui

XXII

È necessario che vi sia nella natura delle cose umane una lingua mentale comune a tutte le nazioni, la quale uniformemente intenda la sostanza delle cose agibili nell'umana vita socievole, e la spieghi con tante diverse modificazioni per quanti diversi aspetti possan aver esse cose; siccome lo sperimentiamo vero ne' proverbi, che sono massime di sapienza volgare, l'istesse in sostanza intese da tutte le nazioni antiche e moderne, quante élleno sono, per tanti diversi aspetti significate.

Questa lingua è propia di questa Scienza, col lume della quale se i dotti delle lingue v'attenderanno, potranno formar un vocabolario mentale comune a tutte le lingue articolate diverse, morte e viventi, di cui abbiamo dato un saggio particolare nella *Scienza nuova* la prima volta stampata,[36] ove abbiamo provato i nomi de' primi padri di famiglia, in un gran numero di lingue morte e viventi, dati loro per le diverse propietà ch'ebbero nello stato delle famiglie e delle prime repubbliche, nel qual tempo le nazioni si formaron le lingue. Del qual vocabolario noi, per quanto ci permette la nostra scarsa erudizione, facciamo qui uso in tutte le cose che ragioniamo.

Di tutte l'anzidette proposizioni, la prima, seconda, terza e quarta ne danno i fondamenti delle confutazioni di tutto ciò che si è finor oppinato d'intorno a' princìpi dell'umanità, le quali si prendono dalle inverisimiglianze, assurdi, contradizioni, impossibilità di cotali oppenioni. Le seguenti, dalla quinta fin alla decimaquinta, le quali ne danno i fondamenti del vero, serviranno a meditare questo mondo di nazioni nella sua idea eterna, per quella propietà di ciascuna scienza, avvertita da Aristotile, che

n. 29. La storia romana dei primi secoli fu modellata su quella greca.

36. *Scienza nuova*; *Scienza nuova prima*, III, 43.

« *scientia debet esse de universalibus et aeternis* ».[37] L'ultime, dalla decimaquinta fin alla ventesimaseconda, le quali ne daranno i fondamenti del certo, si adopreranno a veder in fatti questo mondo di nazioni quale l'abbiamo meditato in idea, giusta il metodo di filosofare più accertato di Francesco Bacone signor di Verulamio, dalle naturali, sulle quali esso lavorò il libro *Cogitata visa*, trasportato all'umane cose civili.[38]

Le proposizioni finora proposte sono generali e stabiliscono questa Scienza per tutto; le seguenti sono particolari, che la stabiliscono partitamente nelle diverse materie che tratta.

XXIII

La storia sagra è più antica di tutte le più antiche profane che ci son pervenute, perché narra tanto spiegatamente e per lungo tratto di più di ottocento anni lo stato di natura sotto de' patriarchi, o sia lo stato delle famiglie, sopra le quali tutti i politici convengono che poi sursero i popoli e le città; del quale stato la storia profana ce ne ha o nulla o poco e assai confusamente narrato.

Questa degnità pruova la verità della storia sagra contro la boria delle nazioni che sopra ci ha detto Diodoro sicolo,[39] perocché gli ebrei han conservato tanto spiegatamente le loro memorie fin dal principio del mondo.[40]

37. *Aristotile... æternis*: nella *Metafisica,* III, 6, 1003 a, 15. Più che una citazione, la frase latina è il riassunto di una tesi della filosofia aristotelica.

38. *Bacone* ecc.: Vico vuole trasportare allo studio del mondo storico-sociale il metodo teorizzato da Bacon nell'opera *Cogitata et visa de interpretatione naturæ,* composta fra il 1607 e il 1609.

39. *Diodoro sicolo*: *Biblioteca,* I, 9. Cfr. le *Annotazioni alla tavola cronologica,* I, in fine, e la *degnità* III.

40. *gli ebrei* ecc.: a differenza della storia profana, la storia sacra conserva nei suoi dettagli ciò che attiene alle più antiche età.

XXIV

La religion ebraica fu fondata dal vero Dio sul divieto della divinazione,[41] sulla quale sursero tutte le nazioni gentili.

Questa degnità è una delle principali cagioni per le quali tutto il mondo delle nazioni antiche si divise tra ebrei e genti.[42]

XXV

Il diluvio universale si dimostra non già per le pruove filologiche di Martino Scoockio, le quali sono troppo leggieri; né per l'astrologiche di Piero cardinale d'Alliac, seguìto da Giampico della Mirandola, le quali sono troppo incerte, anzi false, rigredendo sopra le *Tavole alfonsine*, confutate dagli ebrei ed ora da' cristiani, i quali, disappruovato il calcolo d'Eusebio e di Beda, sieguon oggi quello di Filone giudeo: ma si dimostra con istorie fisiche osservate dentro le favole, come nelle degnità qui appresso si scorgerà.[43]

XXVI

I giganti furon in natura di vasti corpi, quali in piedi dell'America, nel paese detto *de los patacones*, dicono

41. *sul divieto* ecc.: la proibizione della scienza del bene e del male equivale per Vico all'aver proibito le divinazioni o i vaticinii.

42. *genti*: gentili.

43. *Il diluvio universale* ecc.: gli autori e le opere ai quali fa riferimento Vico sono, oltre al già ricordato *Diluvium Noachi universale* di Martino Schoock, il cardinale filosofo e teologo Pietro d'Ailly (1359-1420), autore di un *Vigintiloquium de concordantia astronomicæ veritatis cum theologia*, Venezia, 1494; il filosofo Pico della Mirandola (1463-1494) che nelle *Disputationes adversus Astrologiam divinatricem* del 1494 in realtà non segue, ma confuta Pietro d'Ailly e non accetta le Tavole astronomiche compilate da Alfonso X di Castiglia (1226-1284). Eusebio, vescovo di Cesarea (265-339/40) poneva la creazione del mondo nel 5202 a. C., Beda il Venerabile (672-735 d. C.) la poneva nel 3952, e Filone ebreo (30 a. C. - 50 d. C. circa) nel 3671.

viaggiatori essersi truovati goffi e fierissimi.[44] E, lasciate le vane o sconce o false ragioni che ne hanno arrecato i filosofi, raccolte e seguite dal Cassanione, *De gigantibus*, se n'arrecano le cagioni, parte fisiche e parte morali, osservate da Giulio Cesare e da Cornelio Tacito[45] ove narrano della gigantesca statura degli antichi germani; e, da noi considerate, si compongono sulla ferina educazion de' fanciulli.

XXVII

La storia greca, dalla qual abbiamo tutto ciò ch'abbiamo (dalla romana in fuori) di tutte l'altre antichità gentilesche, ella dal diluvio e da' giganti prende i princìpi.

Queste due degnità mettono in comparsa tutta il primo gener umano diviso in due spezie: una di giganti, altra d'uomini di giusta corporatura; quelli gentili, questi ebrei (la qual differenza non può essere nata altronde che dalla ferina educazione di quelli e dall'umana di questi); e, 'n conseguenza, che gli ebrei ebbero altra origine da quella c'hanno avuto tutti i gentili.[46]

XXVIII

Ci sono pur giunti due gran rottami dell'egiziache antichità, che si sono sopra osservati. De' quali uno è che gli egizi riducevano tutto il tempo del mondo scorso loro dinanzi a tre età, che furono: età degli dei, età degli eroi ed età degli uomini. L'altro, che per tutte queste tre età si fussero parlate tre lingue, nell'ordine corrispondenti a

44. *los patacones* ecc.: i patagoni.
45. *De gigantibus* ecc.: è l'opera *De gigantibus eorumque reliquiis* di Giovanni Chassagnon de Monistrol pubblicata a Basilea nel 1580; per le osservazioni di Cesare cfr. *De bello gallico*, IV, 1; per quelle di Tacito: *Germania*, 4 e 18.
46. *gli ebrei* ecc.: Vico intende tener distinta la storia ebraica, iniziata con Adamo, da quella degli altri popoli che comincia con il Diluvio.

dette tre età, che furono: la lingua geroglifica ovvero sagra, la lingua simbolica o per somiglianze, qual è l'eroica, e la pistolare o sia volgare degli uomini, per segni convenuti da comunicare le volgari bisogne della lor vita.

XXIX

Omero, in cinque luoghi di tutti e due i suoi poemi che si rapporteranno dentro,[47] mentova una lingua più antica della sua, che certamente fu lingua eroica, e la chiama « lingua degli dei ».

XXX

Varrone ebbe la diligenza di raccogliere trentamila nomi[48] di dei (ché tanti pure ne noverano i greci), i quali nomi si rapportavano ad altrettante bisogne della vita o naturale o morale o iconomica[49] o finalmente civile de' primi tempi.

Queste tre degnità stabiliscono che 'l mondo de' popoli dappertutto cominciò dalle religioni: che sarà il primo degli tre princìpi di questa Scienza.

XXXI

Ove i popoli son infieriti con le armi, talché non vi abbiano più luogo l'umane leggi, l'unico potente mezzo di ridurgli è la religione.[50]

Questa degnità stabilisce che nello stato eslege[51] la provvedenza divina diede principio a' fieri e violenti di

47. *dentro*: nei *Corollari intorno all'origine delle lingue e delle lettere*.
48. *Varrone* ecc.: non risulta dal riassunto delle *Antiquitates* nel *De civitate Dei* di Agostino (VI, 2-9).
49. *iconomica*: familiare.
50. *Ove... religione*: la fonte è Machiavelli, *Discorsi*, I, II.
51. *eslege*: senza legge, lo stato *ferino*, come lo chiama Vico.

condursi all'umanità ed ordinarvi le nazioni, con risvegliar in essi un'idea confusa della divinità, ch'essi per la loro ignoranza attribuirono a cui ella non conveniva; e così, con lo spavento di tal immaginata divinità, si cominciarono a rimettere in qualche ordine.[52]

Tal principio di cose, tra i suoi « fieri e violenti », non seppe vedere Tommaso Obbes,[53] perché ne andò a truovar i princìpi errando col « caso » del suo Epicuro; onde, con quanto magnanimo sforzo, con altrettanto infelice evento, credette d'accrescere la greca filosofia di questa gran parte,[54] della quale certamente aveva mancato (come riferisce Giorgio Paschio, *De eruditis huius saeculi inventis*),[55] di considerar l'uomo in tutta la società del gener umano. Né Obbes l'arebbe altrimente pensato, se non gliene avesse dato il motivo la cristiana religione, la quale inverso tutto il gener umano, nonché la giustizia, comanda la carità. E quindi incomincia a confutarsi Polibio di quel falso suo detto: che, se fussero al mondo filosofi, non farebber uopo religioni;[56] ché, se non fussero al mondo repubbliche, le quali non posson esser nate senza religioni, non sarebbero al mondo filosofi.

52. *e così* ecc.: è qui posto in rilievo il valore morale e la funzione « politica » di quella religione naturale che sorge spontaneamente dalla natura umana.

53. *Obbes*: è il filosofo inglese Tommaso Hobbes (1588-1679) che nel suo *Leviathan, or the Matter, Form, and Power of a Commonwealth Ecclesiastical and Civil,* Londra, 1651 e nel *De Cive,* Amsterdam, 1647, svolgeva la sua dottrina dello stato di natura come « bellum omnium contra omnes », nel quale ogni uomo è lupo per l'altro uomo (« homo, homini lupus »).

54. *Epicuro* ecc.: Hobbes, riallacciandosi alle teorie contrattualistiche di Epicuro, ritiene di accrescere il tradizionale patrimonio della filosofia aggiungendovi la « filosofia civile ».

55. *Giorgio Paschio*: si riferisce all'opera *De novi inventis, quorum accuratiori cultui facem pertulit antiquitas.* Lipsia, 1700, nella quale Giorgio Pasch (1661-1707) polemizzava aspramente contro lo Hobbes.

56. *Polibio* ecc.: riferimento inesatto alle *Istorie,* VI, 56.

XXXII

Gli uomini ignoranti delle naturali cagioni che producon le cose, ove non le possono spiegare nemmeno per cose simili, essi danno alle cose la loro propia natura, come il volgo, per esemplo, dice la calamita esser innamorata del ferro.[57]

Questa degnità è una particella della prima:[58] che la mente umana, per la sua indiffinita natura, ove si rovesci nell'ignoranza, essa fa sé regola dell'universo d'intorno a tutto quello che ignora.

XXXIII

La fisica degl'ignoranti è una volgar metafisica, con la quale rendono le cagioni delle cose ch'ignorano alla volontà di Dio, senza considerare i mezzi de' quali la volontà divina si serve.[59]

XXXIV

Vera propietà di natura umana è quella avvertita da Tacito, ove disse «*mobiles ad superstitionem perculsae semel mentes*»:[60] ch'una volta che gli uomini sono sorpresi da una spaventosa superstizione, a quella richiamano tutto ciò ch'essi immaginano, vedono ed anche fanno.

57. *la calamita* ecc.: l'immagine è diffusa nella lirica amorosa (Nicolini, *Comm.*, 180), ma il ricorso alla *simpatia* per spiegare i fenomeni di attrazione magnetica era comune anche in sede di «filosofia naturale».

58. *della prima*: della prima *degnità*.

59. *La fisica* ecc.: il ricorso immediato alla volontà divina che trascura la ricerca delle cause seconde trasforma la fisica in una *volgar metafisica*. Il concetto è già presente in Bacone e in Spinoza.

60. *Tacito... mentes*: negli *Annali*, I, 28.

XXXV

La maraviglia è figliuola dell'ignoranza; e quanto l'effetto ammirato è più grande, tanto più a proporzione cresce la maraviglia.

XXXVI

La fantasia tanto è più robusta quanto è più debole il raziocinio.

XXXVII

Il più sublime lavoro della poesia è alle cose insensate dare senso e passione, ed è propietà de' fanciulli di prender cose inanimate tra mani e, trastullandosi, favellarvi come se fussero, quelle, persone vive.

Questa degnità filologico-filosofica ne appruova che gli uomini del mondo fanciullo, per natura, furono sublimi poeti.

XXXVIII

È un luogo d'oro di Lattanzio Firmiano quello ove ragiona dell'origini dell'idolatria, dicendo: « *Rudes initio homines deos appellarunt sive ob miraculum virtutis (hoc vere putabant rudes adhuc et simplices); sive, ut fieri solet, in admirationem praesentis potentiae; sive ob beneficia, quibus erant ad humanitatem compositi* ». [61]

61. *Rudes* ecc.: « In principio, uomini rozzi attribuirono l'appellativo di divinità, sia per un prodigio di valore (rozzi e semplici come erano lo stimavano davvero un prodigio!); sia per ammirazione dell'attuale potenza; sia per i benefici mediante i quali erano stati ridotti a vita umana ». Il brano ricavato dalle *Divinæ Institutiones*, I, 15, di Lattanzio (250 circa-307 d. C.) è più un riassunto che una citazione.

XXXIX

La curiosità, propietà connaturale dell'uomo, figliuola dell'ignoranza, che partorisce la scienza, all'aprire che fa della nostra mente la maraviglia, porta questo costume: ch'ove osserva straordinario effetto in natura, come cometa, parelio, [62] o stella di mezzodì, subito domanda che tal cosa voglia dire o significare.

XL

Le streghe, nel tempo stesso che sono ricolme di spaventose superstizioni, sono sommamente fiere ed immani; talché, se bisogna per solennizzare le loro stregonerie, esse uccidono spietatamente e fanno in brani amabilissimi innocenti bambini.

Tutte queste proposizioni, dalla ventesimottava incominciando fin alla trentesimottava, ne scuoprono i princìpi della poesia divina o sia della teologia poetica; dalla trentesimaprima, ne danno i princìpi dell'idolatria; dalla trentesimanona, i princìpi della divinazione; e la quarantesima finalmente ne dà con sanguinose religioni i princìpi de' sagrifizi, che da' primi crudi fierissimi uomini incominciarono con voti e vittime umane. Le quali, come si ha da Plauto, [63] restarono a' latini volgarmente dette « *Saturni hostiae* », e furono i sacrifizi di Moloc appresso i fenici, i quali passavano per mezzo alle fiamme i bambini consegrati a quella falsa divinità; delle quali consagrazioni si serbarono alquante nella legge delle XII Tavole. Le quali cose, come danno il diritto senso a quel motto:

Primos in orbe deos fecit timor [64]

62. *parelio*: immagine del sole riflessa in una nube.
63. *Plauto*: *Amphitruo*, IV, 2, 16.
64. *Primos* ecc.: Stazio, *Thebais*, III, 661: « il timore fece sorgere i primi dei sulla terra ».

— che le false religioni non nacquero da impostura d'altrui, ma da propia credulità; — così l'infelice voto e sagrifizio che fece Agamennone della pia figliuola Ifigenia, a cui empiamente Lucrezio acclama:

Tantum relligio potuit suadere malorum, [65]

rivolgono in consiglio della provvedenza. Ché tanto vi voleva per addimesticare i figliuoli de' polifemi [66] e ridurgli all'umanità degli Aristidi e de' Socrati, de' Leli e degli Scipioni Affricani.

XLI

Si domanda, e la domanda è discreta, che per più centinaia d'anni la terra, insoppata [67] dall'umidore dell'universale diluvio, non abbia mandato esalazioni secche, o sieno materie ignite, in aria, a ingenerarvisi i fulmini. [68]

XLII

Giove fulmina ed atterra i giganti, ed ogni nazione gentile n'ebbe uno. [69]

Questa degnità contiene la storia fisica che ci han conservato le favole: che fu il diluvio universale sopra tutta la terra.

Questa stessa degnità, con l'antecedente postulato, ne dee determinare che dentro tal lunghissimo corso d'anni

65. *Tantum* ecc.: Lucrezio, *De rerum natura*, I, 101: « la religione poté persuadere a tanto di male ».
66. *polifemi*: ciclopi.
67. *insoppata*: inzuppata.
68. *universale diluvio* ecc.: l'ipotesi che l'umidità generata dal diluvio impedisse per due secoli lo scoppio di fulmini ha per base la teoria aristotelica secondo la quale vento e fulmini sarebbero generati dalle esalazioni « secche » della terra (cfr. Nicolini, *Comm.*, 62).
69. *n'ebbe uno*: ebbe un Giove.

le razze empie degli tre figliuoli di Noè fussero andate in uno stato ferino, e con un ferino divagamento si fussero sparse e disperse per la gran selva della terra, e con l'educazione ferina vi fussero provenuti e ritruovati giganti nel tempo che la prima volta fulminò il cielo dopo il diluvio.

XLIII

Ogni nazione gentile ebbe un suo Ercole, il quale fu figliuolo di Giove; e Varrone, dottissimo dell'antichità, ne giunse a noverare quaranta.

Questa degnità è 'l principio dell'eroismo de' primi popoli, nato da una falsa oppenione: gli eroi provenir da divina origine.

Questa stessa degnità con l'antecedente, che ne danno prima tanti Giovi, dappoi tanti Ercoli tralle nazioni gentili — oltreché ne dimostrano che non si poterono fondare senza religione né ingrandire senza virtù, essendono elle ne' lor incominciamenti selvagge e chiuse, e perciò non sappiendo nulla l'una dell'altra, per la degnità che « idee uniformi, nate tra popoli sconosciuti, debbon aver un motivo comune di vero » —, ne danno di più questo gran principio: che le prime favole dovettero contenere verità civili, e perciò essere state le storie de' primi popoli.[70]

XLIV

I primi sappienti del mondo greco furon i poeti teologi, i quali senza dubbio fioriron innanzi agli eroici, siccome Giove fu padre d'Ercole.

Questa degnità con le due altre antecedenti stabiliscono

70. *le prime* ecc.: in forma fantastica il mito esprime una verità storica.

che tutte le nazioni gentili, poiché tutte ebbero i loro Giovi, i lor Ercoli, furono ne' loro incominciamenti poetiche; e che prima tra loro nacque la poesia divina: dopo, l'eroica. [71)]

XLV

Gli uomini sono naturalmente portati a conservar le memorie delle leggi e degli ordini che gli tengono dentro le loro società.

XLVI

Tutte le storie barbare hanno favolosi princìpi. [72)]

Tutte queste degnità, dalla quarantesimaseconda, ne danno il principio della nostra mitologia istorica.

XLVII

La mente umana è naturalmente portata a dilettarsi dell'uniforme. [73)]

Questa degnità, a proposito delle favole, si conferma dal costume c'ha il volgo, il quale degli uomini nell'una o nell'altra parte famosi, posti in tali o tali circostanze, per ciò che loro in tale stato conviene, ne finge acconce favole. Le quali sono verità d'idea in conformità del merito di coloro de' quali il volgo le finge; e in tanto sono false talor in fatti, in quanto al merito di quelli non sia dato ciò di che essi son degni. Talché, se bene vi si rifletta,

71. *I primi sappienti* ecc.: alla poesia religiosa che fa riferimento ai miti degli dei, fa seguito quella eroica e epica che si riferisce ai miti degli eroi.

72. *Tutte le storie* ecc.: all'età della fantasia corrisponde una storiografia fantastica o *favolosa*.

73. *La mente* ecc.: cfr. F. Bacone, *Novum Organum*, XLV: « l'intelletto umano, per sua propria natura, suppone facilmente nelle cose un ordine e una regolarità maggiori di quelli che vi riscontra e... costruisce parallelismi, corrispondenze e relazioni che non esistono ».

il vero poetico è un vero metafisico, a petto del quale il vero fisico, che non vi si conforma, dee tenersi a luogo di falso. Dallo che esce questa importante considerazione in ragion poetica: che 'l vero capitano di guerra, per esemplo, è 'l Goffredo che finge Torquato Tasso; e tutti i capitani che non si conformano in tutto e per tutto a Goffredo, essi non sono veri capitani di guerra.

XLVIII

È natura de' fanciulli che con l'idee e nomi degli uomini, femmine, cose che la prima volta hanno conosciuto, da esse e con essi dappoi apprendono e nominano tutti gli uomini, femmine, cose c'hanno con le prime alcuna somiglianza o rapporto.

XLIX

È un luogo d'oro quel di Giamblico, *De mysteriis aegyptiorum*, sopra arrecato,[74] che gli egizi tutti i ritruovati utili o necessari alla vita umana richiamavano a Mercurio Trimegisto.

Cotal detto, assistito dalla degnità precedente, rovescerà a questo divino filosofo tutti i sensi di sublime teologia naturale ch'esso stesso ha dato a' misteri degli egizi.[75]

E queste tre degnità ne danno il principio de' caratteri poetici, i quali costituiscono l'essenza delle favole. E la prima dimostra la natural inchinazione del volgo di fingerle, e fingerle con decoro. La seconda dimostra ch'i primi uomini, come fanciulli del genere umano, non essendo

74. *sopra arrecato*: *Annotazioni alla tavola cronologica*, XII.

75. *Cotal detto* ecc.: la sapienza attribuita da Giamblico agli antichi egiziani, va attribuita allo stesso Giamblico.

capaci di formar i generi intelligibili delle cose, ebbero naturale necessità di fingersi i caratteri poetici, che sono generi o universali fantastici, da ridurvi come a certi modelli, o pure ritratti ideali, tutte le spezie particolari a ciascun suo genere simiglianti; per la qual simiglianza, le antiche favole non potevano fingersi che con decoro. Appunto come gli egizi tutti i loro ritruovati utili o necessari al gener umano, che sono particolari effetti di sapienza civile, riducevano al genere del « sappiente civile », da essi fantasticato Mercurio Trimegisto, perché non sapevano astrarre il gener intelligibile di « sappiente civile », e molto meno la forma di civile sapienza della quale furono sappienti cotal'egizi. Tanto gli egizi, nel tempo ch'arricchivan il mondo de' ritruovati o necessari o utili al gener umano, furon essi filosofi e s'intendevano di universali, o sia di generi intelligibili!

E quest'ultima degnità, in séguito dell'antecedenti, è 'l principio delle vere allegorie poetiche, che alle favole davano significati univoci, non analogi, di diversi particolari compresi sotto i loro generi poetici: le quali perciò si dissero[76)] « *diversiloquia* », cioè parlari comprendenti in un general concetto diverse spezie di uomini o fatti o cose.

L

Ne' fanciulli è vigorosissima la memoria; quindi vivida all'eccesso la fantasia, ch'altro non è che memoria o dilatata o composta.

Questa degnità è 'l principio dell'evidenza dell'immagini poetiche che dovette formare il primo mondo fanciullo.

76. *si dissero*: nella *Scienza nuova prima*, III, 6.

LI

In ogni facultà uomini, i quali non vi hanno la natura, vi riescono con ostinato studio dell'arte; ma in poesia è affatto niegato di riuscire con l'arte chiunque non vi ha la natura.

Questa degnità dimostra che, poiché la poesia fondò l'umanità gentilesca, dalla quale e non altronde dovetter uscire tutte le arti, [77] i primi poeti furono per natura.

LII

I fanciulli vagliono potentemente nell'imitare, perché osserviamo per lo più trastullarsi in assembrare [78] ciò che son capaci d'apprendere.

Questa degnità dimostra che 'l mondo fanciullo fu di nazioni poetiche, non essendo altro la poesia che imitazione.

E questa degnità daranne il principio di ciò: che tutte l'arti del necessario, utile, comodo e 'n buona parte anco dell'umano piacere si ritruovarono ne' secoli poetici innanzi di venir i filosofi, perché l'arti non sono altro ch'imitazioni della natura e poesie in un certo modo reali. [79]

LIII

Gli uomini prima sentono senz'avvertire, dappoi avvertiscono con animo perturbato e commosso, finalmente riflettono con mente pura. [80]

77. *arti*: quelle liberali e quelle meccaniche.

78. *assembrare*: imitare. Si modifica *assemprare* in *assembrare* adottando la correzione del Flora (p. 1090) al testo del Nicolini.

79. *e poesie... reali*: la fantasia che domina nei secoli poetici del mondo fanciullo, fa sì che le cose vengano assunte come poesie.

80. *Gli uomini* ecc.: è la più nota fra le *degnità* vichiane. All'età del

Questa degnità è 'l principio delle sentenze poetiche, che sono formate con sensi di passioni e d'affetti, a differenza delle sentenze filosofiche, che si formano dalla riflessione con raziocini: onde queste più s'appressano al vero quanto più s'innalzano agli universali, e quelle sono più certe quanto più s'appropiano a' particolari.

LIV

Gli uomini le cose dubbie ovvero oscure, che lor appartengono, naturalmente interpetrano secondo le loro nature e quindi uscite [81] passioni e costumi.

Questa degnità è un gran canone della nostra mitologia, per lo quale le favole, truovate da' primi uomini selvaggi e crudi tutte severe, convenevolmente alla fondazione delle nazioni che venivano dalla feroce libertà bestiale, poi, col lungo volger degli anni e cangiar de' costumi, furon impropiate, [82] alterate, oscurate ne' tempi dissoluti e corrotti anco innanzi d'Omero. Perché agli uomini greci importava la religione, temendo di non avere gli dei così contrari a' loro voti come contrari eran a' loro costumi, attaccarono i loro costumi agli dei, e diedero sconci, laidi, oscenissimi sensi alle favole.

LV

È aureo luogo quello d'Eusebio (dal suo particolare della sapienza degli egizi innalzato a quella di tutti gli altri gentili) ove dice: « *Primam aegyptiorum theologiam mere historiam fuisse fabulis interpolatam; quarum quum postea puderet posteros, sensim coeperunt mysticos iis*

senso, della fantasia, della ragione, corrispondono le tre età degli dei, degli eroi, degli uomini.

81. *uscite*: derivate, dalle *loro nature*.

82. *impropiate*: rese non proprie.

significatus affingere».[83] Come fece Maneto, o sia Manetone,[84] sommo pontefice egizio, che trasportò tutta la storia egiziaca ad una sublime teologia naturale, come pur sopra si è detto.

Queste due degnità sono due grandi pruove della nostra mitologica istorica, e sono insiememente due grandi turbini per confondere l'oppenioni della sapienza innarrivabile degli antichi, come due grandi fondamenti della verità della religion cristiana, la quale nella sagra storia non ha ella narrazioni da vergognarsene.

LVI

I primi autori tra gli orientali, egizi, greci e latini e, nella barbarie ricorsa,[85] i primi scrittori nelle nuove lingue d'Europa si truovano essere stati poeti.

LVII

I mutoli si spiegano per atti o corpi c'hanno naturali rapporti all'idee ch'essi vogliono significare.[86]

Questa degnità è 'l principio del parlar naturale, che congetturò Platone nel *Cratilo*, e, dopo di lui, Giamblico, *De mysteriis aegyptiorum*, essersi una volta parlato nel mondo. Co' quali sono gli stoici ed Origene, *Contra Celso*; e, perché 'l dissero indovinando, ebbero contrari Aristotile nella *Perì ermeneia* e Galeno, *De decretis Hippocratis et*

83. *Primam* ecc.: « La prima teologia degli egizi non fu che una storia interpolata da favole; poiché in un secondo tempo si ebbe vergogna di queste, a poco a poco si cominciò ad attribuire ad esse significati mistici ». Cfr. Eusebio, *Praeparatio evangelica*, proemio al libro II; ma si tratta, anche in questo caso, di un riassunto molto libero.

84. *Manetone*: cfr. n. 13 alle *Annotazioni alla tavola cronologica*.

85. *barbarie ricorsa*: il Medioevo.

86. *I mutoli* ecc.: i gesti « significano » senza l'aiuto o il medio delle parole, come aveva già affermato Bacone (*De Augmentis* in *Works*, I, p. 651 segg.) il quale, come qui Vico, aveva accostati i *gesti* e i *geroglifici*: entrambi, a differenza di quan-

Platonis: della qual disputa ragiona Publio Nigidio appresso Aulo Gellio.[87] Alla qual favella naturale dovette succedere la locuzion poetica per immagini, somiglianze, comparazioni e naturali propietà.

LVIII

I mutoli mandan fuori i suoni informi cantando, e gli scilinguati pur cantando spediscono la lingua a pronunziare.

LIX

Gli uomini sfogano le grandi passioni dando nel canto, come si sperimenta ne' sommamente addolorati e allegri.

Queste due degnità supposte [danno a congetturare] che gli autori delle nazioni gentili — [poich']erano andat'in uno stato ferino di bestie mute, e, per quest'istesso balordi, non si fussero risentiti ch'a spinte di violentissime passioni — dovettero formare le loro prime lingue cantando.

LX

Le lingue debbon aver incominciato da voci monosillabe; come, nella presente copia di parlari articolati ne' quali nascon ora, i fanciulli, quantunque abbiano mollissime le fibbre dell'istrumento necessario ad articolare la favella, da tali voci incominciano.

to avviene con le parole e con le lettere dell'alfabeto, indicano « direttamente » cose o nozioni.

87. *Platone nel Cratilo* ecc.: *Cratilo,* 425 d, 438 d; Giamblico, VII, 7; il riferimento agli stoici è generico. Per Origene (185 o 186 - 254 o 255 d. C.) cfr. *Contra Celsum,* I, 24 e V, 4 e l'*Exhortatio ad martyrium,* 46; Aristotele, *De interpretatione* 16 a. Negli scritti del medico e filosofo Claudio Galeno di Pergamo (129-199 d. C.) non si trova, come nota il Nicolini, nulla su questo argomento. Infine per Publio Nigidio si vedano le *Noctes atticae,* X, 4 dell'erudito romano Au-

LXI

Il verso eroico [88] è lo più antico di tutti e lo spondaico il più tardo, e dentro [89] si truoverà il verso eroico esser nato spondaico.

LXII

Il verso giambico [90] è 'l più somigliante alla prosa, e il giambo è «piede presto», come vien diffinito da Orazio. [91]

Queste due degnità ultime danno a congetturare che andarono con pari passi a spedirsi e l'idee e le lingue.

Tutte queste degnità, dalla quarantesimasettima incominciando, insieme con le sopra proposte per princìpi di tutte l'altre, compiono tutta la ragion poetica nelle sue parti, che sono: la favola, il costume e suo decoro, la sentenza, la locuzione e la di lei evidenza, l'allegoria, il canto, e per ultimo il verso. E le sette ultime convincon altresì che fu prima il parlar in verso e poi il parlar in prosa appo tutte le nazioni.

LXIII

La mente umana è inchinata naturalmente co' sensi a vedersi fuori nel corpo, e con molta difficultà per mezzo della riflessione ad intendere se medesima.

Questa degnità ne dà l'universal principio d'etimologia in tutte le lingue, nelle qual' i vocaboli sono trasportati da' corpi e dalle propietà de' corpi a significare le cose della mente e dell'animo.

lo Gellio (II sec. d. C.).

88. *verso eroico*: l'esametro.

89. *dentro*: cfr. i *Corollari d'intorno all'origini delle lingue e delle lettere*.

90. *Il verso giambico*: il senario giambico.

91. *da Orazio*: nell'Epistola *Ad Pisones*, 252.

LXIV

L'ordine dell'idee dee procedere secondo l'ordine delle cose. [92]

LXV

L'ordine delle cose umane procedette: che prima furono le selve, dopo i tuguri, quindi i villaggi, appresso le città, finalmente l'accademie. [93]

Questa degnità è un gran principio d'etimologia: che secondo questa serie di cose umane si debbano narrare le storie delle voci delle lingue natie, come osserviamo nella lingua latina quasi tutto il corpo delle sue voci aver origini selvagge e contadinesche. Come, per cagion d'esemplo, « *lex* », che dapprima dovett'essere « raccolta di ghiande », da cui crediamo detta « *ilex* », quasi « *illex* », l'elce (come certamente « *aquilex* » è 'l raccoglitore dell'acque), [94] perché l'elce produce la ghianda, alla quale s'uniscon i porci. Dappoi « *lex* » fu « raccolta di legumi », dalla quale questi furon detti « *legumina* ». [95] Appresso, nel tempo che le lettere volgari non si eran ancor truovate con le quali fussero scritte le leggi, per necessità di natura civile « *lex* » dovett'essere « raccolta di cittadini », o sia il pubblico parlamento; [96] onde la presenza del popolo era la legge che solennizzava i testamenti che si facevano « *calatis comitiis* ». [97] Finalmente il raccoglier lettere e farne com'un fascio in ciascuna parola fu detto « *legere* ».

92. *L'ordine* ecc.: cfr. Spinoza, *Ethica*, I, 7 « Ordo et connexio idearum idem est ac ordo et connexio rerum ». Ma qui l'*ordine delle cose* è il corso della storia umana.

93. *accademie*: le scuole e gli istituti di cultura.

94. *raccoglitore... acque*: ricercatore (*indagator*) delle acque in Columella, *De re rustica*, II, 2.

95. *legumina*: il rapporto di questo termine con il verbo *lego* è in Varrone, *De re rustica*, I, 23 e 32, e in Plinio, *Nat. hist.*, XVIII, 17, 46.

96. *lex* ecc.: « mera ipotesi vichiana » (Nicolini).

97. *i testamenti* ecc.: fatti di fronte ai comizi curiati.

LXVI

Gli uomini prima sentono il necessario, di poi badano all'utile, appresso avvertiscono il comodo, più innanzi si dilettano del piacere, quindi si dissolvono nel lusso, e finalmente impazzano in istrappazzar [98] le sostanze.

LXVII

La natura de' popoli prima è cruda, dipoi severa, quindi benigna, appresso dilicata, finalmente dissoluta.

LXVIII

Nel gener umano prima surgono immani e goffi, qual'i Polifemi; poi magnanimi ed orgogliosi, quali gli Achilli; quindi valorosi e giusti, quali gli Aristidi, gli Scipioni Affricani; più a noi [99] gli appariscenti con grand'immagini di virtù che s'accompagnano con grandi vizi, ch'appo il volgo fanno strepito di vera gloria, quali gli Alessandri e i Cesari; più oltre i tristi riflessivi, qual'i Tiberi; finalmente i furiosi dissoluti e sfacciati, qual'i Caligoli, i Neroni, i Domiziani.

Questa degnità dimostra che i primi abbisognarono per ubbidire l'uomo all'uomo nello stato delle famiglie, [100] e disporlo ad ubbidir alle leggi nello stato ch'aveva a venire delle città; i secondi, che naturalmente non cedevano a' loro pari, per istabilire sulle famiglie le repubbliche di forma aristocratica; i terzi per aprirvi la strada alla libertà popolare; i quarti per introdurvi le monarchie; i quinti per istabilirle; i sesti per rovesciarle.

98. *istrappazzar*: dissipare.
99. *più a noi*: più vicini a noi.
100. *stato... famiglie*: delle famiglie isolate, non ancora associate fra loro.

E questa con l'antecedenti [101] degnità danno una parte de' princìpi della storia ideal eterna, sulla quale corrono in tempo tutte le nazioni ne' loro sorgimenti, progressi, stati, decadenze e fini.

LXIX

I governi debbon essere conformi alla natura degli uomini governati.

Questa degnità dimostra che per natura di cose umane civili la scuola pubblica de' prìncipi è la morale de' popoli.

LXX

Si conceda ciò che non ripugna in natura e qui poi truoverassi vero di fatto: che dallo stato nefario del mondo eslege si ritirarono prima alquanti pochi più robusti, che fondarono le famiglie, con le quali e per le quali ridussero i campi a coltura; e gli altri molti lunga età dopo se ne ritirarono, rifuggendo alle terre colte di questi padri.

LXXI

I natii costumi, e sopra tutto quello della natural libertà, non si cangiano tutti ad un tratto, ma per gradi e con lungo tempo.

LXXII

Posto che le nazioni tutte cominciarono da un culto di una qualche divinità, i padri nello stato delle famiglie [102] dovetter esser i sappienti in divinità d'auspìci,

101. *l'antecedenti*: le tre antecedenti.

102. *nello stato delle famiglie*: cfr. n. 100.

i sacerdoti che sagrificavano per proccurargli[103] o sia ben intendergli, e gli re che portavano le divine leggi alle loro famiglie.

LXXIII

È volgar tradizione che i primi i quali governarono il mondo furono re.

LXXIV

È altra volgar tradizione ch'i primi re si criavano per natura[104] i più degni.

LXXV

È volgar tradizione ancora ch'i primi re furono sapienti, onde Platone con vano voto disiderava questi antichissimi tempi ne' quali o i filosofi regnavano o filosofavano i re.[105]

Tutte queste degnità dimostrano che nelle persone de' primi padri andarono uniti sapienza, sacerdozio e regno, e 'l regno e 'l sacerdozio erano dipendenze della sapienza, non già riposta di filosofi, ma volgare di legislatori. E perciò, dappoi, in tutte le nazioni i sacerdoti andarono coronati.

LXXVI

È volgar tradizione che la prima forma di governo al mondo fusse ella stata monarchica.

103. *proccurargli*: averne cura.

104. *per natura*: per nascita, ma il senso non è chiaro.

105. *Platone* ecc.: *Repubblica*, V, 18, 473 c-d., ma il passo è liberamente interpretato.

LXXVII

Ma la degnità sessantesimasettima con l'altre seguenti, e 'n particolare col corollario della sessantesimanona,[106] ne danno che i padri nello stato delle famiglie dovettero esercitare un imperio monarchico, solamente soggetto a Dio, così nelle persone come negli acquisti de' lor figliuoli e molto più de' famoli che si erano rifuggiti alle loro terre, e sì che essi furono i primi monarchi del mondo, de' quali la storia sagra hassi da intendere ove gli appella « patriarchi », cioè « padri prìncipi ». Il qual diritto monarchico fu loro serbato dalla legge delle XII Tavole per tutti i tempi della romana repubblica: « *Patrifamilias ius vitæ et necis in liberos esto* »,[107] di che è conseguenza: « *Quicquid filius acquirit, patri acquirit* ».

LXXVIII

Le famiglie non posson essere state dette, con propietà d'origine, altronde che da questi famoli de' padri nello stato allor di natura.

LXXIX

I primi soci, che propiamente sono compagni per fine di comunicare tra loro l'utilità, non posson al mondo immaginarsi né intendersi innanzi di questi rifuggiti per aver salva la vita da' primi padri anzidetti e, ricevuti

106. *sessantesimanona*: invece della LXVIII.

107. *Patrifamilias* ecc.: l'affermazione che il padre di famiglia avrà diritto di vita e di morte sui figli, non è nelle XII tavole. Vico riferisce in latino un passo greco dello storico e retore Dionigi di Alicarnasso (60 a. C. - 8 d. C.), *Storia antica di Roma*, II, 26-27. L'altra affermazione, che tutto ciò che è acquistato dal figlio diviene proprietà del padre (*Quicquid filius acquirit, patri acquirit*), fa riferimento a una questione legale del giureconsulto romano Ulpiano (morto nel 228); cfr. *Digesta*, XLI, 2, 4.

per la lor vita, obbligati a sostentarla con coltivare i campi di tali padri.

Tali si truovano i veri soci degli eroi, che poi furono i plebei dell'eroiche città, e finalmente le provincie de' popoli principi.

LXXX

Gli uomini vengono naturalmente alla ragione de' benefizi, ove scorgano o ritenerne o ritrarne buona e gran parte d'utilità, che son i benefizi che si possono sperare nella vita civile.

LXXXI

È propietà de' forti gli acquisti fatti con virtù non rillasciare per infingardaggine, ma, o per necessità o per utilità, rimetterne a poco a poco e quanto meno essi possono.

Da queste due degnità sgorgano le sorgive perenni de' feudi, i quali con romana eleganza si dicono « *beneficia* ».

LXXXII

Tutte le nazioni antiche si truovano sparse di clienti e di clientele, che non si possono più acconciamente intendere che per vassalli e per feudi, né da' feudisti eruditi [108] si truovano più acconce voci romane per ispiegarsi che « *clientes* » e « *clientelæ* ».

Queste tre ultime degnità con dodici precedenti, dalla settantesima [109] incominciando, ne scuoprono i princìpi

108. *feudisti eruditi*: si vedano ad esempio le *Annotationes in Pandectas* dell'umanista e erudito francese Guglielmo Budè (1467-1560).

109. *settantesima*: invece, dalla LXVIII.

delle repubbliche, nate da una qualche grande necessità (che dentro [110] si determina) a' padri di famiglia fatta da' famoli, per la quale andarono da se stesse naturalmente a formarsi aristocratiche. Perocché i padri si unirono in ordini per resister a' famoli ammutinati contro essoloro; e, così uniti, per far contenti essi famoli e ridurgli all'ubbidienza, concedettero loro una spezie di feudi rustici; ed essi si truovaron assoggettiti i loro sovrani imperi famigliari (che non si posson intendere che sulla ragione di feudi nobili) all'imperio sovrano civile de' lor ordini regnanti medesimi; e i capi ordini se ne dissero « re », i quali, più animosi, dovettero loro far capo nelle rivolte de' famoli. Tal origine delle città se fusse data per ipotesi (che dentro si ritruova di fatto), ella, per la sua naturalezza e semplicità e per l'infinito numero degli effetti civili che sopra, come a lor propia cagione, vi reggono, dee fare necessità di esser ricevuta per vera. Perché in altra guisa non si può al mondo intendere come delle potestà famigliari si formò la potestà civile e de' patrimoni privati il patrimonio pubblico, e come truovossi apparecchiata la materia alle repubbliche d'un ordine di pochi che vi comandi e della moltitudine de' plebei la qual v'ubbidisca: che sono le due parti che compiono il subbietto della politica. La qual generazione degli Stati civili, con le famiglie sol di figliuoli, si dimostrerà dentro [111] essere stata impossibile.

LXXXIII

Questa legge d'intorno a' campi [112] si stabilisce la prima agraria del mondo; né per natura si può immaginar o intendere un'altra che possa essere più ristretta.

110. *dentro*: nella *Politica poetica*.
111. *dentro*: nel capitolo *Delle famiglie de' famoli*.
112. *Questa legge d'intorno a' campi*: la concessione di terre degli eroi ai famoli.

Questa legge agraria distinse gli tre domini, che posson esser in natura civile, appo tre spezie di persone: il bonitario, appo i plebei; il quiritario, conservato con l'armi e, 'n conseguenza, nobile, appo i padri; e l'eminente, appo esso ordine, ch'è la Signoria, o sia la sovrana potestà, nelle repubbliche aristocratiche.[113)]

LXXXIV

È un luogo d'oro d'Aristotile ne' *Libri politici* ove, nella divisione delle repubbliche, novera i regni eroici, ne' quali gli re in casa ministravan le leggi, fuori amministravan le guerre, ed erano capi della religione.[114)]

Questa degnità cade tutta a livello ne' due regni eroici di Teseo e di Romolo, come di quello si può osservar in Plutarco[115)] nella di lui *Vita*, e di questo sulla storia romana, con supplire la storia greca con la romana, ove Tullo Ostilio ministra la legge nell'accusa d'Orazio. E gli re romani erano ancora re delle cose sagre, detti « *reges sacrorum* »; onde, cacciati gli re da Roma, per la certezza delle cerimonie divine ne criavano uno che si dicesse « *rex sacrorum* »,[116)] ch'era il capo de' feciali o sia degli araldi.

LXXXV

È pur luogo d'oro d'Aristotile ne' medesimi libri, ove riferisce che l'antiche repubbliche non avevano leggi da punire l'offese ed ammendar i torti privati; e dice tal

113. *il bonitario* ecc.: la *bonorum possessio*, il *dominium ex iure quiritium* e il dominio dello stato (il dominio *eminente*).

114. *È un luogo d'oro* ecc.: come chiarisce il Nicolini (*Comm.* 267) il passo risulta da una contaminazione tra Aristotele, *Politica*, III, 9 (14), 1286 b, Diodoro (I, 13) e Giustino (I, 1).

115. *Plutarco*: *Vita di Romolo* e *Parallelo fra Teseo e Romolo*, 25. Ma il riferimento è inesatto.

116. *rex sacrorum*: si chiamava invece *magister fetialium*.

costume esser de' popoli barbari, perché i popoli per ciò ne' lor incominciamenti son barbari perché non sono addimesticati ancor con le leggi.[117]

Questa degnità dimostra la necessità de' duelli e delle ripresaglie ne' tempi barbari, perché in tal tempi mancano le leggi giudiziarie.

LXXXVI

È pur aureo negli stessi libri d'Aristotile[118] quel luogo ove dice che nell'antiche repubbliche i nobili giuravano d'esser eterni nemici della plebe.

Questa degnità ne spiega la cagione de' superbi, avari e crudeli costumi de' nobili sopra i plebei, ch'apertamente si leggono sulla storia romana antica: che, dentro essa finor sognata libertà popolare, lungo tempo angariarono i plebei di servir loro a propie spese nelle guerre, gli anniegavano in un mar d'usure, che non potendo quelli meschini poi soddisfare, gli tenevano chiusi tutta la vita nelle loro private prigioni, per pagargliele co' lavori e fatighe, e quivi con maniera tirannica gli battevano a spalle nude con le verghe come vilissimi schiavi.

LXXXVII

Le repubbliche aristocratiche sono rattenutissime di venir alle guerre per non agguerrire la moltitudine de' plebei.

Questa degnità è 'l principio della giustizia dell'armi romane fin alle guerre cartaginesi.

117. *È pur.. leggi*: contaminazione di tre passi della *Politica*, II, 5 (8), 1268 b; *ivi*, 1269 a; VII, 2 (2) 1324 b. (cfr. Nicolini, *Comm.* 271).

118. *negli stessi libri* ecc.: *Politica*, V., 7 (9), 1310 a; ma Aristotele non parla delle antiche repubbliche, bensì di Stati a lui contemporanei.

LXXXVIII

Le repubbliche aristocratiche conservano le ricchezze dentro l'ordine de' nobili, perché conferiscono alla potenza di esso ordine.[119]

Questa degnità è 'l principio della clemenza romana nelle vittorie, che toglievano a' vinti le sole armi e, sotto la legge di comportevol tributo, rillasciavano il dominio bonitario di tutto. Ch'è la cagione per che i padri resistettero sempre all'agrarie de' Gracchi: perché non volevano arricchire la plebe.

LXXXIX

L'onore è 'l più nobile stimolo del valor militare.

XC

I popoli debbon eroicamente portarsi in guerra, se esercitano gare di onori tra lor in pace, altri per conservarglisi, altri per farsi merito di conseguirgli.

Questa degnità è un principio dell'eroismo romano dalla discacciata de' tiranni fin alle guerre cartaginesi, dentro il qual tempo i nobili naturalmente si consagravano per la salvezza della lor patria, con la quale avevano salvi tutti gli onori civili dentro il lor ordine, e i plebei facevano delle segnalatissime imprese per appruovarsi meritevoli degli onori de' nobili.

XCI

Le gare, ch'esercitano gli ordini nelle città, d'ugualiarsi con giustizia sono lo più potente mezzo d'ingrandir le repubbliche.

119. *Le repubbliche* ecc.: approfondimento di Machiavelli, *Discorsi*, I, 37.

Questo è altro principio dell'eroismo romano, assistito da tre pubbliche virtù: dalla magnanimità della plebe di volere le ragioni civili comunicate ad essolei con le leggi de' padri, dalla fortezza de' padri nel custodirle dentro il lor ordine e dalla sapienza de' giureconsulti nell'interpetrarle e condurne fil filo l'utilità a' nuovi casi che domandavano la ragione. Che sono le tre cagioni propie onde si distinse al mondo la giurisprudenza romana.

Tutte queste degnità, dalla ottantesimaquarta incominciando, espongono nel suo giusto aspetto la storia romana antica: le seguenti tre vi si adoprano in parte.

XCII

I deboli vogliono le leggi; i potenti le ricusano; gli ambiziosi, per farsi séguito, le promuovono; i prìncipi, per uguagliar i potenti co' deboli, le proteggono.

Questa degnità, per la prima e seconda parte, è la fiaccola delle contese eroiche nelle repubbliche aristocratiche, nelle qual' i nobili vogliono appo l'ordine arcane tutte le leggi, perché dipendano dal loro arbitrio e le ministrino con la mano regia: che sono le tre cagioni ch'arreca Pomponio giureconsulto, ove narra che la plebe romana desidera la legge delle XII Tavole, con quel motto che l'erano gravi «*ius latens, incertum et manus regia*».[120] Ed è la cagione della ritrosia ch'avevano i padri di dargliele, dicendo «*mores patrios servandos, leges ferri non oportere*», come riferisce Dionigi d'Alicarnasso,[121] che

120. *Pomponio... manus regia*: riferimento al frammento *De origine iuris* che il *Digestum*, I, 2, 2, §§ 1, 3 e 6 afferma tratto dall'*Enchiridion*, opera del giureconsulto Pomponio Sesto (II sec. a. C.): « Diritto incerto, nascosto e arbitrio del re ».

121. *mores patrios* ecc.: « occorreva conservare i patrii costumi, non pubblicare leggi ». Su Dionigi di Alicarnasso cfr. n. 107; la citazione che fa riferimento a X, 3 e segg., è inesatta.

fu meglio informato che Tito Livio delle cose romane (perché le scrisse istrutto delle notizie di Marco Terenzio Varrone, il qual fu acclamato « il dottissimo de' romani »), e in questa circostanza è per diametro opposto a Livio, che narra intorno a ciò: i nobili, per dirla con lui, « *desideria plebis non aspernari* ». [122] Onde, per questa ed altre maggiori contrarietà [123] osservate ne' *Princìpi del Diritto universale*, essendo cotanto tra lor opposti i primi autori che scrissero di cotal favola da presso a cinquecento anni dopo, meglio sarà di non credere a niun degli due. Tanto più che ne' medesimi tempi non la credettero né esso Varrone, il quale nella grande opera *Rerum divinarum et humanarum* diede origini tutte natie del Lazio a tutte le cose divine ed umane d'essi romani; [124] né Cicerone, il qual in presenza di Quinto Muzio Scevola, principe de' giureconsulti della sua età, fa dire a Marco Crasso oratore che la sapienza de' decemviri di gran lunga superava quella di Dragone e di Solone, che diedero le leggi agli ateniesi, e quella di Ligurgo, che diedele agli spartani: ch'è lo stesso che la legge delle XII Tavole non era né da Sparta né da Atene venuta in Roma. E crediamo in ciò apporci al vero: che non per altro Cicerone fece intervenire Quinto Muzio in quella sola prima giornata che — essendo al suo tempo cotal favola troppo ricevuta tra' letterati, nata dalla boria de' dotti di dare origini sapientissime al sapere ch'essi professano (lo che s'intende da quelle parole che 'l medesimo Crasso dice: « *Fremant omnes: dicam quod sentio* ») [125] — perché non potessero opporgli ch'un oratore parlasse della storia del diritto romano, che si appartiene saper da' giureconsulti (essen-

122. *desideria* ecc.: « non disprezzare i desideri della plebe ». Cfr. Livio, III, 31 e III, 9-11, 14-15, 17-21, 24-25, 29-57.

123. *contrarietà*: contraddizioni.

124. *Varrone... romani*: cfr. n. 7 all'*Idea dell'opera*.

125. *Fremant* ecc.: « Fremano pure tutti, dirò quello che penso ». Per Cicerone si veda *De Oratore*, I, 44.

do allora queste due professioni tra lor divise); [onde], se Crasso avesse d'intorno a ciò detto falso, Muzio ne l'avrebbe certamente ripreso, siccome, al riferir di Pomponio, riprese Servio Sulpizio, ch'interviene in questi stessi ragionamenti, dicendogli « *turpe esse patricio viro ius, in quo versaretur, ignorare* ».[126]

Ma, più che Cicerone e Varrone, ci dà Polibio un invitto argomento di non credere né a Dionigi né a Livio, il quale senza contrasto seppe più di politica di questi due e fiorì da dugento anni più vicino a' decemviri che questi due. Egli (nel libro sesto, al numero quarto e molti appresso,[127] dell'edizione di Giacomo Gronovio) a piè fermo si pone a contemplare la costituzione delle repubbliche libere più famose de' tempi suoi, ed osserva la romana esser diversa da quelle d'Atene e di Sparta e, più che di Sparta, esserlo da quella d'Atene, dalla quale, più che da Sparta, i pareggiatori del gius attico col romano vogliono esser venute le leggi per ordinarvi la libertà popolare già innanzi fondata da Bruto. Ma osserva, al contrario, somiglianti tra loro la romana e la cartaginese, la quale niuno mai si è sognato essere stata ordinata libera con le leggi di Grecia; lo che è tanto vero ch'in Cartagine era espressa legge che vietava a' cartaginesi sapere di greca lettera.[128] Ed uno scrittore sapientissimo di repubbliche non fa sopra ciò questa cotanto naturale e cotanto ovvia riflessione, e non ne investiga la cagion della differenza: — Le repubbliche romana ed ateniese, diverse, ordinate con le medesime leggi; e le repubbliche romana e cartaginese, simili, ordinate con leggi diverse? — Laonde, per assolverlo d'un'oscitanza[129]

126. *turpe esse* ecc.: « è cosa vergognosa per un patrizio ignorare il diritto nel quale dovrebbe esser versato »; cfr. *Digestum,* I, 2, 2, 43.

127. *nel libro sesto* ecc.: invece è nel libro quarto, sesto capitolo.

128. *in Cartagine* ecc.: del divieto, che fu però temporaneo, si parla in Giustino, XX, 5.

129. *oscitanza*: negligenza.

sì dissoluta, è necessaria cosa a dirsi che nell'età di Polibio non era ancor nata in Roma cotesta favola delle leggi greche venute da Atene ad ordinarvi il governo libero popolare.

Questa stessa degnità, per la terza parte, apre la via agli ambiziosi nelle repubbliche popolari di portarsi alla monarchia, col secondare tale desiderio natural della plebe, che, non intendendo universali, d'ogni particolare vuol una legge. Onde Silla, capoparte di nobiltà, vinto Mario, capoparte di plebe, riordinando lo Stato popolare con governo aristocratico, rimediò alla moltitudine delle leggi con le « quistioni perpetue ».[130]

E questa degnità medesima per l'ultima parte è la ragione arcana perché, da Augusto incominciando, i romani prìncipi fecero innumerabili leggi di ragion privata, e perché i sovrani e le potenze d'Europa dappertutto, ne' loro Stati reali e nelle repubbliche libere, ricevettero il *Corpo del diritto civile romano* e quello *del diritto canonico.*

XCIII

Poiché la porta degli onori nelle repubbliche popolari tutta si è con le leggi aperta alla moltitudine avara che vi comanda, non resta altro in pace che contendervi di potenza non già con le leggi ma con le armi, e per la potenza comandare leggi per arricchire, quali in Roma furon l'agrarie de' Gracchi; onde provengono nello stesso tempo guerre civili in casa ed ingiuste fuori.

Questa degnità, per lo suo opposto, conferma per tutto il tempo innanzi de' Gracchi il romano eroismo.

130. *quistioni perpetue*: non erano un rimedio alla molteplicità delle leggi, ma corti giudiziarie permanenti per certi delitti.

XCIV

La natural libertà è più feroce quanto i beni più a propi corpi son attaccati, e la civil servitù s'inceppa co' beni di fortuna non necessari alla vita.

Questa degnità, per la prima parte, è altro principio del natural eroismo de' primi popoli; per la seconda, ella è 'l principio naturale delle monarchie.

XCV

Gli uomini prima amano d'uscir di suggezione e disiderano ugualità: ecco le plebi nelle repubbliche aristocratiche, le quali finalmente cangiano in popolari; dipoi si sforzano superare gli uguali: ecco le plebi nelle repubbliche popolari, corrotte in repubbliche di potenti; finalmente vogliono mettersi sotto le leggi: ecco l'anarchie, o repubbliche popolari sfrenate, delle quali non si dà piggiore tirannide, dove tanti son i tiranni quanti sono gli audaci e dissoluti delle città. E quivi le plebi, fatte accorte da' propi mali, per truovarvi rimedio vanno a salvarsi sotto le monarchie; ch'è la legge regia naturale con la quale Tacito legittima la monarchia romana sotto di Augusto, « *qui cuncta, bellis civilibus fessa, nomine "principis" sub imperium accepit* ». [131]

XCVI

Dalla natia libertà eslege [132] i nobili, quando sulle famiglie si composero le prime città, furono ritrosi ed a freno ed a peso: ecco le repubbliche aristocratiche nelle

131. *Tacito* ecc.: in *Annales*, I, 1, dice *discordiis*, non *bellis*. « Il quale col nome di *principe*, ricevette sotto il suo impero tutte le cose sconvolte dalle guerre civili ».

132. *libertà eslege*: è lo stato privo

qual'i nobili son i signori; dappoi dalle plebi, cresciute in gran numero ed agguerrite, indutti a sofferire e leggi e pesi egualmente coi lor plebei: ecco i nobili nelle repubbliche popolari; finalmente, per aver salva la vita comoda, naturalmente inchinati alla suggezione d'un solo: ecco i nobili sotto le monarchie.

Queste due degnità con l'altre innanzi, dalla sessantesimasesta incominciando, sono i princìpi della storia ideal eterna la quale si è sopra detta.

XCVII

Si conceda ciò che ragion non offende, col dimandarsi che dopo il diluvio gli uomini prima abitarono sopra i monti, alquanto tempo appresso calarono alle pianure, dopo lunga età finalmente si assicurarono di condursi a' lidi del mare.

XCVIII

Appresso Strabone è un luogo d'oro di Platone,[133] che dice, dopo i particolari diluvi ogigio e deucalionio, aver gli uomini abitato nelle grotte sui monti, e gli riconosce ne' polifemi, ne' quali altrove rincontra i primi padri di famiglia del mondo; dipoi, sulle falde, e gli avvisa in Dardano che fabbricò Pergamo, che divenne poi la rocca di Troia; finalmente, nelle pianure, e gli scorge in Ilo, dal quale Troia fu portata nel piano vicino al mare e fu detta Ilio.

di leggi, che Vico chiama dell'*erramento ferino*.

133. *Appresso Strabone* ecc.: al luogo di Platone, *Leggi*, III, 1-5, 677-684 si riferisce Strabone, *Geografia*, XIII, 1, 25.

XCIX

È pur antica tradizione che Tiro prima fu fondata entro terra, e dipoi portata nel lido del mar Fenicio; com'è certa istoria indi essere stata tragittata in un'isola ivi da presso, quindi da Alessandro magno riattaccata al suo continente. [134]

L'antecedente postulato e le due degnità che gli vanno appresso [135] ne scuoprono che prima si fondarono le nazioni mediterranee, dappoi le marittime. E ne danno un grand'argomento che dimostra l'antichità del popol ebreo, che da Noè si fondò [136] nella Mesopotamia, [137] ch'è la terra più mediterranea [138] del primo mondo abitabile, e sì fu l'antichissima di tutte le nazioni. Lo che vien confermato perché ivi fondossi la prima monarchia, che fu quella degli assiri, sopra la gente caldea, [139] dalla qual eran usciti i primi sappienti del mondo, de' quali fu principe Zoroaste.

C

Gli uomini non s'inducono ad abbandonar affatto le propie terre, che sono naturalmente care a' natii, che per ultime necessità della vita; o di lasciarle [140] a tempo che o per l'ingordigia d'arricchire co' traffichi, o per gelosia di conservare gli acquisti.

134. *È pur... tradizione* ecc.: il Vico deforma affermazioni del già ricordato Samuele Bochart, *Geografia sacra*, Leida, 1692, col. 776, e dello storico romano dell'epoca di Claudio Quinto Curzio Rufo nei suoi dieci libri *Historiarum Alexandri Magni*, IV, 2.

135. *L'antecedente postulato* ecc.: i numeri XCVII, XCVIII, XCIX.

136. *si fondò*: si fermò.

137. *nella Mesopotamia*: la *Genesi*, VIII, 4, parla invece dei « monti dell'Armenia ».

138. *mediterranea*: più interna nella terraferma, ma non è vero.

139. *la gente caldea*: era invece nativa della Babilonide.

140. *di lasciarle*: si sostituisce ad *a lasciarle* del testo del Nicolini, secondo la correzione del Flora, p. 1093.

Questa degnità è 'l principio delle trasmigrazioni de' popoli, fatta con le colonie eroiche marittime, con le innondazioni de' barbari (delle quali sole scrisse Wolfango Lazio),[141] con le colonie romane ultime conosciute, e con le colonie degli europei nell'Indie.

E questa stessa degnità ci dimostra che le razze perdute degli tre figliuoli di Noè dovettero andar in un error bestiale, perché, col fuggire le fiere (delle quali la gran selva della terra doveva pur troppo abbondare) e coll'inseguire le schive e ritrose donne (ch'in tale stato selvaggio dovevan essere sommamente ritrose e schive), e poi per cercare pascolo ed acqua, si ritruovassero dispersi per tutta la terra nel tempo che fulminò la prima volta il cielo dopo il diluvio: onde ogni nazione gentile cominciò da un suo Giove. Perché, se avessero durato nell'umanità come il popolo di Dio vi durò, si sarebbero, come quello, ristati nell'Asia, che, tra per la vastità di quella gran parte del mondo e per la scarsezza allora degli uomini, non avevano niuna necessaria cagione d'abbandonare, quando non è natural costume ch'i paesi natii s'abbandonino per capriccio.

CI

I fenici furono i primi navigatori del mondo antico.

CII

Le nazioni nella loro barbarie sono impenetrabili, che o si debbono irrompere da fuori con le guerre, o da dentro spontaneamente aprire agli stranieri per l'utilità de' commerzi. Come Psammetico aprì l'Egitto a' greci del-

141. *Wolfango Lazio*: è il medico ed erudito Wolfgang Latius che scrisse un *De aliquot gentium migrationibus, sedibus fixis, reliquiis, linguarum initiis et imitationibus et dialectis*, Basilea, 1557.

l'Ionia e della Caria,[142] i quali, dopo i fenici, dovetter essere celebri nella negoziazione marittima; onde, per le grandi ricchezze, nell'Ionia[143] si fondò il templo di Giunone samia e nella Caria si alzò il mausoleo d'Artemisia, che furono due delle sette maraviglie del mondo: la gloria della qual negoziazione restò a quelli di Rodi, nella bocca del cui porto ergerono il gran colosso del Sole, ch'entrò nel numero delle maraviglie suddette. Così il Chinese, per l'utilità de' commerzi, ha ultimamente aperto la China a' nostri europei.

Queste tre degnità ne danno il principio d'un altro etimologico delle voci d'origine certa straniera, diverso da quello sopra detto delle voci natie. Ne può altresì dare la storia di nazioni dopo altre nazioni portatesi con colonie in terre straniere: come Napoli si disse dapprima Sirena con voce siriaca[144] — ch'è argomento che i siri, ovvero fenici, vi avessero menato prima di tutti una colonia per cagione di traffichi —; dopo si disse Partenope con voce eroica greca, e finalmente con lingua greca volgare si disse Napoli — che sono pruove che vi fussero appresso passati i greci per aprirvi società di negozi —: ove dovette provenire una lingua mescolata di fenicia e di greca, della quale, più che della greca pura, si dice Tiberio imperadore essersi dilettato. Appunto come ne' lidi di Taranto vi fu una colonia siriaca detta Siri, i cui abitatori erano chiamati « siriti », e poi da' greci fu detta Polieo, e fu appellata Minerva « poliade »,[145] che ivi aveva un suo templo.

Questa degnità altresì dà i princìpi di scienza all'argomento di che scrisse il Giambullari: che la lingua tosca-

142. *Psammetico* ecc.: cfr. le *Annotazioni alla tavola cronologica*, XXXI.

143. *nell'Ionia*: in realtà il tempio fu costruito nell'isola di Samo.

144. *Napoli... siriaca*: la notizia è errata.

145. *poliade*: invece, *iliaca*.

na sia d'origine siriaca.[146] La quale non poté provenire che dagli più antichi fenici, che furono i primi navigatori del mondo antico, come poco sopra n'abbiamo proposto una degnità; perché, appresso, tal gloria fu de' greci della Caria e dell'Ionia, e restò per ultimo a' rodiani.

CIII

Si domanda ciò ch'è necessario concedersi: che nel lido del Lazio fusse stata menata alcuna greca colonia, che poi, da' romani vinta e distrutta, fusse restata seppellita nelle tenebre dell'antichità.

Se ciò non si concede, chiunque riflette e combina sopra l'antichità, è sbalordito dalla storia romana ove narra Ercole, Evandro, arcadi, frigi dentro del Lazio, Servio Tullio greco, Tarquinio Prisco figliuolo di Demarato corintio, Enea fondatore della gente romana. Certamente le lettere latine Tacito osserva somiglianti all'antiche greche, quando a' tempi di Servio Tullio, per giudizio di Livio, non poterono i romani nemmeno udire il famoso nome di Pittagora, ch'insegnava nella sua celebratissima scuola in Cotrone, e non incominciaron a conoscersi co' greci d'Italia che con l'occasione della guerra di Taranto, che portò appresso quella di Pirro co' greci oltramare.

CIV

È un detto degno di considerazione quello di Dion Cassio: che la consuetudine è simile al re e la legge al tiranno; che deesi intendere della consuetudine ragione-

146. *il Giambullari* ecc.: Vico si riferisce alle *Origini della lingua fiorentina, altrimente il Gello*, dialogo del letterato e storico fiorentino Pier Francesco Giambullari (1495-1555), ove si sostiene la derivazione del fiorentino dall'etrusco e dell'etrusco dall'aramaico o siriaco.

vole e della legge non animata da ragion naturale.[147]

Questa degnità dagli effetti diffinisce altresì la gran disputa: « se vi sia diritto in natura o sia egli nell'oppenione degli uomini », la qual è la stessa che la proposta nel corollario dell'ottava: « se la natura umana sia socievole ». Perché, il diritto natural delle genti essendo stato ordinato dalla consuetudine (la qual Dione dice comandare da re con piacere), non ordinato con legge (che Dion dice comandare da tiranno con forza), perocché egli è nato con essi costumi umani usciti dalla natura comune delle nazioni (ch'è 'l subbietto adeguato di questa Scienza), e tal diritto conserva l'umana società; né essendovi cosa più naturale (perché non vi è cosa che piaccia più) che celebrare i naturali costumi: per tutto ciò la natura umana, dalla quale sono usciti tali costumi, ella è socievole.

Questa stessa degnità, con l'ottava e 'l di lei corollario, dimostra che l'uomo non è ingiusto per natura assolutamente, ma per natura caduta e debole. E 'n conseguenza dimostra il primo principio della cristiana religione, ch'è Adamo intiero, qual dovette nell'idea ottima essere stato criato da Dio. E quindi dimostra i catolici princìpi della grazia: ch'ella operi nell'uomo, ch'abbia la privazione, non la niegazione delle buon'opere, e sì ne abbia una potenza inefficace, e perciò sia efficace la grazia; che perciò non può stare senza il principio dell'arbitrio libero, il quale naturalmente è da Dio aiutato con la di lui provvedenza (come si è detto sopra,[148] nel secondo corollario della medesima ottava), sulla quale la cristiana conviene con tutte l'altre religioni. Ch'era quello sopra di

147. *È un detto* ecc.: Vico trae la citazione dai *Six livres sur la République* del giurista Jean Bodin (1530-1596), Lione, 1597, p. 222, ma si trattava non del già ricordato Dione Cassio, ma del retore e sofista Dione Crisostomo (40 circa-114 d. C.).

148. *sopra*: nella *degnità* VIII.

che Grozio, Seldeno, Pufendorfio [149] dovevano, innanzi ogni altra cosa, fondar i loro sistemi e convenire coi romani giureconsulti, che diffiniscono il diritto natural delle genti essere stato dalla divina provvedenza ordinato.

CV

Il diritto natural delle genti [150] è uscito coi costumi delle nazioni, tra loro conformi in un senso comune umano, senza alcuna riflessione e senza prender esemplo l'una dall'altra.

Questa degnità, col detto di Dione riferito nell'antecedente, stabilisce la provvedenza essere l'ordinatrice del diritto natural delle genti, perch'ella è la regina delle faccende degli uomini.

Questa stessa stabilisce la differenza del diritto natural degli ebrei, del diritto natural delle genti e diritto natural de' filosofi. [151] Perché le genti n'ebbero i soli ordinari aiuti dalla provvedenza; gli ebrei n'ebbero anco aiuti estraordinari dal vero Dio, per lo che tutto il mondo delle nazioni era da essi diviso tra ebrei e genti; e i filosofi il ragionano più perfetto di quello che 'l costuman le genti, i quali non vennero che da un duemila anni dopo essersi fondate le genti. Per tutte le quali tre differenze non osservate, debbon cadere gli tre sistemi di Grozio, di Seldeno, di Pufendorfio.

CVI

Le dottrine debbono cominciare da quando cominciano le materie che trattano.

Questa degnità, allogata qui per la particolar materia

149. *Grozio* ecc.: sono i già ricordati esponenti del giusnaturalismo.

150. *diritto natural* ecc.: qui sinonimo di civiltà.

151. *Questa stessa* ecc.: distingue fra il diritto naturale degli ebrei, quello dei popoli gentili e quello consuetudinario dei popoli gentili.

del diritto natural delle genti, ella è universalmente usata in tutte le materie che qui si trattano; ond'era da proporsi tralle degnità generali:[152] ma si è posta qui, perché in questa più che in ogni altra particolar materia fa vedere la sua verità e l'importanza di farne uso.

CVII

Le genti cominciarono prima delle città, e sono quelle che da' latini si dissero «*gentes maiores*», o sia case nobili antiche, come quelle de' padri de' quali Romolo compose il senato e, col senato la romana città: come, al contrario, si dissero «*gentes minores*» le case nobili[153] nuove fondate dopo le città, come furono quelle de' padri de' quali Giunio Bruto, cacciati gli re, riempiè il senato, quasi esausto per le morti de' senatori fatti morire da Tarquinio Superbo.

CVIII

Tale fu la divisione degli dei: tra quelli delle genti maggiori, ovvero dei consagrati dalle famiglie innanzi delle città, — i quali appo i greci e latini certamente (e qui pruoverassi appo i primi assiri ovvero caldei, fenici, egizi) furono dodici (il qual novero fu tanto famoso tra i greci che l'intendevano con la sola parola δώδεκα), e vanno confusamente raccolti in un distico latino riferito ne' *Princìpi del Diritto universale*;[154] i quali però qui, nel libro secondo, con una teogonia naturale, o sia generazione degli dei naturalmente fatta nelle menti de' greci, usciranno così ordinati: Giove, Giunone; Diana,

152. *degnità generali*: le prime ventidue.
153. *nobili*: invece, plebee.
154. *distico latino... universale*: si riferisce a tre versi di Lucilio riportati in modo inesatto nel *De constantia iurisprudentis* (Opere, ed. Nicolini, II, 2, p. 413).

Apollo; Vulcano, Saturno, Vesta; Marte, Venere; Minerva, Mercurio; Nettunno; — e gli dei delle genti minori, ovvero dei consagrati appresso dai popoli, come Romolo, il qual, morto, il popolo romano appellò dio Quirino.[155]

Per queste tre degnità, gli tre sistemi di Grozio, di Seldeno, di Pufendorfio mancano ne' loro princìpi, ch'incominciano dalle nazioni guardate tra loro nella società di tutto il gener umano, il quale, appo tutte le prime nazioni, come sarà qui dimostrato, cominciò dal tempo delle famiglie, sotto gli dei delle genti dette « maggiori ».

CIX

Gli uomini di corte idee stimano diritto quanto si è spiegato con le parole.[156]

CX

È aurea la diffinizione ch'Ulpiano assegna dell'equità civile: ch'ella è « *probabilis quædam ratio, non omnibus hominibus naturaliter cognita* (com'è l'equità naturale), *sed paucis tantum, qui, prudentia, usu, doctrina præditi, didicerunt quæ ad societatis humanæ conservationem sunt necessaria* ».[157] La quale in bell'italiano si chiama « ragion di Stato ».[158]

155. *gli dei delle genti minori* ecc.: quelli assunti dalla terra nell'Olimpo.

156. *Gli uomini* ecc.: cfr. nel libro IV della *Scienza Nuova, Tre spezie di giurisprudenze.*

157. *È aurea* ecc.: la definizione dell'equità civile come « diritto probabile, non naturalmente conosciuto da tutti gli uomini, ma solo dai pochi che, forniti di prudenza, pratica e dottrina, imparavano le cose necessarie alla conservazione della società umana », non si trova in Ulpiano.

158. *ragion di Stato*: cfr. nel libro IV, *Tre spezie di ragioni.*

CXI

Il certo delle leggi è un'oscurezza della ragione unicamente sostenuta dall'autorità, che le ci fa sperimentare dure nel praticarle, e siamo necessitati praticarle per lo di lor « certo », che in buon latino significa « particolarizzato » o, come le scuole dicono, « individuato »; nel qual senso « *certum* » e « *commune* », con troppa latina eleganza, son opposti tra loro.[159]

Questa degnità, con le due seguenti diffinizioni,[160] costituiscono il principio della ragion stretta,[161] della qual è regola l'equità civile, al cui certo, o sia alla determinata particolarità delle cui parole, i barbari, d'idee particolari, naturalmente s'acquetano, e tale stimano il diritto che lor si debba. Onde ciò che in tali casi Ulpiano dice: « *lex dura est, sed scripta est* »,[162] tu diresti, con più bellezza latina e con maggior eleganza legale: « *lex dura est, sed certa est* ».

CXII

Gli uomini intelligenti stimano diritto tutto ciò che detta essa uguale utilità delle cause.

CXIII

Il vero delle leggi è un certo lume e splendore di che ne illumina la ragion naturale, onde spesso i giureconsulti[163] usan dire « *verum est* » per « *æquum est* ».

159. *Il certo delle leggi* ecc.: nell'età precedente a quella della razionalità spiegata, base delle leggi è la loro certezza, che deriva dalla autorità e dalla forza, non la loro verità; *particolarizzato* sta per peculiare.

160. *le due... diffinizioni*: si tratta invece delle *degnità* CIX, CX e CXI.

161. *ragion stretta*: è l'interpretazione rigorosamente letterale delle leggi.

162. *lex dura est* ecc.: il *Digestum*, XI, 9, 12, 1, dice invece « quod quidem perquam durum est, sed ita lex scripta est ».

163. *spesso i giureconsulti*: in realtà l'uso di dire « è vero », per « è giusto » non pare fosse diffuso presso i giuristi.

Questa diffinizione come la centoundecima sono proposizioni particolari per far le prove nella particolar materia del diritto natural delle genti, uscite dalle due generali, nona e decima, che trattano del vero e del certo generalmente, per far le conchiusioni in tutte le materie che qui si trattano.

CXIV

L'equità naturale della ragion umana tutta spiegata è una pratica della sapienza nelle faccende dell'utilità, poiché « sapienza », nell'ampiezza sua, altro non è che scienza di far uso delle cose qual esse hanno in natura.

Questa degnità con l'altre due seguenti diffinizioni costituiscono il principio della ragion benigna,[164] regolata dall'equità naturale, la qual è connaturale alle nazioni ingentilite; dalla quale scuola pubblica si dimostrerà esser usciti i filosofi.

Tutte queste sei ultime proposizioni fermano che la provvedenza fu l'ordinatrice del diritto natural delle genti, la qual permise che, poiché per lunga scorsa di secoli le nazioni avevano a vivere incapaci del vero e dell'equità naturale (la quale più rischiararono, appresso, i filosofi), esse si attenessero al certo ed all'equità civile, che scrupolosamente custodisce le parole degli ordini e delle leggi, e da queste fussero portate ad osservarle generalmente anco ne' casi che riuscissero dure, perché si serbassero le nazioni.

E queste istesse sei proposizioni, sconosciute dagli tre prìncipi della dottrina del diritto natural delle genti,[165] fecero ch'essi, tutti e tre, errassero di concerto nello sta-

164. *ragion benigna*: alla *ragione stretta* che domina nella fase prerazionale, succede, nella fase razionale, la *ragione benigna*. Il diritto è qui fondato non sulla forza dell'autorità, ma sull'equità naturale.

165. *tre prìncipi* ecc.: sono i già ricordati Grozio, Selden e Pufendorf.

bilirne i loro sistemi; perc'han creduto che l'equità naturale nella sua idea ottima fusse stata intesa dalle nazioni gentili fin da' loro primi incominciamenti, senza riflettere che vi volle da un duemila anni perché in alcuna fussero provenuti [166] i filosofi, e senza privilegiarvi un popolo con particolarità assistito dal vero Dio. [167]

166. *provenuti*: pervenuti. Vico rimprovera ai tre grandi teorici del giusnaturalismo di non aver affrontato il problema del passaggio, comune a tutti i popoli, dallo stato « ferino » a quello civile.

167. *un popolo* ecc.: è il popolo ebraico.

III

DE' PRINCÌPI

Ora, per fare sperienza se le proposizioni noverate finora per elementi di questa Scienza debbano dare la forma alle materie apparecchiate nel principio sulla *Tavola cronologica*, preghiamo il leggitore che rifletta a quanto si è scritto d'intorno a' princìpi di qualunque materia di tutto lo scibile divino ed umano della gentilità, e combini se egli faccia sconcezza con esse proposizioni, o tutte o più o una; perché tanto si è con una quanto sarebbe con tutte, perché ogniuna di quelle fa acconcezza con tutte. Ché certamente egli, faccendo cotal confronto, s'accorgerà che sono tutti luoghi di confusa memoria, tutte immagini di mal regolata fantasia, e niun essere parto d'intendimento, il qual è stato trattenuto ozioso dalle due borie che nelle *Degnità* noverammo. [1] Laonde, perché la boria delle nazioni, d'essere stata ogniuna la prima del mondo, ci disanima di ritruovare i princìpi di questa Scienza da' filologi; altronde la boria de' dotti, i quali vogliono ciò ch'essi sanno essere stato eminentemente inteso fin dal principio del mondo, ci dispera di ritruovargli da' filosofi: quindi, per questa ricerca, si dee far conto come se non vi fussero libri nel mondo. [2]

Ma, in tal densa notte di tenebre ond'è coverta la prima da noi lontanissima antichità, apparisce questo

III. - 1. *Ché certamente* ecc.: le cose che si sono finora scritte intorno allo scibile umano e divino della gentilità (cfr. nel periodo precedente: *quanto s'è scritto d'intorno a' princìpi di qualunque materia* ecc.) sono solo *luoghi di confusa memoria* e prodotti di una fantasia mal regolata. Le *degnità* cui Vico fa qui riferimento sono la III e la IV.

2. *si dee far conto* ecc.: Vico, abbiamo visto, vuol essere il Bacone della storia; come già Bacone e Cartesio, anch'egli ritiene di essere il fondatore di un nuovo sapere che non ha, alle spalle, nessuna tradizione.

lume eterno, che non tramonta, di questa verità, la quale non si può a patto alcuno chiamar in dubbio: che questo mondo civile egli certamente è stato fatto dagli uomini, onde se ne possono, perché se ne debbono, ritruovare i princìpi dentro le modificazioni della nostra medesima mente umana. Lo che, a chiunque vi rifletta, dee recar maraviglia come tutti i filosofi seriosamente si studiarono di conseguire la scienza di questo mondo naturale, del quale, perché Iddio egli il fece, esso solo ne ha la scienza; e traccurarono [3] di meditare su questo mondo delle nazioni, o sia mondo civile, del quale, perché l'avevano fatto gli uomini, ne potevano conseguire la scienza gli uomini. [4] Il quale stravagante effetto è provenuto da quella miseria, la qual avvertimmo nelle *Degnità*, [5] della mente umana, la quale, restata immersa e seppellita nel corpo, è naturalmente inchinata a sentire le cose del corpo e dee usare troppo sforzo e fatiga per intendere se medesima, come l'occhio corporale che vede tutti gli obbietti fuori di sé ed ha dello specchio bisogno per vedere se stesso.

Or, poiché questo mondo di nazioni egli è stato fatto dagli uomini, vediamo in quali cose hanno con perpetuità convenuto e tuttavia vi convengono tutti gli uomini, perché tali cose ne potranno dare i princìpi universali ed eterni, quali devon essere d'ogni scienza, sopra i quali tutte sursero e tutte vi si conservano in nazioni.

Osserviamo tutte le nazioni così barbare come umane, quantunque, per immensi spazi di luoghi e tempi tra loro lontane, divisamente fondate, custodire questi tre umani costumi: che tutte hanno qualche religione, tutte contraggono matrimoni solenni, tutte seppelliscono i loro morti; né tra nazioni, quantunque selvagge e crude, si

3. *traccurarono*: trascurarono.
4. *mondo civile* ecc.: del mondo storico sociale, posto in atto dagli uomini, gli uomini possono avere una reale ed effettiva conoscenza.
5. *Degnità*: è la LXIII.

celebrano azioni umane con più ricercate cerimonie e più consegrate solennità che religioni, matrimoni e sepolture. Ché, per la degnità che « idee uniformi, nate tra popoli sconosciuti tra loro, debbon aver un principio comune di vero », [6] dee essere stato dettato a tutte: che da queste tre cose incominciò appo tutte l'umanità, e per ciò si debbono santissimamente custodire da tutte perché 'l mondo non s'infierisca e si rinselvi di nuovo. Perciò abbiamo presi questi tre costumi eterni ed universali per tre primi princìpi di questa Scienza.

Né ci accusino di falso il primo i moderni viaggiatori, i quali narrano che popoli del Brasile, di Cafra ed altre nazioni del mondo nuovo (e Antonio Arnaldo crede lo stesso degli abitatori dell'isole chiamate Antille) vivano in società senza alcuna cognizione di Dio; da' quali forse persuaso, Bayle afferma nel *Trattato delle comete* che possano i popoli senza lume di Dio vivere con giustizia; che tanto non osò affermare Polibio, al cui detto da taluni s'acclama: che, se fussero al mondo filosofi, che 'n forza della ragione non delle leggi vivessero con giustizia, al mondo non farebber uopo religioni. [7] Queste sono novelle di viaggiatori, che proccurano smaltimento a' loro libri con mostruosi ragguagli. Certamente Andrea Rudigero nella sua *Fisica* magnificamente intitolata *divina*, [8] che vuole che sia l'unica via di mezzo tra l'ateismo e la

6. *degnità* ecc.: è la XIII.

7. *Né ci accusino* ecc.: sui *moderni viaggiatori* come l'olandese Oliviero Dapper (morto nel 1690) e il gesuita Carlo Legobien (1635-1707) il Vico aveva attinto dal Bayle. *Antonio Arnaldo* è il filosofo francese Antonio Arnauld (1612-1694), uno dei maestri del giansenismo, che nella *Quatrième dénonciation de la nouvelle hérésie du péché philosophique* (in *Oeuvres*, XXI, Parigi, 1780, p. 274) aveva parlato dell'ignoranza di Dio propria degli abitatori delle Antille prima della scoperta dell'America. Il *Trattato sulle comete* fa riferimento ai *Pensées diverses écrites à un docteur de Sorbonne à l'occasion de la comète qui parut au mois de décembre 1680*, Rotterdam, 1724, III, 57 segg.; IV, 119-123 e 163, del filosofo ed erudito francese Pietro Bayle (1647-1706). Per Polibio cfr. n. 56 agli *Elementi*.

8. *Fisica* ecc.: è la *Physica divina* di Andrea Rüdiger, edita a Francoforte sul Meno nel 1716.

superstizione,[9] egli da' censori dell'Università di Genevra[10] (nella qual repubblica, come libera popolare, dee essere alquanto più di libertà nello scrivere) è di tal sentimento gravemente notato che « 'l dica con troppo di sicurezza », ch'è lo stesso dire che con non poco d'audacia. Perché tutte le nazioni credono in una divinità provvedente, onde quattro e non più si hanno potuto truovare religioni primarie per tutta la scorsa de' tempi e per tutta l'ampiezza di questo mondo civile: una degli ebrei, e quindi altra de' cristiani, che credono nella divinità d'una mente infinita libera; la terza de' gentili, che la credono di più dei, immaginati composti di corpo e di mente libera, onde, quando vogliono significare la divinità che regge e conserva il mondo, dicono « *deos immortales* »;[11] la quarta ed ultima de' maomettani, che la credono d'un dio infinita mente libera in un infinito corpo, perché aspettano piaceri de' sensi per premi nell'altra vita.

Niuna credette in un dio tutto corpo o pure in un dio tutto mente la quale non fusse libera. Quindi né gli epicurei, che non danno altro che corpo e, col corpo, il caso, né gli stoici, che danno Dio in infinito corpo infinita mente soggetta al fato (che sarebbero per tal parte gli spinosisti), poterono ragionare di repubblica né di leggi, e Benedetto Spinosa parla di repubblica come d'una società che fusse di mercadanti.[12] Per lo che aveva la ragion Cicerone, il qual ad Attico, perch'egli era epicureo, diceva non poter esso con lui ragionar delle leggi, se quello non gli avesse conceduto che vi sia provvedenza divina.[13]

9. *l'unica via* ecc.: traduce il titolo dell'ora citata *Physica divina*: *recta via, eademque inter superstitionem et atheismum media, hominum felicitatem naturalem et moralem ducens.*

10. *di Genevra*: invece da un censore dell'Università di Lipsia.

11. *Perché tutte le nazioni* ecc.: Vico trae il suo materiale dalla sola storia occidentale. Ciò che si dice circa gli *deos immortales* è solo una congettura.

12. *Spinosa* ecc.: allude all'utilitarismo presente nel *Tractatus theologicus politicus* di Benedetto Spinoza.

13. *Cicerone* ecc.: *De legibus*, I, 7.

Tanto le due sètte stoica ed epicurea sono comportevoli con la romana giurisprudenza, la quale pone la provvedenza divina per principal suo principio! [14]

L'oppenione poi ch'i concubiti, certi di fatto, d'uomini liberi con femmine libere senza solennità di matrimoni non contengano niuna naturale malizia, ella da tutte le nazioni del mondo è ripresa di falso con essi costumi umani, co' quali tutte religiosamente celebrano i matrimoni e con essi diffiniscono che, 'n grado benché rimesso, sia tal peccato di bestia. Perciocché, quanto è per tali genitori, non tenendogli congionti niun vincolo necessario di legge, essi vanno a disperdere i loro figliuoli naturali, i quali, potendosi i loro genitori ad ogni ora dividere, eglino, abbandonati da entrambi, deono giacer esposti per esser divorati da' cani; e, se l'umanità o pubblica o privata non gli allevasse, dovrebbero crescere senza avere chi insegnasse loro religione, né lingua né altro umano costume. Onde, quanto è per essi, di questo mondo di nazioni, di tante belle arti dell'umanità arricchito ed adorno, vanno a fare la grande antichissima selva per entro a cui divagavano con nefario [15] ferino errore le brutte fiere d'Orfeo, [16] delle qual' i figliuoli con le madri, i padri con le figliuole usavano la venere bestiale. Ch'è l'infame nefas del mondo eslege, che Socrate con ragioni fisiche poco propie voleva pruovare esser vietato dalla natura, [17] essendo egli vietato dalla natura umana, perché tali concubiti appo tutte le nazioni sono naturalmente abborriti, né da talune furono praticati che nell'ultima loro corrozione, come da' persiani. [18]

14. *Tanto le due sètte* ecc.: la giurisprudenza romana, secondo ripetute affermazioni di Vico, sarebbe inconciliabile con la filosofia stoica ed epicurea e si accorderebbe invece con quella platonica.

15. *nefario*: non lecito.

16. *le brutte fiere* ecc.: gli uomini *ferini*.

17. *Socrate* ecc.: cfr. Senofonte, *Memorabili di Socrate*, IV, 4, 19-23.

18. *da talune* ecc.: la notizia è in Grozio, *De iure belli et pacis*, II, 2, 13, 5.

Finalmente, quanto gran principio dell'umanità sieno le seppolture, s'immagini uno stato ferino nel quale restino inseppolti i cadaveri umani sopra la terra ad esser esca de' corvi e cani; ché certamente con questo bestiale costume dee andar di concerto quello d'esser incolti i campi nonché disabitate le città, e che gli uomini a guisa di porci anderebbono a mangiar le ghiande, colte dentro il marciume de' loro morti congionti. Onde a gran ragione le seppolture con quella espressione sublime «*foedera generis humani*» ci furono diffinite e, con minor grandezza, «*humanitatis commercia*» ci furono descritte da Tacito.[19] Oltrecché, questo è un placito nel quale certamente son convenute tutte le nazioni gentili: che l'anime restassero sopra la terra inquiete ed andassero errando intorno a' loro corpi inseppolti, e 'n conseguenza che non muoiano co' loro corpi, ma che sieno immortali. E che tale consentimento fusse ancora stato dell'antiche barbare, ce ne convincono i popoli di Guinea, come attesta Ugone Linschotano; di quei del Perù e del Messico, Acosta, *De indicis*; degli abitatori della Virginia, Tommaso Ariot, di quelli della Nuova Inghilterra, Riccardo Waitbornio, di quelli del regno di Sciam, Giuseffo Scultenio.[20]

19. *foedera generis... descritte da Tacito*: non si sa chi abbia definito le sepolture «trattati del genere umano». Tacito in *Annales*, VI, 19 parla di «sortis humanae commercium».

20. *Ugone Linschotano* ecc.: come ha chiarito il Nicolini (*Comm.*, 337), Vico confonde qui la *Descriptio totius Guineae* (in appendice all'*Itinerarium indicum*, Aia, 1699) dell'olandese Ugo von Linschooten (1563-1611) con la *Vera descriptio auriferi regni Guineae* di Gottardo Flachsbinder di Danzica (1485-1548), che era inserito nel volume miscellaneo *Indiæ orientalis descriptio*, Francoforte sul Meno, 1604. Gli altri autori e le altre opere sono: il missionario gesuita Giuseppe Acosta (1538-1600), *Historia natural y moral de las Indias* (traduz. ital. Venezia, 1596, p. 107); l'astronomo inglese Tommaso Harriot (1560-1621), *A brief and true rapport* (trad. latina negli *Historiæ Americæ Scriptores*, Francoforte sul Meno, 1590, p. 27); Richard Whitbourne, scopritore della Terranova (1579-1626), *Discourse*, Londra, 1620; Joost Schouten, console d'Olanda in Siam (morto nel 1653), *Beschrijvinge van des Conigricks Siam* (trad. francese nella *Relation des divers voyages curieux*, Amsterdam, 1663).

Laonde Seneca conchiude: « *Quum de immortalitate loquimur, non leve momentum apud nos habet consensus hominum aut timentium inferos aut colentium: hac persuasione publica utor* ». [21]

21. *Quum de immortalitate*: « Quando parliamo dell'immortalità, hanno peso non lieve, su di noi, il consenso di uomini o che temano la vita d'oltretomba o che vi credano: questo comune convincimento è anche il mio ». Citazione inesatta dalle *Epistulæ*, CXVII, 5-6.

IV

DEL METODO

Per lo intiero stabilimento de' princìpi, i quali si sono presi di questa Scienza, ci rimane in questo libro di ragionare del metodo che debbe ella usare. Perché, dovendo ella cominciare donde ne incominciò la materia, siccome si è proposto nelle *Degnità*; [1] e sì avendo noi a ripeterla, per gli filologi, dalle pietre di Deucalione e Pirra, da' sassi d'Anfione, dagli uomini nati o da' solchi di Cadmo o dalla dura rovere di Virgilio [2] e, per gli filosofi, dalle ranocchie d'Epicuro, dalle cicale di Obbes, da' semplicioni di Grozio, da' gittati in questo mondo senza niuna cura o aiuto di Dio di Pufendorfio, [3] goffi e fieri quanto i giganti detti *los patacones*, che dicono ritruovarsi presso lo stretto di Magaglianes, [4] cioè da' polifemi d'Omero, ne' quali Platone riconosce i primi padri nello stato delle famiglie [5] (questa scienza ci han dato de' princìpi dell'umanità così i filologi come i filosofi!); — e dovendo noi incominciar a ragionarne da che quelli incominciaron a umanamente pensare; — e, nella loro immane fierezza e sfrenata libertà bestiale, non essendovi altro mezzo, per addimesticar quella ed infrenar questa, ch'uno spaven-

IV. - 1. *Degnità* nella CVI: «le dottrine debbono cominciare da quando cominciano le materie che trattano».

2. *dalle pietre di Deucalione* ecc.: cfr. per Deucalione e Pirra e per i sassi di Anfione le *Annotazioni alla tavola cronologica*, XXII; per i solchi di Cadmo il cap. II della *Fisica poetica* nel libro II della *Scienza nuova*; Virgilio, *Aen.*, VIII, v. 315 parla degli indigeni del Lazio come di «gens virum truncis et duro robore nati».

3. *per gli filosofi* ecc.: Censorino, *De die natalicio*, 4, 9 attribuisce a Democrito, non a Epicuro, l'ipotesi che i primi uomini fossero nati, come le rane, dalle acque stagnanti; Hobbes in *De Cive* VIII, 1 parla di funghi, non di cicale; il richiamo a Pufendorf si riferisce a *De iure naturali et gentium*, I, 2, 2.

4. *Magaglianes*: Magellano.

5. *Platone* ecc.: cfr. la *degnità* XCVIII e relativa nota.

toso pensiero d'una qualche divinità, il cui timore, come si è detto nelle *Degnità*,[6] è 'l solo potente mezzo di ridurre in ufizio una libertà inferocita: — per rinvenire la guisa di tal primo pensiero umano nato nel mondo della gentilità, incontrammo l'aspre difficultà che ci han costo la ricerca di ben venti anni, e [dovemmo] discendere da queste nostre umane ingentilite nature a quelle affatto fiere ed immani, le quali ci è affatto niegato d'immaginare e solamente a gran pena ci è permesso d'intendere.

Per tutto ciò dobbiamo cominciare da una qualche cognizione di Dio, della quale non sieno privi gli uomini, quantunque selvaggi, fieri ed immani. Tal cognizione dimostriamo esser questa: che l'uomo, caduto nella disperazione di tutti i soccorsi della natura, disidera una cosa superiore che lo salvasse. Ma cosa superiore alla natura è Iddio, e questo è il lume ch'Iddio ha sparso sopra tutti gli uomini. Ciò si conferma con questo comune costume umano: che gli uomini libertini, invecchiando, perché si sentono mancare le forze naturali, divengono naturalmente religiosi.

Ma tali primi uomini, che furono poi i prìncipi delle nazioni gentili, dovevano pensare a forti spinte di violentissime passioni, ch'è il pensare da bestie. Quindi dobbiamo andare da una volgare metafisica (la quale si è avvisata nelle *Degnità*,[7] e truoveremo che fu la teologia de' poeti), e da quella ripetere il pensiero spaventoso d'una qualche divinità, ch'alle passioni bestiali di tal'uomini perduti pose modo e misura e le rendé passioni umane. Da cotal pensiero dovette nascere il conato, il qual è propio dell'umana volontà, di tener in freno i moti impressi alla mente dal corpo, per o affatto acquetargli, ch'è dell'uomo sappiente, o almeno dar loro altra direzione ad usi migliori, ch'è dell'uomo civile. Questo infre-

6. *Degnità*: nella XXXI.

7. *Degnità*: nella XXXIII.

nar il moto de' corpi certamente egli è un effetto della libertà dell'umano arbitrio, e sì della libera volontà, la qual è domicilio e stanza di tutte le virtù, e tralle altre, della giustizia, da cui informata, la volontà è 'l subbietto di tutto il giusto e di tutti i diritti che sono dettati dal giusto.[8] Perché dar conato a' corpi tanto è quanto dar loro libertà di regolar i lor moti, quando i corpi tutti sono agenti necessari in natura; e que' ch'i meccanici dicono « potenze », « forze », « conati » sono moti insensibili d'essi corpi, co' quali essi o s'appressano, come volle la meccanica antica, a' loro centri di gravità,[9] o s'allontanano, come vuole la meccanica nuova, da' loro centri del moto.

Ma gli uomini, per la loro corrotta natura, essendo[10] tiranneggiati dall'amor propio, per lo quale non sieguono principalmente che la propia utilità; onde eglino, volendo tutto l'utile per sé e niuna parte per lo compagno, non posson essi porre in conato le passioni per indirizzarle a giustizia. Quindi stabiliamo: che l'uomo nello stato bestiale ama solamente la sua salvezza; presa moglie e fatti figliuoli, ama la sua salvezza con la salvezza delle famiglie; venuto a vita civile, ama la sua salvezza con la salvezza delle città; distesi gl'imperi sopra più popoli, ama la sua salvezza con la salvezza delle nazioni; unite le nazioni in guerre, paci, allianze, commerzi, ama la sua salvezza con la salvezza di tutto il gener umano: l'uomo in tutte queste circostanze ama principalmente l'utilità propia. Adunque, non da altri che dalla provvedenza divina deve esser tenuto dentro tali ordini a celebrare con

8. *Questo infrenar* ecc.: la dottrina del « conato » esposta da Vico nel *De antiquissima italorum sapientia*, 4 viene qui trasposta, come nota il Nicolini, dalla metafisica della natura all'etica.

9. *centri di gravità*: sono, secondo la terminologia aristotelica, i « luoghi naturali ».

10. *essendo*: si sostituisce al *sono* dell'edizione Nicolini, secondo la correzione del Flora (p. 1096).

giustizia la famigliare, la civile e finalmente l'umana società; per gli quali ordini, non potendo l'uomo conseguire ciò che vuole, almeno voglia conseguire ciò che dee dell'utilità: ch'è quel che dicesi « giusto ». Onde quella che regola tutto il giusto degli uomini è la giustizia divina, la quale ci è ministrata dalla divina provvedenza per conservare l'umana società.

Perciò questa Scienza, per uno de' suoi principali aspetti, dev'essere una teologia civile ragionata della provvedenza divina. La quale sembra aver mancato finora, perché i filosofi o l'hanno sconosciuta affatto, come gli stoici e gli epicurei, de' quali questi dicono che un concorso cieco d'atomi agita, quelli che una sorda catena di cagioni e d'effetti strascina le faccende degli uomini; o l'hanno considerata solamente sull'ordine delle naturali cose, onde « teologia naturale » essi chiamano la metafisica,[11] nella quale contemplano questo attributo di Dio, e 'l confermano con l'ordine fisico che si osserva ne' moti de' corpi, come delle sfere, degli elementi, e nella cagion finale sopra l'altre naturali cose minori osservata. E pure sull'iconomia delle cose civili essi ne dovevano ragionare con tutta la propietà della voce, con la quale la provvedenza fu appellata « divinità » da « *divinari* », « indovinare », ovvero intendere o 'l nascosto agli uomini, ch'è l'avvenire, o 'l nascosto degli uomini, ch'è la coscienza; ed è quella che propiamente occupa la prima e principal parte del subietto della giurisprudenza, che son le cose divine, dalle quali dipende l'altra che 'l compie, che sono le cose umane. Laonde cotale Scienza dee essere una dimostrazione, per così dire, di fatto istorico della provvedenza, perché dee essere una storia degli ordini che quella, senza verun umano scorgimento o consiglio, e sovente contro essi proponimenti degli uomini, ha dato a questa

11. *onde « teologia »* ecc.: etimologia creata dal Vico.

gran città del gener umano, ché, quantunque questo mondo sia stato criato in tempo e particolare, però gli ordini ch'ella v'ha posto sono universali ed eterni.

Per tutto ciò, entro la contemplazione di essa provvedenza infinita ed eterna questa Scienza ritruova certe divine pruove con le quali si conferma e dimostra. Imperciocché la provvedenza divina, avendo per sua ministra l'onnipotenza, vi debbe spiegar i suoi ordini per vie tanto facili quanto sono i naturali costumi umani; perc'ha per consigliera la sapienza infinita, quanto vi dispone debbe essere tutto ordine; perch'ha per suo fine la sua stessa immensa bontà, quanto vi ordina debb'esser indiritto a un bene sempre superiore a quello che si han proposto essi uomini.

Per tutto ciò, nella deplorata oscurità de' princìpi e nell'innumerabile varietà de' costumi delle nazioni, sopra un argomento divino che contiene tutte le cose umane, qui pruove non si possono più sublimi disiderare che queste istesse che ci daranno la naturalezza, l'ordine e 'l fine, ch'è essa conservazione del gener umano. Le quali pruove vi riusciranno luminose e distinte, ove rifletteremo con quanta facilità le cose nascono ed a quali occasioni, che spesso da lontanissime parti, e talvolta tutte contrarie ai proponimenti degli uomini, vengono e vi si adagiano da se stesse; e tali pruove ne somministra l'onnipotenza. Combinarle e vederne l'ordine, a quali tempi e luoghi loro propi nascono le cose ora, che vi debbono nascer ora, e l'altre si differiscono nascer ne' tempi e ne' luoghi loro, nello che, all'avviso d'Orazio, [12] consiste tutta la bellezza dell'ordine; e tali pruove ci apparecchia l'eterna sapienza. E finalmente considerare se siam capaci d'intendere se, a quelle occasioni, luoghi e tempi, potevano nascere altri benefici divini, co' quali, in tali o tali bisogni o malori

12. *Orazio*: *Ad Pisones*, 24-25.

degli uomini, si poteva condurre meglio a bene e conservare l'umana società; e tali pruove ne darà l'eterna bontà di Dio.

Onde la propia continua pruova che qui farassi sarà il combinar e riflettere se la nostra mente umana, nella serie de' possibili la quale ci è permesso d'intendere, e per quanto ce n'è permesso, possa pensare o più o meno o altre cagioni di quelle ond'escono gli effetti di questo mondo civile. Lo che faccendo, il leggitore pruoverà un divin piacere, in questo corpo mortale, di contemplare nelle divine idee questo mondo di nazioni per tutta la distesa de' loro luoghi, tempi e varietà; e truoverassi aver convinto di fatto gli epicurei che 'l loro caso non può pazzamente divagare e farsi per ogni parte l'uscita, e gli stoici che la loro catena eterna delle cagioni, con la qual vogliono avvinto il mondo, ella penda dall'onnipotente, saggia e benigna volontà dell'Ottimo Massimo Dio.

Queste sublimi pruove teologiche naturali ci saran confermate con le seguenti spezie di pruove logiche: che, nel ragionare dell'origini delle cose divine ed umane della gentilità, se ne giugne a que' primi oltre i quali è stolta curiosità di domandar altri primi, ch'è la propia caratteristica de' princìpi; se ne spiegano le particolari guise del loro nascimento, che si appella «natura», ch'è la nota propissima della scienza; e finalmente si confermano con l'eterne propietà che conservano, le quali non posson altronde esser nate che da tali e non altri nascimenti, in tali tempi, luoghi e con tali guise, o sia da tali nature, come se ne sono proposte sopra due degnità.[13]

Per andar a truovare tali nature di cose umane procede questa Scienza con una severa analisi de' pensieri umani d'intorno all'umane necessità o utilità della vita socievole, che sono i due fonti perenni del diritto natural

13. *degnità*: sono la XIV e la XV.

delle genti, come pure nelle *Degnità* [14] si è avvisato. Onde, per quest'altro principale suo aspetto, questa Scienza è una storia dell'umane idee, sulla quale sembra dover procedere la metafisica della mente umana; la qual regina delle scienze, per la degnità che « le scienze debbono incominciare da che n'incominciò la materia », [15] cominciò d'allora ch'i primi uomini cominciarono a umanamente pensare, non già da quando i filosofi cominciarono a riflettere sopra l'umane idee (come ultimamente n'è uscito alla luce un libricciuolo erudito e dotto col titolo *Historia de ideis,* [16] che si conduce fin all'ultime controversie che ne hanno avuto i due primi ingegni di questa età, il Leibnizio e 'l Newtone). [17]

E per determinar i tempi e i luoghi a sì fatta istoria, cioè quando e dove essi umani pensieri nacquero, e sì accertarla con due sue propie cronologia e geografia, per dir così, metafisiche, questa Scienza usa un'arte critica, pur metafisica, sopra gli autori d'esse medesime nazioni, tralle quali debbono correre assai più di mille anni per potervi provenir gli scrittori, sopra i quali la critica filologica si è finor occupata. E 'l criterio di che si serve, per una degnità sovraposta, è quello, insegnato dalla provvedenza divina, comune a tutte le nazioni; ch'è 'l senso comune d'esso gener umano, determinato dalla necessaria convenevolezza delle medesime umane cose, che fa tutta la bellezza di questo mondo civile. Quindi regna in questa Scienza questa spezie di pruove: che tali dovettero, debbono e dovranno andare le cose delle nazioni quali da questa Scienza son ragionate, posti tali ordini dalla provvedenza divina, fusse anco che dall'eternità

14. *Degnità*: la XI.
15. *le scienze* ecc.: cfr. *degnità* CVI.
16. *Historia de ideis*: è la *Historia philosophica de ideiis*, opera dello storico della filosofia Giangiacomo Brucker (1696-1770) e pubblicata anonima ad Augusta nel 1723.
17. *Leibnizio* ecc.: il grande matematico e filosofo tedesco Goffredo Guglielmo Leibniz (1646-1716); il fisico e filosofo inglese Isacco Newton (1642-1727).

nascessero di tempo in tempo mondi infiniti; lo che certamente è falso di fatto.

Onde questa Scienza viene nello stesso tempo a descrivere una storia ideal eterna, sopra la quale corron in tempo le storie di tutte le nazioni ne' loro sorgimenti, progressi, stati, decadenze e fini. Anzi ci avvanziamo ad affermare ch'in tanto chi medita questa Scienza egli narri a se stesso questa storia ideal eterna, in quanto — essendo questo mondo di nazioni stato certamente fatto dagli uomini (ch'è 'l primo principio indubitato che se n'è posto qui sopra), [18] e perciò dovendosene ritruovare la guisa dentro le modificazioni della nostra medesima mente umana — egli, in quella pruova « dovette, deve, dovrà », [19] esso stesso sel faccia; perché, ove avvenga che chi fa le cose esso stesso le narri, ivi non può essere più certa l'istoria. Così questa Scienza procede appunto come la geometria, che, mentre sopra i suoi elementi il costruisce o 'l contempla, essa stessa si faccia il mondo delle grandezze; ma con tanto più di realità quanta più ne hanno gli ordini d'intorno alle faccende degli uomini, che non ne hanno punti, linee, superficie e figure. E questo istesso è argomento che tali pruove sieno d'una spezie divina e che debbano, o leggitore, arrecarti un divin piacere, perocché in Dio il conoscer e 'l fare è una medesima cosa. [20]

Oltracciò, quando, per le diffinizioni del vero e del

18. *qui sopra*: nei Princìpi.

19. *dovette* ecc.: cfr. « dovettero debbono e dovranno » nel paragrafo precedente. L'ordine ideale del processo storico (la *storia ideale eterna*) alla cui intelligibilità conduce la *Scienza nuova* dovette, deve e dovrà verificarsi in tutti i tempi e in tutte le nazioni.

20. *Così questa Scienza* ecc.: è l'applicazione, al mondo storico, del celebre principio vichiano del *verum ipsum factum*. Nella geometria l'uomo raggiunge un sapere verace giacché, mediante quella scienza, conosce le grandezze che egli stesso ha costruito. A maggior ragione, passando dagli enti astratti e fittizi della geometria al mondo concreto delle *faccende umane*, si potrà pervenire al piano della scienza. A identiche conclusioni era giunto Hobbes: « È concessa agli uomini la scienza solo di quelle cose la cui generazione dipende dal loro stesso arbitrio. Sono perciò dimostrabili i teoremi intorno alla

certo sopra [21] proposte, gli uomini per lunga età non poteron esser capaci del vero e della ragione, ch'è 'l fonte della giustizia interna, della quale si soddisfano gl'intelletti — la qual fu praticata dagli ebrei, che, illuminati dal vero Dio, erano proibiti dalla di lui divina legge di far anco pensieri meno che giusti, de' quali niuno di tutti i legislatori mortali mai s'impacciò (perché gli ebrei credevano in un Dio tutto mente che spia nel cuor degli uomini, e i gentili credevano negli dei composti di corpi e mente che nol potevano); e fu poi ragionata da' filosofi, i quali non provennero che duemila anni dopo essersi le loro nazioni fondate; — frattanto si governassero col certo dell'autorità, cioè con lo stesso criterio ch'usa questa critica metafisica, il quale è 'l senso comune d'esso gener umano (di cui si è la diffinizione sopra, negli *Elementi*, proposta), [22] sopra il quale riposano le coscienze di tutte le nazioni. Talché, per quest'altro principale riguardo, questa Scienza vien ad essere una filosofia dell'autorità, [23] ch'è 'l fonte della « giustizia esterna » che dicono i morali teologi. Della qual autorità dovevano tener conto gli tre prìncipi della dottrina d'intorno al diritto natural delle genti, [24] e non di quella tratta da' luoghi degli scrittori; della quale niuna contezza aver poterono gli scrittori, perché tal autorità regnò tralle nazioni assai più di mille

quantità la cui scienza si chiama geometria... Proprio perché siamo noi stessi a creare le figure, c'è una geometria ed è dimostrabile. Inoltre la politica e l'etica... può essere dimostrata *a priori*: difatti i suoi *princìpi*, i concetti del giusto e dell'equo e dei loro contrari ci sono conosciuti perché noi stessi creiamo le cause della giustizia, cioè le leggi e le convenzioni » (*De homine*, 10). Come Hobbes, Vico si avvale del principio della identità del vero e del fatto per la comprensione delle scienze matematiche e del mondo etico-politico; a differenza di Hobbes, Vico considera questo mondo non nella sua staticità, ma nel suo sviluppo storico (cfr. su ciò N. Abbagnano, prefazione alla *Scienza Nuova*, Torino, 1952, p. 14-15).

21. *sopra*: nella *degnità* X.

22. *sopra* ecc.: nella *degnità* XII.

23. *una filosofia* ecc.: che ha per oggetto l'*autorità* o la fiducia prerazionale degli uomini nella validità della loro coesistenza.

24. *gli tre prìncipi* ecc.: Grozio, Selden e Pufendorf, più volte citati.

anni innanzi di potervi provenir gli scrittori. Onde Grozio, più degli altri due come dotto così erudito, quasi in ogni particolar materia di tal dottrina combatte i romani giureconsulti; [25] ma i colpi tutti cadono a vuoto, perché quelli stabilirono i loro princìpi del giusto sopra il certo dell'autorità del gener umano, [26] non sopra l'autorità degli addottrinati.

Queste sono le pruove filosofiche ch'userà questa Scienza, e 'n conseguenza, quelle che per conseguirla son assolutamente necessarie. Le filologiche vi debbono tenere l'ultimo luogo, le quali tutte a questi generi si riducono.

Primo, che sulle cose le quali si meditano vi convengono le nostre mitologie, non isforzate e contorte, ma diritte, facili e naturali, che si vedranno essere istorie civili de' primi popoli, i quali si truovano dappertutto essere stati naturalmente poeti.

Secondo, vi convengono le frasi eroiche, che vi si spiegano con tutta la verità de' sentimenti e tutta la propietà dell'espressioni.

Terzo, che vi convengono l'etimologie delle lingue natie, che ne narrano le storie delle cose ch'esse voci significano, incominciando dalla propietà delle lor origini e prosieguendone i naturali progressi de' lor trasporti secondo l'ordine dell'idee, sul quale dee procedere la storia delle lingue, come nelle *Degnità* [27] sta premesso.

Quarto, vi si spiega il vocabolario mentale delle cose umane socievoli, sentite le stesse in sostanza da tutte le nazioni e per le diverse modificazioni spiegate con lingue diversamente, quale si è nelle *Degnità* [28] divisato.

Quinto, vi si vaglia dal falso il vero in tutto ciò che per lungo tratto di secoli ce ne hanno custodito le volgari

25. *Onde Grozio... giureconsulti*: cfr. *De iure belli et pacis, Prolegomena*, 55.

26. *perché* ecc.: Ulpiano, in *Digestum*, I, I, 9 dice cosa diversa.

27. *Degnità*: nelle LXIV, LXVI (ma cfr. XVII e XVIII).

28. *Degnità*: nella XXII.

tradizioni, le quali, perocché sonosi per sì lunga età e da intieri popoli custodite, per una degnità sopraposta debbon avere avuto un pubblico fondamento di vero.

Sesto, i grandi frantumi dell'antichità, inutili finor alla scienza perché erano giaciuti squallidi, tronchi e slogati, arrecano de' grandi lumi, tersi, composti ed allogati ne' luoghi loro.

Settimo ed ultimo, sopra tutte queste cose, come loro necessarie cagioni, vi reggono tutti gli effetti i quali ci narra la storia certa.

Le quali pruove filologiche servono per farci vedere di fatto le cose meditate in idea d'intorno a questo mondo di nazioni, secondo il metodo di filosofare del Verulamio, ch'è « *cogitare videre* »; [29] ond'è che, per le pruove filosofiche innanzi fatte, le filologiche, le quali succedono appresso, vengono nello stesso tempo e ad aver confermata l'autorità loro con la ragione ed a confermare la ragione con la loro autorità.

Conchiudiamo tutto ciò che generalmente si è divisato d'intorno allo stabilimento de' princìpi di questa Scienza: che, poiché i di lei princìpi sono provvedenza divina, moderazione di passioni co' matrimoni e immortalità dell'anime umane con le seppolture; e 'l criterio che usa è che ciò che si sente giusto da tutti o la maggior parte degli uomini debba essere la regola della vita socievole (ne' quali princìpi e criterio conviene la sapienza volgare di tutti i legislatori e la sapienza riposta degli più riputati filosofi): [30] questi deon esser i confini dell'umana ragione. E chiunque se ne voglia trar fuori, egli veda di non trarsi fuori da tutta l'umanità.

29. *il metodo di filosofare* ecc.: Vico si è già richiamato all'opera *Cogitata et visa* di Francesco Bacone. È da notare che il termine *visa* nel titolo baconiano significa « ciò che è sembrato », da *videor*, mentre Vico intende *visa* come participio passato di *video*, « cose viste ».

30. *degli più riputati* ecc.: si riferisce ai neoplatonici.

LIBRO SECONDO

DELLA SAPIENZA POETICA

Per ciò che sopra si è detto nelle *Degnità*: che tutte le storie delle nazioni gentili hanno avuto favolosi princìpi, e che appo i greci (da' quali abbiamo tutto ciò ch'abbiamo dell'antichità gentilesche) i primi sappienti furon i poeti teologi, e la natura delle cose che sono mai nate o fatte porta che sieno rozze le lor origini; tali e non altrimenti si deono stimare quelle della sapienza poetica. E la somma e sovrana stima con la qual è fin a noi pervenuta, ella è nata dalle due borie nelle *Degnità* divisate, una delle nazioni, l'altra de' dotti, e più che da quella della nazioni ella è nata dalla boria de' dotti, per la quale, come Manetone, sommo pontefice egizio, portò tutta la storia favolosa egiziaca ad una sublime teologia naturale, come dicemmo nelle *Degnità*, così i filosofi greci portarono la loro alla filosofia. Né già solamente per ciò — perché, come sopra pur vedemmo nelle *Degnità*, erano loro entrambe cotal' istorie pervenute laidissime — ma per queste cinque altre cagioni. [1)]

La prima fu la riverenza della religione, perché con le favole furono le gentili nazioni dappertutto sulla re-

1. *Per ciò che sopra* ecc.: in questo paragrafo Vico si richiama a quanto esposto nelle *degnità* XLVI, XLIV, LXV-LXVIII, III, IV, LV, LIV. L'espressione *sapienza poetica*, come chiarisce il Nicolini (*Comm.* 361), ha in Vico vari sensi; qui essa indica « la vita teorica e pratica delle società primitive e ancora incolte e barbariche, contrapposta alla vita delle so-

ligione fondate. La seconda fu il grande effetto indi seguìto di questo mondo civile, sì sappientemente ordinato che non poté esser effetto che d'una sovraumana sapienza. La terza furono l'occasioni che, come qui dentro vedremo, esse favole, assistite dalla venerazione della religione e dal credito di tanta sapienza, dieder a' filosofi di porsi in ricerca e di meditare altissime cose in filosofia. La quarta furono le comodità, come pur qui dentro farem conoscere, di spiegar essi le sublimi da lor meditate cose in filosofia con l'espressioni che loro n'avevano per ventura lasciato i poeti. La quinta ed ultima, che val per tutte, per appruovar essi filosofi le cose da essolor meditate con l'autorità della religione e con la sapienza de' poeti. Delle quali cinque cagioni le due prime contengono le lodi, l'ultima le testimonianze, che, dentro i lor errori medesimi, dissero i filosofi della sapienza divina, la quale ordinò questo mondo di nazioni; la terza e quarta sono inganni permessi dalla divina provvedenza ond'essi provenisser filosofi per intenderla e riconoscerla, qual ella è veramente, attributo del vero Dio.

E per tutto questo libro si mostrerà che quanto prima avevano sentito d'intorno alla sapienza volgare i poeti, tanto intesero poi d'intorno alla sapienza riposta i filosofi; talché si possono quelli dire essere stati il senso e questi l'intelletto del gener umano; [2] di cui anco generalmente sia vero quello da Aristotile detto particolarmente di ciascun uomo: « *Nihil est in intellectu quin prius fuerit in sensu* », [3] cioè che la mente umana non intenda cosa della quale non abbia avuto alcun motivo (ch'i metafisici d'oggi dicono « occasione ») [4] da' sensi, la

cietà dei tempi inciviliti e colti ».

2. *E per tutto questo libro* ecc.: mito e poesia sono i prodotti e l'espressione tipica dell'età della *sapienza poetica*, così come la filosofia è espressione dell'età della *ragione spiegata*.

3. *Nihil est* ecc.: parafrasi scolastica di una tesi svolta da Aristotele nel *De anima*, III, 8, 423 a, 7-8.

4. *i metafisici... occasione*: allude all'occasionalismo del filosofo francese Nicola Malebranche (1638-1715).

quale allora usa l'intelletto quando, da cosa che sente, raccoglie cosa che non cade sotto de' sensi; lo che propiamente a' latini vuol dir « *intelligere* ».

1.
DELLA SAPIENZA GENERALMENTE

Ora, innanzi di ragionare della sapienza poetica, ci fa mestieri di vedere generalmente che cosa sia essa sapienza. Ella è « sapienza » la facultà che comanda a tutte le discipline, dalle quali s'apprendono tutte le scienze e l'arti che compiono l'umanità. Platone diffinisce la sapienza esser « la perfezionatrice dell'uomo ». [1] Egli è l'uomo non altro, nel propio esser d'uomo, che mente ed animo, o vogliam dire intelletto e volontà. La sapienza dee compier all'uomo entrambe queste due parti, e la seconda in séguito della prima, acciocché dalla mente illuminata con la cognizione delle cose altissime l'animo s'induca all'elezione delle cose ottime. Le cose altissime in quest'universo son quelle che s'intendono e si ragionan di Dio; le cose ottime son quelle che riguardano il bene di tutto il gener umano: quelle « divine » e queste si dicono « umane cose ». Adunque la vera sapienza deve la cognizione delle divine cose insegnare per condurre a sommo bene le cose umane. Crediamo che Marco Terenzio Varrone, il quale meritò il titolo di « dottissimo de' romani », su questa pianta avesse innalzata la sua grand'opera *Rerum divinarum et humanarum*, della quale l'ingiuria del tempo ci fa sentire la gran mancanza. [2] Noi in questo libro ne trattiamo secondo la debo-

1. - 1. *Platone* ecc.: *Alcibiade I*, 19, 124 segg.
2. *Crediamo* ecc.: l'ipotesi del Vico, come nota il Nicolini, è fondata su un'errata interpretazione del *De civitate Dei*, VI, 4, 2 di sant'Agostino.

lezza della nostra dottrina e scarsezza della nostra erudizione.

La sapienza tra' gentili cominciò dalla musa, la qual è da Omero, in un luogo d'oro dell'*Odissea*,[3] diffinita « scienza del bene e del male », la qual poi fu detta « divinazione »; sul cui natural divieto, perché di cosa naturalmente niegata agli uomini, Iddio fondò la vera religione agli ebrei, onde uscì la nostra de' cristiani, come se n'è proposta una degnità.[4] Sicché la musa dovett'essere propiamente dapprima la scienza in divinità d'auspìci; la quale, come innanzi nelle *Degnità* si è detto[5] (e più, appresso, se ne dirà), fu la sapienza volgare di tutte le nazioni di contemplare Dio per l'attributo della sua provvedenza, per la quale, da « *divinari* », la di lui essenza appellossi « divinità ». E di tal sapienza vedremo appresso essere stati sappienti i poeti teologi, i quali certamente fondarono l'umanità della Grecia; onde restò a' latini dirsi « professori di sapienza » gli astrologhi giudiziari.[6] Quindi « sapienza » fu poi detta d'uomini chiari per avvisi utili dati al gener umano, onde furono detti i sette sappienti della Grecia. Appresso « sapienza » s'avanzò a dirsi d'uomini ch'a bene de' popoli e delle nazioni saggiamente ordinano repubbliche e le governano. Dappoi s'innoltrò la voce « sapienza » a significare la scienza delle divine cose naturali, qual è la metafisica, che perciò si chiama « scienza divina », la quale, andando a conoscere la mente dell'uomo in Dio, per ciò che riconosce Dio fonte d'ogni vero, dee riconoscerlo regola-

3. *in un luogo* ecc.: interpretazione inesatta dei vv. 63 segg. del libro VIII dell'*Odissea*.

4. *una degnità*: la XXIV.

5. *nelle Degnità*: invece nel *Metodo* al capoverso *Perciò questa Scienza* ecc.

6. *professori di sapienza* ecc.: con *sapientiae doctores* si indicavano i filosofi (Tacito, *Annales*, XVI, 16). Qui Vico si richiama probabilmente alla *Vita di Tiberio*, 14, di Svetonio, ove si parla di Trasillo, precettore di Tiberio.

tor d'ogni bene; talché la metafisica dee essenzialmente adoperarsi a bene del gener umano, il quale si conserva sopra questo senso universale: che sia, la divinità, provvedente; onde forse Platone, che la dimostra, meritò il titolo di « divino », e perciò quella che niega a Dio un tale e tanto attributo, anziché « sapienza », dee « stoltezza » appellarsi. [7] Finalmente « sapienza » tra gli ebrei, e quindi tra noi cristiani, fu detta la scienza di cose eterne rivelate da Dio, la quale appo i toscani, per l'aspetto di scienza del vero bene e del vero male, forse funne detta, col suo primo vocabolo, « scienza in divinità ».

Quindi si deon fare tre spezie di teologia, con più di verità di quelle che ne fece Varrone: una, teologia poetica, la qual fu de' poeti teologi, che fu la teologia civile di tutte le nazioni gentili; un'altra, teologia naturale, ch'è quella de' metafisici; e 'n luogo della terza che ne pose Varrone, ch'è la poetica, la qual appo i gentili fu la stessa che la civile (la qual Varrone distinse dalla civile e dalla naturale, perocché, entrato nel volgare comun errore che dentro le favole si contenessero alti misteri di sublime filosofia, la credette mescolata dell'una e dell'altra), poniamo per terza spezie la nostra teologia cristiana, mescolata di civile e di naturale e di altissima teologia rivelata, e tutte e tre tra loro congionte dalla contemplazione della provvedenza divina. [8] La quale così condusse le cose umane che, dalla teologia poetica che li regolava a certi segni sensibili, creduti divini avvisi mandati agli uomini dagli dei, per mezzo della teologia naturale, che dimostra la provvedenza per eterne ragioni che

7. *quella che niega*: san Paolo, *Ad Romanos*, I, 22.

8. *Quindi si deon fare* ecc.: Vico si richiama in modo non esatto alla tripartizione della teologia di Vanone ricavata da sant'Agostino, *De Civitate Dei*, VI. Secondo la correzione del Flora (p. 1098) al testo del Nicolini, si sostituisce *più di verità* a *più verità*.

non cadano sotto i sensi, le nazioni si disponessero a ricevere la teologia rivelata in forza d'una fede sopranaturale, nonché a' sensi, superiore ad esse umane ragioni.

2.

PROPOSIZIONE E PARTIZIONE DELLA SAPIENZA POETICA

Ma, perché la metafisica è la scienza sublime, che ripartisce i certi loro subbietti a tutte le scienze che si dicono « subalterne »; e la sapienza degli antichi fu quella de' poeti teologi, i quali senza contrasto furono i primi sappienti del gentilesimo, come si è nelle *Degnità* [1] stabilito; e le origini delle cose tutte debbono per natura esser rozze: dobbiamo per tutto ciò dar incominciamento alla sapienza poetica da una rozza lor metafisica, dalla quale, come da un tronco, [2] si diramino per un ramo la logica, la morale, l'iconomica [3] e la politica, tutte poetiche; e per un altro ramo, tutte eziandio poetiche, la fisica, la qual sia stata madre della loro cosmografia, e quindi dell'astronomia, che ne dia accertate le due sue figliuole, che sono cronologia e geografia. E con ischiarite e distinte guise farem vedere come i fondatori dell'umanità gentilesca con la loro teologia naturale (o sia metafisica) s'immaginarono gli dei, con la loro logica si truovarono le lingue, con la morale si generarono gli eroi, con l'iconomica si fondarono le famiglie, con la politica le

2. - 1. *Degnità*: nella XLIV.

2. *come... tronco*: l'immagine di un "albero delle scienze", alla quale qui si richiama Vico, ha un'assai antica tradizione. Presente nei testi di Raimondo Lullo (sec. XIII) riappare nelle opere dei lullisti e dei teorici della *memoria artificiale* del Rinascimento, giunge infine a Francesco Bacone (*De Augmentis*, III, 1, in *Works*, I, pp. 540-541), a Descartes (prefaz. ai *Principes*) e a Vico. La struttura dell'albero è, in questi tre filosofi, profondamente differente. Per ciascuno di essi tuttavia, come già per Lullo, la *metafisica* è simboleggiata dalle radici (Descartes) o dal tronco (Bacone e Vico): da essa si dipartono tutte le scienze.

3. *iconomica*: educazione familiare.

città; come con la loro fisica si stabilirono i princìpi delle cose tutte divini, con la fisica particolare dell'uomo [4] in un certo modo generarono se medesimi, con la loro cosmografia si finsero un lor universo tutto di dei, con l'astronomia portarono da terra in cielo i pianeti e le costellazioni, con la cronologia diedero principio ai tempi, e con la geografia i greci, per cagion di esemplo, si descrissero il mondo dentro la loro Grecia.

Di tal maniera questa Scienza vien ad essere ad un fiato una storia dell'idee, costumi e fatti del gener umano. E da tutti e tre si vedranno uscir i princìpi della storia della natura umana, e questi esser i princìpi della storia universale, la quale sembra ancor mancare ne' suoi princìpi.

3.

DEL DILUVIO UNIVERSALE E DE' GIGANTI

Gli autori dell'umanità gentilesca dovetter essere uomini delle razze di Cam, che molto prestamente, di Giafet, che alquanto dopo, e finalmente di Sem, ch'altri dopo altri tratto tratto rinnonziarono alla vera religione del loro comun padre Noè, la qual sola nello stato delle famiglie poteva tenergli in umana società con la società de' matrimoni, e quindi di esse famiglie medesime. E perciò dovetter andar a dissolver i matrimoni e disperdere le famiglie coi concubiti incerti; e, con un ferino error divagando per la gran selva della terra — quella di Cam per l'Asia meridionale, per l'Egitto e 'l rimanente dell'Affrica; quella di Giafet per l'Asia settentrionale, ch'è la Scizia, [1] e di là per l'Europa; quella di Sem per tutta l'Asia di mezzo ad esso Oriente — per campar dalle

4. *fisica particolare dell'uomo*: che concerne il corpo umano, l'anatomia e la fisiologia.

3. - 1. *la Scizia*, la Siberia. La de-

fiere, delle quali la gran selva ben doveva abbondare, e per inseguire le donne, ch'in tale stato dovevan esser selvagge, ritrose e schive, e sì sbandati per truovare pascolo ed acqua, le madri abbandonando i loro figliuoli, questi dovettero tratto tratto crescere senza udir voce umana nonché apprender uman costume, onde andarono in uno stato affatto bestiale e ferino. Nel quale le madri, come bestie, dovettero lattare solamente i bambini e lasciargli nudi rotolar dentro le fecce loro propie, ed appena spoppati abbandonargli per sempre; e questi — dovendosi rotolare dentro le loro fecce, le quali co' sali nitri maravigliosamente ingrassano i campi; e sforzarsi per penetrare la gran selva, che per lo fresco diluvio doveva esser foltissima, per gli quali sforzi dovevano dilatar altri muscoli per tenderne altri, onde i sali nitri in maggior copia s'insinuavano ne' loro corpi; e senza alcun timore di dei, di padri, di maestri, il qual assidera il più rigoglioso dell'età fanciullesca; — dovettero a dismisura ingrandire le carni e l'ossa, e crescere vigorosamente robusti, e sì provenire giganti. Ch'è la ferina educazione, ed in grado più fiera di quella nella quale, come nelle *Degnità* [2] si è sopra avvisato, Cesare e Tacito rifondono la cagione della gigantesca statura degli antichi germani, onde fu quella de' goti che dice Procopio, [3] e qual oggi è quella *de los patacones* che si credono presso lo stretto di Magaglianes; [4] d'intorno alla quale han detto tante inezie i filosofi in fisica, raccolte dal Cassanione che scrisse *De gigantibus.* [5] De' quali giganti si sono truovate e tuttavia si truovano, per lo più sopra i monti (la qual particolarità molto rileva per le cose ch'appresso

scrizione della vita dell'umanità *ferina* che Vico svolge in questo celebre capitolo della *Scienza nuova* ha le sue fonti principali nelle *Leggi,* III, 1 segg. di Platone, in Diodoro, *Biblioteca,* 1, 8 e Lucrezio, *De rerum natura,* V.

2. *Degnità*: la XXVI.

3. *Procopio*: ne parlò invece Jornandes, *De rebus geticis,* I, 3.

4. *Magaglianes*: Magellano.

5. *Cassanione* ecc: cfr. n. 45 agli *Elementi.*

se n'hanno a dire), i vasti teschi e le ossa d'una sformata grandezza, la quale poi con le volgari tradizioni si alterò all'eccesso, per ciò che a suo luogo diremo.

Di giganti così fatti fu sparsa la terra dopo il diluvio, poiché, come gli abbiamo veduti sulla storia favolosa de' greci, così i filologi latini, senza avvedersene, gli ci hanno narrati sulla vecchia storia d'Italia, ov'essi dicono che gli antichissimi popoli dell'Italia detti « aborigini » si dissero *αὐτόχθονες*, che tanto suona quanto « figliuoli della Terra », ch'a' greci e latini significano « nobili ». E con tutta propietà i figliuoli della Terra da' greci furon detti « giganti », onde madre de' giganti dalle favole ci è narrata la Terra;[6] ed *αὐτόχθονες* de' greci si devono voltare in latino « *indigenæ* », che sono propiamente i natii d'una terra, siccome gli dei natii d'un popolo o nazione si dissero « *dii indigetes* », quasi « *inde geniti* », ed oggi più speditamente si direbbono « *ingeniti* ». Perocché la sillaba « *de* », qui, è una delle ridondanti delle prime lingue de' popoli, le quali qui appresso ragioneremo; come ne giunsero de' latini quella « *induperator* » per « *imperator* », e nella legge delle XII Tavole quella « *endoiacito* » per « *iniicito* » (onde forse rimasero dette « *induciæ* » gli armistizi, quasi « *iniiciæ* », perché debbon essere state così dette da « *icere fœdus* », « far patto di pace »). Siccome, al nostro proposito, dagl' « indigeni », ch'or ragioniamo, restarono detti « *ingenui* », i quali, prima-e-propiamente, significarono « nobili » (onde restarono dette « *artes ingenuæ* », « arti nobili »), e finalmente restarono a significar « liberi » (ma pur « *artes liberales* » restaron a significar « arti nobili »),[7] perché di soli no-

6. *madre* ecc.: l'immagine è in Esiodo, *Teogonia*, vv. 154-210.

7. *artes ingenuae* ecc.: cfr. Cicerone, *De oratore*, III, 6 e 32. Sulle fonti delle complicate etimologie vichiane, sulla loro arbitrarietà si vedano le molte osservazioni svolte dal Nicolini, *Comm.*, 370-371.

bili, come appresso sarà dimostro, si composero le prime città, nelle qual' i plebei furono schiavi o abbozzi di schiavi.

Gli stessi latini filologi osservano che tutti gli antichi popoli furon detti « aborigini », e la sagra storia ci narra esserne stati intieri popoli, che si dissero emmei e zanzummei, ch'i dotti della lingua santa spiegano « giganti », uno de' quali fu Nebrot; e i giganti innanzi il diluvio la stessa storia sagra gli diffinisce « uomini forti, famosi, potenti del secolo ». [8] Perché gli ebrei, con la pulita educazione e col timore di Dio e de' padri, durarono nella giusta statura, nella qual Iddio aveva criato Adamo, e Noè aveva procriato i suoi tre figliuoli; onde, forse in abbominazione di ciò, gli ebrei ebbero tante leggi cerimoniali, che s'appartenevano alla pulizia de' lor corpi. E ne serbarono un gran vestigio i romani nel pubblico sagrifizio con cui credevano purgare la città da tutte le colpe de' cittadini, il quale facevano con l'acqua e 'l fuoco; con le quali due cose essi celebravano altresì le nozze solenni, e nella comunanza delle stesse due cose riponevano di più la cittadinanza, la cui privazione perciò dissero « *interdictum aqua et igni* »; e tal sagrifizio chiamavano « *lustrum* », che, perché dentro tanto tempo si ritornava a fare, significò lo spazio di cinque anni, come l'olimpiade a' greci significò quel di quattro; e « *lustrum* » appo i medesimi significò « covile di fiere », ond'è « *lustrari* », [9] che significa egualmente e « spiare » e « purgare », che dovette significar dapprima spiare sì fatti lustri e purgargli dalle fiere ivi dentro intanate; e « *aqua lustralis* » restò detta quella ch'abbisognava ne' sagrifizi. E i romani, con più accorgimento forse che i

8. *emmei e zanzummei* ecc.: cfr. *Genesi*, XIV, 5, *Deuteronomio*, II, 10 e 20-21. Per la definizione *uomini forti, famosi, potenti del secolo* cfr. *Genesi*, VI, 4.

9. *lustrari*: invece *lustrare*.

greci, che incominciarono a noverare gli anni dal fuoco che attaccò Ercole alla selva nemea per seminarvi il frumento (ond'esso, come accennammo nell'*Idea dell'opera* e appieno vedremo appresso, ne fondò l'olimpiadi); con più accorgimento, diciamo, i romani dall'acqua delle sagre lavande cominciarono a noverare i tempi per lustri, perocché dall'acqua, la cui necessità s'intese prima del fuoco (come, nelle nozze e nell'interdetto, dissero prima « *aqua* » e poi « *igni* »), avesse incominciato l'umanità. E questa è l'origine delle sagre lavande che deono precedere a' sagrifizi, il qual costume fu ed è comune di tutte le nazioni. Con tal pulizia de' corpi e col timore degli dei e de' padri, il quale si truoverà, e degli uni e degli altri, essere ne' primi tempi stato spaventosissimo, avvenne che i giganti degradarono alle nostre giuste stature: il perché forse da *πολιτεία*, ch'appo i greci vuol dire « governo civile », venne a' latini detto « *politus* », « nettato » e « mondo ».

Tal degradamento dovette durar a farsi fin a' tempi umani delle nazioni, come il dimostravano le smisurate armi de' vecchi eroi, le quali, insieme con l'ossa e i teschi degli antichi giganti, Augusto, al riferire di Suetonio,[10] conservava nel suo museo. Quindi, come si è nelle *Degnità*[11] divisato, di tutto il primo mondo degli uomini si devono fare due generi: cioè uno d'uomini di giusta corporatura, che furon i soli ebrei, e l'altro di giganti, che furono gli autori delle nazioni gentili; e de' giganti fare due spezie: una de' figliuoli della Terra, ovvero nobili, che diedero il nome all'età de' giganti, con tutta la propietà di tal voce, come si è detto (e la sagra storia gli ci ha difiniti « uomini forti, famosi, potenti del secolo »); l'altra, meno propiamente detta, degli altri giganti signoreggiati.

10. *Suetonio*: *Octavius*, 7.

11. *Degnità*: nella XXVII.

Il tempo di venire gli autori delle nazioni gentili in sì fatto stato si determina cento anni dal diluvio per la razza di Sem, e duecento per quelle di Giafet e di Cam, come sopra ve n'ha un postulato; [12] e quindi a poco se n'arrecherà la storia fisica, narrataci bensì dalle greche favole, ma finora non avvertita, la quale nello stesso tempo ne darà un'altra storia fisica dell'universale diluvio.

12. *un postulato:* nella *degnità* XLII.

I

DELLA METAFISICA POETICA

1.

DELLA METAFISICA POETICA, CHE NE DÀ L'ORIGINI DELLA POESIA, DELL'IDOLATRIA, DELLA DIVINAZIONE E DE' SAGRIFIZI

Da sì fatti primi uomini, stupidi, insensati ed orribili bestioni, tutti i filosofi e filologi dovevan incominciar a ragionare la sapienza degli antichi gentili, cioè da' giganti, testé presi nella loro propia significazione, de' quali il padre Boulduc, *De Ecclesia ante Legem*, dice che i nomi de' giganti ne' sagri libri significano «uomini pii, venerabili, illustri»; [1] lo che non si può intendere che de' giganti nobili, i quali con la divinazione fondarono le religioni a' gentili e diedero il nome all'età de' giganti. E dovevano incominciarla dalla metafisica, siccome quella che va a prendere le sue pruove non già da fuori ma da dentro le modificazioni della propia mente di chi la medita, dentro le quali, come sopra dicemmo, [2] perché questo mondo di nazioni egli certamente è stato fatto dagli uomini, se ne dovevan andar a truovar i princìpi; e la natura umana, in quanto ella è comune con le bestie, porta seco questa propietà: ch'i sensi sieno le sole vie ond'ella conosca le cose.

Adunque la sapienza poetica, che fu la prima sapienza della gentilità, dovette incominciare da una metafisica, non ragionata ed astratta qual è questa or degli addot-

1. - 1. *Boulduc* ecc.: ma Jacques Boulduc (1575 circa - 1650), nell'opera citata, Lione, 1626, p. 18 non sosteneva l'esistenza storica dei giganti.

2. *sopra dicemmo*: cfr. *De' princìpi: Ma in tale densa notte* ecc.

trinati, ma sentita ed immaginata quale dovett'essere di tai primi uomini, siccome quelli ch'erano di niuno raziocinio e tutti robusti sensi e vigorosissime fantasie, com'è stato nelle *Degnità* [3] stabilito. Questa fu la loro propia poesia, [4] la qual in essi fu una facultà loro connaturale (perch'erano di tali sensi e di sì fatte fantasie naturalmente forniti), nata da ignoranza di cagioni, la qual fu loro madre di maraviglia di tutte le cose, che quelli, ignoranti di tutte le cose, fortemente ammiravano, come si è accennato nelle *Degnità*. [5] Tal poesia incominciò in essi divina, perché nello stesso tempo ch'essi immaginavano le cagioni delle cose, che sentivano ed ammiravano, essere dei, come nelle *Degnità* [6] il vedemmo con Lattanzio (ed ora il confermiamo con gli americani, i quali tutte le cose che superano la loro picciola capacità dicono esser dei; a' quali aggiugniamo i germani antichi, abitatori presso il Mar Agghiacciato, [7] de' quali Tacito [8] narra che dicevano d'udire la notte il Sole, che dall'occidente passava per mare nell'oriente, ed affermavano di vedere gli dei: le quali rozzissime e semplicissime nazioni ci danno ad intendere molto più di questi autori della gentilità, de' quali ora qui si ragiona); nello stesso tempo, diciamo, alle cose ammirate davano l'essere di sostanze dalla propia lor idea, ch'è appunto la natura de' fanciulli, che, come se n'è proposta una degnità, [9] osserviamo prendere

3. *Degnità*: la XXXVI.

4. *Questa fu* ecc.: la poesia di cui parla qui Vico è la poesia mitica, caratteristica di quell'età primitiva nella quale, dominando il mito e la fantasia, o una *metafisica poetica*, si dà una *logica poetica*, una *morale poetica*, una *politica poetica* ecc. Nella terminologia vichiana *poetico* è sinonimo dunque di *mitico*. Più che a una comprensione « della poesia in sè stessa » Vico tendeva infatti alla comprensione del processo storico della mente umana: « il problema della distinzione fra mito e poesia è un problema ulteriore rispetto al pensiero della *Scienza nuova* » (Cfr. M. Fubini, *Ancora dell'universale fantastico vichiano*, in « Atti del III Congresso Intern. di Estetica », pp. 690-92).

5. *Degnità*: XXXV e XXXVIII.

6. *Degnità*: la XXXVII.

7. *Mar Agghiacciato*: Oceano glaciale artico.

8. *Tacito*: in *Germania*, 2.

9. *una degnità*: la XXXVII.

tra mani cose inanimate e trastullarsi e favellarvi come fusser, quelle, persone vive.

In cotal guisa i primi uomini delle nazioni gentili, come fanciulli del nascente gener umano, quali gli abbiamo pur nelle *Degnità* divisato,[10] dalla lor idea criavan essi le cose, ma con infinita differenza però dal criare che fa Iddio: perocché Iddio, nel suo purissimo intendimento, conosce e, conoscendole, cria le cose; essi, per la loro robusta ignoranza, il facevano in forza d'una corpolentissima fantasia, e, perch'era corpolentissima, il facevano con una maravigliosa sublimità, tal e tanta che perturbava all'eccesso essi medesimi che fingendo le si creavano, onde furon detti « poeti », che lo stesso in greco suona che « criatori ». Che sono gli tre lavori che deve fare la poesia grande, cioè di ritruovare favole sublimi confacenti all'intendimento popolaresco, e che perturbi all'eccesso, per conseguir il fine, ch'ella si ha proposto, d'insegnar il volgo a virtuosamente operare, com'essi l'insegnarono a se medesimi; lo che or ora si mostrerà. E di questa natura di cose umane restò eterna propietà, spiegata con nobil espressione da Tacito: che vanamente gli uomini spaventati « *fingunt simul creduntque* ».[11]

Con tali nature si dovettero ritruovar i primi autori dell'umanità gentilesca quando — dugento anni dopo il diluvio per lo resto del mondo e cento nella Mesopotamia, come si è detto in un postulato[12] (perché tanto di tempo v'abbisognò per ridursi la terra nello stato che, disseccata dall'umidore dell'universale innondazione, mandasse esalazioni secche, o sieno materie ignite, nell'aria ad ingenerarvisi i fulmini) — il cielo finalmente folgorò, tuonò con folgori e tuoni spaventosissimi, come

10. *Degnità* ecc.: la XXXVII. - *divisato* anziché *divisati* (cfr. Flora, p. 1099).

11. *Tacito... creduntque*: *Annales*, V, 10.

12. *in un postulato*: la degnità XLII.

dovett'avvenire per introdursi nell'aria la prima volta un'impressione sì violenta. Quivi pochi giganti, che dovetter esser gli più robusti, ch'erano dispersi per gli boschi posti sull'alture de' monti, siccome le fiere più robuste ivi hanno i loro covili, eglino, spaventati ed attoniti dal grand'effetto di che non sapevano la cagione, alzarono gli occhi ed avvertirono il cielo. E perché in tal caso la natura della mente umana porta ch'ella attribuisca all'effetto la sua natura, come si è detto nelle *Degnità*, [13] e la natura loro era, in tale stato, d'uomini tutti robuste forze di corpo, che, urlando, brontolando, spiegavano le loro violentissime passioni; si finsero il cielo esser un gran corpo animato, che per tal aspetto chiamarono Giove, il primo dio delle genti dette « maggiori », che col fischio de' fulmini e col fragore de' tuoni volesse loro dir qualche cosa; e sì incominciarono a celebrare la naturale curiosità, ch'è figliuola dell'ignoranza e madre della scienza, la qual partorisce, nell'aprire che fa della mente dell'uomo, la maraviglia, come tra gli *Elementi* ella sopra si è diffinita. [14] La qual natura tuttavia dura ostinata nel volgo, ch'ove veggano o una qualche cometa o parelio o altra stravagante cosa in natura, e particolarmente nell'aspetto del cielo, subito danno nella curiosità e, tutti anziosi nella ricerca, domandano che quella tal cosa voglia significare, come se n'è data una degnità; [15] ed ove ammirano gli stupendi effetti della calamita col ferro, in questa stessa età di menti più scorte e benanco erudite dalle filosofie, escono colà: che la calamita abbia una simpatia occulta col ferro, e sì fanno di tutta la natura un vasto corpo animato che senta passioni ed affetti conforme nelle *Degnità* [16] anco si è divisato.

13. *Degnità*: la XXXII.
14. *tra gli Elementi* ecc.: *degnità* XXXIX.
15. *una degnità*: ancora la XXXIX.
16. *ed affetti* ecc.: *effetti* nell'ediz. Nicolini; *Degnità*: la XXXII.

Ma, siccome ora (per la natura delle nostre umane menti, troppo ritirata da' sensi nel medesimo volgo con le tante astrazioni di quante sono piene le lingue con tanti vocaboli astratti, e di troppo assottigliata con l'arte dello scrivere, e quasi spiritualezzata con la pratica de' numeri, ché volgarmente sanno di conto e ragione) ci è naturalmente niegato di poter formare la vasta immagine di cotal donna che dicono « Natura simpatetica » (che mentre con la bocca dicono, non hanno nulla in lor mente, perocché la lor mente è dentro il falso, ch'è nulla, né sono soccorsi già dalla fantasia a poterne formare una falsa vastissima immagine); così ora ci è naturalmente niegato di poter entrare nella vasta immaginativa di que' primi uomini, le menti de' quali di nulla erano astratte, di nulla erano assottigliate, di nulla spiritualezzate, perch'erano tutte immerse ne' sensi, tutte rintuzzate dalle passioni, tutte seppellite ne' corpi: onde dicemmo sopra ch'or appena intender si può, affatto immaginar non si può, come pensassero i primi uomini che fondarono l'umanità gentilesca. 17)

In tal guisa i primi poeti teologi si finsero la prima favola divina, la più grande di quante mai se ne finsero appresso, cioè Giove, re e padre degli uomini e degli dei, ed in atto di fulminante; sì popolare, perturbante ed insegnativa, ch'essi stessi, che sel finsero, sel credettero e con ispaventose religioni, le quali appresso si mostreranno, il temettero, il riverirono e l'osservarono. E per quella propietà della mente umana che nelle *Degnità*

17. *Ma, siccome ora* ecc.: viene qui posta in rilievo la impossibilità di intendere, dal punto di vista della *ragione spiegata*, la mentalità mitica caratteristica del mondo dei primitivi. Le menti umane, anche presso il volgo, sono oggi come *ritirate da' sensi*: l'uso del linguaggio, la scrittura, l'aritmetica hanno *spiritualezzato* le menti abituandole alle *astrazioni*. L'immagine di una natura tutta vivente, dominata da forze occulte, è quindi legata alle menti *di nulla spiritualezzate* di quei primi uomini: *onde dicemmo sopra*: fa riferimento al *Metodo*, fine del primo capoverso.

udimmo avvertita da Tacito,[18] tali uomini tutto ciò che vedevano, immaginavano ed anco essi stessi facevano, credettero esser Giove, ed a tutto l'universo di cui potevan esser capaci ed a tutte le parti dell'universo diedero l'essere di sostanza animata. Ch'è la storia civile di quel motto:

... Iovis omnia plena,

che poi Platone prese per l'etere, che penetra ed empie tutto;[19] ma per gli poeti teologi, come quindi a poco vedremo, Giove non fu più alto della cima de' monti. Quivi i primi uomini, che parlavan per cenni,[20] dalla loro natura credettero i fulmini, i tuoni fussero cenni di Giove (onde poi da *nuo*, « cennare » fu detta « *numen* » la « divina volontà », con una troppo sublime idea e degna da spiegare la maestà divina), che Giove comandasse co' cenni, e tali cenni fussero parole reali, e che la natura fusse la lingua di Giove; la scienza della qual lingua credettero universalmente le genti essere la divinazione, la qual da' greci ne fu detta « teologia », che vuol dire « scienza del parlar degli dei ».[21] Così venne a Giove il temuto regno del fulmine, per lo qual egli è 'l re degli uomini e degli dei; e vennero i due titoli: uno di « ottimo », in significato di « fortissimo » (come a rovescio appo i primi latini « *fortus* » significò ciò che agli ultimi significa « *bonus* »), e l'altro di « massimo », dal di lui vasto corpo quant'egli è 'l cielo. E da questo primo gran beneficio fatto al gener umano vennegli il titolo di « sotere »

18. *nelle Degnità* ecc.: nella XXXIV. Tacito, *Annales*, I, 28.

19. *Iovis omnia plena* ecc.: l'affermazione che « tutte le cose sono piene di Giove », presente in Virgilio, *Bucoliche*, III, 60, è connessa al panteismo e all'animismo dei primitivi. Nel suo riferimento a Platone Vico contamina una teoria platonica (*Cratilo*, 412 d - 413 c) con la dottrina stoica riferita da Cicerone (*Academica priora*, II, 41). Cfr. Nicolini, *Comm.*, 378.

20. *per cenni*: comunicavano mediante gesti.

21. *teologia* ecc.: ipotesi arbitrarie del Vico.

o di «salvadore», perché non gli fulminò (ch'è 'l primo degli tre princìpi ch'abbiamo preso di questa Scienza);[22] e vennegli quel di «statore» o di «fermatore», perché fermò que' pochi giganti dal loro ferino divagamento, onde poi divennero i prìncipi delle genti. Lo che i filologi latini[23] troppo ristrinsero al fatto: perocché Giove, invocato da Romolo, avesse fermato i romani che nella battaglia co' sabini si erano messi in fuga.

Quindi tanti Giovi, che fanno maraviglia a' filologi, perché ogni nazione gentile n'ebbe uno (de' quali tutti, gli egizi, come si è sopra detto nelle *Degnità*,[24] per la loro boria dicevano il loro Giove Ammone essere lo più antico), sono tante istorie fisiche conservateci dalle favole, che dimostrano essere stato universale il diluvio, come il promettemmo nelle *Degnità*.[25]

Così, per ciò che si è detto nelle *Degnità*[26] d'intorno a' princìpi de' caratteri poetici, Giove nacque in poesia naturalmente carattere divino, ovvero un universale fantastico, a cui riducevano tutte le cose degli auspìci tutte le antiche nazioni gentili, che tutte per ciò dovetter essere per natura poetiche; che incominciarono la sapienza poetica da questa poetica metafisica di contemplare Dio per l'attributo della sua provvedenza; e se ne dissero «poeti teologi», ovvero sappienti che s'intendevano del parlar degli dei conceputo con gli auspìci di Giove, e ne furono detti propiamente «*divini*», in senso d'«indovinatori», da «*divinari*», che propiamente è «indovinare» o «predire»: la quale scienza fu detta «musa», diffinitaci sopra da Omero essere la scienza del bene e del male, cioè la divinazione, sul cui divieto ordinò Iddio ad Adamo la sua

22. *'l primo* ecc.: cfr. *De' princìpi.*
23. *i filologi latini*: Livio, I, 2; Dionigi d'Alicarnasso, II, 50, sant'Agostino, *De civitate Dei,* III, 13.
24. *nelle Degnità*: invece nelle *Annotazioni alla tavola cronologica,* I.
25. *Degnità*: la XLII.
26. *Degnità*: la XLIX.

vera religione, come nelle *Degnità* si è pur detto.[27] Dalla qual mistica teologia i poeti da' greci furon chiamati « *mystæ* », che Orazio con iscienza trasporta « interpetri degli dei »,[28] che spiegavano i divini misteri degli auspìci e degli oracoli: nella quale scienza ogni nazione gentile ebbe una sua sibilla, delle quali ce ne sono mentovate pur dodici: e le sibille e gli oracoli sono le cose più antiche della gentilità.

Così con le cose tutte qui ragionate accorda quel [luogo d'oro] d'Eusebio riferito nelle *Degnità*,[29] ove ragiona de' princìpi dell'idolatria: che la prima gente, semplice e rozza, si finse gli dei « *ob terrorem præsentis potentiæ* ». Così il timore fu quello che finse gli dei nel mondo; ma, come si avvisò nelle *Degnità*,[30] non fatto da altri ad altri uomini, ma da essi a se stessi. Con tal principio dell'idolatria si è dimostrato altresì il principio della divinazione, che nacquero al mondo ad un parto; a' quali due princìpi va di séguito quello de' sagrifizi, ch'essi facevano per « proccurare » o sia ben intender gli auspìci.

Tal generazione della poesia ci è finalmente confermata da questa sua eterna propietà: che la di lei propia materia è l'impossibile credibile, quanto egli è impossibile ch'i corpi sieno menti (e fu creduto che 'l cielo tonante si fusse Giove); onde i poeti non altrove maggiormente si esercitano che nel cantare le maraviglie fatte dalle maghe per opera d'incantesimi: lo che è da rifondersi in un senso nascosto c'hanno le nazioni dell'onnipotenza di Dio, dal quale nasce quell'altro per lo quale tutti i popoli sono naturalmente portati a far infiniti onori alla divinità. E 'n cotal guisa i poeti fondarono le religioni a' gentili.

27. *Degnità* ecc.: la XXIV.
28. *Orazio* ecc.: *Ad Pisones*, 391.
29. *Degnità*: la XXXVIII, ove si rimanda però ad un luogo di Lattanzio, non di Eusebio.
30. *Degnità*: la XL.

E per tutte le finora qui ragionate cose si rovescia tutto ciò che dell'origine della poesia si è detto prima da Platone, poi da Aristotile, infin a' nostri Patrizi, Scaligeri, Castelvetri; [31] ritruovatosi che per difetto d'umano raziocinio nacque la poesia tanto sublime che per filosofie le quali vennero appresso, per arti e poetiche e critiche, anzi per queste istesse non provenne altra pari nonché maggiore: ond'è il privilegio per lo qual Omero è 'l principe di tutti i sublimi poeti, che sono gli eroici, non meno per lo merito che per l'età. Per la quale discoverta de' princìpi della poesia si è dileguata l'oppenione della sapienza inarrivabile degli antichi, cotanto disiderata di scuoprirsi da Platone infin a Bacone da Verulamio, *De sapientia veterum*, la quale fu sapienza volgare di legislatori che fondarono il gener umano, non già sapienza riposta di sommi e rari filosofi. Onde, come si è incominciato quinci a fare da Giove, si truoveranno tanto importuni tutti i sensi mistici d'altissima filosofia dati dai dotti alle greche favole ed a' geroglifici egizi, quanto naturali usciranno i sensi [32] storici che quelle e questi naturalmente dovevano contenere.

31. *da Platone* ecc.: si riferisce alla *Repubblica* di Platone; alla *Poetica* di Aristotele; a Francesco Patrizi (1529-1597), *Della poetica la deca disputata*, 1596; a Giulio Cesare Scaligero (1484-1558), *Poeticæ libri septem*, 1541; a Ludovico Castelvetro (1505-1571), *Poetica d'Aristotile vulgarizzata ed esposta*, 1570.

32. *i sensi*: i significati. Per il precedente richiamo a Bacone cfr. n. 36 alla *Idea dell'opera*.

2.
COROLLARI D'INTORNO AGLI ASPETTI PRINCIPALI DI QUESTA SCIENZA

I

Dal detto fino qui si raccoglie che la provvedenza divina, appresa per quel senso umano che potevano sentire uomini crudi, selvaggi e fieri, che ne' disperati soccorsi della natura anco essi disiderano una cosa alla natura superiore che gli salvasse (ch'è 'l primo principio [1] sopra di cui noi sopra stabilimmo il metodo di questa Scienza), permise loro d'entrar nell'inganno di temere la falsa divinità di Giove, perché poteva fulminargli; e sì, dentro i nembi di quelle prime tempeste e al barlume di que' lampi, videro questa gran verità: che la provvedenza divina sovraintenda alla salvezza di tutto il gener umano. Talché quindi questa Scienza incomincia, per tal principal aspetto, ad essere una teologia civile ragionata della provvedenza, la quale cominciò dalla sapienza volgare de' legislatori che fondarono le nazioni con contemplare Dio per l'attributo di provvedente, e si compiè con la sapienza riposta de' filosofi che 'l dimostrano con ragioni nella loro teologia naturale.

II

Quindi incomincia ancora una filosofia dell'autorità, ch'è altro principal aspetto c'ha questa Scienza, prendendo la voce « autorità » nel primo suo significato di « propietà », nel qual senso sempre [2] è usata questa voce dalla

2. - 1. *primo principio*: tutti questi *corollari* rimandano alla sezione *Del metodo* nel libro I.

2. *sempre*: non sempre, ma qualche volta. Cfr. Cicerone, *De officiis*, I, 12 e *Topica*, VI, 3.

legge delle XII Tavole; onde restaron « autori » detti in civil ragione romana coloro da' quali abbiamo cagion di dominio, che tanto certamente viene da *αὐτός*, « *proprius* » o « *suus ipsius* », che molti eruditi [3] scrivono « *autor* » e « *autoritas* » non aspirati.

E l'autorità incominciò primieramente divina, con la quale la divinità appropiò a sé i pochi giganti ch'abbiamo detti, con propiamente atterrargli nel fondo e ne' nascondigli delle grotte per sotto i monti; che sono l'anella di ferro con le quali restarono i giganti, per lo spavento del cielo e di Giove, incatenati alle terre dov'essi, al punto del primo fulminare del cielo, dispersi per sopra i monti, si ritruovavano: quali furono Tizio e Prometeo, incatenati ad un'alta rupe, a' quali divorava il cuore un'aquila, cioè la religione degli auspìci di Giove; siccome gli « resi immobili per lo spavento » restarono con frase eroica detti a' latini « *terrore defixi* », [4] come appunto i pittori gli dipingono di mani e piedi incatenati con tali anella sotto de' monti. Dalle quali anella si formò la gran catena, nella quale Dionigi Longino ammira la maggiore sublimità di tutte le favole omeriche: la qual catena Giove, per appruovare ch'esso è 'l re degli uomini e degli dei, propone che, se da una parte vi si attenessero tutti gli dei e tutti gli uomini, esso solo dall'altra parte opposta gli strascinerebbesi tutti dietro; la qual catena se gli stoici vogliono che significhi la serie eterna delle cagioni con la quale il lor fato tenga cinto e legato il mondo, [5] vedano ch'essi non vi restino avvolti, perché lo strascinamento degli uomini e degli dei con sì

3. *molti eruditi*: secondo il Nicolini, (*Comm.*, 386) Vico intende qui riferirsi al critico inglese Tommaso Gataker (1574-1654) specialista in anomalie ortografiche.

4. *terrore defixi*: Tacito, *Annales*, XIII, 5 ha « pavore defixi ».

5. *Dionigi Longino* ecc.: nel trattato *Del sublime* dello pseudo Longino, retore del I sec. d. C., è assente ogni riferimento alla catena di Giove. - *esso solo* ecc. fa riferimento a *Iliade*, VIII, 18-27 e ad Eraclito, *Allegoria Homeri*, 37.

fatta catena egli pende dall'arbitrio di esso Giove, ed essi vogliono Giove soggetto al fato.

Sì fatta autorità divina portò di séguito l'autorità umana, con tutta la sua eleganza filosofica di propietà d'umana natura, che non può essere tolta all'uomo nemmen da Dio, senza distruggerlo: siccome in tal significato Terenzio disse « *voluptates proprias deorum* », che la felicità di Dio non dipende da altri; ed Orazio disse « *propriam virtutis laurum* », che 'l trionfo della virtù non può togliersi dall'invidia; e Cesare disse « *propriam victoriam* », che con errore Dionigi Petavio nota non esser detto latino, perché, pur con troppa latina eleganza, significa una « vittoria che 'l nimico non poteva togliergli dalle mani ».[6] Cotal autorità è il libero uso della volontà, essendo l'intelletto una potenza passiva soggetta alla verità: perché gli uomini da questo primo punto di tutte le cose umane incominciaron a celebrare la libertà dell'umano arbitrio di tener in freno i moti de' corpi, per o quetargli affatto o dar loro migliore direzione (ch'è 'l conato propio degli agenti liberi, come abbiam detto sopra nel *Metodo*); onde que' giganti si ristettero dal vezzo bestiale d'andar vagando per la gran selva della terra e s'avvezzarono ad un costume, tutto contrario, di stare nascosti e fermi lunga età dentro le loro grotte.

A sì fatta autorità di natura umana seguì l'autorità di diritto naturale: che, con l'occupare e stare lungo tempo fermi nelle terre dove si erano nel tempo de' primi fulmini per fortuna truovati, ne divennero signori per l'occupazione, con una lunga possessione, ch'è 'l fonte di tutti i domini del mondo. Onde questi sono que'

6. *Sì fatta autorità* ecc.: Vico si richiama qui a Terenzio, *Andria*, atto V, scena 5, 4; ad Orazio, *Odi*, II, 2, 21-24; a Cesare, *De bello gallico*, III, 70. Dionigi Petau è citato inesattamente; si tratta in realtà di una annotazione di Dionigi Voss (1612-1633) al *De bello gallico* contenuta nell'opera *C. I. Cæsaris quae extant cum animadversionibus*, Leida, 1703, p. 568, n. 3.

pauci quos æquus amavit
Iupiter, [7]

che poi i filosofi trasportarono a coloro c'han sortito da Dio indoli buone per le scienze e per le virtù: ma il senso istorico di tal motto è che tra que' nascondigli, in que' fondi essi divennero i prìncipi delle genti dette « maggiori », delle quali Giove si novera il primo dio, come si è nelle *Degnità* [8] divisato; le quali, come si mostrerà appresso, furono case nobili antiche, diramate in molte famiglie, delle quali si composero i primi regni e le prime città. Di che restarono quelle bellissime frasi eroiche a' latini: « *condere gentes* », « *condere regna* » « *condere urbes* »; « *fundare gentes* », « *fundare regna* », « *fundare urbes* ».

Questa filosofia dell'autorità va di séguito alla teologia civile ragionata della provvedenza perché, per le pruove teologiche di quella, questa, con le sue filosofiche, rischiara e distingue le filologiche (le quali tre spezie di pruove si sono tutte noverate nel *Metodo*), e d'intorno alle cose dell'oscurissima antichità delle nazioni riduce a certezza l'umano arbitrio, ch'è di sua natura incertissimo, come nelle *Degnità* [9] si è avvisato. Ch'è tanto dire quanto riduce la filologia in forma di scienza.

III

Terzo principal aspetto è una storia d'umane idee, che, come testé si è veduto, incominciarono da idee divine con la contemplazione del cielo fatta con gli occhi del corpo: siccome nella scienza augurale si disse da' romani « *contemplari* » l'osservare le parti del cielo donde ve-

7. *pauci* ecc.: « i pochi che il giusto Giove amò », Virgilio, *Aen.*, VI, 129-130.

8. *Degnità*: nella CVIII.

9. *Degnità*: nella XI.

nissero gli augùri o si osservassero gli auspìci, le quali regioni, descritte dagli àuguri co' loro litui, si dicevano «*templa cœli*», onde dovettero venir a' greci i primi *θεωρήματα μαθήματα*, «divine o sublimi cose da contemplarsi», che terminarono nelle cose astratte metafisiche e mattematiche. [10] Ch'è la storia civile di quel motto:

A Iove principium musæ; [11]

siccome da' fulmini di Giove testé abbiam veduto incominciare la prima musa, che Omero ci diffinì «scienza del bene e del male»; [12] dove poi venne troppo agiato a' filosofi d'intrudervi quel placito: che «'l principio della sapienza sia la pietà». [13] Talché la prima musa dovett'esser Urania, contemplatrice del cielo affin di prender gli augùri, che poi passò a significare l'astronomia, come si vedrà appresso. E come sopra si è partita la metafisica poetica in tutte le scienze subalterne, dalla stessa natura della lor madre, poetiche; così questa storia d'idee ne darà le rozze origini così delle scienze pratiche che costuman le nazioni, come delle scienze specolative le quali, ora colte, [14] son celebrate da' dotti.

IV

Quarto aspetto è una critica filosofica, la qual nasce dalla istoria dell'idee anzidetta; e tal critica giudicherà il vero sopra gli autori delle nazioni medesime, nelle quali dee correre da assai più di mille anni per potervi provenir gli scrittori, che sono il subbietto di questa critica

10. *contemplari* ecc.: per queste etimologie cfr. Nicolini, *Comm.*, 391.

11. *A Iove* ecc.: Virgilio, *Bucolica* III, 60.

12. *che Omero ci diffinì «scienza del bene e del male»*: cfr. *Odissea*, VIII, 63 segg.

13. *'l principio* ecc.: «Initium sapientiae timor Domini», *Salmi*, CX, 10; *Prov.*, 1, 7 e IX, 10; *Ecclesiaste*, I, 17.

14. *colte*: coltivate.

filologica. Tal critica filosofica, quindi incominciando da Giove, ne darà una teogonia naturale, o sia generazione degli dei fatta naturalmente nelle menti degli autori della gentilità, che furono per natura poeti teologi; e i dodici dei delle genti dette «maggiori», l'idee de' quali da costoro si fantasticarono di tempo in tempo a certe loro umane necessità o utilità, si stabiliscono per dodici minute epoche, alle quali si ridurranno i tempi ne' quali nacquero le favole. Onde tal teogonia naturale ne darà una cronologia ragionata della storia poetica almeno un novecento anni innanzi di avere, dopo il tempo eroico, i suoi primi incominciamenti la storia volgare.

V

Il quinto aspetto è una storia ideal eterna sopra la quale corrano in tempo le storie di tutte le nazioni, ch'ovunque da tempi selvaggi, feroci e fieri cominciano gli uomini ad addimesticarsi con le religioni, esse cominciano, procedono e finiscono con quelli gradi meditati in questo libro secondo, rincontrati nel libro quarto, ove tratteremo del corso che fanno le nazioni, e col ricorso delle cose umane, nel libro quinto.

VI

Il sesto è un sistema del diritto natural delle genti, dal quale col cominciar delle genti, dalle quali ne incomincia la materia per una delle degnità sopraposta,[15] dovevano cominciar la dottrina ch'essi trattano gli tre suoi prìncipi: Ugone Grozio, Giovanni Seldeno e Samuello Pufendorfio.[16] I quali in ciò tutti e tre errarono di

15. *degnità* ecc.: si tratta della CVI.

16. *Ugone Grozio* ecc.: Grozio, Selden e Pufendorf, più volte citati.

concerto: incominciandola dalla metà in giù, cioè dagli ultimi tempi delle nazioni ingentilite (e quindi degli uomini illuminati dalla ragion naturale tutta spiegata), dalle quali son usciti i filosofi, che s'alzarono a meditare una perfetta idea di giustizia.

Primieramente Grozio, il quale,[17] per lo stesso grand'affetto che porta alla verità, prescinde dalla provvedenza divina e professa che 'l suo sistema regga precisa anco[18] ogni cognizione di Dio. Onde tutte le riprensioni, ch'in un gran numero di materie fa contro i giureconsulti romani, loro non appartengono punto, siccome a quelli i quali, avendone posto per principio la provvedenza divina, intesero ragionare del diritto natural delle genti, non già di quello de' filosofi e de' morali teologi.[19]

Dipoi il Seldeno la suppone,[20] senza punto avvertire all'inospitalità de' primi popoli, né alla divisione che 'l popolo di Dio faceva, di tutto il mondo allor delle nazioni, tra ebrei e genti; — né a quello: che, perché gli ebrei avevano perduto di vista il loro diritto naturale nella schiavitù dell'Egitto, dovett'esso Dio riordinarlo loro con la Legge la qual diede a Mosè sopra il Sina; — né a quell'altro: che Iddio nella sua Legge vieta anco i pensieri meno che giusti, de' quali niuno de' legislatori mortali mai s'impacciò; — oltre all'origini bestiali, che qui si ragionano, di tutte le nazioni gentili. E se pretende d'averlo gli ebrei a' gentili insegnato appresso, gli riesce impossibile a poterlo pruovare, per la confessione magna-

17. *il quale*: si aggiunge *il quale* secondo la correzione del Flora, p. 1101, al testo del Nicolini. La proposizione si riferisce al verbo *errarono* del periodo precedente: « Primieramente errò Grozio il quale », ecc.

18. *precisa anco*: prescindendo anche da.

19. *Onde tutte* ecc.: a differenza di Grozio che ritiene che il diritto naturale possa prescindere dall'esistenza di Dio, Vico sostiene la necessità di postulare la provvidenza divina.

20. *il Seldeno* ecc.: nel *De iure naturali et gentium iuxta disciplinam Hebræorum* (in *Opera*, Londra, 1726, I, pp. 88-89) il Selden parla di due leggi di provenienza divina comuni a tutti gli uomini e antecedenti alla legge di Mosè.

nima di Giuseffo assistita dalla grave riflessione di Lattanzio sopra arrecata,[21] e dalla nimistà che pur sopra osservammo aver avuto gli ebrei con le genti, la qual ancor ora conservano dissipati tra tutte le nazioni.

E finalmente Pufendorfio l'incomincia con un'ipotesi epicurea, che pone l'uomo gittato in questo mondo senza niun aiuto e cura di Dio. Di che essendone stato ripreso, quantunque con una particolar dissertazione se ne giustifichi,[22] però senza il primo principio della provvedenza non può affatto aprir bocca a ragionare di diritto, come l'udimmo da Cicerone dirsi ad Attico, il qual era epicureo, dove gli ragionò delle leggi.[23]

Per tutto ciò, noi da questo primo antichissimo punto di tutti i tempi incominciamo a ragionare di diritto, detto da' latini « *ius* », contratto dall'antico « *Ious* »:[24] dal momento che nacque in mente a' prìncipi delle genti l'idea di Giove. Nello che a maraviglia co' latini convengono i greci, i quali per bella nostra ventura osserva Platone nel *Cratilo* che dapprima il gius dissero διαῖον, che tanto suona quanto « *discurrens* » o « *permanens* » (la qual origine filosofica vi è intrusa dallo stesso Platone, il quale con mitologia erudita prende Giove per l'etere che penetra e scorre tutto; ma l'origine istorica viene da esso Giove, che pur da' greci fu detto Διός, onde vennero a' latini « *sub dio* » egualmente e « *sub Iove* » per dir « a ciel aperto »), e che poi per leggiadria di favella avessero profferito δίκαιον.[25] Laonde incominciamo a ragionare del diritto, che prima nacque divino, con la propietà con

21. *sopra arrecata:* cfr. le *Annotazioni alla tavola cronologica*, XXIV e relative note.

22. *essendone stato ripreso* ecc.: alle varie critiche che gli erano state rivolte il Pufendorf rispose con una *Apologia pro se et suo libro*, Francoforte sul Meno, 1686.

23. *l'udimmo* ecc.: nella sezione *De' princìpi* del I libro. Cfr. Cicerone, *De Legibus*, I, 7.

24. *ius... Ious*: cfr. Grozio, *De iure belli et pacis*, *Prolegomena* § 12.

25. *Platone* ecc.: *Cratilo*, 412 e.

cui ne parlò la divinazione o sia scienza degli auspìci di Giove, che furono le cose divine con le quali le genti regolavano tutte le cose umane, ch'entrambe compiono alla giurisprudenza il di lei adeguato subbietto. E sì incominciamo a ragionare del diritto naturale dall'idea di essa provvedenza divina, con la quale nacque congenita l'idea di diritto; il quale, come dianzi se n'è meditata la guisa, si cominciò naturalmente ad osservare da' prìncipi delle genti propiamente dette e della spezie più antica, le quali si appellarono « genti maggiori », delle quali Giove fu il primo dio.

VII

Il settimo ed ultimo de' principali aspetti c'ha questa Scienza è di princìpi della storia universale. La quale da questo primo momento di tutte le cose umane della gentilità incomincia con la prima età del mondo che dicevano gli egizi scorsa loro dinanzi, che fu l'età degli dei: nella quale comincia il Cielo a regnar in terra e far agli uomini de' grandi benefizi, come si ha nelle *Degnità*;[26] comincia l'età dell'oro de' greci, nella quale gli dei praticavano in terra con gli uomini, come qui abbiam veduto aver incominciato a fare Giove. Così i greci poeti da questa tal prima età del mondo ci hanno nelle loro favole fedelmente narrato l'universale diluvio e i giganti essere stati in natura, e sì ci hanno con verità narrato i princìpi della storia universale profana. Ma, non potendo poscia i vegnenti entrare nelle fantasie de' primi uomini che fondarono il gentilesimo, per le quali sembrava loro di vedere gli dei; — e non intesasi la propietà di tal voce « atterrare », ch'era « mandar sotterra »; — e perché i giganti, i quali vivevano nascosti nelle grotte sotto de'

26. *Degnità*: invece nelle *Annotazioni alla tavola cronologica*, X.

monti, per le tradizioni appresso di genti sommamente credule furono alterati all'eccesso ed appresi ch'imponessero Olimpo, Pelio ed Ossa, gli uni sopra degli altri, per cacciare gli dei (che i primi giganti empi non già combatterono, ma non avevano appreso finché Giove non fulminasse) dal cielo, innalzato appresso dalle menti greche vieppiù spiegate ad una sformata altezza, il quale a' primi giganti fu la cima de' monti, come appresso dimostreremo (la qual favola dovette fingersi dopo Omero e da altri esser stata nell'*Odissea* appiccata ad Omero,[27] al cui tempo bastava che crollasse l'Olimpo solo per farne cadere gli dei, che Omero nell'*Iliade* sempre narra allogati sulla cima del monte Olimpo): — per tutte queste cagioni ha finora mancato il principio e, per avere finor mancato la cronologia ragionata della storia poetica, ha mancato ancora la perpetuità della storia universale profana.

27. *nell'Odissea* ecc.: XI, 313 segg.

II
DELLA LOGICA POETICA

1.
DELLA LOGICA POETICA

Or — perché quella ch'è metafisica in quanto contempla le cose per tutti i generi dell'essere, la stessa è logica in quanto considera le cose per tutti i generi di significarle — siccome la poesia è stata sopra da noi considerata per una metafisica poetica, per la quale i poeti teologi immaginarono i corpi essere per lo più divine sostanze, così la stessa poesia or si considera come logica poetica, per la qual le significa.

« Logica » vien detta dalla voce λόγος, che prima e propiamente significò « favola », che si trasportò in italiano « favella » — e la favola da' greci si disse anco μῦθος, onde vien a' latini « *mutus* » [1] —, la quale ne' tempi mutoli nacque mentale, che in un luogo d'oro dice Strabone essere stata innanzi della vocale o sia dell'articolata: [2] onde λόγος significa e « idea » e « parola ». E convenevolmente fu così dalla divina provvedenza ordinato in tali tempi religiosi, per quella eterna propietà: ch'alle religioni più importa meditarsi che favellarne; onde tal prima lingua ne' primi tempi mutoli delle nazioni, come si è detto nelle *Degnità*, [3] dovette cominciare con cenni o atti o corpi ch'avessero naturali rapporti all'idee: per lo che λόγος o « *verbum* » significò anche « fatto » agli ebrei, ed a' greci significò anche « cosa », come osserva Tommaso Gatachero, [4] *De Instrumenti sty-*

1. - 1. *vien a' latini* ecc.: derivazione arbitraria.
2. *Strabone* ecc.: *Geografia* I, 2, 6, ma Vico altera il significato del passo.
3. *Degnità*: la LVII.
4. *Gatachero* ecc.: è il già citato

lo. E pur μῦθος ci giunse diffinita «*vera narratio*», o sia «parlar vero», che fu il «parlar naturale» che Platone prima e dappoi Giamblico dissero essersi parlato una volta nel mondo; i quali, come vedemmo nelle *Degnità*,[5] perché 'l dissero indovinando, avvenne che Platone e spese vana fatiga d'andarlo truovando nel *Cratilo*, e ne fu attaccato da Aristotile e da Galeno: perché cotal primo parlare, che fu de' poeti teologi, non fu un parlare secondo la natura di esse cose (quale dovett'esser la lingua santa ritruovata da Adamo, a cui Iddio concedette la divina *onomathesia*, ovvero imposizione de' nomi alle cose secondo la natura di ciascheduna),[6] ma fu un parlare fantastico per sostanze animate, la maggior parte immaginate divine.

Così Giove, Cibele o Berecintia, Nettunno, per cagione d'esempli, intesero e, dapprima mutoli additando, spiegarono esser esse sostanze del cielo, della terra, del mare, ch'essi immaginarono animate divinità, e perciò con verità di sensi gli credevano dei: con le quali tre divinità, per ciò ch'abbiam sopra detto de' caratteri poetici, spiegavano tutte le cose appartenenti al cielo, alla terra, al mare; e così con l'altre significavano le spezie dell'altre cose a ciascheduna divinità appartenenti, come tutti i fiori a Flora, tutte le frutte a Pomona. Lo che noi pur tuttavia facciamo, al contrario, delle cose dello spirito; come delle facultà della mente umana, delle passioni, delle virtù, de' vizi, delle scienze, dell'arti, delle quali formiamo idee per lo più di donne, ed a quelle riduciamo tutte le cagioni, tutte le propietà e 'nfine tutti gli

Tommaso Gataker, *De Novi Instrumenti stylo*, in *Opera critica*, Utrecht, 1698, coll. 89-90. Ma la citazione altera il senso del passo.

5. *Degnità*: la LVII.

6. *Adamo* ecc.: cfr. *Genesi*, II, 19-20. Sulla derivazione delle varie lingue da un'unica lingua «muta» — che è la tesi qui sostenuta dal Vico — aveva insistito a lungo Bacone nel *De augmentis scientiarum*, in *Works*, I. pp. 650-662.

effetti ch'a ciascuna appartengono: perché, ove vogliamo trarre fuori dall'intendimento cose spirituali, dobbiamo essere soccorsi dalla fantasia per poterle spiegare e, come pittori, fingerne umane immagini. [7] Ma essi poeti teologi, non potendo far uso dell'intendimento, con uno più sublime lavoro tutto contrario, diedero sensi e passioni, come testé si è veduto, a' corpi, e vastissimi corpi quanti sono cielo, terra, mare; che poi, impicciolendosi così vaste fantasie e invigorendo l'astrazioni, [8] furono presi per piccioli loro segni. E la metonimia spose in comparsa di dottrina l'ignoranza di queste finor seppolte origini di cose umane: e Giove ne divenne sì picciolo e sì leggieri ch'è portato a volo da un'aquila; corre Nettunno sopra un dilicato cocchio per mare; e Cibele è assisa sopra un lione.

Quindi le mitologie [9] devon essere state i propi parlari delle favole (ché tanto suona tal voce); talché essendo le favole, come sopra si è dimostrato, generi fantastici, le mitologie devono essere state le loro propie allegorie. Il qual nome, come si è nelle *Degnità* [10] osservato, ci venne diffinito « *diversiloquium* », in quanto, con identità non di proporzione ma, per dirla alla scolastica, di predicabilità, esse significano le diverse spezie o i diversi indi-

7. *Lo che noi pur* ecc.: fissare nella mente i concetti facendo appello al carattere visivo delle immagini è dunque per Vico essenziale all'*intendimento.* Questa tesi vichiana è legata a quel gusto per le iconologie, i simboli, gli emblemi che caratterizza tanta parte della cultura europea dal primo Quattrocento alla fine del secolo XVII. Proprio di immagini di *donne* era tutta piena, per esempio, la fortunatissima *Iconologia* di Cesare Ripa (1593) che presentava, mediante figure, « una descritione delle virtù, vitii, affetti, passioni umane, corpi celesti, mondo e sue parti ». Oltre che gli emblematisti e i teorici della memoria artificiale, anche Bacone aveva teorizzato la necessità delle immagini e degli emblemi in funzione del rafforzamento della memoria e della comprensione delle *cose intellettuali* (cfr. *Works*, I, pp. 647-49). Per la funzione mnemonica delle immagini in Vico cfr. l'inizio dell'*Idea dell'opera* e nota relativa.

8. *invigorendo* ecc.: cfr. le *degnità* XXVI e XXVII.

9. *mitologie*: qui « lingua peculiare ai miti o contesta di miti, e quindi anch'essa muta » (Nicolini).

10. *Degnità*: la XLIX.

vidui compresi sotto essi generi: tanto che devon avere una significazione univoca, comprendente una ragion comune alle loro spezie o individui (come d'Achille, un'idea di valore comune a tutti i forti; come d'Ulisse, un'idea di prudenza comune a tutti i saggi); talché sì fatte allegorie debbon essere l'etimologie de' parlari poetici, che ne dassero le loro origini tutte univoche, come quelle de' parlari volgari lo sono più spesso analoghe. E ce ne giunse pure la diffinizione d'essa voce « etimologia », che suona lo stesso che « *veriloquium* », siccome essa favola ci fu diffinita « *vera narratio* ».

2.

COROLLARI D'INTORNO A' TROPI, MOSTRI E TRASFORMAZIONI POETICHE

I

Di questa logica poetica sono corollari tutti i primi tropi, de' quali la più luminosa e, perché luminosa, più necessaria e più spessa è la metafora, ch'allora è vieppiù lodata quando alle cose insensate ella dà senso e passione, per la metafisica sopra qui ragionata: ch'i primi poeti dieder a' corpi l'essere di sostanze animate, sol di tanto capaci di quanto essi potevano, cioè di senso e di passione, e sì ne fecero le favole; talché ogni metafora sì fatta vien ad essere una picciola favoletta. [1] Quindi se ne dà questa critica d'intorno al tempo che nacquero nelle lingue: che tutte le metafore portate con simiglianze prese da' corpi a significare lavori di menti astratte debbon essere de' tempi ne' quali s'eran incominciate a diroz-

2. - 1. *ogni metafora* ecc.: ogni metafora è per Vico un mito o una personificazione di concetti astratti. Il linguaggio metaforico è una delle caratteristiche essenziali della mentalità primitiva.

zar le filosofie.[2] Lo che si dimostra da ciò: ch'in ogni lingua le voci ch'abbisognano all'arti colte ed alle scienze riposte hanno contadinesche le lor origini.

Quello è degno d'osservazione: che 'n tutte le lingue la maggior parte dell'espressioni d'intorno a cose inanimate sono fatte con trasporti del corpo umano e delle sue parti e degli umani sensi e dell'umane passioni. Come « capo », per cima o principio; « fronte », « spalle », avanti e dietro; « occhi » delle viti e quelli che si dicono « lumi » ingredienti delle case; « bocca », ogni apertura; « labro », orlo di vaso o d'altro; « dente » d'aratro, di rastello, di serra, di pettine; « barbe », le radici; « lingua » di mare; « fauce » o « foce » di fiumi o monti; « collo » di terra; « braccio » di fiume; « mano », per picciol numero; « seno » di mare, il golfo; « fianchi » e « lati », i canti; « costiera » di mare; « cuore », per lo mezzo (ch' « *umbilicus* » dicesi da' latini); « gamba » o « piede » di paesi, e « piede » per fine; « pianta » per base o sia fondamento; « carne », « ossa » di frutte; « vena » d'acqua, pietra, miniera; « sangue » della vite, il vino; « viscere » della terra; « ride » il cielo, il mare; « fischia » il vento; « mormora » l'onda; « geme » un corpo sotto un gran peso; e i contadini del Lazio dicevano « *sitire agros* », « *laborare fructus* », « *luxuriari segetes* »;[3] e i nostri contadini « andar in amore le piante », « andar in pazzia le viti », « lagrimare gli orni »; ed altre che si possono raccogliere innumerabili in tutte le lingue. Lo che tutto va di séguito a quella degnità: che « l'uomo ignorante si fa regola dell'universo »,[4] siccome negli esempli arrecati egli di se stesso ha fatto un intiero mondo. Perché come la metafisica ragionata insegna che « *homo intelligendo fit omnia* »,

2. *tutte le metafore... le filosofie*: tipiche del mondo primitivo, le metafore sopravvivono anche nelle età successive.

3. *sitire agros* ecc.: cfr. Cicerone, *Orator*, 24: Orazio, *Odi*, I, 9, 2 e II, 9, 6; Ovidio, *Ars amatoria*, I, 360.

4. *quella degnità* ecc.: la I.

così questa metafisica fantasticata dimostra che « *homo non intelligendo fit omnia* »; e forse con più di verità detto questo che quello, perché l'uomo con l'intendere spiega la sua mente e comprende esse cose, ma col non intendere egli di sé fa esse cose e, col transformandovisi, [5] lo diventa.

II

Per cotal medesima logica, parto di tal metafisica, [6] dovettero i primi poeti dar i nomi alle cose dall'idee più particolari e sensibili; che sono i due fonti, questo della metonimia e quello della sineddoche. Perocché la metonimia degli autori per l'opere nacque perché gli autori erano più nominati che l'opere; quella de' subbietti per le loro forme ed aggiunti nacque perché, come nelle *Degnità* [7] abbiamo detto, non sapevano astrarre le forme e la qualità da' subbietti; certamente quella delle cagioni per gli di lor effetti sono tante picciole favole, con le quali le cagioni s'immaginarono esser donne vestite de' lor effetti, come sono la Povertà brutta, la Vecchiezza trista, la Morte pallida.

La sineddoche passò in trasporto [8] poi con l'alzarsi i particolari agli universali o comporsi le parti con le altre con le quali facessero i lor intieri. Così « mortali » furono prima propiamente detti i soli uomini, che soli dovettero farsi sentire mortali. Il « capo », per l'« uomo » o per la « persona », ch'è tanto frequente in volgar latino, perché dentro le boscaglie vedevano di lontano il solo capo dell'uomo: la qual voce « uomo » è voce astratta, che comprende, come in un genere filosofico, il corpo e tutte le

5. *col transformandovisi*: con il trasformarsi in esse.

6. *Per cotal* ecc.: per la logica poetica che dipende dalla metafisica poetica o da quella visione del mondo che è dominata dalla fantasia e dal mito.

7. *Degnità*: la XLIX.

8. *trasporto*: traslato.

parti del corpo, la mente e tutte le facultà della mente, l'animo e tutti gli abiti dell'animo. Così dovette avvenire che « *tignum* » e « *culmen* » [9] significarono con tutta propietà « travicello » e « paglia » nel tempo delle pagliare; poi, col lustro delle città, significarono tutta la materia e 'l compimento degli edifici. Così « *tectum* » per l'intiera « casa », perché a' primi tempi bastava per casa un coverto. Così « *puppis* » per la « nave », che, alta, è la prima a vedersi da' terrazzani; come a' tempi barbari ritornati si disse una « vela » per una « nave ». Così « *mucro* » [10] per la « spada », perché questa è voce astratta e come in un genere comprende pome, elsa, taglio e punta; ed essi sentirono la punta, che recava loro spavento. Così la materia per lo tutto formato, come il « ferro » per la « spada », perché non sapevano astrarre le forme dalla materia. Quel nastro di sineddoche e di metonimia:

Tertia messis erat [11]

nacque senza dubbio da necessità di natura, perché dovette correre assai più di mille anni per nascere tralle nazioni questo vocabolo astronomico « anno »; siccome nel contado fiorentino tuttavia dicono « abbiamo tante volte mietuto » per dire « tanti anni ». E quel gruppo di due sineddochi e d'una metonimia:

Post aliquot, mea regna videns, mirabor, aristas, [12]

di troppo accusa l'infelicità de' primi tempi villerecci a spiegarsi, ne' quali dicevano « tante spighe », che sono

9. *culmen*: « culmus », gambo, stelo di paglia: per metonimia, tetto di paglia.

10. *mucro*: estremità aguzza: per metonimia, punta della spada. Cfr. Quintiliano, *Instit. oratoriæ*, X, 1, 11.

11. *Tertia* ecc.: « era la terza messe ». La fonte è ignota.

12. *Post aliquot* ecc.: Virgilio, *Bucolica* I, 70.

particolari più delle messi, per dire « tanti anni », e, perch'era troppo infelice l'espressione, i gramatici v'hanno supposto troppo di arte.

IV

L'ironia certamente non poté cominciare che da' tempi della riflessione, perch'ella è formata dal falso in forza d'una riflessione che prende maschera di verità. E qui esce un gran principio di cose umane, che conferma l'origine della poesia qui scoverta: che i primi uomini della gentilità essendo stati semplicissimi quanto i fanciulli, i quali per natura son veritieri, le prime favole non poterono fingere nulla di falso; per lo che dovettero necessariamente essere, quali sopra ci vennero diffinite, vere narrazioni.

V

Per tutto ciò si è dimostro che tutti i tropi (che tutti si riducono a questi quattro), i quali si sono finora creduti ingegnosi ritruovati degli scrittori, sono stati necessari modi di spiegarsi [di] tutte le prime nazioni poetiche, e nella lor origine aver avuto tutta la loro natia propietà: ma, poi che, col più spiegarsi la mente umana, si ritruovarono le voci che significano forme astratte, o generi comprendenti le loro spezie, o componenti le parti co' loro intieri, tai parlari delle prime nazioni sono divenuti trasporti.[13] E quindi s'incomincian a convellere que' due comuni errori de' gramatici: che 'l parlare de' prosatori è propio, impropio quel de' poeti; e che prima fu il parlare da prosa, dopoi del verso.

13. *trasporti*: traslati.

VI

I mostri e le trasformazioni[14] poetiche provennero per necessità di tal prima natura umana, qual abbiamo dimostrato nelle *Degnità*[15] che non potevan astrarre le forme o le propietà da' subbietti; onde con la lor logica dovettero comporre i subbietti per comporre esse forme, o distrugger un subbietto per dividere la di lui forma primiera dalla forma contraria introduttavi. Tal composizione d'idee fece i mostri poetici: come in ragion romana, all'osservare di Antonio Fabro nella *Giurisprudenza papinianea,*[16] si dicon «mostri» i parti nati da meretrice perc'hanno natura d'uomini, insieme, e propietà di bestie d'esser nati da' vagabondi o sieno incerti concubiti; i quali truoveremo esser i mostri i quali la legge delle XII Tavole (nati da donna onesta senza la solennità delle nozze) comandava che si gittassero in Tevere.

VII

La distinzione dell'idee fece la metamorfosi: come, fralle altre conservateci dalla giurisprudenza antica, anco i romani nelle loro frasi eroiche ne lasciarono quella «*fundum fieri*» per «*autorem fieri*»,[17] perché, come il fondo sostiene il podere o il suolo e ciò ch'è quivi seminato o piantato o edificato, così l'appruovatore[18] sostiene l'atto, il quale senza la di lui appruovagione rovinerebbe, perché l'appruovatore, da semovente ch'egli è, prende forma contraria di cosa stabile.

14. *I mostri* ecc.: i mostri mitologici e le metamorfosi.

15. *Degnità*: la XLIX.

16. *Antonio Fabro* ecc.: il giurista savoiardo Antonio Favre (1557-1624), *Iurisprudentiæ papinianeæ scientia*, Ginevra, 1624, ma la citazione è di seconda mano (cfr. Nicolini, *Comm.*, 410).

17. *fundum fieri* ecc.: cfr. Cicerone, *Pro Balbo*, 8; A. Gellio, *Noctes Atticæ*, XVI, 3.

18. *appruovatore*: chi sostiene un diritto.

3.

COROLLARI D'INTORNO AL PARLARE PER CARATTERI POETICI DELLE PRIME NAZIONI

La favella, com'abbiamo in forza di questa logica poetica meditato, scorse per così lungo tratto dentro il tempo istorico, come i grandi rapidi fiumi si spargono molto dentro il mare e serbano dolci l'acque portatevi con la violenza del corso; per quello che Giamblico ci disse sopra nelle *Degnità*: [1] che gli egizi tutti i loro ritruovati utili alla vita umana riferirono a Mercurio Trimegisto; il cui detto confermammo con quell'altra degnità: ch' « i fanciulli con l'idee e nomi d'uomini, femmine, cose, c'hanno la prima volta vedute, apprendono ed appellano tutti gli uomini, femmine, cose appresso, c'hanno con le prime alcuna simiglianza o rapporto », [2] e che questo era il naturale gran fonte de' caratteri poetici, co' quali naturalmente pensarono e parlarono i primi popoli. Alla qual natura di cose umane se avesse Giamblico riflettuto e vi avesse combinato tal costume ch'egli stesso riferisce degli antichi egizi, dicemmo nelle *Degnità* [3] che certamente esso ne' misteri della sapienza volgare degli egizi non arebbe a forza intruso i sublimi misteri della sua sapienza platonica.

Ora, per tale natura de' fanciulli e per tal costume de' primi egizi, diciamo che la favella poetica, in forza d'essi caratteri poetici, ne può dare molte ed importanti discoverte d'intorno all'antichità.

3. - 1. *Degnità*: la XLIX.
2. *confermammo con quell'altra degnità ecc.*: la XLVIII.
3. *Degnità*: ancora la XLIX.

I

Che Solone dovett'esser alcuno uomo sappiente di sapienza volgare, il quale fusse capoparte di plebe ne' primi tempi ch'Atene era repubblica aristocratica.[4] Lo che la storia greca pur conservò ove narra che dapprima Atene fu occupata dagli ottimati — ch'è quello che noi in questi libri dimostreremo universalmente di tutte le repubbliche eroiche, nelle quali gli eroi, ovvero nobili, per una certa loro natura creduta di divina origine, per la quale dicevano essere loro propi gli dei, e 'n conseguenza propi loro gli auspìci degli dei, in forza de' quali chiudevano dentro i lor ordini tutti i diritti pubblici e privati dell'eroiche città, ed a' plebei, che credevano essere d'origine bestiale, e 'n conseguenza esser uomini senza dei e perciò senza auspìci, concedevano i soli usi della natural libertà (ch'è un gran principio di cose che si ragioneranno per quasi tutta quest'opera) — e che tal Solone avesse ammonito i plebei ch'essi riflettessero a se medesimi e riconoscessero essere d'ugual natura umana co' nobili, e 'n conseguenza che dovevan esser con quelli uguagliati in civil diritto. Se non, pure,[5] tal Solone furon essi plebei ateniesi, per questo aspetto considerati.[6]

Perché anco i romani antichi arebbono dovuto aver un tal Solone fra loro; tra' quali i plebei, nelle contese eroiche co' nobili, come apertamente lo ci narra la storia romana antica, dicevano: i padri, de' quali Romolo aveva composto il senato (da' quali essi patrizi erano provenuti), «*non esse cælo demissos*»,[7] cioè che non avevano

4. *Che Solone* ecc.: il grande riformatore della costituzione ateniese non visse, come afferma Vico, nei primi tempi della repubblica aristocratica (IX sec.), ma nel VII secolo.

5. *Se non. pure*: seppure non.

6. *tal Solone* ecc.: Solone sarebbe un *carattere poetico*, la personificazione cioè delle aspirazioni dei plebei d'Atene.

7. *non esse* ecc.: «non essere piovuti dal cielo», Livio, X, 8.

cotale divina origine ch'essi vantavano e che Giove era a tutti eguale. Ch'è la storia civile di quel motto

... Iupiter omnibus æquus, [8]

dove poi intrusero [9] i dotti quel placito: che le menti son tutte eguali e che prendono diversità dalla diversa organizzazione de' corpi e dalla diversa educazione civile. Con la quale riflessione i plebei romani incominciaron ad adeguare co' patrizi la civil libertà, fino che affatto cangiarono la romana repubblica da aristocratica in popolare, come l'abbiamo divisato per ipotesi nelle *Annotazioni alla Tavola cronologica*, ove ragionammo in idea della legge Publilia, e 'l faremo vedere di fatto, nonché della romana, essere ciò avvenuto di tutte l'altre antiche repubbliche, e con ragioni ed autorità dimostreremo che universalmente, da tal riflessione di Solone principiando, le plebi de' popoli vi cangiarono le repubbliche da aristocratiche in popolari.

Quindi Solone fu fatto autore di quel celebre motto « *Nosce te ipsum* », il quale, per la grande civile utilità ch'aveva arrecato al popolo ateniese, fu iscritto per tutti i luoghi pubblici di quella città; [10] e poi gli addottrinati il vollero detto per un grande avviso, quanto infatti lo è, d'intorno alle metafisiche ed alle morali cose, e funne tenuto Solone per sappiente di sapienza riposta e fatto principe de' sette saggi di Grecia. In cotal guisa, perché da tal riflessione incominciarono in Atene tutti gli ordini e tutte le leggi che formano una repubblica democratica, perciò, per questa maniera di pensare per caratteri poetici de' primi popoli, tali ordini e tali leggi, come dagli

8. *Iupiter* ecc.: in *Aen.*, X, 111: « Rex Iupiter omnibus idem ».
9. *intrusero*: introdussero.
10. *Nosce te ipsum... città*: secondo la tradizione il motto era scritto nel tempio di Apollo a Delfo e attribuito non a Solone, ma a Talete, Biante, Cheilone.

egizi tutti i ritruovati utili alla vita umana civile a Mercurio Trimegisto, furon tutti dagli ateniesi richiamati a Solone.

II

Così dovetter a Romolo esser attribuite tutte le leggi d'intorno agli ordini.[11]

III

A Numa, tante d'intorno alle cose sagre ed alle divine cerimonie, nelle quali poi comparve ne' tempi suoi più pomposi la romana religione.

IV

A Tullo Ostilio, tutte le leggi ed ordini della militar disciplina.

V

A Servio Tullio, il censo, ch'è il fondamento delle repubbliche democratiche, ed altre leggi in gran numero d'intorno alla popolar libertà, talché da Tacito vien acclamato « *præcipuus sanctor legum* ».[12] Perché, come dimostreremo, il censo di Servio Tullio fu pianta delle repubbliche aristocratiche, col qual i plebei riportarono da' nobili il dominio bonitario de' campi, per cagion del quale si criarono poi i tribuni della plebe per difender loro questa parte di natural libertà, i quali poi, tratto tratto, fecero loro conseguire tutta la libertà civile; e così il censo di Servio Tullio, perché indi ne incominciarono l'occasioni e le mosse, diventò censo pianta della

11. *ordini*: classi sociali.

12. *da Tacito* ecc.: *Annales*, III, 26.

romana repubblica popolare, come si è ragionato nell'annotazione alla legge Publilia per via d'ipotesi, e dentro si dimostrerà essere stato vero di fatto.

VI

A Tarquinio Prisco, tutte l'insegne e divise, con le quali poscia a' tempi più luminosi di Roma risplendette la maestà dell'imperio romano.

VII

Così dovettero affiggersi alle XII Tavole moltissime leggi che dentro dimostreremo essere state comandate ne' tempi appresso; e (come si è appieno dimostrato ne' *Princìpi del Diritto universale*), [13] perché la legge del dominio quiritario da' nobili accomunato a' plebei fu la prima legge scritta in pubblica tavola (per la quale unicamente furono criati i decemviri), per cotal aspetto di popolar libertà tutte le leggi che uguagliarono la libertà e si scrissero dappoi in pubbliche tavole furono rapportate a' decemviri. Siane pur qui una dimostrazione il lusso greco de' funerali, che i decemviri non dovettero insegnarlo a' romani col proibirlo, ma dopo che i romani l'avevano ricevuto; lo che non poté avvenire se non dopo le guerre co' tarantini e con Pirro, nelle quali s'incominciarono a conoscer co' greci; e quindi è che Cicerone osserva tal legge portata in latino con le stesse parole con le quali era stata conceputa in Atene. [14]

13. *ne' Princìpi del Diritto universale*: cfr. *De constantia iurisprudentis*, parte II, 36 e 37.

14. *Cicerone ecc.*: *De legibus*, II, 25

Così Dragone,[15] autore delle leggi scritte col sangue nel tempo che la greca storia, come sopra si è detto,[16] ci narra ch'Atene era occupata dagli ottimati: che fu, come vedremo appresso, nel tempo dell'aristocrazie eroiche, nel quale la stessa greca storia racconta che gli Eraclidi erano sparsi per tutta la Grecia, anco nell'Attica, come sopra il proponemmo nella *Tavola cronologica*,[17] i quali finalmente restarono nel Peloponneso e fermarono il loro regno in Isparta, la quale truoveremo essere stata certamente repubblica aristocratica. E cotal Dragone dovett'esser una di quelle serpi della Gorgone inchiovata allo scudo di Perseo, che si truoverà significare l'imperio delle leggi, il quale scudo con le spaventose pene insassiva[18] coloro che 'l riguardavano, siccome nella storia sagra, perché tali leggi erano essi esemplari castighi, si dicono « *leges sanguinis* », e di tale scudo armossi Minerva, la quale fu detta *'Αϑηνᾶ*, come sarà più appieno spiegato appresso; e appo i chinesi, i quali tuttavia scrivono per geroglifici[19] (che dee far maraviglia una tal maniera poetica di pensare e spiegarsi tra queste due e per tempi e per luoghi lontanissime nazioni), un dragone è l'insegna dell'imperio civile. Perché di tal Dragone non si ha altra cosa da tutta la greca storia.

15. *Dragone*: Dracone.
16. *come sopra* ecc.: cfr. in questo capitolo il corollario I.
17. *Tavola cronologica*: XX. Dracone diviene il carattere poetico e la personificazione delle leggi scritte col sangue del tempo degli Eraclidi.
18. *insassiva*: pietrificava.
19. *geroglifici*: o ideogrammi, nella terminologia vichiana.

IX

Questa istessa discoverta de' caratteri poetici ci conferma Esopo ben posto innanzi a' sette saggi di Grecia, come il promettemmo nelle *Note alla Tavola cronologica* [20] di farlo in questo luogo vedere. Perché tal filologica verità ci è confermata da questa storia d'umane idee: ch'i sette saggi furon ammirati dall'incominciar essi a dare precetti di morale o di civil dottrina per massime, come quel celebre di Solone (il quale ne fu il principe): «*Nosce te ipsum*», che sopra [21] abbiam veduto essere prima stato un precetto di dottrina civile, poi trasportato alla metafisica e alla morale. Ma Esopo aveva innanzi dati tali avvisi per somiglianze, delle quali più innanzi i poeti si eran serviti per ispiegarsi; e l'ordine dell'umane idee è d'osservare le cose simili, prima per ispiegarsi, dappoi per pruovare, e ciò prima con l'esemplo che si contenta d'una sola, finalmente con l'induzione che ne ha bisogno di più: onde Socrate, padre di tutte le sètte de' filosofi, introdusse la dialettica con l'induzione, che [22] poi compié Aristotile col sillogismo, che non regge senza un universale. Ma alle menti corte basta arrecarsi un luogo dal somigliante per essere persuase; come con una favola, alla fatta di quelle ch'aveva truovato Esopo, il buono Menenio Agrippa ridusse la plebe romana sollevata all'ubbidienza. [23]

Ch'Esopo sia stato un carattere poetico de' soci ovvero famoli degli eroi, con uno spirito d'indovino lo ci di-

20. *nelle Note* ecc.: nella XXXII.
21. *sopra*: in questo capitolo, nel corollario I.
22. *che*: si riferisce a *dialettica*.
23. *Menenio* ecc.: fa riferimento all'episodio leggendario di Agrippa che avrebbe calmato la plebe in tumulto (494 a. C.) raccontando l'apologo sulla collaborazione fra i diversi organi del corpo umano.

scuopre il ben costumato Fedro in un prologo [24] delle sue *Favole*:

Nunc fabularum cur sit inventum genus,
brevi docebo. Servitus obnoxia,
quia, quæ volebat, non audebat dicere,
affectus proprios in fabellas transtulit.
Aesopi illius semitam feci viam, [25]

come la favola della società lionina evidentemente lo ci conferma: perché i plebei erano detti « soci » dell'eroiche città, come nelle *Degnità* [26] si è avvisato, e venivano a parte delle fatighe e pericoli nelle guerre, ma non delle prede e delle conquiste. Per ciò Esopo fu detto « servo », perché i plebei, come appresso sarà dimostro, erano famoli degli eroi. E ci fu narrato brutto, perché la bellezza civile era stimata dal nascere da' matrimoni solenni, che contraevano i soli eroi, com'anco appresso si mostrerà: appunto come fu egli brutto Tersite, che dev'essere carattere de' plebei che servivano agli eroi nella guerra troiana, ed è da Ulisse battuto con lo scettro di Agamennone; [27] come gli antichi plebei romani a spalle nude erano battuti da' nobili con le verghe, « *regium in morem* », al narrar di Sallustio appo sant'Agostino nella *Città di Dio*, [28] finché la legge Porzia allontanò le verghe dalle spalle romane. [29]

24. *un prologo*: quello al libro III delle *Favole* di Fedro (15 a. C. circa-50 d. C.).

25. *Nunc* ecc.: « insegnerò ora brevemente perché fu inventato il genere *favola*. Gli schiavi, poiché non osavano esprimere i loro desideri, trasferirono nelle favole i loro sentimenti. Io ho ampliato la materia del celebre Esopo ». Il testo è però liberamente riprodotto. La *Favola della società lionina*, citata subito dopo, è la I, 5.

26. *Degnità*: la LXXIX.

27. *Tersite* ecc.: cfr. *Iliade*, II, 211-277. Tersite sarebbe dunque la personificazione dei plebei, servitori degli eroi.

28. *Città di Dio*: *De civitate Dei*, II, 18, 1.

29. *legge Porzia... romane*: la *lex Porcia* emanata nel 198 (o 195?) da Marco Porcio Catone, proibiva, fra l'altro, la fustigazione dei cittadini romani.

Tali avvisi, adunque, utili al viver civile libero, dovetter esser sensi che nudrivano le plebi dell'eroiche città, dettati dalla ragion naturale: de' quali plebei per tal aspetto ne fu fatto carattere poetico Esopo, al quale poi furon attaccate le favole d'intorno alla morale filosofia; [30] e ne fu fatto Esopo il primo morale filosofo nella stessa guisa che Solone fu fatto sappiente, ch'ordinò con le leggi la repubblica libera ateniese. E perch'Esopo diede tali avvisi per favole, fu fatto prevenire [31] a Solone che gli diede per massime. Tali favole si dovettero prima concepire in versi eroici, [32] come poi v'ha tradizione che furono concepute in versi giambici, [33] co' quali noi qui appresso truoveremo aver parlato le genti greche in mezzo il verso eroico e la prosa, nella quale finalmente scritte ci sono giunte.

X

In cotal guisa a' primi autori della sapienza volgare furono rapportati i ritruovati appresso della sapienza riposta; e i Zoroasti in Oriente, i Trimegisti in Egitto, gli Orfei in Grecia, i Pittagori nell'Italia, di legislatori prima, furono poi finalmente creduti filosofi, come Confucio oggi lo è nella China. [34] Perché certamente i pittagorici nella Magna Grecia, come dentro si mostrerà, si dissero in significato di « nobili », che, avendo attentato di ridurre tutte le loro repubbliche da popolari in aristocratiche, tutti furono spenti. [35] E 'l *Carme aureo* di Pittagora

30. *furon attaccate* ecc.: alle favole di Esopo, furono, in un secondo tempo, attribuiti significati morali.
31. *fu... prevenire*: fu preposto.
32. *versi eroici*: esametri.
33. *versi giambici* ecc.: Fedro aveva usato nelle favole il senario giambico. Cfr. *Degli elementi*, LXII e relative note.
34. *i Zoroasti* ecc.: su Zoroastro, Ermete Trismegisto ecc. cfr. le *Annotazioni alla tavola cronologica*.
35. *avendo attentato* ecc.: fa riferimento alla congiura dei pitagorici a Crotone (fra il 460 e il 450 a. C.). Nei tumulti provocati dalla congiura furono uccisi una quarantina di seguaci su circa trecento.

sopra si è dimostrato esser un'impostura, come gli *Oracoli* di Zoroaste, il *Pimandro* del Trimegisto, gli *Orfici* o i versi d'Orfeo;[36] né di Pittagora ad essi antichi venne scritto alcuno libro d'intorno a filosofia, e Filolao fu il primo pittagorico il qual ne scrisse, all'osservare dello Scheffero, *De philosophia italica.*[37]

4.

COROLLARI D'INTORNO ALL'ORIGINI DELLE LINGUE E DELLE LETTERE; E, QUIVI DENTRO, L'ORIGINI DE' GEROGLIFICI, DELLE LEGGI, DE' NOMI, DELL'INSEGNE GENTILIZIE, DELLE MEDAGLIE, DELLE MONETE; E QUINDI DELLA PRIMA LINGUA E LETTERATURA DEL DIRITTO NATURAL DELLE GENTI

Ora dalla teologia de' poeti o sia dalla metafisica poetica, per mezzo della indi nata poetica logica, andiamo a scuoprire l'origine delle lingue e delle lettere, d'intorno alle quali sono tante l'oppenioni quanti sono i dotti che n'hanno scritto. Talché Gerardo Giovanni Vossio nella *Gramatica* dice: « *De literarum inventione multi multa congerunt, et fuse et confuse, ut ab iis incertus magis abeas quam veneras dudum* ».[1] Ed Ermanno Ugone *De origine scribendi*, osserva: « *Nulla alia res est, in qua plures magisque pugnantes sententiæ reperiantur atque hæc tractatio de literarum et scriptionis origine. Quantæ sententiarum pugnæ! Quid credas? quid non credas?* ».[2]

36. *Carme aureo* ecc.: cfr. *Annotazioni alla tavola cronologica*, XXXVIII e *Degli elementi*, IV.

37. *Filolao* ecc.: cfr. il già citato *De natura philosophiæ italicæ seu pythagoricæ* di Giovanni Scheffer.

4. - 1. *Vossio* ecc.: il brano del già ricordato Voss è in *Aristarcus sive de arte gramatica* (*Opera*, Amsterdam, 1701, II, p. 13): « Molti dotti hanno accumulato molte opinioni, diffusamente e confusamente, intorno all'origine delle lettere dell'alfabeto, reso incerto da tante opinioni, te ne tieni lontano piuttosto che avvicinarti ».

2. *Ugone* ecc.: il gesuita Ermanno Hugo (1588-1629), *De prima scribendi origine et universæ rei literariæ antiquitate*, Utrecht, 1738, pp. 13-14: « Non v'è cosa in cui si ritrovino così numerose opinioni in contrasto quanto in questo problema dell'origine del-

Onde Bernardo da Melinckrot, *De arte typographica*, seguìto in ciò da Ingewaldo Elingio, *De historia linguæ græcæ*, [3] per l'incomprendevolità della guisa, disse essere ritruovato divino.

Ma la difficultà della guisa fu fatta da tutti i dotti per ciò: ch'essi stimarono cose separate l'origini delle lettere dall'origini delle lingue, le quali erano per natura congionte; e 'l dovevan pur avvertire dalle voci « gramatica » e « caratteri ». Dalla prima, ché « gramatica » si diffinisce « arte di parlare » e *γράμματα* sono le lettere, talché sarebbe a diffinirsi « arte di scrivere », qual Aristotile [4] la diffinì e qual infatti ella dapprima nacque, come qui si dimostrerà che tutte le nazioni prima parlarono scrivendo, come quelle che furon dapprima mutole. Dipoi « caratteri » voglion dire « idee », « forme », « modelli », e certamente furono innanzi que' de' poeti che quelli de' suoni articolati, come Giuseffo vigorosamente sostiene, contro Appione greco gramatico, che a' tempi d'Omero non si erano ancor truovate le lettere dette « volgari ». [5] Oltracciò, se tali lettere fussero forme de' suoni articolati e non segni a placito, [6] dovrebbero appo tutte le nazioni esser uniformi, com'essi suoni articolati son uniformi appo tutte. Per tal guisa disperata a sapersi non si è saputo il pensare delle prime nazioni per caratteri poetici né 'l parlare per favole né lo scrivere per geroglifici: che dovevan esser i princìpi, che di lor natura han da esser certissimi, così della filosofia per l'umane idee, come della filologia per l'umane voci.

le lettere alfabetiche e delle scritture. Quante battaglie di opinioni! Che cosa credere? Che cosa no? ».

3. *Bernardo* ecc.: Bernardo von Mallinckrot (morto nel 1654), nel *De natura et usu literarum*, Münster, 1638 (non nel *De ortu et progressu artis typographicæ*, Colonia, 1640); Lorenzo Ingewald Elingius, *Historia linguæ grecæ*, Lipsia, 1691.

4. *Aristotile*: cfr. *Topica*, VI, 5, 2, 142 b, 31 dove però la grammatica è definita anche « arte di leggere ».

5. *Giuseppo* ecc.: cfr. le *Annotazioni alla tavola cronologica*, XII; *Degli Elementi*, III e relative note.

6. *segni a placito*: segni convenzionali.

In sì fatto ragionamento dovendo noi qui entrare, daremo un picciol saggio delle tante oppenioni che se ne sono avute, o incerte o leggeri o sconce o boriose o ridevoli, le quali, perocché sono tante e tali, si debbono trallasciare di riferirsi. Il saggio sia questo: che, perocché a' tempi barbari ritornati la Scandinavia, ovvero Scanzia, per la boria delle nazioni fu detta «*vagina gentium*»[7] e fu creduta la madre di tutte l'altre del mondo, per la boria de' dotti furono d'oppenione Giovanni ed Olao Magni[8] ch'i loro goti avessero conservate le lettere fin dal principio del mondo, divinamente ritruovate da Adamo; del qual sogno si risero tutti i dotti. Ma non pertanto si ristò di seguirgli e d'avanzargli Giovanni Goropio Becano, che la sua lingua cimbrica, la quale non molto si discosta dalla sassonica, fa egli venire dal paradiso terrestre e che sia la madre di tutte l'altre; della qual oppenione fecero le favole Giuseppe Giusto Scaligero, Giovanni Camerario, Cristoforo Brecmanno e Martino Scoockio. E pure tal boria più gonfiò e ruppe in quella d'Olao Rudbechio nella sua opera intitolata *Atlantica*, che vuole le lettere greche esser nate dalle rune, e che queste sien le fenicie rivolte, le quali Cadmo rendette nell'ordine e nel suono simili all'ebraiche, e finalmente i greci l'avessero dirizzate e tornate col regolo e col compasso;[9] e, perché il ritruovatore tra essi è detto Merco-

7. *la Scandinavia* ecc.: cfr. Jornandes, *De rebus geticis*, 4.

8. *Giovanni* ecc.: Giovanni Store o Magnus (1488-1544), *Gothorum Sueonumque Historia*, Basilea, 1558, pp. 30-31; e il fratello Olof (morto nel 1568), *De gentium septentrionalium variis conditionibus*, Basilea, 1567, pp. 46-47.

9. *Ma non pertanto* ecc.: gli autori e le opere cui Vico fa qui riferimento sono: Giovanni von Gorp Becan (1512-1578), sostenitore, nella *Hermathena*, Anversa, 1580 e nelle *Origines antwerpianæ*, Anversa, 1569, della ipotesi «pangotistica»; Giuseppe Giusto Scaligero (1540-1609), *Epistolæ*, Leida, 1627, p. 364; Filippo (non Giovanni) Liebhard detto Camerarius (1537-1624), *Horæ subsecivæ sive meditationes historicæ*, Francoforte sul Meno, 1650, p. 222; Cristiano Becmann, *Manductio ad latinam linguam*. Hanau, 1629, pp. 23-24; Martino Schoock, *Fabula Hamelensis*, Groninga, 1622, pp. 6-7; Olaf Rudbeck (1630-1702), *Atlan-*

rουman,[10] vuole che 'l Mercurio che ritruovò le lettere agli egizi sia stato goto. Cotanta licenza d'oppinare d'intorno all'origini delle lettere deve far accorto il leggitore a ricevere queste cose che noi ne diremo, non solo con indifferenza di vedere che arrechino in mezzo di nuovo, ma con attenzione di meditarvi e di prenderle, quali debbon essere, per princìpi di tutto l'umano e divino sapere della gentilità.

Perché da questi princìpi: di concepir i primi uomini della gentilità l'idee delle cose per caratteri fantastici di sostanze animate, e, mutoli, di spiegarsi con atti o corpi ch'avessero naturali rapporti all'idee (quanto, per esemplo, lo hanno l'atto di tre volte falciare o tre spighe per significare « tre anni »), e sì spiegarsi con lingua che naturalmente significasse, che Platone e Giamblico[11] dicevano essersi una volta parlata nel mondo (che deve essere stata l'antichissima lingua atlantica, la quale eruditi vogliono che spiegasse l'idee per la natura delle cose, o sia per le loro naturali propietà): da questi princìpi, diciamo, tutti i filosofi e tutti i filologi dovevan incominciar a trattare dell'origini delle lingue e delle lettere. Delle quali due cose, per natura, com'abbiam detto, congionte, han trattato divisamente, onde loro è riuscita tanto difficile la ricerca dell'origini delle lettere, ch'involgeva egual difficultà quanto quella delle lingue, delle quali essi o nulla o assai poco han curato.

Sul cominciarne adunque il ragionamento, poniamo per primo principio quella filologica degnità: che gli egizi narravano, per tutta la scorsa del loro mondo innanzi, essersi parlate tre lingue, corrispondenti nel numero e nell'ordine alle tre età scorse pur innanzi nel loro mondo:

tica sive Mannheim, Upsala, 1696 e segg., 4 voll., I, pp. 834, 740, 733, 736, 742.

10. *Mercurουman*: invece Merkissman, con la doppia s tedesca scambiata dal Vico con il dittongo greco *ου* (Nicolini, *Comm.*, 430).

11. *Platone* ecc.: cfr. *degnità* LVII.

degli dei, degli eroi e degli uomini; e dicevano la prima lingua essere stata geroglifica o sia sagra ovvero divina; la seconda, simbolica o per segni o sia per imprese eroiche; la terza pistolare per comunicare i lontani tra loro i presenti bisogni della lor vita.[12] Delle quali tre lingue v'hanno due luoghi d'oro appo Omero nell'*Iliade*, per gli quali apertamente si veggono i greci convenir in ciò con gli egizi. De' quali uno è dove narra che Nestore visse tre vite d'uomini diversilingui: talché Nestore dee essere stato un carattere eroico della cronologia stabilita per le tre lingue corrispondenti alle tre età degli egizi; onde tanto dovette significare quel motto: « vivere gli anni di Nestore » quanto « vivere gli anni del mondo ». L'altro è dove Enea racconta ad Achille che uomini diversilingui cominciaron ad abitar Ilio, dopo che Troia fu portata a' lidi del mare e Pergamo ne divenne la rocca.[13] Con tal primo principio congiugniamo quella tradizione, pur degli egizi, che 'l loro Theut o Mercurio ritruovò e le leggi e le lettere.[14]

A queste verità aggruppiamo quell'altre: ch'appo i greci i « nomi » significarono lo stesso che « caratteri », da' quali i padri della Chiesa presero con promiscuo uso quelle due espressioni, ove ne ragionano « *de divinis characteribus* » e « *de divinis nominibus* ».[15] E « *nomen* » e « *definitio* » significano la stessa cosa, ove in rettorica si dice « *quæstio nominis* », con la qual si cerca la diffinizione del fatto; e la nomenclatura de' morbi è in medicina quella parte che diffinisce la natura di essi. Appo i romani i « nomi » significarono prima e propia-

12. *filologica degnità* ecc.: cfr. la degnità XXVIII.

13. *De' quali uno* ecc.: cfr. *Iliade* 250 segg.; XX, 215 segg.

14. *Con tal primo* ecc.: cfr. *Annotazioni alla tavola cronologica*, XII.

15. *padri della Chiesa* ecc.: fa riferimento al trattato *De divinis nominibus* dello pseudo Dionigi l'Areopagita, composto fra il 350 e il 500 d. C., nel quale vengono illustrati, attraverso il riferimento ai nomi di Dio presenti nel Vecchio Testamento, gli aspetti o caratteri dell'essenza divina.

mente « case diramate in molte famiglie ». E che i primi greci avessero anch'essi avuto i « nomi » in sì fatto significato, il dimostrano i patronimici, che significano « nomi di padri », de' quali tanto spesso fanno uso i poeti, e più di tutti il primo di tutti Omero (appunto come i patrizi romani da un tribuno della plebe, appo Livio, [16] sono diffiniti « *qui possunt nomine ciere patrem* », « che possano usare il casato de' loro padri »), i quali patronimici poi si sperderono nella libertà popolare di tutta la restante Grecia, e dagli Eraclidi si serbarono in Isparta, repubblica aristocratica. E in ragion romana [17] « *nomen* » significa « diritto ». Con somigliante suono appo i greci νόμος significa « legge » e da νόμος viene νόμισμα, come avverte Aristotile, [18] che vuole dire « moneta »; ed etimologi vogliono che da νόμος venga detto a' latini « *numus* ». Appo i francesi « *loy* » significa « legge » ed « *aloy* » vuol dire « moneta »; [19] e da' barbari ritornati fu detto « canone » così la legge ecclesiastica come ciò che dall'enfiteuticario si paga al padrone del fondo datogli in enfiteusi. Per la quale uniformità di pensare i latini forse dissero « *ius* » il diritto e 'l grasso delle vittime [20] ch'era dovuto a Giove, che dapprima si disse « *Ious* », donde poi derivarono i genitivi « *Iovis* » e « *iuris* » (lo che si è sopra accennato); come, appresso gli ebrei, delle tre parti che facevano dell'ostia pacifica, il grasso veniva in quella dovuta a Dio, che bruciavasi sull'altare. [21] I latini dissero « *prædia* », quali dovettero dirsi prima i rustici che gli urbani, perocché, come appresso farem vedere, le prime terre colte furono le prime prede del mondo; onde

16. *appo Livio*: Livio, X, 8. Il tribuno è Publio Decio Mure.
17. *in... romana*: nel diritto romano.
18. *Aristotile*: *Etica Nicomachea*, V, 5 (8), 1133 a, 30.
19. *loy* ecc.: cfr. Ménage, *Dictionnaire étymologique*, alla voce *aloy*.
20. *grasso* ecc.: veramente il sugo delle vivande cucinate.
21. *ebrei* ecc.: cfr. *Esodo*, XXIX, 11-12; *Levitico*, III, 2-16; VIII, 14-15; IX, 8-20.

il primo domare fu di terre sì fatte, le quali perciò in antica ragion romana si dissero «*manucaptæ*» (dalle quali restò detto «*manceps*» l'obbligato all'erario in roba stabile); e nelle romane leggi restaron dette «*iura prædiorum*»[22] le servitù che si dicon «reali», che si costituiscono in robe stabili. E tali terre dette «*manucaptæ*» dovettero dapprima essere e dirsi «*mancipia*», di che certamente dee intendersi la legge delle XII Tavole nel capo. «*Qui nexum faciet mancipiumque*», cioè «chi farà la consegna del nodo, e con quella consegnerà il podere»; onde, con la stessa mente degli antichi latini, gl'italiani appellarono «poderi», perché acquistati con forza. E si convince da ciò che i barbari ritornati[23] dissero «*presas terrarum*» i campi co' loro termini, gli spagnuoli chiamano «*prendas*» l'imprese forti;[24] gl'italiani appellano «imprese» l'armi gentilizie, e dicono «termini» in significazion di «parole» (che restò in dialettica scolastica), e l'armi gentilizie chiamano altresì «insegne», onde agli stessi viene il verbo «insegnare»: come Omero,[25] al cui tempo non si erano ancor truovate le lettere dette «volgari», la lettera di Preto ad Euria contro Bellerofonte dice essere stata scritta «per σήματα», «per segni».

Con queste cose tutte facciano il cumolo queste ultime tre incontrastate verità: la prima, che, dimostrato le prime nazioni gentili tutte essere state mutole ne' loro incominciamenti, dovettero spiegarsi per atti o corpi che avessero naturali rapporti alle loro idee; la seconda, che con segni dovettero assicurarsi de' confini de' loro poderi ed avere perpetue testimonianze de' lor diritti; la terza,

22. *iura* ecc.: «servitutes prædiorum», *Digesta*, VIII, I, 1.

23. *barbari ritornati*: i medievali. La precedente etimologia di *poderi* è del tutto fantastica.

24. *prendas* ecc.: invece, le cose date in pegno.

25. *Omero*: *Iliade*, VI, 168 segg. Le *lettere volgari*, alle quali il Vico accenna subito dopo, esistevano invece già nell'epoca di Omero. Per un'esatta comprensione di queste discussioni etimologiche cfr. Nicolini, *Comm.*, 433.

che tutte si sono truovate usare monete. Tutte queste verità ne daranno qui le origini delle lingue e delle lettere e, quivi dentro, quelle de' geroglifici, delle leggi, de' nomi, dell'imprese gentilizie, delle medaglie, delle monete e della lingua e scrittura con la quale parlò e scrisse il primo diritto natural delle genti.

E per istabilire di tutto ciò più fermamente i princìpi, è qui da convellersi quella falsa oppenione ch'i geroglifici furono ritruovati di filosofi per nascondervi dentro i loro misteri d'alta sapienza riposta, come han creduto degli egizi. [26] Perché fu comune naturale necessità di tutte le prime nazioni di parlare con geroglifici (di che sopra si è proposta una degnità); [27] come nell'Affrica l'abbiamo già degli egizi, a' quali con Eliodoro, *Delle cose dell'Etiopia*, [28] aggiugniamo gli etiopi, i quali si servirono per geroglifici degli strumenti di tutte l'arti fabbrili. Nell'Oriente lo stesso dovett'essere de' caratteri magici de' caldei. Nel settentrione dell'Asia abbiamo sopra veduto che Idantura, re degli sciti, ne' tempi assai tardi (posta la loro sformata antichità, nella quale avevano vinto essi egizi, che si vantavano essere gli antichissimi di tutte le nazioni), con cinque parole reali risponde a Dario il maggiore che gli aveva intimato la guerra; che furono una ranocchia, un topo, un uccello, un dente d'aratro ed un arco da saettare. [29] La ranocchia significava ch'esso era nato dalla terra della Scizia, come dalla terra nascono, piovendo l'està, le ranocchie, e sì esser figliuolo di quella terra. Il topo significava esso, come topo, dov'era nato aversi fatto la casa, cioè aversi fondato la gente. L'uccello

26. *come han creduto* ecc.: come si è creduto a proposito degli egizi. Riferimento polemico a Pierius Valerianus (Gian Pietro delle Fosse, 1477-1560), *Hieroglyphica sive de sacris ægyptiorum aliarumque gentium literis*, 1556 e al gesuita Atanasio Kircher (1601-1680), *Oedipus ægyptiacus*, 1552-55.

27. *una degnità*: la LVII.

28. *Eliodoro... Etiopia*: più che Eliodoro, IV, 8, cfr. Diodoro, *Biblioteca*, III, 4.

29. *Idantura* ecc.: cfr. *Annotazioni alla tavola cronologica*, I e XXXVIII.

significava aver ivi esso gli auspìci, cioè, come vedremo appresso, che non era ad altri soggetto ch'a Dio. L'aratro significava aver esso ridutte quelle terre a coltura, e sì averle dome e fatte sue con la forza. E finalmente l'arco da saettare significava ch'esso aveva nella Scizia il sommo imperio dell'armi, da dover e poterla difendere. La qual spiegazione così naturale e necessaria si componga con le ridevoli ch'appresso san Cirillo[30] lor danno i consiglieri di Dario, e pruoverà ad evidenza generalmente che finora non si è saputo il propio e vero uso de' geroglifici che celebrarono i primi popoli, col combinare le interpetrazioni de' consiglieri di Dario date a' geroglifici scitici con le lontane, raggirate e contorte c'han dato i dotti a' geroglifici egizi. De' latini non ci lasciò la storia romana privi di qualche tradizione nella risposta eroica muta che Tarquinio Superbo manda al figliuolo in Gabi, col farsi vedere al messaggiero troncar capi di papaveri con la bacchetta che teneva tra mani;[31] lo che è stato creduto fatto per superbia, ove bisognava tutta la confidenza. Nel settentrione d'Europa osserva Tacito,[32] ove ne scrive i costumi, ch'i germani antichi non sapevano «*literarum secreta*», cioè che non sapevano scriver i loro geroglifici; lo che dovette durare fin a' tempi di Federico suevo,[33] anzi fin a quelli di Ridolfo d'Austria, da che incominciarono a scriver diplomi in iscrittura volgar tedesca.[34] Nel settentrione della Francia vi fu un parlar geroglifico, detto «*rebus de Picardie*», che dovett'essere, come nella Germania, un parlar con le cose, cioè co' geroglifici d'Idantura. Fino nell'ultima Tule e nell'ultima di lei parte, in Iscozia, narra Ettore Boezio nella *Storia della*

30. *Cirillo*: non Cirillo, ma Clemente Alessandrino, *Stromata*, V, 8.
31. *Tarquinio* ecc.: cfr. Livio, I, 54.
32. *Tacito*: *Germania*, 18.
33. *suevo*: di Svevia.
34. *Ridolfo* ecc.: Rodolfo I d'Absburgo, alla dieta di Norimberga (1281) ordinò fosse usato il tedesco, invece del latino, negli atti della cancelleria imperiale e nei contratti.

Scozia[35] quella nazione anticamente aver scritto con geroglifici. Nell'Indie occidentali[36] i messicani furono ritruovati scriver per geroglifici, e Giovanni di Laet nella sua *Descrizione della Nuova India*[37] descrive i geroglifici degl'indiani essere diversi capi d'animali, piante, fiori, frutte, e per gli loro ceppi distinguere le famiglie; ch'è lo stesso uso appunto c'hanno l'armi gentilizie nel mondo nostro. Nell'Indie orientali i chinesi tuttavia scrivono per geroglifici.

Così è sventata cotal boria de' dotti che vennero appresso[38] (che tanto non òsò gonfiare quella de' boriosissimi egizi): che gli altri sappienti del mondo avessero appreso da essi di nascondere la loro sapienza riposta sotto de' geroglifici.

Posti tali princìpi di logica poetica e dileguata tal boria de' dotti, ritorniamo alle tre lingue degli egizi. Nella prima delle quali, ch'è quella degli dei, come si è avvisato nelle *Degnità*,[39] per gli greci vi conviene Omero, che in cinque luoghi di tutti e due i suoi poemi fa menzione d'una lingua più antica della sua, la qual è certamente lingua eroica, e la chiama « lingua degli dei ». Tre luoghi sono nell'*Iliade*: il primo ove narra « Briareo » dirsi dagli dei, « Egeone » dagli uomini; il secondo, ove racconta d'un uccello, che gli dei chiamano χαλκίδα, gli uomini κύμινδιν; il terzo, che 'l fiume di Troia gli dei « Xanto », gli uomini chiamano « Scamandro ». Nell'*Odissea* sono due: uno, che gli dei chiamano πλαγκτάς πέτρας « Scilla e Cariddi » che dicon gli uomini; l'altro, ove Mercurio dà ad Ulisse un segreto contro le stregonerie

35. *Boezio* ecc.: Ettore Boyce o Bois (1470 c.-1550 c.), *Scotorum historiæ*, 1526, s. l., fol. XX.

36. *occidentali*: nella stampa del 1744 e nell'autografo, come avverte il Flora, p. 1106, si legge *orientali*.

37. *Giovanni di Laet* ecc.: (morto nel 1649), *Novus orbis seu descriptio Indiæ occidentalis*, Leida, 1633, p. 241.

38. *dotti* ecc.: i già citati Valeriano, Kircher ecc.

39. *nelle Degnità*: la XXIX.

di Circe, che dagli dei è appellato $\mu\tilde{\omega}\lambda\upsilon$ ed è affatto niegato agli uomini di sapere.[40] D'intorno a' quali luoghi Platone dice molte cose,[41] ma vanamente; talché poi Dion Crisostomo[42] ne calogna[43] Omero d'impostura, ch'esso intendesse la lingua degli dei, ch'è naturalmente niegato agli uomini. Ma dubitiamo che non forse in questi luoghi d'Omero si debbano gli «dei» intendere per gli «eroi», i quali, come poco appresso si mostrerà, si presero il nome di «dei» sopra i plebei delle loro città, ch'essi chiamavan «uomini» (come a' tempi barbari ritornati i vassalli si dissero «*homines*», che osserva con maraviglia Ottomano),[44] e i grandi signori (come nella barbarie ricorsa)[45] facevano gloria di avere maravigliosi segreti di medicina; e così queste non sien altro che differenze di parlari nobili e di parlari volgari. Però, senza alcun dubbio, per gli latini vi si adoperò Varrone, il quale, come nelle *Degnità*[46] si è avvisato, ebbe la diligenza di raccogliere trentamila dei, che dovettero bastare per un copioso vocabolario divino, da spiegare le genti del Lazio tutte le lor bisogne umane, ch'in que' tempi semplici e parchi dovetter esser pochissime, perch'erano le sole necessarie alla vita. Anco i greci ne numerarono trentamila, come nelle *Degnità*[47] pur si è detto, i quali d'ogni sasso, d'ogni fonte o ruscello, d'ogni pianta, d'ogni scoglio fecero deitadi, nel qual numero sono le driadi, l'amadriadi, l'oreadi, le napee; appunto come gli americani ogni cosa che supera la loro picciola capacità fanno dei. Talché le favole divine de' latini e de' greci dovetter

40. *Tre luoghi* ecc.: cfr. rispettivamente *Iliade*, I, 403-404; XIV, 291; XX, 74; e *Odissea*, XII, 61; X, 305.

41. *Platone dice molte cose*: *Cratilo*, 11 e 12.

42. *Dion* ecc.: Dione Crisostomo, *Orazioni*, XI, 157 e anche X, 149.

43. *calogna*: calunnia.

44. *Ottomano*: non Francesco Hotman, l'autore della *Disputatio de feudis*, ma Giacomo Cuiacio, *Observationes*, VIII, 14, in *Opera*, Napoli, 1758, III, p. 203.

45. *barbarie ricorsa*: il Medioevo.

46. *Degnità*: la XXX.

47. *Degnità*: la XXX.

essere i veri primi geroglifici, o caratteri sagri o divini, degli egizi.

Il secondo parlare, che risponde all'età degli eroi, dissero gli egizi essersi parlato per simboli, a' quali sono da ridursi l'imprese eroiche, che dovetter essere le somiglianze mute che da Omero si dicono *σήματα* (i segni co' quali scrivevan gli eroi); e 'n conseguenza dovetter essere metafore o immagini o simiglianze o comparazioni, che poi, con lingua articolata, fanno tutta la suppellettile della favella poetica. Perché certamente Omero, per una risoluta niegazione di Giuseffo ebreo che non ci sia venuto scrittore più antico di lui, [48] egli vien ad essere il primo autor della lingua greca, e, avendo noi da' greci tutto ciò che di essa n'è giunto, fu il primo autore di tutta la gentilità. Appo i latini le prime memorie della loro lingua son i frammenti de' *Carmi saliari*, [49] e 'l primo scrittore che ce n'è stato narrato è Livio Andronico poeta. E dal ricorso della barbarie d'Europa, essendovi rinnate altre lingue, la prima lingua degli spagnuoli fu quella che dicono « di romanzo » [50] e, 'n conseguenza, di poesia eroica (perché i romanzieri furon i poeti eroici de' tempi barbari ritornati); in Francia, il primo scrittore in volgar francese fu Arnaldo Daniel Pacca, il primo di tutti i provenzali poeti, che fiorì nell'undecimo secolo; [51] e finalmente i primi scrittori in Italia furon rimatori fiorentini e siciliani.

Il parlare pistolare degli egizi, convenuto a spiegare le bisogne della presente comun vita tra gli lontani, dee esser nato dal volgo d'un popolo principe dell'Egitto, che

48. *Giuseffo* ecc.: cfr. *Contra Apionem*, I, 2, 12.

49. *Carmi saliari*: cfr., sui carmi dei salii, le più ampie considerazioni svolte da Vico nel capitolo V di questa stessa sezione e le note relative.

50. *di romanzo*: lingua romanza, come le altre lingue neolatine. Però non c'è rapporto con i *romanzi*, ma con « romanice ».

51. *Arnaldo* ecc.: Arnautz Daniel (il Pacca è una aggiunta di Vico) poeta provenzale vissuto fra il XII e il XIII secolo, non nel sec. XI.

dovett'esser quello di Tebe (il cui re, Ramse, come si è sopra detto,[52] distese l'imperio sopra tutta quella gran nazione), perché per gli egizi corrisponda questa lingua all'età degli «uomini», quali si dicevano le plebi de' popoli eroici a differenza de' lor eroi, come si è sopra detto. E dee concepirsi esser provenuto da libera loro convenzione, per questa eterna propietà: ch'è diritto de' popoli il parlare e lo scriver volgare; onde Claudio imperadore avendo ritruovato tre altre lettere ch'abbisognavano alla lingua latina, il popolo romano non le volle ricevere,[53] come gl'italiani non han ricevuto le ritruovate da Giorgio Trissino, che si sentono mancare all'italiana favella.[54]

Tali parlari pistolari, o sieno volgari, degli egizi si dovettero scrivere con lettere parimente volgari,[55] le quali si truovano somiglianti alle volgari fenicie; ond'è necessario che gli uni l'avessero ricevute dagli altri. Coloro che oppinano gli egizi essere stati i primi ritruovatori di tutte le cose necessarie o utili all'umana società, in conseguenza di ciò debbon dire che gli egizi l'avessero insegnate a' fenici. Ma Clemente alessandrino,[56] il quale dovett'esser informato meglio ch'ogni altro qualunque autore delle cose di Egitto, narra che Sancunazione o Sancuniate fenice (il quale nella *Tavola cronologica* sta allogato nell'età degli eroi di Grecia) avesse scritto in lettere volgari la storia fenicia, e sì il propone come primo autore della gentilità ch'abbia scritto in volgari caratteri; per

52. *Ramse* ecc.: Ramsete II del quale Vico ha già parlato nelle *Annotazioni alla tavola cronologica*, I.

53. *Claudio imperadore* ecc.: cfr. Svetonio, *Claudius*, 41 e Tacito, *Annales*, XI, 14.

54. *Trissino* ecc.: nell'*Epistola de le lettere nuovamente aggiunte ne la lingua italiana* (1524) Giangiorgio Trissino (1458-1550) sostenne la opportunità di aggiungere la *e* e la *o* lunghe da scrivere con la «epsilon» e l'«omicron» dell'alfabeto greco.

55. *Tali parlari* ecc.: *parlari volgari*, la prosa; *lettere volgari* o quelle dell'alfabeto.

56. *Clemente* ecc.: invece san Cirillo. Cfr., anche per quanto segue, le *Annotazioni alla tavola cronologica*, XXIV e nota relativa.

lo qual luogo hassi a dire ch'i fenici, i quali certamente furono il primo popolo mercatante del mondo, per cagione di traffichi entrati in Egitto, v'abbiano portato le lettere loro volgari. Ma, senza alcun uopo d'argomenti e di congetture, la volgare tradizione ci accerta ch'essi fenici portarono le lettere in Grecia; sulla qual tradizione riflette Cornelio Tacito [57] che le vi portarono come ritruovate da sé le lettere ritruovate da altri, che intende le geroglifiche egizie. Ma, perché la volgar tradizione abbia alcun fondamento di vero (come abbiamo universalmente pruovato tutte doverlo avere), diciamo che vi portarono le geroglifiche ricevute da altri, che non poteron essere ch'i caratteri mattematici o figure geometriche ch'essi ricevute avevano da' caldei (i quali senza contrasto furono i primi mattematici e spezialmente i primi astronomi delle nazioni; onde Zoroaste caldeo, detto così perché « osservatore degli astri », come vuole il Bocharto, fu il primo sappiente del gentilesimo), [58] e se ne servirono per forme di numeri nelle loro mercatanzie, per cagion delle quali molto innanzi d'Omero praticavano nelle marine di Grecia. Lo che ad evidenza si pruova da essi poemi d'Omero e spezialmente dall'*Odissea*, perché a' tempi d'Omero Gioseffo vigorosamente sostiene contro Appione greco gramatico che le lettere volgari non si erano ancor truovate tra' greci. [59] I quali, con sommo pregio d'ingegno, nel quale certamente avvanzarono tutte le nazioni, trasportarono poi tai forme geometriche alle forme de' suoni articolati diversi, e con somma bellezza ne formarono i volgari caratteri delle lettere; le quali poscia si presero da' latini, ch'il medesimo Tacito [60] osserva essere state somiglianti all'antichissime greche. Di che gravissima pruova è quella

57. *Tacito*: *Annales*, XI, 14.

58. *Bocharto* ecc.: il già citato Samuele Bochart, *Geographia sacra*, IV, 1, 3.

59. *Gioseffo vigorosamente sostiene* ecc.: *Contra Apionem*, I, 2; cfr. *Annotazioni*, XII.

60. *Tacito*: *Annales*, XI, 14.

ch'i greci per lunga età, e fin agli ultimi loro tempi i latini, usarono lettere maiuscole per scriver numeri; che dev'esser ciò che Demarato corintio e Carmenta, moglie d'Evandro arcade, abbiano insegnato le lettere alli latini,[61] come spiegheremo appresso che furono colonie greche, oltramarine e mediterranee, dedotte[62] anticamente nel Lazio.

Né punto vale ciò che molti eruditi[63] contendono: — le lettere volgari dagli ebrei esser venute a' greci, perocché l'appellazione di esse lettere si osserva quasi la stessa appo degli uni e degli altri, — essendo più ragionevole che gli ebrei avessero imitata tal appellagione da' greci che questi da quelli. Perché dal tempo ch'Alessandro magno conquistò l'imperio dell'Oriente (che dopo la di lui morte si dissero i di lui capitani) tutti convengono che 'l sermon greco si sparse per tutto l'Oriente e l'Egitto; e, convenendo ancor tutti che la gramatica s'introdusse assai tardi tra essi ebrei, necessaria cosa è ch'i letterati ebrei appellassero le lettere ebraiche con l'appellazione de' greci. Oltrecché, essendo gli elementi semplicissimi per natura, dovettero dapprima i greci battere semplicissimi i suoni delle lettere,[64] che per quest'aspetto si dovettero dire « elementi »; siccome seguitarono a batterle i latini colla stessa gravità (con che conservarono le forme delle lettere simiglianti all'antichissime greche): laonde fa d'uopo dire che tal appellazione di lettere con voci composte fussesi tardi introdotta tra essi greci, e più tardi da' greci si fusse in Oriente portata agli ebrei.

Per le quali cose ragionate si dilegua l'oppenion di

61. *Demarato* ecc.: secondo Tacito, *Annales*, XI, 14, Demarato da Corinto avrebbe insegnato le lettere agli Etruschi (non ai latini). Ai latini le avrebbe insegnate, a differenza di quanto afferma Vico, Evandro. Carmenta la profetessa, inoltre, non fu moglie, ma madre di Evandro.

62. *dedotte*: condotte.

63. *molti eruditi*: per es. i citati Bochart e Hofmann.

64. *i greci* ecc.: chiamassero le lettere *a*, non « alfa »; *b*, non « beta » e così via.

coloro che vogliono Cecrope egizio aver portato le lettere volgari a' greci. Perché l'altra di coloro che stimano che Cadmo fenice le vi abbia portato da Egitto perocché fondò in Grecia una città col nome di Tebe, capitale della maggior dinastia degli egizi, si solverà appresso co' princìpi della *Geografia poetica*, per gli quali truoverassi ch'i greci, portatisi in Egitto, per una qualche simiglianza colla loro Tebe natia avessero quella capitale d'Egitto così chiamata.[65] E finalmente s'intende perché avveduti critici, come riferisce l'autor anonimo inglese nell'*Incertezza delle scienze*, giudicano che per la sua troppa antichità cotal Sancuniate non mai sia stato nel mondo.[66] Onde noi, per non tòrlo affatto dal mondo, stimiamo doversi porre a tempi più bassi, e certamente dopo d'Omero; e per serbare maggior antichità a' fenici sopra de' greci d'intorno all'invenzion delle lettere che si dicon « volgari » (con la giusta proporzione, però, di quanto i greci furono più ingegnosi d'essi fenici), si ha a dire che Sancuniate sia stato alquanto innanzi d'Erodoto (il quale fu detto « padre della storia de' greci », la quale scrisse con favella volgare), per quello che Sancuniate fu detto lo « storico della verità »,[67] cioè scrittore del tempo istorico che Varrone dice nella sua divisione de' tempi: del qual tempo, per la divisione delle tre lingue degli egizi, corrispondente alle tre età del mondo scorse loro dinnanzi, essi parlarono con lingua pistolare, scritta con volgari caratteri.

65. *Per le quali cose* ecc.: Vico fa qui riferimento ad opinioni sostenute dai citati Voss e Bochart. Per il riferimento alla *Geografia poetica*, si veda la sezione XI di questo secondo libro.

66. *avveduti critici* ecc.: sono il citato Giulio Cesare Scaligero e l'irlandese Enrico Dodwell (1641-1771). L'*anonimo autore* che ne riferisce le opinioni è Tommaso Baker (1656-1740), autore delle *Reflexions upon learning*, Cambridge, 1699, che il Vico conosce nella traduzione italiana: *Trattato della incertezza delle scienze tradotto in italiana favella*, Venezia, 1735, p. 156.

67. *Sancuniate* ecc.: cfr. le *Annotazioni alla tavola cronologica*, XXIV.

Or, siccome la lingua eroica ovvero poetica si fondò dagli eroi, così le lingue volgari sono state introdutte dal volgo, che noi dentro ritruoveremo essere state le plebi de' popoli eroici: le quali lingue propiamente da' latini furono dette « *vernaculæ* », che non potevan introdurre quelli « *vernæ* » che i gramatici diffiniscono « servi nati in casa dagli schiavi che si facevano in guerra », i quali naturalmente apprendono le lingue de' popoli dov'essi nascono. Ma dentro [68] si truoverà ch'i primi e propiamente detti « *vernæ* » furon i famoli degli eroi nello stato delle famiglie, da' quali poi si compose il volgo delle prime plebi dell'eroiche città, e furono gli abbozzi degli schiavi, che finalmente dalle città si fecero con le guerre. E tutto ciò si conferma con le due lingue che dice Omero: una degli dei, altra degli uomini, che noi qui sopra spiegammo « lingua eroica » e « lingua volgare », e quindi a poco lo spiegheremo vieppiù.

Ma delle lingue volgari egli è stato ricevuto con troppo di buona fede da tutti i filologi ch'elleno significassero a placito, [69] perch'esse, per queste lor origini naturali, debbon aver significato naturalmente. Lo che è facile osservare nella lingua volgar latina (la qual è più eroica della greca volgare, e perciò più robusta quanto quella è più dilicata), che quasi tutte le voci ha formate per trasporti [70] di nature o per propietà naturali o per effetti sensibili; e generalmente la metafora fa il maggior corpo delle lingue appo tutte le nazioni. Ma i gramatici, abbattutisi in gran numero di vocaboli che danno idee confuse e indistinte di cose, non sappiendone le origini, che le dovettero dapprima formare luminose e distinte, per dar pace alla loro ignoranza, stabilirono universalmente la massima che le voci umane articolate significano a pla-

68. *dentro*: cfr. *Delle famiglie de' famoli*, al capov. *Or, in sì fatte famiglie* ecc.

69. *a placito*: per convenzione. Vico rifiuta la tesi convenzionalistica.

70. *trasporti*: traslati.

cito, e vi trassero Aristotile con Galeno ed altri filosofi, e gli armarono contro Platone e Giamblico, come abbiam detto.[71]

Ma pur rimane la grandissima difficultà: come, quanti sono i popoli, tante sono le lingue volgari diverse? La qual per isciogliere,[72] è qui da stabilirsi questa gran verità: che, come certamente i popoli per la diversità de' climi han sortito varie diverse nature, onde sono usciti tanti costumi diversi; così dalle loro diverse nature e costumi sono nate altrettante diverse lingue: talché, per la medesima diversità delle loro nature, siccome han guardato le stesse utilità o necessità della vita umana con aspetti diversi, onde sono uscite tante per lo più diverse ed alle volte tra lor contrarie costumanze di nazioni; così e non altrimente son uscite in tante lingue, quant'esse sono, diverse. Lo che si conferma ad evidenza co' proverbi, che sono massime di vita umana, le stesse in sostanza, spiegate con tanti diversi aspetti quante sono state e sono le nazioni, come nelle *Degnità*[73] si è avvisato. Quindi le stesse origini eroiche, conservate in accorcio dentro i parlari volgari, han fatto ciò che reca tanta maraviglia a' critici bibbici:[74] ch'i nomi degli stessi re, nella storia sagra detti d'una maniera, si leggono d'un'altra nella profana; perché l'una per avventura [considerò] gli uomini per lo riguardo dell'aspetto, della potenza; l'altra per quello de' costumi, dell'imprese o altro che fusse stato: come tuttavia osserviamo le città d'Ungheria altrimente appellarsi dagli ungheri, altrimente da' greci, altrimente da' tedeschi, altrimente da' turchi. E la lingua tedesca, ch'è lingua eroica vivente, ella trasforma quasi tutti i nomi delle lingue straniere nelle propie natie; lo

71. *abbiam detto*: cfr. *Degli elementi*, LVII.
72. *isciogliere*: risolvere.
73. *Degnità*: la XXII.
74. *bibbici*: biblici. Sono il Bochart, lo Hottinger, il Marsham citt.

che dobbiamo congetturare aver fatto i latini e i greci ove ragionano di tante cose barbare con bell'aria greca e latina: la qual dee essere la cagione dell'oscurezza che s'incontra nell'antica geografia e nella storia naturale de' fossili, delle piante e degli animali. Perciò da noi in quest'opera la prima volta stampata si è meditata un'*Idea d'un dizionario mentale da dare le significazioni a tutte le lingue articolate diverse,*[75] riducendole tutte a certe unità d'idee in sostanza, che, con varie modificazioni guardate da' popoli, hanno da quelli avuto vari diversi vocaboli; del quale tuttavia facciamo uso nel ragionar questa Scienza. E ne diemmo un pienissimo saggio nel capo quarto,[76] dove facemmo vedere i padri di famiglia, per quindeci aspetti diversi osservati nello stato delle famiglie e delle prime repubbliche, nel tempo che si dovettero formare le lingue (del qual tempo sono gravissimi gli argomenti d'intorno alle cose i quali si prendono dalle natie significazioni delle parole, come se n'è proposta una degnità),[77] essere stati appellati con altrettanti diversi vocaboli da quindeci nazioni antiche e moderne; il qual luogo è uno degli tre per gli quali non ci pentiamo di quel libro stampato. Il qual *Dizionario* ragiona per altra via l'argomento che tratta Tommaso Hayne nella dissertazione *De linguarum cognatione* e nell'altre *De linguis in genere* e *Variarum linguarum harmonia.*[78] Da tutto lo che si raccoglie questo corollario: che quanto le lingue sono più ricche di tali parlari eroici accorciati[79] tanto sono più belle, e per ciò più belle perché son più evidenti, e perché più evidenti sono più veraci e più fide; e, al contrario, quanto sono più affollate di voci di tali

75. *in quest'opera* ecc.: cfr. *Scienza nuova prima,* III, 41 e 42.

76. *capo quarto*: invece nel libro III.

77. *degnità*: la LXV.

78. *Hayne* ecc.: Tommaso Hayne (1582-1645), *Linguarum cognatio, seu de linguis in genere et variarum linguarum cognatione,* Londra, 1639.

79. *parlari eroici* ecc.: i parlari *accorciati* sono per Vico i traslati, le

nascoste origini [80] sono meno dilettevoli, perché oscure e confuse, e perciò più soggette ad inganni ed errori. Lo che dev'essere delle lingue formate col mescolamento di molte barbare, delle quali non ci è venuta la storia delle loro origini e de' loro trasporti.

Ora, per entrare nella difficilissima guisa della formazione di tutte e tre queste spezie e di lingue e di lettere, è da stabilirsi questo principio: che, come dallo stesso tempo cominciarono gli dei, gli eroi e gli uomini (perch'eran pur uomini quelli che fantasticaron gli dei e credevano la loro natura eroica mescolata di quella degli dei e di quella degli uomini), così nello stesso tempo cominciarono tali tre lingue (intendendo sempre andar loro del pari le lettere), però con queste tre grandissime differenze: che la lingua degli dei fu quasi tutta muta, pochissima articolata; la lingua degli eroi, mescolata egualmente e di articolata e di muta, e, 'n conseguenza, di parlari volgari e di caratteri eroici co' quali scrivevano gli eroi, che *σήματα* dice Omero; [81] la lingua degli uomini, quasi tutta articolata e pochissima muta, perocché non vi ha lingua volgare cotanto copiosa ove non sieno più le cose che le sue voci. Quindi fu necessario che la lingua eroica nel suo principio fusse sommamente scomposta; ch'è un gran fonte dell'oscurità delle favole. Di che sia esemplo insigne quella di Cadmo: [82] egli uccide la gran serpe, ne semina i denti, da' solchi nascono uomini armati, gitta una gran pietra tra loro, questi a morte combattono, e finalmente esso Cadmo si cangia in serpe. Cotanto fu ingegnoso quel Cadmo il qual portò le lettere

metafore, le metonimie ecc.

80. *voci... origini*: sono i termini che derivano dal *placito* o dalla convenzione, termini astratti e quindi oscuri ed equivoci.

81. *dice Omero*: *Iliade*, VI, 168 segg. ove si parla dei « segni figurativi ».

82. *Cadmo*: al mito di Cadmo Vico ha già accennato in questo stesso capitolo (al capov. *Per le quali cose ragionate* ecc.), ne riparlerà più a lungo nella *Storia poetica*, I.

a' greci, di cui fu trammandata questa favola, che, come la spiegheremo appresso, contiene più centinaia d'anni di storia poetica!

In séguito del già detto, nello stesso tempo che si formò il carattere divino di Giove, che fu il primo di tutt'i pensieri umani della gentilità, incominciò parimente a formarsi la lingua articolata con l'onomatopea, con la quale tuttavia osserviamo spiegarsi felicemente i fanciulli. Ed esso Giove fu da' latini, dal fragor del tuono, detto dapprima « *Ious* »; dal fischio del fulmine da' greci fu detto *Ζεύς* ; dal suono che dà il fuoco ove brucia, dagli orientali dovett'essere detto « *Ur* », onde venne « *Urim* », la potenza del fuoco; dalla quale stessa origine dovett'a' greci venir detto *οὐρανός* il cielo, ed ai latini il verbo « *uro* », « bruciare »; a' quali, dallo stesso fischio del fulmine, dovette venire « *cel* », uno dei monosillabi d'Ausonio, ma con pronunziarlo con la ç degli spagnuoli, perché costi l'argutezza del medesimo Ausonio, ove di Venere così bisquitta:

Nata salo, suscepta solo, patre edita cælo. [83]

Dentro le quali origini è da avvertirsi che, con la stessa sublimità dell'invenzione della favola di Giove, qual abbiamo sopra osservato, incomincia egualmente sublime la locuzion poetica con l'onomatopea, la quale certamente Dionigi Longino [84] pone tra' fonti del sublime, e l'avvertisce, appo Omero, [85] nel suono che diede l'occhio di Polifemo, quando vi si ficcò la trave infuocata da Ulisse, che fece *σίζ* .

83. *Ausonio* ecc.: « nata dal mare, accolta dalla terra, inalzata al cielo dal padre »: i luoghi del poeta Decimo Magno Ausonio (morto intorno al 395 d. C.) cui Vico fa qui di seguito riferimento, sono rispettivamente in *Technopoegnion*, 14 e 17; *Epigrammata*, 52 (33); *bisquitta*: fa un bisticcio di parole.

84. *Longino*: *Del sublime*, VIII. La citazione è inesatta.

85. *Omero*: *Odissea*, XI, 394.

Seguitarono a formarsi le voci umane con l'interiezioni, che sono voci articolate all'empito di passioni violente, che 'n tutte le lingue son monosillabe. Onde non è fuor del verisimile che, da' primi fulmini incominciata a destarsi negli uomini la maraviglia, nascesse la prima interiezione da quella di Giove, formata con la voce « pa! », e che poi restò raddoppiata « *pape!* », interiezione di maraviglia, onde poi nacque a Giove il titolo di « padre degli uomini e degli dei », e quindi appresso che tutti gli dei se ne dicessero « padri », e « madri » tutte le dee; di che restaron a' latini le voci « *Iupiter* », « *Diespiter* », « *Marspiter* », « *Iuno genitrix* », la quale certamente le favole narranci essere stata sterile; ed osservammo, sopra, tanti altri dei e dee nel cielo non contrarre tra essolor matrimonio (perché Venere fu detta « concubina », non già « moglie » di Marte), e nulla di meno tutti appellavansi « padri » (di che vi hanno alcuni versi di Lucilio, riferiti nelle *Note al Diritto universale*).[86] E si dissero « padri » nel senso nel quale « *patrare* » dovette significare dapprima il fare, ch'è propio di Dio, come vi conviene anco la lingua santa ch'in narrando la criazione del mondo, dice che nel settimo giorno Iddio riposò « *ab opere quod patrarat* ».[87] Quindi dev'essere stato detto « *impetrare* », che si disse quasi « *impatrare* », che nella scienza augurale si diceva « *impetrire* », ch'era « riportare il buon augurio », della cui origine dicono tante inezie i latini gramatici:[88] lo che pruova che la prima interpetrazione fu delle leggi divine ordinate con gli auspìci, così detta quasi « *interpatratio* ».[89]

86. *versi di Lucilio* ecc.: cfr. *Degli elementi*, CVIII e relativa nota.
87. *ab opere* ecc.: *Genesi*, II, 2.
88. *i latini* ecc.: fa riferimento ai commenti a Cicerone e a Festo di Paolo Manuzio e del già ricordato Giuseppe Giusto Scaligero.
89. *la prima* ecc.: congettura fantastica sulla quale Vico tornerà nel IV libro della *Scienza nuova* (cfr. la sezione settima, *Tre spezie di giurisprudenze*).

Or sì fatto divino titolo, per la natural ambizione dell'umana superbia, avendosi arrogato gli uomini potenti nello stato delle famiglie, [90] essi si appellarono « padri » (lo che forse diede motivo alla volgar tradizione ch'i primi uomini potenti della terra si fecero adorare per dei); [91] ma, per la pietà dovuta ai numi, quelli i numi dissero « dei », ed appresso anco, presosi gli uomini potenti delle prime città il nome di « dei », per la stessa pietà i numi dissero « dei immortali », a differenza dei « dei mortali », ch'eran tali uomini. Ma in ciò si può avvertire la goffaggine di tai giganti, qual i viaggiatori narrano de *los patacones*: [92] della quale vi ha un bel vestigio in latinità, lasciatoci nell'antiche voci « *pipulum* » e « *pipare* » nel significato di « querela » e di « querelarsi », che dovette venire dall'interiezione di lamento « pi, pi »; nel qual sentimento vogliono che « *pipulum* » appresso Plauto [93] sia lo stesso che « *obvagulatio* » delle XII Tavole, la qual voce deve venir da « *vagire* », ch'è propio il piagnere de' fanciulli. Talché è necessario dall'interiezione di spavento esser nata a' greci la voce παιάν, incominciata da παί; di che vi ha appo essi un'aurea tradizione antichissima: ch'i greci, spaventati dal gran serpente detto Pitone, invocarono in loro soccorso Apollo con quelle voci: ἰὼ παιάν, [94] che prima tre volte batterono tarde, essendo illanguiditi dallo spavento, e poi, per lo giubilo perch'avevalo Apollo ucciso, gli

90. *nello stato* ecc.: l'età eroica del patriarcato o delle famiglie non riunite in società.

91. *volgar tradizione* ecc.: era questa, fra l'altro, dottrina degli « atomisti » o « ateisti » napoletani. In questo movimento, e alcuni esponenti di esso furono in rapporto col Vico, i temi del razionalismo e dello sperimentalismo moderni si inserivano in una cornice materialistica e libertina. Ma si veda, sui rapporti tra Vico e gli ateisti, il fondamentale studio del Nicolini, *La giovinezza di G. Vico,* già citato.

92. *patacones*: cfr. *Degli elementi,* XXVI e note relative.

93. *Plauto*: cfr. *Aulularia,* atto III, scena 2, 31.

94. *i greci* ecc.: in Ateneo, IV, 62 Eraclide da Ponto parla invece di ἰὴ παιάν. Quanto segue nel testo è

acclamarono altrettante volte battendole preste, col dividere l'ω in due o, e 'l dittongo $\alpha\iota$ in due sillabe. Onde nacque naturalmente il verso eroico prima spondaico e poi divenne dattilico, e ne restò quell'eterna propietà ch'egli in tutte l'altre sedi cede il luogo al dattilo, fuorché nell'ultima; e naturalmente nacque il canto, misurato dal verso eroico, agl'impeti di passioni violentissime, siccome tuttavia osserviamo nelle grandi passioni gli uomini dar nel canto e, sopra tutti, i sommamente afflitti ed allegri, come si è detto nelle *Degnità.* [95] Lo che qui detto quindi a poco recherà molto uso ove ragioneremo dell'origini del canto e de' versi.

S'innoltrarono a formar i pronomi, imperocché l'interiezioni sfogano le passioni propie, lo che si fa anco da soli, ma i pronomi servono per comunicare le nostre idee con altrui d'intorno a quelle cose che co' nomi propi o noi non sappiamo appellare o altri non sappia intendere. E i pronomi, pur quasi tutti, in tutte le lingue la maggior parte son monosillabi; il primo de' quali, o almeno tra' primi, dovett'esser quello di che n'è rimasto quel luogo d'oro d'Ennio:

Aspice hoc sublime cadens, quem omnes invocant Iovem, [96]

ov'è detto « *hoc* » invece di « *cælum* », e ne restò in volgar latino

Luciscit hoc iam, [97]

invece di « *albescit cælum* ». E gli articoli dalla lor nascita hanno questa eterna propietà: d'andare innanzi a' nomi a' quali son attaccati.

una deformazione vichiana.

95. *Degnità*: la LIX.

96. *luogo d'oro* ecc.: cfr. Cicerone, *De nat. deor.*, II, 2 e 25; III, 4 e 16. *Cadens* va corretto in *candens*: « Guarda questo sublime Cielo splendente che tutti chiamano Giove ».

97. *Luciscit* ecc.: « Questo già si illumina ». Plauto, *Amphitruo*, atto I, scena 3, 45.

Dopo si formarono le particelle, delle quali sono gran parte le preposizioni, che pure quasi in tutte le lingue son monosillabe; che conservano col nome questa eterna propietà: di andar innanzi a' nomi che le domandano ed a' verbi co' quali vanno a comporsi.

Tratto tratto s'andarono formando i nomi; de' quali nell'*Origini della lingua latina*, ritruovate in quest'opera la prima volta stampata,[98] si novera una gran quantità nati dentro del Lazio, dalla vita d'essi latini selvaggia, per la contadinesca, infin alla prima civile, formati tutti monosillabi, che non han nulla di origini forestiere, nemmeno greche, a riserba di quattro voci: *βοῦς*, *σῦς*, *μῦς*, *σήψ*, ch'a' latini significa « siepe » e a' greci « serpe ». Il qual luogo è l'altro degli tre che stimiamo esser compiuti in quel libro, perch'egli può dar l'esemplo, a' dotti dell'altre lingue di doverne indagare l'origini con grandissimo frutto della repubblica letteraria; come certamente la lingua tedesca, ch'è lingua madre (perocché non vi entrarono mai a comandare nazioni straniere), ha monosillabe tutte le sue radici. Ed esser nati i nomi prima de' verbi ci è appruovato da questa eterna propietà: che non regge orazione[99] se non comincia da nome ch'espresso o taciuto la regga.

Finalmente gli autori delle lingue si formarono i verbi, come osserviamo i fanciulli spiegar nomi, particelle, e tacer i verbi. Perché i nomi destano idee che lasciano fermi vestigi; le particelle, che significano esse modificazioni, fanno il medesimo; ma i verbi significano moti, i quali portano l'innanzi e 'l dopo,[100] che sono misurati dall'indivisibile del presente, difficilissimo ad intendersi dagli stessi filosofi. Ed è un'osservazione fisica che di molto

98. *in quest'opera* ecc.: *Scienza nuova prima*, III, 38.

99. *orazione*: è qui sinonimo di proposizione, periodo.

100. *l'innanzi* ecc.: il passato e il futuro.

appruova ciò che diciamo, che tra noi vive un uomo onesto, tocco da gravissima apoplessia, il quale mentova nomi e si è affatto dimenticato de' verbi. E pur i verbi che sono generi di tutti gli altri — quali sono « *sum* » dell'essere, al quale si riducono tutte l'essenze, ch'è tanto dire tutte le cose metafisiche; « *sto* » della quiete, « *eo* » del moto, a' quali si riducono tutte le cose fisiche; « *do* », « *dico* » e « *facio* », a' quali si riducono tutte le cose agibili, sien o morali o famigliari o finalmente civili — dovetter incominciare dagl'imperativi; perché nello stato delle famiglie, povero in sommo grado di lingua, i padri soli dovettero favellare e dar gli ordini a' figliuoli ed a' famoli, e questi, sotto i terribili imperi famigliari, quali poco appresso vedremo, con cieco ossequio dovevano tacendo eseguirne i comandi. I quali imperativi sono tutti monosillabi, quali ci son rimasti « *es* », « *sta* », « *i* », « *da* », « *dic* », « *fac* ».

Questa generazione delle lingue è conforme a' princìpi così dell'universale natura, per gli quali gli elementi delle cose tutte sono indivisibili, de' quali esse cose si compongono e ne' quali vanno a risolversi, come a quelli della natura particolare umana, per quella degnità [101] ch' « i fanciulli, nati in questa copia di lingue e c'hanno mollissime le fibbre dell'istromento da articolare le voci, le incominciano monosillabe »: che molto più si dee stimare de' primi uomini delle genti, i quali l'avevano durissime, né avevano udito ancor voce umana. Di più ella ne dà l'ordine con cui nacquero le parti dell'orazione, e 'n conseguenza le naturali cagioni della sintassi.

Le quali cose tutte sembrano più ragionevoli di quello che Giulio Cesare Scaligero e Francesco Sanzio ne han detto a proposito della lingua latina. [102] Come se i popoli

101. *degnità*: la LX.
102. *Scaligero* ecc.: il già ricordato Giulio Cesare Scaligero, *De causis linguæ latinæ*, Lione, 1540, e France-

che si ritruovaron le lingue avessero prima dovuto andare a scuola d'Aristotile, coi cui princìpi ne hanno amendue ragionato!

5.

COROLLARI D'INTORNO ALL'ORIGINI DELLA LOCUZION POETICA, DEGLI EPISODI, DEL TORNO, DEL NUMERO, DEL CANTO E DEL VERSO

In cotal guisa si formò la lingua poetica per le nazioni, composta di caratteri divini ed eroici, dappoi spiegati con parlari volgari, e finalmente scritti con volgari caratteri. [1] E nacque tutta da povertà di lingua e necessità di spiegarsi; lo che si dimostra con essi primi lumi della poetica locuzione, che sono l'ipotiposi, l'immagini, le somiglianze, le comparazioni, le metafore, le circoscrizioni, le frasi spieganti le cose per le loro naturali propietà, le descrizioni raccolte dagli effetti o più minuti o più risentiti, e finalmente per gli aggiunti enfatici ed anche oziosi.

Gli episodi [2] sono nati da essa grossezza delle menti eroiche, che non sapevano sceverare il propio delle cose che facesse al loro proposito, come vediamo usargli naturalmente gl'idioti e sopra tutti le donne.

I torni [3] nacquero dalla difficultà di dar i verbi al sermone, che, come abbiam veduto, furono gli ultimi a ritruovarsi; onde i greci, che furono più ingegnosi, essi tornarono il parlare men de' latini, e i latini meno di quel che fanno i tedeschi.

Il numero prosaico fu inteso tardi dai scrittori — nella greca lingua da Gorgia leontino e nella latina da Cicerone —, perocché innanzi, al riferire di Cicerone mede-

sco Sanchez (1523-1601), *Minerva sive de causis linguæ latinæ*, ristampa di Amsterdam, 1664.

5. - 1. *caratteri divini* ecc.: i geroglifici; *parlari volgari*: prosa; *volgari caratteri*: alfabeto.

2. *episodi*: le digressioni.

3. *torni*: le inversioni sintattiche.

simo,[4] avevano renduto numerose l'orazioni con certe misure poetiche; lo che servirà molto quindi a poco, ove ragioneremo dell'origini del canto e de' versi.

Da tutto ciò sèmbra essersi dimostrato la locuzion poetica esser nata per necessità di natura umana prima della prosaica; come per necessità di natura umana nacquero, esse favole, universali fantastici, prima degli universali ragionati o sieno filosofici, i quali nacquero per mezzo di essi parlari prosaici. Perocché, essendo i poeti, innanzi, andati a formare la favella poetica con la composizione dell'idee particolari (come si è appieno qui dimostrato), da essa vennero poi i popoli a formare i parlari da prosa col contrarre in ciascheduna voce, come in un genere, le parti ch'aveva composte la favella poetica; e di quella frase poetica, per esemplo: « Mi bolle il sangue nel cuore » (ch'è parlar per propietà naturale, eterno ed universale a tutto il gener umano), del sangue, del ribollimento e del cuore fecero una sola voce, com'un genere, che da' greci fu detto *στόμαχος*, da' latini « *ira* », dagl'italiani « collera ». Con egual passo, de' geroglifici e delle lettere eroiche si fecero poche lettere volgari,[5] come generi da conformarvi innumerabili voci articolate diverse, per lo che vi abbisognò fior d'ingegno; co' quali generi volgari, e di voci e di lettere, s'andarono a fare più spedite le menti de' popoli ed a formarsi astrattive, onde poi vi poterono provenir i filosofi, i quali formaron i generi intelligibili. Lo che qui ragionato è una particella della storia dell'idee. Tanto l'origini delle lettere, per truovarsi, si dovevano ad un fiato trattare con l'origini delle lingue!

4. *Cicerone*: cfr. *Orator*, 49; *De oratore*, III, 44.

5. *Con egual* ecc.: con lo stesso procedimento, allo stesso modo, si costruì un ristretto numero di caratteri alfabetici derivandoli dai geroglifici e dalle imprese. Sulle imprese si veda il successivo capitolo 6, III.

Del canto e del verso si sono proposte quelle degnità: [6] che, dimostrata l'origine degli uomini mutoli, dovettero dapprima, come fanno i mutoli, mandar fuori le vocali cantando; dipoi, come fanno gli scilinguati, dovettero pur cantando mandar fuori l'articolate di consonanti. Di tal primo canto de' popoli fanno gran pruova i dittonghi ch'essi ci lasciarono nelle lingue, che dovettero dapprima esser assai più in numero; siccome i greci e i francesi, che passarono anzi tempo dall'età poetica alla volgare, ce n'han lasciato moltissimi, come nelle *Degnità* [7] si è osservato. E la cagion si è che le vocali sono facili a formarsi ma le consonanti difficili; e perché si è dimostrato che tai primi uomini stupidi, per muoversi a profferire le voci, dovevano sentire passioni violentissime, le quali naturalmente si spiegano con altissima voce; e la natura porta ch'ove uomo alzi assai la voce, egli dia ne' dittonghi e nel canto, come nelle *Degnità* [8] si è accennato: onde poco sopra dimostrammo i primi uomini greci, nel tempo de' loro dei, aver formato il primo verso eroico spondaico col dittongo *παι* e pieno due volte più di vocali che consonanti.

Ancora tal primo canto de' popoli nacque naturalmente dalla difficultà delle prime prononzie, la qual si dimostra come dalle cagioni così dagli effetti. Da quelle, perché tali uomini avevano formato di fibbre assai dure l'istrumento d'articolare le voci, e di voci essi ebbero pochissime; come al contrario i fanciulli, di fibbre mollissime, nati in questa somma copia di voci, si osservano con somma difficultà prononziare le consonanti (come nelle *Degnità* [9] s'è pur detto), e i chinesi, che non hanno più che trecento voci articolate, che, variamente modificando, e nel suono e nel tempo, corrispondono, con la lingua

6. *degnità*: la LVIII.
7. *Degnità*: la XXI.
8. *Degnità*: la XXI e la LXIX.
9. *Degnità*: la LX.

volgare, a' loro cenventimila geroglifici, parlan essi cantando.[10] Per gli effetti, si dimostra dagli accorciamenti delle voci, i quali s'osservano innumerabili nella poesia italiana (e nell'*Origini della lingua latina*[11] n'abbiamo dimostro un gran numero, che dovettero nascere accorciate e poi essersi col tempo distese); ed al contrario da' ridondamenti, perocché gli scilinguati da alcuna sillaba, alla quale sono più disposti di profferire cantando, prendon essi compenso di profferir quelle che loro riescono di difficil prononzia (come pure nelle *Degnità*[12] sta proposto); onde appo noi nella mia età fu un eccellente musico di tenore con tal vizio di lingua: ch'ove non poteva profferir le parole, dava in un soavissimo canto e così le prononziava. Così certamente gli arabi cominciano quasi tutte le voci da «*al*»;[13] ed affermano gli unni fussero stati così detti che le cominciassero tutte da «*un*».[14] Finalmente si dimostra che le lingue incominciaron dal canto per ciò che testé abbiam detto: ch'innanzi di Gorgia e di Cicerone i greci e i latini prosatori usarono certi numeri quasi poetici, come a' tempi barbari ritornati[15] fecero i Padri della Chiesa latina (truoverassi il medesimo della greca), talché le loro prose sembrano cantilene.[16]

10. *i chinesi* ecc.: le *voci articolate* o radici del cinese sono 214. Gli ideogrammi (*geroglifici*, dice Vico) sono certo meno di 120.000, ma la questione è ancor oggi controversa. Con il *parlare cantando* Vico si riferisce alla inflessione della voce che, in taluni casi, fa variare il significato degli stessi suoni rappresentati con lo stesso ideogramma.

11. *nell'Origini* ecc.: cfr. *Scienza nuova prima*, III, 38.

12. *Degnità*: la LVIII.

13. *gli arabi* ecc.: *al* è in realtà l'articolo determinativo.

14. *gli unni* ecc.: in realtà si riteneva che nomi di città quali Huningen, Hunnenborg ecc. fossero il segno del passaggio degli Unni (cfr. Giangiacomo Hofmann, *Lexicon universale*, II, 459).

15. *tempi barbari ritornati*: il Medioevo.

16. *i Padri* ecc.: il cosiddetto *cursus*, come osserva il Nicolini, *Comm.*, 462, in uso nel III e IV secolo e divenuto nel V e VI secolo legge obbligatoria della prosa epistolare e parenetica, scomparve proprio nel periodo centrale del Medioevo, per riapparire nel secolo XII nella cancelleria pontificia; *greca*: bizantina.

Il primo verso (come abbiamo poco fa dimostrato di fatto che nacque) dovette nascere convenevole alla lingua ed all'età degli eroi, qual fu il verso eroico, il più grande di tutti gli altri e propio dell'eroica poesia; e nacque da passioni violentissime di spavento e di giubilo, come la poesia eroica non tratta che passioni perturbatissime. Però non nacque spondaico per lo gran timor del Pitone, come la volgar tradizione racconta; la qual perturbazione affretta l'idee e le voci più tosto che le ritarda, onde appo i latini « *solicitus* » e « *festinans* » significano « timoroso »: [17] ma per la tardezza delle menti e difficultà delle lingue degli autori delle nazioni nacque prima, come abbiam dimostro, [18] spondaico, di che si mantiene in possesso, che nell'ultima sede non lascia mai lo spondeo; dappoi, faccendosi più spedite e le menti e le lingue, v'ammise il dattilo; appresso, spedendosi entrambe vieppiù, nacque il giambico, il cui piede è detto « presto » da Orazio [19] (come di tali origini si sono proposte due degnità); finalmente, fattesi quelle speditissime, venne la prosa, la quale, come testé si è veduto, parla quasi per generi intelligibili; ed alla prosa il verso giambico s'appressa tanto, che spesso innavedutamente cadeva a' prosatori scrivendo. Così il canto s'andò ne' versi affrettando co' medesimi passi co' quali si spedirono nelle nazioni e le lingue e l'idee, come anco nelle *Degnità* [20] si è avvisato.

Tal filosofia ci è confermata dalla storia, la quale la più antica cosa che narra sono gli oracoli e le sibille, come nelle *Degnità* [21] si è proposto; onde, per significare una cosa esser antichissima, vi era il detto: « quella essere più vecchia della sibilla »; e le sibille furono sparse per tutte le prime nazioni, delle quali ci sono pervenute pur

17. *solicitus* ecc.: solo « solicitus ».
18. *come abbiam* ecc.: nella degnità LXI.
19. *il giambico* ecc.: cfr. la degnità LXII, e relativa nota.
20. *Degnità*: la LXV.
21. *Degnità*: invece nella precedente sezione *Della metafisica poetica*.

dodici. Ed è volgar tradizione che le sibille cantarono in verso eroico,[22] e gli oracoli per tutte le nazioni pur in verso eroico davano le risposte; onde tal verso da' greci fu detto «pizio»[23] dal loro famoso oracolo d'Apollo pizio (il qual dovette così appellarsi dall'ucciso serpente detto Pitone, onde noi sopra abbiam detto esser nato il primo verso spondaico), e da' latini fu detto «verso saturnio», come ne accerta Festo;[24] che dovette in Italia nascere nell'età di Saturno, che risponde all'età dell'oro de' greci, nella quale Apollo, come gli altri dei, praticava in terra con gli uomini. Ed Ennio, appo il medesimo Festo,[25] dice che con tal verso i fauni rendevano i fati ovvero gli oracoli nell'Italia (che certamente tra' greci, com'or si è detto, si rendevano in versi esametri); ma poi «versi saturni» restaron detti i giambici senari, forse perché così poi naturalmente si parlava in tai versi saturni giambici, come innanzi si era naturalmente parlato in versi saturni eroici.

Quantunque oggi dotti di lingua santa sien divisi in oppenioni diverse d'intorno alla poesia degli ebrei, s'ella è composta di metri o veramente di ritmi, però Gioseffo, Filone, Origene, Eusebio stanno a favore de' metri, e (ciò che fa sommamente al nostro proposito) san Girolamo[26] vuole che 'l libro di Giobbe, il qual è più antico di quei di Mosè, fusse stato tessuto in verso eroico dal

22. *le sibille... eroico*: per il Marsham, Femonoe, sacerdotessa di Apollo, sarebbe stata l'inventrice dell'esametro.

23. *tal verso* ecc.: « mera congettura vichiana » (Nicolini).

24. *Festo*: Sesto Pompeio Festo (II sec. d. C.) autore di un'epitome del *De significatu verborum* di Verrio Flacco. I termini sono disposti alfabeticamente in venti libri (la prima metà dell'opera è perduta). Cfr. la voce *Saturnus*.

25. *Ennio* ecc.: non presso Festo, ma in Cicerone, *Brutus*, 10; *Orator*, 51. Quanto viene esposto di seguito è una arbitraria congettura del Vico.

26. *Gioseffo* ecc.: le citazioni da Flavio Giuseppe, *Antiquitates iudaicæ*, II, 16, 4; IV, 8, 44; VII, 12 (10), 3; da Filone ebreo, *De vita contemplativa*, 902 b-c; da Eusebio di Cesarea (fra il 260 e il 340 d. C.), *Præparatio evangelica*, XI, 5, derivano dalla *Præfatio in Job* di san Girolamo, che accenna anche ad Origene.

principio del terzo capo fin al principio del capo quarantesimosecondo.

Gli arabi, ignoranti di lettera,[27] come riferisce l'autor anonimo nell'*Incertezza delle scienze*,[28] conservarono la loro lingua con tener a memoria i loro poemi finattanto ch'innondarono le provincie orientali del greco imperio.

Gli egizi scrivevano le memorie de' lor difonti nelle siringi,[29] o colonne, in verso, dette da « *sir* », che vuol dire « canzona »; onde vien detta « Sirena », deità senza dubbio celebre per lo canto, nel qual Ovidio[30] dice esser egualmente stata celebre che 'n bellezza la ninfa detta Siringa: per la qual origine si deve lo stesso dire ch'avessero dapprima parlato in versi i siri e gli assiri.

Certamente i fondatori della greca umanità furon i poeti teologi, e furon essi eroi, e cantarono in verso eroico.

Vedemmo i primi autori della lingua latina essere stati i salii, che furon poeti sagri, da' quali si hanno i frammenti de' versi saliari, c'hanno un'aria di versi eroici, che sono le più antiche memorie della latina favella. Gli antichi trionfanti romani lasciarono le memorie de' loro trionfi pur in aria di verso eroico, come Lucio Emilio Regillo quella:

Duello magno dirimendo, regibus subiugandis,

Acilio Glabrione quell'altra:

Fudit, fugat, prosternit maximas legiones,[31]

27. *lettera*: scrittura alfabetica.

28. *l'autor* ecc.: cfr. n. 66 al capitolo precedente. Nella traduzione italiana dell'operetta del Baker si fa riferimento alla ignoranza degli Arabi: « È tanto lontano che gli Arabi avessero da se medesimi erudizione alcuna, che i veri discendenti d'Ismaele non avevano nemmeno Alfabeto ». (Venezia, 1735, p. 321).

29. *siringi*: gallerie sotterranee, non *colonne*.

30. *Ovidio*: *Metamorfosi*, I, 690-91.

31. *Duello* ecc.: i versi sono riportati da Livio, XL, 52 e dal *Fragmentum de metris* (ed. Keil, VI, 269) del poeta latino, amico ed editore di Persio, Cesio Basso (I secolo d. C.).

ed altri altre. I frammenti della legge delle XII Tavole, se bene vi si rifletta, nella più parte de' suoi capi va[nno] a terminar in versi adonii, che sono ultimi ritagli[32] di versi eroici; lo che Cicerone dovette imitare nelle sue *Leggi*, le quali così incominciano:

Deos caste adeunto.
Pietatem adhibento.[33]

Onde, al riferire del medesimo, dovette venire quel costume romano: ch'i fanciulli, per dirla con le di lui parole, « *tanquam necessarium carmen* », andavano cantando essa legge; non altrimenti che Eliano narra che facevano i fanciulli cretesi.[34] Perché certamente Cicerone, famoso ritruovatore del numero prosaico appresso i latini, come Gorgia leontino lo era stato tra' greci (lo che sopra si è riflettuto), doveva schifare nella prosa, e prosa di sì grave argomento, nonché versi così sonori, anche i giambici (i quali tanto la prosa somigliano), da' quali si guardò scrivendo anco lettere famigliari.[35] Onde di tal spezie di verso bisogna che sieno vere quelle volgari tradizioni: delle quali la prima è appresso Platone, la qual dice che le leggi degli egizi furono poemi della dea Iside; la seconda è appresso Plutarco, la qual narra che Ligurgo diede agli spartani in verso le leggi, a' quali con una particolar legge aveva proibito saper di lettera; la terza è appo Massimo tirio, la qual racconta Giove aver dato a Minosse le leggi in verso, la quarta ed ultima è riferita da Suida, che Dragone dettò in verso le leggi agli ateniesi, il quale pur volgarmente ci vien narrato averle scritte col sangue.[36]

32. *ritagli*: avanzi.
33. *Cicerone* ecc.: *De legibus*, II, 8.
34. *Eliano* ecc.: Claudio Eliano (170-235 circa d. C.), *Variæ Historiæ*, II, 39.
35. *Cicerone* ecc.: cfr. *De oratore*, III, 47.
36. *quelle volgari tradizioni* ecc.: cfr. Platone, *Leggi*, II, 3, 657 a; Plutarco, *Lycurgus*, 4, 2-3; Massimo da

Ora, ritornando dalle leggi alle storie, riferisce Tacito ne' *Costumi de' germani antichi*[37] che da quelli si conservavano conceputi in versi i princìpi della loro storia; e quivi Lipsio, nelle *Annotazioni*,[38] riferisce il medesimo degli americani. Le quali autorità di due nazioni, delle quali la prima non fu conosciuta da altri popoli che tardi assai da' romani, la seconda fu scoverta due secoli fa da' nostri europei, ne danno un forte argomento di congetturare lo stesso di tutte l'altre barbare nazioni, così antiche come moderne; e, senza uopo di conghietture, de' persiani tralle antiche, e de' chinesi tralle nuovamente scoperte, si ha dagli autori che le prime loro storie scrissero in versi. E qui si facci questa importante riflessione: che, se i popoli si fondarono con le leggi, e le leggi appo tutti furono in versi dettate, e le prime cose de' popoli pur in versi si conservarono; necessaria cosa è che tutti i primi popoli furono di poeti.

Ora — ripigliando il proposto argomento d'intorno all'origini del verso — al riferire di Festo, ancora le guerre cartaginesi furono da Nevio innanzi di Ennio scritte in verso eroico;[39] e Livio Andronico, il primo scrittor latino, scrisse la *Romanide*, ch'era un poema eroico il quale conteneva gli annali degli antichi romani.[40] Ne' tempi barbari ritornati essi storici latini furon poeti eroici, come

Tiro, *Orazioni*, XII, 7 e XXXVIII, 2; guida alla voce Dracone (Δϱάκων), ma molte delle fonti sono deformate dal Vico.

37. *Tacito* ecc.: *Germania*, 2.

38. *Lipsio* ecc.: cfr. C. C. Taciti, *Opera... a Justo Lipsio recensita*, Anversa, 1668, p. 434, n. 2. Giusto Lipsio (Joest Lips) è l'erudito, umanista e filosofo fiammingo (1547-1600) che contribuì alla diffusione e discussione della filosofia stoica.

39. *Festo* ecc.: *De significatu verborum*, voce *Saturnus*. Gneo Nevio, poeta latino nato probabilmente a Roma intorno al 270 a. C., autore, fra l'altro, di un poema in versi saturni, il *Bellum Poenicum* del quale restano pochi frammenti. Il poema trattava della prima guerra punica e delle origini di Roma.

40. *Livio Andronico* ecc.: poeta latino, vissuto tra il 284 e il 204 a. C., autore delle prime commedie e tragedie latine. Un poema epico, la *Romanide*, gli fu falsamente attribuito.

Guntero, Guglielmo pugliese [41] ed altri. Abbiam veduto i primi scrittori nelle novelle lingue d'Europa essere stati verseggiatori; e nella Silesia, provincia quasi tutta di contadini, nascon poeti. [42] E generalmente, perocché cotal lingua troppo intiere conserva le sue origini eroiche, questa è la cagione, di cui ignaro, Adamo Rochembergio afferma che le voci composte de' greci si possono felicemente rendere in lingua tedesca, spezialmente in poesia; e 'l Berneggero ne scrisse un catalogo, che poi si studiò d'arricchire Giorgio Cristoforo Peischero in *Indice de græcæ germanicæ linguae analogia.* [43] Nella qual parte, di comporre le intiere voci tra loro, la lingua latina antica ne lasciò pur ben molte, delle quali, come di lor ragione, seguitarono a servirsi i poeti: perché dovett'essere propietà comune di tutte le prime lingue, le quali, come si è dimostrato, prima si fornirono di nomi, dappoi di verbi, e sì, per inopia di verbi, avesser unito essi nomi. Che devon esser i princìpi di ciò che scrisse il Morhofio in *Disquisitionibus de germanica lingua et poësi.* [44] E questa sia una pruova dell'avviso che diemmo nelle *Degnità*: [45] che, « se i dotti della lingua tedesca attendano a truovarne l'origini per questi princìpi, vi faranno delle discoverte maravigliose ».

41. *Guntero* ecc.: autore, il primo, di un *Carmen heroicum de rebus a Friderico Barbarossa gestis*; il secondo di un *De gestis Normannorum in Italia*. Questi due poemi storici erano stati rieditі da Ludovico Antonio Muratori nel 1725.

42. *Silesia* ecc.: le scuole poetiche slesiane del secolo XVII erano legate al marinismo, non al carattere agricolo della Slesia.

43. *Rochembergio* ecc.: gli autori e le opere cui Vico fa qui riferimento sono: la prefazione di Adamo Rechenberg al *De historia linguæ grecæ*, Lipsia, 1691, di Lorenzo Ingewald Elingius; le *Ex Cornelii Taciti Germania et Agricola quæstiones miscellaneæ*, 1640, di Mattia Bernegger (1582-1640); l'*Index de vernacula et rerum germanicarum significatione pro græcæ et germanicæ linguæ analogia*, Lipsia, 1683, di Giorgio Cristoforo Peisker.

44. *Morhofio* ecc.: cfr. Giorgio Daniele Morhofen, *Unterricht von der teutschen Sprache und Poesie*, Kiel, 1682. Di quest'opera, come chiarisce il Nicolini (*Comm.*, 471) Vico aveva notizia attraverso una recensione comparsa negli *Acta eruditorum lipsiensia*, 1682, pp. 271-77.

45. *Degnità*: la XVIII.

Per le quali cose tutte qui ragionate sembra ad evidenza essersi confutato quel comun error de' gramatici, i quali dicono la favella della prosa esser nata prima, e dopo quella del verso; e dentro l'origini della poesia, quali qui si sono scoverte, si son truovate l'origini delle lingue e l'origini delle lettere.

6.

GLI ALTRI COROLLARI LI QUALI SI SONO DA PRINCIPIO PROPOSTI

I

Con tal primo nascere de' caratteri e delle lingue nacque il gius, detto « *ious* » da' latini, e dagli antichi greci διαῖον — che noi sopra spiegammo « celeste », detto da Διός; onde a' latini vennero « *sub dio* » egualmente e « *sub Iove* » per dir « a ciel aperto » — e, come dice Platone nel *Cratilo*, [1] poi per leggiadria di favella fu detto δίκαιον. Perché universalmente da tutte le nazioni gentili fu osservato il cielo con l'aspetto di Giove, per riceverne le leggi ne' di lui divini avvisi o comandi, che credevan essere gli auspìci; lo che dimostra tutte le nazioni esser nate sulla persuasione della provvedenza divina.

E, 'ncominciandole a noverare, Giove a' caldei fu 'l cielo, in quanto era creduto dagli aspetti e moti delle stelle avvisar l'avvenire, e ne furon dette « astronomia » e « astrologia » le scienze quella delle leggi e questa del parlare degli astri, ma nel senso d' « astrologia giudiziaria », [2] come « *chaldæi* » per « astrolaghi giudiziari » restarono detti nelle leggi romane.

A' persiani egli fu Giove ben anco il cielo, in quanto

6. - 1. *nel Cratilo*: 412 d-413 c. 2. *giudiziaria*: divinatoria.

si credeva significare le cose occulte agli uomini. Della qual scienza i sappienti se ne dissero « maghi », e restonne appellata « magia » così la permessa, ch'è la naturale delle forze occulte maravigliose della natura, come la vietata delle sopranaturali, nel qual senso restò « mago » detto per « istregone ». E i maghi adoperavano la verga (che fu il lituo degli àuguri appo i romani) [3] e descrivevano i cerchi degli astronomi; della qual verga e cerchi poi si sono serviti i maghi nelle loro stregonerie. Ed a' persiani il cielo fu il templo di Giove, con la qual religione Ciro [4] rovinava i templi fabbricati per la Grecia.

Agli egizi pur Giove fu 'l cielo, in quanto si credeva influire nelle cose sublunari ed avvisar l'avvenire; onde credevano fissare gl'influssi celesti nel fondere a certi tempi l'immagini, ed ancor oggi conservano una volgar arte d'indovinare.

A' greci fu anco Giove esso cielo, in quanto ne consideravano i teoremi e i matemi altre volte detti, [5] che credevano cose divine o sublimi da contemplarsi con gli occhi del corpo e da osservarsi (in senso di « eseguirsi ») come leggi di Giove; da' quai matemi nelle leggi romane « *mathematici* » si dicono gli astrolaghi giudiziari.

De' romani è famoso il sopra qui riferito verso [6] di Ennio:

Aspice hoc sublime cadens, quem omnes invocant Iovem,

preso il pronome « *hoc* », come si è detto, in significato di « *cœlum* »; e da' medesimi si dissero « *templa cœli* », che pur sopra si sono dette le regioni del cielo disegnate dagli

3. *il lituo* ecc.: per Cicerone, *De divinatione* I, 17, deriva invece da una tromba ricurva.

4. *a' persiani* ecc.: il cielo veniva assunto come tempio. Non Ciro, ma Serse.

5. *altre volte detti*: cfr., in questo libro II, i *Corollari d'intorno agli aspetti principali di questa scienza,* III.

6. *il sopra... riferito* ecc.: in questa stessa sezione.

àuguri per prender gli auspìci. E ne restò a' latini « *templum* » per significare ogni luogo che da ogni parte ha libero e di nulla impedito il prospetto; ond'è « *extemplo* » in significato di « subito », e « *neptunia templa* » disse il mare, con maniera antica, Virgilio.[7]

De' germani antichi narra Tacito[8] ch'adoravano i loro dei entro luoghi sagri, che chiama « *lucos et nemora* », che dovetter essere selve rasate dentro il chiuso de' boschi (del qual costume durò fatiga la Chiesa per dissavvezzargli, come si raccoglie da' concili anetense e bracarense nella *Raccolta de' decreti* lasciataci dal Burcardo),[9] ed ancor oggi se ne serbano in Lapponia e Livonia i vestigi.

De' peruani si è truovato Iddio dirsi assolutamente « il Sublime », i cui templi sono, a ciel aperto, poggi ove si sale da due lati per altissime scale, nella qual altezza ripongono tutta la loro magnificenza.[10] Onde dappertutto la magnificenza de' templi or è riposta in una loro sformatissima altezza. La cima de' quali troppo a nostro proposito si truova appresso Pausania[11] dirsi ἀετός, che vuol dir « aquila »; perché si sboscavano le selve per aver il prospetto di contemplare donde venivano gli auspìci dell'aquile, che volan alto più di tutti gli uccelli. E forse quindi le cime ne furon dette « *pinnæ templorum* », donde poi dovettero dirsi « *pinnæ murorum* »,[12] perché sui confini di tali primi templi del mondo dopo s'alzarono le mura delle prime città, come appresso vedremo. E final-

7. *Virgilio*: in *Aen.*, VIII, 695; cfr. Plauto, *Miles gloriosus*, 413 e *Rudens*, 908-909.

8. *Tacito*: *Germania*, 9.

9. *anetense* ecc.: si riferisce ai concili di Arles del 412 (*anetense è un* errore per *arelatense*) e a Braga in Portogallo ove, tra il 412 e il 675, si tennero quattro concili. Il Burcardo è il Burchard, vescovo di Worms, morto nel 1026 i cui *Decretorum libri XX* furono stampati a Colonia nel 1548.

10. *De' peruani... magnificenza*: fonte del Vico è l'opera già cit. dell'Acosta.

11. *Pausania*: rimanda alla *Descrizione della Grecia* (X, 19, 3) del viaggiatore e geografo greco Pausania, fiorito intorno al 150 d. C.

12. *pinnae* ecc: cfr. Varrone, *De lingua latina*, V, 142.

mente in architettura restaron dette « *aquilæ* » i « merli » ch'or diciamo degli edifici.[13]

Ma gli ebrei adoravano il vero Altissimo, ch'è sopra il cielo, nel chiuso del tabernacolo; e Mosè, per dovunque stendeva il popolo di Dio le conquiste, ordinava che fussero bruciati i boschi sagri che dice Tacito, dentro i quali si chiudessero i « luci ».[14]

Onde si raccoglie che dappertutto le prime leggi furono le divine di Giove. Dalla qual antichità dev'essere provenuto nelle lingue di molte nazioni cristiane di prendere « il cielo » per « Dio »: come noi italiani diciamo « voglia il cielo », « spero al cielo », nelle quali espressioni intendiamo « Dio »; lo stesso è usato dagli spagnuoli; e i francesi dicono « *bleu* » per l'« azzurro », e perché la voce « azzurro » è di cosa sensibile, dovetter intendere « *bleu* » per « lo cielo »; e quindi, come le nazioni gentili avevano inteso « il cielo » per « Giove », dovettero i francesi per « lo cielo » intendere « Dio » in quell'empia loro bestemmia « *moure bleu!* »[15] per « muoia Iddio! », e tuttavia dicono « *parbleu!* » « per Dio! ». E questo può esser un saggio del *Vocabolario mentale* proposto nelle *Degnità*,[16] del quale sopra si è ragionato.

II

La certezza de' domini fece gran parte della necessità di ritruovar i « caratteri » e i « nomi » nella significazione natia di « case diramate in molte famiglie », che con la loro somma propietà si appellarono « genti ». Così Mercurio Trimegisto, carattere poetico de' primi fondatori degli egizi, quale l'abbiam dimostrato, ritruovò loro e le

13. *restaron dette* ecc.: cfr. Tacito, *Historiæ*, III, 71.

14. *Ma gli ebrei* ecc.: cfr. *Esodo*, XL, 1; *Deut.*, VII, 5; XII, 3; XVI, 21.

15. *moure bleu*: *morbleu*.

16. *nelle Degnità*: la XXII.

leggi e le lettere. Dal qual Mercurio, che fu altresì creduto dio delle mercatanzie, gl'italiani (la qual uniformità di pensare e spiegarsi, fin a' nostri dì conservata, dee recar maraviglia) dicono « mercare » [17] il contrasegnare con lettere o con imprese i bestiami o altre robe da mercantare, per distinguere ed accertarne i padroni.

III

Queste sono le prime origini dell'imprese gentilizie e quindi delle medaglie. Dalle qual'imprese, ritruovate prima per private e poi per pubbliche necessità, vennero per diletto l'imprese erudite, le quali, indovinando, dissero « eroiche », le quali bisogna animare co' motti, perché hanno significazioni analoghe, ove l'imprese eroiche naturali lo erano per lo stesso difetto de' motti e, sì, mutole parlavano; ond'erano in lor ragione l'imprese ottime, perché contenevano significazioni propie, quanto tre spighe o tre atti di falciare significavano naturalmente « tre anni ». [18] Dallo che venne « caratteri » e « nomi » convertirsi a vicenda tra loro, e « nomi » e « nature » significare lo stesso, come l'uno e l'altro sopra si è detto.

Or, faccendoci da capo all'imprese gentilizie, ne' tempi barbari ritornati le nazioni ritornarono a divenir mutole di favella volgare: [19] onde delle lingue italiana, francese, spagnuola o di altre nazioni di quelli tempi non ci è giunta niuna notizia affatto, e le lingue latina e greca si sapevano solamente da' sacerdoti; talché da' francesi si diceva « *clerc* » in significazione di « letterato », ed allo 'ncontro dagl'italiani, per un bel luogo di Dante, si diceva

17. *gl'italiani* ecc.: solo i napoletani, chiarisce Nicolini, *Comm.*, 483, per corruzione di « marchiare ».

18. *tre spighe* ecc.: cfr. i *Corollari d'intorno a' tropi, mostri* ecc., II.

19. *favella volgare*: l'alfabeto.

« laico » per dir « uomo che non sapeva di lettera ».[20] Anzi tra gli stessi sacerdoti regnò cotanta ignoranza, che si leggono scritture sottoscritte da' vescovi col segno di croce, perché non sapevano scrivere i propi lor nomi; e i prelati dotti anco poco sapevano scrivere, come la diligenza del padre Mabillone[21] nella sua opera *De re diplomatica* dà a veder intagliate in rame le sottoscrizioni de' vescovi e arcivescovi agli atti de' concili di que' tempi barbari, le quali s'osservano scritte con lettere più informi e brutte di quelle che scrivono gli più indotti idioti oggidì. E pure tali prelati erano per lo più i cancellieri de' reami d'Europa, quali restarono tre arcivescovi cancellieri dell'Imperio per tre lingue (ciascheduno per ciascheduna): tedesca, francese ed italiana;[22] e da essi, per tal maniera di scrivere lettere con tali forme irregolari, dev'essere stata detta la « scrittura cancellaresca ».[23] Da sì fatta scarsezza per una legge inghilese fu ordinato che un reo di morte il quale sapesse di lettera, come eccellente in arte, egli non dovesse morire: da che forse poi la voce « letterato » si stese a significar « erudito ».

Per la stessa inopia di scrittori, nelle case antiche non osserviamo parete ove non sia intagliata una qualche impresa. Altronde, da' latini barbari fu detta « *terræ presa* » il podere co' suoi confini, e dagl'italiani fu detto « podere » per la stessa idea onde da' latini era stato detto « *prædium* »; perché le terre ridutte a coltura furono le prime prede del mondo, e furono i fondi detti « *mancipia* » dalla legge delle XII Tavole, e detti « *prædes* » e « *mancipes* » gli obbligati in roba stabile, principalmente all'erario, e « *iura prædiorum* » le servitù che si dicon « reali ». Al-

20. *luogo di Dante* ecc.: non di Dante, ma su Dante, riferito nel *Galateo* di Monsignor Della Casa, § 106.

21. *padre Mabillone*: il benedettino Giovanni Mabillon (1632-1707), erudito e filologo, fondatore della diplomatica.

22. *tre arcivescovi* ecc.: di Magonza, Colonia e Treviri.

23. *cancellaresca*: deriva invece dalla *cancelleria* papale.

tronde dagli spagnuoli fu detta « *prenda* » l'« impresa forte », perché le prime imprese forti del mondo furono di domare e ridurre a coltura le terre: che si truoverà essere la maggiore di tutte le fatighe d'Ercole. L'impresa, di nuovo, agl'italiani si disse « insegna » in concetto di « cosa significante » (onde agli stessi venne detto « insegnare »); e si dice anco « divisa », perché l'insegne si ritruovarono per segni della prima division delle terre, ch'erano state innanzi, nell'usarle, a tutto il gener umano comuni; onde i termini, prima reali, di tali campi, poi dagli scolastici si presero per termini vocali, o sia per voci significative, che sono gli estremi delle proposizioni. Qual uso appunto di termini hanno appo gli americani, come si è veduto sopra, i geroglifici, per distinguere tra essolor le famiglie.

Da tutto ciò si conchiude che all'insegne la gran necessità di significare ne' tempi delle nazioni mutole dovette esser fatta dalla certezza de' domini, le quali poi passarono in insegne pubbliche in pace; onde vennero le medaglie, le quali appresso, essendosi introdutte le guerre, si truovarono apparecchiate per l'insegne militari,[24] le quali hanno il primiero uso de' geroglifici, faccendosi per lo più le guerre fra nazioni di voci articolate diverse e 'n conseguenza mute tra loro. Le quali cose tutte qui ragionate, a maraviglia ci si conferma esser vere da ciò: che, per uniformità d'idee, appo gli egizi, gli antichi toscani,[25] romani e gl'inghilesi, che l'usano per fregio della lor arma reale, si formò questo geroglifico, appo tutti uniforme: un'aquila in cima ad uno scettro, ch'appo queste nazioni, tra loro per immensi spazi di terra e mari divise, dovette egualmente significare ch'i reami ebbero i loro incominciamenti da' primi regni divini di Giove in forza

24. *insegne militari*: le bandiere; gli stemmi sulle bandiere.

25. *antichi toscani*: Vico fa riferimento agli etruschi.

de' di lui auspìci. Finalmente, essendosi introdutti i commerzi con danaio coniato, si ritruovarono le medaglie apparecchiate per l'uso delle monete, le quali, dall'uso di esse medaglie, furon dette «*monetæ*» a «*monendo*» appresso i latini, come dell'insegne fu detto «insegnare» appresso gl'italiani. Così da νόμος venne νόμισμα, lo che ci disse Aristotile: [26] e indi ancor forse venne detto a' latini «*numus*», ch'i migliori scrivono con un «m»; e i francesi dicono «*loy*» la legge ed «*aloy*» la moneta; i quali parlari non possono altronde essere provenuti che dalla «legge» o «diritto», significato con geroglifico, ch'è l'uso appunto delle medaglie. Tutto lo che a maraviglia ci si conferma dalle voci «*ducato*», detto *a* «*ducendo*», ch'è propio de' capitani; «soldo», ond'è detto «soldato»; e «scudo», arma di difesa, ch'innanzi significò il fondamento dell'armi gentilizie, che dapprima fu la terra colta di ciascun padre nel tempo delle famiglie, come appresso sarà dimostro. Quindi devon aver luce le tante medaglie antiche, ove si vede o un altare, o un lituo, ch'era la verga degli àuguri con cui prendevan gli auspìci, come si è sopra detto, o un treppiedi, donde si rendevan gli oracoli, ond'è quel motto «*dictum ex tripode*», «detto d'oracolo».

Della qual sorte di medaglie dovetter esser l'ale, ch'i greci nelle loro favole attaccarono a tutti i corpi significanti ragioni d'eroi fondate negli auspìci. Come Idantura, tra gli geroglifici reali co' quali rispose a Dario, mandò un uccello; e i patrizi romani, in tutte le contese eroiche le quali ebbero con la plebe (come apertamente si legge sulla storia romana), per conservarsi i loro diritti eroici, opponevano quella ragione: «*auspicia esse sua*». Appunto come nella barbarie ricorsa [27] si osservano l'im-

26. *Aristotile*: *Etica Nicomachea*, V, 5 (8), 1133 a 30.

27. *come nella barbarie ricorsa*: nel Medioevo.

prese nobili caricate d'elmi con cimieri che si adornano di pennacchi, e nell'Indie occidentali non si adornano di penne ch'i soli nobili.

IV

Così quello che fu detto « *Ious* », Giove, e, contratto, si disse « *ius* », prima d'ogni altro dovette significare il grascio [28] delle vittime dovuto a Giove, conforme a ciò che se n'è sopra detto. Siccome nella barbarie ricorsa « canone » si disse e la legge ecclesiastica e ciò che paga l'enfiteuticario al padrone diretto, perocché forse le prime enfiteusi s'introdussero dagli ecclesiastici, [29] che, non potendo essi coltivargli, davano i fondi delle chiese a coltivar ad altrui. Con le quali due cose qui dette convengono le due dette sopra: una de' greci, appo i quali *νόμος* significa la legge e *νόμισμα* la moneta; l'altra de' francesi, i quali dicono « *loy* » la legge ed « *aloy* » la moneta. Alla stessa fatta e non altrimente, quel fu detto « *Ious optimus* » per « Giove fortissimo », che per la forza del fulmine diede principio all'autorità divina nella primiera sua significazione, che fu di « dominio », come sopra abbiam detto, perocché ogni cosa fusse di Giove.

Perché quel vero di metafisica ragionata d'intorno all'ubiquità di Dio, ch'era stato appreso con falso senso di metafisica poetica:

...Iovis omnia plena, [30]

28. *grascio*: grasso.

29. *le prime enfiteusi* ecc.: vengono invece fatte risalire ai primi imperatori d'Oriente.

30. *Iovis* ecc.: *Bucolica* III, 60, già citato nella precedente sezione *Della metafisica poetica*. La convinzione, caratteristica dell'età eroica, che tutte le cose siano piene di Giove, acquista il suo vero senso nell'età della ragione spiegata, quando si trasforma in un *vero di metafisica*, nel concetto cioè della onnipresenza e dell'ubiquità di Dio.

produsse l'autorità umana a quelli giganti ch'avevano occupato le prime terre vacue del mondo, nello stesso significato di « dominio », che 'n ragion romana restò certamente detto « *ius optimum* »; ma nella sua significazione nativa, assai diversa da quella nella quale poi restò a' tempi ultimi. Perocché nacque in significazione nella quale, in un luogo d'oro dell'orazioni, Cicerone il diffinisce « dominio di roba stabile, non soggetto a peso, non sol privato, ma anche pubblico », detto « ottimo » — estimandosi il diritto della forza, conforme ne' primi tempi del mondo si truoverà — nello stesso significato di « fortissimo », perocché non fusse infievolito da niuno peso straniero. Il qual dominio dovett'essere de' padri nello stato delle famiglie, e 'n conseguenza il dominio naturale, che dovette nascere innanzi al civile; [31] e, delle famiglie poi componendosi le città sopra tal dominio ottimo, che in greco si dice *δίκαιον ἄριστον*, élleno nacquero di forma aristocratica, come appresso si truoverà. Dalla stessa origine, appo i latini, dette repubbliche d'ottimati si dissero anco « repubbliche di pochi », perché le componevano que'

...pauci quos æquus amavit
Iupiter. [32]

E gli eroi nelle contese eroiche con le plebi sostenevano le loro ragioni eroiche con gli auspìci divini; e ne' tempi muti le significavano con l'uccello d'Idantura, con le ale delle greche favole; e con lingua articolata finalmente i patrizi romani, dicendo « *auspicia esse sua* ». [33]

31. *Il qual dominio* ecc.: il diritto naturale fondato sull'occupazione precede il diritto civile.

32. *pauci* ecc.: Virgilio, *Aen.*, VI, 129-30, già citato nella sezione *Della metafisica poetica*, corollario II.

33. *auspicia* ecc.: cfr. il precedente corollario III.

Perocché Giove co' fulmini, de' quali sono i maggiori auspìci, aveva atterrato e mandato sotterra entro le grotte de' monti i primi giganti, e con atterrargli aveva loro dato la buona fortuna di divenire signori de' fondi di quelle terre ove nascosti si ritruovaron fermati, e ne provennero signori nelle prime repubbliche; per lo qual dominio ogniuno di essi si diceva « *fundus fieri* » invece di « *fieri auctor* ». E delle loro private autorità famigliari, dappoi unite, come appresso vedremo, se ne fece l'autorità civile ovvero pubblica de' loro senati eroici regnanti, spiegata in quella medaglia (che si osserva sì frequente tra quelle delle repubbliche greche appo il Golzio [34] che rappresenta tre cosce umane le quali s'uniscono nel centro e con le piante de' piedi ne sostengono la circonferenza; che significa il dominio de' fondi di ciascun orbe o territorio o distretto di ciascuna repubblica, ch'or si chiama « dominio eminente », ed è significato col geroglifico d'un pomo ch'oggi sostengono le corone delle civili potenze, come appresso si spiegherà. Significato fortissimo col « tre » appunto, [poiché i greci solevano usare i superlativi col numero del « tre »], come parlan ora i francesi; [35] con la qual sorta di parlare fu detto il fulmine trisulco di Giove, che solca fortissimamente l'aria (onde forse l'idea di « solcare » fu prima di quello in aria, dipoi in terra, e per ultimo in acqua); fu detto il tridente di Nettunno, che, come vedremo, fu un uncino fortissimo da addentare o sia afferrare le navi; e Cerbero detto trifauce, cioè d'una vastissima gola.

Le quali cose qui dette dell'imprese gentilizie sono da premettersi a ciò che de' lor princìpi si è ragionato in

34. *il Golzio*: Uberto Goltz il giovane (1526-1583), archeologo e pittore tedesco. Vico fa riferimento alla sua opera *Sicilia et Magna Græcia, sive historia urbium populorumque Greciæ ex antiquis nomismatibus*, ediz. di Anversa, 1613, III, 8; VII, 1-2; XII, 5; XIV, 2.

35. *i francesi*: « très haut »: altissimo ecc.

quest'opera la prima volta stampata;[36] ch'è 'l terzo luogo di quel libro per lo quale non ci 'ncresce per altro d'esser uscito alla luce.

V

In conseguenza di tutto ciò, da queste lettere e queste leggi che truovò Mercurio Trimegisto agli egizi, da questi « caratteri » e questi « nomi » de' greci, da questi « nomi » che significano e « genti » e « diritti » a' romani, gli tre prìncipi della lor dottrina, Grozio, Seldeno, Pufendorfio, dovevan incominciar a parlare del diritto natural delle genti. E sì dovevano con intelligenza spiegarla co' geroglifici e con le favole, che sono le medaglie de' tempi ne' quali si fondarono le nazioni gentili; e sì accertarne i costumi con una critica metafisica sopra essi autori delle nazioni, dalla quale doveva prendere i primi lumi questa critica filologica sopra degli scrittori, i quali non provennero che assai più di mille anni dopo essersi le nazioni fondate.

7.

ULTIMI COROLLARI D'INTORNO ALLA LOGICA DEGLI ADDOTTRINATI

I

Per le cose ragionate finora in forza di questa logica poetica[1] d'intorno all'origini delle lingue, si fa giustizia a' primi di lor autori d'essere stati tenuti in tutti i tempi

36. *in quest'opera* ecc.: *Scienza nuova prima*, III, 30.

7. - 1. *logica poetica*: alla logica poetica, caratteristico prodotto dell'età del senso, della fantasia, della poesia e del mito, si contrappone la *logica degli addottrinati* o logica filosofica nella quale gli *universali logici*, i *concetti* ricavati per *astrazione* prendono il posto degli *universali fantastici* o *ritratti* o *caratteri poetici* (Achille rappresenta « tutti i fatti de' forti combattivi »; Ulisse « tutti i consigli de' saggi » ecc.).

appresso per sappienti, perocché diedero i nomi alle cose con naturalezza e propietà; onde sopra vedemmo ch'appo i greci e latini «*nomen*» e «*natura*» significarono una medesima cosa.

II

Ch'i primi autori dell'umanità attesero ad una topica sensibile,[2] con la quale univano le propietà o qualità o rapporti, per così dire, concreti degl'individui o delle spezie, e ne formavano i generi loro poetici.

III

Talché questa prima età del mondo si può dire con verità occupata d'intorno alla prima operazione della mente umana.[3]

IV

E primieramente cominciò a dirozzare la topica, ch'è un'arte di ben regolare la prima operazione della nostra mente, insegnando i luoghi che si devono scorrer tutti per conoscer tutto quanto vi è nella cosa che si vuol bene ovvero tutta conoscere.

2. *topica sensibile*: contro la *critica* cartesiana Vico aveva rivendicato, nel *De nostri temporis studiorum ratione*, la funzione della topica: « Come l'invenzione degli argomenti precede per natura la valutazione della loro veridicità, così la dottrina topica dev'esser preposta a quella critica » (trad. Nicolini). La topica è quindi per Vico non solo una raccolta di luoghi (τόποι) argomentativi, ma una vera e propria arte dell'invenzione. La *topica sensibile*, caratteristico prodotto dell'età eroica, differisce dalla topica quale si attua nell'età della ragione spiegata, in quanto non fa ricorso all'intelletto e alle sue astrazioni, ma si esplica solo mediante la fantasia, la memoria e l'intuizione.

3. *Talché* ecc.: alla prima operazione della mente (la costruzione dei *generi poetici*) corrisponde la fase pri-

V

La provvedenza ben consigliò alle cose umane col promuovere nell'umane menti prima la topica che la critica, siccome prima è conoscere, poi giudicar delle cose.[4] Perché la topica è la facultà di far le menti ingegnose, siccome la critica è di farle esatte; e in que' primi tempi si avevano a ritruovare tutte le cose necessarie alla vita umana, e 'l ritruovare è propietà dell'ingegno. Ed in effetto, chiunque vi rifletta, avvertirà che non solo le cose necessarie alla vita, ma l'utili, le comode, le piacevoli ed infino alle superflue del lusso, si erano già ritruovate nella Grecia innanzi di provenirvi i filosofi, come il farem vedere ove ragioneremo d'intorno all'età d'Omero. Di che abbiamo sopra proposto una degnità:[5] ch'« i fanciulli vagliono potentemente nell'imitare », e « la poesia non è che imitazione », e « le arti non sono che imitazioni della natura, e 'n conseguenza poesie in un certo modo reali ». Così i primi popoli, i quali furon i fanciulli del gener umano, fondarono prima il mondo dell'arti; poscia i filosofi, che vennero lunga età appresso, e 'n conseguenza i vecchi delle nazioni, fondarono quel delle scienze: onde fu affatto compiuta l'umanità.

VI

Questa storia d'umane idee a maraviglia ci è confermata dalla storia di essa filosofia. Ché la prima maniera ch'usarono gli uomini di rozzamente filosofare fu l'*αὐτοψία* o l'evidenza de' sensi, della quale si servì poi Epi-

mitiva di sviluppo del genere umano.

4. *prima la topica* ecc.: cfr. la precedente n. 2. La polemica del Vico contro la subordinazione della topica alla critica, viene qui fondata sul riconoscimento di una reale precedenza storica della topica.

5. *una degnità*: la LII.

curo,[6] che, come filosofo de' sensi, era contento della sola sposizione delle cose all'evidenza de' sensi, ne' quali, come abbiam veduto nell'*Origini della poesia,*[7] furono vividissime le prime nazioni poetiche. Dipoi venne Esopo, o i morali filosofi che diremmo « volgari » (che, come abbiam sopra detto, cominciò innanzi de' sette savi della Grecia), il quale ragionò con l'esemplo, e, perché durava ancora l'età poetica, il prendeva da un qualche simile finto (con uno de' quali il buono Menenio Agrippa ridusse la plebe romana sollevata all'ubbidienza); e tuttavia uno di sì fatti esempli, e molto più un esemplo vero, persuade il volgo ignorante assai meglio ch'ogni invitto raziocinio per massime. Appresso venne Socrate e introdusse la dialettica, con l'induzione di più cose certe ch'abbian rapporto alla cosa dubbia della quale si quistiona. Le medicine, per l'induzione dell'osservazioni, innanzi di Socrate avevano dato Ippocrate, principe di tutti i medici così per valore come per tempo, che meritò l'immortal elogio: « *Nec fallit quenquam, nec falsus ab ullo est* ».[8] Le mattematiche, per la via unitiva detta « sintetica », avevan a' tempi di Platone fatto i loro maggiori progressi nella scuola italiana di Pittagora, come si può veder dal *Timeo.*[9] Sicché, per questa via unitiva, a' tempi di Socrate e di Platone sfolgorava Atene di tutte l'arti nelle quali può esser ammirato l'umano ingegno, così di poesia, d'eloquenza, di storia, come di musica, di fonderia, di pittura, di scoltura, d'architettura. Poi vennero Aristotile, che 'nsegnò il sillogismo, il qual è un metodo che più tosto spiega gli universali ne' loro

6. *αὐτοψία* ecc.: il termine, che indica letteralmente la visione con i propri occhi, non ha in realtà origine epicurea.

7. *nell'Origini* ecc.: cfr. la *Metafisica poetica,* I.

8. *Nec fallit* ecc.: cfr. Macrobio, *Somnium Scipionis,* I, 8.

9. *scuola italiana* ecc.: il personaggio principale del *Timeo* è un pitagorico, ma il dialogo non è in realtà documento del pensiero pitagorico.

particolari che unisce particolari per raccogliere universali; e Zenone col sorite, il quale risponde al metodo de' moderni filosofanti, [10] ch'assottiglia, non aguzza, gl'ingegni; e non fruttarono alcuna cosa più di rimarco a pro del gener umano. Onde a gran ragione il Verulamio, [11] gran filosofo egualmente e politico, propone, commenda ed illustra l'induzione nel suo *Organo*; ed è seguìto tuttavia dagl'inghilesi con gran frutto della sperimentale filosofia.

VII

Da questa storia d'umane idee si convincono ad evidenza del loro comun errore tutti coloro i quali, occupati dalla falsa comune oppenione della somma sapienza ch'ebber gli antichi, han creduto Minosse, primo legislator delle genti, Teseo agli ateniesi, Ligurgo agli spartani, Romolo ed altri romani re aver ordinato leggi universali. Perché l'antichissime leggi si osservano concepute comandando o vietando ad un solo, le quali poi correvan per tutti appresso (tanto i primi popoli eran incapaci d'universali!); e pure non le concepivano senosé fussero avvenuti i fatti che domandavanle. E la legge di Tullo Ostilio nell'accusa d'Orazio non è che la pena, la qual i duumviri per ciò criati dal re dettano contro l'inclito reo, e «*lex horrendi carminis*» è acclamata da Livio; [12] talch'ella è una delle leggi che Dragone scrisse col sangue e «*leges sanguinis*» chiama la sagra storia. [13] Perché la riflessione di Livio: che 'l re non volle esso pub-

10. *col sorite* ecc.: Cicerone, *Academica priora*, II, 48, attribuisce l'invenzione di quel tipo di argomentazione agli stoici. I *moderni filosofanti* sono, con ogni probabilità, i cartesiani.

11. *il Verulamio*: Francesco Bacone da Verulamio, già più volte citato.

12. *Livio*: I, 26, che Vico interpreta arbitrariamente.

13. *talch'ella... sagra storia*: cfr. i *Corollari d'intorno al parlare per caratteri poetici delle prime nazioni*, VIII.

blicarla per non esser autore di giudizio sì tristo ed ingrato al popolo, ella è affatto ridevole, quando esso re ne prescrive la formola della condennagione a' duumviri, per la quale questi non potevano assolver Orazio, neppure ritruovato innocente. Dove Livio affatto non si fa intendere, perch'esso non intese che ne' senati eroici, quali ritruoveremo essere stati aristocratici, gli re non avevano altra potestà che di criare i duumviri in qualità di commessari, i quali giudicassero delle pubbliche accuse, e che i popoli delle città eroiche eran di soli nobili, a' quali i rei condennati si richiamavano.

Ora, per ritornar al proposito, cotal legge di Tullo in fatti è uno di quelli che si dissero « *exempla* » in senso di « castighi esemplari », e dovetter esser i primi esempli ch'usò l'umana ragione (lo che conviene con quello ch'udimmo da Aristotile sopra, nelle *Degnità*: [14] che « nelle repubbliche eroiche non vi erano leggi d'intorno a' torti ed offese private »); e 'n cotal guisa, prima furono gli esempli reali, dipoi gli esempli ragionati de' quali si servono la logica e la rettorica. Ma, poi che furono intesi gli universali intelligibili, si riconobbe quella essenziale propietà della legge: — che debba esser universale, — e si stabilì quella massima in giurisprudenza: che « *legibus, non exemplis, est iudicandum* ».

14. *nelle Degnità*: la LXXXV.

III

DELLA MORALE POETICA,
E QUI DELL'ORIGINI DELLE VOLGARI VIRTÙ INSEGNATE DALLA RELIGIONE CO' MATRIMONI

Siccome la metafisica de' filosofi per mezzo dell'idea di Dio fa il primo suo lavoro, ch'è di chiarire la mente umana, ch'abbisogna alla logica perché con chiarezza e distinzione d'idee formi i suoi raziocini, con l'uso de' quali ella scende a purgare il cuore dell'uomo con la morale; così la metafisica de' poeti giganti,[1] ch'avevano fatto guerra al cielo con l'ateismo, gli vinse col terrore di Giove, ch'appresero fulminante. E non meno che i corpi, egli atterrò le di loro menti, con fingersi tal idea sì spaventosa di Giove, la quale — se no co' raziocini, de' quali non erano ancor capaci, co' sensi, quantunque falsi nella materia, veri però nella loro forma (che fu la logica conforme a sì fatte loro nature) — loro germogliò la morale poetica con fargli pii.[2] Dalla qual natura di cose umane uscì quest'eterna propietà: che le menti, per far buon uso della cognizione di Dio, bisogna ch'atterrino se medesime, siccome al contrario la superbia delle menti le porta nell'ateismo, per cui gli atei divengono giganti di spirito che deono con Orazio dire:

Cælum ipsum petimus stultitia.[3]

III. - 1. *de'... giganti*: dei primitivi.

2. *nella loro forma* ecc.: alla natura fantastica dei primitivi corrisponde una morale che, a differenza di quella caratteristica dell'età della ragione spiegata, non si presenta come un insieme di precetti razionali, ma come il prodotto di un'intuizione ove si mescolano la superstizione, la ferocia, il rigido formalismo.

3. *Cælum* ecc.: « con la nostra stoltezza vogliamo raggiungere il cielo », Orazio, *Odi*, I, 3, 38. È questo, per Vico, l'atteggiamento tipico dell'ateismo: gli atei sono in ciò simili ai primitivi giganti.

Sì fatti giganti pii certamente Platone riconosce nel Polifemo d'Omero, e noi l'avvaloriamo da ciò ch'esso Omero narra [4] dello stesso gigante, ove gli fa dire ch'un augure, ch'era stato un tempo tra loro, gli aveva predetto la disgrazia ch'egli poi sofferse da Ulisse: perché gli auguri non possono vivere certamente tra gli atei. Quivi la morale poetica incominciò dalla pietà, [5] perch'era dalla provvedenza ordinata a fondare le nazioni, appo le quali tutte la pietà volgarmente è la madre di tutte le morali, iconomiche [6] e civili virtù; e la religione unicamente è efficace a farci virtuosamente operare, perché la filosofia è più tosto buona per ragionarne. E la pietà incominciò dalla religione, che propiamente è timore della divinità. L'origine eroica della qual voce si conservò appo i latini per coloro [7] che la voglion detta *a «religando»*, cioè da quelle catene con le quali Tizio e Prometeo eran incatenati sull'alte rupi, a' quali l'aquila, o sia la spaventosa religione degli auspìci di Giove, divorava il cuore e le viscere. E ne restò eterna propietà appo tutte le nazioni: che la pietà s'insinua a' fanciulli col timore d'una qualche divinità.

Cominciò, qual dee, la moral virtù dal conato, [8] col qual i giganti dalla spaventosa religione de' fulmini furon incatenati per sotto i monti, e tennero in freno il vezzo bestiale d'andar errando da fiere per la gran selva della terra, e s'avvezzarono ad un costume, tutto contrario, di star in que' fondi nascosti e fermi; onde poscia ne

4. *giganti pii* ecc.: i giganti nei quali si è venuta affacciando la *pietas* o il sentimento religioso. La narrazione omerica è in *Odissea*, IX, 309 segg. Il richiamo a Platone rimanda all'*Eutifrone*, 12 e-d.

5. *pietà*: religiosità.

6. *iconomiche*: familiari.

7. *coloro*: tra questi eruditi che facevan derivare *religio* da *religando* era, come chiarisce il Nicolini, *Comm.*, 503, il magistrato francese Desiderio Hérault (?-1640).

8. *dal conato*: si veda la definizione di questo termine nella sezione IV del libro I: *Del metodo*, terzo capoverso.

divennero gli autori delle nazioni e i signori delle prime repubbliche, come abbiamo accennato sopra e spiegheremo più a lungo appresso,[9] Ch'è uno de' gran benefìci che la volgar tradizione ci conservò d'aver fatto il Cielo al gener umano, quando egli regnò in terra con la religion degli auspìci; onde a Giove fu dato il titolo di « statore » ovvero di « fermatore », come sopra si è detto. Col conato altresì incominciò in essi a spuntare la virtù dell'animo, contenendo la loro libidine bestiale di esercitarla in faccia al cielo, di cui avevano uno spavento grandissimo; e ciascuno di essi si diede a strascinare per sé una donna dentro le loro grotte e tenerlavi dentro in perpetua compagnia di lor vita; e sì usarono con esse la venere umana al coverto, nascostamente, cioè a dire con pudicizia; e sì incominciarono a sentir pudore, che Socrate diceva esser il « colore della virtù ».[10] Il quale, dopo quello della religione, è l'altro vincolo che conserva unite le nazioni, siccome l'audacia e l'empietà son quelle che le rovinano.

In cotal guisa s'introdussero i matrimoni, che sono carnali congiugnimenti pudichi fatti col timore di qualche divinità, che furono da noi posti per secondo principio di questa Scienza, e provennero da quello, che noi ne ponemmo per primo, della provvedenza divina. E uscirono con tre solennità.

La prima delle quali furono gli auspìci di Giove, presi da que' fulmini onde i giganti indutti furono a celebrargli: dalla qual sorte appo i romani restò il matrimonio diffinito « *omnis vitæ consortium* »,[11] e ne furono il marito e la moglie detti « *consortes* », e tuttavia da noi le donzelle volgarmente si dicono « prender sorte » per « ma-

9. *appresso*: nell'*Iconomica poetica*: *Delle famiglie de' famoli.*

10. *Socrate diceva esser* ecc.: cfr. *Eutifrone*, 12 c-d.

11. *dalla qual sorte* ecc.: etimologia costruita arbitrariamente dal Vico.

ritarsi ». Da tal determinata guisa e da tal primo tempo del mondo restò quel diritto delle genti: che le mogli passino nella religion pubblica de' lor mariti, perocché i mariti incominciarono a comunicare le loro prime umane idee con le loro donne dall'idea d'una loro divinità, che gli sforzò a strascinarle dentro le loro grotte; e sì questa volgar metafisica incominciò anch'ella in Dio a conoscer la mente umana. E da questo primo punto di tutte le umane cose dovettero gli uomini gentili incominciar a lodare gli dei, nel senso, con cui parlò il diritto romano antico, di « citare » e « nominatamente chiamare »; donde restò « *laudare auctores* », [12] perché citassero in autori gli dei di tutto ciò che facevan essi uomini: che dovettèr esser le lodi ch'apparteneva agli uomini dar agli dei.

Da questa antichissima origine de' matrimoni è nato che le donne entrino nelle famiglie e case degli uomini co' quali son maritate; il qual costume natural delle genti si conservò da' romani, appo i quali le mogli erano a luogo di figliuole de' lor mariti e sorelle de' lor figliuoli. [13] E quindi ancora i matrimoni dovettero incominciare non solo con una sola donna, come fu serbato da' romani (e Tacito [14] ammira tal costume ne' germani antichi, che serbavano, come i romani, intiere le prime origini delle loro nazioni, e ne dànno luogo di congetturare lo stesso di tutte l'altre ne' lor princìpi), ma anco in perpetua compagnia di lor vita, come restò in costume a moltissimi popoli; onde appo i romani furono diffinite le nozze, per questa propietà, « *individuæ vitæ consuetudo* », [15] e appo gli stessi assai tardi s'introdusse il divorzio.

Di sì fatti auspìci de' fulmini osservati di Giove, la

12. *donde restò* ecc.: cfr. Gellio, *Noctes atticæ*, II, 6, 16.

13. *appo i quali* ecc.: il figlio era sottoposto alla *potestas* del padre, la moglie alla *manus* del marito.

14. *Tacito*: *Germania*, 18.

15. *individuæ* ecc.: « consuetudine di vita indivisibile » è la definizione del Codice giustinianeo, *Institutiones*, I, 9, 1.

storia favolosa greca narra Ercole (carattere di fondatori di nazioni, come sopra vedemmo e più appresso ne osserveremo), nato da Alcmena ad un tuono di Giove; altro grande eroe di Grecia Bacco, nato da Semele fulminata. Perché questo fu il primo motivo onde gli eroi si disser esser figliuoli di Giove; lo che con verità di sensi dicevano, sull'oppenione, della quale vivevano persuasi, che facessero ogni cosa gli dei, come sopra si è ragionato. E questo è quello che nella storia romana si legge: che, nelle contese eroiche, a' patrizi, i quali dicevano « *auspicia esse sua* », la plebe rispondeva che i padri de' quali Romolo aveva composto il senato, da' quali essi patrizi traevan l'origine, « *non esse cælo demissos* »; che se non significa che quelli non eran eroi, cotal risposta non s'intende come possavi convenire.[16] Quindi, per significare che i connubi o sia la ragione di contrarre nozze solenni, delle quali la maggior solennità erano gli auspìci di Giove, ella era propia degli eroi, fecero Amor nobile alato e con benda agli occhi, per significarne la pudicizia (il quale si disse *Ἔρως*, col nome simile di essi eroi),[17] ed alato Imeneo,[18] figliuolo di Urania, detta, da *οὐρανός*, « *cælum* », « contemplatrice del cielo », affine di prender da quello gli auspìci; che dovette nascere la prima dell'altre muse, diffinita da Omero, come sopra osservammo, « scienza del bene e del male », ed anch'essa, come l'altre, descritta alata perché propia degli eroi, come si è sopra spiegato. D'intorno alla quale pur sopra spiegammo il senso istorico di quel motto:

A Iove principium musæ:

16. *nelle contese eroiche* ecc.: cfr. Livio, X, 8, già citato nei *Corollari d'intorno al parlare per caratteri poetici*, I.

17. *si disse* ecc.: cfr. Platone, *Cratilo*, 16, 398 c-d.

18. *alato* ecc.: non si dice in Platone che Imeneo avesse le ali.

ond'ella come tutte l'altre furon credute figliuole di Giove [19] (perché dalla religione nacquero l'arti dell'umanità, delle quali è nume Apollo, che principalmente fu creduto dio della divinità), e cantano con quel « *canere* » o « *cantare* » che significa « predire » a' latini.

La seconda solennità è che le donne si velino, in segno di quella vergogna che fece i primi matrimoni nel mondo. Il qual costume è stato conservato da tutte le nazioni; e i latini ne diedero il nome alle medesime nozze, che sono dette « *nuptiæ* » *a* « *nubendo* », che significa « cuoprire »; e da' tempi barbari ritornati « vergini *in capillo* » si dissero le donzelle, a differenza delle donne, ch'ivan velate.

La terza solennità fu (la qual si serbò da' romani) di prendersi le spose con una certa finta forza, dalla forza vera con la quale i giganti strascinarono le prime donne dentro le loro grotte. E dopo le prime terre occupate da' giganti con ingombrarle coi corpi, le mogli solenni si dissero « *manucaptæ* ». [20]

I poeti teologi fecero de' matrimoni solenni il secondo de' divini caratteri dopo quello di Giove: Giunone, seconda divinità delle genti dette « maggiori ». [21] La qual è di Giove sorella e moglie, perché i primi matrimoni giusti ovvero solenni (che dalla solennità degli auspìci di Giove furono detti « giusti »), da fratelli e sorelle dovetter incominciare; [22] — regina degli uomini e degli dei, perché i regni poi nacquero da essi matrimoni legittimi; — tutta vestita, come s'osserva nelle statue, nelle medaglie, per significazion della pudicizia.

Onde Venere eroica, [23] in quanto nume anch'essa de'

19. *ond'ella* ecc: cfr. Esiodo, *Teogonia*, 76. Il verso di Virgilio (*Bucolica* III, 60) è già stato citato.

20. *manucaptæ*: soggette alla *manus* del marito.

21. *Giunone* ecc.: Giunone diviene il simbolo dei matrimoni solenni.

22. *da fratelli* ecc.: cfr. Omero, *Odissea*, X, 5-8.

23. *Venere eroica*: è la Venere ce-

matrimoni solenni, detta « pronuba », si cuopre le vergogne col cesto; il quale, dopo, i poeti effemminati [24] ricamarono di tutti gl'incentivi della libidine. Ma poi, corrotta la severa istoria degli auspìci, come Giove con le donne, così Venere fu creduta giacer con gli uomini, e di Anchise aver fatto Enea, che fu generato con gli auspìci di questa Venere. Ed a questa Venere sono attribuiti i cigni, comuni a lei con Apollo, che cantano di quel « *canere* » o « *cantare* » che significa « *divinari* » o « predire »; in forma d'uno de' quali Giove giace con Leda, per dire che Leda con tali auspìci di Giove concepisce dalle uova Castore, Polluce ed Elena.

Ella è Giunone detta « giogale » [25] da quel giogo ond'il matrimonio solenne fu detto « *coniugium* », e « *coniuges* » il marito e la moglie; — detta anco Lucina, ché porta i parti alla luce, [26] non già naturale, la qual è comune anco agli parti schiavi, ma civile, ond'i nobili son detti « illustri »; — è gelosa d'una gelosia politica, con la qual i romani fin al trecento e nove di Roma tennero i connubi chiusi alla plebe. [27] Ma da' greci fu detta *Ἥρα*, dalla quale debbono essere stati detti essi eroi, perché nascevano da nozze solenni, delle quali era nume Giunone, e perciò generati con Amor nobile (ché tanto *Ἔρως* significa), che fu lo stesso ch'Imeneo. E gli eroi si dovettero dire in sentimento di « signori delle famiglie », [28] a differenza de' famoli, i quali, come vedremo appresso, vi erano come schiavi; siccome in tal sentimento « *heri* » si dissero da' latini, e indi « *hereditas* » detta l'eredità, [29]

leste distinta dalla Venere volgare nel *Convito* di Platone, 18 d-e.

24. *effemminati*: erotici.

25. *giogale*: cfr. Servio, *Ad Aeneidem*, IV, 16 e, oltre alle fonti segnalate dal Nicolini (*Commento*, 513), Vincenzo Cartari, *Immagini degli dei degli antichi*, p. 106.

26. *Lucina* ecc.: cfr. Cicerone, *De natura deorum*, II, 17.

27. *è gelosa* ecc.: la gelosia rappresenta in forma mitica il contrasto fra i patrizi e i plebei.

28. *E gli eroi* ecc.: cfr. Cicerone, *De officiis*, II, 7.

29. *heri* ecc.: cfr. Giustiniano, *In-*

la quale con voce natia latina era stata detta « *familia* ». Talché, da questa origine, « *hereditas* » dovette significare una « dispotica signoria », come da essa legge delle XII Tavole a' padri di famiglia fu conservata una sovrana potestà di disponerne in testamento, nel capo « *Uti paterfamilias super pecuniæ tutelæve rei suæ legassit, ita ius esto* ». [30] Il disponerne fu detto generalmente « *legare* », ch'è propio de' sovrani; onde l'erede vien ad essere un legato, il quale nell'eredità rappresenta il padre di famiglia difonto, e i figliuoli, non meno che gli schiavi, furono compresi ne' motti « *rei suæ* » e « *pecuniæ* ». Lo che tutto troppo gravemente n'appruova la monarchica potestà ch'avevano avuto i padri nello stato di natura sopra le loro famiglie, la qual poi essi si dovettero conservare (come vedremo appresso che si conservarono di fatto) in quello dell'eroiche città; le quali ne dovettero nascere aristocratiche, cioè repubbliche di signori, perché la ritennero anche dentro le repubbliche popolari. Le quali cose tutte appresso saranno pienamente da noi ragionate.

La dea Giunone comanda delle grandi fatighe ad Ercole detto tebano, che fu l'Ercole greco (perché ogni nazione gentile antica n'ebbe uno che la fondò, come si è nelle *Degnità* sopradetto), [31] perché la pietà co' matrimoni è la scuola dove s'imparano i primi rudimenti di tutte le grandi virtù; ed Ercole col favore di Giove, con gli cui auspìci era stato generato, tutte le supera; e ne fu detto *Ἡρακλῆς*, quasi *Ἥρας κλέος*, « gloria di Giunone », estimata la gloria, con giusta idea, qual Cicerone la diffinisce, [32] « fama divolgata di meriti inverso il gener umano », quanta [33] debbe essere stata avere gli Ercoli con

stitutiones, I, 19, 7.

30. *Uti* ecc.: « Avrà valore di legge ciò che il padre di famiglia testerà intorno al patrimonio e alla tutela ».

31. *nelle Degnità*: la XLIII.

32. *Cicerone* ecc.: cfr. *Pro Marcello*, 8.

33. *quanta*: cfr. la correzione del Flora, p. 115, al testo del Nicolini che reca *quanto*.

le loro fatighe fondato le nazioni. Ma — oscuratesi col tempo queste severe significazioni, e con l'effemminarsi i costumi, e presa la sterilità di Giunone per naturale, e le gelosie come di Giove adultero, ed Ercole per bastardo figliuolo di Giove — con nome tutto contrario alle cose, Ercole tutte le fatighe, col favore di Giove, a dispetto di Giunon superando, fu fatto di Giunone tutto l'obbrobrio, e Giunone funne tenuta mortal nimica della virtù. E quel geroglifico o favola di Giunone [34] appiccata in aria con una fune al collo, con le mani pur con una fune legate, e con due pesanti sassi attaccati a' piedi, che significavano tutta la santità de' matrimoni (in aria, per gli auspìci ch'abbisognavano alle nozze solenni, onde a Giunone fu data ministra l'Iride ed assegnato il pavone, che con la coda l'iride rassomiglia; — con la fune al collo, per significare la forza fatta da' giganti alle prime donne; — con la fune legate le mani, la quale poi appo tutte le nazioni s'ingentilì con l'anello, per dimostrare la suggezione delle moglie a' mariti; — co' pesanti sassi a' piedi, per dinotare la stabilità delle nozze, onde Virgilio chiama « *coniugium stabile* » [35] il matrimonio solenne), essendo poi stato preso per crudele castigo di Giove adultero, con sì fatti sensi indegni che le diedero i tempi appresso de' corrotti costumi, ha finor tanto travagliato i mitologi.

Per queste cagioni appunto Platone, qual Maneto fece de' geroglifici egizi, egli aveva fatto delle favole greche, osservandone da una parte la sconcezza di dei con sì fatti costumi, e dall'altra parte l'acconcezza con le sue idee. E nella favola di Giove intruse l'idea del suo etere, che scorre e penetra tutto, per quel

... Iovis omnia plena,

34. *favola di Giunone*: interpreta arbitrariamente l'*Iliade*, XV, 18-20.

35. *coniugium* ecc.: Virgilio, *Aen.*, I, 73 e IV, 126, ha *connubium*.

come pur sopra abbiam detto: ma il Giove de' poeti teologi non fu più alto de' monti e della regione dell'aria dove s'ingenerano i fulmini. In quella di Giunone intruse l'idea dell'aria spirabile: ma Giunone di Giove non genera, e l'etere con l'aria produce tutto.[36] (Tanto con tal motto i poeti teologi intesero quella verità in fisica, ch'insegna l'universo empiersi d'etere; e quell'altra in metafisica, che dimostra l'ubiquità ch'i teologi naturali dicon di Dio!). Sull'eroismo poetico innalzò il suo filosofico: che l'eroe fusse sopra all'uomo,[37] nonché alla bestia (la bestia è schiava delle passioni; l'uomo, posto in mezzo, combatte con le passioni; l'eroe con piacere comanda alle passioni), e sì esser l'eroica mezza tralla divina natura ed umana. E truovò acconcio l'Amor nobile de' poeti (che fu detto Ἔρως dalla stessa origine ond'è detto ἥρως l'eroe), finto alato e bendato, e l'Amor plebeo, senza benda e senz'ali, per ispiegar i due amori, divino e bestiale: quello bendato alle cose de' sensi, questo alle cose de' sensi intento; quello con l'ali s'innalza alla contemplazione delle cose intelligibili, questo senz'ali nelle sensibili si rovescia.[38] E di Ganimede, per un'aquila rapito in cielo da Giove, ch'a' poeti severi volle dire il contemplatore degli auspìci di Giove, fatto poi da' tempi corrotti nefanda delizia di Giove, con bell'acconcezza egli fece il contemplativo di metafisica,[39] il quale con la contemplazione dell'ente sommo, per la via ch'egli appella « unitiva », siesi unito con Giove.

36. *In quella* ecc.: Vico nega che Giunone sia il simbolo dell'aria e Giove dell'etere. Come chiarisce il Nicolini: « Qualora Giove e Giunone fossero stati rispettivamente simbolo dell'etere e dell'aria, il loro matrimonio, anziché sterile, avrebbe dovuto essere ultrafecondo ».

37. *Sull'eroismo poetico* ecc.: Platone nella *Repubblica*, 391 d, afferma in realtà la natura umana degli eroi. Vico cita quale definizione platonica dell'eroe quella che Platone aveva dato del demone in *Convito*, 202 c (cfr. Nicolini, *Comm.*, 515).

38. *l'Amor nobile* ecc.: cfr. Platone, *Convito*, 101 a-d.

39. *di Ganimede* ecc.: qui si tratta non del *Convito* platonico, ma di quello di Senofonte, VIII, 30.

In cotal guisa la pietà e la religione fecero i primi uomini naturalmente prudenti, che si consigliavano con gli auspìci di Giove: — giusti, della prima giustizia verso di Giove, che, come abbiam veduto, diede il nome al «giusto», e inverso gli uomini, non impacciandosi niuno delle cose d'altrui, come de' giganti, divisi per le spelonche della Sicilia, narra Polifemo ad Ulisse [40] (la qual, giustizia in comparsa, era, in fatti, selvatichezza); — di più, temperati, contenti d'una sola donna per tutta la loro vita. E, come vedremo appresso, gli fecero forti, industriosi e magnanimi, che furono le virtù dell'età dell'oro: non già quale la si finsero, dopo, i poeti effemminati, nella quale licesse ciò che piacesse; perché, in quella de' poeti teologi, agli uomini, storditi ad ogni gusto di nauseante riflessione (come tuttavia osserviamo i costumi contadineschi), non piaceva se non ciò ch'era lecito, né piaceva se non ciò che giovava (la qual origine eroica han serbato i latini in quell'espressione con cui dicono «*iuvat*» per dir «è bello»); — né come la si finsero i filosofi, [41] che gli uomini leggessero in petto di Giove le leggi eterne del giusto; perché dapprima leggerono nel cospetto del cielo le leggi lor dettate da' fulmini. E, in conchiusione, le virtù di tal prima età furono come quelle che tanto sopra, nelle *Annotazioni alla Tavola cronologica*, udimmo lodar degli sciti, i quali ficcavano un coltello in terra e l'adoravan per dio (con che poi giustificavano gli ammazzamenti): cioè virtù per sensi, mescolate di religione ed immanità; i quali costumi come tra loro si comportino si può tuttavia osservar nelle streghe, come nelle *Degnità* [42] si è avvisato. [43]

Da tal prima morale della superstiziosa e fiera genti-

40. *narra Polifemo* ecc.: inesatto, cfr. *Odissea*, IX, 112.

41. *i filosofi*: intende i filosofi giusnaturalisti.

42. *nelle Degnità*: la XL.

43. *avvisato*: così corregge il Flora (p. 115) l'*osservato* del testo del Nicolini.

lità venne quel costume di consagrare vittime umane agli dei, come si ha dagli più antichi fenici, appo i quali, quando loro sovrastava alcuna grande calamità, come di guerra, fame, peste, gli re consagravano i loro propi figliuoli per placare l'ira celeste, come narra Filone biblio; [44] e tal sacrifizio facevano di fanciulli ordinariamente a Saturno, al riferire di Quinto Curzio. [45] Che, come racconta Giustino, [46] fu conservato poi dai cartaginesi, gente senza dubbio colà pervenuta dalla Fenicia (come qui dentro si osserva), e fu da essi praticato infin agli ultimi loro tempi, come il conferma Ennio in quel verso: [47]

Et poinei solitei sos sacruficare puellos, [48]

i quali dopo la rotta ricevuta da Agatocle sagrificarono dugento nobili fanciulli a' loro dei per placarli. [49] E co' fenici e cartaginesi in tal costume empiamente pio convennero i greci col voto e sacrifizio che fece Agamennone della sua figliuola Ifigenia. Lo che non dee recar maraviglia a chiunque rifletta sulla ciclopica paterna potestà de' primi padri del gentilesimo, la quale fu praticata dagli più dotti delle nazioni, quali furon i greci, e dagli più saggi, quali sono stati i romani, i quali entrambi, fin dentro i tempi della loro più colta umanità, ebbero l'arbitrio d'uccidere i loro figliuoli bambini di fresco nati. La qual riflessione certamente dee scemarci l'orrore che 'n questa nostra mansuetudine ci si è fatto finor sentire

44. *come narra Filone biblio*: cfr. Eusebio, *Præparatio evangelica,* I, 10, 44.

45. *al riferire* ecc.: Q. Curzio, IV, 3, 23.

46. *Giustino*: XVIII, 5, 12 e XIX, 1, 11.

47. *Ennio* ecc.: cfr. Festo alla voce *puelli* e Nonio Marcello alla voce *puellos.*

48. *Et poinei* ecc.: « I cartaginesi solevano sacrificare i propri fanciulli ».

49. *sagrificarono* ecc.: Pescennio Festo in Lattanzio, *Divinæ Institutiones,* I, 21, 13.

di Bruto, che decapita due suoi figliuoli ch'avevano congiurato di riporre nel regno romano il tiranno Tarquinio, e di Manlio detto « l'imperioso », che mozza la testa al suo generoso figliuolo ch'aveva combattuto e vinto contro il suo ordine. Tali sagrifizi di vittime umane essere stati celebrati da' galli l'afferma Cesare; e Tacito negli *Annali*[50] narra degl'inghilesi che, con la scienza divina de' druidi (i quali la boria de' dotti vuol essere stati ricchi di sapienza riposta), dall'entragne[51] delle vittime umane indovinavano l'avvenire: la qual fiera ed immane religione da Augusto fu proibita ai romani i quali vivevano in Francia, e da Claudio fu interdetta a' galli medesimi, al narrare di Suetonio[52] nella vita di questo cesare. Quindi i dotti delle lingue orientali vogliono ch'i fenici avessero sparso per le restanti parti del mondo i sagrifizi di Moloch (che 'l Morneo, il Drusio, il Seldeno dicono[53] essere stato Saturno), co' quali gli bruciavano un uomo vivo. Tal umanità i fenici, che portarono ai greci le lettere, andavano insegnando per le prime nazioni della più barbara gentilità! D'un cui simile costume immanissimo dicono ch'Ercole avesse purgato il Lazio: di gittare nel Tevere uomini vivi sagrificati, ed avesse introdutto di gittarlivi fatti di giunco.[54] Ma Tacito narra i sagrifizi di vittime umane essere stati solenni appo gli antichi germani, i quali certamente per tutti i tempi de' quali si ha memoria furono chiusi a tutte le nazioni straniere, talché i romani, con tutte le forze del mondo, non vi poterono penetrare. E gli spagnuoli gli ritruovarono in Ame-

50. *Cesare* ecc.: Cesare, *De bello gallico*, VI, 16; Tacito, *Annales*, XIV, 30.

51. *entragne*: interiora, viscere.

52. *Suetonio*: Svetonio, *Claudius*, 25.

53. *che 'l Morneo* ecc.: Filippo Mornay (1549-1623), *De veritate religionis christianæ*, 1580 (ediz. di Leida 1687, p. 485); Giovanni van Driesche (1550-1616), *Ad voces hebraicas Novi Testamenti commentarius*, Franeker, 1616, p. 119; il già ricordato Selden, *De diis Syriis*, in *Opera*, Londra, 1726, II, p. 338.

54. *nel Tevere* ecc.: cfr. Cicerone, *Pro Roscio Amerino*, 55.

rica, nascosta fin a due secoli fa a tutto il resto del mondo: ove que' barbari si cibavano di carni umane (all'osservare di Lascoboto, *De Francia nova*),[55] che dovevan essere d'uomini da essi consagrati ed uccisi (quali sagrifizi sono narrati da Oviedo, *De historia indica*).[56] Talché, mentre i germani antichi vedevano in terra gli dei, gli americani altrettanto (come sopra da noi l'un e l'altro si è detto), e gli antichissimi sciti erano ricchi di tante auree virtù di quante l'abbiam testé uditi lodare dagli scrittori; in tali tempi medesimi celebravano tal inumanissima umanità! Queste tutte furono quelle che da Plauto[57] son dette « *Saturni hostæ* », nel cui tempo vogliono gli autori che fu l'età dell'oro del Lazio. Tanto ella fu mansueta, benigna, discreta, comportevole e doverosa!

Dallo che tutto ha a conchiudersi quanto sia stata finora vana la boria de' dotti d'intorno all'innocenza del secol d'oro, osservata dalle prime nazioni gentili; che, 'n fatti, fu un fanatismo di superstizione, ch'i primi uomini, selvaggi, orgogliosi, fierissimi, del gentilesimo teneva in qualche ufizio con un forte spavento d'una da essi immaginata divinità. Sulla qual superstizione riflettendo, Plutarco[58] pone in problema: se fusse stato minor male così empiamente venerare gli dei, o non creder affatto agli dei. Ma egli non contrapone con giustizia tal fiera superstizione con l'ateismo, perché con quella sursero luminosissime nazioni, ma con l'ateismo non se ne fondò al mondo niuna, conforme sopra ne' *Princìpi* si è dimostrato.

E ciò sia detto della morale divina de' primi popoli del gener umano perduto: della morale eroica appresso ragioneremo a suo luogo.[59]

55. *Lascoboto* ecc.: Marco Lescarbot (?-1630), *Histoire nouvelle de la France*, ediz. di Parigi, 1648, pp. 274 segg.

56. *Oviedo* ecc.: Gonzalo Fernández de Oviedo y Valdés (1478-?), *Primiera parte de la hystoria natural y general de las India, yslas y tierrafirma del mar Oceano*, 1547, I, 9, fol. 58.

57. *da Plauto*: *Amphitruo*, atto IV, scena 2, 15-16.

58. *Plutarco*: *Della superstizione*, 10.

59. Nella *Politica poetica*, 8.

IV
DELL'ICONOMICA POETICA

1.
DELL'ICONOMICA POETICA, E QUI DELLE FAMIGLIE CHE PRIMA FURONO DE' FIGLIUOLI

Sentirono gli eroi per umani sensi quelle due verità che compiono tutta la dottrina iconomica,[1] che le genti latine conservarono con queste due voci di « *educere* » e di « *educare* »; delle quali con signoreggiante eleganza la prima s'appartiene all'educazione dell'animo, e la seconda a quella del corpo. E la prima fu, con dotta metafora, trasportata da' fisici al menar fuori le forme della materia;[2] perciocché con tal educazione eroica s'incominciò a menar fuori in un certo modo la forma dell'anima umana, che ne' vasti corpi de' giganti era affatto seppellita dalla materia, e s'incominciò a menar fuori la forma di esso corpo umano di giusta corporatura dagli smisurati corpi lor giganteschi.

E, per ciò che riguarda la prima parte, dovettero i padri eroi, come nelle *Degnità*[3] si è avvisato, essere, nello stato che dicesi « di natura », i sappienti in sapienza d'auspìci o sia sapienza volgare; e, 'n séguito di cotal sapienza, esser i sacerdoti, che, come più degni, dovevano sagrificare per proccurare o sia ben intender gli auspìci; e finalmente gli re, che dovevano portar le leggi dagli dei alle loro famiglie, nel propio significato di tal voce « legislatori », cioè « portatori di leggi », come poi lo furono i primi re nelle città eroiche, che portavano le leggi da'

1. - 1. *dottrina iconomica*: è la dottrina del reggimento della famiglia. L'*iconomica poetica* ha per oggetto le pratiche educative del genere umano dei tempi primitivi.

2. *E la prima* ecc.: l'educazione fu prima detta di cose dell'animo, poi. per metafora, applicata a cose materiali o fisiche.

3. *nelle Degnità*: la LXXII.

senati regnanti a' popoli, come noi l'osservammo sopra, nelle due spezie dell'adunanze eroiche d'Omero, una detta βουλή e l'altra ἀγορά, nell'*Annotazioni alla Tavola cronologica.*[4] E come in quella gli eroi a voce ordinavano le leggi, in questa a voce le pubblicavano (perocché le lettere volgari non si erano ancor truovate); onde gli re eroici portavano le leggi da essi senati regnanti a' popoli nelle persone de' duumviri, i quali essi avevano per ciò criati che le dettassero, come Tullo Ostilio quella nell'accusa d'Orazio. Talché essi duumviri venivano ad essere leggi vive e parlanti; che è ciò che non intendendo Livio,[5] non si fa intendere, come sopra osservammo, ove narra del giudizio d'Orazio.

Cotal tradizione volgare sulla falsa oppenione della sapienza innarrivabile degli antichi diede la tentazione a Platone di vanamente disiderare que' tempi ne' quali i filosofi regnavano o filosofavano i re. E certamente cotali padri, come nelle *Degnità*[6] si è avvisato, dovetter essere re monarchi famigliari, superiori a tutti nelle loro famiglie e solamente soggetti a Dio, forniti d'imperi armati di spaventose religioni e consegrati con immanissime pene, quanto dovetter essere quelli de' polifemi, ne' quali Platone riconosce i primi padri di famiglia del mondo. La qual tradizione, mal ricevuta, diede la grave occasione del comun errore a tutti i politici:[7] di credere che la prima forma de' governi civili fusse ella nel mondo stata monarchica; onde sono dati in quelli ingiusti princìpi di rea politica:[8] che i regni civili nacquero o da forza aperta o da froda, che poi scoppiò nella forza. Ma in que' tempi, tutti orgoglio e fierezza per la fresca ori-

4. *nell'Annotazioni* ecc.: XII.

5. *Livio*: I, 26; cfr. *Della logica poetica*, alla fine.

6. *Platone* ecc.: cfr. *Degnità*, LXXV; LXXIII; LXXVII.

7. *i politici*: i trattatisti politici come Grozio e Bodin.

8. *rea politica*: per Vico, quella di Machiavelli, di Hobbes, dei sociniani e degli epicurei.

gine della libertà bestiale (di che abbiamo, pur sopra, posto una degnità),[9] nella somma semplicità e rozzezza di cotal vita, ch'eran contenti de' frutti spontanei della natura, dell'acqua delle fontane e di dormir nelle grotte; nella naturale egualità dello stato, nel quale tutti i padri erano sovrani nelle loro famiglie; non si può affatto intendere né froda né forza, con la quale uno potesse assoggettir tutti gli altri ad una civil monarchia: la qual pruova si farà più spiegata appresso.

Solamente ora sia lecito qui di riflettere quanto vi volle acciocché gli uomini del gentilesimo dalla ferina loro natia libertà, per lunga stagione di ciclopica famigliar disciplina,[10] si ritruovassero addimesticati, negli Stati ch'avevano da venir appresso civili, ad ubbidire naturalmente alle leggi. Di che restò quell'eterna propietà: ch'ivi le repubbliche sono più beate di quella ch'ideò Platone, ove i padri insegnano non altro che la religione, e da' figliuoli vi sono ammirati come lor sapienti, riveriti come lor sacerdoti e vi sono temuti da re. Tanta forza divina e tal vi abbisognava per ridurre a' doveri umani i quanto goffi altrettanto fieri giganti! La qual forza non potendo dir in astratto, la dissero in concreto con esso corpo d'una corda,[11] che *χορδά* si dice in greco, ed in latino da prima si disse « *fides* », la qual, prima e propiamente, s'intese in quel motto « *fides deorum* », « forza degli dei ».[12] Della qual poi, come la lira dovette cominciare dal monocordo, ne fecero la lira d'Orfeo, al suon della quale egli, cantando loro la forza degli dei negli auspìci, ridusse le fiere greche all'umanità, ed

9. *una degnità*: la XCIV.

10. *ciclopica... disciplina*: il reggimento familiare dei giganti o *iconomica poetica*.

11. *La qual forza* ecc.: la forza dei padri fu simboleggiata dalla corda impiegata per legare i figliuoli castigati. Il simbolo prende qui il posto del concetto o termine astratto assente nell'età primitiva o eroica.

12. *fides* ecc.: arbitraria etimologia vichiana.

Anfione de' sassi semoventi innalzò le mura di Tebe: cioè di que' sassi che Deucalione e Pirra, innanzi al templo di Temi (cioè col timore della divina giustizia), co' capi velati (con la pudicizia de' matrimoni), posti innanzi i piedi (ch'innanzi erano stupidi, come a' latini per « istupido » restò « *lapis* »), essi, col gittargli dietro le spalle (con introdurvi gli ordini famigliari per mezzo della disciplina iconomica), fecero divenir uomini, come questa favola fu sopra, nella *Tavola cronologica*, [13] così spiegata.

Per ciò ch'attiensi all'altra parte della disciplina iconomica, ch'è l'educazione de' corpi, tai padri, con le spaventose religioni e co' lor imperi ciclopici e con le lavande sagre, incominciaron ad edurre o menar fuori dalle corporature gigantesche de' lor figliuoli la giusta forma corporea umana, in conformità di ciò che sopra n'abbiamo detto. Ov'è da sommamente ammirare la provvedenza, la qual dispose che, finché poi succedesse l'educazione iconomica, [14] gli uomini perduti provenissero giganti, acciocché nel loro ferino divagamento potessero con le robuste complessioni sopportare l'inclemenza del cielo e delle stagioni, e con le smisurate forze penetrare la gran selva della terra (che per lo recente diluvio doveva esser foltissima), per la quale (affinché si truovasse tutta popolata a suo tempo), fuggendo dalle fiere e seguitando le schive donne, e quindi sperduti, cercando pascolo ed acqua, si dispergessero; ma, dappoi che incominciarono con le loro donne a star fermi, prima nelle spelonche, poi ne' tuguri, presso le fontane perenni (come or ora diremo), e ne' campi, che, ridutti a coltura, davano loro il sostentamento della lor vita, per le cagioni ch'ora qui ragioniamo, degradassero alle giuste stature delle quali ora son gli uomini.

Quivi, in esso nascere dell'iconomica, la compie-

13. *nella Tavola cronologica*: *Annotazione*, XII.

14. *l'educazione iconomica*: l'educazione familiare.

rono nella sua idea ottima, la qual è ch'i padri col travaglio e con l'industria lascino a' figliuoli patrimonio, ov'abbiano e facile e comoda e sicura la sossistenza, anco mancassero gli stranieri commerzi, anco mancassero tutti i frutti civili, anco mancassero esse città, acciocché in tali casi ultimi almeno si conservino le famiglie, dalle quali sia speranza di risurger le nazioni; — che debbano lasciar loro patrimonio in luoghi di buon'aria, con propia acqua perenne, in siti naturalmente forti, ove, nella disperazione delle città, possan aver la ritirata, ed in campi di larghi fondi ove possano mantenere de' poveri contadini, da essi, nella rovina delle città, rifuggiti, con le fatighe de' quali vi si possano mantenere signori. Tali ordini la provvedenza (secondo il detto di Dione che noi riferimmo tralle *Degnità*), [15] non da tiranna con leggi, ma, da regina, qual è, delle cose umane, con costumanze pose allo stato delle famiglie. Perché si truovaron i forti piantate le loro terre sull'alture de' monti, e quivi in aria ventilata e per questo sana; e in siti per natura anco forti, che furono le prime «*arces*» del mondo che poi con le sue regole l'architettura militare fortificò (come in italiano si dissero «rocce» gli scoscesi e ripidi monti, onde poi «rocche» se ne dissero le fortezze); e finalmente si truovarono presso alle fontane perenni, che per lo più mettono capo ne' monti, presso alle quali gli uccelli di rapina fanno i lor nidi (onde presso a tali fontane i cacciatori tendono loro le reti). I quali uccelli per ciò forse dagli antichi latini furono tutti chiamati «*aquilæ*», quasi «*aquilegæ*» (come certamente «*aquilex*» ci restò detto il «ritruovatore o raccoglitore dell'acqua»), [16] perocché senza dubbio gli uccelli, de' quali osservò gli auspìci Romolo per prender il luogo

15. *riferimmo tralle Degnità*: nella CIV.

16. *aquilex* ecc.: altra etimologia arbitraria.

alla nuova città, dalla storia ci si narrano essere stati avvoltoi, che poi divennero aquile e furon i numi di tutti i romani eserciti. Così gli uomini semplici e rozzi, seguendo l'aquile, le quali credevano esser uccelli di Giove perché volan alto nel cielo, ritruovarono le fontane perenni, e ne venerarono quest'altro gran beneficio che fece loro il Cielo quando regnava in terra. E dopo quello de' fulmini, gli più augusti auspìci furon osservati i voli dell'aquile, che Messala e Corvino dissero « auspìci maggiori » ovvero « pubblici », [17] de' quali intendevano i patrizi romani quando nelle contese eroiche replicavano alla plebe « *auspicia esse sua* ». Tutto ciò, dalla provvedenza ordinato per dar principio all'uman genere gentilesco, Platone stimò essere stati scorti provvedimenti umani de' primi fondatori delle città. [18] Ma nella barbarie ricorsa, [19] che dappertutto distruggeva le città, nella stessa guisa si salvarono le famiglie, onde provennero le novelle nazioni d'Europa; e ne restarono agl'italiani dette « castella » tutte le signorie che novellamente vi sursero, perché generalmente s'osserva le città più antiche e quasi tutte le capitali de' popoli essere poste sull'alto de' monti, ed al contrario i villaggi sparsi per le pianure: onde debbono venire quelle frasi latine « *summo loco* », « *illustri loco nati* » per significar « nobili », e « *imo loco* », « *obscuro loco nati* » per dir « plebei », perché, come vedremo appresso, gli eroi abitavano le città, i famoli le campagne.

Però, sopra tutt'altro, per le fontane perenni fu detto da' politici [20] che la comunanza dell'acqua fusse stata l'occasione che da presso vi si unissero le famiglie, e che quindi le prime comunanze si dicessero φρατρίαι da' greci, siccome le prime terre vennero dette « *pagi* » a'

17. *Messala* ecc.: Marco Valerio Messalla e Marco Valerio Massimo Corvino. Il primo è autore di un perduto trattato sugli auspìci.

18. *Platone* ecc.: *Leggi*, V, 9, 738 b-c.

19. *nella barbarie ricorsa*: nel Medioevo.

20. *da' politici*: cfr. invece alcuni

latini, come da' greci dori fu la fonte chiamata παγά: ch'è l'acqua, prima delle due principali solennità delle nozze. Le quali da' romani si celebravano *aqua et igni*, perché i primi matrimoni naturalmente si contrassero tra uomini e donne ch'avevano l'acqua e il fuoco comune, e sì erano d'una stessa famiglia; onde, come sopra si è detto, da' fratelli e sorelle dovettero incominciare. Del qual fuoco era dio il lare di ciascheduna casa; dalla qual origine vien detto « *focus laris* » il fuocolaio, dove il padre di famiglia sagrificava agli dei della casa, i quali nella legge delle XII Tavole, al capo *De parricidio*, secondo la lezione di Giacomo Revardo,[21] son detti « *deivei parentum* »; e nella sagra storia si legge sì frequente una simil espressione: « *Deus parentum nostrorum* », come più spiegatamente: « *Deus Abraham* », « *Deus Isaac* », « *Deus Iacob* ».[22] D'intorno a che è quella tralle leggi di Cicerone[23] così conceputa: « *Sacra familiaria perpetua manento* »; ond'è la frase, sì spessa nelle leggi romane, con la quale un figliuol di famiglia si dice essere « *in sacris paternis* », e si dice « *sacra patria* » essa paterna potestà, le cui ragioni ne' primi tempi, come si dimostra in quest'opera, erano tutte credute sagre. Cotal costume si ha a dire essere stato osservato da' barbari i quali vennero appresso: perché in Firenze, a' tempi di Giovanni Boccaccio (come l'attesta nella *Geanologia degli dei*),[24] nel principio di ciascun anno il padre di famiglia, assiso nel fuocolaio a capo di un ceppo a cui s'appiccava il fuoco, gli dava l'incenso e vi spargeva del vino; lo che dalla nostra bassa plebe napoletana si osserva la sera della

grammatici come Servio, *Ad Georgicam*, II, 392.

21. *Giacomo Revardo*: Giacomo Raewaerd (1534-1568), *Ad leges XII Tabularum* in *Opera*, ediz. di Lione, 1623, I, pp. 102 segg.

22. *nella sagra storia* ecc.: *Esodo*, III, 15.

23. *tralle leggi* ecc.: Cicerone, *De legibus*, II, 9.

24. *Boccaccio* ecc.: *Genealogiæ deorum*, VII, 65.

vigilia del santo Natale, che 'l padre di famiglia solennemente deve appiccare il fuoco ad un ceppo sì fatto nel fuocolaio; e per lo Reame di Napoli le famiglie dicono noverarsi per fuochi. Quindi, fondate le città, venne l'universal costume che i matrimoni si contraggono tra' cittadini; e finalmente restò quello: che, ove si contraggono con istranieri, abbiano almeno tra loro la religione comune.

Ora, ritornando dal fuoco all'acqua, Stige, per cui giuravano i dei,[25] fu la sorgiva delle fontane: ove gli dei debbon esser i nobili dell'eroiche città (come si è sopra detto), perché la comunanza di tal acqua aveva fatto loro i regni sopra degli uomini; onde fin al CCCIX di Roma i patrizi tennero i connubi incommunicati alla plebe, come se n'è detto alquanto sopra e più appresso se ne dirà. Per tutto ciò nella storia sagra si leggono sovente o « pozzo del giuramento » o « giuramento del pozzo »:[26] ond'esso nome serba questa tanto grande antichità alla città di Pozzuoli, che fu detto « *Puteoli* » da più piccioli pozzi uniti; ed è ragionevole congettura, fondata sul dizionario mentale ch'abbiamo detto, che tante città sparse per le antiche nazioni che si dicono nel numero del più,[27] da questa cosa, una in sostanza, si appellarono, con favella articolata, diversamente.

Quivi si fantasticò la terza deità maggiore, la qual fu Diana; che fu la prima umana necessità[28] la quale si fece sentir a' giganti fermati in certe terre e congionti in matrimonio con certe donne. Ci lasciarono i poeti teologi descritta la storia di queste cose con due favole di Diana. Delle quali una ce ne significa la pudicizia de' matrimoni: ch'è quella di Diana, la quale, tutta tacita, al buio di

25. *Stige* ecc.: cfr. Omero, *Iliade*, XIV, 271; XV, 37; *Odissea*, V, 85; Esiodo, *Theogonia*, 400.

26. *pozzo del giuramento* ecc.: cfr. *Genesi*, XXI, 22-23.

27. *numero del più*: il plurale.

28. *la prima* ecc.: la necessità dell'acqua.

densa notte, si giace con Endimione dormente; talch'è casta Diana di quella castità onde una delle leggi di Cicerone comanda « *Deos caste adeunto* » [29] (che si andasse a sacrificare, fatte le sagre lavande prima). L'altra ce ne narra la spaventosa religione de' fonti, a' quali restò il perpetuo aggiunto di « sagri »: ch'è quella d'Atteone, il quale, veduta Diana ignuda (la fontana viva), dalla dea spruzzato d'acqua (per dire che la dea gli gittò sopra il suo grande spavento), divenne cervo (lo più timido degli animali) e fu sbranato da' suoi cani (da' rimorsi della propria coscienza per la religion violata); talché « *lymphati* » (propiamente « spruzzati d'acqua pura », ché tanto vuol dire « *lympha* ») dovettero dapprima intendersi cotali Atteoni impazzati di superstizioso spavento. La qual istoria poetica serbarono i latini nella voce « *latices* » (che debbe venire a « *latendo* »), c'hanno l'aggiunto perpetuo di « *puri* », e significano l'acqua che sgorga dalla fontana; e tali « *latices* » de' latini devon essere le ninfe compagne di Diana appo i greci, a' quali « *nymphæ* » significavano lo stesso che « *lymphæ* »; e tali ninfe furon dette da' tempi ch'apprendevano tutte le cose per sostanze animate e, per lo più, umane, come sopra si è nella *Metafisica* [30] ragionato.

Appresso, i giganti pii, che furon i postati ne' monti, [31] dovettero risentirsi del putore che davano i cadaveri de' lor trappassati, che marcivano loro da presso sopra la terra; onde si diedero a seppellirgli (de' quali si sono truovati e tuttavia si ritruovano vasti teschi ed ossa per lo più sopra l'alture de' monti; ch'è un grand'argomento che de' giganti empi, dispersi per le pianure e le valli dappertutto, i cadaveri marcendo inseppolti, furono i

29. *Cicerone* ecc.: *De legibus*, II, 8, già citato nella *Logica poetica*.
30. *Metafisica*: la *Metafisica poetica*.
31. *i postati* ecc.: cfr. la *Metafisica poetica*, I: « dispersi per gli boschi posti sull'alture de' monti ».

teschi e l'ossa o portati in mar da' torrenti o macerati alfin dalle piogge), e sparsero i sepolcri di tanta religione, o sia divino spavento, che « *religiosa loca* » per eccellenza restaron detti a' latini i luoghi ove fussero de' sepolcri. E quivi cominciò l'universale credenza, che noi pruovammo sopra ne' *Princìpi* (de' quali questo era il terzo che noi abbiamo preso di questa Scienza), cioè dell'immortalità dell'anime umane, le quali si dissero « *dii manes* » e nella legge delle XII Tavole, al capo *De parricidio*, « *deivei parentum* » si appellano. Altronde essi dovettero, in segno di seppoltura, o sopra o presso a ciascun tumulo, che altro dapprima non poté essere propiamente che terra alquanto rilevata (come de' germani antichi, i quali ci dan luogo di congetturare lo stesso costume di tutte l'altre prime barbare nazioni, al riferire di Tacito,[32] stimavano di non dover gravare i morti di molta terra; ond'è quella preghiera per gli difonti: « *Sit tibi terra levis* »); dovettero, diciamo, in segno di seppoltura ficcar un ceppo, detto da' greci φύλαξ che significa « custode », perché credevano, i semplici!, che cotal ceppo il guardasse; e « *cippus* » a' latini restò a significare « sepolcro », ed agl'italiani « ceppo » significa « pianta d'albero geanologico ». Onde dovette venir a' greci φυλή, che significa « tribù »: e i romani descrivevano le loro geanologie disponendo le statue de' lor antenati nelle sale delle loro case per fili, che dissero « *stemmata* »[33] (che dev'aver origine da « *temen* », che vuol dir « filo »; ond'è « *subtemen* », « filato », che si stende sotto nel tessersi delle tele); i quali fili geanologici poi da' giureconsulti si dissero « *lineæ* », e quindi « *stemmata* » restarono in questi tempi a significare « insegne gentilizie ». Talch'è forte conget-

32. *al riferire di Tacito*: cfr. *Germania*, 27.

33. *stemmata*: per le etimologie, spesso fantasiose, del Vico, esposte qui di seguito cfr. Nicolini, *Comm.*, 530-533.

tura che le prime terre con tali seppelliti sieno stati i primi scudi delle famiglie; onde dev'intendersi il motto della madre spartana, che consegna lo scudo al figliuolo che va alla guerra, dicendo: « *aut cum hoc, aut in hoc* », volendo dire « ritorna o con questo o sopra una bara »; siccome oggi in Napoli tuttavia la bara si chiama « scudo ». E perché tai sepolcri erano nel fondo de' campi, che prima furon da semina, quindi gli scudi nella scienza del blasone son diffiniti il « fondamento del campo », che poi fu detto « dell'armi ».

Da sì fatta origine dee esser venuto detto « *filius* », il quale, distinto col nome o casato del padre, significò « nobile »; appunto come il patrizio romano udimmo sopra diffinito « *qui potest nomine ciere patrem* »: del qual « nome » de' romani vedemmo sopra esser a livello il patronimico, il quale sì spesso usarono i primi greci, onde da Omero si dicono « *filii Achivorum* » gli eroi, siccome nella sagra storia « *filii Israël* » sono significati i nobili del popolo ebreo. Talché è necessario che, se le tribù dapprima furono de' nobili, dapprima di soli nobili si composero le città, come appresso dimostreremo.

Così con essi sepolcri de' loro seppelliti i giganti dimostravano la signoria delle loro terre; [34] lo che restò in ragion romana di seppellire il morto in un luogo propio, per farlo religioso. E dicevano con verità quelle frasi eroiche: « noi siamo figliuoli di questa terra », « siamo nati da queste roveri »; come i capi delle famiglie da' latini si dissero « *stirpes* » e « *stipites* », e la discendenza di ciascheduno fu chiamata « *propago* »; ed esse famiglie dagl'italiani furon appellate « legnaggi »; e le nobilissime case d'Europa e quasi tutte le sovrane prendono i cognomi dalle terre da esse signoreggiate. Onde, tanto in greco quanto in latino, egualmente, « figliuol della Terra » si-

34. *con essi* ecc.: le tombe sarebbero state cippi di confine tra le terre.

gnificò lo stesso che «nobile»: ed a' latini «*ingenui*» significano «nobili», quasi «*indegeniti*» e più speditamente «*ingeniti*»; come certamente «*indigenæ*» restaron a significare i natii d'una terra, e «*dii indigetes*» si dissero i dei natii, che debbon essere stati i nobili dell'eroiche città, che si appellarono «dei», come sopra si è detto, de' quali dei fu gran madre la Terra. Onde da principio «*ingenuus*» e «*patricius*» significarono «nobile», perché le prime città furono de' soli nobili; e questi «*ingenui*» devon essere stati gli aborigini, detti quasi «senza origini» ovvero «da sé nati», a' quali rispondono a livello gli *αὐτόχθονες* che dicono i greci. E gli aborigini furon giganti, e «giganti» propiamente significano «figliuoli della Terra»; e così la Terra ci fu fedelmente narrata dalle favole essere stata madre de' giganti e dei dei.

Le quali cose tutte sopra si sono da noi ragionate, e qui, ch'era luogo loro propio, si son ripetute per dimostrare che Livio [35] mal attaccò cotal frase eroica a Romolo e a' padri, di lui compagni, ove ai ricorsi nell'asilo aperto nel luco gli fa dire «esser essi figliuoli di quella terra», e 'n bocca loro fa divenire sfacciata bugia quella che ne' fondatori de' primi popoli era stata un'eroica verità: tra perché Romolo era conosciuto reale d'Alba, e perché tal madre era stata loro pur troppo iniqua a produrre de' soli uomini, tanto ch'ebbero bisogno di rapir le sabine per aver donne. Onde hassi a dire che, per la maniera di pensare de' primi popoli per caratteri poetici, a Romolo, guardato come fondatore di città, furon attaccate le propietà de' fondatori delle città prime del Lazio, in mezzo a un gran numero delle quali Romolo fondò Roma. Col qual errore va di concerto la diffinizione che lo stesso Livio dà dell'asilo: che fusse stato «*vetus urbes conden-*

35. *Livio*: I, 8.

tium consilium»;[36] che ne' primi fondatori delle città, ch'erano semplici, non già consiglio, ma fu natura che serviva alla provvedenza.

Quivi si fantasticò la quarta divinità delle genti dette «maggiori», che fu Apollo, appreso per dio della luce civile; onde gli eroi si dissero κλειτοί («chiari») da' greci, da κλέος («gloria»), e si chiamarono «*inclyti*» da' latini, da «*cluer*», che significa «splendore d'armi», ed in conseguenza da quella luce alla quale Giunone Lucina portava i nobili parti. Talché, dopo Urania — che sopra abbiam veduto esser la musa ch'Omero diffinisce «scienza del bene e del male», o sia la divinazione, come si è sopra detto, per la quale Apollo è dio della sapienza poetica ovvero della divinità — quivi dovette fantasticarsi la seconda delle muse, che dev'essere stata Clio, la quale narra la storia eroica; e la prima storia sì fatta dovette incominciare dalle geanologie di essi eroi, siccome la sagra storia comincia dalle discendenze de' patriarchi. A sì fatta storia dà Apollo il principio da ciò: che perseguita Dafne, donzella vagabonda che va errando per le selve (nella vita nefaria); e questa con l'aiuto ch'implorò degli dei (de' quali bisognavano gli auspìci ne' matrimoni solenni), fermandosi, diventa lauro (pianta che sempre verdeggia nella certa e conosciuta sua prole, in quella stessa significazione ch'i latini «*stipites*» dissero i ceppi delle famiglie; e la barbarie ricorsa[37] ci riportò le stesse frasi eroiche, ove dicono «alberi» le discendenze delle medesime, e i fondatori chiamano «ceppi» e «pedali», e le discendenze de' provenuti dicono «rami», ed esse famiglie dicon «legnaggi»). Così il seguire d'Apollo fu propio di nume, il fuggire di Dafne propio di fiera; ma poi, sconosciuto il parlare di tal istoria severa,[38] avvenne che 'l

36. *Livio* ecc.: I, 8.

37. *barbarie ricorsa*: il Medioevo.

38. *sconosciuto... tal istoria severa*: il mito si corrompe: da storia *seve-*

seguire d'Apollo fu d'impudico, il fuggire di Dafne fu di donna. [39]

Di più Apollo è fratello di Diana, perché con le fontane perenni ebbero l'agio di fondarsi le prime genti sopra de' monti; ond'egli ha la sua sede sopra il monte Parnaso, dove abitano le muse (che sono l'arti dell'umanità), e presso il fonte Ippocrene, delle cui acque bevono i cigni, uccelli canori di quel « *canere* » o « *cantare* » che significa « predire » a' latini; con gli auspìci d'un de' quali, come si è sopra detto, Leda concepisce le due uova, e da uno partorisce Elena e dall'altro Castore e Polluce ad un parto.

Ed Apollo e Diana sono figliuoli di Latona, detta da quel « *latere* » o « nascondersi » onde si disse « *condere gentes* », « *condere regna* », « *condere urbes* », e particolarmente in Italia fu detto « *Latium* ». E Latona gli partorì presso l'acque delle fontane perenni, ch'abbiamo detto; al cui parto gli uomini diventaron ranocchie, [40] le quali nelle piogge d'està nascono dalla terra, la qual fu detta « madre de' giganti », che sono propiamente della Terra figliuoli. Una delle quali ranocchie è quella che a Dario manda Idantura; e devon essere le tre ranocchie e non rospi nell'arme reale di Francia, [41] che poi si cangiarono in gigli d'oro, dipinte col superlativo del « tre », che restò ad essi francesi per significare una ranocchia grandissima, cioè un grandissimo figliuolo, e quindi signor della terra.

Entrambi son cacciatori, che con alberi spiantati, uno de' quali è la clava d'Ercole, uccidono fiere, prima per difendere sé e le loro famiglie (non essendo loro più lecito,

ra diviene storia *oscena*.

39. *donna*: l'autografo e la stampa del 1744, come nota il Flora, p. 1118, hanno *Diana* che è certamente errore per *donzella* o per *donna*.

40. *al cui parto* ecc.: cfr. Ovidio, *Metamorfosi*, VI, 313 segg.

41. *nell'arme* ecc.: l'arma reale di Francia si credeva risultasse da tre rospi mutati in gigli.

come a' vagabondi della vita eslege, di camparne fuggendo), di poi per nudrirsene essi con le loro famiglie. Come Virgilio di tali carni fa cibare gli eroi, e i germani antichi, al riferire di Tacito, per tal fine con le loro mogli ivano cacciando le fiere.[42]

Ed è Apollo dio fondatore dell'umanità e delle di lei arti, che testé abbiam detto esser le muse, le quali arti da' latini si dicono « *liberales* » in significato di « nobili », una delle quali è quella di cavalcare: onde il Pegaso vola sopra il monte Parnaso, il quale è armato d'ali, perch'è in ragione de' nobili; e nella barbarie ricorsa, perch'essi soli potevano armare a cavallo, i nobili dagli spagnuoli se ne dissero « cavalieri ». Essa umanità ebbe incominciamento dall' « *humare* », « seppellire » (il perché le seppolture furono da noi prese per terzo principio di questa Scienza); onde gli ateniesi, che furono gli umanissimi di tutte le nazioni, al riferire di Cicerone,[43] furon i primi a seppellire i lor morti.

Finalmente Apollo è sempre giovine (siccome la vita di Dafne sempre verdeggia, cangiata in lauro), perché Apollo, coi « nomi » delle prosapie, eterna gli uomini nelle loro famiglie. Egli porta la chioma in segno di nobiltà; e ne restò costume a moltissime nazioni di portar chioma i nobili, e si legge tralle pene de' nobili appo i persiani e gli americani di spiccare uno o più capelli dalla lor chioma, e forse quindi dissero la « *Gallia comata* » da' nobili che fondaron tal nazione, come certamente appo tutte le nazioni agli schiavi si rade il capo.

Ma — stando essi eroi fermi dentro circoscritte terre, ed essendo cresciute in numero le lor famiglie, né bastando loro i frutti spontanei della natura, e temendo per averne copia d'uscire da' confini che si avevano essi medesimi

42. *Virgilio* ecc.: *Eneide*, I, 184-193; Tacito, *Germania*, 46.

43. *Cicerone*: *De legibus*, II, 25, ma anche qui il riferimento è inesatto.

circoscritti per quelle catene della religione ond'i giganti erano incatenati per sotto i monti, ed avendo la medesima religione insinuato loro di dar fuoco alle selve per aver il prospetto del cielo, onde venissero loro gli auspìci, — si diedero con molta, lunga, dura fatiga a ridurre le terre a coltura e seminarvi il frumento, il quale, brustolito tra gli dumeti e spinai, avevano forse osservato utile per lo nutrimento umano. E qui, con bellissimo naturale necessario trasporto, le spighe del frumento chiamarono « poma d'oro », portando innanzi l'idea delle poma, che sono frutte della natura che si raccogliono l'està, alle spighe, che pur d'està si raccogliono dall'industria.

Da tal fatiga, che fu la più grande e più gloriosa di tutte, spiccò altamente il carattere d'Ercole,[44] che ne fa tanta gloria a Giunone, che comandolla per nutrir le famiglie. E, con altrettanto belle quanto necessarie metafore, fantasticarono la terra per l'aspetto d'un gran dragone, tutto armato di squame e di spine (ch'erano i di lei dumeti e spinai), finto alato (perché i terreni erano in ragion degli eroi), sempre vegghiante (cioè sempre folta), che custodiva le poma d'oro negli Orti esperidi, e dall'umidore dell'acque del diluvio fu poi il dragone creduto nascere in acqua. Per un altro aspetto fantasticarono un'idra (che pur viene detta da ὕδωρ, « acqua »), che, recisa ne' suoi capi, sempre in altri ripullulava; cangiante di tre colori: di nero (bruciata), di verde (in erbe), d'oro (in mature biade); de' quali tre colori la serpe ha distinta la spoglia, e invecchiando la rinnovella. Finalmente, per l'aspetto della ferocia ad esser domata, fu finta un animale fortissimo (onde poi al fortissimo degli animali fu dato nome « lione »), ch'è 'l lione nemeo, che i filologi pur

44. *Ercole*: in questo e nel successivo capoverso Vico altera in più punti le tradizionali narrazioni relative al mito di Ercole. Per un accurato elenco delle inesattezze vichiane cfr. Nicolini, *Comm.* 540-541.

vogliono essere stato uno sformato serpente. E tutti vomitan fuoco, che fu il fuoco ch'Ercole diede alle selve.

Queste furono tre storie diverse in tre diverse parti di Grecia, significanti una stessa cosa in sostanza. Come in altra fu quell'altra pur d'Ercole, che bambino uccide le serpi in culla (cioè nel tempo dell'eroismo bambino). In altra Bellerofonte uccide il mostro detto Chimera, con la coda di serpe, col petto di capra (per significar la terra selvosa) e col capo di lione, che pur vomita fiamme. In Tebe è Cadmo ch'uccide pur la gran serpe e ne semina i denti (con bella metafora chiamando « denti della serpe » i legni curvi più duri, co' quali, innanzi di truovarsi l'uso del ferro, si dovette arare la terra); e Cadmo divien esso anco serpe (che gli antichi romani arebbero detto che Cadmo « *fundus factus est* »), come alquanto si è spiegato sopra e sarà spiegato molto più appresso, ove vedremo le serpi nel capo di Medusa e nella verga di Mercurio aver significato « dominio di terreni »; e ne restò ὠφέλεια (da ὄφις, « serpe ») detto il terratico, che fu pur detto « decima d'Ercole ». Nel qual senso appo Omero[45] si legge che l'indovino Calcante la serpe, la qual si divora gli otto passarini e la madre altresì, interpetra la terra troiana ch'a capo di nove anni verrebbe in dominio de' greci; e i greci, mentre combattono co' troiani, una serpe uccisa in aria da un'aquila, che cade in mezzo alla lor battaglia, prendono per buon augurio, in conformità della scienza dell'indovino Calcante. Perciò Proserpina, che fu la stessa che Cerere, si vede ne' marmi rapita in un carro tratto da serpi; e le serpi si osservano sì spesse nelle medaglie delle greche repubbliche.

Quindi per lo dizionario mentale[46] (ed è cosa degna di riflettervi) gli re americani, al cantare di Fracastoro

45. *appo Omero*: *Iliade*, XII, 200 segg.

46. *lo dizionario mentale*: cfr. la *Degnità* XIII.

la sua *Sifilide*,[47] furono ritruovati, invece di scettro, portar una spoglia secca di serpe. E i chinesi caricano di un dragone la lor arme reale e portano un dragone per insegna dell'imperio civile, che dev'essere stato Dragone ch'agli ateniesi scrisse le leggi col sangue, e noi sopra dicemmo tal Dragone essere una delle serpi della Gorgone, che Perseo inchiovò al suo scudo, che fu quello poi di Minerva, dea degli ateniesi, col cui aspetto insassiva il popolo riguardante, che truoverassi essere stato geroglifico dell'imperio civile d'Atene. E la Scrittura sagra, in Ezechiello,[48] dà al re di Egitto il titolo di « gran dragone » che giace in mezzo a' suoi fiumi, appunto come sopra si è detto i dragoni nascer in acqua e l'idra aver dall'acqua preso tal nome. L'imperador del Giappone ne ha fatto un ordine di cavalieri, che portano per divisa un dragone. E de' tempi barbari ritornati narrano le storie che per la sua gran nobiltà fu chiamata al ducato di Melano la casa Visconti, la quale carica lo scudo d'uno dragone che divora un fanciullo; ch'è appunto il Pitone, il quale divorava gli uomini greci e fu ucciso da Apollo, ch'abbiamo ritruovato dio della nobiltà: nella qual impresa dee far maraviglia l'uniformità del pensar eroico degli uomini di questa barbarie seconda con quella degli antichissimi della prima. Questi adunque devon essere i due dragoni alati, che sospendono la collana delle pietre focaie, ch'accesero il fuoco che essi vomitano, e sono due tenenti del Toson d'oro, che 'l Chiflezio, il quale scrisse l'istoria di quell'insigne ordine, non poté intendere, onde il Pietrasanta confessa esserne oscura l'istoria.[49]

47. *Fracastoro* ecc.: cfr. il *De morbo gallico*, II, 22-23, del medico e filosofo Girolamo Fracastoro (1478-1553).

48. *Ezechiello*: *Ezechiele* XXIX, 3.

49. *Chiflezio*: cfr., ma il riferimento non è esatto, Giangiacomo Chifflet (1588-1660), *Insigna gentilitia equitum ordinis Velleris aurei fecialium verbis enuntiata*, Anversa, 1632, e Silvestro da Pietrasanta (1590-1647), *Symbola heroica*, ediz. di Amsterdam, 1682, pp. 208, 307-308.

Come in altre parti di Grecia fu Ercole ch'uccise le serpi, il lione, l'idra, il dragone; in altra Bellerofonte ch'ammazzò la Chimera: così in altra fu Bacco ch'addimestica tigri, che dovetter esser le terre vestite così di vari colori come le tigri han la pelle, e passonne poi il nome di « tigri » agli animali di tal fortissima spezie. Perché aver Bacco dome le tigri col vino è un'istoria fisica, che nulla apparteneva a sapersi dagli eroi contadini ch'avevano da fondare le nazioni; oltreché nommai Bacco ci fu narrato andar in Affrica o in Ircania [50] a domarle in que' tempi, ne' quali, come dimostreremo nella *Geografia poetica*, non potevano saper i greci se nel mondo fusse l'Ircania e molto meno l'Affrica, nonché tigri nelle selve d'Ircania o ne' deserti dell'Affrica.

Di più le spighe del frumento dissero « poma d'oro », che dovett'essere il primo oro del mondo, nel tempo che l'oro metallo era in zolle, né se ne sapeva ancor l'arte di ridurlo purgato in massa, nonché di dargli lustro e splendore; né, quando si beveva l'acqua dalle fontane, se ne poteva punto pregiare l'uso: il quale poi, dalla somiglianza del colore e sommo pregio di cotal cibo in que' tempi, per trasporto fu detto « oro »; onde dovette Plauto dire « *thesaurum auri* », per distinguerlo dal « granaio ». [51] Perché certamente Giobbe, tralle grandezze dalle quali egli era caduto, novera quella: ch'esso mangiava pan di frumento; [52] siccome ne' contadi delle nostre più rimote provincie si ha, a luogo di quello che sono nelle città le « pozioni gemmate », [53] gli ammalati cibarsi di pan di grano, e si dice « l'infermo si ciba di pan di grano » per significare lui essere nell'ultimo di sua vita.

50. *Bacco... Ircania*: altra inesattezza, cfr. Diodoro, IV e Nonno, *Dionisiache*.

51. *Plauto* ecc.: *Aulularia*, prologo, 6-7.

52. *Giobbe* ecc.: *Job*, XXXI, 40.

53. *pozioni gemmate*: prodotti farmaceutici nei quali entravano, come ingredienti, delle gemme ridotte in polvere.

Appresso, spiegando più l'idea di tal pregio e carezza, dovettero dire « d'oro » le belle lane; onde appo Omero [54] si lamenta Atreo che Tieste gli abbia le pecore d'oro rubato; e gli argonauti rubarono il vello d'oro da Ponto. Perciò lo stesso Omero [55] appella i suoi re o eroi col perpetuo aggiunto di *πολύμηλος*, ch'interpetrano « ricchi di greggi »; siccome dagli antichi latini, con tal uniformità d'idee, il patrimonio si disse « *pecunia* », ch'i latini gramatici vogliono esser detta *a* « *pecude* »; come appo i germani antichi; al narrare di Tacito, [56] i greggi e gli armenti « *solæ et gratissimæ opes sunt* »: il qual costume deve esser lo stesso degli antichi romani, da' quali il patrimonio si diceva « *pecunia* » come l'attesta la legge delle XII Tavole, al capo *De' testamenti.* E *μῆλον* significa e « pomo » e « pecora » ai greci, i quali, forse anche con l'aspetto di pregevole frutto, dissero *μέλι* il miele; e gl'italiani dicono « meli » esse poma.

Talché queste del frumento devon essere state le poma d'oro, le quali prima di tutt'altri Ercole riporta ovvero raccoglie da Esperia; e l'Ercole gallico con le catene di quest'oro, le quali gli escon di bocca, incatena gli uomini per gli orecchi, come appresso si truoverà esser un'istoria d'intorno alla coltivazione de' campi. Quindi Ercole restò nume propizio a ritruovare tesori, de' quali era dio Dite, ch'è 'l medesimo che Plutone, il quale rapisce nell'inferno Proserpina, che truoverassi la stessa che Cerere (cioè il frumento), e la porta nell'Inferno narratoci da' poeti, appo i quali il primo fu dov'era Stige, il secondo dov'erano i seppelliti, il terzo il profondo de' solchi, come a suo luogo si mostrerà. Dal qual dio Dite son detti « *dites* » i ricchi, e i ricchi eran i nobili, ch'appo gli spagnuoli si dicono « *ricos hombres* », ed appo i nostri anticamente si

54. *appo Omero*: *Iliade*, II, 106.
55. *lo stesso Omero*: *Iliade*, II, 605, 705; XIV, 490.
56. *Tacito*: *Germania*, 5.

dissero « benestanti »; ed appo i latini si disse « *ditio* » quella che noi diciamo « signoria d'uno Stato », perché i campi colti fanno la vera ricchezza agli Stati, onde da' medesimi latini si disse « *ager* » il distretto d'una signoria, ed « *ager* », propiamente, è la terra che « *aratro agitur* ». Così dev'esser vero che 'l Nilo fu detto χρυσοῤῥόης, « scorrente oro », perché allaga i larghi campi d'Egitto, dalle cui innondazioni vi proviene la grande abbondanza delle raccolte: così « fiumi d'oro » detti il Pattolo, il Gange, l'Idaspe, il Tago,[57] perché fecondano le campagne di biade. Di queste poma d'oro certamente Virgilio, dottissimo dell'eroiche antichità, portando innanzi il trasporto, fece il ramo d'oro che porta Enea nell'inferno;[58] la qual favola qui appresso, ove sarà suo più pieno luogo, si spiegherà. Del rimanente, l'oro metallo non si tenne a' tempi eroici in maggior pregio del ferro: come Tearco,[59] re di Etiopia, agli ambasciadori di Cambise, i quali gli avevano presentato da parte del loro re molti vasi d'oro, rispose non riconoscerne esso alcun uso e molto meno necessità, e ne fece un rifiuto naturalmente magnanimo; appunto come degli antichi germani (ch'in tali tempi si truovarono essere questi antichissimi eroi i quali ora stiam ragionando) Tacito[60] narra: « *Est videre apud illos argentea vasa legatis et principibus eorum muneri data, non alia vilitate quam quæ humo finguntur* ». Perciò appo Omero[61] nell'armarie degli eroi si conservano con indifferenza armi d'oro e di ferro, perché il primo mondo dovette abbondare di sì fatte miniere (siccome fu ritruovata nel suo scuoprimento l'America), e che poi dall'umana avarizia fussero esauste.

57. *fiumi d'oro* ecc.: cfr. Plinio, *Naturalis Historia*, V, 30.

58. *Virgilio... inferno*: *Aen.*, VI, 136-139.

59. *Tearco*: un altro ignoto re. Cfr. Erodoto, II, 38.

60. *Tacito*: *Germania*, 5. « Vasi d'argento dati in dono agli ambasciatori e ai principi, sono da loro considerati come fossero di vile terra ».

61. *appo Omero*: *Iliade*, VI, 235 segg.

Da tutto lo che esce questo gran corollario: che la divisione delle quattro età del mondo, cioè d'oro, d'argento, di rame e di ferro, è ritruovato de' poeti de' tempi bassi; perché quest'oro poetico, che fu il frumento, diede appo i primi greci il nome all'età dell'oro, la cui innocenza fu la somma selvatichezza de' polifemi (ne' quali riconosce i primi padri di famiglia, come altre volte si è detto, Platone),[62] che si stavano tutti divisi e soli per le loro grotte con le loro mogli e figliuoli, nulla impacciandosi gli uni delle cose degli altri, come appo Omero[63] raccontava Polifemo ad Ulisse.

In confermazione di tutto ciò che finora dell'oro poetico si è qui detto, giova arrecare due costumi, ch'ancor si celebrano, de' quali non si possono spiegar le cagioni se non sopra questi princìpi. Il primo è del pomo d'oro, che si pone in mano agli re tralle solennità della loro coronazione; il quale dev'esser lo stesso che nelle lor imprese sostengono in cima alle loro corone reali: il qual costume non può altronde aver l'origine che dalle poma d'oro, che diciamo qui, del frumento, che anco qui si truoveranno essere stato geroglifico del dominio ch'avevano gli eroi delle terre (che forse i sacerdoti egizi significarono col pomo, se non è uovo, in bocca del loro Cnefo, del quale appresso ragionerassi), e che tal geroglifico ci sia stato portato da' barbari, i quali invasero tutte le nazioni soggette all'imperio romano. L'altro costume è delle monete d'oro, che tralle solennità delle loro nozze gli re donano alle loro spose regine; che devono venire da quest'oro poetico del frumento che qui diciamo (tanto che esse monete d'oro significano appunto le nozze eroiche che celebrarono gli antichi romani «*coëmptione et farre*»), in conformità degli eroi, che racconta Omero[64]

62. *Platone*: *Leggi*, III, 1-5; 677-684. Cfr. la *Degnità* XCVIII.

63. *appo Omero*: *Odissea*, IX, 112.

64. *Omero*: *Iliade*, XI, 146.

che con le doti essi comperavan le mogli: in una pioggia del qual oro dovette cangiarsi Giove con Danae, chiusa in una torre (che dovett'esser il granaio), per significare l'abbondanza di questa solennità; con che si confà a maraviglia l'espressione ebrea *« et abundantia in turribus tuis »*.[65] E ne fermano tal congettura i britanni antichi, appo i quali gli sposi, per solennità delle nozze, alle spose rigalavano le focacce.

Al nascere di queste cose umane, nelle greche fantasie si destarono tre altre deitadi delle genti maggiori, con quest'ordine d'idee, corrispondente all'ordine d'esse cose: prima Vulcano, appresso Saturno (detto *a « satis »*, da' seminati; onde l'età di Saturno de' latini risponde all'età dell'oro de' greci) e in terzo luogo fu Cibele o Berecinzia, la terra colta. E perciò si pinge assisa sopra un lione (ch'è la terra selvosa, che ridussero a coltura gli eroi, come si è sopra spiegato); detta « gran madre degli dei », e « madre » detta ancor « de' giganti » (che, propiamente, così furon detti nel senso di « figliuoli della Terra », come sopra si è ragionato); talché è madre degli dei (cioè de' giganti, che nel tempo delle prime città s'arrogarono il nome di « dei », come pur sopra si è detto), e l'è consegrato il pino (segno della stabilità onde gli autori de' popoli, stando fermi nelle prime terre, fondarono le città, dea delle quali è Cibele). Fu ella detta Vesta,[66] dea delle divine cerimonie appresso i romani, perché le terre, in tal tempo arate, furono le prime are del mondo (come vedremo nella *Geografia poetica*), dove la dea Vesta, con fiera religione armata, guardava il fuoco e 'l farro, che fu il frumento degli antichi romani: onde appo gli stessi si celebrarono le nozze *« aqua et igni »* e col farro, che si chiamavano *« nuptiæ confarreatæ »*, che restarono poi

65. *espressione ebrea* ecc.: *Salmi*, CXXI, 7.

66. *Vesta*: più sovente Cibele veniva presentata come madre di Vesta.

a' soli lor sacerdoti, perché le prime famiglie erano state tutte di sacerdoti (come si sono ritruovati i regni de' bonzi nell'Indie orientali); e l'acqua e 'l fuoco e 'l farro furono gli elementi delle divine cerimonie romane. Sopra queste prime terre Vesta sagrificava a Giove gli empi dell'infame comunione, i quali violavano i primi altari (che abbiam sopra detto esser i primi campi del grano, come appresso si spiegherà); che furono le prime ostie, le prime vittime delle gentilesche religioni: detti « *Saturni hostiæ* », come si è osservato sopra, da Plauto;[67] detti « *victimæ* » a « *victis* », dall'esser deboli, perché soli (ch'in tal sentimento di « debole », è pur rimasto a' latini « *victus* »); e detti « *hostes* », perché furon tali empi, con giusta idea, riputati nimici di tutto il gener umano; e restonne a' romani e le vittime e l'ostie impastarsi e la fronte e le corna di farro. Da tal dea Vesta i medesimi romani dissero « vergini vestali » quelle che guardavano il fuoco eterno il quale, se per mala sorte spegnevasi, si doveva riaccender dal sole, perché dal sole, come vedremo appresso, Prometeo rubò il primo fuoco e portollo in terra tra' greci, dal quale appiccato alle selve, incominciaron a coltivar i terreni. E per ciò Vesta è la dea delle divine cerimonie a' romani, perché il primo « *colere* » che nacque nel mondo della gentilità fu il coltivare la terra, e 'l primo culto fu ergere sì fatti altari, accendervi tal primo fuoco e farvi sopra sacrifici, come testé è detto, degli uomini empi.

Tal è la guisa con la quale si posero e si custodirono i termini ai campi. La qual divisione, come si è narrata troppo generalmente da Ermogeniano giureconsulto — che si è immaginata fatta per deliberata convenzione degli uomini,[68] e riuscita con tanta giustizia e osservata

67. *Plauto*: *Amphitruo*, atto IV, scena 2, 15-16. Cfr. la *Degnità*, XI.

68. *Ermogeniano giureconsulto* ecc.: cfr. *Digestum* I, I, 5. Vico rifiuta

con altrettanto di buona fede, in tempi che non vi era ancora forza pubblica d'armi, e 'n conseguenza niuno imperio civile di leggi —, non può affatto intendersi che con l'essere stata fatta tra uomini sommamente fieri ed osservanti d'una qualche spaventosa religione, che gli avesse fermi e circoscritti entro di certe terre, e con queste sanguinose cerimonie avessero consagrato le prime mura, che pur i filologi dicono essere state descritte da' fondatori delle città con l'aratro, la cui curvatura, per le origini delle lingue che si sono sopra scoverte, dovette dirsi dapprima «*urbs*», ond'è l'antico «*urbum*», che vuol dire «curvo»:[69] dalla quale stessa origine forse è «*orbis*»; talché dapprima «*orbis terræ*» dovett'essere ogni ricinto sì fatto, così basso che Remo passò con un salto e vi fu ucciso da Romolo, e gli storici latini narrano aver consegrato col suo sangue le prime mura di Roma. Talché tal ricinto dovett'essere una siepe (ed appo i greci *σήψ* significa «serpe», nel suo significato eroico di «terra colta»); dalla quale origine deve venir detto «*munire viam*», lo che si fa con afforzare le siepi a' campi; onde le mura son dette «*moenia*», quasi «*munia*», come «*munire*» certamente restò per «fortificare». Tali siepi dovetter esser piantate di quelle piante ch'i latini dissero «*sagmina*», cioè di sanginelli, sambuci, che finoggi ne ritengono e l'uso e 'l nome; e si conservò tal voce «*sagmina*» per significar l'erbe di che si adornavan gli altari, e dovettero così dirsi dal «sangue» degli ammazzati, che come Remo, trascese l'avessero. Di che venne la santità alle mura, come si è detto; ed agli araldi altresì, che, come vedremo appresso, si coronavano di sì fatt'erbe, come certamente gli antichi ambasciadori romani il facevano

la tesi secondo la quale la divisione delle terre deriverebbe da una convenzione.

69. *urbs* ecc.: cfr. Varrone, *De lingua latina*, V, 143; Servio, *Ad Aeneidem*, I, 16.

con quelle colte dalla rocca del Campidoglio; e finalmente alle leggi ch'essi araldi portavano o della guerra o della pace: ond'è detta «*sanctio*» quella parte della legge ch'impon la pena a' di lei trasgressori. E quindi comincia quello che noi pruoviamo in quest'opera: che 'l diritto natural delle genti fu dalla divina provvedenza ordinato tra' popoli privatamente, il quale, nel conoscersi tra di loro, riconobbero esser loro comune: ché, perché gli araldi romani consagrati con sì fatt'erbe fussero inviolati tra gli altri popoli del Lazio, è necessario che quelli, senza saper nulla di questi, celebrassero lo stesso costume.

Così i padri di famiglia apparecchiarono la sussistenza alle loro famiglie eroiche con la religione, la qual esse con la religione si dovessero conservare. Onde fu perpetuo costume de' nobili d'esser religiosi, come osserva Giulio [Cesare] Scaligero nella *Poetica*: [70] talché dee esser un gran segno che vada a finire una nazione, ove i nobili disprezzano la loro religione natia.

Si è comunemente oppinato, e da' filologi e da' filosofi, [71] che le famiglie nello stato che dicesi «di natura» sieno state non d'altri che di figliuoli; quando élleno furono famiglie anco de' famoli, da' quali principalmente furon dette «famiglie»: onde sopra tal monca iconomica stabilirono una falsa politica, come si è sopra accennato e pienamente appresso si mostrerà. Però noi da questa parte de' famoli, ch'è propia della dottrina iconomica, incominceremo qui della politica a ragionare.

70. *Scaligero nella Poetica*: la citazione è errata.

71. *filosofi*: probabile allusione alla *Politica* di Aristotele.

2.

DELLE FAMIGLIE DE' FAMOLI INNANZI DELLE CITTÀ SENZA LE QUALI NON POTEVANO AFFATTO NASCERE LE CITTÀ

Perché finalmente, a capo di lunga età, de' giganti empi, rimasti nell'infame comunione delle cose e delle donne, nelle risse ch'essa comunion produceva, come i giureconsulti pur dicono, gli scempi di Grozio, gli abbandonati di Pufendorfio, per salvarsi da' violenti di Obbes [1] (come le fiere, cacciate da intensissimo freddo, vanno talor a salvarsi dentro ai luoghi abitati), ricorsero alle are de' forti; [2] e quivi questi feroci, perché già uniti in società di famiglie, uccidevano i violenti ch'avevano violato le loro terre, e ricevevano in protezione i miseri da essolor rifuggiti. E oltre l'eroismo di natura, d'esser nati da Giove, o sia generati con gli auspìci di Giove, spiccò principalmente in essi l'eroismo della virtù, nel quale sopra tutti gli altri popoli della terra fu eccellente il romano, in usarne appunto queste due pratiche:

Parcere subiectis et debellare superbos. [3]

E qui si offre cosa degna di riflessione, per intendere quanto gli uomini dello stato ferino fossero stati feroci e indomiti dalla loro libertà bestiale a venire all'umana società: che, per venir i primi alla prima di tutte, che fu quella de' matrimoni, v'abbisognarono, per farglivi entrare, i pugnentissimi stimoli della libidine bestiale e, per tenerglivi dentro, v'abbisognarono i fortissimi freni

2. - 1. *gli scempi di Grozio* ecc.: cfr. la sezione *Del metodo* nel Libro I n. 3.

2. *de' forti*: dei *giganti pii* dei quali si è parlato nel capit. precedente.

3. *Parcere*: « perdonare ai sottomessi e debellare i superbi », Virgilio, *Eneide*, VI, 853.

di spaventose religioni, come sopra si è dimostrato. Da che provennero i matrimoni, i quali furono la prima amicizia che nacque al mondo; onde Omero,[4] per significare che Giove e Giunone giacquero insieme, dice con eroica gravità che tra loro « celebrarono l'amicizia », detta da' greci φυλία dalla stessa origine ond'è φιλέω, « amo », e dond'è da' latini detto « *filius* »; e φίλιος a' greci ioni è l' « amico », e quindi a' greci, con la mutazione d'una lettera vicina di suono, è φυλή la « tribù »; onde ancora vedemmo sopra « *stemmata* » essere stati detti i « fili geanologici », che da' giureconsulti sono chiamati « *lineæ* ». Da questa natura di cose umane restò quest'eterna propietà: che la vera amicizia naturale egli è 'l matrimonio, nella quale naturalmente si comunicano tutti e tre i fini de' beni, cioè l'onesto, l'utile e 'l dilettevole; onde il marito e la moglie corrono per natura la stessa sorte in tutte le prosperità e avversità della vita (appunto come per elezione è quello: « *amicorum omnia sunt communia* »), per lo che da Modestino fu il matrimonio diffinito « *omnis vitæ consortium* ».[5]

I secondi non vennero a questa seconda,[6] ch'ebbe, per una certa eccellenza, il nome di « società », come quindi a poco farem conoscere, che per l'ultime necessità della vita. Ov'è degno pur di riflessione che, perché i primi[7] vennero all'umana società spinti dalla religione e da natural istinto di propagare la generazione degli uomini (l'una pia, l'altra propiamente detta gentil[8] cagione), diedero principio ad un'amicizia nobile e signorile; e perché i secondi vi vennero per necessità di salvare la vita, die-

4. *Omero*: *Iliade*, XIV, 314.
5. *da Modestino* ecc.: cfr. *Digestum* XXIII, 2, 1.
6. *I secondi non vennero* ecc.: i giganti empi deboli non giunsero a quel tipo di società (*seconda*) originata dal rapporto fra eroi e famoli se non spinti (come aggiunge due righe più sotto il Vico) dalle *ultime necessità della vita*.
7. *i primi*: sono i *giganti pii*.
8. *gentil*: di « gentili ».

dero principio alla « società » che propiamente si dice, per comunicare principalmente l'utilità, e, 'n conseguenza, vile e servile.[9] Perciò tali rifuggiti furono dagli eroi ricevuti con la giusta legge di protezione, onde sostentassero la naturale lor vita con l'obbligo di servir essi da giornalieri agli eroi. Qui dalla « fama » di essi eroi (che principalmente s'acquista con praticar le due parti che testé dicemmo usare l'eroismo della virtù) e da tal mondano romore, ch'è la κλέος o « gloria » de' greci che vien detta « *fama* » a' latini (come φήμη pur si dice da' greci), i rifuggiti s'appellarono « famoli », da' quali principalmente si dissero le « famiglie ».[10] Dalla qual fama certamente la sagra storia, narrando de' giganti che furon innanzi il diluvio, gli diffinisce « *viros famosos* »: appunto come Virgilio[11] ne descrisse la Fama starsi assisa sopra di un'alta torre (che sono le terre poste in alto de' forti), che mette il capo entro il cielo (la cui altezza cominciò dalle cime de' monti), alata (perch'era in ragion degli eroi; onde nel campo posto a Troia la Fama vola per mezzo alle schiere de' greci eroi,[12] non per mezzo alle caterve de' lor plebei), [e] con la tromba (la qual dee essere la tromba di Clio, ch'è la storia eroica) celebra i nomi grandi (quanto lo furono di fondatori di nazioni).

Or, in sì fatte famiglie innanzi delle città vivendo i famoli in condizione di schiavi (che furono gli abbozzi degli schiavi che poi si fecero nelle guerre, che nacquero dopo delle città; che sono quelli che da' latini detti furono « *vernæ* », da' quali provennero le lingue da' medesimi dette « *vernaculæ* », come sopra si è ragionato), i figliuoli degli eroi, per distinguersi da quelli de' famoli,

9. *per comunicare* ecc.: cfr., sul carattere utilitario della società, Cicerone, *De finibus bonorum et malorum*, V, 23.

10. *le « famiglie »*: cfr. la *Degnità*, LXXVIII.

11. *Virgilio*: *Aen.*, IV, 184-188.

12. *a Troia* ecc.: cfr. *Iliade*, II, 93.

si dissero « *liberi* », da' quali infatti non si distinguevano punto: come de' germani antichi, i quali ci danno ad intendere lo stesso costume di tutti i primi popoli barbari, Tacito [13] narra che « *dominum ac servum nullis educationis deliciis dignoscas* »; come certamente tra' romani antichi ebbero i padri delle famiglie una potestà sovrana sopra la vita e la morte de' lor figliuoli ed un dominio dispotico sopra gli acquisti, onde infin a' romani prìncipi [14] i figliuoli dagli schiavi di nulla si distinguevano ne' peculi. Ma cotal voce « *liberi* » significò dapprima anco « nobili »; onde « *artes liberales* » sono « arti nobili »; e « *liberalis* » restò a significare « gentile », e « *liberalitas* » « gentilezza », dalla stessa antica origine onde « *gentes* » erano state dette le « case nobili », da' latini; perché, come vedremo appresso, le prime genti si composero di soli nobili, e i soli nobili furono liberi nelle prime città. Altronde i famoli furon detti « *clientes* », e dapprima « *cluentes* », dall'antico verbo « *cluere* », « risplendere di luce d'armi » [15] (il quale splendore fu detto « *cluer* »), perché rifulgevano con lo splendore dell'armi ch'usavano i lor eroi, che dalla stessa origine si dissero dapprima « *incluti* » e dappoi « *inclyti* »: altrimente non erano ravvisati, come se non fusser tra gli uomini, com'appresso si spiegherà.

E qui ebbero principio le clientele e i primi dirozzamenti de' feudi, de' quali abbiamo molto, appresso, da ragionare; delle quali clientele e clienti si leggono sulla storia antica sparse tutte le nazioni, come nelle *Degnità* sta proposto. [16] Ma Tucidide narra che nell'Egitto, anco a' suoi tempi, le dinastie di Tane [17] erano tutte divise tra

13. *Tacito*: *Germania*, 20.
14. *romani prìncipi*: gli imperatori romani.
15. *cluere* ecc.: l'attribuzione di questo significato pare un arbitrio vichiano. *Cluere* indica udire, risuonare ecc.
16. *nelle Degnità*: la LXXXII.
17. *Tucidide* ecc.: I, 104; II, 48, ove peraltro non si parla delle dinastie di

padri di famiglie, principi pastori di famiglie sì fatte; ed Omero, quanti eroi canta, tanti chiama « re », e gli diffinisce « pastori de' popoli », che dovetter esser innanzi di venire i pastori de' greggi, come appresso dimostreremo. Tuttavia in Arabia, com'erano stati in Egitto, or ne sono in gran numero; e nell'Indie occidentali si truovò la maggior parte, in tale stato di natura, governarsi per famiglie sì fatte, affollate di tanto numero di schiavi, che diede da pensare all'imperador Carlo quinto, re delle Spagne, di porvi modo e misura.[18] E con una di queste famiglie dovette Abramo far guerre co' re gentili; i cui servi, co' quai le fece, troppo al nostro proposito, dotti di lingua santa traducono « *vernaculos* »,[19] come poc'anzi « *vernæ* » si sono da noi spiegati.

Sul nascere di queste cose incominciò con verità il famoso nodo erculeo,[20] col quale i clienti si dissero «*nexi*» (« annodati ») alle terre che dovevano coltivare per gl'incliti; che passò poi in un nodo finto, come vedremo, nella legge delle XII Tavole, che dava la forma alla mancipazione civile, che solennizzava tutti gli atti legittimi de' romani. Ora, perché non si può intendere spezie di società né più ristretta per parte di chi ha copia di beni, né, per chi ne ha bisogno, più necessaria, quivi dovettero incominciare i primi soci nel mondo, che, come l'avvisammo nelle *Degnità*,[21] furon i soci degli eroi, ricevuti per la vita, come quelli ch'avevano arresa alla discrezion degli eroi la lor vita. Onde ad Antinoo,[22] il capo de' suoi soci,

Tane o degli Hyksos.

18. *nell'Indie occidentali* ecc.: come nota il Nicolini, *Comm.*, 557, la schiavitù è in realtà successiva alla conquista spagnola, anche se è vero che la parte meno incivilita dell'America vivesse, prima della scoperta, in un regime patriarcale o di *clans*. Carlo V, poi, non pose *modo e misura* alla schiavitù, ma dette origine alla tratta dei negri.

19. *dotti* ecc.: cfr. *Genesi*, XIV, 14.

20. *nodo erculeo*: il « nodus hercolaneus » difficile da sciogliere e attribuito a Ercole.

21. *nelle Degnità*: la LXXIX.

22. *Antinoo*: invece ad Euriloco: cfr. *Odissea*, X, 438 segg.

per una parola, quantunque dettagli a buon fine, perché non gli va all'umore, Ulisse vuol mozzare la testa;[23] e 'l pio Enea uccide il socio Miseno, che gli bisognava per far un sacrifizio.[24] Di che pure ci fu serbata una volgare tradizione; ma Virgilio, perché nella mansuetudine del popolo romano era troppo crudo ad udirsi di Enea, ch'esso celebra per la pietà, il saggio poeta finge che ucciso fu da Tritone, perché avesse osato con quello contendere in suon di tromba: ma nello stesso tempo ne dà troppo aperti motivi d'intenderlo, narrando la morte di Miseno tralle solennità prescritte dalla Sibilla ad Enea, delle quali una era che gli bisognava innanzi seppellire Miseno per poter poi discendere nell'inferno; e apertamente dice che la Sibilla gliene aveva predetto la morte.

Talché questi erano soci delle sole fatighe, ma non già degli acquisti e molto meno della gloria, della quale rifulgevano solamente gli eroi, che se ne dicevano *κλειτοί* ovvero « chiari » da' greci, e « *inclyti* » da' latini (quali restarono le provincie dette « socie » da' romani); ed Esopo se ne lamenta nella favola della società leonina, come si è sopra detto.[25] Perché certamente degli antichi germani, i quali ci permettono fare una necessaria congettura di tutti gli altri popoli barbari, Tacito narra che di tali famoli o clienti o vassalli quello: « *suum prìncipem defendere et tueri, sua quoque fortia facta gloriæ eius adsignare, præcipuum iuramentum est* »;[26] ch'è una delle propietà più risentite de' nostri feudi. E quindi, e non altronde, dee essere provenuto che sotto la « persona » o « capo » (che, come vedremo appresso, significarono la stessa cosa che « maschera ») e sotto il « nome » (ch'ora si

23. *Ulisse* ecc.: inesattezza.

24. *Enea* ecc.: *Eneide*, VI, 149-189, ma tutta l'interpretazione vichiana dell'episodio virgiliano è arbitraria.

25. *Esopo* ecc.: Fedro, I, 5, già citato nella sezione *Della logica poetica*.

26. *Tacito* ecc.: « difendere e aiutare il proprio principe e attribuire a sua gloria ogni valorosa impresa: questo è il principale giuramento ».

direbbe « insegna ») d'un padre di famiglia romano si contenevano, in ragione, tutti i figliuoli e tutti gli schiavi; e ne restò a' romani dirsi « *clypea* » i mezzi busti, che rappresentavano l'immagini degli antenati, riposte ne' tondi incavati dentro i pareti de' lor cortili, e, con troppa acconcezza alle cose che qui si dicono dell'origini delle medaglie, dalla novella architettura si dicono « medaglioni ». Talché dovette con verità dirsi, ne' tempi eroici così de' greci, qual Omero [27] il racconta, Aiace « torre de' greci », che solo combatte con intere battaglie [28] troiane; come de' latini, ch'Orazio solo sul ponte sostiene un esercito di toscani: cioè Aiace, Orazio co' lor vassalli. Appunto come nella storia barbara ritornata [29] quaranta normanni eroi, i quali ritornavano da Terrasanta, discacciano un esercito di saraceni, che tenevano assediato Salerno. [30] Onde bisogna dire che da queste prime antichissime protezioni, le quali gli eroi presero de' rifuggiti alle loro terre, dovettero incominciar i feudi nel mondo, prima rustici personali, per gli quali tali vassalli debbon esser stati i primi « *vades* », ch'erano obbligati nella persona a seguir i loro eroi, ove gli menassero a coltivare i di loro campi (che poi restarono detti i rei, obbligati di seguir i lor attori in giudizio); onde, come « *vas* » a' latini, *βάς* ai greci, così « *was* » e « *wassus* » restaron a' feudisti barbari a significare « vassallo »: [31] dappoi dovettero venire i feudi rustici reali, per gli quali i vassalli dovetter essere i primi « *prædes* » o « *mancipes* », gli obbligati in roba stabile; e « *mancipes* », propiamente, restaron detti tali obbligati all'erario. Di che più ragioneremo in appresso.

Cfr. *Germania*, 14.
27. *Omero*: *Odissea*, XI, 555.
28. *battaglie*: eserciti.
29. *nella storia... ritornata* ecc.: nella storia medievale.
30. *quaranta normanni* ecc.: cfr. Giannone, *Istoria civile*, libro IX, introduzione; ma l'episodio è leggendario.
31. *vades* ecc.: tra le fonti di queste deduzioni vichiane il Nicolini, *Comm.*, 559, cita opere di Claudio Saumaise, di Melchiorre Goldast (1538-1635), di Francesco Hotman.

Quindi devon altresì incominciare le prime colonie eroiche che noi diciamo « mediterranee », [32] a differenza di altre, le quali vennero appresso, che furono le marittime, le quali vedremo essere state drappelli di rifuggiti da mare, che si salvarono in altre terre (che nelle *Degnità* [33] si son accennate): perché il nome, propiamente, altro non suona che « moltitudine di giornalieri, che coltivano i campi (come tuttavia fanno) per lo vitto diurno ». Delle quali due spezie di colonie son istorie quelle due favole: cioè, delle mediterranee, è 'l famoso Ercole gallico, il quale con catene d'oro poetico (cioè del frumento), che gli escono di bocca, incatena per gli orecchi moltitudine d'uomini e gli si mena, dove vuol, dietro; il quale è stato finora preso per simbolo dell'eloquenza: la qual favola nacque ne' tempi che non sapevano ancora gli eroi articolar la favella, come si è appieno sopra dimostro. Delle colonie marittime è la favola della rete, con la quale Vulcano eroico strascina da mare Venere e Marte plebei [34] (la qual distinzione sarà qui appresso generalmente spiegata), e 'l Sole gli scuopre tutti nudi (cioè non vestiti della luce civile, [35] della quale rifulgevan gli eroi, come si è testé detto), e gli dei (cioè i nobili dell'eroiche città, quali si sono sopra spiegati) ne fanno scherno (come fecero i patrizi della povera plebe romana antica).

E finalmente quindi ebbero gli asili la loro primiera origine: onde Cadmo con l'asilo fonda Tebe, antichissima città della Grecia; — Teseo fonda Atene sull'altare degl'infelici, detti con giusta idea « infelici » gli empi vagabondi, ch'erano privi di tutti i divini ed umani beni ch'aveva produtto a' pii l'umana società; — Romolo fonda

32. *mediterranee*: di entro terra, non costiere.

33. *nelle Degnità*: la C.

34. *favola* ecc.: cfr. Omero, *Odissea*, VIII, 267 segg.

35. *luce civile*: nobiltà.

Roma con l'asilo aperto nel luco; se non, più tosto, come fondatore di città nuova, esso co' suoi compagni la fonda sulla pianta degli asili, ond'erano surte l'antiche città del Lazio, che generalmente Livio in tal proposito diffinisce « *vetus urbes condentium consilium* », [36] e perciò male gli attacca, come abbiam veduto sopra, quel detto: ch'esso e i suoi compagni erano figliuoli di quella terra. Ma, per ciò che 'l detto di Livio fa al nostro proposito, egli ci dimostra che gli asili furono l'origini delle città, delle quali è propietà eterna che gli uomini vi vivono sicuri da violenza. In cotal guisa dalla moltitudine degli empi vagabondi, dappertutto riparati e salvi nelle terre de' forti pii, venne a Giove il grazioso titolo d' « ospitale »; [37] perocché sì fatti asili furono i primi « ospizi » del mondo, e sì fatti « ricevuti », come appresso vedremo, furono i primi « ospiti » ovverò « stranieri » delle prime città; e ne conservò la greca storia poetica, tralle molte fatighe d'Ercole, queste due: ch'egli andò per lo mondo spegnendo mostri, uomini nell'aspetto e bestie ne' lor costumi, e che purgò le lordissime stalle d'Augia.

Quivi le genti poetiche [38] fantasticarono due altre maggiori divinità, una di Marte, un'altra di Venere: quello, per un carattere degli eroi, che, prima e propiamente, combatterono « *pro aris et focis* »; la qual sorta di combattere fu sempre eroica: combattere per la propia religione, a cui ricorre il gener umano ne' disperati soccorsi della natura; onde le guerre di religione sono sanguinosissime, e gli uomini libertini, invecchiando, perché si sentono mancar i soccorsi della natura, divengon religiosi; onde noi sopra prendemmo la religione per primo principio di questa Scienza. Quivi Marte combatté in veri

36. *Livio* ecc.: I, 8, già ripetutamente citato.
37. *a Giove* ecc.: cfr. Cicerone, *De finibus bonorum et malorum*, III, 20.
38. *le genti* ecc.: le famiglie dei giganti pii.

campi reali e dentro veri reali scudi,[39] che da « *cluer* » prima « *clupei* » e poi « *clypei* » si dissero da' romani; siccome a' tempi barbari ritornati i pascoli e le selve chiuse sono dette « difese ». E tali scudi si caricavano di vere armi,[40] le quali dapprima, che non v'erano armi ancora di ferro, furon aste d'alberi bruciate in punta e poi ritondate ed aguzzate alla cote per renderle atte a ferire; che sono l'« aste pure », o non armate di ferro, che si davano per premî militari a' soldati romani i quali si erano eroicamente portati in guerra. Onde appo i greci son armate d'aste Minerva, Bellona, Pallade; ed appo i latini da « *quiris* », « asta », Giunone detta « quirina », e « quirino » Marte, e Romolo, perché valse vivo coll'asta, morto fu appellato « Quirino »; e 'l popolo romano, che armò di pili (come lo spartano, che fu il popolo eroico di Grecia, armò d'aste), fu detto, in adunanza « *quirites* ». Ma delle nazioni barbare la storia romana ci narra aver guerreggiato con le prime aste ch'ora diciamo, e le ci descrive « *præustas sudes* », « aste bruciate in punta »,[41] come furono ritruovati armeggiare gli americani; e a' tempi nostri i nobili con l'aste armeggiano ne' tornei, le quali prima adoperarono nelle guerre. La qual sorta d'armadura fu ritruovata da una giusta idea di fortezza, d'allungar il braccio e col corpo tener lontana l'ingiuria dal corpo, siccome l'armi che più s'appressano al corpo son più da bestie.

Sopra ritruovammo i fondi de' campi ov'erano i seppelliti essere stati i primi scudi del mondo; onde nella scienza del blasone restò che lo scudo è 'l fondamento

39. *scudi*: gli scudi sono il simbolo delle prime terre possedute dai giganti.

40. *E tali scudi* ecc.: come negli scudi vennero effigiate le armi o le insegne degli eroi, così gli scudi primitivi (cioè i campi) si caricavano delle armi dei giganti pii (Nicolini, *Comm.*, 562).

41. *con le prime aste* ecc.: cfr. Tacito, *Annales*, II, 14; Virgilio, *Eneide*, VII, 523-524.

dell'armi. I colori de' campi furono veri: [42] il nero, della terra bruciata, a cui Ercole diede il fuoco; — il verde, delle biade in erba; — e con errore per metallo fu preso l'oro, che fu il frumento, che, biondeggiando nelle secche sue biade, fu il terzo color della terra, com'altra volta si è detto; siccome i romani, tra' premi militari eroici, caricavano di frumento gli scudi di quei' soldati che si erano segnalati nelle battaglie, e « *adorea* » loro si disse la « gloria militare », da « *ador* », « grano brustolito », di che prima cibavansi, che gli antichi latini dissero « *adur* » da « *uro* », « bruciare »; talché forse il primo « adorare » de' tempi religiosi fu brustolire frumento; — l'azzurro fu il color del cielo, del quale eran essi luci coverti (il perch'i francesi dissero « *bleu* » per l' « azzurro », per lo « cielo » e per « Dio », come sopra si è detto); — il rosso era il sangue de' ladroni empi, che gli eroi uccidevano, ritruovati dentro de' loro campi. L'imprese nobili venuteci dalla barbarie ritornata [43] si osservano caricate di tanti lioni neri, verdi, d'oro, azzurri e finalmente rossi, i quali, per ciò che sopra abbiam veduto de' campi da semina, che poi passarono in campi d'armi, deono essere le terre colte, guardate con l'aspetto, che sopra si ragionò, del lione vinto da Ercole, e de' lor colori, che si sono testé noverati; — tante caricate di vari, [44] che deon essere i solchi onde da' denti della gran serpe, da esso uccisa, di che avevagli seminati, uscirono gli uomini armati di Cadmo; — tante caricate di pali, che devon essere l'aste con le quali armeggiarono i primi eroi; — e tante caricate alfin di rastelli, che sono stromenti certamente di villa. Per lo che tutto si ha a conchiudere che l'agricoltura, come ne' tempi barbari primi, de' quali ci accertano essi

42. *I colori* ecc.: i colori presenti negli scudi erano *veri*, riproducevano cioè i colori reali dei campi da semina.

43. *L'imprese* ecc.: gli stemmi del Medioevo.

44. *vari*: i colori vai (bianco macchiato di nero).

romani, così ne' secondi[45] fece la prima nobiltà delle nazioni.

Gli scudi poi degli antichi furon coverti di cuoio, come si ha da' poeti che di cuoio vestirono i vecchi eroi, cioè delle pelli delle fiere da essi cacciate ed uccise. Di che vi ha un bel luogo in Pausania, ove riferisce di Pelasgo (antichissimo eroe di Grecia, che diede il primo nome, che quella nazione portò, di « pelasgi »; talché Apollodoro, *De origine deorum*, il chiama αὐτόχθονα, « figliuol della Terra », che si diceva in una parola « gigante ») ch'egli « ritruovò la veste di cuoio ». E, con maravigliosa corrispondenza de' tempi barbari secondi co' primi, de' grandi personaggi antichi parlando, Dante dice che vestivan « di cuoio e d'osso », e Boccaccio narra ch'ivan impacciati nel cuoio:[46] dallo che dovette venire che l'imprese gentilizie fussero di cuoio coverte, nelle quali la pelle del capo e de' piedi, rivolta in cartocci, vi fa acconci finimenti. Furon gli scudi ritondi, perché le terre sboscate e colte furono i primi « *orbes terrarum* », come sopra si è detto; e ne restò la propietà a' latini, con cui « *clypeus* » era tondo, a differenza di « *scutum* », ch'era angolare. Il perché ogni luco si disse nel senso di « occhio »,[47] come ancor oggi si dicon « occhi » l'aperture ond'entra il lume nelle case: la qual frase eroica vera, essendosi poi sconosciuta, quindi alterata e finalmente corrotta: ch' « ogni gigante aveva il suo luco », era già divenuta falsa quando giunse ad Omero, e fu appreso ciascun gigante con un occhio in mezzo la fronte. Co' quali giganti monocoli ci venne Vulcano, nelle prime fucine — che furono le selve, alle quali Vulcano aveva dato il fuoco e dove aveva fab-

45. *ne' secondi*: i tempi barbari secondi o ritornati, il Medioevo.

46. *Di che vi ha un bel luogo* ecc.: Pausania, VIII, 1, 5; Apollodoro, III, 8, 1; Dante, *Paradiso*, XV, 112-113; Giovanni Villani, *Istorie*, VI, 70 (il richiamo al Boccaccio è errato).

47. *ogni luco* ecc.: l'occhio sarebbe stato il simbolo o geroglifico del bosco (*lucus*).

bricato le prime armi, che furono, come abbiam detto, l'aste bruciate in punta, — stesa l'idea di tal'armi, fabbricar i fulmini a Giove; perché Vulcano aveva dato fuoco alle selve, per osservar a cielo aperto donde i fulmini fussero mandati da Giove.

L'altra divinità, che nacque tra queste antichissime cose umane, fu quella di Venere, la quale fu un carattere della bellezza civile;[48] onde « *honestas* » restò a significare e « nobiltà » e « bellezza » e « virtù ». Perché con quest'ordine dovettero nascere queste tre idee: che prima fussesi intesa la bellezza civile, ch'apparteneva agli eroi; — dopo, la naturale, che cade sotto gli umani sensi, però di uomini di menti scorte e comprendevoli, che sappiano discernere le parti e combinarne la convenevolezza nel tutto d'un corpo, nello che la bellezza essenzialmente consiste; onde i contadini e gli uomini della lorda plebe nulla o assai poco s'intendono di bellezza (lo che dimostra l'errore de' filologi, i quali dicono che, in questi tempi scempi e balordi ch'ora qui ragioniamo, si eleggevano gli re dall'aspetto de' loro corpi belli e ben fatti; perché tal tradizione è da intendersi della bellezza civile, ch'era la nobiltà d'essi eroi, come or ora diremo); — finalmente, s'intese la bellezza della virtù, la quale si appella « *honestas* » e s'intende sol da' filosofi. Laonde della bellezza civile dovetter esser belli Apollo, Bacco, Ganimede, Bellerofonte, Teseo con altri eroi, per gli quali forse fu immaginata Venere maschia.[49]

Dovette nascere l'idea della bellezza civile in mente de' poeti teologi dal veder essi gli empi rifuggiti alle lor terre esser uomini d'aspetto e brutte bestie di costumi. Di tal bellezza, e non d'altra, vaghi furono gli spartani,

48. *bellezza civile*: nobiltà.

49. *Venere maschia*: è la Venere androgina. Anche qui, come nel caso del mito di Vulcano precedentemente esposto, Vico ha dato del mito una interpretazione politico-sociale.

gli eroi della Grecia, che gittavano dal monte Taigeta i parti brutti e deformi, cioè fatti da nobili femmine senza la solennità delle nozze; che debbon essere i « mostri » che la legge delle XII Tavole comandava gittarsi in Tevere. Perché non è punto verisimile ch'i decemviri, in quella parsimonia di leggi propia delle prime repubbliche, avessero pensato a' mostri naturali, che sono sì radi che le cose rade in natura si dicon « mostri »; quando, in questa copia di leggi della qual or travagliamo, i legislatori lasciano all'arbitrio de' giudicanti le cause ch'avvengono rade volte: talché questi dovetter esser i mostri detti, prima e propiamente, « civili » (d'un de' quali intese Panfilo ove, venuto in falso sospetto che la donzella Filumena fusse gravida, dice:

... Aliquid monstri alunt; [50]

e così restaron detti nelle leggi romane, le quali dovettero parlare con tutta propietà, come osserva Antonio Fabro nella *Giurisprudenza papinianea.* [51] Lo che sopra si è altra volta ad altro fine osservato.

Laonde questo dee essere quello che, con quanto di buona fede, con altrettanta ignorazione delle romane antichità ch'egli scrive, dice Livio: [52] che, [se] comunicati fussero da' nobili i connubi a' plebei, ne nascerebbe la prole « *secum ipsa discors* », ch'è tanto dire quanto « mostro mescolato di due nature »: una, eroica, de' nobili; altra, ferina, d'essi plebei, che « *agitabant connubia more ferarum* »: il qual motto prese Livio da alcun antico scrittor d'annali, e l'usò senza scienza, perocché egli il rapporta in

50. *Aliquid* ecc.: « alimentano un che di mostruoso », Terenzio, *Andria*, atto I, scena 5, 25.

51. *Antonio Fabro* ecc.: il già citato Favre, *Iurisprudentiæ papinianeæ scientia*, Ginevra, 1624, ma cfr. n. 16 ai *Corollari d'intorno a' tropi* ecc. nella *Logica poetica*.

52. *Livio*: invece Orazio, *Satire*, I, 3, 108-110.

senso: « se i nobili imparentassero co' plebei ». Perché i plebei, in quel loro misero stato di quasi schiavi, nol potevano pretendere da' nobili, ma domandarono la ragione [53] di contrarre nozze solenni (ché tanto suona « *connubium* »): la qual ragione era solo de' nobili; ma, delle fiere, niuna spezie usa con altra di altra spezie. Talché è forza dire ch'egli fu un motto, col quale, in quella eroica contesa, i nobili volevano schernir i plebei, che, non avendo auspìci pubblici, i quali con la lor solennità facevano le nozze giuste, niuno di loro aveva padre certo (come in ragion [54] romana restonne quella diffinizione, ch'ognun sa, che « *nuptiæ demonstrant patrem* »); [55] talché, in sì fatta incertezza, i plebei si dicevan da' nobili ch'usassero con le loro madri, con le loro figliuole, come fanno le fiere.

Ma a Venere plebea furon attribuite le colombe, non già per significare svisceratezze amorose, ma perché sono, qual'Orazio le diffinisce, « *degeneres* », uccelli vili, a petto dell'aquile (che lo stesso Orazio diffinisce « *feroces* »), [56] e sì per significare ch'i plebei avevano auspìci privati o minori, a differenza di quelli dell'aquile e de' fulmini, ch'erano de' nobili e Varrone e Messala dissero « auspìci maggiori » ovvero « pubblici », de' quali erano dipendenze tutte le ragioni [57] eroiche de' nobili, come la storia romana apertamente lo ci conferma. Ma a Venere eroica, qual fu la « pronuba », furon attribuiti i cigni, propi anco d'Apollo, il quale sopra vedemmo essere lo dio della nobiltà, con gli auspìci di uno de' quali Leda concepisce di Giove l'uova, come si è sopra spiegato.

Fu la Venere plebea ella descritta nuda, [58] perocché

53. *ragione*: il diritto.
54. *ragion*: anche qui, diritto.
55. *nuptiæ* ecc.: cfr. Paolo, in *Digestum*, II, 1, 5.
56. *Orazio... feroces*: *Odi*, IV, 4, 31-32; la citazione è inesatta.
57. *le ragioni*: i diritti.
58. *Venere* ecc.: come molte delle congetture che seguono (cfr. Nicolini, *Comm.*, 569) anche questa è un arbi-

la pronuba era col cesto coverta, come si è detto sopra (quindi si veda quanto d'intorno a queste poetiche antichità si sieno contorte l'idee!): che poi fu creduto finto per incentivo della libidine quello che fu ritruovato con verità per significar il pudor naturale, o sia la puntualità della buona fede con la quale si osservavano tra' plebei le naturali obbligazioni; perocché, come quindi a poco vedremo nella *Politica poetica*, i plebei non ebbero niuna parte di cittadinanza nell'eroiche città, e sì non contraevano tra loro obbligazioni legate con alcun vincolo di legge civile, che lor facesse necessità. Quindi furon a Venere attribuite le Grazie ancor nude; e appo i latini « *caussa* » e « *gratia* » significano una cosa stessa: talché le Grazie a' poeti significar dovettero i « patti nudi », che producono la sola obbligazion naturale. E quindi i giureconsulti romani dissero « patti stipulati » quelli che poi furon detti « vestiti » dagli antichi interpetri: perché, intendendo quelli i patti nudi esser i patti non stipulati, non deve « *stipulatio* » venir detta da « *stipes* » (che, per tal origine, si dovrebbe dire « *stipatio* »), con la sforzata ragione « perocché ella sostenga i patti »; ma dee venire da « *stipula* », detta da' contadini del Lazio perocch'ella « vesta il frumento »: com'al contrario i « patti vestiti » in prima da' feudisti furono detti dalla stessa origine onde son dette l' « investiture » de' feudi, de' quali certamente si ha « *exfestucare* » il « privare della degnità ». Per lo che ragionato, « *gratia* » e « *caussa* » s'intesero essere una cosa stessa da' latini poeti d'intorno a' contratti che si celebravano da' plebei delle città eroiche: come, introdotti poi i contratti « *de iure naturali gentium* », ch'Ulpiano dice « *humanarum* »,[59] « *caussa* » e « *negocium* » significarono una cosa medesima; perocché,

trio del Vico. Ma sulla nudità delle Grazie cfr. V. Cartari, *Immagini*, p. 288.

59. *Ulpiano* ecc.: cfr. Ulpiano in *Digestum*, II, 14, 7, 4.

in tali spezie di contratti, essi negozi quasi sempre sono «*caussæ*» o «*cavissæ*» o «cautele», che vagliono per stipulazioni le quali ne cautelino i patti.

3.

COROLLARI D'INTORNO A' CONTRATTI CHE SI COMPIONO COL SOLO CONSENSO

Perché, per l'antichissimo diritto delle genti eroiche, le quali non curavano che le cose necessarie alla vita, e non raccogliendosi altri frutti che naturali, né intendendo ancora l'utilità del danaio, ed essendo quasi tutti corpo, non potevano conoscere certamente i contratti che oggi dicono compiersi col solo consenso; [1] ed essendo sommamente rozzi, de' quali è propio l'essere sospettosi, perché la rozzezza nasce dall'ignoranza ed è propietà di natura umana che chi non sa sempre dubita: per tutto ciò non conoscevano buona fede, e di tutte l'obbligazioni si assicuravano con la mano o vera o finta, però questa accertata, nell'atto del negozio, con le stipulazioni solenni; ond'è quel celebre capo nella legge delle XII Tavole: «*Si quis nexum faciet mancipiumque, uti lingua nuncupassit, ita ius esto*». [2] Dalla qual natura di cose umane civili escono queste verità.

I

Che quello che dicono, che l'antichissime vendite e compere furono permutazioni, ove fussero di robe stabili, élleno dovetter esser quelli che nella barbarie ricorsa

3. - 1. *i contratti* ecc:. consensuali.
2. *Si quis* ecc.: «Chi adempirà alle formalità con le quali si acquista qualcosa (*mancipatio*) o farà un contratto (*nexum*) anche se oralmente, ciò sarà diritto».

furon detti « livelli »; de' quali s'intese l'utilità, perch'altri abbondasse di fondi i quali dassero copia di frutti, de' quali altri avesse scarsezza, e così a vicenda.

II

Le locazioni di case non potevano celebrarsi quand'erano picciole le città e l'abitazioni ristrette: talché si dovettero da' padroni de' suoli quelli darsi perch'altri vi fabbricasse; e sì non poteron esser altri che censi.

III

Le locazioni de' terreni dovetter esser enfiteusi, che da' latini furono dette « *clientelæ* »; ond'i gramatici dissero, indovinando, che « *clientes* » fussero stati detti quasi « *colentes* ».[3]

IV

Talché questa dev'esser la cagione onde, per la barbarie ricorsa, negli antichi archivi non si leggon altri contratti che censi di case o poderi, o in perpetuo o a tempo.

V

Ch'è forse la ragione per che l'enfiteusi è contratto « *de iure civili* »; che, per questi princìpi, si truoverà essere lo stesso che « *de iure heroico romanorum* », a cui Ulpiano oppone il « *ius naturale gentium humanarum* », che disse « umane » in rapporto al gius delle genti barbare

3. *i gramatici* ecc.: per es. Isidoro di Siviglia, *Origines*, X, 13.

che furon prima, non delle genti barbare ch'a' suoi tempi erano fuori dell'imperio romano, il quale nulla importava a' romani giureconsulti.

VI

Le società non erano conosciute, per quel costume ciclopico ch'ogni padre di famiglia curava solamente le cose sue e nulla impacciavasi di quelle d'altrui, come, sopra, Omero ci ha fatto udire nel racconto che fa Polifemo ad Ulisse.

VII

E per questa stessa ragione non erano conosciuti i mandati; onde restò quella regola di diritto civile antico: « *Per extraneam personam acquiri nemini* ».

VIII

Ma, a quello dell'eroiche essendo poi succeduto il diritto delle genti umane che diffinisce Ulpiano, si fece tanto rivolgimento di cose, che la vendita e compera, la qual anticamente, se, nell'atto del contrarsi, non si stipulava la « *dupla* », non produceva l'evizione,[4] oggi è la regina de' contratti i quali si dicono « di buona fede », e naturalmente, anco non patteggiata, la deve.

4. *la « dupla » ecc.*: la *dupla* è il pagamento del doppio del prezzo di vendita da parte del venditore al compratore nel caso che questi non possa godere pacificamente della cosa acquistata; l'*evizione* è la privazione, in forza di un provvedimento giudiziario, di una cosa o parte di essa.

4.

CANONE MITOLOGICO [1]

Ora, ritornando agli tre caratteri di Vulcano, Marte e Venere, è qui d'avvertire (e tal avvertimento dee tenersi a luogo d'un importante canone di questa mitologia) che questi furono tre divini caratteri significanti essi eroi, a differenza di altrettanti che significarono plebei: come Vulcano, che fende il capo a Giove con un colpo di scure, onde nasce Minerva, e, volendosi frapporre in una contesa tra Giove e Giunone, con un calcio da Giove è precipitato dal cielo e restonne zoppo; — Marte, a cui Giove, in una forte riprensione che gli fa appo Omero, dice essere « lo più vile di tutti gli dei », e Minerva, nella contesa degli dei, appo lo stesso poeta, il ferisce con un colpo di sasso (che devon essere stati i plebei, che servivano agli eroi nelle guerre); — e Venere (che deon essere state le mogli naturali di sì fatti plebei), che, con questo Marte plebeo, sono colti entrambi nella rete da Vulcano eroico, e, scoverti ignudi dal Sole, sono presi a scherno dagli altri dei. Quindi Venere fu poi con error creduta esser moglie di Vulcano: ma noi sopra vedemmo che 'n cielo non vi fu altro matrimonio che di Giove e Giunone, il quale pure fu sterile; [2] e Marte fu detto non « adultero », ma « concubino » di Venere, perché tra' plebei non si contraevano che matrimoni naturali, come appresso si mostrerà, che da' latini furon detti « concubinati ».

Come questi tre caratteri qui, così altri saranno

4. - 1. *Canone mitologico*: qui Vico fa riferimento alla sua teoria della duplicità dei caratteri poetici. Questi ultimi si riferiscono tanto alla storia degli eroi, quanto a quella dei famoli.

2. *sterile*: per i riferimenti ai miti esposti in questo paragrafo cfr., tra l'altro, Omero, *Iliade*, I, 592 segg.; V, 590, XX, 503; *Odissea*, VIII, 267 segg.

appresso, a' luoghi loro, spiegati. Quali si truoveranno Tantalo[3] plebeo, che non può afferrare le poma che s'alzano né toccare l'acqua che bassasi; Mida plebeo, il quale, perché tutto ciò che tocca è oro, si muore di fame; Lino plebeo, che contende con Apollo nel canto, e, vinto, è da quello ucciso.[4]

Le quali favole, ovvero caratteri doppi, devon essere stati necessari nello stato eroico, ch'i plebei non avevano nomi e portavano i nomi de' loro eroi, come si è sopra detto: oltre alla somma povertà de' parlari, che dovett'essere ne' primi tempi; quando, in questa copia di lingue, uno stesso vocabolo significa spesso diverse e, alcuna volta, due tra loro contrarie cose.

3. *Tantalo*: *Odissea*, XI, 582 segg.

4. *Mida* ecc.: cfr. Ovidio, *Metamorfosi*, XI, 153 segg.; il racconto di Lino, ucciso da Apollo, è in Pausania, IX, 29, 6. Non c'è quindi confusione (come vuole il Nicolini, *Comm.*, 580) con il mito di Marsia. Cfr. anche n. 32 qui a pag. 614.

V
DELLA POLITICA POETICA

1.

DELLA POLITICA POETICA CON LA QUALE NACQUERO LE PRIME REPUBBLICHE AL MONDO DI FORMA SEVERISSIMA ARISTOCRATICA

In cotal guisa si fondarono le famiglie di sì fatti famoli, ricevuti in fede o forza o protezione dagli eroi, che furon i primi soci del mondo, quali sopra abbiamo veduti. De' quali le vite erano in balìa de' loro signori, e, 'n conseguenza delle vite, eran anco gli acquisti; quando essi eroi, con gl'imperi paterni ciclopici, sopra i loro propi figliuoli avevano il diritto della vita e della morte, e, 'n conseguenza di tal diritto sopra le persone, avevan anco il diritto dispotico sopra tutti i di lor acquisti. Lo che intese Aristotile ove diffinì i figliuoli di famiglia esser « animati strumenti de' loro padri »; [1] e la legge delle XII Tavole, fin dentro la più prosciolta libertà popolare, serbò a' padri di famiglia romani entrambe queste due parti monarchiche: e di potestà sopra le persone e di dominio sopra gli acquisti; e, finché vennero gl'imperadori, i figliuoli, come gli schiavi, ebbero una sola spezie di peculio, che fu il profettizio; e i padri, ne' primi tempi, dovettero avere la potestà di vendere veramente i figliuoli fin a tre volte; che poi, invigorendo la mansuetudine de' tempi umani, il fecero con tre vendite finte, [2] quando volevano liberare i figliuoli dalla paterna potestà. Ma i galli e i celti si conservarono un'egual potestà sopra

1. - 1. *Aristotele* ecc.: *Magna moralia*, I, 34, 1194 b, 14: « il figlio è quasi parte del padre »; *Etica Nicomachea*, VIII, 12, 1161 b, 3-5: « lo schiavo è uno strumento animato ».

2. *tre vendite* ecc.: sulla triplice *mancipatio* cfr. Ulpiano, *Fragmenta*. X, 1; Gellio, *Noctes atticæ*, V, 9.

i figliuoli e gli schiavi; e 'l costume di vendere con verità i padri i loro figliuoli fu ritruovato nell'Indie occidentali, e nell'Europa si pratica infin a quattro volte da' moscoviti e da' tartari. Tanto è vero che l'altre nazioni barbare non hanno la paterna potestà « *talem qualem habent cives romani* »! La qual aperta falsità esce dal comune volgar errore, con cui i dottori hanno ricevuto tal motto: ma ciò fu da' giureconsulti detto in rapporto delle nazioni vinte dal popolo romano; alle quali, come più a lungo appresso dimostreremo, tolto tutto il diritto civile con la ragione delle vittorie, non restarono che naturali paterne potestà e, 'n lor conseguenza, naturali vincoli di sangue, che si dicono « cognazioni », e, dall'altra parte, naturali domini, che son i bonitari, e, per tutto ciò, naturali obbligazioni, che si dicono « *de iure naturali gentium* », ch'Ulpiano ci specificò sopra con l'aggiunto « *humanarum* ».[3] Le quali ragioni tutte i popoli posti fuori dell'imperio dovettero avere civili, e appunto tali quali l'ebbero essi romani.

Ma, ripigliando il ragionamento, con la morte de' loro padri restando liberi i figliuoli di famiglia di tal monarchico imperio privato, anzi riassumendolo ciascun figliuolo intieramente per sé (onde ogni cittadino romano, libero dalla paterna potestà, in romana ragione egli è « padre di famiglia » appellato), e i famoli dovendo sempre vivere in tale stato servile, a capo di lunga età naturalmente se ne dovettero attediare, per la degnità da noi sopra posta:[4] che « l'uomo soggetto naturalmente brama sottrarsi alla servitù ». Talché costoro debbono essere stati Tantalo, che testé dicemmo plebeo, che non può addentare le poma (che devon essere le poma d'oro del frumento sopra spiegate, le quali s'alzano sulle terre de' lor eroi),

3. *Ulpiano* ecc.: rimando errato al *Digestum*, I, 1, 1.

4. *la degnità... sopra posta*: la XCV.

e (per ispiegarne l'ardente sete) non può prender un picciol sorso dell'acqua, che gli si appressa fin alle labbra e poi fugge; — Issione, che volta sempre la ruota, — e Sisifo, che spinge sù il sasso, che gittò Cadmo [5] (la terra dura, che, giunta al colmo, rovescia giù, come restò a' latini « *vertere terram* » per « coltivarla » e « *saxum volvere* » per « far con ardore lunga e aspra fatiga »). Per tutto ciò i famoli dovettero ammutinarsi contro essi eroi. E questa è la « necessità », che generalmente si congetturò nelle *Degnità* [6] esser stata fatta da' famoli ai padri eroi nello stato delle famiglie, onde nacquero le repubbliche.

Perché quivi, al grand'uopo, dovettero per natura esser portati gli eroi ad unirsi in ordini, per resistere alle moltitudini de' famoli sollevati, dovendo loro far capo alcun padre più di tutti feroce e di spirito più presente; e tali se ne dissero i « re » dal verbo « *regere* », ch'è propiamente « sostenere » e « dirizzare ». In cotal guisa, per dirla con la frase troppo ben intesa di Pomponio giureconsulto, « *rebus ipsis dictantibus, regna condita* », [7] detto convenevolmente alla dottrina della romana ragione, che stabilisce « *ius naturale gentium divina providentia constitutum* ». Ed ecco la generazione [8] de' regni eroici. E, perché i padri erano sovrani re delle lor famiglie, nell'ugualità di sì fatto stato e, per la feroce natura de' polifemi, niuno di tutti naturalmente dovendo ceder all'altro, uscirono da se medesimi i senati regnanti, o sia di tanti re delle lor famiglie; i quali, senza umano scorgimento o consiglio, si truovaron aver uniti i loro privati interessi a ciascun loro comune, il quale si disse « *patria* », che, sottointesovi « *res* », vuol dir « interesse di padri », e

5. *Issione* ecc.: su Issione, attaccato a una ruota, cfr. Pindaro, *Odi,* 2, 21 segg.; su Sisifo, Omero, *Odissea,* XI, 593 segg.; su Cadmo, Ovidio, *Metamorfosi,* III, 1 segg.

6. *nelle Degnità*: nella LXXXI.

7. *con la frase* ecc.: citazione inesatta da *Digestum,* I, 2, 2, 11.

8. *la generazione*: il modo nel quale si sono generati.

i nobili se ne dissero « *patricii* »: onde dovettero i soli nobili esser i cittadini delle prime patrie. Così può esser vera la tradizione che ce n'è giunta: che ne' primi tempi si eleggevano gli re per natura; della quale vi sono due luoghi d'oro appo Tacito, *De moribus Germanorum*,[9] i quali ci danno luogo di congetturare essere stato lo stesso costume di tutti gli altri primi popoli barbari. Uno è quello: « *Non casus, non fortuita conglobatio turmam aut cuneum facit, sed familiæ et propinquitates* ». L'altro è: « *Duces exemplo potius quam imperio; si prompti, si conspicui, si ante aciem agant, admiratione præsunt* ».[10]

Tali essere stati i primi re in terra ci si dimostra da ciò: che tal i poeti eroi immaginarono essere Giove in cielo re degli uomini e degli dei, per quell'aureo luogo di Omero dove Giove si scusa con Teti ch'esso non può far nulla[11] contro a ciò che gli dei avevano una volta determinato nel gran consiglio celeste; ch'è parlare di vero re aristocratico: dove poi gli stoici ficcarono il loro dogma di Giove soggetto al fato; ma Giove e gli altri dei tennero consiglio d'intorno a tai cose degli uomini, e sì le determinarono con libera volontà. Il qual luogo qui riferito ne spiega due altri del medesimo Omero,[12] ne' quali con errore i politici fondano ch'Omero avesse inteso la monarchia. Uno è di Agamennone, che riprende la contumacia d'Achille; l'altro è di Ulisse, che i greci, ammutinati di ritornar alle loro case, persuade di continuare l'assedio incominciato di Troia: dicendo entrambi che « uno è 'l re », perché l'un e l'altro è detto in guerra, nella quale uno

9. *Tacito* ecc.: *Germania*, 7.

10. *Non casus* ecc.: « La *turma* e il *cuneus* (che sono ordinamenti della cavalleria romana) non risultano dal caso o da una fortuita combinazione, ma dalle famiglie e dalle parentele »; « Capi si diviene più con l'esempio che con il comando: i coraggiosi, coloro che sanno farsi notare, che marciano avanti all'esercito, divengono capi per l'altrui ammirazione ».

11. *luogo di Omero*: *Iliade*, I, 517 segg., ma Giove si scusa non con Teti, ma con Atena. *Esso* non è Giove, ma Nettuno.

12. *due* ecc.: *Iliade*, I, 287-89; II, 204.

è 'l general capitano, per quella massima avvertita da Tacito ove dice: « *eam esse imperandi conditionem, ut non aliter ratio constet quam si uni reddatur* ».[13] Del rimanente, lo stesso Omero in quanti luoghi de' due poemi mentova eroi dà loro il perpetuo aggiunto di « re »: col quale si confà a maraviglia un luogo d'oro del *Genesi*,[14] ove quanti Mosè narra discendenti d'Esaù tanti ne appella « re », o dir vogliamo capitani, che la Volgata legge « *duces* »; e gli ambasciadori di Pirro gli riferiscono d'aver veduto in Roma un senato di tanti re. Perché invero non si può affatto intendere in natura civile niuna cagione, per la qual i padri, in tal cangiamento di stati, avessero dovuto altro mutare, da quello ch'avevano avuto nello stato già di natura, che di assoggettire le loro sovrane potestà famigliari ad essi ordini loro regnanti: perché la natura de' forti, come abbiamo nelle *Degnità* sopra posto,[15] è di rimettere, degli acquisti fatti con virtù, quanto meno essi possono, e tanto quanto bisogna perché loro si conservin gli acquisti; onde si legge sì spesso sulla storia romana quell'eroico disdegno de' forti, che mal soffre « *virtute parta per flagitium amittere* ».[16] Né, tra tutti i possibili umani, una volta che gli Stati civili non nacquero né da froda né da forza d'un solo (come abbiam sopra dimostro e si dimostrerà più in appresso), come dalle potestà famigliari poté formarsi la civil potestà, e de' domini naturali paterni (che noi sopra accennammo essere stati *ex iure optimo*, in significato di « liberi d'ogni peso privato e pubblico ») si fusse formato il dominio eminente di essi Stati civili, si può immaginare in altra guisa che questa.

13. *da Tacito* ecc.: *Annales*, I, 6, « la natura del comando è questa: non v'è diritto se non si rende conto a uno solo ».

14. *luogo d'oro* ecc.: *Genesi*, XXXVI, 15; XXV, 16. Citazione inesatta.

15. *nelle Degnità* ecc.: la LXXXI.

16. *virtute* ecc.: « perdere, a causa di un'azione disonorevole, ciò che si è acquistato con la virtù ».

La quale, così meditata, ci si appruova a maraviglia con esse origini delle voci. Ché, perché sopra esso dominio ottimo ch'avevano i padri (detto da' greci *δίκαιον ἄριστον*) si formarono esse repubbliche, come altra volta si è detto sopra, da' greci si dissero « aristocratiche », e da' latini si chiamarono « repubbliche d'ottimati », dette da Opi, dea detta della potenza: onde perciò forse Opi (dalla quale dev'essere stato detto « *optimus* », ch'è *ἄριστος* a' greci, e quindi « *optimus* » a' latini) funne detta moglie di Giove, cioè dell'ordine regnante di quelli eroi, i quali, come sopra si è detto, s'avevano arrogato il nome di « dei » (perché Giunone per la ragion degli auspìci era moglie di Giove, preso per lo cielo che fulmina); de' quali dei, come si è detto sopra, fu madre Cibele, detta « madre » ancor de' « giganti », propiamente detti in significazione di « nobili », e la quale, come vedremo appresso nella *Cosmografia poetica*, fu appresa per la regina delle città. Da Opi si dissero gli « ottimati », perché tali repubbliche sono tutte ordinate a conservare la potenza de' nobili, e, per conservarla, ritengono per eterne propietà quelle due principali custodie, delle quali una è degli ordini e l'altra è de' confini. E dalla custodia degli ordini venne prima la custodia de' parentadi, per la qual i romani fin al CCCIX di Roma tennero chiusi i connubi alla plebe; dipoi, la custodia de' maestrati,[17] onde tanto i patrizi contrastarono alla plebe la pretenzione del consolato; appresso, la custodia de' sacerdozi e, per questa, la custodia alfin delle leggi, che tutte le prime nazioni guardarono con aspetto di cose sagre: onde fin alla legge delle XII Tavole i nobili governarono Roma con costumanze, come nelle *Degnità*[18] ce n'accertò Dionigi d'Alicarnasso, e fino a cento anni dopo essa legge ne tennero chiusa l'inter-

17. *maestrati*: magistrature.

18. *nelle Degnità*: la XCII.

petrazione dentro il collegio de' pontefici, al narrar di Pomponio giureconsulto,[19] perché fin a quel tempo entrati v'erano i soli nobili. L'altra principal custodia ella è de' confini; onde i romani, fin a quella che fecero di Corinto, avevan osservato una giustizia incomparabile nelle guerre, per non agguerrire, ed una somma clemenza nelle vittorie, per non arricchir i plebei, come sopra se ne sono proposte due degnità.[20]

Tutto questo grande ed importante tratto di storia poetica è contenuto in questa favola: che Saturno si vuol divorare Giove bambino, e i sacerdoti di Cibele glielo nascondono e col romore dell'armi non gliene fanno udire i vagiti; ove Saturno dev'essere carattere de' famoli, che da giornalieri coltivano i campi de' padri signori e, con un'ardente brama di desiderio, vogliono da' padri campi per sostentarvisi. E così questo Saturno è padre di Giove, perché da questo Saturno, come da occasione, nacque il regno civile de' padri, che, come dianzi si è detto, si spiegò col carattere di quel Giove del quale fu moglie Opi. Perché Giove, preso per lo dio degli auspìci, de' quali gli più solenni erano il fulmine e l'aquila (del qual Giove era moglie Giunone), egli è « padre degli dei », cioè degli eroi, che si credevano figliuoli di Giove, siccome quelli ch'erano generati con gli auspìci di Giove da nozze solenni (delle quali è nume Giunone), e si presero il nome di « dei », de' quali è madre la Terra, ovvero Opi moglie di questo Giove, come tutto si è detto sopra; e 'l medesimo fu detto « re degli uomini », cioè de' famoli nello stato delle famiglie e de' plebei in quello dell'eroiche città: i quali due divini titoli, per ignorazione di quest'istoria poetica, si sono tra lor confusi, quasi Giove fusse anco padre degli uomini; i quali fin dentro a' tempi della repubblica roma-

19. *al narrar di Pomponio* ecc.: *Digestum*, I, 2, 2, 6.

20. *due degnità*: la LXXXVII e la LXXXVIII.

na antica « *non poterant nomine ciere patrem* », come narra Livio, [21] perché nascevano da' matrimoni naturali, non da nozze solenni; onde restò in giurisprudenza quella regola: « *Nuptiæ demonstrant patrem* ». [22]

Siegue la favola ch'i sacerdoti di Cibele, o sieno d'Opi (perché i primi regni furono dappertutto di sacerdoti, come alquanto se n'è detto sopra e pienamente appresso si mostrerà), nascondono Giove (dal qual nascondimento i filologi latini, indovinando, dissero essere stato appellato « *Latium* », e la lingua latina ne conservò la storia in questa sua frase: « *condere regna* » — lo che altra volta si è detto —, perché i padri si chiusero in ordine contro i famoli ammutinati, dal qual segreto incominciarono a venir quelli ch'i politici dicono « *arcana imperii* »), e, col romore dell'armi non faccendo a Saturno udire i vagiti di Giove (testé nato all'union di quell'ordine), in cotal guisa il salvarono. Con la qual guisa si narra distintamente ciò che 'n confuso Platone disse: « le repubbliche esser nate sulla pianta dell'armi »; [23] a cui dev'unirsi ciò ch'Aristotile ci disse sopra nelle *Degnità*: [24] che nelle repubbliche eroiche i nobili giuravano d'esser eterni nimici alla plebe; e ne restò propietà eterna, per la quale ora diciamo i servidori esser nimici pagati de' lor padroni. La qual istoria i greci ci conservarono in questa etimologia, per la quale, appo essi, da *πόλις*, « città », *πόλεμος* è appellata la « guerra ».

Quivi le nazioni greche immaginarono la decima divinità delle genti dette maggiori, che fu Minerva. E la si finsero nascere con questa fantasia, fiera ugualmente e goffa: che Vulcano con una scure fendette il capo di Giove, onde nacque Minerva; volendo essi dire che la

21. *non poterant* ecc.: « non potevano chiamare il padre per nome »; cfr. Livio, X, 8.

22. *Nuptiæ demonstrant patrem*: cfr. Paolo, *Digestum*, II, 1, 5.

23. *Platone* ecc.: citazione inesatta da *Leges*, I, 2, 626 a.

24. *nelle Degnità*: la LXXXVI.

moltitudine de' famoli ch'esercitavan arti servili, che, come si è detto, venivano sotto il genere poetico di Vulcano plebeo, essi ruppero (in sentimento d' « infievolirono » o « scemarono ») il regno di Giove (come restò a' latini « *minuere caput* » per « fiaccare la testa », perché, non sappiendo dir in astratto « regno », in concreto dissero « capo »), che stato era, nello stato delle famiglie, monarchico, e cangiarono in aristocratico in quello delle città. Talché non è vana la congettura che da tal « *minuere* » fusse stata da' latini detta Minerva; e da questa lontanissima poetica antichità restasse a' medesimi, in romana ragione,[25] « *capitis deminutio* » per significare « mutazione di stato », come Minerva mutò lo stato delle famiglie in quello delle città.

In cotal favola i filosofi[26] poi ficcarono il più sublime delle loro meditazioni metafisiche: che l'idea eterna in Dio è generata da esso Dio, ove l'idee criate sono in noi produtte da Dio. Ma i poeti teologi contemplarono Minerva con l'idea di ordine civile, come restò per eccellenza a' latini « *ordo* » per lo « senato » (lo che forse diede motivo a' filosofi di crederla idea eterna di Dio, ch'altro non è che ordine eterno); e ne restò propietà eterna: che l'ordine de' migliori è la sapienza delle città. Ma Minerva appo Omero è sempre distinta con gli aggiunti perpetui di « guerriera » e di « predatrice », e due volte sole ci ricordiamo di averlavi letto con quello di «consigliera»;[27] e la civetta e l'olivo le furono consagrate, non già perch'ella mediti la notte e legga e scriva al lume della lucerna, ma per significare la notte de' nascondigli, co' quali si fondò, com'abbiamo sopra detto, l'umanità, e forse per più propiamente significare che i senati eroici,

25. *ragione*: diritto.

26. *i filosofi*: Platone e i platonici. Il Nicolini, *Comm.*, 590, rimanda al *Cratilo*, 407 a-b.

27. *due volte sole* ecc.: *Iliade*, V, 260; *Odissea*, XVI, 282.

che componevano le città, concepivano in segreto le leggi, e ne restò certamente agli areopagiti di dir i voti al buio nel senato d'Atene,[28] che fu la città di Minerva, la qual fu detta Ἀθηνᾶ. Dal qual eroico costume appo i latini fu detto «*condere leges*», talché «*legum conditores*» furono propiamente i senati che comandavan le leggi, siccome «*legum latores*» coloro che da' senati portavano le leggi alle plebi de' popoli, come sopra, nell'accusa d'Orazio, si è detto. E tanto da' poeti teologi fu considerata Minerva esser dea della sapienza, che nelle statue e nelle medaglie si osserva armata; e la stessa fu «Minerva» nella curia, «Pallade» nell'adunanze plebee (come, appo Omero, Pallade mena Telemaco nell'adunanza della plebe,[29] ch'egli chiama «altro popolo», ove vuol partire per andar truovando Ulisse, suo padre), ed è «Bellona»,[30] per ultimo, nelle guerre.

Talché è da dirsi che, con l'errore che Minerva fusse stata intesa da' poeti teologi per la sapienza, vada di concerto quell'altro che «*curia*» fusse stata detta a «*curanda republica*»,[31] in que' tempi che le nazioni erano stordite e stupide. La qual dovette a' greci antichissimi venir detta κυρία da χείρ, la «mano», e indi «*curia*» similmente a' latini, per uno di questi due grandi rottami d'antichità, che (come si è detto nella *Tavola cronologica* e nelle ivi scritte *Annotazioni*)[32] per buona nostra ventura Dionigi Petavio[33] truova gittati dentro la storia greca innanzi l'età degli eroi di Grecia e, 'n conseguenza, in questa, da noi qui seguìta, età degli dei degli egizi.

28. *i voti al buio* ecc.: sulle riunioni notturne del senato ateniese cfr. Pausania, VI, 9; Luciano, XX, 6.

29. *appo Omero... plebe*: cfr. *Odissea*, II, 6 segg. e 267 segg., ma il racconto è in più punti alterato. Cfr. Nicolini, *Comm.*, 590.

30. *Bellona*: dea romana della guerra (cfr. Livio, VIII, 9, 6; X, 19, 17), non ha alcun rapporto con la dea greca Atena.

31. *curia* ecc.: cfr. Varrone, *De lingua latina*, V, 155.

32. *Annotazioni*: nella XX.

33. *Petavio*: il già ricordato Dionigi Petau.

Uno è che gli Eraclidi, ovvero discendenti d'Ercole, erano stati sparsi per tutta Grecia, anco nell'Attica, ove fu Atene, e che poi si ritirarono nel Peloponneso, ove fu Sparta, repubblica o regno aristocratico di due re della razza d'Ercole, detti Eraclidi, ovvero nobili, che amministravano le leggi e le guerre sotto la custodia degli efori.[34] I quali erano custodi della libertà non già popolare ma signorile, che fecero strozzare il re Agide,[35] perché aveva attentato di portar al popolo una legge di conto nuovo, la quale Livio diffinisce «*facem ad accendendum adversus optimates plebem*»,[36] ed un'altra testamentaria, la quale divolgava i retaggi fuori dell'ordine de' nobili, tra' quali soli innanzi si erano conservati con le successioni legittime, perché essi soli avevano dovuto avere suità, agnazioni, gentilità;[37] della qual fatta erano state in Roma innanzi della legge delle XII Tavole, come appresso sarà dimostro: onde, come i Cassi, i Capitolini, i Gracchi ed altri principali cittadini, per volere, con qualche legge sì fatta, d'un poco sollevare la povera oppressa plebe romana, furono dal senato dichiarati ed uccisi come rubelli; così Agide fu fatto strozzare dagli efori. Tanto gli efori di Sparta, per Polibio,[38] furono custodi della libertà popolare di Lacedemone! Laonde Atene, così appellata da Minerva, la qual si disse 'Αθηνᾶ, dovette essere, ne' primi suoi tempi, di stato aristocratica;

34. *efori*: cinque magistrati eletti in rappresentanza dei cinque villaggi componenti la comunità spartana esercitarono a Sparta, dopo il V sec. a. C., un controllo sulla monarchia e sullo Stato riunendo poteri esecutivi, giudiziari e disciplinari. L'istituzione degli efori è tuttavia posteriore al periodo della storia spartana cui Vico qui si riferisce.

35. *Agide*: è Agide IV (264-241 a. C.) salito sul trono di Sparta nel 244.

36. *Livio* ecc.: XXXII, 38, «face atta a infiammare la plebe contro gli ottimati». Ma Livio si riferisce qui a Nabide, figlio di Demarato e re di Sparta, che morì assassinato nel 192 a. C.

37. *ed un'altra* ecc.: la legge cui Vico fa qui riferimento è invece posteriore al regno di Agide IV. Per le *suità, agnazioni, gentilità,* con le quali Vico fa un arbitrario accostamento, cfr. n. 79 alle *Annotazioni alla tavola cronologica*, XLII.

38. *Polibio*: XXIV, 8 b.

e la storia greca l'hacci narrato fedelmente più sopra, ove ci disse che Dragone regnò in Atene nel tempo ch'era occupata dagli ottimati, e cel conferma Tucidide,[39] narrando che, finch'ella fu governata da' severissimi areopagiti, che Giovenale[40] traduce « giudici di Marte », in senso di « giudici armati » (che, da Ἄρης, « Marte », παγά, ond'è « *pagus* » a' latini, meglio arebbe trasportato « popolo di Marte », come fu detto il romano; perché, nel loro nascimento, i popoli si composero di soli nobili, che soli avevano il diritto dell'armi), ella sfolgorò delle più belle eroiche virtù e fece dell'eccellentissime imprese (appunto come Roma, nel tempo nel quale, come appresso vedremo, ella fu repubblica aristocratica); dal quale stato Pericle ed Aristide (appunto come Sestio e Canuleo, tribuni della plebe, incominciarono a fare di Roma) la rovesciarono nella libertà popolare.

L'altro gran rottame egli è ch'i greci, usciti di Grecia, osservaron i cureti, ovvero sacerdoti di Cibele, sparsi in Saturnia (o sia l'antica Italia), in Creta ed in Asia; talché dovettero dappertutto nelle prime nazioni barbare celebrarsi regni di cureti, corrispondenti a' regni degli Eraclidi, sparsi per l'antichissima Grecia: i quali cureti furon que' sacerdoti armati, che col battere dell'armi attutarono i vagiti di Giove bambino, che Saturno volevasi divorare; la qual favola è stata testé spiegata.[41]

Per tutto lo che ragionato, da questo antichissimo punto di tempo e con questa guisa nacquero i primi comizi curiati,[42] che sono gli più antichi che si leggono sulla

39. *Tucidide*: invece Isocrate.
40. *Giovenale*: IX, 111.
41. *regni di cureti* ecc.: Esiodo (fr. 189) li chiama esseri semi-divini. Il mito del salvataggio di Giove bambino è, fra gli altri, in Callimaco, *Inni*, I, 52 segg.
42. *comizi curiati*: i *comitia* sono assemblee del popolo romano. Alle *curiæ*, *centuriæ* e *tribus* nelle quali il popolo era diviso corrispondevano i *comitia curiata, centuriata, tributa.* Sull'argomento Vico tornerà ampiamente, in questo stesso libro, nel capitolo intitolato *Dell'origine de' comizi romani.*

storia romana; i quali si dovettero tener sotto l'armi, e restarono poi per trattare le cose sagre, perché con tal aspetto ne' primi tempi si guardarono tutte le cose profane. Delle quali adunanze si maraviglia Livio[43] ch'a' tempi d'Annibale, che vi passa per mezzo, si tenevano nelle Gallie; ma Tacito ne' *Costumi de' germani*[44] ci narra quello: che si tenevano anco da' sacerdoti, ove comandavano le pene in mezzo dell'armi, come se ivi fussero presenti i lor dei (e con giusto senso: si armavano le adunanze eroiche per comandare le pene, perché il sommo imperio delle leggi va di séguito al sommo imperio dell'armi); e generalmente narra che armati trattavano tutti i loro pubblici affari e presiedendovi i sacerdoti, com'or si è detto. Laonde tra gli antichi germani, i quali ci dànno luogo d'intendere lo stesso costume di tutti i primi popoli barbari, si rincontra il regno de' sacerdoti egizi; si rincontrano i regni de' cureti ovvero de' sacerdoti armati, che, come abbiam veduto, i greci osservarono in Saturnia (o sia l'antica Italia), in Creta ed in Asia; si rincontrano i quiriti dell'antichissimo Lazio.

Per le quali cose ragionate, il « diritto de' quiriti » dee essere stato il diritto naturale delle genti eroiche d'Italia, che, per distinguersi da quello degli altri popoli, si disse « *ius quiritium romanorum* »; non già per patto convenuto tra' sabini e romani, che si fussero detti « quiriti » da Cure, capital città de' sabini, perché, così, dovrebbon essere stati detti « cureti », che osservarono i greci in Saturnia. Ma, se tal città de' sabini si disse Cere[45] (lo che vogliono i latini gramatici), deono (qui vedasi che contorcimento d'idee!) più tosto esser i « ceriti », ch'erano cittadini romani condennati da' censori a portar i pesi

43. *Livio*: XXI, 31.
44. *Tacito... germani*: *Germania*, 7, 13.
45. *Cere*: come nota il Nicolini, *Comm.*, 595, Vico scambia la città sabina Cures (Carese) con la città etrusca Caeres (Cerveteri) i cui abitanti erano detti « ceriti ».

senza aver alcuna parte degli onori civili; appunto come furono le plebi, che poi si composero de' famoli nel nascere, come or or vedremo, dell'eroiche città, nel corpo delle quali dovettero venir i sabini, in que' tempi barbari che le città vinte si smantellavano (lo che i romani non risparmiarono ad essa Alba, lor madre), e gli arresi si disperdevano per le pianure, obbligati a coltivar i campi per gli popoli vincitori: che furono le prime provincie, così dette quasi « *prope victæ* » (onde Marcio, da Corioli ch'aveva vinto, fu detto Coriolano); per l'opposto onde furon dette le « provincie ultime », perché fussero « *procul victæ* ». Ed in tali campagne si menarono le prime colonie mediterranee, che con tutta propietà si dissero « *coloniæ deductæ* », cioè drappelli di contadini giornalieri menati, da su, giù; che poi nelle colonie ultime significarono tutto il contrario, ché, da' luoghi bassi e gravi di Roma, ove dovevan abitar i plebei poveri, erano questi menati in luoghi alti e forti delle provincie, per tenerle in dovere, a far essi i signori e cangiarvi i signori de' campi in poveri giornalieri.[46] In cotal guisa, al riferire di Livio,[47] che ne vide solamente gli effetti, cresce Roma con le rovine di Alba, e i sabini portano in Roma a' generi, in dote delle loro rapite figliuole, le ricchezze di Cere, come sopra ciò vanamente riflette Floro.[48] E queste sono le colonie innanzi a quelle che vennero dopo l'agrarie de' Gracchi, le quali lo stesso Livio[49] riferisce che la plebe romana, nelle contese eroiche che esercita con la nobiltà, o sdegna o più con esse si aizza, perché non erano della fatta dell'ultime; e perché di nulla sollevavano la plebe romana, e Livio truova pure con quelle seguir le contese, vi fa tali sue vane riflessioni.

46. *da' luoghi* ecc.: queste vere e proprie colonie sono posteriori alla rivoluzione dei Gracchi.

47. *Livio*: I, 30.

48. *Floro*: *Epitome,* I, 1, 14.

49. *Livio*: VI, 11, citazione inesatta.

Finalmente che Minerva significato avesse ordini aristocratici armati, ci si appruova da Omero, ove, nella contesa, narra [50] che Minerva con un colpo di sasso ferisce Marte, che noi sopra vedemmo carattere de' plebei che servivano agli eroi nelle guerre; e ove riferisce che Minerva vuol congiurare contro Giove: che può convenir all'aristocrazie, ove i signori con occulti consigli opprimono i loro prìncipi, ove n'affettano la tirannide. Del qual tempo e non d'altro si legge agli uccisori de' tiranni essersi alzate le statue; [51] ché, se gli supponiamo re monarchi, essi sarebbono stati rubelli.

Così si composero le prime città di soli nobili, che vi comandavano. Ma però, bisognandovi che vi fussero anche color che servissero, gli eroi furono da un senso comune d'utilità costretti di far contenta la moltitudine de' sollevati clienti, e mandarono loro le prime ambasciarie, che per diritto delle genti si mandano da' sovrani. E le mandarono con la prima legge agraria che nacque al mondo, con la quale, da forti, rillasciarono a' clienti il men che potevano, che fu il dominio bonitario de' campi ch'arebbon assegnato loro gli eroi; e così può esser vero che Cerere ritruovò e le biade e le leggi. [52] Cotal legge fu dettata da questo diritto natural delle genti: ch'andando il dominio di séguito alla potestà, ed avendo i famoli la vita precaria da essi eroi, i quali l'avevano loro salvata ne' lor asili, diritto era e ragione ch'avessero un dominio similmente precario, il qual essi godessero fintanto ch'agli eroi fusse piaciuto di mantenergli nel possesso de' campi ch'avevano lor assegnati. Così convennero i famoli a comporre le prime plebi dell'eroiche città, senza avervi niuno

50. *Omero* ecc.: *Iliade,* VIII, 347 segg. La *contesa* è quella che si svolge tra gli dei. Su Marte *carattere de' plebei* cfr. *Iconomica poetica,* 4.

51. *agli uccisori* ecc.: per l'uccisione del tiranno Ippia (510 a. C.) furono innalzate statue ad Armodio e Aristogitone.

52. *Cerere* ecc.: Ovidio, *Metamorfosi,* V, 431 segg.

privilegio di cittadini; appunto come un de' quali dice Achille essere stato trattato da Agamennone, il quale gli aveva tolto a torto la sua Briseide, ove dice avergli fatto un oltraggio che non si sarebbe fatto ad un giornaliere che non ha niuno diritto di cittadino.

Tali furon i plebei romani fin alla contesa de' connubi. Imperciocché essi — per la seconda agraria, accordata loro da' nobili con la legge delle XII Tavole, avendo riportato il dominio quiritario de' campi, come si è dimostrato da molti anni fa ne' *Princìpi del Diritto universale* [53] (il qual è uno de' due luoghi per gli quali non c'incresce d'esser uscita alla luce quell'opera), e per diritto delle genti [non] essendo gli stranieri capaci di dominio civile, e così i plebei non essendo ancor cittadini, — come ivan morendo, non potevano lasciare i campi *ab intestato* a' congionti, perché non avevano suità, agnazioni, gentilità, ch'erano dipendenze tutte delle nozze solenni; nemmeno disponerne in testamento, perché non erano cittadini: talché i campi lor assegnati ne ritornavano ai nobili, da' quali avevan essi la cagion del dominio. Avvertiti di ciò, subito fra tre anni fecero la pretension de' connubi, nella quale non pretesero, in quello stato di miseri schiavi quale la storia romana apertamente ci narra, d'imparentare co' nobili, ch'in latino arebbe dovuto dirsi « pretendere *connubia cum patribus* »; ma domandarono di contrarre nozze solenni, quali contraevano i padri, e sì pretesero *connubia patrum*, la solennità maggior delle quali erano gli auspìci pubblici, che Varrone e Messala dissero « auspìci maggiori », quali i padri dicevano « *auspicia esse sua* ». Talché i plebei con tal pretensione domandarono la cittadinanza romana, di cui erano natural principio le nozze, le quali perciò da Modestino

53. *Princìpi* ecc.: il già ricordato *De constantia iurisprudentis,* II, 37.

giureconsulto son diffinite « *omnis divini et humani iuris communicatio* »,[54] che diffinizione più propia non può assegnarsi di essa cittadinanza.

2.

LE REPUBBLICHE TUTTE SON NATE DA CERTI PRINCIPI ETERNI DE' FEUDI

In cotal guisa, per la natura de' forti di conservare gli acquisti e per l'altra de' benefizi che si possono sperare nella vita civile, sopra le quali due nature di cose umane dicemmo nelle *Degnità* [1] esser fondati i princìpi eterni de' feudi, nacquero al mondo le repubbliche con tre spezie di domini per tre spezie di feudi, che tre spezie di persone ebbero sopra tre spezie di cose.

Il primo fu dominio bonitario [2] di feudi rustici ovvero umani, che gli « uomini », i quali nelle leggi de' feudi, al ritornare della barbarie, si maraviglia Ottomano [3] dirsi i « vassalli », cioè i plebei, ebbero de' frutti sopra i poderi de' lor eroi.

Il secondo fu dominio quiritario di feudi nobili, o sia eroici, ovvero armati, oggi detti « militari », che gli eroi, in unirsi in ordini armati, si conservarono sovrani sopra i loro poderi; che, nello stato di natura, era stato il dominio ottimo che Cicerone, come altra volta si è detto, nell'orazione *De aruspicum responsis* [4] riconosce d'alquante case ch'erano a' suoi tempi restate in Roma, e 'l diffinisce « dominio di roba stabile, libera d'ogni peso reale, non solo privato, ma anche pubblico ». Di che vi ha un luogo

54. *omnis* ecc.: *Digestum,* XXIII, 2, 1, già citato.

2. - 1. *nelle Degnità*: la LXXX e la LXXXI.

2. *dominio bonitario*: cfr. la definizione nel cap. precedente al capov.: *Così si composero le prime città.*

3. *Ottomano*: non si tratta di Francesco Hotman, ma del Cuiacio. Cfr. n. 44 al cap. IV della *Logica poetica.*

4. *Cicerone* ecc.: *De hauruspicum responso,* 7.

d'oro ne' cinque libri sagri, ove Mosè narra ch'a' tempi di Giuseffo i sacerdoti egizi non pagavano al re il tributo de' loro campi;[5] e noi abbiamo poco sopra dimostro che tutti i regni eroici furono di sacerdoti, e appresso dimostreremo che da prima i patrizi romani non pagaron all'erario il tributo nemmeno dei loro. I quali feudi sovrani privati, nel formarsi delle repubbliche eroiche, si assoggettirono naturalmente alla maggiore sovranità di essi ordini eroici regnanti (ciascun comune de' quali si disse « *patria* », sottointesovi « *res* », cioè « interesse di padri »), a doverla difendere e mantenere, perch'ella aveva conservato loro gl'imperi sovrani famigliari, e questi stessi tutti eguali tra lor medesimi; lo che unicamente fa la libertà signorile.[6]

Il terzo, con tutta la propietà detto « dominio civile », che esse città eroiche, compostesi sul principio di soli eroi, avevano de' fondi, per certi feudi divini ch'essi padri di famiglia avevano innanzi ricevuto da essa divinità provvedente, com'abbiamo sopra dimostro (onde si erano truovati sovrani nello stato delle famiglie, e si composero in ordini regnanti nello stato delle città), e sì divennero regni civili sovrani, soggetti al solo sommo sovrano Dio, in cui tutte le civili sovrane potestà riconoscono provvedenza. Lo che ben per sensi umani si professa dalle sovrane potenze, ch'a' lor maestosi titoli aggiugnono quello « per la divina provvedenza » ovvero quello « per la grazia di Dio », dalla quale devono pubblicamente professare di aver ricevuto i regni; talché, se ne proibissero l'adorazione, esse anderebbero naturalmente a caderne, perché nazione di fatisti o casisti o d'atei non fu al mondo giammai, e ne vedemmo sopra tutte le nazioni del mondo, per quattro religioni primarie e non più, credere in una divinità provvedente. Perciò i plebei giuravano per gli eroi

5. *ove Mosè* ecc.: *Genesi*, XLVII, 26.

6. *signorile*: degli eroi o « patres ».

(di che sonci rimasti i giuramenti « *mehercules!* », « *mecastor!* », « *ædepol!* » e « *mediusfidius!* », « per lo dio Fidio! », che, come vedremo, fu l'Ercole de' romani), altronde gli eroi giuravan per Giove: perché i plebei furono dapprima in forza degli [7] eroi (come i nobili romani, fin al CCCCXIX di Roma, esercitarono la ragione del carcere privato sopra i plebei debitori); gli eroi, che formarono gli ordini loro regnanti, eran in forza di Giove, per la ragion degli auspìci: i quali se loro sembravano di permetterlo, davano i maestrati, [8] comandavan le leggi ed esercitavano altri sovrani diritti; se parevano di vietarlo, se n'astenevano. Lo che tutto è quella « *fides deorum et hominum* », a cui s'appartengono quell'espressioni latine « *implorare fidem* », « implorar soccorso ed aiuto »; « *recipere in fidem* », « ricevere sotto la protezione o l'imperio »; e quella esclamazione « *proh deûm atque hominum fidem imploro!* », con la quale gli oppressi imploravano a lor favore la « forza degli dei e degli uomini », che, con esso senso umano, gl'italiani voltarono « poter del mondo! ». Perché questo potere, onde le somme civili potestà sono dette « potenze »; questa forza, questa fede, di cui i giuramenti testé osservati attestano l'ossequio de' soggetti; e questa protezione, ch'i potenti debbono avere de' deboli (nelle quali due cose consiste tutta l'essenza de' feudi), è quella forza che sostiene e regge questo mondo civile; il cui centro fu sentito, se non ragionato, da' greci (come l'abbiamo sopra avvertito nelle medaglie delle loro repubbliche) e da' latini (come l'abbiamo osservato nelle loro frasi eroiche) esser il fondo di ciascun orbe civile: com'oggi le sovranità sulle loro corone sostengono un orbe ov'è innalberata la divinità della croce, il quale orbe sopra abbiamo dimostrato esser il pomo d'oro, il quale significa il dominio alto che le sovranità hanno delle terre da

7. *in forza degli*: sottoposti agli. 8. *i maestrati*: le magistrature.

essoloro signoreggiate, e perciò tralle maggiori solennità delle loro incoronazioni si pone nella loro sinistra mano. Laonde hassi a dire che le civili potestà sono signore della sostanza de' popoli, la qual sostiene, contiene e mantiene tutto ciò che vi è sopra e s'appoggia: per cagione d'una cui parte, « *pro indiviso* », per dirla alla scolastica, per una « distinzion di ragione », nelle romane leggi il patrimonio di ciascun padre di famiglia vien detto « *patris* » o « *paterna substantia* »; ch'è la profonda ragione per che le civili sovrane potestà possono disporre di tutto l'aggiunto a cotal subbietto, così nelle persone, come negli acquisti, opere e lavori, ed imporvi tributi e dazi, ov'abbiano da esercitar esso dominio de' fondi, ch'ora per un riguardo opposto (il quale significa in sostanza lo stesso) i teologi morali e gli scrittori *de iure publico* chiamano « dominio eminente », siccome le leggi, che tal dominio riguardano, dicono pur ora « fondamentali » de' regni. Il qual dominio, perch'è di essi fondi, da' sovrani naturalmente non si può esercitare che per conservare la sostanza de' loro Stati, allo stare de' quali stanno, al rovinare rovinano tutte le cose particolari de' popoli.

Che i romani avessero sentito, se non inteso, questa generazione di repubbliche sopra tali princìpi eterni de' feudi, ci si dimostra nella formola che ci han lasciato della revindicazione, così conceputa: « *Aio hunc fundum meum esse ex iure quiritium* », [9] nella qual attaccarono cotal azione civile al dominio del fondo, ch'è di essa città e proviene da essa forza, per così dire, centrale, per la qual ogni cittadino romano è certo signore di ciascun suo podere, con un dominio « *pro indiviso* » che uno scolastico direbbe, per una mera « distinzion di ragione », e perciò detta « *ex iure quiritium* », i quali, per mille pruove fatte

9. *Aio* ecc.: « Affermo che questo fondo è mio per il diritto dei quiriti »; cfr. Gellio, *Noctes Atticæ*, XX, 10.

e da farsi, furono dapprima i romani armati d'aste in pubblica ragunanza, che facevan essa città. Tanto che questa è la profonda ragione ch'i fondi e tutti i beni (i quali tutti da essi fondi provengono), ove sono vacanti, ricadono al fisco: perché ogni patrimonio privato « *pro indiviso* » è patrimonio pubblico, onde, in mancanza de' privati padroni, perdono la disegnazione di parte e restano con quella di tutto. Che dee essere la cagione di quella elegante frase legale: ch'i retaggi, particolarmente legittimi, si dicono « *redire* agli eredi », a' quali in verità, vengono una sol volta, perché da' fondatori del diritto romano, ch'essi fondarono nel fondare della romana repubblica, tutti i patrimoni privati si ordinarono feudi, quali da' feudisti si dicono « *ex pacto et providentia* », che tutti escono dal patrimonio pubblico e, per patto e provvedenza delle civili leggi, girano sotto certe solennità da privati in privati, in difetto de' quali debbano ritornare al lor principio, dond'essi eran usciti. Tutto lo che qui detto ad evidenza vien confermato dalla legge Papia Poppea [10] d'intorno a' caduci, la quale puniva i celibi con la giusta pena: ch'i cittadini i quali avevano traccurato di propagare co' matrimoni il loro nome romano, s'avessero fatto testamenti, questi si rendessero inefficaci, ed altronde si stimassero non avere congionti che loro succedessero *ab intestato*, e sì, né per l'una né per l'altra via, avessero eredi, i quali conservassero i nomi loro; e i patrimoni ricadessero al fisco, con qualità non di retaggi ma di peculi, e, per dirla con Tacito, [11] andassero al popolo, « *tamquam omnium parentem* ». Ove il profondo scrittore richiama la ragione delle pene caducarie fino dagli antichissimi tempi ch'i primi padri del gener uman ooccuparono le prime terre

10. *legge... Poppea*: emanata nel 9 d. C., completa la *Lex Julia de maritandis ordinibus* del 18 a. C.
11. *Tacito*: *Annales*, III, 28.

vacue, la qual occupazione è 'l fonte originario di tutti i domini del mondo; i quali padri poi, unendosi in città, delle loro potestà paterne fecero la potestà civile, e de' loro privati patrimoni fecero il patrimonio pubblico, il quale s'appella « erario »; e che i patrimoni de' cittadini vadano di privato in privato con qualità di retaggi, ma, ricadendo al fisco, riprendano l'antichissima prima qualità di peculi.

Qui, nella generazione delle loro repubbliche eroiche, fantasticarono i poeti eroi l'undecima divinità maggiore, che fu Mercurio. Il quale porta a' famoli ammutinati la legge nella verga divina (parola reale degli auspìci), ch'è la verga con cui Mercurio richiama l'anime dall'Orco, come narra Virgilio (richiama a vita socievole i clienti, che, usciti dalla protezione degli eroi, erano tornati a disperdersi nello stato eslege, ch'è l'Orco de' poeti, il quale divoravasi il tutto degli uomini, come appresso si spiegherà). Tal verga ci vien descritta con una o due serpi avvoltevi (che dovetter esser spoglie di serpi, significanti il dominio bonitario che si rillasciava lor dagli eroi, e 'l dominio quiritario che questi si riserbavano), con due ali in capo alla verga (per significar il dominio eminente degli ordini) e con un cappello pur alato (per raffermarne l'alta ragione sovrana libera, come il cappello restò geroglifico di libertà); [12] oltre di ciò, con l'ali a' talloni (in significazione che 'l dominio de' fondi era de' senati regnanti), e tutto il rimanente si porta nudo (perché portava loro un dominio nudo di civile solennità, e che tutto consisteva nel pudor degli eroi, appunto quali nude vedemmo sopra essere state finte Venere con le Grazie). Talché dall'uccello d'Idantura, col

12. *il cappello* ecc.: sul cappello simbolo o *geroglifico* della libertà cfr. C. Ripa, *Iconologia*, ediz. 1611, p. 312, 313. Ma cfr. la voce *clipeus* in Pauly Wissowa. Il precedente accenno a Virgilio rimanda ad *Aen.*, IV, 242-43.

quale voleva dir a Dario ch'esso era sovrano signor della Scizia per gli auspìci che vi aveva, i greci ne spiccarono l'ali, per significare ragioni eroiche; e finalmente, con lingua articolata, i romani in astratto dissero « *auspicia esse sua* », per gli quali volevano dimostrar alla plebe ch'erano propie loro tutte le civili eroiche ragioni e diritti. Sicché questa verga alata di Mercurio de' greci, toltane la serpe, è l'aquila sullo scettro degli egizi, de' toscani, romani e, per ultimo, degl'inghilesi, che sopra abbiam detto. La qual da' greci si chiamò κηρύκειον, perché portò tal legge agraria a' famoli degli eroi, i quali da Omero sono κήρυκες appellati; portò l'agraria di Servio Tullio, con la quale ordinò il censo, per lo quale i contadini con tal qualità dalle leggi romane son detti « *censiti* »; portò in queste serpi il dominio bonitario de' campi, per lo quale da ὠφέλεια (che viene da ὄφις, « serpe ») fu detto il terratico, il quale, come sopra abbiam dimostrato, da' plebei si pagava agli eroi; portò finalmente il famoso nodo erculeo, per lo quale gli uomini pagavano agli eroi la decima d'Ercole e i romani debitori plebei fin alla legge Petelia furono « nessi » o vassalli ligi de' nobili: delle quali cose tutte abbiamo appresso molto da ragionare.

Quindi ha a dirsi che questo Mercurio de' greci fu il Theut o Mercurio che dà le leggi agli egizi, significato nel geroglifico dello Cnefo: [13] descritto serpente, per dinotare la terra colta; col capo di sparviere o d'aquila, come gli sparvieri di Romolo poi divennero l'aquile de' romani, con che intendevano gli auspìci eroici; stretto da un cinto, segno del nodo erculeo; con in mano uno scettro, che voleva dire il regno de' sacerdoti egizi; con un cappello pur alato, che additava il loro alto dominio de' fondi; e alfin con un uovo in bocca, che dava ad intendere

13. *Cnefo*: Knef o Knufi.

l'orbe egiziaco, se non è forse il pomo d'oro, che sopra abbiamo dimostrato significare il dominio alto ch'i sacerdoti avevano delle terre d'Egitto. Dentro il qual geroglifico Maneto ficcò la generazione dell'universo mondano; [14] e giunse tanto ad impazzare la boria de' dotti, ch'Atanagio Kirchero nell'*Obelisco panfilio* [15] dice significare la santissima Trinità.

Qui incominciarono i primi commerzi nel mondo, ond'ebbe il nome esso Mercurio, e poi funne tenuto dio delle mercatanzie; come da questa prima imbasciata [16] fu lo stesso creduto dio degli ambasciadori, e, con verità di sensi, fu detto dagli dei (che noi sopra truovammo essersi appellati agli eroi delle prime città) esser mandato agli uomini (qual'Ottomano avverte con maraviglia essersi detti dalla ricorsa barbarie i vassalli); [17] e le ali, che qui abbiam veduto significare ragioni eroiche, furono poi credute usarsi da Mercurio per volare da cielo in terra, e quinci rivolare da terra in cielo. Ma, per ritornar a' commerzi, eglino incominciarono d'intorno a queste spezie di beni stabili; e la prima mercede fu, come dovett'essere, la più semplice e naturale, qual è de' frutti che si raccogliono dalla terra; la qual mercede, sia o di fatighe o di robe, si costuma tuttavia ne' commerzi de' contadini.

Tutta questa istoria conservarono i greci nella voce *νόμος*, con la quale significano e «legge» e «pasco»; perché la prima legge fu quest'agraria, per la quale gli re eroici furono detti «pastori de' popoli», come qui si è accennato e più appresso si spiegherà.

14. *Maneto* ecc.: Manetone, già ricordato, interpretò lo Knef come simbolo del Logos generatore del mondo.

15. *Kirchero* ecc.: è il gesuita polacco Atanasio Kircher (1601-1680) le cui fantasiose opere sui geroglifici egiziani ebbero, nel sec. XVII, grande fortuna. L'opera cui allude qui Vico è l'*Obeliscus pamphilius*, Roma, 1650, pp. 358 segg.

16. *da questa prima* ecc.: è la prima ambasceria inviata dagli eroi ai famoli in rivolta, della quale Vico ha parlato sopra.

17. *Ottomano* ecc.: cfr. la precedente n. 3.

Così i plebei delle prime barbare nazioni (appunto come Tacito[18] gli narra appresso i germani antichi, ove, con errore, gli crede servi, perché, come si è dimostro, i soci eroici erano come servi) si dovettero dagli eroi sparger per le campagne, e ivi soggiornare con le lor case ne' campi assegnati loro e, co' frutti delle ville, contribuire quanto faceva d'uopo al sostentamento de' lor signori. Con le quali condizioni si congiugna il giuramento, che pur da Tacito udimmo sopra,[19] di dover essi e guardargli e difendergli e servir alla loro gloria, e tal spezie di diritti si pensi di diffinirsi con un nome di legge: che si vedrà con evidenza che non può convenir loro altro nome che di questi i quali da noi si dicono « feudi ».

Di tal maniera si truovarono le prime città fondate sopra ordini di nobili e caterve di plebei, con due contrarie eterne propietà, le quali escono da questa natura di cose umane civili che si è qui da noi ragionata: de' plebei di voler sempre mutar gli Stati, come sempre essi gli mutano; e de' nobili, sempre di conservargli. Onde, nelle mosse de' civili governi, se ne dicono « ottimati » tutti coloro che si adoperano per mantenere gli Stati, ch'ebbero tal nome da questa propietà di star fermi ed in piedi.

Quivi nacquero le due divisioni: una di sappienti e di volgo, perocché gli eroi fondavano i loro regni nella sapienza degli auspìci, come si è detto nelle *Degnità*[20] e molto sopra si è ragionato. In séguito di questa divisione, restò al volgo l'aggiunto perpetuo di « profano »; perché gli eroi, ovvero i nobili, furono i sacerdoti dell'eroiche città, come certamente lo furono tra' romani fin a cent'anni dopo la legge delle XII Tavole, come sopra si è detto; onde i primi popoli, con certa spezie di scomu-

18. *Tacito*: *Germania*, 25.
19. *Tacito* ecc.: *Germania*, 14.
20. *nelle Degnità*: la *degnità* LXXII.

nica, toglievano la cittadinanza, qual fu tra' romani l'interdetto dell'acqua e fuoco, come appresso si mostrerà. Perciò le prime plebi delle nazioni si tennero per istranieri, come or ora vedremo (e ne restò propietà eterna che non si dà la cittadinanza ad un uomo di diversa religione); e da tal « volgo » restaron detti « *vulgo quæsiti* » i figliuoli fatti nel chiasso, per ciò che sopra abbiam ragionato, che le plebi nelle prime città, perocché non vi avevano la comunanza delle cose sagre o divine, per molti secoli non contrassero matrimoni solenni.

L'altra divisione fu di « *civis* » e « *hostis* ». E « *hostis* » significò « ospite » o « straniero » e « nimico », perché le prime città si composero di eroi e di ricevuti a' di lor asili (nel qual senso s'hanno a prendere tutti gli ospizi eroici); come, da' tempi barbari ritornati, agl'italiani restò « oste » per « albergatore » e per gli « alloggiamenti di guerra », e « ostello » dicesi per « albergo ». Così Paride fu ospite della real casa d'Argo, cioè nimico, che rapiva donzelle nobili argive, rappresentate col carattere d'Elena. Così Teseo fu ospite d'Arianna, Giasone di Medea, che poi abbandonano e non vi contraggono matrimoni: ch'erano riputate azioni eroiche, che, co' sensi nostri presenti, sembrano, come lo sono, azioni d'uomini scellerati. Così hassi a difendere la pietà d'Enea, ch'abbandona Didone ch'aveva stuprato (oltre a' grandissimi benefici che n'avea ricevuti, e la magnanima profferta che quella gli aveva fatto del regno di Cartagine in dote delle sue nozze), per ubbidir a' fati, i quali, benché fusse straniera anch'essa, gli avevano destinata Lavinia moglie in Italia. Il qual eroico costume serbò Omero [21] nella persona d'Achille, il massimo degli eroi della Grecia, il quale rifiuta qualunque delle tre figliuole ch'Agamennone gli

21. *Omero*: *Iliade*, IX, 373 segg.

offre in moglie con la regal dote di sette terre ben popolate di bifolchi e pastori, rispondendo di voler prendere in moglie quella che nella sua padria gli darebbe Peleo, suo padre. Insomma, i plebei eran « ospiti » delle città eroiche, contro i quali udimmo più volte Aristotile [22] che « gli eroi giuravano d'esser eterni nimici ». Questa stessa divisione ci è dimostrata con quelli estremi di « *civis* » e « *peregrinus* », preso il « peregrino » con la sua natia propietà d' « uomo che divaga per la campagna », detta « *ager* » in significazione di « territorio » o « distretto » (come « *ager neapolitanus* », « *ager nolanus* »), detto così quasi « *peragrinus* », perocché gli stranieri che viaggiano per lo mondo non divagano per gli campi, ma tengon dritto per le vie pubbliche.

Tali origini ragionate degli ospiti eroici danno un gran lume alla storia greca ove narra de' sami, sibariti, trezeni, anfiboliti, calcidoni, gnidi e scii, che dagli stranieri vi furono cangiate le repubbliche da aristocratiche in popolari; e danno l'ultimo lustro a ciò ch'abbiamo pubblicato molti anni fa con le stampe, ne' *Princìpi del Diritto universale*, [23] d'intorno alla favola delle leggi delle XII Tavole venute da Atene in Roma; ch'è un de' due luoghi per gli quali stimiamo non esser inutile affatto quell'opera: che nel capo *De forti sanate nexo soluto*, che noi pruovammo essere stato il subbietto di tutta quella contesa, per ciò che vi han detto i latini filologi che 'l « forte sanate » era lo straniero ridutto all'ubbidienza, ella fu la plebe romana, la quale si era rivoltata perché non poteva da' nobili riportar il dominio certo de' campi; che certo non poteva durare, se non ne fusse stata fissa eternalmente la legge in una pubblica tavola, con la quale determinatosi il gius incerto, manifestatosi il gius nasco-

22. *Aristotile*: *Politica*, V, 7 (9), 1310 a.

23. *Princìpi* ecc.: *De constantia iurisprudentis*, II, 36, 37.

sto, fusse legata a' nobili la mano regia di ripigliarglisi: ch'è 'l vero di ciò che ne racconta Pomponio. Per lo che fece tanti romori che fu bisogno criare i decemviri, i quali diedero altra forma allo Stato e ridussero la plebe sollevata all'ubbidienza, con dichiararla, con questo capo, prosciolta dal nodo vero del dominio bonitario, per lo quale erano stati «*glebæ addicti*» o «*adscriptitii*» o «*censiti*» del censo di Servio Tullio, come sopra si è dimostrato, e restasse obbligata col nodo finto del dominio quiritario: ma se ne serbò un vestigio fin alla legge Petelia nel diritto ch'avevano i nobili, della prigion privata sopra i plebei debitori. I quali stranieri, con le «tentazioni tribunizie» ch'elegantemente dice Livio [24] (e noi l'abbiamo noverate, nell'annotazione alla legge Publilia, sopra, nella *Tavola cronologica*), [25] lo stato di Roma da aristocratico finalmente cangiarono in popolare.

Non essersi Roma fondata sopra le prime rivolte agrarie egli ci dimostra essere stata una città nuova, come canta la storia. Fu ella bensì fondata sopra l'asilo, dove, durando ancora dappertutto le violenze, avevano dovuto prima farsi forti Romolo e i suoi compagni, e poi riceverví i rifuggiti, e quivi fondare le clientele, quali sono state sopra da noi spiegate: onde dovette passare un dugento anni perch'i clienti s'attediassero di quello stato: quanto tempo vi corse appunto perché il re Servio Tullio vi portasse la prima agraria. Il qual tempo aveva dovuto correre nelle antiche città per un cinquecento anni, per quest'istesso: che quelle si composero d'uomini più semplici, questa di più scaltriti; ch'è la cagione perché i romani manomisero il Lazio, quindi Italia, e poi il mondo, perché più degli altri latini ebbero giovine l'eroismo. La qual istessa è la ragione più propia (la qual si disse nelle

24. *Livio*: II, 1.

25. *Tavola* ecc.: *Annotazioni alla*

Degnità)[26] ch'i romani scrissero in lingua volgare la loro storia eroica, ch'i greci avevano scritta con favole.

Tutto ciò ch'abbiamo meditato de' princìpi della politica poetica e veduto nella romana storia, a maraviglia ci è confermato da questi quattro caratteri eroici: primo, dalla lira d'Orfeo ovvero d'Apollo; secondo, dal teschio di Medusa; terzo, da' fasci romani; quarto ed ultimo, dalla lutta[27] d'Ercole con Anteo.

E, primieramente, la lira fu ritruovata dal Mercurio de' greci, quale[28] dal Mercurio egizio fu ritruovata la legge. E tal lira gli fu data da Apollo, dio della luce civile o sia della nobiltà, perché nelle repubbliche eroiche i nobili comandavan le leggi, e con tal lira Orfeo, Anfione ed altri poeti teologi, che professavano scienza di leggi, fondarono e stabilirono l'umanità della Grecia, come più spiegatamente diremo appresso. Talché la lira fu l'unione delle corde o forze de' padri, onde si compose la forza pubblica, che si dice «imperio civile», che fece cessare finalmente tutte le forze e violenze private. Onde la legge con tutta propietà restò a' poeti diffinita «*lyra regnorum*», nella quale s'accordarono i regni famigliari de' padri, i quali stati erano innanzi scordati, perché tutti soli e divisi tra loro nello stato delle famiglie, come diceva Polifemo ad Ulisse; e la gloriosa storia nel segno di essa lira fu poi con le stelle descritta in cielo,[29] e 'l regno d'Irlanda nell'arme degli re d'Inghilterra ne carica lo scudo d'un'arpa. Ma, appresso, i filosofi ne fecero l'armonia delle sfere,[30] la qual è accordata dal sole; ma Apollo suonò in terra quella[31] la quale, nonché poté, dovett'udire,

tavola cronologica, XLII.

26. *nelle Degnità*: la XXI.

27. *lutta*: lotta.

28. *quale*: così come.

29. *con le stelle descritta in cielo*: la lira di Orfeo diviene, nel mito, la costellazione della lira.

30. *i filosofi* ecc.: l'armonia delle sfere (sulla quale cfr. Aristotele, *Metafisica,* 986 a, 1) era dottrina pitagorica.

31. *quella*: la lira.

anzi esso stesso suonare Pittagora, preso per poeta teologo e fondatore di nazione, il quale finora n'è stato d'impostura accusato.

Le serpi unite nel teschio di Medusa, caricato d'ale nelle tempia, son i domini alti famigliari ch'avevano i padri nello stato delle famiglie, ch'andarono a comporre il dominio eminente civile. E tal teschio fu inchiovato allo scudo di Perseo, ch'è lo stesso del qual è armata Minerva, che tra l'armi, o sia nelle adunanze armate delle prime nazioni, tralle quali truovammo ancor la romana, detta le spaventose pene ch'insassiscono i riguardanti. Una delle quali serpi sopra dicemmo essere stato Dragone, il quale fu detto scriver le leggi col sangue, perché se n'era armata quell'Atene (qual si disse Minerva Ἀθηνᾶ) nel tempo ch'era occupata dagli ottimati, come pur sopra si è detto; e 'l dragone appo i chinesi, i quali ancora scrivono per geroglifici, egli, com'anco sopra si è veduto, è l'insegna dell'imperio civile.

I fasci romani sono i litui de' padri nello stato delle famiglie. Una qual sì fatta verga in mano d'uno di essi Omero con peso di parole chiama « scettro », ed esso padre appella « re » nello scudo ch'egli descrive d'Achille, nel quale si contiene la storia del mondo; [32] e in tal luogo è fissata l'epoca delle famiglie innanzi a quella delle città, come appresso sarà pienamente spiegato. Perché, con tali litui presi gli auspìci che le comandassero, i padri dettavano le pene de' loro figliuoli, come nella legge delle XII Tavole ne passò quella del figliuol empio ch'abbiamo sopra veduto. Onde l'unione di tali verghe o litui significa la generazione dell'imperio civile, la quale si è qui ragionata.

Finalmente Ercole (carattere degli Eraclidi ovvero nobili dell'eroiche città) lutta con Anteo (carattere de'

32. *Omero* ecc.: *Iliade*, XVIII, 566.

famoli ammutinati) e, innalzandolo in cielo (rimenandoli nelle prime città poste in alto), il vince e l'annoda a terra. Di che restò un giuoco a' greci detto del « nodo »; ch'è 'l nodo erculeo, col quale Ercole fondò le nazioni eroiche, e per lo quale da' plebei si pagava agli eroi la decima d'Ercole, che dovett'esser il censo pianta delle repubbliche aristocratiche. Ond'i plebei romani per lo censo di Servio Tullio furono « *nexi* » de' nobili [33] e, per lo giuramento che narra Tacito [34] darsi da' germani antichi a' loro prìncipi, dovevano lor servire come vassalli perangari a propie spese nelle guerre: di che la plebe romana si lamenta dentro cotesta stessa sognata libertà popolare. Che dovetter esser i primi assidui, che « *suis assibus militabant* »: [35] però soldati non di ventura, ma di dura necessità.

3.

DELL'ORIGINI DEL CENSO E DELL'ERARIO

Ma finalmente dalle gravi usure e spesse usurpazioni ch'i nobili facevano de' loro campi (a tal segno ch'a capo di età Filippo, tribuno della plebe, ad alta voce gridava che duemila nobili possedevano tutti i campi che dovevan essere ripartiti tra ben trecentomila cittadini, ch'a suo tempo in Roma si noveravano), perché fin da quarant'anni dopo la discacciata di Tarquinio Superbo, per la di lui morte assicurata, la nobiltà aveva ricominciato ad insolentire sopra la povera plebe; e 'l senato di que' tempi aveva dovuto incominciar a praticar quell'ordinamento: ch'i plebei pagassero all'erario il censo, che prima privatamente avevano dovuto pagar a' nobili, acciocché esso erario potesse somministrar loro le spese indi in poi nelle

33. *per lo censo* ecc.: si veda sull'argomento il capitolo che segue.

34. *Tacito*: *Germania*, 14.

35. *assidui* ecc.: congettura vichiana.

guerre; dal qual tempo comparisce di nuovo sulla storia romana il censo, ch'i nobili sdegnavano amministrare, al riferire di Livio, [1] come cosa non convenevole alla loro degnità (perché Livio non poté intendere ch'i nobili nol volevano, perché non era il censo ordinato da Servio Tullio, ch'era stato pianta della libertà de' signori, il qual si pagava privatamente ad essi nobili, ingannato con tutti gli altri che 'l censo di Servio Tullio fusse stato pianta della libertà popolare: perché certamente non fu maestrato [2] di maggior degnità di quella di che fu la censura, e fin dal suo primo anno fu amministrato da' consoli): così i nobili, per le loro avare arti medesime, vennero da se stessi a formar il censo, che poi fu pianta della popolar libertà. Talché, essendone venuti i campi tutti in loro potere, eglino, a' tempi di Filippo tribuno, dovevano duemila nobili pagar il tributo per trecentomila altri cittadini ch'allora si numeravano (appunto come in Isparta era divenuto di pochi tutto il campo spartano), perché si erano descritti nell'erario i censi ch'i nobili avevano privatamente imposto a' campi, i quali, incolti, *ab antiquo* avevano assegnati a coltivar a' plebei. Per cotanta inegualità dovetter avvenire de' grandi movimenti e rivolte della plebe romana, le quali Fabio, con sappientissimo ordinamento, onde meritò il sopranome di Massimo, rassettò, con ordinare che tutto il popolo romano si ripartisse in tre classi, di senatori, cavalieri e plebei, e i cittadini vi si allogassero secondo le facultà; e consolò i plebei: [3] perocché, quando, innanzi, que' dell'ordine senatorio,

3. - 1. *Livio*: IV, 59, ma il riferimento è inesatto.

2. *maestrato*: magistratura. La costituzione attribuita a Servio Tullio (secondo la tradizione: 578-535 a. C.) che è per Vico all'origine della *libertà signorile*, è probabilmente il precedente fittizio di leggi che si fanno oggi risalire alla metà o fine del V sec. a. C.

3. *Fabio* ecc.: Quinto Fabio Massimo Rulliano, censore nel 304 a. C. e più volte console, restrinse l'assemblea alle quattro tribù urbane. Questa riforma è anteriore, non posteriore come crede Vico, al tribunato di Marcio Filippo (164 circa a. C.).

ch'era prima stato tutto de' nobili, vi prendevano i maestrati, indi in poi vi potessero passare ancora con le ricchezze i plebei, e quindi fusse aperta a' plebei la strada ordinaria a tutti gli onori civili.

Tal è la guisa che fa vera la tradizione che 'l censo di Servio Tullio (perché da quello se ne apparecchiò la materia e da quello ne nacquero l'occasioni) fu egli pianta della libertà popolare, come sopra si ragionò per ipotesi nell'*Annotazioni alla Tavola cronologica*,[4] ov'è il luogo della legge Publilia. E tal ordinamento, nato dentro Roma medesima, fu invero quello che ordinovvi la repubblica democratica, non già la legge delle XII Tavole colà venuta da Atene: tanto che Bernardo Segni[5] quella ch'Aristotile chiama « repubblica democratica », egli in toscano trasporta « repubblica per censo », per dire « repubblica libera popolare ». Lo che si dimostra con esso Livio,[6] che, quantunque ignorante dello Stato romano di quelli tempi, pur narra ch'i nobili si lagnavano avere più perduto con quella legge in città che guadagnato fuori con l'armi in quell'anno, nel quale pur avevano riportato molte e grandi vittorie. Ch'è la cagione onde Publilio, che ne fu autore, fu detto « dittator popolare ».

Con la libertà popolare, nella quale tutto il popolo è essa città, avvenne che 'l dominio civile perdé il propio significato di « dominio pubblico » (che, da essa città, era stato detto « civile »), e si disperdé per tutti i domini privati di essi cittadini romani, che poi tutti facevano la romana città. Il dominio ottimo s'andò ad oscurare nella sua significazione natia di « dominio fortissimo », come sopra abbiam detto, « non infievolito da niun real peso, anche pubblico », e restò a significare « dominio di roba

4. *nell'Annotazioni*: cfr. la XLII.

5. *Bernardo Segni*: il traduttore cinquecentesco dell'*Etica* e della *Politica* aristoteliche. Cfr. il *Trattato dei governi di Aristotile tradotto di greco in lingua volgare*, Firenze, 1549, ma la citazione è inesatta.

6. *Livio*: VIII, 12.

libera da ogni peso privato ». Il dominio quiritario non più significò dominio di fondo, dal cui possesso se fusse caduto il cliente o plebeo, il nobile, da cui aveva la cagion del dominio, doveva venir a difenderlo; che furono i primi « *autores iuris* » in romana ragione, [7] i quali, per queste e non altre clientele ordinate da Romolo, dovevano insegnar a' plebei queste e non altre leggi. Imperciocché quali leggi dovevan i nobili insegnar a' plebei, i quali fin al CCCIX di Roma non ebbero privilegio di cittadini, e fin a cento anni dopo la legge delle XII Tavole, dentro il lor collegio de' pontefici, i nobili tennero arcane alla plebe? Sicché i nobili furon in tali tempi quelli « *autores iuris* », ch'ora sono rimasti nella spezie ch'i possessori de' fondi comperati, ove ne sono convenuti con revindicazione da altri, « lodano in autori », perché loro assistano e gli difendano: ora tal dominio quiritario è rimasto a significare dominio civile privato assistito da revindicazione, a differenza del bonitario, che si mantiene con la sola possessione.

Nella stessa guisa, e non altrimenti queste cose sulla natura eterna de' feudi ritornarono a' tempi barbari ritornati. [8] Prendiamo, per esemplo, il regno di Francia, nel quale le tante provincie, ch'ora il compongono, furono sovrane signorie de' principi soggetti al re di quel regno, dove que' principi avevano dovuto avere i loro beni non soggetti a pubblico peso veruno: dipoi, o per successioni o per ribellioni o caduci, s'incorporarono a quel reame, e tutti i beni di que' principi *ex iure optimo* furono sottoposti a' pubblici pesi. Perché le case e i fondi di essi re, de' quali avevano la Camera reale lor propia, o per parentadi o per concessioni essendo passati a' vassalli, oggi si truovano assoggettiti a' dazi e tributi: tanto che ne' regni

7. *ragione*: diritto.
8. *a' tempi barbari ritornati*: il Medioevo. Ma sui feudi cfr. il capit. II del libro V.

di successione tale s'andò a confondere il dominio *ex iure optimo* col dominio privato soggetto a peso pubblico, qual il fisco, ch'era patrimonio del romano principe, si fusse andato a confondere con l'erario.

La qual ricerca del censo e dell'erario è stata la più aspra delle nostre meditazioni sulle cose romane, siccome nell'*Idea dell'opera* l'avvisammo.

4.
DELL'ORIGINE DE' COMIZI ROMANI

Per le quali cose così meditate la *βουλή* e l' *ἀγορά*, che sono le due ragunanze eroiche ch'Omero narra e noi sopra abbiam osservato, dovetter essere tra' romani le ragunanze curiate, le quali si leggono le più antiche sotto gli re, e le ragunanze tribute. [1] Le prime furono dette « curiate » da « *quir* », « asta », il cui obliquo è « *quiris* », che poi restò retto, conforme ne abbiamo ragionato nell'*Origini della lingua latina*, [2] siccome da *χείρ*, « la mano », ch'appo tutte le nazioni significò « potestà », dovette a' greci dapprima venir detta *κυρία*, nello stesso sentimento nel qual è appresso i latini « *curia* »: onde vennero i cureti, ch'erano i sacerdoti armati d'aste, perché tutti i popoli eroici furon di sacerdoti, e i soli eroi avevan il diritto dell'armi; i quali cureti, com'abbiamo sopra veduto, [3] i greci osservarono in Saturnia (o sia antica Italia), in Creta ed in Asia. E *κυρία*, in tal antico significato, dovette intendersi per « signoria »; come « signorie » ora pur si dicono le repubbliche aristocratiche: da' quali senati eroici si disse *κῦρος* l' « autorità »; ma, come sopra abbiam osservato e più appresso n'osserveremo, « auto-

4. - 1. *tra' romani* ecc.: cfr. n. 42 al precedente capit. 1, qui a p. 573.
2. *Origini della lingua latina*: *Scienza nuova prima*, III, 38.
3. *cureti* ecc.: cfr. n. 41 al precedente capit. 1, qui a pag. 573.

rità di dominio »; dalle qual'origini poi restarono κύριος e κυρία per « signore » e « signora ». E, come da χείρ i « cureti » da' greci, così sopra vedemmo da « *quir* » essere stati detti i « quiriti » romani; che fu il titolo della romana maestà, che si dava al popolo in pubblica ragunanza, come si è accennato pur sopra, dove osservammo de' galli e degli antichi germani, combinati con quel de' cureti che dicevano i greci, che tutti i primi popoli barbari tennero le pubbliche ragunanze sotto dell'armi.

Quindi cotal maestoso titolo dovette incominciare da quando il popolo era di soli nobili, i quali soli avevano il diritto dell'armi; e che poi passò al popolo composto ancor di plebei, divenuta Roma repubblica popolare. Perché della plebe, la qual non ebbe dapprima cotal diritto, le ragunanze furon dette « tribute » da *tribus*, « la tribù »; ed appo i romani, siccome nello stato delle famiglie esse « famiglie » furon dette da' « famoli », così in quello poi delle città le tribù intesesi de' plebei, i quali vi si ragunavano per ricevere gli ordini dal regnante senato; tra' quali, perché fu principale e più frequente quello di dover i plebei contribuir all'erario, dalla voce « tribù » venne detto « *tributum* ».

Ma, poi che Fabio Massimo [4] introdusse il censo, che distingueva tutto il popolo romano in tre classi secondo i patrimoni de' cittadini — perché, innanzi, i soli senatori erano stati cavalieri, perché i soli nobili a' tempi eroici avevano il diritto dell'armeggiare, perciò la repubblica romana antica sopra essa storia si legge divisa tra « *patres* » e « *plebem* »; talché tanto aveva innanzi significato « senatore » quanto « patrizio », ed all'incontro tanto « plebeo » quanto « ignobile »: quindi, siccom'erano innanzi state due sole classi del popolo romano antico, così erano state due sole sorte di ragunanze: una, la curiata, di padri

4. *Fabio Massimo*: cfr. n. 3 al precedente capit., qui a pag. 593.

o nobili o senatori; l'altra, tributa, di plebei ovvero d'ignobili; [5] — ma, poi che Fabio ripartì i cittadini, secondo le loro facultà, per tre classi, di senatori, cavalieri e plebei, essi nobili non fecero più ordine nella città, e secondo le loro facultà si allogavano per sì fatte tre classi. Dal qual tempo in poi si vennero a distinguere « patrizio » da « senatore » e da « cavaliere », e « plebeo » da « ignobile »; e « plebeo » non più s'oppose a « patrizio », ma a « cavaliere » e « senatore »; né « plebeo » significò « ignobile », ma « cittadino di picciolo patrimonio », quantunque nobile egli si fusse; ed al contrario « senatore » non più significò « patrizio », ma « cittadino d'amplissimo patrimonio », quantunque si fusse ignobile.

Per tutto ciò indi in poi si dissero « *comitia centuriata* » le ragunanze nelle quali per tutte e tre le classi conveniva tutto il popolo romano, per comandare, tra l'altre pubbliche faccende, le leggi consolari; e ne restarono dette « *comitia tributa* » quelle dove la plebe sola comandava le leggi tribunizie, che furon i plebisciti, innanzi detti in sentimento nel quale Cicerone [6] gli direbbe « *plebi nota* », cioè « leggi pubblicate alla plebe » (una delle quali era stata quella di Giunio Bruto, che narra Pomponio, [7] con cui Bruto pubblicò alla plebe gli re eternalmente discacciati da Roma); siccome nelle monarchie s'arebbon a dire « *populo nota* », con somigliante propietà, le leggi reali. Di che, quanto poco erudito tanto assai acuto, Baldo [8] si maraviglia esserci stata lasciata scritta la voce

5. *tributa* ecc.: sono i *comitia plebis tributa*. Le assemblee della plebe non erano, a rigore, *comitia* ma *concilia*; quando ai *plebiscita* (risoluzioni approvate dal *concilium*) veniva dato valore di leggi applicabili *de facto* all'intera comunità (287 a. C.) il *concilium plebis* era chiamato *comitia*. A imitazione dei *comitia plebis tributa* furono istituiti (la data è incerta) i *comitia populi tributa* nei quali, oltre ai plebei, venivano ammessi anche i patrizi. Non pare quindi che Vico confonda erroneamente i *comitia tributa* con il *concilium plebis* (cfr. Nicolini, *Comm.*, 112, 626).

6. *Cicerone*: *De legibus*, II, 8.

7. *Pomponio*: *Digestum*, I, 2, 2, 3.

8. *Baldo*: *Commentaria in primam*

« *plebiscitum* » con una « s », perché, nel sentimento di « legge ch'aveva comandato la plebe », dovrebbe essere stato scritto con due: « *plebisscitum* », venendo egli da « *sciscor* » e non da « *scio* ».

Finalmente, per la certezza delle divine cerimonie, restaron dette « *comitia curiata* » le ragunanze de' soli capi delle curie, ove si trattava di cose sagre. Perché ne' tempi di essi re si guardavano con aspetto di sagre tutte le cose profane, e gli eroi erano dappertutto cureti ovvero sacerdoti, come sopra si è detto, armati; onde infin agli ultimi tempi romani, essendo rimasta con aspetto di cosa sagra la paterna potestà (le cui ragioni nelle leggi spesso « *sacra patria* » son dette): per tal cagione in tali ragunanze con le leggi curiate si celebravano l'arrogazioni. [9]

5.

COROLLARIO CHE LA DIVINA PROVVEDENZA È L'ORDINATRICE DELLE REPUBBLICHE E NELLO STESSO TEMPO DEL DIRITTO NATURAL DELLE GENTI

Sopra questa generazion di repubbliche, scoverta nell'età degli dei — nella quale i governi erano stati teocratici, cioè governi divini, e poi uscirono ne' primi governi umani, che furon gli eroici (che qui chiamiamo « umani » per distinguergli da' divini), dentro a' quali, come gran corrente di real fiume ritiene per lungo tratto in mare e l'impressione del corso e la dolcezza dell'acque, scorse l'età degli dei, perché dovette durar ancora quella maniera religiosa di pensare che gli dei facessero tutto ciò che facevan essi uomini (onde de' padri regnanti nello stato delle famiglie ne fecero Giove; de' medesimi, chiusi in

Digesti veteris partem, ed. di Venezia, 1572, ad *Digestum*, I, 2, 2, 8.

9. *arrogazioni*: è l'adozione come figlio di un cittadino non soggetto alla patria potestà; avveniva in forma solenne nei *comitia centuriata*.

ordine nel nascere delle prime città, ne fecero Minerva; de' lor ambasciadori mandati a' sollevati clienti ne fecero Mercurio; e, come poco appresso vedremo, degli eroi corsali ne fecero finalmente Nettunno), — è da sommamente ammirare la provvedenza divina. La qual, intendendo gli uomini tutt'altro fare,[1] ella portògli in prima a temer la divinità (la cui religione è la prima fondamental base delle repubbliche); — indi dalla religione furon fermi nelle prime terre vacue, ch'essi primi di tutt'altri occuparono (la qual occupazione è 'l fonte di tutti i domini); e, gli più robusti giganti avendole occupate nell'alture de' monti, dove sorgono le fontane perenni, dispose che si ritruovassero in luoghi sani e forti di sito e con copia d'acqua, per poter ivi star fermi né più divagare: che sono le tre qualità che devon avere le terre per poi surgervi le città; — appresso, con la religione medesima, gli dispose ad unirsi con certe donne in perpetua compagnia di lor vita: che son i matrimoni, riconosciuti fonte di tutte le potestà; — dipoi, con queste donne si ritruovarono aver fondato le famiglie, che sono il seminario delle repubbliche; — finalmente, con l'aprirsi degli asili, si ritruovarono aver fondato le clientele, onde fussero appa-

5. - 1. *è da sommamente ammirare* ecc.: il processo della storia umana, per Vico, non è retto né dal caso (come volevano gli stoici, Hobbes e Machiavelli) né dal fato (come, sempre secondo Vico, volevano gli Epicurei e Spinoza), ma è governato da un principio provvidenziale divino. Come gli uomini primitivi, rozzi, tutti senso e passioni, han potuto dar origine alla società e alla civiltà? Al di là dei particolari fini che si propone l'azione umana, agiscono nella storia una più alta finalità, una direzione ideale, una norma. Quei fini particolari e quelle originarie intenzioni umane vengono così trasformate: dalla bestiale libidine nascono le famiglie; dall'autorità dei padri le città, dall'abuso della libertà signorile la libertà popolare; dall'eccesso della libertà popolare le monarchie e così via. Gli impulsi apparentemente più rovinosi, vengono rivolti dalla provvidenza ai fini della conservazione e della giustizia della società umana. La *Scienza nuova* si pone come *una teologia civile e ragionata della provvidenza divina*, come un'indagine razionale che ha per oggetto la presenza normativa dell'ordine provvidenziale alla storia. Ma si veda, su questo argomento, la *Conchiusione dell'opera.*

recchiate le materie tali, che poi, per la prima legge agraria, nascessero le città sopra due comuni d'uomini che le componessero: uno di nobili che vi comandassero, altri di plebei ch'ubbidissero (che Telemaco, in una diceria appo Omero,[2] chiama « altro popolo », cioè popolo soggetto, diverso dal popolo regnante, il qual si componeva d'eroi); ond'esce la materia della scienza politica, ch'altro non è che scienza di comandare e d'ubbidire nelle città. E, nel loro medesimo nascimento, fa nascere le repubbliche di forma aristocratica, in conformità della selvaggia e ritirata natura di tai primi uomini; la qual forma tutta consiste, come pur i politici l'avvertiscono, in custodire i confini e gli ordini, acciocché le genti di fresco venute all'umanità, anco per la forma de' lor governi, seguitassero lungo tempo a stare dentro di esso lor chiuse, per disavvezzarle dalla nefaria infame comunione dello stato bestiale e ferino. E, perché gli uomini erano di menti particolarissime, che non potevano intendere ben comune, per lo che eran avvezzi a non impacciarsi nemmeno delle cose particolari d'altrui, siccome Omero[3] il fa dire da Polifemo ad Ulisse (nel qual gigante Platone riconosce i padri di famiglia nello stato che chiamano « di natura », il quale fu innanzi a quello delle città), la provvedenza, con la stessa forma di tai governi, gli menò ad unirsi alle loro patrie, per conservarsi tanto grandi privati interessi quanto erano le loro monarchie famigliari (ch'era ciò ch'essi assolutamente intendevano); e sì, fuori d'ogni loro proposito, convennero in un bene universale civile, che si chiama « repubblica ».

Or qui, per quelle pruove divine ch'avvisammo sopra nel *Metodo*, si rifletta, col meditarvi sopra, alla semplicità e naturalezza con che la provvedenza ordinò queste cose

2. *Omero*: *Odissea*, II, 6 segg.; 267 segg.

3. *Omero*: *Odissea*, IX, 112. Cfr. la *degnità* XCVIII.

degli uomini, che, per falsi sensi, gli uomini dicevano con verità che tutte facessero i dei; — e vi si combini sopra l'immenso numero degli effetti civili, che tutti richiamerannosi a queste quattro loro cagioni, che, come per tutta quest'opera si osserverà, sono quasi quattro elementi di quest'universo civile: cioè religioni, matrimoni, asili e la prima legge agraria che sopra si è ragionata; — e poi, tra tutti i possibili umani, si vada in ricerca se tante, sì varie e diverse cose abbian in altra guisa potuto aver incominciamenti più semplici e più naturali tra quelli stessi uomini ch'Epicuro dice usciti dal caso e Zenone scoppiati dalla necessità, che né 'l caso gli divertì né 'l fato gli strascinò fuori di quest'ordine naturale: ché, nel punto nel qual esse repubbliche dovevano nascere, già si erano innanzi apparecchiate ed erano tutte preste le materie a ricever la forma, e n'uscì il formato delle repubbliche, composto di mente e di corpo. Le materie apparecchiate furono propie religioni, propie lingue, propie terre, propie nozze, propi nomi (ovvero genti o sieno case), propie armi, e quindi propi imperi, propi maestrati e per ultimo propie leggi; e, perché propi, perciò dello 'n tutto liberi, e, perché dello 'n tutto liberi, perciò costitutivi di vere repubbliche. E tutto ciò provenne perché tutte l'anzidette ragioni erano state innanzi propie de' padri di famiglia, nello stato di natura monarchi; i quali, in questo punto, unendosi in ordine, andaron a generare la civil potestà sovrana, siccome, nello stato di natura, essi padri avevan avuto le potestà famigliari, innanzi non ad altri soggette che a Dio. Questa sovrana civil persona si formò di mente e di corpo. La mente fu un ordine di sappienti, quali in quella somma rozzezza e semplicità esser per natura potevano, e ne restò eterna propietà che senza un ordine di sappienti gli Stati sembrano repubbliche in vista, ma sono corpi morti senz'anima: dall'altra parte il corpo, formato col capo ed altre minori membra. Onde alle repubbliche restonne quest'altra eterna propietà: ch'altri vi debban esercitare la mente negl'impieghi della sapienza civile, altri il corpo ne' mestieri e nell'arti che deon servire così alla pace come alla guerra; con questa terza eterna propietà: che la mente sempre vi comandi e che 'l corpo v'abbia perpetuamente a servire.

Ma ciò che dee recare più maraviglia è che la provvedenza come, trallo far nascere le famiglie (le quali tutte erano nate con qualche cognizione d'una divinità, benché, per lor ignoranza e disordine, non conoscesse la vera ciascuna, con aver ciascuna propie religioni, lingue, terre, nozze, nomi, armi, governi e leggi), aveva fatto nello stesso tempo nascere il diritto naturale delle genti maggiori, con tutte l'anzidette propietà, da usar poi i padri di famiglia sopra i clienti; così, trallo far nascere le repubbliche, per mezzo di essa forma aristocratica con la qual nacquero, ella il diritto naturale delle genti maggiori (o sieno famiglie), che si era innanzi nello stato di natura osservato, fece passare in quello delle genti minori (o sia de' popoli), da osservarsi nel tempo delle città. Perché i padri di famiglia, de' quali tutte l'anzidette ragioni erano propie loro sopra i clienti, in tal punto, col chiudersi quelli in ordine naturale contro di questi, vennero essi a chiudere tutte l'anzidette propietà dentro i lor ordini civili contro le plebi; nello che consistette la forma aristocratica severissima delle repubbliche eroiche.

In cotal guisa il diritto naturale delle genti, ch'ora tra i popoli e le nazioni vien celebrato, sul nascere delle repubbliche nacque propio delle civili sovrane potestà. Talché popolo o nazione, che non ha dentro una potestà sovrana civile fornita di tutte l'anzidette propietà, egli propiamente popolo o nazione non è, né può esercitar fuori contr'altri popoli o nazioni il diritto natural delle genti; ma, come la ragione, così l'esercizio ne avrà altro popolo o nazione superiore.

Le quali cose qui ragionate, poste insieme con quello che si è sopra avvertito, che gli eroi delle prime città s'appellarono « dei », danno la spiegata significazione di quel motto, con cui « *iura a diis posita* » sono state dette le ordinazioni del diritto natural delle genti.[4] Ma, succeduto poi il diritto naturale delle genti umane ch'Ulpiano più volte sopra ci ha detto,[5] sopra il quale i filosofi e i morali teologi s'alzarono ad intendere il diritto naturale della ragion eterna tutta spiegata, tal motto passò acconciamente a significare il diritto naturale delle genti ordinato dal vero Dio.

6.

SIEGUE LA POLITICA DEGLI EROI

Ma tutti gli storici danno il principio al secolo eroico coi corseggi di Minosse e con la spedizione navale che fece Giasone in Ponto, il prosieguimento con la guerra troiana, il fine con gli error degli eroi, che vanno a terminare nel ritorno d'Ulisse in Itaca.[1] Laonde in tali tempi dovette nascere l'ultima delle maggiori divinità, la qual fu Nettunno, per questa autorità degli storici, la qual noi avvaloriamo con una ragion filosofica, assistita da più luoghi d'oro d'Omero. La ragion filosofica è che l'arti navale e nautica sono gli ultimi ritruovati delle nazioni, perché vi bisognò fior d'ingegno per ritruovarle; tanto che Dedalo, che funne il ritruovatore, restò a significar

4. *iura* ecc.: ai diritti « naturali » come « stabiliti dagli dèi » faceva riferimento il giusnaturalismo. *Dei* erano stati chiamati gli *eroi delle prime città*: ciò spiega, secondo Vico, l'origine dell'espressione.

5. *Ulpiano* ecc.: citazione errata del *Digestum*, I, 1, 1.

6. - 1. *gli storici* ecc.: Vico fa riferimento, spesso in modo arbitrario, a Erodoto, III, 122; Tucidide, I, 4; Diodoro Siculo, V, 78, 3.

esso ingegno, e da Lucrezio ne fu detta « *dædala tellus* » per « ingegnosa ». I luoghi d'Omero sono nell'*Odissea*,[2] ch'ovunque Ulisse o approda o è da tempesta portato, monta alcun poggio per veder entro terra fummo, che gli significhi ivi abitare degli uomini. Questi luoghi d'Omero sono avvalorati da quel luògo d'oro di Platone, ch'udimmo riferirsici da Strabone sopra nelle *Degnità*,[3] del lungo orrore ch'ebbero del mare le prime nazioni; e la ragione fu avvertita da Tucidide:[4] che per lo timor de' corseggi le nazioni greche tardi scesero ad abitare sulle marine. Perciò Nettunno ci si narra aver armato il tridente col quale faceva tremar la terra, che dovett'esser un grande uncino da afferrar navi, detto con bella metafora « dente », e col superlativo del « tre », com'abbiam sopra detto, col quale faceva tremare le terre degli uomini col terrore de' suoi corseggi: che poi, già a' tempi d'Omero, fu creduto far tremare le terre della natura, nella qual oppenione Omero fu seguìto poi da Platone col suo abisso dell'acque, che pose nelle viscere della terra,[5] ma con quanto accorgimento, appresso sarà dimostro.

Questi deon essere stati il toro con cui Giove rapisce Europa, il minotauro o toro di Minosse,[6] con cui rapisce garzoni e fanciulle dalle marine dell'Attica (come restarono le vele dette « corna delle navi », ch'usò poi Virgilio);[7] e i terrazzani spiegavano con tutta verità divorarglisi il minotauro, che vedevano con ispavento e dolore la nave ingoiarglisi. Così l'Orca vuol divorare Andromeda incatenata alla rupe, per lo spavento divenuta di sasso (come restò a' latini « *terrore defixus* », « dive-

2. *Omero* ecc.: *Odissea*, X, 145 segg.
3. *Degnità*: la XCVIII.
4. *Tucidide*: I, 8.
5. *a' tempi d'Omero* ecc.: *Iliade*, VIII, 440; IX, 362; XX, 56-65; *Odissea*, V, 423. Il riferimento a Platone è errato; cfr. *Crizia*, 112 a-d.
6. *Questi... Minosse*: il toro di Giove e quello di Minosse sono simboli dei corseggi e delle navi corsare.
7. *Virgilio*: *Aen.*, III, 549; V, 831.

nuto immobile per lo spavento »); e 'l cavallo alato, con cui Perseo la libera, dev'essere stata altra nave da corso, siccome le vele restaron dette « ali delle navi ». E Virgilio,[8] con iscienza di quest'eroiche antichità, parlando di Dedalo, che fu il ritruovator della nave, dice che vola con la macchina che chiama « *alarum remigium* »; e Dedalo pur ci fu narrato esser fratello di Teseo. Talché Teseo dee esser carattere di garzoni ateniesi, che, per la legge della forza fatta lor da Minosse, sono divorati dal di lui toro o nave da corso; al qual Arianna (l'arte marinaresca) insegna col filo (della navigazione) uscire dal labirinto di Dedalo (che, prima di questi, che sono ricercate delizie delle ville reali, dovett'esser il mar Egeo, per lo gran numero dell'isole che bagna e circonda), e, appresa l'arte (da' cretesi), abbandona Arianna e si torna con Fedra, di lei sorella (cioè con un'arte somigliante), e sì uccide il minotauro e libera Atene della taglia crudele che l'aveva imposto Minosse (col darsi a far essi ateniesi i corsali). E così, qual Fedra sorella fu d'Arianna, tale Teseo fu fratello di Dedalo.

Con l'occasione di queste cose, Plutarco nel *Teseo*[9] dice che gli eroi si recavano a grande onore e si riputavano in pregio d'armi con l'esser chiamati « ladroni », siccome, a' tempi barbari ritornati, quello di « corsale » era titolo riputato da signoria. D'intorno a' quali tempi, venuto Solone, si dice aver permesso nelle sue leggi le società per cagioni di prede: tanto Solone ben intese questa nostra compiuta umanità, nella quale costoro non godono del diritto natural delle genti! Ma quel che fa più maraviglia è che Platone ed Aristotile[10] posero il ladroneccio fralle spezie della caccia; e con tali e tanti

8. *Virgilio*: *Aen.*, IV, 18-19.

9. *Plutarco* ecc.: cfr. invece la *Vita di Pompeo*, 24, 2.

10. *Platone ed Aristotile*: l'uno nel *Sofista*, 222 c; l'altro nella *Politica*, I, 3 (8), 1256 a 30-b 10.

filosofi d'una gente umanissima convengono, con la loro barbarie, i germani antichi, appo i quali, al riferire di Cesare,[11] i ladronecci non solo non eran infami, ma si tenevano tra gli esercizi della virtù, siccome tra quelli che, per costume non applicando ad arte alcuna, così fuggivano l'ozio. Cotal barbaro costume durò tant'oltre appo luminosissime nazioni, ch'al narrar di Polibio[12] si diede la pace da' romani a' cartaginesi, tra l'altre leggi, con questa: che non potessero passare il capo di Peloro in Sicilia per cagion di prede o di traffichi. Ma egli è meno de' cartaginesi e romani, i quali essi medesimi si professavano d'esser barbari in tali tempi, come si può osservare appresso Plauto,[13] in più luoghi, ove dice aver esso volte le greche commedie in « lingua barbara », per dir « latina ». Quello è più: che dagli umanissimi greci, ne' tempi della loro più colta umanità, si celebrava cotal costume barbaro, onde sono tratti quasi tutti gli argomenti delle loro commedie; dal qual costume questa costa d'Affrica a noi opposta, perché tuttavia l'esercita contro de' cristiani, forse dicesi Barbaria.

Principio di cotal antichissimo diritto di guerra fu l'inospitalità de' popoli eroici che sopra abbiam ragionato, i quali guardarono gli stranieri con l'aspetto di perpetui nimici e riponevano la riputazione de' lor imperi in tenergli quanto si potesse lontani da' lor confini (come il narra Tacito[14] degli svevi, la nazione più riputata dell'antica Germania); e sì guardavano gli stranieri come ladroni, quali abbiamo ragionato poc'anzi. Di che vi ha un luogo d'oro appresso Tucidide:[15] che, fin al suo tempo, ove s'incontrassero viandanti per terra o passaggieri per mare, si domandava scambievolmente tra loro se fusser

11. *Cesare*: *De bello gallico*, VI, 23.
12. *Polibio*: III, 24, 4.
13. *Plauto*: *Asinaria*, prologo.
14. *narra Tacito*: invece Cesare, *De bello gallico*, IV, 3.
15. *Tucidide*: I, 6.

essi ladroni, in significazion di « stranieri ». Ma, troppo avacciandosi la Grecia all'umanità, prestamente si spogliò di tal costume barbaro, e chiamarono « barbare » tutte l'altre nazioni che 'l conservavano; nel qual significato restò ad essi detta Βαρβαρία la Troglodizia, che doveva uccidere tal sorta d'ospiti ch'entravano ne' suoi confini, siccome ancor oggi vi sono nazioni barbare che 'l costumano. Certamente le nazioni umane non ammettono stranieri senza che n'abbiano da esse riportato licenza.

Tra queste per tal costume da' greci dette « barbare nazioni », una fu la romana per due luoghi d'oro della legge delle XII Tavole. Uno: « *Adversus hostem æterna auctoritas esto* »; l'altro è rapportato da Cicerone: [16] « *Si status dies sit, cum hoste venito* ». E qui prendono la voce « *hostis* », indovinando con termini generali, come per metafora così detto l'« avversario che litiga »; ma sullo stesso luogo Cicerone riflette, troppo al nostro proposito, che « *hostis* », appresso gli antichi si disse quello che fu detto poi « *peregrinus* ». I quali due luoghi, composti insieme, danno ad intendere ch'i romani da principio tennero gli stranieri per eterni nimici di guerra. Ma i detti due luoghi si deon intendere di quelli che furono i primi « *hostes* » del mondo, che, come sopra si è detto, furono gli stranieri ricevuti agli asili, i quali poi vennero in qualità di plebei nel formarsi dell'eroiche città, come si sono dimostrati più sopra. Talché il luogo appresso Cicerone significa che, nel giorno stabilito, « venga il nobile col plebeo a vendicargli il podere », come anco si è sopra detto. Perciò l'« eterna autorità », che si dice dalla medesima legge, dev'essere stata contro i plebei, contro i quali ci disse Aristotile nelle *Degnità* [17] che gli eroi giuravano esser eterni nimici; per lo quale diritto eroico i plebei,

16. *rapportato da Cicerone*: *De officiis*, I. 13: « Il giorno stabilito, venga con l'avversario ».

17. *Degnità*: la LXXXVI.

con quantunque corso di tempo, non potevan usucapere niuno fondo romano, perché tai fondi erano nel commerzio de' soli nobili; ch'è buona parte della ragione perché la legge delle XII Tavole non riconobbe nude possessioni: onde poi, incominciando a disusarsi il diritto eroico e invigorendo l'umano, i pretori assistevan essi alle nude possessioni fuori d'ordine, perché né apertamente né per alcuna interpetrazione aveano da essa legge alcun motivo di costituirne giudizi ordinari né diretti né utili; e tutto ciò, perché la medesima legge teneva le nude possessioni de' plebei esser tutte precarie de' nobili. Altronde non s'impacciava delle furtive o violente de' nobili medesimi, per quell'altra propietà delle prime repubbliche (che lo stesso Aristotile nelle *Degnità* [18] pur ci disse), che non avevano leggi d'intorno a' privati torti ed offese, delle quali essi privati la si dovevano vedere con la forza dell'armi, com'appieno dimostreremo nel libro quarto; dalla qual vera forza restò poi per solennità nelle revindicazioni quella forza finta ch'Aulo Gellio [19] dice « di paglia ». Si conferma tutto ciò con l'interdetto *Unde vi*, che si dava dal pretore, e fuori d'ordine, perché la legge delle XII Tavole non aveva inteso nulla, nonché parlato, delle violenze private; e con l'azioni *De vi bonorum raptorum* e *Quod metus caussa*, le quali vennero tardi e furon anco pretorie.

Ora cotal costume eroico d'avere gli stranieri per eterni nimici, osservato privatamente da ciascun popolo in pace, portatosi fuori, si riconobbe comune a tutte le genti eroiche di esercitare tra loro le guerre eterne con continove rube e corseggi. Così, dalle città, che Platon dice [20] nate sulla pianta dell'armi, come sopra abbiam veduto, e incominciate a governarsi a modo di guerra innanzi di venir

18. *Degnità*: la LXXXV.
19. *Gellio*: *Noctes Atticæ*, XX, 10.
20. *Platon dice*: nel già citato luogo delle *Leggi*, I, 2, 626 a.

esse guerre, le quali si fanno dalle città, provenne che da πόλις, « città », fusse πόλεμος essa guerra appellata.

Ove, in pruova del detto, è da farsi questa importante osservazione: che i romani stesero le conquiste e spiegarono le vittorie, che riportaron del mondo, sopra quattro leggi, ch'avevano co' plebei praticate dentro di Roma. Perché con le provincie feroci praticarono le clientele di Romolo, con mandarvi le colonie romane, ch'i padroni de' campi cangiavano in giornalieri; con le provincie mansuete praticarono la legge agraria di Servio Tullio, col permetter loro il dominio bonitario de' campi; con l'Italia praticarono l'agraria della legge delle XII Tavole, col permetterle il dominio quiritario, che godevano i fondi detti « *soli italici* »; co' municìpi o città benemerite praticarono le leggi del connubio e del consolato comunicato alla plebe.

Tal nimicizia eterna tralle prime città non richiedeva che fussero le guerre intimate, e sì tali ladronecci si riputarono giusti; come, per lo contrario, disavvezzate poi di barbaro costume sì fatto le nazioni, avvenne che le guerre non intimate son ladronecci, non conosciuti ora dal diritto natural delle genti che da Ulpiano son dette « umane ». Questa stessa eterna inimicizia de' primi popoli dee spiegarci che 'l lungo tempo ch'i romani avevano guerreggiato con gli albani fu egli tutto il tempo innanzi, ch'entrambi avevano esercitato gli uni contro degli altri a vicenda i ladronecci che qui diciamo: ond'è più ragionevole che Orazio uccida la sorella perché piagne il suo Curiazio che l'aveva rapita, che essergli stata sposata; quando esso Romolo non poté aver moglie da essi albani, nulla giovandogli l'essere uno de' reali di Alba, né 'l gran beneficio che, discacciatone il tiranno Amulio, aveva loro renduto il legittimo re Numitore. È molto da avvertirsi che si patteggia la legge della vittoria sulla fortuna dell'abbattimento di essi, che principalmente erano interessati; qual, dell'albana, fu quello degli tre Orazi e degli tre Curiazi, e, della troiana, quello di Paride e Menelao, ch'essendo rimasto indiciso, i greci e troiani poi seguitarono a terminarla: siccome, a' tempi barbari ultimi, similmente essi prìncipi con gli abbattimenti delle loro persone terminavano le loro controversie de' regni, alla fortuna de' quali si assoggettivano i popoli. Ed ecco che Alba fu la Troia latina, e l'Elena romana fu Orazia (di che vi ha un'istoria affatto la stessa tra' greci, ch'è rapportata da Gherardo Giovanni Vossio nella *Rettorica*),[21] e i diece anni dell'assedio di Troia a' greci devon essere i diece anni dell'assedio di Vei a' latini, cioè un numero finito per un infinito di tutto il tempo innanzi, che le città avevano esercitato l'ostilità eterne tra loro.

Perché la ragione de' numeri, perciocch'è astrattissima, fu l'ultima ad intendersi dalle nazioni (come in questi libri se ne ragiona ad altro proposito):[22] di che, spiegandosi più la ragione, restò a' latini «*sexcenta*» (e così appresso gl'italiani prima si disse «cento» e poi «cento e mille») per dir un numero innumerabile, perché l'idea d'infinito può cader in mente sol de' filosofi. Quindi è forse che, per dire un gran numero, le prime genti dissero «dodeci»: come dodeci gli dei delle genti maggiori, che Varrone e i greci numerarono trentamila; anco dodeci le fatighe d'Ercole, che dovetter essere innumerabili; e i latini dissero dodeci le parti dell'asse, che si può in infinite parti dividere; della qual sorta dovetter essere state dette le XII Tavole, per l'infinito numero delle leggi che furono in tavole, di tempo in tempo, appresso intagliate.

21. *Vossio* ecc.: Voss, *Rhetorica*, I, 6, 8.

22. *de' numeri* ecc.: alla comprensione dei numeri, « cose astratte e purissime », come più avanti dirà Vico, l'umanità giunge assai tardi, giacché nell'età della fantasia e del mito le menti, tutte immerse nei sensi e nella corporeità delle immagini, erano incapaci di astrazioni.

Però ne' tempi della guerra troiana bisogna che, in quella parte di Grecia dove fu fatta, i greci si dicessero « achivi » (ch'innanzi si erano detti « pelasgi », da Pelasgo, uno degli più antichi eroi della Grecia, del quale sopra si è ragionato), e che poi tal nome d' « achivi » si fusse andato per tutta Grecia spandendo (che durò fin a' tempi di Lucio Mummio, all'osservare di Plinio),[23] come indi per tutto il tempo appresso restarono detti « elleni ». E sì la propagazione del nome « achivi » vi fece truovare a' tempi di Omero in quella guerra essersi alleata tutta la Grecia: appunto come il nome di « Germania », al riferire di Tacito,[24] egli ultimamente si sparse per tutta quella gran parte di Europa, la quale così rimase appellata dal nome di coloro che, passato il Reno, indi cacciarono i galli e s'incominciarono a dir « germani »; e così la gloria di tai popoli diffuse tal nome per la Germania, come il romore della guerra troiana sparse il nome d' « achivi » per tutta Grecia. Perché tanto i popoli nella loro prima barbarie intesero leghe, che nemmeno i popoli d'essi re offesi si curavano prender l'armi per vendicargli, come si è osservato del principio della guerra troiana.

Dalla qual natura di cose umane civili, e non altronde, si può solvere questo maraviglioso problema: come la Spagna, che fu madre di tante che Cicerone[25] acclama fortissime e bellicosissime nazioni (e Cesare le sperimentò, che 'n tutte l'altre parti del mondo, che tutto vinse, esso combatté per l'imperio: solamente in Ispagna combatté per la sua salvezza); come, diciamo, al fragor di Sagunto (il quale per otto mesi continui fece sudar Annibale, con tutte le fresche intiere forze dell'Affrica, con le quali poi — di quanto scemate e stanche! — poco mancò che, dopo

23. *Plinio*: *Naturalis historia*, XXV, 8, 4, ma la citazione è inesatta.

24. *Tacito*: *Germania*, 2.

25. *Cicerone*: *Philippicæ*, IV, 5.

la rotta di Canne, non trionfasse di Roma sopra il di lei medesimo Campidoglio) ed allo strepito di Numanzia (la qual fece tremare la romana gloria, ch'aveva già di Cartagine trionfato, e pose la mente a partito alla stessa virtù e sapienza di Scipione, trionfatore dell'Affrica); come non unì tutti i suoi popoli in lega per istabilire sulle rive del Tago l'imperio dell'universo, e diede luogo all'infelice elogio che le fa Lucio Floro: [26] che s'accorse delle sue forze dopo esser stata tutta per parti vinta? (E Tacito nella *Vita d'Agricola*, [27] avvertendo lo stesso costume negl'inghilesi, a' tempi di quello ferocissimi ritruovati, riflette con quest'altra ben intesa espressione: « *dum singuli pugnant, universi vincuntur* »). Perché, non tocchi, se ne stavano come fiere dentro le tane de' lor confini, seguitando a celebrare la vita selvaggia e solitaria de' polifemi, la qual sopra si è dimostrata.

Però gli storici, tutti desti dal rumore della bellica eroica navale e da quello tutti storditi, non avvertirono alla bellica eroica terrestre, molto meno alla politica eroica, con la qual i greci in tali tempi si dovevano governare. Ma Tucidide, acutissimo e sappientissimo scrittore, ce ne lasciò un grande avviso ove narra che le città eroiche furono tutte smurate, [28] come restò Sparta in Grecia e Numanzia, che fu la Sparta di Spagna; e, posta la lor orgogliosa e violenta natura, gli eroi tuttodì si cacciavano di sedia l'un l'altro, come Amulio cacciò Numitore, e Romolo cacciò Amulio e rimise Numitore nel regno d'Alba. Tanto le discendenze delle case reali eroiche di Grecia ed una continuata di quattordici re latini assicurano a' cronologi la lor ragione de' tempi! Perché nella barbarie ricorsa, quando ella fu più cruda in Europa, non si legge

26. *Floro*: II, 17.
27. *Tacito* ecc.: *Agricola*, 12. L'espressione cui si riferisce più avanti Vico: « mentre i singoli combattono, l'insieme dei cittadini è sconfitto ».
28. *smurate*: sprovviste di mura.

cosa più incostante e più varia che la fortuna de' regni, come si avvertì sopra nelle *Annotazioni alla Tavola cronologica.* [29] E invero Tacito, avvedutissimo, lo ci avvisò in quel primo motto degli *Annali*: « *Urbem Romam principio reges habuere* », [30] usando il verbo che significa la più debole spezie delle tre che della possessione fanno i giureconsulti, che sono « *habere* », « *tenere* », « *possidere* »

Le cose civili celebrate sotto sì fatti regni ci sono narrate dalla storia poetica con le tante favole le quali contengono contesa di canto (presa la voce « canto » di quel « *canere* » o « *cantare* » che significa « predire »), e 'n conseguenza, contese eroiche d'intorno agli auspìci.

Così Marsia satiro (il quale, « *secum ipse discors* », è 'l mostro che dice Livio), [31] vinto da Apollo in una contesa di canto, egli vivo è dallo dio scorticato (si veda fierezza di pene eroiche!); Lino, che dee essere carattere de' plebei (perché certamente l'altro Lino fu egli poeta eroe, ch'è noverato con Anfione, Orfeo, Museo ed altri), in una simil contesa di canto, è da Apollo ucciso. [32] Ed in entrambe tali favole le contese sono con Apollo, dio della divinità o sia della scienza della divinazione, ovvero scienza d'auspìci; e noi il truovammo sopra esser anco dio della nobiltà, perché la scienza degli auspìci, come a tante pruove si è dimostrato, era de' soli nobili.

Le sirene, ch'addormentano i passeggieri col canto e dipoi gli scannano; la Sfinge, che propone a' viandanti gli enimmi, che non sappiendo quelli sciogliere, uccide; Circe, che con gl'incantesimi cangia in porci i compagni

29. *Annotazioni* ecc.: XIX.
30. *Tacito* ecc.: *Annales,* I, 1, « i re ebbero, in origine, la città di Roma ».
31. *Livio*: IV, 2.
32. *Lino* ecc.: cfr. n. 4 all'ultimo capitolo della *Iconomica poetica,* qui a pag. 561. Oltre al Lino figlio di Amfimaro e di Urania ucciso da Apollo per essersi vantato di saper suonare come il dio (sul quale cfr. Pausania, IX, 29, 6), Vico fa qui riferimento all'altra rappresentazione di Lino, aedo, ucciso da Ercole (sul quale cfr. Apollodoro, II, 63).

d'Ulisse (talché « *cantare* » fu poi preso per « fare delle stregonerie », com'è quello:

...cantando rumpitur anguis: [33]

onde la magia, che 'n Persia dovett'essere dapprima sapienza in divinità d'auspìci, restò a significare l'arte degli stregoni, ed esse stregonerie restaron dette « incantesimi »): sì fatti passeggieri, viandanti, vagabondi sono gli stranieri delle città eroiche ch'abbiam sopra detto, i plebei che contendono con gli eroi per riportarne comunicati gli auspìci, e sono in tali mosse vinti e ne sono crudelmente puniti.

Della stessa fatta, Pane satiro vuol afferrare Siringa, [34] ninfa, com'abbiam sopra detto, valorosa nel canto, e si truova aver abbracciato le canne; e, come Pane di Siringa, così Issione, innamorato di Giunone, dea delle nozze solenni, invece di lei abbraccia una nube. Talché significano le canne la leggerezza, la nube la vanità de' matrimoni naturali; onde da tal nube si dissero nati i centauri, cioè a dire i plebei, i quali sono i mostri di discordanti nature che dice Livio, [35] i quali a' lafiti, mentre celebrano tra loro le nozze, rapiscono loro le spose. Così Mida (il quale qui sopra abbiam truovato plebeo) porta nascoste l'orecchie d'asino, e le canne ch'afferra Pane (cioè i matrimoni naturali) le scuoprono: appunto come i patrizi romani appruovano a' lor plebei ciascun di loro esser mostro, perché essi « *agitabant connubia more ferarum* ». [36]

Vulcano (che pur dee essere qui plebeo) si vuol frapporre in una contesa tra Giove e Giunone, e con un calcio

33. *cantando* ecc.: Virgilio, *Bucolica* VIII, 71, « per incantamento il serpente scoppia ».
34. *Siringa*: è la ninfa amata dal dio Pan (*Pane satiro*).
35. *Livio*: IV, 2.
36. *agitabant* ecc.: Orazio, *Satire*, I, 3, 108-110.

da Giove è precipitato dal cielo e restonne zoppo. Questa dev'esser una contesa ch'avesser fatto i plebei per riportarne dagli eroi comunicati gli auspìci di Giove e i connubi di Giunone, nella qual vinti, ne restarono zoppi, in senso d' « umiliati ».

Così Fetonte, della famiglia d'Apollo, e quindi creduto figliuol del Sole, vuol reggere il carro d'oro del padre (il carro dell'oro poetico, del frumento), e divertisce oltre le solite vie (che menavano al granaio del padre di sua famiglia: fa la pretensione del dominio de' campi), ed è precipitato dal cielo.

Ma sopra tutto cade dal cielo il pomo della Discordia (cioè il pomo ch'abbiamo sopra dimostro significare il dominio de' terreni, perché la prima discordia nacque per la cagione de' campi che volevano per sé coltivar i plebei), e Venere (che dev'essere qui plebea) contende con Giunone (de' connubi) e con Minerva (degl'imperi). Perché, d'intorno al giudizio di Paride, per buona fortuna, Plutarco nel suo *Omero* avvertisce che que' due versi verso il fin dell'*Iliade*, [37] che ne fan motto, non son d'Omero, ma di mano che venne appresso.

Atalanta, col gittare le poma d'oro, vince i proci nel corso, appunto com'Ercole lutta con Anteo e, innalzandolo in cielo, il vince, come si è sopra spiegato. Atalanta rillascia a' plebei prima il dominio bonitario, dappoi il quiritario de' campi, e si riserva i connubi: appunto come i patrizi romani, con la prima agraria di Servio Tullio e con la seconda della legge delle XII Tavole, serbaron ancor i connubi dentro il lor ordine, in quel capo: « *Connubia incommunicata plebi sunto* », ch'era primaria conseguenza di quell'altro: « *Auspicia incommunicata plebi sunto* »; [38] onde, di là a tre anni, la plebe ne incominciò

37. *Plutarco* ecc: pseudo-Plutarco, *De vita et poësi Homeri*, I, 5; i due versi sono in *Iliade*, XXIV, 28-29.

38. *Connubia* ecc.: « i matrimoni (e

a far la pretensione e, dopo tre anni di contesa eroica, gli riportò.

I proci di Penelope invadono la reggia d'Ulisse (per dire il regno degli eroi) e se n'appellano re, se ne divorano le regie sostanze (s'hanno appropiato il dominio de' campi), pretendono Penelope in moglie (fanno la pretension de' connubi). In altre parti Penelope si mantien casta e Ulisse appicca i proci, come tordi, alla rete,[39] di quella spezie con la quale Vulcano eroico trasse Vener e Marte plebei (gli annoda a coltivar i campi da giornalieri d'Achille, come Coriolano i plebei romani, non contenti dell'agraria di Servio Tullio, voleva ridurre a' giornalieri di Romolo, come sopra si è detto). Quivi ancor Ulisse combatté con Iro, povero, e l'ammazzò[40] (che dev'essere stata contesa agraria, nella qual i plebei si divoravano le sostanze d'Ulisse). In altre parti Penelope si prostituisce a' proci (communica i connubi alla plebe), e ne nasce Pane, mostro di due discordanti nature, umana e bestiale: ch'è appunto il « *secum ipse discors* » appresso Livio,[41] qual dicevano i patrizi romani a' plebei che nascerebbe chiunque fusse provenuto da essi plebei, comunicati lor i connubi de' nobili, simigliante a Pane, mostro di due discordanti nature, che partorì Penelope prostituita a' plebei.

Da Pasife, la qual si giace col toro, nasce il minotauro, mostro di due nature diverse. Che dev'esser un'istoria

gli auspìci) non siano comunicati alla plebe ».

39. *Ulisse* ecc.: cfr. *Odissea*, XII, dei proci, colpiti con frecce da Ulisse, il solo Melanzio venne « appiccato », per ordine di Ulisse, a una trave.

40. *Ulisse* ecc.: cfr. *Odissea*, XVIII, 1-107; 239-42, ove non è detto che Ulisse uccide Iro, ma che, dopo averlo colpito, lo appoggia tramortito alla parete.

41. *ne nasce Pane* ecc.: l'immagine di Pan frutto del commercio di Penelope con tutti i proci deriva dal *De sapientia veterum* di F. Bacone: « aiunt enim procos universos cum Penelope rem habuisse, ex quo promiscuo concubitu Pana communem filium ortum esse » (*Pan sive natura*). Anche la distinzione fra i diversi racconti relativi al comportamento di Penelope deriva da questo testo. Per Livio: cfr. IV, 2.

che dagli eroi cretesi si communicarono i connubi a stranieri che dovettero venir in Creta con la nave la quale fu detta « toro », con cui noi sopra spiegammo che Minosse rapiva garzoni e donzelle dall'Attica, e Giove innanzi aveva rapito Europa.

A questo genere d'istorie civili è da richiamarsi la favola d'Io. Giove se n'innamora (l'è favorevole con gli auspìci); Giunone n'è gelosa (con la gelosia civile, che noi sopra spiegammo, di serbare tra gli eroi le nozze solenni) e la dà a guardare ad Argo con cento occhi (a' padri argivi, ognuno col suo occhio, col suo luco, con la sua terra colta, come sopra l'interpetrammo); Mercurio (che qui dev'essere carattere de' plebei mercenari), col suono del piffero, o piuttosto col canto, addormenta Argo [42] (vince i padri argivi in contesa d'auspìci, da' quali si cantavan le sorti delle nozze solenni), ed Io quivi si cangia in vacca, che si giace col toro col quale s'era giaciuta Pasife, e va errando in Egitto (cioè tra quelli egizi stranieri, co' quali Danao aveva cacciato gl'Inachidi dal regno d'Argo).

Ma Ercole, a capo di età, si effemmina e fila sotto i comandi di Iole ed Onfale: va ad assoggettire il diritto eroico de' campi a' plebei, a petto de' quali gli eroi si dicevano « *viri* ». Ché tanto a' latini suona « *viri* » quanto a' greci significa « eroi », come Virgilio incomincia l'*Eneide*, con peso usando tal voce:

Arma virumque cano, [43]

ed Orazio trasporta il primo verso dell'*Odissea*:

Dic mihi, Musa, virum; [44]

42. *addormenta* ecc.: Hermes, secondo il mito, uccide Argo.

43. *Virgilio* ecc.: « canto le armi e l'uomo », *Aen.*, I, 1.

44. *Orazio* ecc.: « cantami, o Musa, l'uomo », *Ad Pisones*, 141.

e « *viri* » restaron a' romani per significare mariti solenni, maestrati, [45] sacerdoti e giudici, perché nelle aristocrazie poetiche e nozze ed imperi e sacerdozi e giudizi erano tutti chiusi dentro gli ordini eroici. E così fu accomunato il diritto de' campi eroico a' plebei della Grecia, come fu da' patrizi romani a' plebei comunicato il diritto quiritario per la seconda agraria, combattuta e riportata con la legge delle XII Tavole, qual si è sopra dimostro: appunto come ne' tempi barbari ritornati i beni feudali si dicevano « beni della lancia » e i burgensatici [46] si chiamavano « beni del fuso », come si ha nelle leggi inghilesi; [47] onde l'arme reale di Francia (per significare la legge salica, ch'esclude dalla successione di quel regno le donne) è sostenuta da due angioli vestiti di dalmatiche e armati d'aste, e si adorna di questo motto eroico: « *Lilia non nent* ». Talché, come Baldo, [48] per nostra bella ventura, la legge salica chiamò « *ius gentium gallorum* », così noi la legge delle XII Tavole (per quanto serbava, nel suo rigore, le successioni *ab intestato* dentro i suoi, gli agnati e finalmente i gentili) possiam chiamare « *ius gentium romanorum* »; perché appresso si mostrerà quanto sia vero che ne' primi tempi di Roma vi fusse stata costumanza onde le figliuole venissero *ab intestato* alla successione de' loro padri, e che poi fusse passata in legge nelle XII Tavole.

Finalmente Ercole esce in furore col tingersi del sangue di Nesso centauro — appunto il mostro delle plebi di due discordi nature che dice Livio, [49] — cioè tra' furori civili communica i connubi alla plebe e si contamina del

45. *maestrati*: magistrati.

46. *burgensatici*: i beni allodiali.

47. *leggi inghilesi*: Vico fa qui riferimento alla *Lex Anglorum et Werinorum*, sulla quale cfr. Giovanni Gottlieb Heinecke, *Elementa iuris Germanici*, ed. di Napoli, 1768-70, I, pp. 225, 263, 266. Ma le conclusioni vichiane sono inesatte.

48. *Baldo*: *Commentaria in primam Digesti veteris partem*, I, 9.

49. *Livio*: IV, 2.

sangue plebeo, e 'n tal guisa si muore: qual muore per la legge Petelia, detta *de nexu*, l'Ercole romano, il dio Fidio. Con la qual legge « *vinculum fidei victum est* »,[50] quantunque Livio il rapporti con l'occasione d'un fatto da un diece anni avvenuto dopo, il qual in sostanza è lo stesso che quello il quale aveva dato la cagione alla legge Petelia,[51] nel quale si dovette eseguire, non ordinare, ciò ch'è contenuto in tal motto, che dee essere stato di alcuno antico scrittor d'annali, che Livio, con quanta fede altrettanta ignorazione, rapporta: perché, col liberarsi i plebei del carcere privato de' nobili creditori, si costrinsero pur i debitori con le leggi giudiziarie a pagar i debiti; ma fu sciolto il diritto feudale, il diritto del nodo erculeo, nato dentro i primi asili del mondo, col quale Romolo dentro il suo aveva Roma fondato. Perciò è forte congettura che dall'autor degli annali fusse stato scritto « *vinculum Fidii* », « del dio Fidio », che Varrone dice essere stato l'Ercole de' romani;[52] il qual motto gli altri, che vennero appresso, non intendendo, per errore credettero scritto « *fidei* ». Il qual diritto natural eroico si è truovato lo stesso tra gli americani, e tuttavia dura nel mondo nostro tra gli abissini nell'Affrica e tra' moscoviti e tartari nell'Europa e nell'Asia; ma fu praticato con più mansuetudine tra gli ebrei, appo i quali i debitori non servivano più che sette anni.

E, per finirla, così Orfeo, finalmente, il fondatore della Grecia, con la sua lira o corda o forza, che significano la stessa cosa che 'l nodo d'Ercole (il nodo della legge Petelia), egli è morto ucciso dalle baccanti (dalle plebi infu-

50. *vinculum* ecc.: « fu infranto il vincolo della fede ». Sulla legge Petelia cfr. le *Annotazioni alla tavola cronologica*, XLIII.

51. *un fatto* ecc.: l'episodio d'un tumulto popolare suscitato dalla fustigazione, da parte dell'usuraio Lucio Papirio, del giovane Caio Publio suo prigioniero per i debiti del padre, è in Livio, VIII, 28.

52. *Varrone* ecc.: *De lingua latina*, V, 66.

riate), le quali gliene fecero andar in pezzi la lira (che, a tante pruove fatte sopra, significava la legge): ond'a' tempi d'Omero già gli eroi menavano in mogli donne straniere e i bastardi venivano alle successioni reali; [53] lo che dimostra che già la Grecia aveva incominciato a celebrare la libertà popolare.

Per tutto ciò hassi a conchiudere che queste contese eroiche fecero il nome all'età degli eroi; e che in esse molti capi, vinti e premuti, con quelli delle lor fazioni si fussero dati ad andar errando in mare per ritruovar altre terre; e che altri fussero finalmente ritornati alle loro patrie, come Menelao ed Ulisse; altri si fussero fermati in terre straniere, come Cecrope, Cadmo, Danao, Pelope (perocché tali contese eroiche eran avvenute da molti secoli innanzi nella Fenicia, nell'Egitto, nella Frigia, siccome in tali luoghi aveva prima incominciato l'umanità), i quali si fermarono nella Grecia. Come una d'essi dev'essere stata Didone, che, da Fenicia fuggendo la fazione del cognato, dal qual era perseguitata, si fermò in Cartagine, che fu detta «*Punica*», quasi «*Phoenica*»; e, di tutt'i troiani, distrutta Troia, Capi si fermò in Capova, Enea approdò nel Lazio, Antenore penetrò in Padova.

In cotal guisa finì la sapienza de' poeti teologi, o sia de' sappienti o politici dell'età poetica de' greci, quali furono Orfeo, Anfione, Lino, Museo ed altri; i quali, col cantare alle plebi greche la forza degli dei negli auspìci (ch'erano le lodi che tali poeti dovettero cantar degli dei, cioè quelle della provvedenza divina, ch'apparteneva lor di cantare), tennero esse plebi in ossequio de' lor ordini eroici. Appunto come Appio, nipote del decemviro, circa il trecento di Roma, com'altra volta si è detto, [54] can-

53. *successioni reali*: succedevano ai re.

54. *Appio... si è detto*: per l'episodio, del quale Vico già ha parlato nelle *Annotazioni alla tavola cronologica*, XXII, cfr. Livio, VI, 41 che lo assegna al 382 dalla fondazione di Roma.

tando a' plebei romani la forza degli dei negli auspìci, de' quali i nobili dicevano aver la scienza, gli mantiene nell'ubbidienza de' nobili. Appunto come Anfione, cantando sulla lira, de' sassi semoventi innalza le mura di Tebe, che trecento anni innanzi aveva Cadmo fondato, cioè vi conferma lo stato eroico.

7.

COROLLARI D'INTORNO ALLE COSE ROMANE ANTICHE E PARTICOLARMENTE DEL SOGNATO REGNO ROMANO MONARCHICO E DELLA SOGNATA LIBERTÀ POPOLARE ORDINATA DA GIUNIO BRUTO

Queste tante convenienze di cose umane civili tra romani e greci, onde la storia romana antica a tante pruove si è qui truovata esser una perpetua mitologia istorica di tante, sì varie e diverse favole greche, [1] chiunque ha intendimento (che non è né memoria né fantasia) pongono in necessità di risolutamente affermare che, da' tempi degli re infino a' connubi comunicati alla plebe, il popolo romano (il popolo di Marte) si compose di soli nobili; e ch'al tal popolo di nobili il re Tullo, incominciando dall'accusa d'Orazio, permise a' rei condennati o da' duumviri o da' questori l'appellagione a tutto l'ordine, quando i soli ordini eran i popoli eroici, e le plebi erano accessioni di tali popoli (quali poi le provincie restarono accessioni delle nazioni conquistatrici, come l'avvertì ben il Grozio); [2] ch'appunto è l' « altro popolo » che chiamava Telemaco i suoi plebei nell'adunanza che noi qui sopra notammo. Onde, con forza d'un'invitta critica metafisica sopra essi autori delle nazioni, si dee scuotere quell'errore: che tal caterva di vilissimi giornalieri,

7. - 1. *la storia romana* ecc.: cfr. la *Degnità*, XXI: *la storia romana antica si truoverà essere una perpetua mitologia della storia eroica de' greci.*
2. *Grozio*: *De iure belli et pacis*, I, 3, 7, 3.

tenuti da schiavi, fin dalla morte di Romolo avessero l'elezione degli re, la qual poi fusse appruovata da' padri. Il qual dee esser un anacronismo de' tempi ne' quali la plebe aveva già parte nella città e concorreva a criare i consoli (lo che fu dopo comunicati ad essolei i connubi da' padri), tirato da trecento anni indietro fin all'interregno di Romolo.

Questa voce « popolo », presa de' tempi primi del mondo delle città nella significazione de' tempi ultimi (perché non poterono né filosofi né filologi immaginare tali spezie di severissime aristocrazie), portò di séguito due altri errori in queste due altre voci: « re » e « libertà »; onde tutti han creduto il regno romano essere stato monarchico e la ordinata da Giunio Bruto essere stata libertà popolare. Ma Gian Bodino,[3] quantunque entrato nel volgare comun errore, nel qual eran entrati innanzi tutti gli altri politici, che prima furono le monarchie, appresso le tirannidi, quindi le repubbliche popolari e alfine l'aristocrazie (e qui vedasi, ove mancano i veri princìpi, che contorcimenti si possono fare, e fansi di fatto, d'umane idee!), pure, osservando nella sognata libertà popolare romana antica che gli effetti erano di repubblica aristocratica, puntella il suo sistema con quella distinzione: che ne' tempi antichi Roma era popolare di Stato, ma che aristocraticamente fussesi governata. Con tutto ciò, pur riuscendogli contrari gli effetti e che, anco con tal puntello, la sua macchina politica pur crollava, costretto finalmente dalla forza del vero, con brutta incostanza confessa ne' tempi antichi la repubblica romana essere stata di Stato, nonché governo, aristocratico.

Tutto ciò vien confermato da Tito Livio,[4] il quale, in

3. *Gian Bodino*: il riferimento vichiano a *Les six livres de la République* del giurista e scrittore politico francese Giovanni Bodin (1530-1596) è alquanto generico, e l'esposizione della sua opera che qui segue, assai inesatta.

4. *Livio*: II, 1.

narrando l'ordinamento fatto da Giunio Bruto de' due consoli annali, dice apertamente e professa non essersi di nulla affatto mutato lo Stato (come dovette da sapiente far Bruto, di richiamare da tal corrottella a' suoi princìpi lo Stato), e coi due consoli annali «*nihil quicquam de regia potestate deminutum*»;[5] tanto che vennero i consoli ad essere due re aristocratici annali, quali Cicerone nelle *Leggi* gli appella «*reges annuos*» (com'eran a vita quelli di Sparta, repubblica senza dubbio aristocratica); i quali consoli, com'ognun sa, erano soggetti all'appellagione durante esso loro regno (siccome gli re spartani erano soggetti all'emenda degli efori), e, finito il regno annale, erano soggetti all'accuse (conforme gli re spartani erano fatti morire dagli efori). Per lo qual luogo di Livio ad un colpo si dimostra che 'l regno romano fu aristocratico e che la ordinata da Bruto ella fu libertà, non già popolare, cioè del popolo da' signori, ma signorile, cioè de' signori da' tiranni Tarquini. Lo che certamente Bruto non arebbe potuto fare, se non gli si offeriva il fatto di Lugrezia romana, ch'esso saggiamente afferrò; la qual occasione era vestita di tutte le circostanze sublimi per commuovere la plebe contro il tiranno Tarquinio, il qual aveva fatto tanto mal governo della nobiltà, ch'a Bruto fu d'uopo di riempir il senato, già esausto per tanti senatori fatti morir dal Superbo. Nello che conseguì, con saggio consiglio, due pubbliche utilità: e rinforzò l'ordine de' nobili già cadente, e si conservò il favor della plebe; perché del corpo di quella dovette scegliere moltissimi, e forse gli più feroci, ch'arebbon ostato a riordinarsi la signoria, e gli fece entrare nell'ordine de' nobili, e così compose la città, la qual era a que' tempi tutta divisa «*inter patres et plebem*».[6]

5. *nihil* ecc.: «il potere regio non fu in nulla diminuito».

6. *divisa* ecc.: composta cioè solo di patrizi e plebei.

Se 'l precorso di tante, sì varie e diverse cagioni, quante si sono qui meditate fin dall'età di Saturno; se 'l séguito di tanti, sì vari e diversi effetti della repubblica romana antica, i quali osserva il Bodino; e se la perpetuità o continuazione con cui quelle cagioni influiscono in questi effetti, la quale considera Livio, non solo valevoli a stabilire che 'l regno romano fu aristocratico e che la ordinata da Bruto fu la libertà de' signori (e ciò per attenersi alla sola autorità), bisogna dire ch'i romani, gente barbara e rozza, avesser avuto il privilegio da Dio, che non poteron aver essi greci, gente acuta umanissima, i quali, al narrar di Tucidide, non seppero nulla dell'antichità loro propie fin alla guerra peloponnesiaca, che fu il tempo più luminoso di Grecia, come osservammo sopra nella *Tavola cronologica*: [7] ove dimostrammo il medesimo de' romani fin dentro alla seconda guerra cartaginese, dalla quale Livio professa scrivere la romana storia con più certezza, e pur apertamente confessa di non saperne tre circostanze, che sono le più considerabili nella storia, le qual' ivi si sono ancor osservate. Ma, con tutto che si conceda tal privilegio a' romani, pure resterà di ciò un'oscura memoria, una confusa fantasia; e pertanto la mente non potrà rinniegare i raziocini che si son fatti sopra tai cose romane antiche.

8.
COROLLARIO D'INTORNO ALL'EROISMO DE' PRIMI POPOLI

Ma l'età eroica del primo mondo di cui trattiamo ci tragge con dura necessità a ragionare dell'eroismo de' primi popoli. Il quale, per le degnità che se ne sono sopra proposte [1] e qui hanno il lor uso, e per gli princìpi qui

7. *Tavola* ecc.: cfr. le *Annotazioni alla tavola cronologica*, XXIX, XLV.

8. - 1. *le degnità* ecc.: la XLIV e la XLV.

stabiliti della politica eroica, fu di gran lunga diverso da quello che, 'n conseguenza della sapienza innarrivabile degli antichi, è stato finor immaginato da' filosofi, ingannati da' filologi, in quelle tre voci non diffinite le quali sopra abbiam avvertito: « popolo », « re » e « libertà »; avendo preso i popoli eroici — ne' quali fussero anco entrati i plebei, preso gli re — monarchi, e preso la libertà — popolare; ed al contrario, applicandovi tre lor idee di menti ingentilite ed addottrinate — una di giustizia ragionata con massime di morale socratica,[2] l'altra di gloria (ch'è fama di benefizi fatti inverso il gener umano)[3] e la terza di disiderio d'immortalità: — laonde su questi tre errori e con queste tre idee han creduto che re o altri grandi personaggi de' tempi antichi avessero consagrato e sé e le loro famiglie, nonché gl'intieri patrimoni e sostanze, per far felici i miseri, che sono sempre gli più nelle città e nelle nazioni.

Però di Achille, ch'è 'l massimo de' greci eroi, Omero ci narra tre propietà dello 'n tutto contrarie a cotali tre idee de' filosofi. E, d'intorno alla giustizia, egli ad Ettorre, che con esso vuol patteggiare la seppoltura se nell'abbattimento l'uccida, nulla riflettendo all'egualità del grado, nulla alla sorte comune (le quali due considerazioni naturalmente inducono gli uomini a riconoscer giustizia), feroce risponde: — Quando mai gli uomini patteggiarono co' lioni, o i lupi e l'agnelle ebbero uniformità di voleri? — Anzi: — Se t'avrò ucciso, ti strascinerò nudo, legato al mio cocchio, per tre giorni d'intorno alle mura di Troia — siccome fece, — e finalmente ti darò a mangiare a' miei cani da caccia;[4] — lo che arebbe pur fatto, se l'infelice padre Priamo non fusse venuto da essolui a

2. *socratica*: filosofica.

3. *gloria* ecc.: la definizione, già ricordata da Vico nella *Morale poetica*, è in Cicerone, *Pro Marcello*, 8.

4. *Omero ci narra* ecc.: *Iliade*, XXII, 261 segg.

riscattarne il cadavero. D'intorno alla gloria, egli per un privato dolore — perocché Agamennone gli aveva tolto a torto la sua Briseide — se ne richiama offeso con gli uomini e con gli dei; e fanne querela a Giove d'essere riposto in onore, ritira dall'esercito alleato le sue genti e dalla comune armata le propie navi, e soffre ch'Ettorre faccia scempio della Grecia, e, contro il dettame della pietà che si deve alla patria, si ostina di vendicare una privata sua offesa con la rovina di tutta la sua nazione; anzi non si vergogna di rallegrarsi con Patroclo delle straggi ch'Ettorre fa de' suoi greci, e col medesimo (ch'è molto più), colui che portava ne' suoi talloni i fati di Troia, fa quello indegnissimo voto: che 'n quella guerra morissero tutti, e troiani e greci, ed essi due soli ne rimanessero vivi. [5] D'intorno alla terza, egli nell'inferno, domandato da Ulisse come vi stava volentieri, risponde che vorrebbe più tosto, vivo, essere un vilissimo schiavo. [6] Ecco l'eroe che Omero con l'aggiunto perpetuo d' « irreprensibile » canta a' greci popoli in esemplo dell'eroica virtù! Il qual aggiunto, acciocché Omero faccia profitto con l'insegnar dilettando (lo che debbon far i poeti), non si può altrimente intendere che per un uomo orgoglioso, il qual or direbbesi che non si faccia passare la mosca per innanzi alla punta del naso; e sì predica la virtù puntigliosa, nella quale a' tempi barbari ritornati tutta la loro morale riponevano i duellisti, dalla quale uscirono le leggi superbe, gli ufizi altieri e le soddisfazioni vendicative de' cavalieri erranti che cantano i romanzieri. [7]

Allo 'ncontro, si rifletta al giuramento, che dice Aristotile, che giuravano gli eroi d'esser eterni nimici alla plebe. [8] Si rifletta quindi sulla storia romana nel tempo

5. *D'intorno alla gloria* ecc.: *Iliade,* I, 339 segg.; 352; IV, 598 segg.; XVI, 97.

6. *nell'inferno* ecc.: *Odissea,* IV, 488.

7. *cavalieri erranti* ecc.: le gesta dei cavalieri narrate nei poemi cavallereschi.

8. *Aristotile* ecc.: cfr. la *degnità*

della romana virtù, che Livio determina ne' tempi della guerra con Pirro, a cui acclama con quel motto: « *nulla ætas virtutum feracior* », e noi (con Sallustio, appo sant'Agostino, *De civitate Dei*) [9] stendiamo dalla cacciata degli re fin alla seconda guerra cartaginese. Bruto che consagra con due suoi figliuoli la sua casa alla libertà; Scevola che, col punire del fuoco la sua destra, la quale non seppe ucciderlo, atterrisce e fuga Porsena, re de' toscani; Manlio detto « l'imperioso » che, per un felice peccato di militar disciplina, istigatogli da stimoli di valor e di gloria, fa mozzare la testa al suo figliuolo vittorioso; i Curzi che si gittano armati a cavallo nella fossa fatale; i Deci, padre e figliuolo, che si consagrano per la salvezza de' lor eserciti; i Fabrizi, i Curi, che rifiutano le some d'oro da' sanniti, le parti offerte de' regni da Pirro; gli Attili Regoli che vanno a certa crudelissima morte in Cartagine per serbare la santità romana de' giuramenti: che pro fecero alla misera ed infelice plebe romana? che per più angariarla nelle guerre, per più profondamente sommergerla in mar d'usure, per più a fondo seppellirla nelle private prigioni de' nobili, ove gli battevano con le bacchette a spalle nude a guisa di vilissimi schiavi? e chi voleva di un poco sollevarla con una qualche legge frumentaria o agraria, da quest'ordine di eroi, nel tempo di essa romana virtù, egli era accusato e morto come rubello? Qual avvenne, per tacer d'altri, a Manlio Capitolino, che aveva serbato il Campidoglio dall'incendio degl'immanissimi galli senoni; qual in Isparta (la città degli eroi di Grecia, come Roma lo fu degli eroi del mondo) il magnanimo re Agide, perché aveva attentato di sgravare la povera plebe di Lacedemone, oppressa dal-

LXXXVI e nota relativa.

9. *Livio* ecc.: cfr. Livio, IX, 16; Sallustio, *Historiæ*, in sant'Agostino, *De civitate Dei*, II, 18.

l'usure de' nobili, con una legge di conto nuovo, e di sollevarla con un'altra testamentaria, come altra volta si è detto, funne fatto strozzare dagli efori: onde, come il valoroso Agide fu il Manlio Capitolino di Sparta, così Manlio Capitolino fu l'Agide di Roma, che, per lo sospetto di sovvenir alquanto alla povera oppressa plebe romana, fu fatto precipitare giù dal monte Tarpeo. Talché per quest'istesso ch'i nobili de' primi popoli si tenevano per eroi, ovvero di superior natura a quella de' lor plebei, come appieno sopra si è dimostrato, facevano tanto malgoverno della povera moltitudine delle nazioni. Perché certamente la storia romana sbalordisce qualunque scortissimo leggitore, che la combini sopra questi rapporti: che romana virtù dove fu tanta superbia? che moderazione dove tanta avarizia? che mansuetudine dove tanta fierezza? che giustizia dove tanta inegualità?

Laonde i princìpi, i quali possono soddisfare una sì gran maraviglia, [10] debbono necessariamente esser questi:

I

Sia, in séguito di quella ferina che sopra si ragionò de' giganti, l'educazion de' fanciulli severa, aspra, crudele, quale fu quella degl'illiterati lacedemoni, che furono gli eroi della Grecia, i quali nel templo di Diana battevano i loro figliuoli fin all'anima, talché cadevano sovente morti, convulsi dal dolore, sotto le bacchette de' padri, acciocché s'avvezzassero a non temere dolori e morte; e

10. *i princìpi* ecc.: i princìpi che seguono, esposti da Vico come in una tavola di leggi, servono dunque a far superare lo stupore che nasce dal rilievo delle contraddizioni sopra elencate. La crudele educazione dei figli, lo stato di soggezione della donna *tenuta in uso di far figliuoli*, i giochi rischiosi, l'assenza di ogni lusso, l'atrocità delle guerre, la riduzione a schiavi dei vinti in guerra, la soggezione della plebe: tutto ciò caratterizza per Vico la struttura sociale dei tempi primitivi, è espressione di quella mentalità *eroica* che condizionò la vita umana in tutte le sue forme.

ne restarono tal' imperi paterni ciclopici così a' greci come a' romani, co' quali permettevano uccidersi gl'innocenti bambini di fresco nati. Perché le delizie, ch'or facciamo de' nostri figliuoli fanciulli, fanno oggi tutta la dilicatezza delle nostre nature.

II

Si comperino con le doti eroiche le mogli, le quali restarono poscia per solennità a' sacerdoti romani, i quali contraevano le nozze *coëmptione et farre* (che fu anche, al narrar di Tacito,[11] costume degli antichi germani, i quali ci danno luogo di stimare lo stesso di tutti i primi popoli barbari); e le mogli si tengano, come per una necessità di natura, in uso di far figliuoli: del rimanente, si trattino come schiave, conforme in molte parti del nostro e quasi universalmente nel mondo nuovo è costume di nazioni: quando le doti sono compere che fan le donne della libertà da' mariti e pubbliche confessioni ch'i mariti non bastano a sostenere i pesi del matrimonio, onde son forse i tanti privilegi co' quali gl'imperadori han favorito le doti.

III

I figliuoli acquistino, le mogli risparmino per gli loro mariti e padri: non, come si fa oggi, tutto a rovescio.

IV

I giuochi e i piaceri sien faticosi, come lutta, corso (onde Omero dà ad Achille l'aggiunto perpetuo di « piè veloce »); sieno ancor con pericolo, come giostre, cacce

11. *Tacito*: *Germania*, 18.

di fiere, onde s'avvezzino a fermare le forze e l'animo e a strappazzare e disprezzare la vita.

V

Non s'intendano affatto lussi, lautezze ed agi.

VI

Le guerre, come l'eroiche antiche, sieno tutte di religione, la quale, per la ragione ch'abbiamo preso per primo principio di questa Scienza, le rende tutte atrocissime.

VII

Si celebrino le schiavitù pur eroiche, che van di séguito a tali guerre, nelle quali i vinti si tengano per uomini senza Dio, onde con la civile si perda ancora la natural libertà. E qui abbia uso quella degnità sopra posta: [12] che « la libertà naturale ella è più feroce ov'i beni sono più a' nostri corpi attaccati, e la civil servitù s'inceppa co' beni di fortuna non necessari alla vita ».

[VIII]

Per tutto ciò sieno, le repubbliche, aristocratiche per natura o sia di naturalmente fortissimi, che schiudano a' pochi padri nobili tutti gli onori civili; e 'l ben pubblico sieno monarchie famigliari conservate lor dalla patria; che sarebbe la vera patria, com'abbiamo più volte detto, interesse di pochi padri, per lo quale sieno i cittadini naturalmente patrizi. E con tali nature, tali costumi, tali repubbliche, tali ordini e tali leggi si celebrerà l'eroismo

12. *quella degnità* ecc.: la XCIV.

de' primi popoli, il quale, per le cagioni a queste che si sono noverate tutte contrarie (che dappoi produssero l'altre due spezie degli Stati civili, che sopra pruovammo esser entrambi umani, cioè le repubbliche libere popolari e, più che queste, le monarchie), egli è ora per civil natura impossibile. Perché per tutto il tempo della romana libertà popolare fa romor d'eroe il solo Catone uticese, e lasciò tal romore per uno spirito di repubblica aristocratica: che, caduto Pompeo e rimasto esso capoparte della nobiltà, per non poter sofferire di vederla umiliata a Cesare, si ammazzò. Nelle monarchie gli eroi son coloro che si consagrano per la gloria e grandezza de' lor sovrani. Ond'ha a conchiudersi ch'un tal eroe i popoli afflitti il disiderano, i filosofi il ragionano, i poeti l'immaginano; ma la natura civile, come n'abbiamo una degnità, [13] non porta tal sorta di benefizi.

Tutte le quali cose qui ragionate dell'eroismo de' primi popoli ricevono lustro e splendore dalle degnità [14] sopra poste d'intorno all'eroismo romano, le quali si truoveranno comuni all'eroismo degli antichi ateniesi nel tempo che, come narra Tucidide, [15] furono governati da' severissimi areopagiti (che, come abbiam veduto, fu un senato aristocratico), ed all'eroismo degli spartani, che furono repubblica di Eraclidi o di signori, come a mille pruove sopra si è dimostrato.

13. *una degnità*: la LXXX.
14. *degnità*: la XC e la XCI.
15. *Tucidide*: invece Isocrate nell'*Areopagiticus*.

VI

REPILOGAMENTI DELLA STORIA POETICA

I

Tutta quest'istoria divina ed eroica de' poeti teologi con troppo d'infelicità ci fu nella favola di Cadmo descritta.[1] Egli uccide la gran serpe (sbosca la gran selva antica della terra); ne semina i denti (con bella metafora, come sopra si è detto); con curvi legni duri — ch'innanzi di ritruovarsi l'uso del ferro dovettero servire per denti de' primi aratri, che «denti» ne restarono detti — egli ara i primi campi del mondo; gitta una gran pietra (ch'è la terra dura, che volevano per sé arare i clienti ovvero famoli, come si è sopra spiegato); nascono da' solchi uomini armati (per la contesa eroica della prima agraria ch'abbiamo detto, gli eroi escono da' loro fondi, per dire ch'essi sono signori de' fondi, e si uniscono armati contro le plebi, e combattono, non già tra di loro, ma co' clienti ammutinati contro essoloro; e coi solchi sono significati essi ordini, ne' quali s'uniscono e co' quali formano e fermano le prime città sulla pianta dell'armi, come tutto si è detto sopra); e Cadmo si cangia in serpe (e ne nasce l'autorità de' senati aristocratici, che gli antichissimi latini arebbono detto: «*Cadmus fundus factus est*», e i greci dissero Cadmo cangiato in Dragone, che scrive le leggi col sangue). Lo che tutto è quello che noi sopra promettemmo di far vedere: — che la favola di Cadmo conteneva più secoli di storia poetica, — ed è un grand'esempio dell'infanzia, onde la fanciullezza del mondo travagliava a spiegarsi; che, degli sette ch'ap-

VI. - 1. *favola di Cadmo* ecc.: cfr. Ovidio, *Metamorfosi,* III, 1 segg.

presso novereremo, [2] è un gran fonte della difficultà delle favole. Tanto felicemente seppe Cadmo lasciare scritta cotal istoria con le sue lettere volgari, ch'esso aveva a' greci dalla Fenicia portato! E Desiderio Erasmo, con mille inezie, indegne dell'uomo eruditissimo che fu detto il « Varron cristiano », vuol che contenga la storia delle lettere ritruovate da Cadmo. [3] Così la chiarissima istoria d'un tanto benefizio d'aver ritruovato le lettere alle nazioni, che per se stessa doveva esser romorosissima, Cadmo nasconde al gener umano di Grecia dentro l'inviluppo di cotal favola, ch'è stata oscura fin a' tempi di Erasmo, per tener arcano al volgo uno sì grande ritruovato di volgare sapienza, che da esso « volgo » tali lettere furon dette « volgari ».

II

Ma con maravigliosa brevità ed acconcezza narra Omero questa medesima istoria, [4] tutta ristretta nel geroglifico dello scettro lasciato ad Agamennone. Il quale Vulcano fabbricò a Giove (perché Giove, co' primi fulmini dopo il diluvio, fondossi il regno sopra gli dei e gli uomini, che furon i regni divini, nello stato delle famiglie), — poi Giove il diede a Mercurio (che fu il caduceo, con cui Mercurio portò la prima legge agraria alle plebi, onde nacquero i regni eroici delle prime città); — poi Mercurio il diede a Pelope, Pelope a Tieste, Tieste ad Atreo, Atreo ad Agamennone (ch'è tutta la successione della casa reale d'Argo).

2. *degli sette* ecc.: allude alle *sette fonti della difficultà delle favole* sulle quali cfr. più avanti le *Pruove filosofiche per la discoverta del vero Omero,* IV.

3. *Desiderio Erasmo* ecc.: nel mito di Cadmo sarebbe raffigurata la storia delle lettere alfabetiche introdotte in Grecia dalla Fenicia. A questa tesi aderì fra molti altri anche il grande umanista olandese Erasmo da Rotterdam (1467-1536) nel *De recta latini græcique sermonis pronunciatione.*

4. *Omero* ecc.: *Iliade,* II, 101 segg.

III

Però più piena e spiegata è la storia del mondo, che 'l medesimo Omero ci narra essere stata descritta nello scudo d'Achille. [5]

I. Nel principio vi si vedeva il cielo, la terra, il mare, il sole, la luna, le stelle: — questa è l'epoca della criazione del mondo.

II. Dipoi due città. In una erano canti, imenei e nozze: questa è l'epoca delle famiglie eroiche de' figliuoli nati dalle nozze solenni. Nell'altra non si vedeva niuna di queste cose: questa è l'epoca delle famiglie eroiche de' famoli, i quali non contraevano che matrimoni naturali, senza niuna solennità di quelle con le quali si contraevano le nozze eroiche. Sicché entrambe queste città rappresentavano lo stato di natura, o sia quello delle famiglie; ed eran appunto le due città, ch'Eumeo, castaldo d'Ulisse, racconta ch'erano nella sua padria, entrambe rette da suo padre, nelle qual' i cittadini avevano distintamente tutte le loro cose divise [6] (cioè che non avevano niuna parte di cittadinanza tra essoloro comune). Onde la città senza imenei è appunto l' « altro popolo » che Telemaco in adunanza chiama la plebe d'Itaca; [7] ed Achille, lamentandosi dell'oltraggio fattogli da Agamennone, dice che l'aveva trattato da un giornaliere, che non aveva niuna parte al governo. [8]

III. Appresso, in questa medesima città delle nozze, si vedevano parlamenti, leggi, giudizi, pene. Appunto come i patrizi romani nelle contese eroiche replicavano alla plebe che e le nozze e gl'imperi e i sacerdozi, de'

5. *Omero* ecc.: *Iliade,* XVIII, 483.
6. *Eumeo* ecc.: *Odissea,* XV, 441 segg.
7. *Telemaco* ecc.: *Odissea,* II, 6 segg.; 267 segg.
8. *Achille* ecc.: *Iliade,* IX, 648.

quali ultimi era dipendenza la scienza delle leggi, e, con queste, i giudizi, erano tutte ragioni loro propie, perch'erano loro propi gli auspìci, che facevano la maggior solennità delle nozze: onde « *viri* » (che tanto appo i latini suonava quanto « eroi » appo i greci) se ne dissero i mariti solenni, i maestrati, i sacerdoti e per ultimo i giudici, come altra volta sopra si è detto. Sicché questa è l'epoca delle città eroiche, che sopra le famiglie de' famoli sursero di stato severissimo aristocratico.

IV. L'altra città è assediata con armi, e, a vicenda con la prima, menano prede l'una dall'altra; e quivi la città senza nozze (ch'erano le plebi delle città eroiche) diventa un'altra intiera città nimica. Il qual luogo a maraviglia conferma ciò che sopra abbiam ragionato: che i primi stranieri, i primi « *hostes* » furono le plebi de' popoli eroici, contro le quali, come n'abbiamo più volte udito Aristotile, gli eroi giuravano d'esser eterni nimici; [9] onde poi l'intiere città, perché tra loro straniere, co' ladronecci eroici, esercitavano eterne ostilità tra di loro, come sopra si è ragionato.

V. E finalmente vi si vedeva descritta la storia dell'arti dell'umanità, dandole incominciamento dall'epoca delle famiglie; perché, prima di ogni altra cosa, vi si vedeva il padre-re, che con lo scettro comanda il bue arrosto dividersi a' mietitori; dappoi vi si vedevano piantate vigne; appresso, armenti, pastori e tuguri; e in fine di tutto v'erano descritte le danze. La qual immagine, con troppo bello e vero ordine di cose umane, sponeva ritruovate prima l'arti del necessario: la villereccia, e prima del pane, dipoi del vino; appresso, quelle dell'utile: la pastoreccia; quindi quelle del comodo: l'architettura urbana; finalmente quelle del piacere: le danze.

9. *Aristotile* ecc.: cfr. la *degnità* LXXXVI e nota relativa.

VII

DELLA FISICA POETICA

1.

DELLA FISICA POETICA

Passando ora all'altro ramo del tronco metafisico poetico,[1] per lo quale la sapienza poetica si dirama nella fisica e quindi nella cosmografia e, per questa, nell'astronomia, di cui son frutte la cronologia e la geografia, diamo, a quest'altra parte che resta di ragionamento, principio dalla fisica.[2]

I poeti teologi considerarono la fisica del mondo delle nazioni; e perciò primieramente diffinirono il Cao essere confusione de' semi umani, nello stato dell'infame comunione delle donne: dal quale poi i fisici furono desti a pensare alla confusione de' semi universali della natura, e, a spiegarla n'ebbero da' poeti già ritruovato e quindi acconcio il vocabolo.[3] Egli era confuso, perché non vi era niun ordine d'umanità; era oscuro, perché privo della luce civile (onde « incliti » furon detti gli eroi). L'immaginarono ancora [come] l'Orco, un mostro informe che divorassesi tutto, perché gli uomini nell'infame comunione non avevano propie forme d'uomini, ed eran assorti

1. - 1. *del tronco* ecc.: cfr. *Proposizione e partizione della sapienza poetica*, n. 2, qui a pag. 404.

2. *dalla fisica*: sulle caratteristiche della fisica vichiana si veda la n. 100 alla *Autobiografia*. Molte delle dottrine sulla natura che Vico qui attribuisce ai *poeti teologi* dell'umanità primitiva sono in realtà le stesse sostenute dal Vico nel disperso *Liber physicus*, del quale resta un ampio resoconto nell'*Autobiografia*.

3. *I poeti teologi* ecc.: nel mondo della natura i *poeti teologi* proiettano antropomorficamente la loro visione dei rapporti umani e sociali. In questo senso il mito del Caos viene interpretato, prima che come il simbolo della mescolanza dei semi (*semina*) o potenzialità di tutte le specie di materia (cfr. Ovidio, *Metamorfosi*, I, 5 segg.), come il simbolo della confusione dei *semi umani* derivante dalla comunanza delle donne.

dal nulla, perché per l'incertezza delle proli non lasciavano di sé nulla: questo poi da' fisici fu preso per la prima materia delle naturali cose, che, informe, è ingorda di forme e si divora tutte le forme. Ma i poeti gli diedero anco la forma mostruosa di Pane, dio selvaggio ch'è nume di tutti i satiri, che non abitano le città ma le selve; carattere al quale riducevano gli empi vagabondi per la gran selva della terra, ch'avevano aspetto d'uomini e costumi di bestie nefande: che poi, con allegorie sforzate ch'osserveremo più appresso, i filosofi, ingannati dalla voce πᾶν, che significa « tutto », l'appresero per l'universo formato.[4] Han creduto ancor i dotti ch'i poeti avesser inteso la prima materia con la favola di Proteo, con cui, immerso nell'acque, Ulisse da fuori l'acque lutta in Egitto, né può afferrarlo, perché sempre in nuove forme si cangia.[5] Ma tal loro sublimità di dottrina fu una gran goffaggine e semplicità de' primi uomini, i quali (come i fanciulli, quando si guardano negli specchi, vogliono afferrare le lor immagini) dalle varie modificazioni de' lor atti e sembianti credevano esser un uomo nell'acqua, che cangiassesi in varie forme.

Finalmente fulminò il cielo, e Giove diede principio al mondo degli uomini[6] dal poner questi in conato, ch'è propio della libertà della mente, siccome dal moto, il qual è propio de' corpi, che son agenti necessari, cominciò il

4. *i filosofi* ecc.: Vico allude certamente anche a Bacone che nel *De sapientia veterum* aveva scritto: « Pan (ut et nomen ipsum etiam sonat) universitatem rerum, sive naturam, repraesentat et proponit » (*Pan sive natura*).

5. *la favola di Proteo* ecc.: il Nicolini (*Comm.*, 688) qualifica « nuova » questa interpretazione del mito di Proteo e la ricollega alla dottrina vichiana delle *metamorfosi poetiche* (cfr. i *Corollari d'intorno a' tropi, mostri ecc.*, VI e VII). Essa deriva invece dal *De sapientia veterum* di Bacone: « Ille contra, ut se liberaret, in omnes formas... se vertere solebat ». La tradizione parla, invece che di Ulisse, di Menelao: *Odissea*, IV, 365 segg.; 455 segg.; Euripide, *Helena*, 4. La identificazione di Proteo con la « materia, omnium rerum post Deum antiquissima » è anch'essa presente nell'opera baconiana.

6. *al mondo... uomini*: al mondo civile.

mondo della natura;[7] perocché que' che ne' corpi sembran esser conati, sono moti insensibili, come si è detto sopra nel *Metodo*. Da tal conato uscì la luce civile, di cui è carattere Apollo, alla cui luce si distinse la civile bellezza[8] onde furono belli gli eroi; della quale fu carattere Venere, che poi fu presa da' fisici per la bellezza della natura, anzi per tutta la natura formata, la qual è bella e adorna di tutte le sensibili forme.

Uscì il mondo de' poeti teologi da quattro elementi sagri: dall'aria, dove fulmina Giove; dall'acqua delle fonti perenni, di cui è nume Diana; dal fuoco, onde Vulcano accese le selve; e dalla terra colta, ch'è Cibele o Berecinzia. Che tutti e quattro sono gli elementi delle divine cerimonie: cioè auspìci, acqua, fuoco e farro, che guarda Vesta, che, come si è detto sopra, è la stessa che Cibele o Berecinzia, la quale delle terre colte afforzate di serpi, con le ville poste in alto in figura di torri (onde a' latini è « *extorris* », quasi « *exterris* »), ella va coronata; con la qual corona si chiude quello che ci restò detto « *orbis terrarum* », ch'è propiamente il mondo degli uomini. Quindi poi i fisici ebbero il motivo di meditare ne' quattro elementi de' quali è composto il mondo della natura.[9]

Gli stessi poeti teologi e agli elementi e alle indi uscite innumerabili speziali nature diedero forme viventi e sensibili, ed alla maggior parte umane, e ne finsero tante e sì varie divinità, come abbiamo ragionato sopra nella *Metafisica*;[10] onde riuscì acconcio a Platone d'intrudervi il placito delle sue « menti » o « intelligenze »: che

7. *in conato* ecc.: cfr. *Del metodo* (al capov. *Ma ai primi uomini*) l'inizio della *Morale poetica* e relative note.
8. *la civile bellezza*: la nobiltà.
9. *Uscì il mondo* ecc.: la dottrina dei quattro elementi, che è alla base della fisica, è legata anch'essa per Vico a miti, costruiti dai *poeti teologi*, che facevano riferimento a fenomeni di carattere sociale.
10. *nella Metafisica*: cfr. la *Metafisica poetica*, all'inizio.

Giove fusse la mente dell'etere, Vulcano del fuoco, e altri somiglianti.[11] Ma i poeti teologi tanto intesero tal' intelligenti sostanze, che fin ad Omero non s'intendeva essa mente umana, in quanto, per forza di riflessione, resiste al senso; di che vi sono due luoghi d'oro nell'*Odissea*, dove vien detta o « forza sagra » o « vigor occulto », che son lo stesso.[12]

2.

DELLA FISICA POETICA INTORNO ALL'UOMO O SIA DELLA NATURA EROICA

Ma la maggior e più importante parte della fisica è la contemplazione della natura dell'uomo. Come gli autori del gener umano gentilesco s'abbiano essi in un certo modo generato e produtto la propia lor forma umana per entrambe le di lei parti, cioè con le spaventose religioni e coi terribili imperi paterni; e con le sagre lavande essi edussero da' loro corpi giganteschi la forma delle nostre giuste corporature, e con la stessa disciplina iconomica[1] eglino, da' lor animi bestiali, edussero la forma de' nostri animi umani: tutto ciò sopra, nell'*Iconomica poetica*, si è ragionato, e questo è luogo propio da qui doversi ripetere.

Or i poeti teologi, con aspetto di rozzissima fisica, guardarono nell'uomo queste due metafisiche idee: d'essere e di sossistere. Certamente gli eroi latini sentirono l'« essere », assai grossolanamente, con esso « mangiare », che dovett'esser il primo significato di « *sum* », che poi significò l'uno e l'altro; conforme anch'oggi i nostri con-

11. *Platone* ecc.: la dottrina è in realtà stoica e neoplatonica.
12. *due luoghi d'oro* ecc.: *Odissea*, XVIII, 34, 60.

2. - 1. *disciplina iconomica*: la dottrina del governo delle famiglie.

tadini, per dire che l'ammalato vive, dicono ch'« ancor mangia »: perché « *sum* » in significato d' « essere » egli è astrattissimo, che trascende tutti gli esseri; scorrevolissimo, che per tutti gli esseri penetra; purissimo, che da niun essere è circoscritto. Sentirono la « sostanza », che vuol dire « cosa che sta sotto e sostiene », star ne' talloni, perocché sulle piante de' piedi l'uomo sussiste; ond'Achille portava i suoi fati sotto il tallone, perché ivi stasse il suo fato, o sia la sorte del vivere e del morire.

La compagine del corpo riducevano a' solidi e liquidi. I solidi richiamavano a viscere o sieno carni (come appo i romani si disse « *visceratio* » la divisione che da' sacerdoti si faceva al popolo delle carni delle vittime sagrificate), talché « *vesci* » intesero « nudrirsi », quando del cibo si faccia carne; — ad ossa e giunture, che si dicono « *artus* » (ov'è da osservare che « *artus* » è detto da « *ars* », ch'agli antichi latini significò la « forza del corpo », ond'è « *artitus* », « atante [2] della persona »: poi fu detta « *ars* » ogni compagine di precetti che ferma qualche facultà della mente); — a' nervi, che, quando, mutoli, parlavan per corpi, presero per le forze (da un qual nervo, « *fides* », in senso di « corda », fu detta « fede » la « forza degli dei », del qual nervo o corda o forza poi fecero il liuto d'Orfeo), e con giusto senso riposero ne' nervi le forze, poiché questi tendono i muscoli, che bisognano tendersi per far forza; — e finalmente a midolle, e nelle midolle riposero, con senso ancor giusto, il fior fior della vita (onde « *medulla* » era detta dall'innamorato l'amata donna, e « *medullitus* » ciò che diciamo « di tutto cuore », e amore, ov'è grande, si dice « bruciar le midolla »). I liquidi riducevano al solo sangue, perciocché la sostanza nervea o spermale pur chiamavano « sangue » (come la frase poetica lo ci dimostra: « *sanguine cretus* » per « ge-

2. *atante*: aitante.

nerato »), e con giusto senso ancora, perché tal sostanza è 'l fior fiore del sangue. E, pure con senso giusto, stimarono il sangue sugo delle fibre delle quali si compone la carne; onde restò a' latini « *succiplenus* » per dir « carnuto », « insuppato di buono sangue ».

Per l'altra parte poi dell'anima, i poeti teologi la riposero nell'aria (che « *anima* » pur da' latini vien detta), e la stimarono il veicolo della vita (come restò a' latini la propietà della frase « *anima vivimus* », e a' poeti quelle frasi: « *ferri ad vitales auras* », « nascere »; « *ducere vitales auras* », « vivere »; « *vitam referri in auras* », « morire »; e in volgar latino restarono « *animam ducere* » per « vivere », « *animam trahere* » per « agonizzare », « *animam efflare* », « *emittere* » per « morire »); onde forse i fisici ebbero il motivo di riporre l'anima del mondo nell'aria.[3] E i poeti teologi, con giusto senso ancora, mettevano il corso della vita nel corso del sangue, nel cui giusto moto consiste la nostra vita.

Dovetter, ancora con giusto senso, sentir che l'animo 'l veicolo sia del senso, perché restò a' latini la propietà dell'espressione « *animo sentimus* ». E, con giusto senso altresì, fecero l'animo maschio, femmina l'anima, perché l'animo operi nell'anima (ch'è l'« *igneus vigor* » che dice Virgilio);[4] talché l'animo debba avere il suo subbietto nei nervi e nella sostanza nervea, e l'anima nelle vene e nel sangue: e così i veicoli sieno, dell'animo, l'etere e, dell'anima, l'aere, con quella proporzione con la quale gli spiriti animali son mobilissimi, alquanto tardi i vitali. E, come l'anima è la ministra del moto, così l'animo sia del conato, e 'n conseguenza il principio; ch'è l'« *igneus vigor* » che testé ci ha detto Virgilio. E i poeti teologi il sentivano e non intendevano, e appresso Omero il dis-

3. *l'anima del mondo* ecc.: l'identificazione di etere e anima del mondo è dottrina stoica.

4. *Virgilio*: *Aen.*, VI, 730.

sero « forza sagra » e « vigor occulto »[5] e un « dio sconosciuto »; come i greci e i latini, quando dicevano o facevano cosa di che sentivano in sé un principio superiore, dicevano che un qualche dio avesse sì fatta cosa voluto: il qual principio fu da' medesimi latini detta « *mens animi* ». E sì, rozzamente, intesero quell'altissima verità, che poi la teologia naturale de' metafisici, in forza d'invitti raziocini contro gli epicurei, che le vogliono esser risalti de' corpi, dimostra che l'idee vengono all'uomo da Dio.[6]

Intesero la generazione con una guisa che non sappiamo se più propia n'abbiano potuto appresso giammai ritruovar i dotti. La guisa tutta si contiene in questa voce « *concipere* », detta quasi « *concapere* », che spiega l'esercizio che celebrano della loro natura le forme fisiche (ch'ora si deve supplire con la gravità dell'aria, dimostrata ne' tempi nostri), di prendere d'ogn'intorno i corpi loro vicini, e vincere la lor resistenza, e adagiargli e conformargli alla loro forma.

La corrozione spiegarono troppo sappientemente con la voce « *corrumpi* », che significa il rompimento di tutte le parti che compongono il corpo; per l'opposto di « *sanum* », perché la vita consista in tutte le parti sane: tanto che dovettero stimare i morbi portar la morte col guasto de' solidi.[7]

Riducevano tutte le funzioni interne dell'animo a tre

5. *Omero il dissero* ecc.: *Odissea*, XVIII, 34, 60; e cfr. n. 12 a pagina 640.

6. *de' metafisici* ecc.: riferimento alle dottrine di Descartes e Malebranche; con il termine *epicurei* Vico allude probabilmente, come nota il Nicolini, ai libertini e agli « ateisti » napoletani.

7. *Intesero la generazione* ecc.: il senso dei due capoversi è alquanto oscuro. Vico si rifà qui a tesi svolte nel perduto *De æquilibrio corporis animantis*. Come chiarisce il Nicolini (*Comm.*, 697-98) Vico si richiama alla dottrina dell'aria fecondata dall'etere (cfr. n. 100 alla *Autobiografia*), alla fisiologia cartesiana, e alla *Philosophia naturalis* di Pierre Le Roy (Henricus Regius) già ricordata dal Vico nell'*Autobiografia*. I *solidi* sono i vasi sanguigni.

parti del corpo: al capo, al petto, al cuore. E dal capo richiamavano tutte le cognizioni; che perciocch'erano tutte fantastiche, collocarono nel capo la memoria, la quale da' latini fu detta per « fantasia ».[8] E a' tempi barbari ritornati fu detta « fantasia » per « ingegno », e, 'n vece di dir « uomo d'ingegno », dicevan « uomo fantastico »; qual narra essere stato Cola di Rienzo l'autore dello stesso tempo il qual in barbaro italiano ne descrisse la vita,[9] la qual contiene nature e costumi somigliantissimi a quest'eroici antichi che ragioniamo: ch'è un grande argomento del ricorso che, 'n nature e costumi, fanno le nazioni. Ma la fantasia altro non è che risalto di reminiscenze, e l'ingegno altro non è che lavoro d'intorno a cose che si ricordano. Ora, perché la mente umana de' tempi che ragioniamo non era assottigliata da verun'arte di scrivere, non spiritualezzata da alcuna pratica di conto e ragione, non fatta astrattiva da tanti vocaboli astratti di quanti or abbondan le lingue, come si è detto sopra nel *Metodo*, ella esercitava tutta la sua forza in queste tre bellissime facultà, che le provengon dal corpo; e tutte e tre appartengono alla prima operazion della mente, la cui arte regolatrice è la topica, siccome l'arte regolatrice della seconda è la critica; e, come questa è arte di giudicare, così quella è arte di ritruovare, conforme si è sopra detto negli *Ultimi corollari* della *Logica poetica*. E, come naturalmente prima è 'l ritruovare, poi il giudicar delle cose,[10] così conveniva alla fanciullezza del mondo di

8. *la memoria* ecc.: per Vico sussistono, fra la memoria e la fantasia, rapporti assai stretti. In più punti egli sostiene anzi la tesi di una sostanziale identità della memoria con la fantasia. Cfr. in *Opere*, I, pp. 63, 81, 178, 212 e nella *Scienza nuova* la *degnità* L e le *Pruove filosofiche per la discoverta del vero Omero*, IX.

9. *l'autore* ecc.: cfr. Muratori, *Antiquitates*, III, p. 516, ove si afferma però cosa diversa.

10. *prima è 'l ritruovare* ecc.: cfr. F. Bacone, *De Augmentis* in *Works*, I, p. 616: « l'uomo trova ciò che ha cercato, giudica ciò che ha trovato, ritiene ciò che ha giudicato, trasmette ciò che ha ritenuto ». Anche nella suddivisione baconiana della logica in arte, della ricerca, del giudizio, del-

esercitarsi d'intorno alla prima operazion della mente umana, quando il mondo aveva di bisogno di tutti i ritruovati per le necessità ed utilità della vita, le quali tutte si erano provvedute innanzi di venir i filosofi, come più pienamente il dimostreremo nella *Discoverta del vero Omero.* Quindi a ragione i poeti teologi dissero la Memoria esser «madre delle muse», [11] le quali sopra si sono truovate essere l'arti dell'umanità.

È, in questa parte, da punto non trallasciare quest'importante osservazione, che molto rileva per quello che nel *Metodo* si è sopra detto: ch'or intender appena si può, affatto immaginar non si può come pensassero i primi uomini che fondarono l'umanità gentilesca, ch'erano di menti così singolari e precise, ch' ad ogni nuov'aria di faccia ne stimavano un'altra nuova, com'abbiam osservato nella favola di Proteo; ad ogni nuova passione stimavano un altro cuore, un altro petto, un altr'animo: onde sono quelle frasi poetiche, usate, non già per necessità di misure, ma per tal natura di cose umane, quali sono «*ora*», «*vultus*», «*animi*», «*pectora*», «*corda*», prese per gli numeri loro del meno. [12]

Fecero il petto stanza di tutte le passioni, a cui con giusti sensi ne sottoposero i due fomenti o princìpi: cioè l'irascibile nello stomaco, perocché ivi, per superare il

la memoria, della trasmissione, era presente la tesi di una necessaria precedenza della *inventio* rispetto al giudizio. Questa tesi, derivante dalla tradizione della retorica classica, era stata ripresa dal Vico, con particolare vigore, nel *De nostri temporis studiorum ratione* ove la precedenza della invenzione sul giudizio e della *topica* sull'*analitica* veniva contrapposta alla riduzione cartesiana della logica ad *analitica.* Cfr. *Opere,* I, p. 82.

11. *a ragione* ecc.: in Hobbes è presente la tesi vichiana di una sostanziale identità di memoria e fantasia (cfr. la precedente n. 8 e Th. Hobbes, *Opera philosophica,* Londra, 1841, III, p. 9); nello stesso autore ritroviamo anche l'immagine della Memoria madre delle Muse: «perciò gli antichi favoleggiarono non assurdamente facendo della Memoria la madre delle muse» (*English Works,* Londra, 1839, I, p. 13).

12. *prese* ecc.: impiegate a indicare, invece che il plurale, il singolare.

mal che ci preme, ci si faccia sentire la bile contenuta ne' vasi biliari, sparsi per lo ventricolo, il quale, con invigorire il suo moto peristaltico, spremendogli, la vi diffonde: — posero la concupiscibile, più di tutt'altro, nel fegato, ch'è diffinito l'« ufficina del sangue », ch'i poeti dissero « precordi », ove Titane impastò le passioni degli altri animali, [13] le quali fussero in ciascuna specie più insigni; e abbozzatamente intesero che la concupiscenza è la madre di tutte le passioni e che le passioni sieno dentro de' nostri umori.

Richiamavano al cuore tutti i consigli, onde gli eroi « *agitabant* », « *versabant* », « *volutabant corde curas* », perché non pensavano d'intorno alle cose agibili senonsé scossi da passioni, siccome quelli ch'erano stupidi ed insensati. Quindi da' latini « *cordati* » furono detti i saggi, e « *vecordes* » al contrario gli scempi; e le risoluzioni si dissero « *sententiæ* », perché, come sentivano così giudicavano, onde i giudizi eroici erano tutti con verità nella loro forma, quantunque spesso falsi nella materia.

3.

COROLLARIO DELLE SENTENZE EROICHE

Ora, perché i primi uomini del gentilesimo erano di menti singolarissime, poco meno che di bestie, alle quali ogni nuova sensazione cancella affatto l'antica (ch'è la ragione perché non possono combinar e discorrere), perciò le sentenze tutte dovevan essere singolarizzate da chi sentivale. Onde quel sublime, ch'ammira Dionigi Longino nell'oda di Saffo che poi trasportò in latino Catullo,

13. *Titane* ecc.: su Titano o Prometeo che crea l'uomo dal fango impastandolo con parti di animali cfr. Orazio, *Odi*, I, 16, 13 segg. e F. Bacone, *De sapientia veterum, Prometheus sive status hominis.*

che l'innamorato, alla presenza della sua amata donna, spiega per somiglianza:

Ille mi par esse deo videtur, [1]

manca del sommo grado della sublimità, perché non singolarizza la sentenza in se stesso, come fa Terenzio, con dire:

Vitam deorum adepti sumus; [2]

il qual sentimento, quantunque sia propio di chi lo dice, per la maniera latina d'usare nella prima persona il numero del più per quello del meno, [3] però ha un'aria di sentimento comune. Ma dallo stesso poeta, in altra commedia, il medesimo sentimento è innalzato al sommo grado della sublimità, ove, singolarizzandolo, l'appropia a chi 'l sente:

Deus factus sum. [4]

Perciò queste sentenze astratte son di filosofi, perché contengono universali, e le riflessioni sopra esse passioni di falsi e freddi poeti.

4.

COROLLARIO DELLE DESCRIZIONI EROICHE

Finalmente riducevano le funzioni esterne dell'animo ai cinque sensi del corpo, ma scorti, vividi e risentiti, siccome quelli ch'erano nulla o assai poco ragione e tutti

3. - 1. *Dionigi Longino* ecc.: Pseudo-Longino, *Del sublime,* XI; cfr. Catullo, carme LI, di derivazione saffiana: « Mi sembra di essere pari a un dio ».

2. *Terenzio* ecc.: *Heautontimorumenos,* atto IV, scena 3, 15: « abbiamo conseguito la vita degli dei ».

3. *il numero del più* ecc.: il plurale per il singolare.

4. *Deus* ecc.: « divenni dio », Terenzio, *Hecyra,* atto V, scena 4, 3.

robustissima fantasia. Di ciò sieno pruove i vocaboli che diedero ad essi sensi.

Dissero « *audire* », quasi « *haurire* », perché gli orecchi bevano l'aria da altri corpi percossa. Dissero « *cernere oculis* » il vedere distintamente (onde forse venne « scernere » agl'italiani), perché gli occhi sieno come un vaglio e le pupille due buchi — che, come da quello escon i bastoni di polvere, che vanno a toccare la terra, così dagli occhi, per le pupille, escano bastoni di luce, che vanno a toccare le cose, le quali distintamente si vedono (ch'è 'l baston visuale che poi ragionarono gli stoici, e felicemente a' nostri tempi ha dimostrato il Cartesio); [1] — e dissero « *usurpare oculis* » generalmente il vedere, quasi che, con la vista, s'impossessassero delle cose vedute. Con la voce « *tangere* » dissero anco il rubare, perché, col toccare, da' corpi che si toccano si porta via qualche cosa, ch'or appena s'intende da' fisici più avveduti. Dissero « *olfacere* » l'odorare, quasi, odorando, facessero essi gli odori; lo che poi, con gravi osservazioni, truovaron vero i naturali filosofi, che i sensi facciano le qualità che sono dette « sensibili ». E finalmente dissero « *sapere* » il gustare, e « *sapere* », propiamente, è delle cose che dan sapore, perché assaggiassero nelle cose il sapor propio delle cose; onde poi

4. - 1. *escano bastoni* ecc.: la dottrina secondo la quale l'occhio è in grado di emettere tanti bastoncini o raggi sottilissimi e impalpabili atti a esplorare i corpi circostanti attraversa tutto il pensiero antico e medievale: fu sostenuta nell'*Ottica* di Euclide, adottata dai pitagorici e dagli stoici, da Ipparco e da Tolomeo. Democrito, gli epicurei e Lucrezio sostenevano invece l'altra tesi secondo la quale un qualche cosa (« scorze » o « simulacri » materiali) partiva dai corpi e arrivava all'occhio portandovi le forme e i colori. L'accostamento dell'ottica cartesiana alla dottrina dei « bastoncini » è, in buona parte, arbitrario. Nelle prime pagine della *Dioptrique*, I, 2 Descartes paragona la visione al processo mediante il quale un cieco "sente" gli oggetti che lo circondano con l'aiuto di un bastone: la luce è costituita da una pressione trasmessa all'occhio dal corpo luminoso mediante un *medium*, così come la resistenza di un oggetto è comunicata mediante il bastone alla mano del cieco.

con bella metafora fu detta « sapienza », che fa usi, delle cose, i quali hanno in natura, non già quelli che ne finge l'oppenione.

Nello che è da ammirare la provvedenza divina: ch'avendoci dato ella i sensi per la custodia de' nostri corpi — i quali i bruti hanno maravigliosamente più fini degli uomini — in tempo ch'erano gli uomini caduti in uno stato di bruti, da tal loro natura istessa avessero sensi scortissimi per conservarsi; i quali, venendo l'età della riflessione, con cui potessero consigliarsi per guardar i loro corpi, s'infievolirono. Per tutto ciò le descrizioni eroiche, quali sono quelle d'Omero, diffondono tanto lume e splendor d'evidenza, che non si è potuto imitare, nonché uguagliare, da tutti i poeti appresso.

5.

COROLLARIO DE' COSTUMI EROICI

Da tali eroiche nature, fornite di tali sensi eroici, si formarono e fermarono somiglianti costumi. Gli eroi, per la fresca origine gigantesca, erano in sommo grado goffi e fieri, quali ci sono stati detti *los patacones*, di cortissimo intendimento, di vastissime fantasie, di violentissime passioni. [1] Per lo che dovetter essere zotici, crudi, aspri, fieri, orgogliosi, difficili ed ostinati ne' loro propositi e, nello stesso tempo, mobilissimi al presentarsi loro de' nuovi contrari obbietti: siccome tuttodì osserviamo i contadini caparbi, i quali ad ogni motivo di ragion detta loro vi si rimettono; ma, perché sono deboli di riflessione, la ragione, che gli aveva rimossi, tosto dalle loro menti sgombrando, si richiamano al lor proposito. E, per lo stesso difetto della riflessione, eran aperti, risentiti, magnanimi e generosi,

5. - 1. *los patacones* ecc.: cfr. la *degnità* XXVI.

qual è da Omero descritto Achille, il massimo di tutti gli eroi della Grecia. Sopra i quali esempli di costumi eroici Aristotile alzò in precetto d'arte poetica che gli eroi, i quali si prendono per subbietti delle tragedie, eglino non sieno né ottimi né pessimi, ma di grandi vizi e di grandi virtù mescolati. [2] Perché cotesto eroismo di virtù, la qual sia compiuta sopra la sua idea ottima, egli è di filosofi, non di poeti; e cotesto eroismo galante è di poeti che vennero dopo Omero, [3] i quali o ne finsero le favole di getto nuove, o le favole, nate dapprima gravi e severe, quali convenivano a fondatori di nazioni, poscia, effemminandosi col tempo i costumi, essi alterarono e finalmente corruppero. Gran pruova è di ciò (e la stessa dee essere un gran canone di questa mitologia istorica che ragioniamo) che Achille, il quale per quella Briseide ad essolui tolta da Agamennone fa tanti romori che n'empie la terra e 'l cielo e ne porge la materia perpetua a tutta l'*Iliade*, non ne mostra, in tutta l'*Iliade*, pur un menomo senso di passion amorosa d'esserne rimasto privo; e Menelao, che per Elena muove tutta la Grecia contro di Troia, non ne mostra, per tutta quella lunga e gran guerra, un segno, pur picciolo, d'amoroso cruccio o di gelosia che la si goda Paride, il quale gliel'aveva rapita.

Tutto ciò che si è in questi tre corollari detto delle sentenze, delle descrizioni e de' costumi eroici, appartiene alla discoverta del vero Omero, che si farà nel libro seguente.

2. *Aristotile... mescolati*: *Poetica*, 13, 1452 b-1453 a; 15, 1454 b, ma Vico riferisce il testo in modo ancora una volta inesatto.

3. *di poeti* ecc.: nella *Scienza nuova prima* (cfr. *Opere*, III, capov. 208) Vico afferma di riferirsi a Mosco di Siracusa (fiorito intorno al 150 a. C.) e ad Anacreonte (nato intorno al 570 a. C.).

VIII

DELLA COSMOGRAFIA POETICA

I poeti teologi, siccome posero per princìpi in fisica le sostanze da essi immaginate divine, [1] così descrissero una a cotal fisica convenevole cosmografia, ponendo il mondo formato di dèi del cielo, dell'inferno (che da' latini si dissero «*dii superi*» e «*dii inferi*») e di dei che tra 'l cielo e la terra si frapponessero (che dovetter esser appo i latini dapprima i dei detti «*medioxumi*»). [2]

Del mondo in primo luogo contemplarono il cielo, le cui cose dovetter esser a' greci i primi *μαθήματα*, o sieno «sublimi cose», e i primi *θεωρήματα*, o sieno «divine cose da contemplarsi». La contemplazione delle quali fu detta così da' latini da quelle regioni del cielo che disegnavano gli àuguri per prender gli augùri (che dicevano «*templa cœli*», onde nell'Oriente venne il nome de' zoroastri, che 'l Bocarto vuol detti quasi «contemplatori degli astri»), [3] per indovinare dal tragitto delle stelle cadenti la notte.

Fu a' poeti il primo cielo non più in suso delle alture delle montagne, ov'i giganti da' primi fulmini di Giove furono dal loro ferino divagamento fermati; ch'è quel Cielo che regnò in terra e, quindi incominciando, fece de' grandi benefici al gener umano, come si è sopra pienamente spiegato. Laonde dovetter estimar il cielo la cima d'esse montagne (dall'acutezza delle quali a' latini venne «*cœlum*» detto ancor il bolino, [4] istrumento d'intagliar

VIII. - 1. *I poeti* ecc.: il cielo, la terra, il mare furono immaginati come *animate divinità*. Cfr. la *Logica poetica*, al terzo capoverso.

2. *appo i latini*: cfr. Apuleio, *De dogmate Platonis*, I, 1; Servio, *Ad Aeneidem*, III, p. 134; VIII, p. 274.

3. *Bocarto* ecc.: Samuele Bochart, *Geographia sacra seu Pholag et Chanaan*, ed. di Liegi, 1692, col. 306.

4. *bolino*: cfr. n. 100 alla *Autobiografia*.

in pietre o metalli); appunto come i fanciulli immaginano ch'i monti sieno le colonne che sostengono il solaio del cielo (siccome gli arabi tali princìpi di cosmografia diedero all'Alcorano): [5] delle quali colonne, due restarono « d'Ercole », come più giuso vedremo; che dovettero dapprima dirsi i puntelli o sostegni, da « *columen* », e che poi l'abbia ritondati l'architettura; sopra un cui solaio sì fatto Teti dice ad Achille, appo Omero, [6] che Giove con gli altri dèi era ito da Olimpo a banchettare in Atlante. Tanto che, come sopra dicemmo, ove si ragionò de' giganti, la favola della guerra ch'essi fanno al cielo, e impongono gli altissimi monti, a Pelio Ossa, ad Ossa Olimpo, per salirvi e scacciarne gli dei, dev'essere stata ritruovata dopo d'Omero; [7] perché nell'*Iliade* certamente egli sempre narra gli dei starsi sulla cima del monte Olimpo, onde bastava che crollasse l'Olimpo solo, per farne cadere gli dei. Né tal favola, quantunque sia riferita nell'*Odissea*, [8] ella ben vi conviene: perché in quel poema l'inferno non è più profondo d'un fosso, dove Ulisse vede e ragiona con gli eroi trapassati; laonde quanto corta idea aveva l'Omero dell'*Odissea* dell'inferno è necessario ch'a proporzione altrettanta ne avesse avuto del cielo, in conformità di quanta ne aveva avuto l'Omero autor dell'*Iliade*. [9] E, 'n conseguenza, si è dimostro che tal favola non è d'Omero, come promettemmo sopra di dimostrare.

5. *gli arabi* ecc.: il Nicolini (*Comm.*, 712) rimanda al *Corano*, sûra XLI, 11-12, notando che in quel testo non si afferma, a proposito del cielo, che esso fosse come un solaio appoggiato sulle cime dei monti. Cfr. la traduz. latina di L. Marracci, *Alcorani textus universus arabice et latine*, Padova, 1698, p. 621.

6. *Omero*: *Iliade*, I, 423, ma Vico riferisce inesattamente.

7. *come sopra dicemmo* ecc.: nella *Metafisica poetica*, capit. II, ultimo capoverso.

8. *Odissea*: VIII, 35 segg.

9. *l'Omero dell'Odissea* ecc.: per Vico Omero non è un personaggio reale, ma un *carattere poetico*; di conseguenza l'*Iliade* e l'*Odissea* non sono opera di uno stesso autore, ma prodotti poetici dell'intero popolo greco. Su questi concetti cfr. l'intero ter-

In questo cielo dapprima regnarono in terra gli dei e praticarono con gli eroi, secondo l'ordine della teogonia naturale che sopra si è ragionata, incominciando da Giove. In questo cielo rendette in terra ragione Astrea, coronata di spighe e fornita altresì di bilancia, perché il primo giusto umano fu ministrato dagli eroi agli uomini con la prima legge agraria ch'abbiamo sopra veduto: perocché gli uomini sentirono prima il peso, poi la misura, assai tardi il numero, nel quale finalmente si fermò la ragione; [10] tanto che Pittagora, non intendendo cosa più astratta da' corpi, pose l'essenza dell'anima umana ne' numeri. Per questo cielo van correndo a cavallo gli eroi, come Bellerofonte sul Pegaso, e ne restò a' latini « *volitare equo* », « andar correndo a cavallo ». In questo cielo Giunone imbianca la via lattea del latte, non suo, perché fu sterile, ma delle madri di famiglia, che lattavano i parti legittimi per quelle nozze eroiche delle quali era nume Giunone. Su per questo cielo gli dei sono portati sui carri d'oro poetico (di frumento), onde fu detta l'età dell'oro. In questo cielo s'usarono l'ali, non già per volare o significare speditezza d'ingegno — onde son alati Imeneo (ch'è lo stesso ch'Amor eroico), Astrea, le muse, il Pegaso, Saturno, la Fama, Mercurio (come nelle tempie così ne' talloni, e alato il di lui caduceo, con cui da questo cielo porta la prima legge agraria a' plebei, ch'ammutinati erano nelle valli, come si è sopra detto); alato il dragone (perché la Gorgone è pur nelle tempie alata, né significa ingegno né vola;) — ma l'ali si usarono per significare diritti eroici, che tutti erano fondati nella ragion degli auspìci, come pienamente sopra si è dimostrato. In questo cielo ruba Prometeo il fuoco dal sole, che dovettero gli eroi fare con le pietre focaie ed attaccarlo agli spinai

zo libro della *Scienza nuova*.

10. *assai tardi* ecc.: il numero, come concetto astratto, presuppone sia superata l'età della fantasia.

secchi per sopra i monti dagli accesi soli d'està, onde la fiaccola d'Imeneo ci viene fedelmente narrata essere stata fatta di spine. Da questo cielo è Vulcano precipitato con un calcio da Giove; da questo cielo precipita, col carro del Sole, Fetonte; da questo cielo cade il pomo della Discordia: le quali favole si sono tutte sopra spiegate. E da questo cielo finalmente dovettero cadere gli ancili, o scudi sagrati, a' romani.

Delle deitadi infernali in primo luogo i poeti teologi fantasticarono quella dell'acqua; e la prima acqua fu quella delle fontane perenni, che chiamarono « Stige », per cui giuravano i dèi, come si è sopra detto: onde forse Platone poi oppinò che nel centro della terra fusse l'abisso dell'acque.[11] Ma Omero, nella contesa degli dei, fa temere Plutone che Nettunno co' tremuoti non iscuopra l'inferno agli uomini ed agli dei, con aprir loro la terra;[12] ma, posto l'abisso nelle più profonde viscere della terra, e che egli facesse i tremuoti, avverrebbe tutto il contrario: che l'inferno sarebbe sommerso e tutto ricoverto dall'acque. Lo che sopra avevamo promesso di dimostrare: che tal allegoria di Platone mal conveniva a tal favola. Per ciò che si è detto, il primo inferno non dovett'essere più profondo della sorgiva delle fontane; e la prima deitade funne creduta Diana, di cui pur ci racconta la storia poetica essere stata detta triforme, perché fu Diana in cielo, Cinzia cacciatrice, col suo fratello Apollo, in terra, e Proserpina nell'inferno.

Si stese l'idea dell'inferno con le seppolture; ond'i poeti chiamano « inferno » il sepolcro (la qual espressione è anco usata ne' libri santi). Talché l'inferno non fu più profondo d'un fosso, dove Ulisse, appo Omero,[13] vede

11. *Platone* ecc.: il riferimento a Platone è errato, come già si è visto.

12. *Ma Omero* ecc.: cfr. per questo episodio *Iliade* XX, 1 segg. La *contesa degli dei* è descritta invece nel libro XXI.

13. *Ulisse, appo Omero*: *Odissea*, XVIII.

l'inferno e quivi l'anime degli eroi trappassati: perché in tal inferno furon immaginati gli Elisi, ove, con le sepolture, godono eterna pace l'anime de' difonti; e gli Elisi sono la stanza beata degli dei mani o sia dell'anime buone de' morti.

Appresso, l'inferno pur fu di bassa profondità quanto è l'altezza d'un solco, ove Cerere, ch'è la stessa che Proserpina (il seme del frumento), è rapita dal dio Plutone, e vi sta dentro sei mesi, e poi ritorna a veder la luce del cielo; onde appresso si spiegherà il ramo d'oro con cui Enea scende all'inferno, che Virgilio [14] finse continuando la metafora eroica delle poma d'oro, che noi sopra abbiam truovato esser le spighe del grano.

Finalmente l'inferno fu preso per le pianure e le valli (opposte all'altezza del cielo, posto ne' monti), ove restarono i dispersi nell'infame comunione. Onde di tal inferno è lo dio Erebo, detto figliuolo del Cao, cioè della confusione de' semi umani, ed è padre della notte civile (della notte de' nomi); siccome il cielo è allumato di civil luce, onde gli eroi sono incliti. Vi scorre il fiume Lete, il fiume, cioè, dell'obblio, perché tali uomini non lasciavano niun nome di sé nelle loro posterità; siccome la gloria in cielo eterna i nomi de' chiari eroi. Quindi Mercurio, come si è detto di sopra nel di lui carattere, con la sua verga, in cui porta la legge agraria, richiama l'anime dall'Orco, il quale tutto divora; ch'è la storia civile conservataci da Virgilio in quel motto:

hac ille animas evocat Orco: [15]

chiama le vite degli uomini eslegi e bestiali dallo stato ferino, il quale si divora il tutto degli uomini, perché non lasciano essi nulla di sé nella loro posterità. Onde poi la

14. *Virgilio*: *Aen.*, VI, 635-36.
15. *Virgilio* ecc.: *Aen.*, IV, 242: « Di qua egli evoca le anime dall'Orco ».

verga fu adoperata da' maghi, sulla vana credenza che con quella si risuscitassero i morti; e 'l pretore romano con la bacchetta batteva sulla spalla gli schiavi e gli faceva divenir liberi, quasi con quella gli faceva ritornar da morte in vita. Se non pure i maghi stregoni usano la verga nelle loro stregonerie, ch'i maghi sappienti di Persia avevan usato per la divinazion degli auspìci: onde alla verga fu attribuita la divinità, e fu dalle nazioni tenuta per dio e che facesse miracoli, come Trogo Pompeo ce n'accerta appresso il suo breviatore Giustino. [16)]

Quest'inferno è guardato da Cerbero, dalla sfacciatezza canina d'usar la venere senza vergogna d'altrui. È Cerbero trifauce, cioè d'una sformata gola, col superlativo del « tre » ch'abbiamo più volte sopra osservato, perché, come l'Orco, tutto divora; e, uscito sopra la terra, il sole ritorna indietro (e, salito sulle città eroiche, la luce civil degli eroi ritorna alla notte civile).

Nel fondo di tal inferno scorre il fiume Tartaro, dove si tormentano i dannati: Issione a girar la ruota, Sisifo a voltar il sasso, Tantalo a morirsi e di fame e di sete, come si sono sopra queste favole tutte spiegate, e 'l fiume dove brucian di sete è lo stesso fiume « senza contento », ché tanto Acheronte e Flegetonte significano. In quest'inferno poi, per ignorazione di cose, furono gittati da' mitologi e Tizio e Prometeo; ma costoro furon in cielo incatenati alle rupi, a' quali divora le viscere l'aquila che vola ne' monti (la tormentosa superstizion degli auspìci, ch'abbiamo sopra spiegati).

Le quali favole tutte poscia i filosofi ritruovaron acconcissime a meditarvi e spiegare le loro cose morali e metafisiche; e se ne destò Platone ad intendere le tre pene divine, che solamente dànno gli dei e non possono dare gli uomini: la pena dell'obblio, dell'infamia e i

16. *Giustino*: XLIII, 3, 3.

rimorsi co' quali ci tormenta la rea coscienza; e che, per la via purgativa delle passioni dell'animo, le quali tormentano gli uomini (ch'esso intende per l'inferno de' poeti teologi), si entra nella via unitiva, per dove va ad unirsi la mente umana con Dio per mezzo della contemplazione dell'eterne divine cose (la qual egli interpetra aver inteso i poeti teologi coi lor Elisi). [17]

Ma, con idee tutte diverse da queste morali e metafisiche (perocché i poeti teologi l'avevano detto con idee politiche, com'era loro necessario naturalmente di fare, siccome quelli che fondavano nazioni), scesero nell'inferno tutti i gentili fondatori de' popoli. Scesevi Orfeo, che fondò la nazion greca; e, vietato, nel salirne, di voltarsi indietro, voltandosi, perde la sua moglie Euridice (ritorna all'infame comunion delle donne). Scesevi Ercole (ch'ogni nazione ne racconta uno da cui fusse stata fondata), e scesevi per liberar Teseo, che fondò Atene, il quale vi era sceso per rimenarne Proserpina, ch'abbiamo detto essere la stessa che Cerere (per riportarne il seminato frumento in biade). Ma, più spiegatamente di tutti, appresso, Virgilio (il quale nei primi sei libri dell'*Eneide* canta l'eroe politico, negli altri restanti sei canta l'eroe delle guerre), con quella sua profonda scienza dell'eroiche antichità, narra ch'Enea, con gli avvisi e con la condotta della Sibilla cumana, delle quali dicemmo ch'ogni nazione gentile n'ebbe una, e ce ne sono giunte nominate pur dodici (talché vuol dire con la divinazione, che fu la sapienza volgare della gentilità), con sanguinosa religione pio (di quella pietà che professarono gli antichissimi eroi nella fierezza ed immanità della loro fresca origine bestiale che sopra si è dimostrata), sagrifica il socio Miseno (come pure abbiam sopra detto, per lo diritto crudele che gli eroi ebbero sopra i lor primi soci ch'abbiamo ancor ragio-

17. *Platone* ecc.: cfr. il mito di Er nell'ultimo libro della *Repubblica*, X, 13-16.

nato), si porta nell'antica selva (qual era la terra dappertutto incolta e boscosa), gitta il boccone sonnifero a Cerbero e l'addormenta (ch'Orfeo aveva addormentato col suono della sua lira, che sopra a tante pruove abbiamo truovato esser la legge; ed Ercole incatenò col nodo con cui avvinse Anteo nella Grecia, cioè con la prima legge agraria, in conformità di ciò che se n'è sopra detto); per la cui insaziabil fame Cerbero fu finto trifauce — d'una vastissima gola — col superlativo del tre, come si è sopra spiegato. Così Enea scende nell'inferno (che truovammo dapprima non più profondo dell'altezza de' solchi), e a Dite (dio delle ricchezze eroiche, dell'oro poetico, del frumento; il quale Dite lo stesso fu che Plutone, che rapì Proserpina, che fu la stessa che Cerere, la dea delle biade) presenta il ramo d'oro (ove il gran poeta la metafora delle poma d'oro, che sopra truovammo essere le spighe del grano, porta più innanzi al ramo d'oro, alla messe). Ad un tal ramo svelto succede l'altro (perché non proviene la seconda raccolta senonsé l'anno dopo essersi fatta la prima); ch'ove gli dei si compiacciono, volentieri e facile siegue la mano di chi l'afferra, altrimente non si può svellere con niuna forza del mondo [18] (perché le biade, ove Dio voglia, naturalmente provengono; ove non voglia, con niuna umana industria si posson raccogliere). Quindi, per mezzo dell'inferno, si porta ne' Campi Elisi [19] (perché gli eroi, con lo star fermi ne' campi colti, morti poi godevano, con le seppolture, la pace eterna, com'abbiamo sopra spiegato), e quivi egli vede i suoi antenati e vegnenti [20] (perché con la religione delle seppolture, ch'i poeti dissero « inferno », come sopra si è pur veduto, si fondarono le prime geanologie, dalle quali pur sopra si è detto aver incominciato la storia).

18. *presenta il ramo* ecc : cfr. Virgilio, *Aen.*, VI, 635-36; 143-44; 146-48.

19. *Quindi... Elisi*: *Aen.*, VI, 637 segg.

20. *vegnenti*: discendenti.

La terra da' poeti teologi fu sentita con la guardia de' confini, ond'ella ebbe sì fatto nome di « terra ». La qual origin eroica serbaron i latini nella voce « *territorium* », che significa « distretto » da ivi dentro esercitare l'imperio; che, con errore, i latini gramatici credono esser detto a « *terrendo* » de' littori, [21] che col terrore de' fasci facevano sgombrare la folla, per far largo a' maestrati [22] romani. Ma, in que' tempi che nacque la voce « *territorium* », non vi era troppa folla in Roma, che, in dugencinquant'anni di regno, ella manomise più di venti popoli e non distese più di venti miglia l'imperio, come sopra l'udimmo dir da Varrone. [23] Però l'origine di tal voce è perché tali confini di campi colti, dentro i quali poi sursero gl'imperi civili, erano guardati da Vesta con sanguinose religioni, come si è sopra veduto, ove truovammo tal Vesta de' latini esser la stessa che Cibele o Berecinzia de' greci, che va coronata di torri, o sia di terre forti di sito. Dalla qual corona cominciò a formarsi quello che si dice « *orbis terrarum* », cioè « mondo delle nazioni », che poi da' cosmografi fu ampliato e detto « *orbis mundanus* » e, in una parola, « *mundus* », ch'è 'l mondo della natura.

Cotal mondo poetico fu diviso in tre regni, ovvero in tre regioni: una di Giove in cielo; l'altra di Saturno in terra; la terza di Plutone nell'inferno, detto Dite, dio delle ricchezze eroiche, del primo oro, del frumento, perché i campi colti fanno le vere ricchezze de' popoli.

Così formossi il mondo de' poeti teologi di quattro elementi civili, che poi furono da' fisici appresi per naturali, come poco più sopra si è detto: cioè di Giove ovvero l'aria, di Vulcano o sia il fuoco, di Cibele ovvero la terra e di Diana infernale o sia l'acqua. Perché Nettunno tardi

21. *i latini* ecc.: cfr. Varrone, *De lingua latina*, V, 21.
22. *maestrati*: magistrati.
23. *come sopra... Varrone*: cfr. le *Annotazioni alla tavola cronologica*, XXIX.

da' poeti fu conosciuto, perché, come si è sopra detto, le nazioni tardi scesero alle marine; e fu detto Oceano ogni mare di prospetto interminato che cingesse una terra, che si dice « isola », come Omero dice l'isola Eolia circondata dall'Oceano: dal qual Oceano dovettero venire ingravidate da Zefiro, vento occidentale di Grecia, come quindi a poco dimostreremo, le giumente di Reso, e, ne' lidi del medesimo Oceano, pur da Zefiro nati i cavalli d'Achille. Doppo, i geografi osservarono tutta la terra, com'una grand'isola, esser cinta dal mare, e chiamarono tutto il mare che cinge la terra « oceano ».

Quivi finalmente, con l'idea con la quale ogni brieve proclive era detto « *mundus* » (onde sono quelle frasi: « *in mundo est* », « *in proclivi est* », per dir « egli è facile », ed appresso tutto ciò che monda, pulisce e raffazzona una donna si disse « *mundus muliebris* »), poi che s'intese la terra e 'l cielo essere di figura orbicolare, ch'in ogni parte della circonferenza verso ogni parte è proclive, e che l'oceano d'ogn'intorno la bagna, e che 'l tutto è adorno d'innumerabili, varie, diverse forme sensibili, quest'universo fu detto « *mundus* », del quale, con bellissimo sublime trasporto,[24] la natura s'adorna.

24. *trasporto*: traslato.

IX

DELL'ASTRONOMIA POETICA

1.

DELL'ASTRONOMIA POETICA

Questo sistema mondano egli durava a' tempi d'Omero alquanto spiegato più, il quale nell'*Iliade* narra sempre gli dei allogati sul monte Olimpo, e udimmo che fa dire dalla madre Teti ad Achille che gli dei eran iti da Olimpo a banchettare in Atlante.[1] Sicché gli più alti monti della terra dovetter a' tempi d'Omero esser creduti le colonne che sostenessero il cielo, siccome Abila e Calpe nello stretto di Gibilterra ne restaron dette « colonne d'Ercole », il quale succedette ad Atlante, stanco di più sostenere sopra i suoi ómeri il cielo.

2.

DIMOSTRAZIONE ASTRONOMICA FISICO-FILOLOGICA DELL'UNIFORMITÀ DE' PRINCIPI IN TUTTE L'ANTICHE NAZIONI GENTILI

Ma, l'indiffinita forza delle menti umane spiegandosi vieppiù, e la contemplazione del cielo affin di prender gli augùri obbligando i popoli a sempre osservarlo, nelle menti delle nazioni alzossi più in suso il cielo, e col cielo alzaronsi più in suso e gli dei e gli eroi. Qui ci giovino,[1] per lo ritruovamento dell'astronomia poetica, far uso di queste tre erudizioni filologiche: la prima, che l'astrono-

1. - 1. *sistema mondano* ecc.: sulla sostanziale infondatezza di questi riferimenti a Omero cfr. Nicolini, *Comm.*, 726.

2. - 1. *giovino*: plurale a senso. Si adotta la correzione apportata dal Flora (p. 1139) al testo del Nicolini che reca *giovi*.

mia nacque al mondo dalla gente caldea; la seconda, ch'i fenici portarono da' caldei agli egizi la pratica del quadrante e la scienza dell'elevazione del polo; la terza, che i fenici, che 'l dovettero aver appreso innanzi dagli stessi caldei, portarono a' greci i dei affissi alle stelle. Con queste tre filologiche erudizioni si compongano queste due filosofiche verità: una, civile, che le nazioni, se non sono prosciolte in un'ultima libertà di religione (lo che non avviene se non nella lor ultima decadenza), sono naturalmente rattenute di ricevere deitadi straniere; l'altra, fisica, che, per un inganno degli occhi, le stelle erranti più grandi ci sembrano delle fisse. [2]

Posti i quali princìpi, diciamo che appo tutte le nazioni gentili e d'Oriente e di Egitto e di Grecia (e vedremo anco del Lazio) nacque da origini volgari uniformi l'astronomia, per tal allogamento uniforme, con essere gli dei saliti ai pianeti e gli eroi affissi alle costellazioni, perché l'erranti paiono grandi molto più delle fisse. Onde i fenici truovarono tra' greci già gli dei apparecchiati a girar ne' pianeti e gli eroi a comporre le costellazioni, con la stessa facilità con la quale i greci gli ritruovarono poi tra' latini; ed è da dirsi su questi esempli ch'i fenici, quale tra' greci, tale ancora truovarono sì fatta facilità tra gli egizi. In cotal guisa, gli eroi, e i geroglifici significanti o le loro ragioni o le lor imprese, e buon numero degli dei maggiori furono innalzati al cielo e apparecchiati per l'astronomia addottrinata di dar alle stelle, che innanzi non avevano nomi, com'a lor materia, la forma così degli astri, o sia delle costellazioni, come degli erranti pianeti.

Così cominciando dall'astronomia volgare, [3] fu da'

2. *stelle erranti* ecc.: sono i pianeti; *stelle fisse* le costellazioni.

3. *astronomia volgare*: è l'astronomia dei tempi primitivi, contrapposta all'*astronomia addottrinata*, alla quale Vico ha poco sopra accennato, e che è invece quella caratteristica dei tempi colti.

primi popoli scritta in cielo la storia de' loro dei, de' lor eroi. E ne restò quest'eterna propietà: che materia degna d'istoria sieno memorie d'uomini piene di divinità o d'eroismo, quelle per opere d'ingegno e di sapienza riposta, queste per opere di virtù e di sapienza volgare; siccome la storia poetica diede agli astronomi addottrinati i motivi di dipignere nel cielo gli eroi e i geroglifici eroici più con questi che con quelli gruppi di stelle, e più in queste che 'n quelle parti del cielo, e più a questa che a quella stella errante di attaccarvi gli dei maggiori, coi nomi de' quali poi ci sono venuti detti i pianeti.

E, per parlar alcuna cosa più de' pianeti che delle costellazioni, certamente Diana, dea della pudicizia, serbata ne' concubiti nozziali, che tutta tacita di notte si giace con gli Endimioni dormienti, fu attaccata alla luna, che dà lume alla notte. Venere, dea della bellezza civile, attaccata alla stella errante più ridente, gaia e bella di tutte. Mercurio, divino araldo, vestito di civil luce, con tante ali (geroglifici di nobiltà), delle quali va ornato (mentre porta la legge agraria a' sollevati clienti), è allogato in un'errante, che tutta di raggi solari è coverta, talché di rado è veduta. Apollo, dio d'essa luce civile (onde « incliti » si dicon gli eroi), attaccato al sole, fonte della luce naturale. Marte, sanguinoso, ad una stella di somigliante colore. Giove, re e padre degli uomini e degli dei; superior a tutti e inferior a Saturno, che, perch'è padre e di Giove e del Tempo, corre lo più lungo anno di tutti gli altri pianeti: talché mal gli convengono l'ali, se, con allegoria sforzata, vogliono significare la velocità d'esso tempo, poiché corre più tardo di tutti i pianeti il suo anno; ma le si portò in cielo con la sua falce, in significazione, non di mietere vite d'uomini, ma mieter biade, con le quali gli eroi numeravano gli anni, e che i campi colti erano in ragion degli eroi. Finalmente i pianeti coi carri d'oro (cioè di frumento), co' quali andavano in cielo quand'era in terra, ora girano l'orbite lor assegnate. [4]

Per lo che tutto qui ragionato hassi a dire che 'l predominio degl'influssi, che sono creduti avere sopra i corpi sublunari e le fisse e l'erranti, è stato lor attribuito da ciò in che e gli dei e gli eroi prevalsero quand'eran in terra. Tanto essi dipendono da naturali cagioni! [5]

4. *Finalmente* ecc.: come chiarisce il Nicolini *(Comm.,* 730) Vico intende dire « che nelle orbite fisse percorse dai pianeti furono raffigurati gli eroi nell'atto in cui, dopo ciascuna mietitura, risalivano periodicamente, coi carri colmi di spighe, sui monti, loro dimora abituale ».

5. *Per lo che* ecc.: la credenza nell'influsso esercitato dai pianeti e dalle costellazioni sul destino dell'individuo singolo e dei gruppi sociali, che è alla base dell'astrologia, ha quindi per Vico un'origine sociale o politica.

X

DELLA CRONOLOGIA POETICA

1.

DELLA CRONOLOGIA POETICA

In conformità di cotal astronomia diedero i poeti teologi gl'incominciamenti alla cronologia. Perché quel Saturno, che da' latini fu detto *a «satis»*, da' seminati, e fu da' greci detto Χρόνος (appo i quali χρόνος significa il tempo), ci dà ad intendere che le prime nazioni (le quali furono tutte di contadini) incominciarono a noverare gli anni con le raccolte ch'essi facevano del frumento (ch'è l'unica o almeno la maggior cosa per la quale i contadini travagliano tutto l'anno), e, prima mutole, dovettero, o con tante spighe o pure tanti fili di paglia, far tanti atti di mietere quanti anni volevano essi significare. Onde sono appo Virgilio (dottissimo quant'altri mai dell'eroiche antichità) prima quell'espressione infelice e, con somma arte d'imitazione, infelicemente contorta, per ispiegare l'infelicità de' primi tempi a spiegarsi:

Post aliquot mea regna videns mirabor aristas, [1]

per dire «*post aliquot annos*»; poi quella, con alquanto di maggior spiegatezza:

Tertia messis erat.

Siccome finoggi i contadini toscani, in una nazione la più riputata in pregio di favellare che sia in tutta Italia, invece di dire «tre anni», per esemplo, dicono «abbiamo

1. - 1. *Post aliquot* ecc.: Virgilio, *Bucolica* I, 70.

tre volte mietuto ». E i romani conservarono questa storia eroica, che si ragiona qui, dell'anno poetico che significavasi con le messi, i quali la cura dell'abbondanza principalmente del grano dissero « *annona* ».

Quindi Ercole fucci narrato fondatore dell'olimpiadi, celebre epoca de' tempi appo i greci (da' quali abbiamo tutto ciò ch'abbiamo dell'antichità gentilesche), perch'egli diede il fuoco alle selve per ridurle a terreni da semina, onde furon raccolte le messi, con le quali dapprima si numeravano gli anni. E tali giuochi dovetter incominciar da' nemei, per festeggiare la vittoria che riportò del lione nemeo vomitante fuoco, che noi sopra abbiamo interpetrato il gran bosco della terra, al qual, appreso con l'idea d'un animale fortissimo (tanta fatiga vi bisognò per domarla!), diedero nome di « lione »: il quale poi passò al più forte degli animali, siccome sopra si è ragionato ne' *Princìpi dell'armi gentilizie*;[2] ed al Lione fu dagli astronomi assegnata nel zodiaco una casa attaccata a quella d'Astrea, coronata di spighe.[3] Questa è la cagione onde nei circi si vedevano spessi simulacri di lioni, simulacri del sole; si vedevano le mete con in cima le uova, che dovetter esser dapprima mete di grano, e i luci, ovvero gli occhi sboscati, che sopra si ragionarono de' giganti: dove poi gli astronomi ficcarono la significazione della figura ellitica, che descrive in un anno il sole, col cammino che fa per l'eclittica; la quale significazione

2. *ne' Princìpi* ecc.: sono al capitolo 6 della *Logica poetica*, corollario III, ma il rimando è errato. Dei leoni negli stemmi si parla nel capit. 2 della *Iconomica poetica*.

3. *al Lione* ecc.: *Ercole fu inalzato alle stelle* ha scritto Vico nelle prime pagine della *Scienza nuova*. Il leone nemeo, ucciso da Ercole, diviene la costellazione del leone nello Zodiaco. Con il termine *casa*, nel linguaggio astrologico, veniva designata ciascuna delle dodici parti uguali, immobili e fisse che compongono i due emisferi celesti. Già all'inizio dell'opera Vico ha identificato la Vergine, segno dello Zodiaco, con Astrea figlia di Giove e incoronata da spighe. La *casa* del Leone e Sole è *attaccata* a quella della Vergine e Mercurio nel senso che nelle *case* (numerate da 1 a 12 partendo da est nel senso contrario al moto diurno)il Leone occupa la quinta casa, la Vergine la sesta.

sarebbe stata più acconcia a Maneto di dar all'uovo che porta in bocca lo Cnefo, che quella che significasse la generazione dell'universo.[4]

Però con la teogonia naturale sopra qui ragionata si determina da noi la scorsa de' tempi, ne' quali, all'occasioni di certe prime necessità o utilità del gener umano, che dappertutto incominciò dalle religioni (la quale scorsa è l'età degli dei), ella deve almeno aver durato novecento anni da che tralle nazioni gentili incominciarono i Giovi, o sia dal tempo che 'ncominciò a fulminar il cielo dopo l'universale diluvio. E i dodici dei maggiori, incominciando da Giove, dentro questa scorsa a' loro tempi fantasticati, si pongano per dodici minute epoche, da ridurvi a certezza de' tempi la storia poetica.[5] Come, per cagion d'esemplo, Deucalione, che dalla storia favolosa si narra immediatamente dopo il diluvio e i giganti, che fonda con la sua moglie Pirra le famiglie per mezzo del matrimonio, sia egli nato nelle fantasie greche nell'epoca di Giunone, dea delle nozze solenni. Elleno, che fonda la greca lingua e, per tre suoi figliuoli, la ripartisce in tre dialetti, nacque nell'epoca d'Apollo, dio del canto, dal cui tempo dovette incominciare la favella poetica in versi. Ercole, che fa la maggior fatiga d'uccider l'idra o 'l lione nemeo (o sia di ridurre la terra a campi da semina), e ne riporta da Esperia le poma d'oro (le messi, ch'è impresa degna di storia; non gli aranci di Portogallo, fatto degno

4. *Questa è la cagione* ecc.: nei circhi, simboli dell'anno, erano immagini di leoni (sulle probabili fonti di questa affermazione cfr. Nicolini, *Comm.*, 733). Sulle uova poste sopra alle *mete* dei circhi cfr. Plinio, *Naturalis historia*, XXXVI, 9. I *luci* (come chiarisce il Nicolini nel luogo cit.) ha qui valore non di « boschi », ma di « lumi ingredienti », « donde la probabilità che Vico alluda a quelli per cui si dava lume alla parte inferiore o sotterranea del circo ». Di *luco* nel senso di *occhio* con riferimento ai giganti Vico ha già parlato nel capit. 2 della *Iconomica poetica*. Sullo *Cnefo* o Knufi cfr. il capit. 2 della *Politica poetica* al capoverso *Quindi ha da dirsi che questo Mercurio* ecc.

5. *Però con la teogonia* ecc.: cfr. le *Annotazioni alla tavola cronologica*, XIII.

di parasito), si distinse nell'epoca di Saturno, dio de' seminati. Così Perseo dee essersi fatto chiaro nell'epoca di Minerva, o sia degli già nati imperi civili, poic'ha caricato lo scudo del teschio di Medusa, ch'è lo scudo d'essa Minerva. E deve, per finirla, Orfeo esser nato dopo l'epoca di Mercurio, che, col cantar alle fiere greche la forza degli dei negli aspìci, de' quali avevano la scienza gli eroi, ristabilisce le nazioni greche eroiche ed al « tempo eroico » ne diede il vocabolo, perché in tal tempo avvennero siffatt'eroiche contese. Onde con Orfeo fioriscono Lino, Anfione, Museo ed altri poeti eroi; de' quali Anfione, de' sassi (come restonne a' latini « *lapis* » per dir « balordo »: degli scempi plebei), innalza le mura di Tebe dopo trecento anni ch'avevala Cadmo fondata; appunto come da un trecento anni dopo la fondazione di Roma egli avvenne che Appio, nipote del decemviro, come altra volta sopra abbiam detto, la plebe romana, che « *agitabat connubia more ferarum* » (che sono le fiere d'Orfeo), cantandole la forza degli dei negli auspìci (de' quali avevano la scienza i nobili), riduce in ufizio, e ferma lo Stato romano eroico.

Oltracciò, qui si deon avvertire quattro spezie d'anacronismi, contenute sotto il genere, ch'ogniun sa, di tempi prevertiti e posposti. [6] La prima è di tempi vuoti di fatti de' quali debbon esser ripieni: come l'età degli dei, nella quale abbiamo truovato quasi tutte l'origini delle cose umane civili, e al dottissimo Varrone corre per « tempo oscuro ». La seconda è di tempi pieni di fatti de' quali debbon esser vuoti: come l'età degli eroi, che corre per dugento anni, e, sulla falsa oppenione che le favole fussero state ritruovati di getto de' poeti eroici, e sopra tutti di Omero, s'empie di tutt'i fatti dell'età degli dei, i quali da questa in quella si devono rovesciare. [7] La terza è di

6. *quattro spezie* ecc.: vengono qui messi in luce gli *anacronismi* presenti nella cronologia tradizionale.

7. *da questa* ecc.: si debbono *rove-*

tempi uniti che si devon dividere, acciocché nella vita d'un solo Orfeo la Grecia da fiere bestie non sia portata al lustro della guerra troiana: ch'era quel gran mostro di cronologia che facemmo vedere nell'*Annotazioni alla Tavola cronologica.* [8] La quarta ed ultima è di tempi divisi che debbon esser uniti: come le colonie greche menate in Sicilia ed in Italia più di trecento anni dopo gli error degli eroi, le quali vi furono menate con gli errori e per gli errori de' medesimi eroi.

2.
CANONE CRONOLOGICO
PER DAR I PRINCIPI ALLA STORIA UNIVERSALE, CHE DEONO PRECORRERE ALLA MONARCHIA DI NINO, DALLA QUAL ESSA STORIA UNIVERSALE INCOMINCIA

In forza adunque della detta teogonia naturale, che n'ha dato la detta cronologia poetica ragionata, e con la scoverta delle anzidette spezie d'anacronismi notati sopra essa storia poetica, ora, per dar i princìpi alla storia universale, che deon precorrere alla monarchia di Nino, dalla qual essa storia universale incomincia, [1] stabiliamo questo canone cronologico: [2] che dalla dispersione del gener umano perduto per la gran selva della terra, che 'ncominciò a farsi dalla Mesopotamia (come tralle *Degnità* [3] n'abbiamo fatta una discreta domanda), per la razza empia di Sem nell'Asia orientale soli cento anni, e dugento per l'altre due di Cam e Giafet nelle restanti parti del

sciare dall'età degli eroi a quella degli dei.

8. *Annotazioni* ecc.: XXII.

2. - 1. *monarchia di Nino* ecc.: la monarchia assiro-babilonese, posta all'inizio della storia come prima forma di governo.

2. *stabiliamo* ecc.: in questo *canone cronologico* Vico suddivide la storia universale successiva al diluvio nell'età dell'erramento ferino, degli dei o tempo oscuro, degli eroi o tempo favoloso, degli uomini o tempo istorico. Cfr. su ciò le *Annotazioni alla tavola cronologica*, I, alla fine. Sulle numerose contraddizioni presenti in questa cronologia, cfr. Nicolini, *Comm.*, 736.

3. *Degnità*: XLII e XCIX.

mondo, vi corsero di divagamento ferino. Da che, con la religione di Giove (che tanti, sparsi per le prime nazioni gentili, ci appruovarono, sopra, l'universale diluvio), incominciarono i prìncipi delle nazioni a fermarsi in ciascheduna terra, dove per fortuna dispersi si ritruovavano, vi corsero i novecento anni dell'età degli dei, nel cui fine — perché quelli si erano per la terra dispersi per cercar pasco ed acqua, che non si truovano ne' lidi del mare, le nazioni si eran fondate tutte mediterranee — dovettero scender alle marine; onde se ne destò in mente de' greci l'idea di Nettunno, che truovammo l'ultima delle dodici maggiori divinità; e così, tra' latini, dall'età di Saturno, o sia secolo dell'oro del Lazio, vi corsero da novecento anni che Anco Marzio calasse al mare a prendervi Ostia. Finalmente vi corsero i dugento anni ch'i greci noverano del secolo eroico, ch'incomincia da' corseggi del re Minosse, séguita con la spedizione navale che fece Giasone in Ponto, s'innoltra con la guerra troiana e termina con gli error degli eroi fin al ritorno d'Ulisse in Itaca. Tanto che Tiro, capitale della Fenicia, si dovette portare da mezzo terra a lido, e quindi in un'isola vicina del mar Fenicio, da più di mille anni dopo il diluvio; ed essendo già ella celebre, per la navigazione e per le colonie sparse nel Mediterraneo e fin fuori nell'Oceano, innanzi al tempo eroico de' greci, vien ad evidenza pruovato che nell'Oriente fu il principio di tutto il gener umano, e che prima l'error ferino per gli luoghi mediterranei della terra, dipoi il diritto eroico e per terra e per mare, finalmente i traffichi marittimi de' fenici sparsero le prime nazioni per le restanti parti del mondo. I quali princìpi della commigrazione de' popoli (conforme ne proponemmo una degnità) sembrano più ragionati di quelli i quali Wolfango Lazio n'ha immaginati. [4]

4. *Wolfango Lazio* ecc.: cfr. la degnità C e relativa n. 141.

Or, per lo corso uniforme che fanno tutte le nazioni, il quale si è sopra pruovato coll'uniformità degli dei innalzati alle stelle,[5] ch'i fenici portarono dall'Oriente in Grecia e in Egitto, hassi a dire che altrettanto tempo corse a' caldei d'aver essi regnato nell'Oriente, talché da Zoroaste si fusse venuto a Nino, che vi fondò la prima monarchia del mondo, che fu quella d'Assiria; altrettanto che da Mercurio Trimegisto si venisse a Sesostride, o sia il Ramse di Tacito,[6] che vi fondò una monarchia pur grandissima. E, perch'erano entrambe nazioni mediterranee, vi dovettero da' governi divini, per gli eroici, e quindi per la libertà popolare, provenire le monarchie, ch'è l'ultimo degli umani governi, acciocché gli egizi costino nella loro divisione degli tre tempi del mondo scorsi loro dinanzi. Perché, come appresso dimostreremo, la monarchia non può nascere che sulla libertà sfrenata de' popoli, alla quale gli ottimati vanno nelle guerre civili ad assoggettire la loro potenza; la qual poi, divisa in menome parti tra' popoli, facilmente richiamano tutta a sé coloro che, col parteggiare la popolar libertà, vi surgono finalmente monarchi. Ma la Francia, perché nazione marittima, per le ricchezze de' traffichi si dovette fermare nella libertà popolare, ch'è 'l primo degli umani governi.[7]

Così con l'intendimento, senz'uopo della memoria, la quale non ha che fare ov'i sensi non le somministrano i fatti, sembra essersi supplita la storia universale ne' suoi princìpi e dell'antichissimo Egitto e dell'Oriente, ch'è dell'Egitto più antico, e, in esso Oriente, i princìpi della monarchia degli assiri; la quale finora, senza il precorso di tante e sì varie cagioni, che le dovevano precedere per

5. *per lo corso* ecc.: si ricordi che per Vico il corso delle varie nazioni, durante il *tempo oscuro*, è uniforme.

6. Tacito: *Annales*, II, 60.

7. *primo* ecc.: il primo governo dei *tempi umani*.

provenirvi la forma monarchica, ch'è l'ultima delle tre forme de' governi civili, esce sulla storia tutta nata ad un tratto, come nasce, piovendo l'està, una ranocchia.[8]

In questa guisa la cronologia ella ci vien accertata de' suoi tempi col progresso de' costumi e de' fatti, co' quali ha dovuto camminare il gener umano. Perché, per una degnità[9] sopra posta, ella qui ha incominciato la sua dottrina dond'ebbe incominciamento la sua materia: da *Χρόνος*, Saturno (onde da' greci fu detto *χρόνος* il tempo), numeratore degli anni con le raccolte, e da Urania, contemplatrice del cielo affin di prender gli augùri, e da Zoroaste, contemplatore degli astri per dar gli oracoli dal tragitto delle stelle cadenti (che furon i primi *μαθήματα*, i primi *θεωρήματα*, le prime cose sublimi o divine che contemplarono ed osservaron le nazioni, come si è sopra detto); e poi, col salire Saturno nella settima sfera, indi Urania divenne contemplatrice de' pianeti e degli astri,[10] e i caldei, con l'agio delle lor immense pianure, divennero astronomi ed astrologhi, col misurarne i lor moti e contemplarne i di lor aspetti ed immaginarne gl'influssi sopra i corpi che dicono « sublunari » ed anco, vanamente, sopra le libere volontà degli uomini. Alla qual scienza restaron i primi nomi, che l'erano stati dati con tutta propietà: uno di « astronomia » o sia scienza delle leggi degli astri, l'altro di « astrologia » o sia scienza del parlare degli astri, l'uno e l'altro in significato di « divinazione », come da que' « teoremi » funne detta « teologia » la scienza del parlar degli dei ne' lor oracoli, auspìci e augùri. Onde, finalmente, la mattematica scese a misu-

8. *Così con l'intendimento* ecc.: senza richiamarsi ai fatti e ai documenti (alla *memoria*), è stato possibile, facendo ricorso alla *critica metafisica* o ad argomenti filosofici, determinare il succedersi delle varie epoche del tempo oscuro e favoloso *ritruovandole dentro la nostra umana mente*.

9. *una degnità*: la CVI.

10. *Urania* ecc.: da simbolo dell'astronomia poetica, Urania diviene simbolo dell'astronomia scientifica.

rare la terra, le cui misure non si potevan accertare che da quelle dimostrate del cielo, e la prima e principale sua parte si portò il propio nome, col qual è detta « geometria ».

Perché, adunque, non ne incominciarono la dottrina donde aveva incominciato la materia ch'essi trattavano [11] — perché incominciano dall'anno astronomico, il quale, come sopra si è detto, non nacque tralle nazioni che dopo almeno un mille anni, e che non poteva accertargli d'altro che delle congiunzioni ed opposizioni che le costellazioni e i pianeti si avessero fatti nel cielo, ma nulla delle cose che con proseguito corso fussero succedute qui in terra (nello che andò a perdersi il generoso sforzo di Piero cardinal d'Alliac), [12] — perciò tanto poco han fruttato a pro de' princìpi e della perpetuità della storia universale (de' quali dopo essi tuttavia pur mancava) i due maravigliosi ingegni, con la loro stupenda erudizione. Giuseppe Giusto Scaligero nella sua *Emendazione* e Dionigi Petavio nella sua *Dottrina de' tempi.* [13]

11. *Perché* ecc.: « cominciarono il computo dei tempi dall'anno astronomico anziché da quello agricolo » (Nicolini, *Comm.*, 740).

12. *Piero* ecc.: cfr. la degnità XXV e relativa nota.

13. *Giuseppe Giusto Scaligero* ecc.: si riferisce genericamente all'*Opus de emendatione temporum*, Colonia, 1629, di Giuseppe Giusto Scaligero, e al già cit. *De doctrina temporum* di Dionigi Petau.

XI
DELLA GEOGRAFIA POETICA

1.
DELLA GEOGRAFIA POETICA

Or ci rimane finalmente di purgare l'altro occhio della storia poetica, ch'è la poetica geografia, la quale, per quella propietà di natura umana, che noi noverammo tralle *Degnità*, [1] che « gli uomini le cose sconosciute e lontane, ov'essi non ne abbian avuto la vera idea o la debbano spiegar a chi non l'ha, le descrivono per somiglianze di cose conosciute e vicine », ella, nelle sue parti ed in tutto il suo corpo, nacque con picciol'idee dentro la medesima Grecia, e, coll'uscirne i greci poi per lo mondo, s'andò ampliando nell'ampia forma nella qual ora ci è rimasta descritta. [2] E i geografi antichi convengono in questa verità, ma poi non ne sepper far uso: i quali affermano che le antiche nazioni, portandosi in terre straniere e lontane, diedero i nomi natii alle città, a' monti, a' fiumi, colli di terra, stretti di mare, isole e promontori.

Nacquero, adunque, entro la Grecia la parte orientale, detta Asia o India; l'occidentale, detta Europa o Esperia; il settentrione, detto Tracia o Scizia; il mezzodì, detto Libia o Mauritania; e furono così appellate le parti del mondo co' nomi delle parti del picciol mondo di Grecia per la somiglianza de' siti, ch'osservaron i greci in quelle,

1. - 1. *tralle Degnità*: la II.
2. *nacque* ecc.: la geografia, nata in Grecia, si diffuse poi nel mondo. I nomi dei paesi e città greci furono in tal modo trasportati in altre terre. Asia, Europa, Mauritania furono dapprima nomi di località greche, poi indicarono terre simiglianti alle località originarie. La tesi è insostenibile, e tale era anche ai tempi del Vico.

a riguardo del mondo, simili a queste, a riguardo di Grecia. Pruova evidente di ciò sieno i venti cardinali, i quali, nella loro geografia, ritengono i nomi che dovettero certamente avere la prima volta dentro essa Grecia: talché le giumente di Reso debbono ne' lidi dell'Oceano (qual or or vedremo detto dapprima ogni mare d'interminato prospetto) essere state ingravidate da Zefiro, vento occidentale di Grecia; e pur ne' lidi dell'Oceano (nella prima significazione, la quale testé si è detta) devon essere da Zefiro generati i cavalli d'Achille; come le giumente d'Erictonio dic'Enea ad Achille essere state ingravidate da Borea, dal vento settentrionale della Grecia medesima.[3] Questa verità de' venti cardinali ci è confermata in un'immensa distesa: che le menti greche, in un'immensa distesa spiegandosi, dal loro monte Olimpo, dove a' tempi d'Omero se ne stavano i dei, diedero il nome al cielo stellato, che gli restò.

Posti questi princìpi, alla gran penisola situata nell'oriente di Grecia restò il nome d'Asia minore, poi che ne passò il nome d' « Asia » in quella gran parte orientale del mondo ch'Asia ci restò detta assolutamente. Per lo contrario, essa Grecia, ch'era occidente a riguardo dell'Asia, fu detta « Europa », che Giove, cangiato in toro, rapì: poi il nome d' « Europa » si stese in quest'altro gran continente fin all'oceano occidentale. Dissero « Esperia » la parte occidentale di Grecia, dove entro la quarta parte dell'orizzonte sorge la sera la stessa Espero; poi videro l'Italia nel medesimo sito, ma molto maggiore di quella di Grecia, e la chiamaron « Esperia magna »; si stesero finalmente nella Spagna nel medesimo sito, e la chiamaron « Esperia ultima ». I greci d'Italia, al contrario, dovettero chiamar « Ionia » la parte a lor riguardo orientale di Grecia oltramare, e restonne il nome, tra l'una e l'altra

3. *ne' lidi* ecc.: cfr. *Iliade*, XX, 221 segg.

Grecia, di « mar Ionio »: poi, per la somiglianza del sito delle due Grecie, natia ed asiatica, i greci natii chiamaron « Ionio » la parte a lor riguardo orientale dell'Asia minore. E dalla prima Ionia è ragionevole che fusse in Italia venuto Pittagora da Samo, una dell'isole signoreggiate da Ulisse, non da Samo dell'Ionia seconda.

Dalla Tracia natia venne Marte, che fu certamente deità greca; e quindi dovette venir Orfeo, un de' primi poeti greci teologi.

Dalla Scizia greca venne Anacarsi, che lasciò in Grecia gli oracoli scritti, che dovetter esser simili agli oracoli di Zoroaste (che bisognò fusse stata dapprima una storia d'oracoli), onde Anacarsi è stato ricevuto tra gli antichissimi dei fatidici: i quali oracoli dall'impostura poi furono trasportati in dogmi di filosofia; siccome gli *Orfici* ci furon supposti versi fatti da Orfeo, i quali, come gli oracoli di Zoroaste, nulla sanno di poetico e dànno troppo odore di scuola platonica e pittagorica. Perciò da questa Scizia, per gl'iperborei natii, [4] dovettero venir in Grecia i due famosi oracoli delfico e dodoneo, come ne dubitammo nell'*Annotazioni alla Tavola cronologica*; [5] per che Anacarsi nella Scizia, cioè tra questi iperborei natii di Grecia, volendo ordinare l'umanità con le greche leggi, funne ucciso da Caduvido, suo fratello: tanto egli profittò nella filosofia barbaresca dell'Ornio, che non seppe ritruovargliele dappersé! Per le quali ragioni, quindi, dovett'essere pur scita Abari, che si dice avere scritto gli oracoli scitici, che non poteron esser altri che gli detti testé d'Anacarsi; e gli scrisse nella Scizia, nella quale Idantura, molto tempo venuto dopo, scriveva con esse cose: onde necessariamente è da credersi essere stati scritti da un qualche

4. *da questa Scizia* ecc.: dalla *Scizia greca*, attraverso i greci originari abitatori.

5. *Annotazioni alla Tavola* ecc.: VII, ma cfr. anche XXXVIII e la degnità IV.

impostore de' tempi dopo essere state introdutte le greche filosofie. E quindi gli oracoli d'Anacarsi dalla boria de' dotti furono ricevuti per oracoli di sapienza riposta, i quali non ci sono pervenuti.

Zamolsci fu geta (come geta fu Marte), il qual, al riferire d'Erodoto,[6] portò a' greci il dogma dell'immortalità dell'anima.

Così da alcun'India greca dovette Bacco venire dall'indico Oriente trionfatore (da alcuna greca terra ricca d'oro poetico), e Bacco ne trionfa sopra un carro d'oro (di frumento); onde lo stesso è domatore di serpenti e di tigri, qual Ercole d'idre e lioni, come si è sopra spiegato.

Certamente il nome, che 'l Peloponneso serba fin a' nostri dì, di « Morea » troppo ci appruova che Perseo, eroe certamente greco, fece le sue imprese nella Mauritania natia; perché 'l Peloponneso tal è per rapporto all'Acaia qual è l'Affrica per rapporto all'Europa. Quindi s'intenda quanto nulla Erodoto seppe delle sue propie antichità (come gliene riprende Tucidide), il quale narra ch'i mori un tempo furono bianchi,[7] quali certamente erano i mori della sua Grecia, la quale fin oggi si dice « Morea bianca ».

Così dev'esser avvenuto che dalla pestilenza di questa Mauritania[8] avesse Eusculapio con la sua arte preservato la sua isola di Coo; che se la doveva preservare da quella de' popoli di Marocco, egli l'arebbe dovuto preservare da tutte le pestilenze del mondo.

In cotal Mauritania dovett'Ercole soccombere al peso del cielo, che 'l vecchio Atlante era già stanco di sostenere: che dovette dapprima dirsi così il monte Ato, che, per un collo di terra, che Serse dappoi forò, divide la Mace-

6. *Erodoto*: VI, 93-95, ma il richiamo è inesatto.

7. *nulla Erodoto* ecc. cfr. le *Annotazioni alla tavola cronologica*, XXIX, Erodoto però non afferma nulla del genere.

8. *questa Mauritania*: è il Peloponneso,

donia dalla Tracia, e vi restò pur quivi, tralla Grecia e la Tracia, un fiume appellato Atlante; poscia, nello stretto di Gibilterra, osservati i monti Abila e Calpe così per uno stretto di mare dividere l'Affrica dall'Europa, furono dette da Ercole ivi piantate colonne, che, come abbiamo sopra detto, sostenevano il cielo, e 'l monte nell'Affrica quivi vicino fu detto « Atlante ». E 'n cotal guisa può farsi verisimile la risposta ch'appo Omero fa la madre Teti ad Achille: [9] che non poteva portare la di lui querela a Giove, perch'era da Olimpo ito con gli altri dei a banchettare in Atlante (sull'oppenione, che sopra abbiam osservato, che gli dei se ne stassero sulle cime degli altissimi monti); ché, se fusse stato il monte Atlante nell'Affrica, era troppo difficile a credersi, quando il medesimo Omero dice che Mercurio, quantunque alato, difficilissimamente pervenne nell'isola di Calipso, posta nel mar Fenicio, ch'era molto più vicino alla Grecia che non lo regno ch'or dicesi di Marocco. [10]

Così dall'Esperia greca dovett'Ercole portare le poma d'oro nell'Attica, ove furono pure le ninfe esperidi (ch'eran figliuole d'Atlante), che le serbavano.

Così l'Eridano, dove cadde Fetonte, dev'essere stato, nella Tracia greca, il Danubio, che va a mettere nel mar Eusino: poi, osservato da' greci il Po, che, come il Danubio, è l'altro fiume al mondo che corre da occidente verso oriente, fu da essi il Po detto « Eridano », e i mitologi fecero cader Fetonte in Italia. Ma le cose della storia eroica solamente greca, e non dell'altre nazioni, furono affisse alle stelle, tralle quali è l'Eridano.

Finalmente, usciti i greci nell'Oceano, vi distesero la brieve idea d'ogni mare che fosse d'interminato prospetto (onde Omero diceva l'isola Eolia esser cinta dall'Ocea-

9. *appo Omero* ecc.: citazione inesatta da *Iliade*, I, 423.

10. *Omero* ecc.: cfr. *Odissea*, V, 43-54 e vedi le *Annotazioni alla tavola*

no),[11] e, con l'idea, il nome, ch'or significa il mare che cinge tutta la terra, che si crede esser una grand'isola. E si ampliò all'eccesso la potestà di Nettunno, che dall'abisso dell'acque, che Platone pose nelle di lei viscere,[12] egli col gran tridente faccia tremare la terra: i rozzi princìpi della qual fisica sono stati sopra da noi spiegati.

Tali princìpi di geografia assolutamente possono giustificar Omero di gravissimi errori, che gli sono a torto imputati.

I. Ch'i lotofagi d'Omero, che mangiavano cortecce d'una pianta ch'è detto «loto», fussero stati più vicini, ove dice che Ulisse da Malea a' lotofagi pose un viaggio di nove giorni: che se sono i lotofagi, quali restaron detti, fuori dello stretto di Gibilterra, doveva in nove giorni far un viaggio impossibile, nonché difficile a credersi. il qual errore gli è notato da Eratostene.[13]

II. Ch'i lestrigoni, a' tempi d'Omero, fussero stati popoli di essa Grecia, ch'ivi avessero i giorni più lunghi, non quelli che l'avessero più lunghi sopra tutti i popoli della terra; il qual luogo indusse Arato a porgli sotto il capo del Dragone. Certamente Tucidide, scrittore grave ed esatto, narra i lestrigoni in Sicilia, che dovetter esser i popoli più settentrionali di quell'isola.[14]

III. Per quest'istesso, i cimmeri ebbero le notti più lunghe sopra tutti i popoli della Grecia, perch'erano posti nel di lei più alto settentrione, e perciò, per le loro lunghe notti, furono detti abitare presso l'inferno[15] (de' quali poi si portò lontanissimo il nome a' popoli abitatori della

cronologica, XXX.

11. *Omero* ecc.: *Odissea,* X, 3-4, già citato, come qui inesattamente, nella *Cosmografia poetica.*

12. *Platone* ecc.: anche qui, come già nel capit. 6 della *Politica poetica,* il riferimento a Platone è inesatto.

13. *Omero* ecc.: cfr. *Odissea,* IX, 80-102; XXIII, 131. Nessun rimprovero del genere è presente in Eratostene.

14. *Ch'i lestrigoni* ecc.: cfr. *Odissea,* X, 80 segg. Invece che di Arato, *Phaenomena,* 61-62, si tratta di uno scolio di Cratete, ed. Blüme, Lipsia, 1793, vol. I, p. 26. Per Tucidide: VI, 2.

15. *abitare* ecc.: cfr. *Odissea,* XI, 24 segg. Nella terra dei Cimmeri, Ulisse evoca le ombre dei morti.

palude Meotide); e quindi i cumani, perch'eran posti presso la grotta della Sibilla, che portava all'inferno, per la creduta somiglianza di sito dovettero dirsi « cimmeri ». Perché non è credibile che Ulisse, mandato da Circe senz'alcun incantesimo (perché Mercurio gli aveva dato un segreto contro le stregonerie di Circe, com'abbiamo sopra osservato), in un giorno [16] fusse andato da' cimmeri i quali restarono così detti a vedere l'inferno, e nello stesso giorno fusse ritornato da quello in Circei, ora detto Monte Circello, che non è molto distante da Cuma.

Con questi stessi princìpi della geografia poetica greca si possono solvere molte grandi difficultà della storia antica dell'Oriente, ove son presi per lontanissimi popoli, particolarmente verso settentrione e mezzodì, quelli che dovettero dapprima esser posti dentro l'Oriente medesimo.

Perché questo, che noi diciamo della geografia poetica greca, si truova lo stesso nell'antica geografia de' latini. Il Lazio dovette dapprima essere ristrettissimo, ché, per dugencinquanta anni di regno, Roma manomise ben venti popoli e non distese più che venti miglia, come sopra abbiam detto, l'imperio. L'Italia fu certamente circoscritta da' confini della Gallia cisalpina e da quelli di Magna Grecia: poi, con le romane conquiste, ne distese il nome nell'ampiezza nella quale tuttavia dura. Così il mar Toscano dovett'esser assai picciolo nel tempo che Orazio Coclite solo sostenne tutta Toscana sul ponte: poi, con le vittorie romane, si è disteso quanto è lunga questa inferior costa d'Italia. [17]

Alla stessa fatta e non altrimente, il primo Ponto, dove fece la sua spedizione navale Giasone, dovett'essere la terra più vicina all'Europa, da cui la divide lo stretto di mare detto Propontide; la qual terra dovette

16. *Ulisse* ecc.: *Odissea*, X, 275 segg.; XI, 6-8.

17. *mar Toscano... costa d'Italia*: il Tirreno.

dar il nome al mar Pontico, che poi si distese dove più s'addentra nell'Asia, ove fu poi il regno di Mitridate: perché Eeta, padre di Medea, da questa stessa favola ci si narra esser nato in Calcide,[18] città d'Eubea, isola posta dentro essa Grecia, la qual ora chiamasi Negroponto, che dovette dare il primo nome a quel mare, il quale certamente Mar Nero ci restò detto. La prima Creta dovett'esser un'isola dentro esso Arcipelago, dov'è il labirinto dell'isole ch'abbiamo sopra spiegato, e quindi dovette Minosse celebrare i corseggi sopra gli ateniesi: poi Creta uscì nel Mediterraneo, che ci restò.

Or, così da' latini avendoci richiamati i greci, essi, con uscir per lo mondo (gli uomini boriosi!), sparsero dappertutto la fama della guerra troiana e degli error degli eroi, così troiani, quali d'Antenore, di Capi, d'Enea, come greci, quali di Menelao, di Diomede, d'Ulisse. Osservarono per lo mondo sparso un carattere di fondatori di nazioni simigliante a quello del lor Ercole che fu detto tebano, e vi sparsero il nome del loro Ercole, de' quali Varrone per le nazioni antiche noverò ben quaranta, de' quali il latino afferma essere stato detto «dio Fidio».[19] Così avvenne che, per la stessa boria degli egizi (che dicevano il loro Giove Ammone essere lo più antico di tutti gli altri del mondo, e tutti gli Ercoli dell'altre nazioni aver preso il nome dal lor Ercole egizio, per due degnità che se ne sono sopra proposte, siccome quelli che con errore credevano essere la nazione più antica di tutte l'altre del mondo), i greci fecero andar il lor Ercole per tutte le parti della terra, purgandola de' mostri, per riportarne solamente la gloria in casa.

Osservarono esservi stato un carattere poetico di pastori che parlavano in versi, ch'appo essi era stato Evan-

18. *in Calcide*: Vico confonde con la Colchide, regno del favoloso Eeta.

19. *Varrone* ecc.: cfr. la *degnità* XLIII.

dro arcade; e così Evandro venne da Arcadia nel Lazio, e vi ricevette ad albergo l'Ercole suo natio, e vi prese Carmenta in moglie, detta da' « carmi », da' versi, la qual a' latini truovò le lettere, cioè le forme de' suoni che si dicono « articolati », che sono la materia de' versi. E finalmente, in confermazione di tutte le cose qui dette, osservarono tai caratteri poetici dentro del Lazio, alla stessa fatta, come sopra abbiam veduto, che truovarono i loro cureti sparsi in Saturnia (o sia nell'antica Italia), in Creta ed in Asia.

Ma come tali greche voci e idee sieno pervenute a' latini in tempi sommamente selvaggi, ne' quali le nazioni erano chiuse a' stranieri, quando Livio[20] niega ch'a'tempi di Servio Tullio, nonché esso Pittagora, il di lui famosissimo nome, per mezzo a tante nazioni di lingue e di costumi diverse, avesse da Cotrone potuto giugner a Roma; per questa difficultà appunto noi sopra domandammo in un postulato,[21] perché ne portavamo necessaria congettura, che vi fusse stata alcuna città greca nel lido del Lazio, e che poi si fusse seppellita nelle tenebre dell'antichità, la qual avesse insegnato a' latini le lettere, le quali, come narra Tacito,[22] furono dapprima somiglianti alle più antiche de' greci. Lo che è forte argomento ch'i latini ricevettero le lettere greche da questi greci del Lazio, non da quelli di Magna Grecia, e molto meno della Grecia oltramare, co' quali non si conobbero che dal tempo della guerra di Taranto, che portò appresso quella di Pirro: perché, altrimente, i latini arebbono usato le lettere ultime de' greci, e non ritenute le prime, che furono l'antichissime greche.

Così i nomi d'Ercole, d'Evandro, d'Enea da Grecia

20. *Livio*: I, 18. Cfr. *Annotazioni alla tavola cronologica*, XXXIV.

21. *in un postulato*: *degnità* CIII.

22. *Tacito*: *Annales*, XI, 14.

entrarono nel Lazio per questi seguenti costumi delle nazioni:

Prima, perché, siccome, nella loro barbarie, amano i costumi loro natii, così, da che incominciano a ingentilirsi, come delle mercatanzie e delle fogge straniere, così si dilettano degli stranieri parlari; e perciò scambiarono il loro dio Fidio con l'Ercole de' greci, e, per lo giuramento natio « *medius fidius* », introdussero « *mehercule* », « *edepol* », « *mecastor* ».

Dipoi, per quella boria, tante volte detta, c'hanno le nazioni di vantar origini romorose straniere, particolarmente ove ne abbian avuto da' loro tempi barbari alcun motivo di crederle (siccome, nella barbarie ritornata, Gian Villani [23] narra Fiesole essere stata fondata da Atlante, e che in Germania regnò un re Priamo troiano), perciò i latini volontieri sconobbero Fidio, vero lor fondatore, per Ercole, vero fondatore de' greci, e scambiarono il carattere de' loro pastori poeti con Evandro d'Arcadia.

In terzo luogo, le nazioni, ov'osservano cose straniere, che non possono certamente spiegare con voci loro natie, delle straniere necessariamente si servono.

Quarto e finalmente, s'aggiugne la propietà de' primi popoli, che sopra nella *Logica poetica* si è ragionata, di non saper astrarre le qualità da' subbietti, e, non sappiendole astrarre, per appellare le qualità appellavan essi subbietti. Di che abbiamo ne' favellari latini troppo certi argomenti.

Non sapevano i romani cosa fusse lusso: poi che l'osservarono ne' tarantini, dissero « tarantino » per « profumato ». Non sapevano cosa fussero stratagemmi militari: poi che l'osservarono ne' cartaginesi, gli dissero « *punicas artes* ». Non sapevano cosa fusse fasto: poi che l'osservarono ne' capovani, dissero « *supercilium campa-*

23. *Gian Villani*: Giovanni Villani, *Istorie fiorentine*, I, 6-7; 17.

nicum » per dire « fastoso » o « superbo ».[24] Così Numa ed Anco furon « sabini », perché non sapevano dire « religioso », nel qual costume eran insigni i sabini. Così Servio Tullio fu « greco », perché non sapevano dir « astuto », la qual idea dovettero mutoli conservare finché poi conobbero i greci della città da essi vinta ch'or noi diciamo; e fu detto anco « servo », perché non sapevano dir « debole », che rillasciò il dominio bonitario de' campi a' plebei con portar loro la prima legge agraria, come sopra si è dimostrato, onde forse funne fatto uccider da' padri: perché l'astuzia è propietà che siegue alla debolezza, i quali costumi erano sconosciuti alla romana apertezza e virtù. Ché invero, è una gran vergogna che fanno alla romana origine, e di troppo offendono la sapienza di Romolo fondatore, [coloro che affermano] non aver avuto Roma dal suo corpo eroi da crearvi re, infino che dovette sopportare il regno d'uno vil schiavo: onore che gli han fatto i critici occupati sugli scrittori, somigliante all'altro, che seguì appresso, che, dopo aver fondato un potente imperio nel Lazio e difesolo da tutta la toscana potenza, han fatto andar i romani come barbari eslegi per l'Italia, per la Magna Grecia e per la Grecia oltramare, cercando leggi da ordinare la loro libertà, per sostenere la riputazione alla favola della legge delle XII Tavole venuta in Roma da Atene.

24. « *tarantino* »... « *fastoso* » o « *superbo* »: cfr. Orazio, *Satire*, II, 4, 3; Livio, XXV, 39; Cicerone, *De lege agraria*, II, 34.

2.
COROLLARIO DELLA VENUTA D'ENEA IN ITALIA

Per tutto lo fin qui ragionato si può dimostrare la guisa com'Enea venne in Italia e fondò la gente romana in Alba, dalla qual i romani traggon l'origine: [1] che una sì fatta città greca posta nel lido del Lazio fusse città greca dell'Asia, dove fu Troia, sconosciuta a' romani finché da mezzo terra stendessero le conquiste nel mar vicino; ch'a far incominciarono da Anco Marzio, terzo re de' romani, il quale vi die' principiò da Ostia, la città marittima più vicina a Roma, tanto che, questa poscia a dismisura ingrandendo, ne fece finalmente il suo porto. [2] E 'n cotal guisa, come avevano ricevuto gli arcadi latini, ch'erano fuggiaschi di terra, così poi ricevettero i frigi, i quali erano fuggiaschi di mare, nella loro protezione, e per diritto eroico di guerra demolirono la città. E così arcadi e frigi, con due anacronismi, gli arcadi con quello de' tempi posposti e i frigi con quello de' prevertiti, si salvarono nell'asilo di Romolo. [3]

Che se tali cose non andaron così, l'origine romana da Enea sbalordisce e confonde ogn'intendimento, come nelle *Degnità* l'avvisammo; talché, per non isbalordirsi e confondersi, i dotti, da Livio incominciando, la tengon a

2. - 1. *la guisa* ecc.: la venuta di Enea in Italia e l'origine troiana di Roma sono per Vico *favole* o miti nati dalla duplice *boria nazionale* dei greci e dei latini. Si tratta però, secondo i canoni storiografici vichiani, non tanto di negare la realtà storica del fatto narrato dalla tradizione, quanto invece di rendersi conto delle origini storiche di quella tradizione che, proprio perché si è così vigorosamente affermata, deve aver avuto *alcun pubblico motivo di verità*.

2. *una sì fatta città* ecc.: cfr. su ciò le ultime pagine della precedente *Geografia poetica*.

3. *E così* ecc.: gli arcadi fuggiti dall'interno del Lazio e i frigi, i greci della città greca che Vico ha supposto costruita sul lido del Lario, si sarebbero rifugiati contemporaneamente a Roma. Avvenimenti svoltisi a distanza di secoli, vengono concepiti come simultanei: in ciò consistono gli *anacronismi*, sui quali cfr. il cap. I della *Cronologia poetica*, in fine.

luogo di favola, non avvertendo che, com'abbiam nelle *Degnità* detto sopra, le favole debbon aver avuto alcun pubblico motivo di verità.[4] Perché egli è Evandro sì potente nel Lazio, che vi riceve ad albergo Ercole da cinquecento anni innanzi la fondazione di Roma;[5] ed Enea fonda la casa reale d'Alba, la quale per quattordici re cresce in tanto lustro, che diviene la capitale del Lazio; e gli arcadi e i frigi, per tanto tempo vagabondi, si ripararono finalmente all'asilo di Romolo! Come da Arcadia, terra mediterranea di Grecia, pastori, che per natura non sanno cosa sia mare, ne valicarono tanto tratto e penetrarono in mezzo del Lazio, quando Anco Marzio, terzo re dopo Romolo, fu egli il primo che menò una colonia nel mar vicino? e vi vanno, insieme co' frigi dispersi, dugento anni innanzi che nemmeno il nome di Pittagora, celebratissimo nella Magna Grecia, a giudizio di Livio, arebbe, per mezzo a tante nazioni, di lingue e di costumi diverse, da Cotrone potuto giugner a Roma? e quattrocento anni innanzi ch'i tarantini non sapevano chi si fussero i romani, già potenti in Italia?

Ma pure, come più volte abbiam detto, per una delle degnità[6] sopra poste, queste tradizioni volgari dovettero da principio avere de' grandi pubblici motivi di verità, perché l'ha conservate per tanto tempo tutta una nazione. Che dunque? Bisogna dire che alcuna città greca fusse stata nel lido del Lazio, come tante altre ve ne furono e duraron appresso ne' lidi del Mar Tirreno; la qual città innanzi della legge delle XII Tavole fusse stata da' romani vinta, e per diritto eroico delle vittorie barbare fussesi demolita, e i vinti ricevuti in qualità di soci eroici; e che, per caratteri poetici, così cotesti greci dis-

4. *Che se tali cose* ecc.: cfr. le degnità CIII e XVI; Livio, I, 1, che Vico riferisce inesattamente.

5. *Evandro... la fondazione di Roma*: *Livio*, I, 5, 7.

6. *una delle degnità*: la XVI.

sero « arcadi » i vagabondi di terra ch'erravano per le selve, « frigi » quelli per mare, come i romani i vinti ed arresi loro dissero « ricevuti nell'asilo di Romolo », cioè in qualità di giornalieri, per le clientele ordinate da Romolo quando nel luco aprì l'asilo a coloro i quali vi rifuggivano. Sopra quali vinti ed arresi (che supponiamo nel tempo tra lo discacciamento degli re e la legge delle XII Tavole), i plebei romani dovetter esser distinti con la legge agraria di Servio Tullio, ch'aveva permesso loro il dominio bonitario de' campi; del quale non contentandosi, voleva Coriolano, come sopra si è detto, ridurre [essi plebei] a' giornalieri di Romolo. E poscia, buccinando dappertutto i greci la guerra troiana e gli errori degli eroi, e per l'Italia quelli d'Enea, come vi avevano osservato innanzi il lor Ercole, il lor Evandro, i loro cureti (conforme si è sopra detto),[7] in cotal guisa, a capo di tempo, che tali tradizioni per mano di gente barbara s'eran alterate e finalmente corrotte; in cotal guisa, diciamo, Enea divenne fondatore della romana gente nel Lazio: il quale il Bocharto vuole che non mise mai piede in Italia, Strabone dice che non uscì mai da Troia, ed Omero, c'ha qui più peso, narra ch'egli ivi morì e vi lasciò il regno a' suoi posteri.[8] Così, per due borie diverse di nazioni — una de' greci, che per lo mondo fecero tanto romore della guerra di Troia; l'altra de' romani, di vantare famosa straniera origine —, i greci v'intrusero, i romani vi ricevettero finalmente Enea fondatore della gente romana.

La qual favola non poté nascere che a' tempi della guerra con Pirro, da' quali i romani incominciarono a

7. *si è sopra* ecc.: nel capit. I della *Geografia poetica*.

8. *il Bocharto... suoi posteri*: il già ricordato Samuele Bochart, *Lettre à monsieur de Segrais ou dissertation si Enée a jamais été en Italie*, 1663, e cfr. la traduzione latina nelle *Opera*, ed. di Leida, I, pp. 1151-1176; Strabone, XIII, 1, 53; Omero, *Iliade*, XXIII, 306 segg.

dilettarsi delle cose de' greci; perché tal costume osserviamo celebrarsi dalle nazioni dopo c'hanno molto e lungo tempo praticato con istranieri.

3.

DELLA NOMINAZIONE E DESCRIZIONE DELLE CITTÀ EROICHE

Ora, perché sono parti della geografia la nomenclatura e la corografia, o sieno nominazione e descrizione de' luoghi, principalmente delle città, per compimento della sapienza poetica ci rimane di queste da ragionare.

Se n'è detto sopra che le città eroiche si ritruovarono dalla provvedenza fondate in luoghi di forti siti, che gli antichi latini con vocabolo sagro, ne' loro tempi divini, dovettero chiamare «*aras*» e appellar anco «*arces*» tai luoghi forti di sito, perché ne' tempi barbari ritornati da «rocce», rupi erte e scoscese, si dissero poi le «ròcche», e quindi «castella» le signorie. E, alla stessa fatta, tal nome di «are» si dovette stendere a tutto il distretto di ciascun'eroica città, il quale, come sopra si è osservato, si disse «*ager*» in ragionamento di «confini con istranieri» e «*territorium*» in ragionamento di «giurisdizione sui cittadini». Di tutto ciò vi ha un luogo d'oro appo Tacito,[1] ove descrive l'ara massima d'Ercole in Roma, il quale, perché troppo gravemente appruova questi princìpi, rapportiamo qui intiero: «*Igitur a foro boario, ubi æneum bovis simulacrum adspicimus, quia id genus animalium aratro subditur, sulcus designandi oppidi coeptus, ut magnam Herculis aram amplecteretur*»;[2] — un

3. - 1. *Tacito*: *Annales*, XII, 24.

2. *Igitur* ecc.: «Dunque dal foro boario, ove vediamo la bronzea statua di un bue, poiché questa specie di animali viene attaccata all'aratro, si iniziarono i solchi che delimitavano la città, affinché essa potesse contenere il grande altare di Ercole». Nella citazione vichiana *cœptus* era stato sostituito da *captus* e *amplecteretur*

altro pur d'oro appresso Sallustio, [3] ove narra la famosa ara de' fratelli Fileni rimasta per confine dell'imperio cartaginese e del cirenaico.

Di sì fatte are è sparsa tutta l'antica geografia. E, incominciando dall'Asia, osserva il Cellari nella sua *Antica geografia* [4] che tutte le città della Siria si dissero « are » con innanzi o dopo i loro propi vocaboli, ond'essa Siria se ne disse Aramea ed Aramia. Ma nella Grecia fondò Teseo la città d'Atene sul famoso altare degl'infelici, estimando con la giusta idea d'« infelici » gli uomini eslegi ed empi, che dalle risse della infame comunione ricorrevano alle terre forti de' forti, come sopra abbiam detto, tutti soli, deboli e bisognosi di tutti i beni ch'aveva a' pii produtto l'umanità; onde da' greci si disse ἆρα anco il « voto ». Perché, come pur sopra abbiam ragionato, sopra tali prime are del gentilesimo le prime ostie, le prime vittime (dette « *Saturni hostiæ* », come sopra vedemmo), i primi ἀναθήματα (ch'in latino si trasportano « *diris devoti* »), che furono gli empi violenti, ch'osavano entrare nelle terre arate de' forti per inseguire i deboli, che per campare da essi vi rifuggivano (ond'è forse detto « campare » per « salvarsi »), quivi essi da Vesta vi erano consagrati ed uccisi; e ne restò a' latini « *supplicium* » per significare « pena » e « sagrifizio », ch'usa fra gli altri Sallustio. [5] Nelle quali significazioni troppo acconciamente a' latini rispondono i greci, a' quali la voce ἆρα, che, come si è detto, vuol dire « *votum* », significa altresì « *noxa* », ch'è 'l corpo c'ha fatto il danno, e significa « *diræ* », che son esse Furie, quali appunto

da *complecteretur*; alla fine del passo Vico aveva aggiunto *ara Herculis erat*.

3. *Sallustio*: *De bello jugurthino*, 79.

4. *il Cellari* ecc.: Cristoforo Keller (Cellarius), *Notitiae orbis antiqui tomus alter*, Lipsia, 1706, p. 459, ma Vico cita inesattamente.

5. *Sallustio*: *De coniuratione Catilinae*, 9.

erano questi primi devoti che qui abbiam detto (e più ne diremo nel libro quarto), ch'erano consagrati alle Furie e dappoi sagrificati sopra questi primi altari della gentilità. Talché la voce « *hara* », che ci restò a significare la « mandria », dovette agli antichi latini significare la « vittima »; dalla qual voce certamente è detto « *aruspex* » l'indovinatore, dall'interiora delle vittime uccise innanzi agli altari.

E da ciò che testé si è detto dell'ara massima d'Ercole, dovette Romolo sopra un'ara somigliante a quella di Teseo fondar Roma dentro l'asilo aperto nel luco, perché restò a' latini che nommai mentovassero luco o bosco sagro, ch'ivi non fusse alcun'ara alzata a qualche divinità: talché per quello [che] Livio [6] ci disse sopra generalmente, che gli asili furono « *vetus urbes condentium consilium* », ci si scuopre la ragione perché nell'antica geografia si leggono tante città col nome di « are ». Laonde bisogna confessare che da Cicerone con iscienza di quest'antichità il senato fu detto « *ara sociorum* », [7] perocché al senato portavano le provincie le querele di sindacato contro i governadori ch'avaramente l'avevano governate, richiamandone l'origine da questi primi soci del mondo.

Già dunque abbiamo dimostro dirsi « are » le città eroiche nell'Asia e, per l'Europa, in Grecia e in Italia. Nell'Affrica restò, appo Sallustio, famosa l'ara de' fratelli Fileni poc'anzi detta. Nel Settentrione, ritornando in Europa, tuttavia si dicono « are de' cicoli », nella Transilvania, le città abitate da un'antichissima nazione unna, tutta di nobili contadini e pastori, che con gli ungheri e sassoni compongono quella provincia. Nella Germania,

6. *Livio*: I, 8.
7. *Cicerone... sociorum*: inesatta interpretazione vichiana di *Verrinae*, II, 5, 48.

appo Tacito,[8] si legge l'« ara degli ubi ». In Ispagna ancor dura a molte il nome di « *ara* ». Ma in lingua siriaca la voce « *ari* » vuol dire « lione »: e noi sopra, nella teogonia naturale delle dodici maggiori divinità, dimostrammo che dalla difesa dell'are nacque a' greci l'idea di Marte, che loro si dice *Ἄρης*; talché, per la stessa idea di fortezza, ne' tempi barbari ritornati tante città e case nobili caricano di lioni le lor insegne. Cotal voce, di suono e significato uniforme in tante nazioni, per immensi tratti di luoghi e tempi e costumi tra lor divise e lontane, dovette dar a' latini la voce « *aratrum* », la cui curvatura si disse « *urbs* ». Quindi a' medesimi dovettero venire e « *arx* » e « *arceo* », dond'è « *ager arcifinius* » agli scrittori *de limitibus agrorum*, e dovettero venir altresì le voci « *arma* » e « *arcus* », riponendo, con giusta idea, la fortezza in arretrare e tener lontana l'ingiuria..

Ed ecco la sapienza poetica dimostrata meritar con giustizia quelle due somme e sovrane lodi: delle quali una certamente e con costanza l'è attribuita, d'aver fondato il gener umano della gentilità, che le due borie, l'una delle nazioni, l'altra de' dotti, quella con l'idee di una vana magnificenza, questa con l'idee d'un'importuna sapienza filosofica, volendogliele affermare, gliel'hanno più tosto niegata; l'altra, della quale pure una volgar tradizione n'è pervenuta, che la sapienza degli antichi faceva i suoi saggi, con uno spirito, egualmente grandi filosofi e legislatori e capitani ed istorici ed oratori e poeti, ond'ella è stata cotanto disiderata. Ma quella gli fece o, più tosto, gli abbozzò tali, quali l'abbiamo truovati dentro le favole, nelle quali, com'in embrioni o matrici, si è discoverto essere stato abbozzato tutto il sapere riposto; che

8. *Tacito*: *Annales*, I, 57.

puossi dire dentro di quelle per sensi umani essere stati dalle nazioni rozzamente descritti i princìpi di questo mondo di scienze, il quale poi con raziocini e con massime ci è stato schiarito dalla particolare riflessione de' dotti. Per lo che tutto, si ha ciò che 'n questo libro dovevasi dimostrare: che i poeti teologi furono il senso, i filosofi furono l'intelletto dell'umana sapienza.

LIBRO TERZO

DELLA DISCOVERTA DEL VERO OMERO

I

Quantunque la sapienza poetica, nel libro precedente già dimostrata essere stata la sapienza volgare de' popoli della Grecia, prima poeti teologi e poscia eroici, debba ella portare di séguito necessario che la sapienza d'Omero non sia stata di spezie punto diversa; [1] però, perché Platone ne lasciò altamente impressa l'oppenione che fusse egli fornito di sublime sapienza riposta (onde l'hanno seguìto a tutta voga tutti gli altri filosofi, e sopra gli altri Plutarco ne ha lavorato un intiero libro), noi qui particolarmente ci daremo ad esaminare se Omero mai fusse stato filosofo: sul qual dubbio scrisse un altro intiero libro Dionigi Longino, il quale da Diogene Laerzio nella *Vita di Pirrone* sta mentovato. [2]

I. - 1. *Quantunque la sapienza* ecc.: molte delle importanti tesi sostenute dal Vico in questo libro verranno ampiamente riprese dalla posteriore critica omerica. In Omero, per Vico, è assente ogni riposta sapienza filosofica; coloro che han visto in lui il fondatore di una setta filosofica hanno arbitrariamente sovrapposto alla sua poesia una mentalità estranea al terreno storico dal quale essa nacque. Quella sublime poesia è invece l'espressione spontanea della mentalità mitica e fantastica dei tempi dell'umanità primitiva. Da questo punto di vista i poemi omerici hanno valore essenziale come fonti storiche per la comprensione dei tempi oscuri: così danno testimonianza, in forma mitica, di fatti storici reali. Omero, infine, non è un personaggio reale, ma un *carattere poetico*: le numerosissime incoerenze e contraddizioni presenti nell'*Iliade* e nell'*Odissea* valgono a mostrare che i due poemi non sono il prodotto di un unico individuo, ma l'espressione di una poesia popolare svoltasi per secoli.

2. *Platone* ecc.: l'opinione relativa alla *sapienza riposta* non è di Plato-

1.

DELLA SAPIENZA RIPOSTA C'HANNO OPPINATO D'OMERO

Perché gli si conceda pure ciò che certamente deelesi dare, ch'Omero dovette andare a seconda de' sensi tutti volgari, e perciò de' volgari costumi della Grecia, a' suoi tempi barbara, perché tali sensi volgari e tai volgari costumi danno le propie materie a' poeti. E perciò gli si conceda quello che narra: — estimarsi gli dei dalla forza, — come dalla somma sua forza Giove vuol dimostrare, nella favola della gran catena, ch'esso sia lo re degli uomini e degli dei, come si è sopra osservato; sulla qual volgar oppenione fa credibile che Diomede ferisce Venere e Marte con l'aiuto portatogli da Minerva, la quale, nella contesa degli dei, e spoglia Venere e percuote Marte con un colpo di sasso (tanto Minerva nella volgar credenza era dea della filosofia! e sì ben usa armadura degna della sapienza di Giove!). Gli si conceda narrare il costume immanissimo (il cui contrario gli autori del diritto natural delle genti vogliono essere stato eterno tralle nazioni), che pur allora correva tralle barbarissime genti greche (le quali si è creduto avere sparso l'umanità per lo mondo), di avvelenar le saette (onde Ulisse per ciò va in Efira, per ritruovarvi le velenose erbe) e di non seppellire i nimici uccisi in battaglia, ma lasciargli insepolti per pasto de' corvi e cani (onde tanto costò all'infelice Priamo il riscatto del cadavero di Ettorre da Achille, che, pure nudo, legato al suo carro, l'aveva tre giorni strascinato d'intorno alle mura di Troia). [1)]

ne, ma neoplatonica. Cfr. a questo proposito il già citato *De vita et poësi Homeri* dello Pseudo Plutarco e non Diogene Laerzio, ma Suida, alla voce *Longino*.

1. - 1. *Perché gli si conceda* ecc.: per i riferimenti contenuti in questo paragrafo cfr. *Iliade*, V, 335 segg., 885 segg., 424, 404 segg.: *Odissea*, I, 259-63; *Iliade*, XXII, 261 segg.

Però, essendo il fine della poesia d'addimesticare la ferocia del volgo, del quale sono maestri i poeti, non era d'uom saggio di tai sensi e costumi cotanto fieri destar nel volgo la maraviglia per dilettarsene, e col diletto confermargli vieppiù. Non era d'uom saggio al volgo villano destar piacere delle villanie degli dei nonché degli eroi, come, nella contesa, si legge che Marte ingiuria « mosca canina » a Minerva, Minerva dà un pugno a Diana, Achille ed Agamennone, uno il massimo de' greci eroi, l'altro il principe della greca lega, entrambi re, s'ingiuriano l'un l'altro « cani », [2] ch'appena ora direbbesi da' servidori nelle commedie.

Ma, per Dio! qual nome più propio che di « stoltezza » merita la sapienza del suo capitano Agamennone, il quale dev'essere costretto da Achille a far suo dovere di restituire Criseide a Crise, di lei padre, sacerdote d'Apollo, il qual dio per tal rapina faceva scempio dell'esercito greco con una crudelissima pestilenza? e, stimando d'esservi in ciò andato del punto suo, credette rimettersi in onore con usar una giustizia ch'andasse di séguito a sì fatta sapienza, e toglier a torto Briseide ad Achille, il qual portava seco i fati di Troia, acciocché, disgustato dipartendosi con le sue genti e con le sue navi, Ettorre facesse il resto de' greci ch'erano dalla peste campati? Ecco l'Omero finor creduto ordinatore della greca polizia o sia civiltà, che da tal fatto incomincia il filo con cui tesse tutta l'*Iliade*, i cui principali personaggi sono un tal capitano ed un tal eroe, quale noi facemmo vedere Achille ove ragionammo dell'*Eroismo de' primi popoli*! [3] Ecco l'Omero innarrivabile nel fingere i caratteri poetici, come qui dentro il farem vedere, de' quali gli più grandi sono tanto sconvenevoli in questa nostra umana civil na-

2. *si legge che* ecc.: *Iliade*, XXI, 394, 489 segg.; I, 225.

3. *ove ragionammo* ecc.: cfr. il capit. 8 della *Politica poetica*.

tura! Ma eglino sono decorosissimi in rapporto alla natura eroica, come si è sopra detto, de' puntigliosi.

Che dobbiam poi dire di quello che narra: i suoi eroi cotanto dilettarsi del vino, e, ove sono afflittissimi d'animo, porre tutto il lor conforto, e sopra tutti il saggio Ulisse, in ubbriacarsi? Precetti invero di consolazione, degnissimi di filosofo!

Fanno risentire lo Scaligero [4] quasi tutte le comparazioni prese dalle fiere e da altre selvagge cose. Ma concedasi ciò essere stato necessario ad Omero per farsi meglio intendere dal volgo fiero e selvaggio: però cotanto riuscirvi, che tali comparazioni sono incomparabili, non è certamente d'ingegno addimesticato ed incivilito da alcuna filosofia. Né da un animo da alcuna filosofia umanato ed impietosito potrebbe nascer quella truculenza e fierezza di stile, con cui descrive tante, sì varie e sanguinose battaglie, tante, sì diverse e tutte in istravaganti guise crudelissime spezie d'ammazzamenti, che particolarmente fanno tutta la sublimità dell'*Iliade.*

La costanza poi, che si stabilisce e si ferma con lo studio della sapienza de' filosofi, non poteva fingere gli dei e gli eroi cotanto leggieri, ch'altri ad ogni picciolo motivo di contraria ragione, quantunque commossi e turbati, s'acquetano e si tranquillano; — altri nel bollore di violentissime collere, in rimembrando cosa lagrimevole, si dileguano in amarissimi pianti [5] (appunto come nella ritornata barbarie d'Italia — nel fin della quale provenne Dante, il toscano Omero, che pure non cantò altro che istorie — si legge che Cola di Rienzo — la cui *Vita* dicemmo sopra esprimer al vivo i costumi degli eroi di Grecia, che narra Omero, — mentre mentova l'infelice stato romano oppresso da' potenti in quel tempo, esso e

4. *lo Scaligero*: Giulio Cesare Scaligero, *Poeticæ libri septem*, V, 3.

5. *fingere gli dei* ecc.: cfr. *Iliade*, XXIV, 511.

coloro, appo i quali ragiona, prorompono in dirottissime lagrime); [6] — al contrario altri, da sommo dolor afflitti, in presentandosi loro cose liete, come al saggio Ulisse la cena da Alcinoo, si dimenticano affatto de' guai e tutti si sciogliono in allegria; [7] — altri, tutti riposati e quieti, ad un innocente detto d'altrui che lor non vada all'umore, si risentono cotanto e montano in sì cieca collera, che minacciano presente atroce morte a chi 'l disse. Come quel fatto d'Achille, che riceve alla sua tenda Priamo (il quale di notte, con la scorta di Mercurio, per mezzo al campo de' greci, era venuto tutto solo da essolui per riscattar il cadavero, com'altra volta abbiam detto, di Ettorre), l'ammette a cenar seco; e, per un sol detto il quale non gli va a seconda, ch'all'infelicissimo padre cadde innavvedutamente di bocca per la pietà d'un sì valoroso figliuolo, — dimenticato delle santissime leggi dell'ospitalità; non rattenuto dalla fede onde Priamo era venuto tutto solo da essolui, perché confidava tutto in lui solo; nulla commosso dalle molte e gravi miserie di un tal re, nulla dalla pietà di tal padre, nulla dalla venerazione d'un tanto vecchio; nulla riflettendo alla fortuna comune, della quale non vi ha cosa che più vaglia a muover compatimento; — montato in una collera bestiale, gl'intuona sopra «volergli mozzar la testa»! [8] Nello stesso tempo ch'empiamente ostinato di non rimettere una privata offesa fattagli da Agamennone (la quale, benché stata fuss'ella grave, non era giusto di vendicare con la rovina della patria e di tutta la sua nazione), si compiace, chi porta seco i fati di Troia, che vadano in rovina tutti i greci, battuti miseramente da Ettorre; né pietà di patria, né gloria di nazione il muovono a por-

6. *Cola di Rienzo... lagrime*: cfr. Muratori, *Antiquitates*, II; p. 409; III, p. 516.

7. *al saggio Ulisse* ecc.: *Odissea*, VIII, 59 segg.; Vico dà una interpretazione inesatta.

8. *quel fatto* ecc.: *Iliade*, XXIV, 556 segg.

tar loro soccorso, il quale non porta finalmente che per soddisfare un suo privato dolore, d'aver Ettorre ucciso il suo Patroclo! E della Briseide toltagli nemmeno morto si placa senonsé l'infelice bellissima real donzella Polissena, della rovinata casa del poc'anzi ricco e potente Priamo, divenuta misera schiava, fusse sagrificata innanzi al di lui sepolcro, e le di lui ceneri, assetate di vendetta, non insuppasse dell'ultima sua goccia di sangue! Per tacer affatto di quello che non può intendersi: ch'avesse gravità ed acconcezza di pensar da filosofo chi si trattenesse in truovare tante favole di vecchiarelle da trattener i fanciulli, di quante Omero affollò l'altro poema dell'*Odissea*.

Tali costumi rozzi, villani, feroci, fieri, mobili, irragionevoli o irragionevolmente ostinati, leggieri e sciocchi, quali nel libro secondo dimostrammo ne' *Corollari della natura eroica*, [9] non posson essere che d'uomini per debolezza di menti quasi fanciulli, per robustezza di fantasia come di femmine, per bollore di passioni come di violentissimi giovani; onde hassene a niegar ad Omero ogni sapienza riposta. Le quali cose qui ragionate sono materie per le quali incomincian ad uscir i dubbi che ci pongono nella necessità per la ricerca del vero Omero.

2.

DELLA PATRIA D'OMERO

Tal fu la sapienza riposta finor creduta d'Omero: ora vediamo della patria. Per la quale contesero quasi tutte le città della Grecia, anzi non mancarono di coloro che 'l vollero greco d'Italia, e per determinarla Leone Allacci (*De patria Homeri*) invano vi s'affatica. [1] Ma, perché non

9. *Corollari* ecc.: nella *Politica poetica*, capit. 8.

2. - 1. *Leone Allacci* ecc.: *De patria Homeri*, Lione, 1640.

ci è giunto scrittore che sia più antico d'Omero, come risolutamente il sostiene Giuseffo contro Appione gramatico,[2] e gli scrittori vennero per lunga età dopo lui, siamo necessitati con la nostra critica metafisica, come sopra un autore di nazione, qual egli è stato tenuto di quella di Grecia, di ritruovarne il vero, e della età e della patria, da esso Omero medesimo.

Certamente, di Omero autore dell'*Odissea*[3] siamo assicurati essere stato dell'occidente di Grecia verso mezzodì da quel luogo d'oro[4] dove Alcinoo, re de' feaci (ora Corfù) ad Ulisse, che vuol partire, offerisce una ben corredata nave de' suoi vassalli, i quali dice essere spertissimi marinai, che 'l porterebbero, se bisognasse, fin in Eubea (or Negroponto), la quale, coloro ch'avevano per fortuna veduto, dicevano essere lontanissima, come se fusse l'ultima Tule del mondo greco. Dal qual luogo si dimostra con evidenza Omero dell'*Odissea* essere stato altro da quello che fu autor dell'*Iliade*; perocché Eubea non era molto lontana da Troia, ch'era posta nell'Asia lungo la riviera dell'Ellesponto, nel cui angustissimo stretto son ora due fortezze che chiamano Dardanelli, e fin al dì d'oggi conservano l'origine della voce « Dardania », che fu l'antico territorio di Troia. E certamente appo Seneca[5] si ha essere stata celebre quistione tra' greci gramatici: se l'*Iliade* e l'*Odissea* fussero d'un medesimo autore.

La contesa delle greche città per l'onore d'aver ciascuna Omero suo cittadino, ella provenne perché quasi ogniuna osservava ne' di lui poemi e voci e frasi e dialetti ch'eran volgari di ciascheduna.

Lo che qui detto serve per la discoverta del vero Omero.

2. *Giuseffo* ecc.: Flavio Giuseppe, *Contra Apionem*, I, 2.
3. *di Omero* ecc.: l'Omero che è simbolo di quel ciclo poetico del quale è espressione l'*Odissea*.
4. *luogo d'oro*: *Odissea*, VII, 320-325.
5. *Seneca*: *De brevitate vitæ*, 13.

3.
DELL'ETÀ D'OMERO

Ci assicurano dell'età d'Omero le seguenti autorità de' di lui poemi:

I

Achille ne' funerali di Patroclo dà a vedere quasi tutte le spezie de' giuochi, che poi negli olimpici celebrò la coltissima Grecia. [1]

II

Eransi già ritruovate l'arti di fondere in bassirilievi, d'intagliar in metalli, come, fralle altre cose, si dimostra con lo scudo d'Achille ch'abbiamo sopra osservato: la pittura non erasi ancor truovata. Perché la fonderia astrae le superficie con qualche rilevatezza, l'intagliatura fa lo stesso con qualche profondità; ma la pittura astrae le superficie assolute, ch'è difficilissimo lavoro d'ingegno. Onde né Omero né Mosè mentovano cose dipinte giammai: argomento della loro antichità.

III

Le delizie de' giardini d'Alcinoo, la magnificenza della sua reggia e la lautezza delle sue cene [2] ci appruovano che già i greci ammiravano lusso e fasto.

3. - 1. *Achille* ecc.: *Iliade,* XXIII, 257 segg.

2. *Le delizie* ecc.: *Odissea,* VI, 291 segg.: VII, 85 segg., 112 segg.

IV

I fenici già portavano nelle greche marine avolio, porpora, incenso arabico, di che odora la grotta di Venere; oltracciò, bisso più sottile della secca membrana d'una cipolla, vesti ricamate, e, tra' doni de' proci, una da rigalarsi a Penelope, che reggeva sopra una macchina così di dilicate molle contesta, che ne' luoghi spaziosi la dilargassero, e l'assettassero negli angusti [3] Ritruovato degno della mollezza de' nostri tempi!

V

Il cocchio di Priamo, [4] con cui si porta ad Achille, fatto di cedro, e l'antro di Calipso ne odora ancor di profumi, il qual è un buon gusto de' sensi, che non intese il piacer romano quando più infuriava a disperdere le sostanze nel lusso sotto i Neroni e gli Eliogabali.

VI

Si descrivono dilicatissimi bagni appo Circe. [5]

VII

I servetti de' proci, [6] belli, leggiadri e di chiome bionde, quali appunto si vogliono nell'amenità de' nostri costumi presenti.

3. *bisso* ecc.: *Odissea,* XIX, 232-33; XVIII, 291-93.
4. *Il cocchio* ecc.: *Iliade,* XXIV, 267.
5. *Si descrivono* ecc.: *Odissea,* X, 358-62.
6. *I servetti* ecc.: *Odissea,* I, 148.

VIII

Gli uomini come femmine curano la zazzera: lo che Ettorre e Diomede rinfacciano a Paride effemminato.[7]

IX

E, quantunque egli narri i suoi eroi sempre cibarsi di carni arroste, il qual cibo è 'l più semplice e schietto di tutti gli altri, perché non ha d'altro bisogno che delle brace: il qual costume restò dopo ne' sagrifizi, e ne restarono a' romani dette «*prosiicia*» le carni delle vittime arroste sopra gli altari, che poi si tagliavano per dividersi a' convitati, quantunque poscia si arrostirono, come le profane, con gli schidoni. Ond'è che Achille, ove dà la cena a Priamo, esso fende l'agnello e Patroclo poi l'arroste,[8] apparecchia la mensa e vi pone sopra il pane dentro i canestri: perché gli eroi non celebravano banchetti che non fussero sagrifizi, dov'essi dovevano esser i sacerdoti. E ne restarono a' latini «*epulæ*», ch'erano lauti banchetti e, per lo più, che celebravano i grandi; ed «*epulum*», che dal pubblico si dava al popolo, e la «cena sagra», in cui banchettavano i sacerdoti detti «*epulones*». Perciò Agamennone esso uccide i due agnelli, col qual sagrifizio consagra i patti della guerra con Priamo.[9] Tanto allora era magnifica cotal idea, ch'ora ci sembra essere di beccaio! Appresso dovettero venire le carni allesse, ch'oltre al fuoco hanno di bisogno dell'acqua, del caldaio e, con ciò, del treppiedi; delle quali Virgilio fa

7. *Ettorre* ecc.: *Iliade*, III, 54-55; IV, 385, ma il riferimento a Diomede è inesatto.

8. *Patroclo* ecc.: riferimento inesatto all'*Iliade*, XXIV, 621-26.

9. *consagra* ecc.: invece i patti del duello tra Paride e Menelao, *Iliade*, III, 268 segg.

anco cibar i suoi eroi, e gli fa con gli schidoni arrostir le carni.[10] Vennero finalmente i cibi conditi, i quali, oltre a tutte le cose che si son dette, han bisogno de' condimenti. — Ora, per ritornar alle cene eroiche d'Omero, benché lo più dilicato cibo de' greci eroi egli descriva esser farina con cascio e mele,[11] però per due comparazioni si serve della pescagione; ed Ulisse, fintosi poverello, domandando la limosina ad un de' proci, gli dice[12] che gli dei agli re ospitali, o sien caritatevoli co' poveri viandanti, danno i mari pescosi, o sia abbondanti di pesci, che fanno la delizia maggior delle cene.

X

Finalmente (quel che più importa al nostro proposito) Omero sembra esser venuto in tempi ch'era già caduto in Grecia il diritto eroico e 'ncominciata a celebrarsi la libertà popolare, perché gli eroi contraggono matrimoni con istraniere e i bastardi vengono nelle successioni de' regni. E così dovett'andar la bisogna, perché, lungo tempo innanzi, Ercole, tinto dal sangue del brutto centauro Nesso, e quindi uscito in furore, era morto; cioè, come si è nel libro secondo spiegato,[13] era finito il diritto eroico.

Adunque, volendo noi d'intorno all'età d'Omero non disprezzare punto l'autorità, per tutte queste cose osservate e raccolte da' di lui poemi medesimi, e, più che dall'*Iliade*, da quello dell'*Odissea*, che Dionigi Longino stima aver Omero essendo vecchio composto,[14] avvaloriamo l'oppenion di coloro che 'l pongono lontanissimo dalla guerra troiana; il qual tempo corre per lo spazio

10. *Virgilio* ecc.: *Aen.*, I, 209-13.
11. *cibo* ecc.: *Iliade*, XI, 629-30, 638-39; *Odissea*, X, 234-35; XX, 69.
12. *Ulisse* ecc.: *Odissea*, XIX, 113, ma Ulisse sta parlando con Penelope.
13. *nel libro secondo* ecc.: cfr. la *Politica poetica*, capit. 6.
14. *Dionigi Longino stima* ecc.:

di quattrocensessant'anni, che vien ad essere circa i tempi di Numa. E pure crediamo di far loro piacere in ciò, che nol poniamo a' tempi più a noi vicini, perché dopo i tempi di Numa dicono che Psammetico aprì a' greci l'Egitto, i quali, per infiniti luoghi dell'*Odissea* particolarmente, avevano da lungo tempo aperto il commerzio nella loro Grecia a' fenici; delle relazioni de' quali, niente meno che delle mercatanzie, com'ora gli europei di quelle dell'Indie, eran i popoli greci già usi di dilettarsi. Laonde convengono queste due cose: e che Omero egli non vide l'Egitto, e che narra tante cose e di Egitto e di Libia, e di Fenicia e dell'Asia, e sopra tutto d'Italia e di Sicilia, per le relazioni ch'i greci avute n'avevano da' fenici.

Ma non veggiamo se questi tanti e sì dilicati costumi ben si convengono con quanti e quali selvaggi e fieri egli nello stesso tempo narra de' suoi eroi, e particolarmente nell'*Iliade*. Talché,

ne placidis coëant immitia, [15]

sembrano tai poemi essere stati per più età e da più mani lavorati e condotti.

Così, con queste cose qui dette della patria e dell'età del finora creduto, si avanzano i dubbi per la ricerca del vero Omero.

4.

DELL'INNARRIVABILE FACULTÀ POETICA EROICA D'OMERO

Ma la niuna filosofia, che noi abbiamo sopra dimostrato d'Omero e le discoverte fatte della di lui patria ed età, che ci pongono in un forte dubbio che non forse egli sia

Pseudo Longino, *Del sublime*. IV.

15. *ne placidis* ecc.: « perché la ferocia non venga mescolata alla mitezza », Orazio, *Ad Pisones*, 12.

stato un uomo affatto volgare, troppo ci son avvalorate dalla disperata difficultà, che propone Orazio nell'*Arte poetica*,[1] di potersi dopo Omero fingere caratteri, ovvero personaggi di tragedie, di getto nuovi, ond'esso a' poeti dà quel consiglio di prenderglisi da' poemi d'Omero. Ora cotal disperata difficultà si combini con quello: ch'i personaggi della commedia nuova son pur tutti di getto finti, anzi per una legge ateniese dovette la commedia nuova comparire ne' teatri con personaggi tutti finti di getto; e sì felicemente i greci vi riuscirono, ch'i latini, nel loro fasto, a giudizio di Fabio Quintiliano, ne disperarono anco la competenza, dicendo: « *Cum græcis de comœdia non contendimus* ».[2]

A tal difficultà d'Orazio aggiugniamo in più ampia distesa quest'altre due. Delle quali una è: come Omero, ch'era venuto innanzi, fu egli tanto inimitabil poeta eroico, e la tragedia, che nacque dopo, cominciò così rozza, com'ogniun sa e noi più a minuto qui appresso l'osserveremo? L'altra è: come Omero, venuto innanzi alle filosofie ed alle arti poetiche e critiche, fu egli il più sublime di tutti gli più sublimi poeti, quali sono gli eroici, e, dopo ritruovate le filosofie e le poetiche e critiche arti, non vi fu poeta, il quale [non] potesse che per lunghissimi spazi tenergli dietro? Ma, lasciando queste due nostre, la difficultà d'Orazio, combinata con quello ch'abbiamo detto della commedia nuova, doveva pure porre in ricerca i Patrizi, gli Scaligeri, i Castelvetri[3] ed altri valenti maestri d'arte poetica d'investigarne la ragion della differenza.

Cotal ragione non può rifondersi altrove che nell'origine della poesia, sopra qui scoverta nella *Sapienza poetica*, e 'n conseguenza nella discoverta[4] de' caratteri poetici,

4. - 1. *Orazio* ecc.: 128 segg.
2. *Quintiliano* ecc.: *Institutiones oratoriæ*, XII, 10, 30.
3. *Patrizi* ecc.: cfr. n. 31 al capit. 1 della *Metafisica poetica*.
4. *discoverta*: cfr. ancora il capit.

ne' quali unicamente consiste l'essenza della medesima poesia. Perché la commedia nuova propone ritratti de' nostri presenti costumi umani, sopra i quali aveva meditato la socratica filosofia, donde dalle di lei massime generali d'intorno all'umana morale poterono i greci poeti, in quella addottrinati profondamente (quale Menandro, a petto di cui Terenzio da essi latini fu detto « Menandro dimezzato »); poterono, dico, fingersi cert'esempli luminosi di uomini d'idea, al lume e splendor de' quali si potesse destar il volgo, il quale tanto è docile ad apprendere da' forti esempli quanto è incapace d'apparare per massime ragionate.[5] La commedia antica prendeva argomenti ovvero subietti veri e gli metteva in favola quali essi erano, come per una il cattivo Aristofane mise in favola il buonissimo Socrate e 'l rovinò.[6] Ma la tragedia caccia fuori in iscena odi, sdegni, collere, vendette eroiche (ch'escano da nature sublimi, dalle quali naturalmente provengano sentimenti, parlari, azioni in genere, di ferocia, di crudezza, di atrocità) vestiti di maraviglia; e tutte queste cose sommamente conformi tra loro ed uniformi ne' lor subietti, i quali lavori si seppero unicamente fare da' greci ne' loro tempi dell'eroismo, nel fine de' quali dovette venir Omero. Lo che con questa critica metafisica si dimostra: che le favole, le quali sul loro nascere eran uscite diritte e convenevoli, élleno ad Omero giunsero e torte e sconce; come si può osservare per tutta la

1 della *Metafisica poetica.*

5. *Perché la commedia nuova* ecc.: mentre la commedia antica è per Vico in stretto rapporto con la tragedia e fa riferimento a persone e a fatti reali, la *commedia nuova,* della quale il maggior esponente è Menandro (342/1-291/90 a. C.), è fortemente influenzata dalla nascente mentalità filosofica. Ai *subietti veri* o persone reali subentrano in tal modo personaggi che incarnano tipi umani esemplari. La rappresentazione della società risulta da questi personaggi tipici. L'espressione *dimidiatus Menander* viene fatta risalire a Cesare (in realtà è di Cicerone) nella *Vita di Svetonio* attribuita a Terenzio, capit. 5.

6. *Aristofane* ecc.: ma le *Nuvole* sono posteriori alla condanna di Socrate.

Sapienza poetica sopra qui ragionata, che tutte dapprima furono vere storie, che tratto tratto s'alterarono e si corruppero, e così corrotte finalmente ad Omero pervennero. Ond'egli è da porsi nella terza età de' poeti eroici: dopo la prima, che ritruovò tali favole in uso di vere narrazioni, nella prima propia significazione della voce μῦθος, che da essi greci è diffinita « vera narrazione »; la seconda di quelli che l'alterarono e le corruppero; la terza, finalmente, d'Omero, che così corrotte le ricevé.

Ma, per richiamarci al nostro proponimento, per la ragione da noi di tal effetto assegnata, Aristotile nella *Poetica* [7] dice che le bugie poetiche si seppero unicamente ritruovare da Omero, perché i di lui caratteri poetici, che in una sublime acconcezza sono incomparabili, quanto Orazio [8] gli ammira, furono generi fantastici, quali sopra si sono nella *Metafisica poetica* diffiniti; a' quali i popoli greci attaccarono tutti i particolari diversi appartenenti a ciascun d'essi generi. Come ad Achille, ch'è 'l subbietto dell'*Iliade*, attaccarono tutte le propietà della virtù eroica e tutt'i sensi e costumi uscenti da tali propietà di natura, quali sono risentiti, puntigliosi, collerici, implacabili, violenti, ch'arrogano tutta la ragione della forza, come appunto gli raccoglie Orazio [9] ove ne descrive il carattere. Ad Ulisse, ch'è 'l subbietto dell'*Odissea*, appiccarono tutti quelli dell'eroica sapienza, cioè tutti i costumi accorti, tolleranti, dissimulati, doppi, ingannevoli, salva sempre la propietà delle parole e l'indifferenza dell'azioni, ond'altri da se stessi entrasser in errore e s'ingannassero da se stessi. E ad entrambi tali caratteri attaccarono l'azioni de' particolari, secondo ciascun de' due generi, più strepitose, le qual' i greci, ancora storditi e stupidi, avessero potuto destar e muover ad avvertirle e rapportarle a' loro

7. *Aristotile* ecc.: *Poetica*, 24, 1460 a, 15-20.

8. *Orazio*: *Ad Pisones*, 129-30.

9. *Orazio*: *Ad Pisones*, 119 segg.

generi. I quali due caratteri, avendogli formati tutta una nazione, non potevano non fingersi che naturalmente uniformi (nella quale uniformità, convenevole al senso comune di tutta una nazione, consiste unicamente il decoro, o sia la bellezza e leggiadria d'una favola); [10] e, perché si fingevano da fortissime immaginative, non si potevano fingere che sublimi. Di che rimasero due eterne propietà in poesia: delle quali una è che 'l sublime poetico debba sempre andar unito al popolaresco; l'altra, ch'i popoli, i quali prima si lavoraron essi i caratteri eroici, ora non avvertono a' costumi umani altrimente che per caratteri strepitosi di luminosissimi esempli.

5.

PRUOVE FILOSOFICHE PER LA DISCOVERTA DEL VERO OMERO

Le quali cose stando così, vi si combinino queste pruove filosofiche:

I

Quella che si è sopra tralle *Degnità* [1] noverata: che gli uomini sono naturalmente portati a conservare le memorie degli ordini e delle leggi che gli tengono dentro le loro società.

II

Quella verità ch'intese Lodovico Castelvetro: che prima dovette nascere l'istoria, dopo la poesia; perché la storia è una semplice enonziazione del vero, ma la poesia

10. *I quali due* ecc.: cfr. le *degnità* XII e XIII.

5. - 1. *tralle Degnità*: la *degnità* XLV.

è una imitazione di più.[2] E l'uomo, per altro acutissimo, non ne seppe far uso per rinvenire i veri princìpi della poesia, col combinarvi questa pruova filosofica, che qui si pone per

III

ch'essendo stati i poeti certamente innanzi agli storici volgari, la prima storia debba essere la poetica.

IV

Che le favole nel loro nascere furono narrazioni vere e severe (onde μῦθος, la favola, fu diffinita « *vera narratio* », come abbiamo sopra più volte detto); le quali nacquero dapprima per lo più sconce, e perciò poi si resero impropie, quindi alterate, seguentemente inverisimili, appresso oscure, di là scandalose, ed alla fine incredibili; che sono sette fonti della difficultà delle favole, i quali di leggieri si possono rincontrare in tutto il secondo libro.

V

E, come nel medesimo libro si è dimostrato, così guaste e corrotte da Omero furono ricevute.

VI

Che i caratteri poetici, ne' quali consiste l'essenza delle favole, nacquero da necessità di natura, incapace d'astrarne le forme e le propietà da' subbietti;[3] e, 'n conseguenza, dovett'essere maniera di pensare d'intieri popoli, che

2. *Castelvetro* ecc.: *Poetica d'Aristotele vulgarizzata ed esposta*, cit., pp. 5-6. Il Castelvetro faceva riferimento alla *Poetica*, 9, 1451 a, 1 segg.

3. *Che i caratteri* ecc.: cfr. la *degnità* XLI.

fussero stati messi dentro tal necessità di natura, ch'è ne' tempi della loro maggior barbarie. Delle quali è eterna propietà d'ingrandir sempre l'idee de' particolari: di che vi ha un bel luogo d'Aristotile ne' *Libri morali*, ove riflette che gli uomini di corte idee d'ogni particolare fan massime. Del qual detto dev'essere la ragione: perché la mente umana, la qual è indiffinita, essendo angustiata dalla robustezza de' sensi, non può altrimente celebrare la sua presso che divina natura che con la fantasia ingrandir essi particolari. Onde forse, appresso i poeti greci egualmente e latini, le immagini come degli dei così degli eroi compariscono sempre maggiori di quelle degli uomini; e ne' tempi barbari ritornati le dipinture, particolarmente del Padre eterno, di Gesù Cristo, della Vergine Maria, si veggono d'una eccedente grandezza.

VII

Perché i barbari mancano di riflessione, la qual, mal usata, è madre della menzogna, i primi poeti latini eroici cantaron istorie vere, cioè le guerre romane. E ne' tempi barbari ritornati, per sì fatta natura della barbarie, gli stessi poeti latini non cantaron altro che istorie, come furon i Gunteri, i Guglielmi pugliesi [4] ed altri; e i romanzieri de' medesimi tempi credettero di scriver istorie vere: onde il Boiardo, l'Ariosto, venuti in tempi illuminati dalle filosofie, presero i subbietti de' lor poemi dalla storia di Turpino, vescovo di Parigi. [5] E per questa stessa natura della barbarie, la quale per difetto di riflessione non sa fingere (ond'ella è naturalmente veritiera, aperta, fida, generosa e magnanima), quantunque egli fusse dotto di altissima scienza riposta, con tutto ciò Dante nella sua *Commedia* spose in comparsa persone vere e rappresentò

4. *i Gunteri* ecc.: cfr. n. 41 al capit. 5 della *Logica poetica*.

5. *Boiardo* ecc.: cfr. n. 31 alla *degnità* XXI.

veri fatti de' trapassati, e perciò diede al poema il titolo di «commedia», qual fu l'antica de' greci, che, come sopra abbiam detto, poneva persone vere in favola. E Dante somigliò in questo l'Omero dell'*Iliade*, la quale Dionigi Longino [6] dice essere tutta «dramatica» o sia rappresentativa, come tutta «narrativa» essere l'*Odissea*. E Francesco Petrarca, quantunque dottissimo, pure in latino si diede a cantare la seconda guerra cartaginese; ed in toscano, ne' *Trionfi*, i quali sono di nota eroica, non fa altro che raccolta di storie. E qui nasce una luminosa pruova di ciò: che le prime favole furon istorie. Perché la satira diceva male di persone non solo vere, ma, di più, conosciute; la tragedia prendeva per argomenti personaggi della storia poetica; la commedia antica poneva in favola chiari personaggi viventi; la commedia nuova, nata a' tempi della più scorta riflessione, finalmente finse personaggi tutti di getto (siccome nella lingua italiana non ritornò la commedia nuova che incominciando il secolo a maraviglia addottrinato del Cinquecento): né appo i greci né appo i latini giammai si finse di getto un personaggio che fusse il principale subbietto d'una tragedia. E 'l gusto del volgo gravemente lo ci conferma, che non vuole drami per musica, de' quali gli argomenti son tutti tragici, se non sono presi da istorie; ed intanto sopporta gli argomenti finti nelle commedie, perché, essendo privati e perciò sconosciuti, gli crede veri.

VIII

Essendo tali stati i caratteri poetici, di necessità le loro poetiche allegorie, come si è sopra dimostro per tutta la *Sapienza poetica*, devon unicamente contenere significati istorici de' primi tempi di Grecia.

6. *Longino*: Pseudo Longino, *Del sublime*, IX.

IX

Che tali storie si dovettero naturalmente conservare a memoria da' comuni de' popoli, per la prima pruova filosofica testé mentovata: che, come fanciulli delle nazioni, dovettero maravigliosamente valere nella memoria. E ciò, non senza divino provvedimento: poiché infin a' tempi di esso Omero, ed alquanto dopo di lui, non si era ritruovata ancora la scrittura volgare (come più volte sopra si è udito da Giuseffo contro Appione),[7] in tal umana bisogna i popoli, i quali erano quasi tutti corpo e quasi niuna riflessione, fussero tutti vivido senso in sentir i particolari, forte fantasia in apprendergli ed ingrandirgli, acuto ingegno nel rapportargli a' loro generi fantastici, e robusta memoria nel ritenergli. Le quali facultà appartengono, egli è vero, alla mente, ma mettono le loro radici nel corpo e prendon vigore dal corpo. Onde la memoria è la stessa che la fantasia, la quale perciò « *memoria* » dicesi da' latini (come appo Terenzio truovasi « *memorabile* » in significato di « cosa da potersi immaginare », e volgarmente « *comminisci* » per « fingere », ch'è propio della fantasia, ond'è « *commentum* », ch'è un ritruovato finto); e « fantasia » altresì prendesi per l'ingegno (come ne' tempi barbari ritornati si disse « uomo fantastico » per significar « uomo d'ingegno », come si dice essere stato Cola di Rienzo dall'autore contemporaneo che scrisse la di lui vita). E prende tali tre differenze: ch'è memoria, mentre rimembra le cose; fantasia, mentre l'altera e contrafà; ingegno, mentre le contorna e pone in acconcezza ed assettamento. Per le quali cagioni i poeti teologi chiamarono la Memoria « madre delle muse ».[8]

7. *Giuseffo* ecc.: Flavio Giuseppe, *Contra Apionem*, I, 2.

8. *Onde la memoria* ecc.: cfr. n. 8 e 11 al capit. 2 della *Fisica poetica*.

X

Perciò i poeti dovetter esser i primi storici delle nazioni: ch'è quello ond'il Castelvetro non seppe far uso del suo detto per rinvenire le vere origini della poesia; ché ed esso e tutti gli altri che ne han ragionato (infino da Aristotile e da Platone) potevano facilmente avvertire che tutte le storie gentilesche hanno favolosi i princìpi, come l'abbiamo nelle *Degnità* [9] proposto e nella *Sapienza poetica* dimostrato.

XI

Che la ragion poetica determina esser impossibil cosa ch'alcuno sia e poeta e metafisico egualmente sublime, perché la metafisica astrae la mente da' sensi, la facultà poetica dev'immergere tutta la mente ne' sensi; la metafisica s'innalza sopra gli universali, la facultà poetica deve profondarsi dentro i particolari.

XII

Che, 'n forza di quella degnità [10] sopra posta: — che 'n ogni facultà può riuscire con l'industria chi non vi ha la natura, ma in poesia è affatto niegato a chi non vi ha la natura di potervi riuscir con l'industria, — l'arti poetiche e l'arti critiche servono a fare colti gl'ingegni, non grandi. Perché la dilicatezza è una minuta virtù, e la grandezza naturalmente disprezza tutte le cose picciole; anzi, come grande rovinoso torrente non può far di meno di non portar seco torbide l'acque e rotolare e sassi e tronchi con la violenza del corso, così sono le cose vili dette, che si truovano sì spesso in Omero.

9. *nelle Degnità*: la XLVI.

10. *quella degnità*: la LI.

XIII

Ma queste non fanno che Omero egli non sia il padre e 'l principe di tutti i sublimi poeti.

XIV

Perchè udimmo Aristotile stimar innarrivabili le bugie omeriche; ch'è lo stesso che Orazio stima innimitabili i di lui caratteri. [11]

XV

Egli è infin al cielo sublime nelle sentenze poetiche, ch'abbiam dimostrato, ne' *Corollari della natura eroica* nel libro secondo, [12] dover esser concetti di passioni vere o che in forza d'un'accesa fantasia ci si facciano veramente sentire, e perciò debbon esser individuate in coloro che le sentono. Onde diffinimmo che le massime di vita, perché sono generali, sono sentenze di filosofi; e le riflessioni sopra le passioni medesime sono di falsi e freddi poeti.

XVI

Le comparazioni poetiche prese da cose fiere e selvagge, quali sopra osservammo, sono incomparabili certamente in Omero.

XVII

L'atrocità delle battaglie omeriche e delle morti, come pur sopra vedemmo, fanno all'*Iliade* tutta la maraviglia.

11. *Aristotile* ecc.: cfr. n. 7 e 8 al precedente capit. 4.

12. *Corollari* ecc.: cfr. la *Fisica poetica*, capit. 2.

XVIII

Ma tali sentenze, tali comparazioni, tali descrizioni pur sopra pruovammo non aver potuto essere naturali di riposato, ingentilito e mansueto filosofo.

XIX

Che i costumi degli eroi omerici sono di fanciulli per la leggerezza delle menti, di femmine per la robustezza della fantasia, di violentissimi giovani per lo fervente bollor della collera, come pur sopra si è dimostrato, e, 'n conseguenza, impossibili da un filosofo fingersi con tanta naturalezza e felicità.

XX

Che l'inezie e sconcezze sono, come pur si è qui sopra pruovato, effetti dell'infelicità, di che avevano travagliato, nella somma povertà della loro lingua, mentre la si formavano, i popoli greci a spiegarsi.

XXI

E contengansi pure gli più sublimi misteri della sapienza riposta, i quali abbiamo dimostrato nella *Sapienza poetica* [13] non contenere certamente: come suonano, non posson essere stati concetti di mente diritta, ordinata e grave, qual a filosofo si conviene.

XXII

Che la favella eroica, come si è sopra veduto nel libro secondo, nell'*Origini delle lingue,* [14] fu una favella per

13. *abbiamo dimostrato* ecc.: *Metafisica poetica,* capit. 1.

14. *nel libro* ecc.: *Logica poetica,* capit. 4.

simiglianze, immagini, comparazioni, nata da inopia di generi e di spezie, ch'abbisognano per diffinire le cose con propietà, e, 'n conseguenza, nata per necessità di natura comune ad intieri popoli.

XXIII

Che per necessità di natura, come anco nel libro secondo si è detto, le prime nazioni parlarono in verso eroico. [15] Nello che è anco da ammirare la provvedenza, che, nel tempo nel quale non si fussero ancor truovati i caratteri della scrittura volgare, le nazioni parlassero frattanto in versi, i quali coi metri e ritmi agevolassero lor la memoria a conservare più facilmente le loro storie famigliari e civili.

XXIV

Che tali favole, tali sentenze, tali costumi, tal favella, tal verso si dissero tutti « eroici », e si celebrarono ne' tempi ne' quali la storia ci ha collocato gli eroi, com'appieno si è dimostrato sopra nella *Sapienza poetica*. [16]

XXV

Adunque tutte l'anzidette furono propietà d'intieri popoli e, 'n conseguenza, comuni a tutti i particolari uomini di tali popoli.

XXVI

Ma noi, per essa natura, dalla quale son uscite tutte l'anzidette propietà, per le quali egli fu il massimo de' poeti, niegammo che Omero fusse mai stato filosofo.

15. *nel libro* ecc.: *Logica poetica*, capit. 5.

16. *sopra* ecc.: *Politica poetica*, capit. 6.

XXVII

Altronde dimostrammo sopra nella *Sapienza poetica* che i sensi di sapienza riposta da' filosofi, i quali vennero appresso, s'intrusero dentro le favole omeriche.

XXVIII

Ma, siccome la sapienza riposta non è che di pochi uomini particolari, così il solo decoro de' caratteri poetici eroici, ne' quali consiste tutta l'essenza delle favole eroiche, abbiamo testé veduto che non posson oggi conseguirsi da uomini dottissimi in filosofie, arti poetiche ed arti critiche. Per lo qual decoro dà Aristotile il privilegio ad Omero d'esser innarrivabili le di lui bugie; ch'è lo stesso che quello, che gli dà Orazio, d'esser innimitabili i di lui caratteri. [17]

6.

PRUOVE FILOLOGICHE PER LA DISCOVERTA DEL VERO OMERO

Con questo gran numero di pruove filosofiche, fatte buona parte in forza della critica metafisica sopra gli autori delle nazioni gentili, nel qual numero è da porsi Omero, perocché non abbiamo certamente scrittor profano che sia più antico di lui, come risolutamente il sostiene Giuseffo ebreo, [1] si congiugnan ora queste pruove filologiche:

17. *Orazio* ecc.: Epistola *Ad Pisones*, 129-30.

6. 1. *Giuseffo* ecc.: Flavio Giuseppe, *Contra Apionem*, I, 2.

I

Che tutte l'antiche storie profane hanno favolosi i princìpi. [2]

II

Che i popoli barbari, chiusi a tutte l'altre nazioni del mondo, come furono i germani antichi e gli americani, furono ritruovati conservar in versi i princìpi delle loro storie, conforme si è sopra veduto. [3]

III

Che la storia romana si cominciò a scrivere da' poeti.

IV

Che ne' tempi barbari ritornati i poeti latini ne scrissero l'istorie.

V

Che Maneto, pontefice massimo egizio, portò l'antichissima storia egiziaca scritta per geroglifici ad una sublime teologia naturale.

VI

E nella *Sapienza poetica* tale dimostrammo aver fatto i greci filosofi dell'antichissima storia greca narrata per favole. [4]

2. *Che* ecc.: cfr. la *degnità* XLVI.
3. *conforme si è sopra veduto*: nella *Logica poetica*, capit. 5.
4. *E nella* ecc.: *Morale poetica*.

VII

Onde noi sopra, nella *Sapienza poetica,*[5] abbiam dovuto tenere un cammino affatto retrogrado da quello ch'aveva tenuto Maneto, e dai sensi mistici restituir alle favole i loro natii sensi storici; e la naturalezza e facilità, senza sforzi, raggiri e contorcimenti, con che l'abbiam fatto, appruova la propietà dell'allegorie storiche che contenevano.

VIII

Lo che gravemente appruova ciò che Strabone in un luogo d'oro afferma: prima d'Erodoto, anzi prima d'Ecateo milesio, tutta la storia de' popoli della Grecia essere stata scritta da' lor poeti.[6]

IX

E noi nel libro secondo[7] dimostrammo i primi scrittori delle nazioni così antiche come moderne essere stati poeti.

X

Vi sono due aurei luoghi nell'*Odissea,*[8] dove, volendosi acclamar ad alcuno d'aver lui narrato ben un'istoria, si dice averla racconta da musico e da cantore. Che dovetter esser appunto quelli che furon i suoi rapsodi, i quali furon uomini volgari, che partitamente conservavano a memoria i libri de' poemi omerici.

5. *sopra* ecc.: *Metafisica poetica,* capit. 1; *Logica poetica,* capit. 1.

6. *Strabone* ecc.: I, 2, 6, ma il riferimento è inesatto.

7. *nel libro* ecc.: *Logica poetica,* capit. 5.

8. *due aurei luoghi nell'Odissea*: XI, 366-68.

XI

Che Omero non lasciò scritto niuno de' suoi poemi, come più volte l'hacci detto risolutamente Flavio Giuseffo ebreo contro Appione, greco gramatico. [9]

XII

Ch'i rapsodi partitamente, chi uno, chi altro, andavano cantando i libri d'Omero nelle fiere e feste per le città della Grecia.

XIII

Che dall'origini delle due voci, onde tal nome « rapsodi » è composto, erano « consarcinatori di canti », che dovettero aver raccolto non da altri certamente che da' loro medesimi popoli: siccome ὅμηρος vogliono pur essersi detta da ὁμού « *simul* », ed εἴρειν , « *connectere* », ove significa il « mallevadore », perocché leghi insieme il creditore col debitore. La qual origine è cotanto lontana e sforzata quanto è agiata [10] e propia per significare l'Omero nostro, che fu legatore ovvero componitore di favole.

XIV

Che i Pisistratidi, tiranni d'Atene, eglino divisero e disposero, o fecero dividere e disponere, i poemi d'Omero nell'*Iliade* e nell'*Odissea*: onde s'intenda quanto innanzi dovevan essere stati una confusa congerie di cose, quando è infinita la differenza che si può osservar degli stili dell'uno e dell'altro poema omerico.

9. *Flavio* ecc.: Flavio Giuseppe, *Contra Apionem*, I, 2.

10. *agiata*: che sta a suo agio, adatta, plausibile.

XV

Che gli stessi Pisistratidi ordinarono ch'indi in poi da' rapsodi fussero cantati nelle feste panatenaiche, come scrive Cicerone, *De natura deorum*, ed Eliano, in ciò seguìto dallo Scheffero. [11)]

XVI

Ma i Pisistratidi furono cacciati da Atene pochi anni innanzi che lo furon i Tarquini da Roma: talché, ponendosi Omero a' tempi di Numa, come abbiam sopra pruovato, pur dovette correre lunga età appresso ch'i rapsodi avessero seguitato a conservar a memoria i di lui poemi. La qual tradizione toglie affatto il credito all'altra di Aristarco ch'a' tempi de' Pisistratidi avesse fatto cotal ripurga, divisione ed ordinamento de' poemi d'Omero, perché ciò non si poté fare senza la scrittura volgare, e sì da indi in poi non vi era bisogno più de' rapsodi che gli cantassero per parti ed a mente. [12)]

XVII

Talché Esiodo, che lasciò opere di sé scritte, poiché non abbiamo autorità che da' rapsodi fusse stato, com'Omero, conservato a memoria, e da' cronologi, con una

11. *Pisistratidi* ecc.: Ippia e Ipparco figli di Pisistrato, tiranno di Atene dal 560 al 527 a. C. Ippia successe al padre, insieme con il fratello, e ne continuò la politica (527-510 a. C.). Le *feste panatenaiche* o *Panatenee* venivano celebrate ad Atene ogni anno, con solennità molto maggiore ogni quattro anni, nel giorno della nascita di Atena. Il passo di Cicerone, cui allude Vico, non è nel *De natura deorum*, ma nel *De Oratore*, III, 34. Per Eliano cfr. *Variæ historiæ*, VIII, 2, e il commento dello Scheffer, ed. di Strasburgo, 1713, p. 397.

12. *La qual tradizione* ecc.: Vico rifiuta come falsa la tradizione secondo la quale Aristarco di Samotracia (217 c.-145 c. a. C.) avrebbe provveduto a una revisione del testo omerico, insieme ad altri grammatici, al tempo di Pisistrato. A quel tempo, secondo Vico, non esisteva infatti la scrittura.

vanissima diligenza, è posto trent'anni innanzi d'Omero, si dee porre dopo de' Pisistratidi. Se non pure, qual'i rapsodi omerici, tali furono i poeti ciclici, che conservarono tutta la storia favolosa de' greci dal principio de' loro dei fin al ritorno d'Ulisse in Itaca. I quali poeti, dalla voce κύκλος, non poteron esser altri ch'uomini idioti che cantassero le favole a gente volgare raccolta in cerchio il dì di festa; qual cerchio è quell'appunto che Orazio nell'*Arte* dice « *vilem patulumque orbem* » [13] che 'l Dacier [14] punto non riman soddisfatto de' commentatori, ch'Orazio ivi voglia dir « i lunghi episodi ». E forse la ragione di punto non soddisfarsene ella è questa: perché non è necessario che l'episodio d'una favola, perocché sia lungo, debba ancor esser vile: come, per cagion d'esemplo, quelli delle delizie di Rinaldo con Armida nel giardino incantato e del ragionamento che fa il vecchio pastore ad Erminia sono lunghi bensì, ma pertanto non sono vili, perché l'uno è ornato, l'altro è tenue o dilicato, entrambi nobili. Ma ivi Orazio, avendo dato l'avviso a' poeti tragici di prendersi gli argomenti da' poemi di Omero, va incontro alla difficultà, ch'in tal guisa essi non sarebbon poeti, perché le favole sarebbero le ritruovate da Omero. Però Orazio risponde loro che le favole epiche d'Omero diverranno favole tragiche propie, se essi staranno sopra questi tre avvisi. De' quali il primo è: se essi non ne faranno oziose parafrasi, come osserviamo tuttavia uomini leggere l'*Orlando furioso* o *innamorato* o altro romanzo in rima a' vili e larghi cerchi di sfaccendata gente gli dì delle feste, e, recitata ciascuna stanza, spiegarla loro in prosa con più parole; — il secondo, se non ne saranno fedeli traduttori; — il terzo ed ultimo avviso è: se finalmente non ne saranno servili imitatori, ma, seguitando i costumi

13. *Orazio* ecc.: *Ad Pisones*, 132, « vili e larghi cerchi di sfaccendata gente », dice Vico più avanti.

14. *Dacier*: Andrea Dacier, *Oeuvres d'Horace en latin*, vol. VIII, Amsterdam, 1735, p. 133.

ch'Omero attribuisce a' suoi eroi, eglino da tali stessi costumi faranno uscire altri sentimenti, altri parlari, altre azioni conformi, e sì circa i medesimi subietti saranno altri poeti da Omero. Così nella stess'*Arte* lo stesso Orazio [15] chiama « poeta ciclico » un poeta triviale e da fiera. Sì fatti autori ordinariamente si leggono detti *κύκλιοι* ed *ἐγκύκλιοι* e la loro raccolta ne fu detta *κύκλος ἐπικός*, *κύκλια*, *ἔπη*, *ποίημα ἐγκύκλικον* e, senz'aggiunta alcuna, talora *κύκλος*, come osserva Gerardo Langbenio nella sua prefazione a Dionigi Longino. [16] Talché di questa maniera può essere ch'Esiodo, il quale contiene tutte favole di dei, egli fusse stato innanzi d'Omero.

XVIII

Per questa ragione lo stesso è da dirsi d'Ippocrate, il quale lasciò molte e grandi opere scritte non già in verso ma in prosa, che perciò naturalmente non si potevano conservar a memoria: ond'egli è da porsi circa i tempi d'Erodoto. [17]

XIX

Per tutto ciò il Vossio troppo di buona fede ha creduto confutare Giuseffo con tre iscrizioni eroiche, una d'Anfitrione, la seconda d'Ippocoonte, la terza di Laomedonte (imposture somiglianti a quelle che fanno tuttavia i falsatori delle medaglie); e Martino Scoockio assiste a Giuseffo contro del Vossio. [18]

15. *Orazio*: *Ad Pisones*, 136.
16. *Gerardo* ecc.: Langbaine, *Liber de grandi eloquentia seu sublimi dicendi genere*, Oxford, 1636, n. 8, della bibliografia premessa a questa ed. commentata dello Pseudo Longino.
17. *Ippocrate* ecc.: cfr. *Annotazioni alla tavola cronologica*, XXXVII.
18. *Per tutto ciò* ecc.: Gherardo Giovanni Voss, *Aristarcus*, I, 10, in *Opera*, cit., vol. I, pp. 46, 50. Si tratta non di Laomedonte, ma di Laodamante. Martino Schoock, già ricordato, è dell'opinione di Flavio Giuseppe.

XX

A cui aggiugniamo che Omero non mai fa menzione di lettere greche volgari, e la lettera da Preto scritta ad Euria, insidiosa a Bellerofonte, come abbiamo altra volta sopra osservato, dice essere stata scritta per *σήματα.* 19)

XXI

Che Aristarco emendò i poemi d'Omero, i quali pure ritengono tanta varietà di dialetti, tante sconcezze di favellari, che deon essere stati vari idiotismi de' popoli della Grecia e tante licenze eziandio di misure.

XXII

Di Omero non si sa la patria, come si è sopra notato.

XXIII

Quasi tutti i popoli della Grecia il vollero lor cittadino, come si è osservato pur sopra.

XXIV

Sopra si son arrecate forti congetture l'Omero dell'*Odissea* essere stato dell'occidente di Grecia verso mezzodì, e quello dell'*Iliade* essere stato dell'oriente verso settentrione.

XXV

Non se ne sa nemmeno l'età.

19. *Omero* ecc.: cfr. *Logica poetica*, capit. 4.

XXVI

E l'oppenioni ne sono sì molte e cotanto varie, che 'l divario è lo spazio di quattrocensessant'anni, ponendolo, dalle sommamente opposte tra loro, una a' tempi della guerra di Troia, l'altra verso i tempi di Numa.

XXVII

Dionigi Longino, non potendo dissimulare la gran diversità degli stili de' due poemi, dice [20] che Omero essendo giovine compose l'*Iliade* e vecchio poi l'*Odissea*: particolarità invero da sapersi di chi non si seppero le due cose più rilevanti nella storia, che sono prima il tempo e poi il luogo, delle quali ci ha lasciato al buio, ove ci narra del maggior lume di Grecia.

XXVIII

Lo che dee togliere tutta la fede ad Erodoto, o chi altro ne sia l'autore, nella *Vita d'Omero*, ove ne racconta tante belle varie minute cose, che n'empie un giusto volume; ed alla *Vita* che ne scrisse Plutarco, il qual, essendo filosofo, ne parlò con maggiore sobrietà. [21]

XXIX

Ma forse Longino formò cotal congettura, perché Omero spiega nell'*Iliade* la collera e l'orgoglio d'Achille, che sono propietà di giovani, e nell'*Odissea* narra le doppiezze e le cautele di Ulisse, che sono costumi di vecchi.

20. *Dionigi* ecc.: *Del Sublime*, V.
21. *Lo che* ecc.: in accordo con la critica del tempo, Vico rifiuta l'autenticità della vita di Omero di Erodoto, considera invece autentica quella attribuita a Plutarco.

XXX

È pur tradizione che Omero fu cieco, e dalla cecità prese sì fatto nome, ch'in lingua ionica vuol dire « cieco ».

XXXI

Ed Omero stesso narra ciechi i poeti che cantano nelle cene de' grandi, come cieco colui che canta in quella che dà Alcinoo ad Ulisse, e pur cieco l'altro che canta nella cena de' proci. [22)]

XXXII

Ed è propietà di natura umana ch'i ciechi vagliono maravigliosamente nella memoria. [23)]

XXXIII

E finalmente ch'egli fu povero e andò per gli mercati di Grecia cantando i suoi propi poemi.

22. *Ed Omero* ecc.: cfr. *Odissea,* I, 155 segg.; XVII, 263 segg.; XXII, 372. Ma solo Demodoco, il primo, è cieco.

23. *Ed è propietà* ecc.: in molti trattati medievali e rinascimentali sulla "memoria artificiale" ritorna, tra quelli dei fondatori dell'arte mnemonica, il nome di Democrito. Questo richiamo appare fondato sulla testimonianza di Aulo Gellio (X, 17) secondo la quale Democrito si sarebbe volontariamente accecato per meglio concentrarsi nei suoi pensieri. Accanto ad altri precetti, è spessissimo presente nei trattati di mnemotecnica, quello di « chiudere gli occhi » in vista di una maggiore concentrazione e di un conseguente rafforzamento della memoria; mentre si adducono, altrettanto spesso, esempi di ciechi dotati di prodigiosa memoria. (Cfr. più avanti, pag. 729, IV).

DISCOVERTA DEL VERO OMERO

II

Or tutte queste cose e ragionate da noi e narrate da altri d'intorno ad Omero e i di lui poemi, senza punto averloci noi eletto o proposto, tanto che nemmeno avevamo sopra ciò riflettuto, quando (né con tal metodo col quale ora questa Scienza si è ragionata) acutissimi ingegni d'uomini eccellenti in dottrina ed erudizione, con leggere la *Scienza nuova* la prima volta stampata, sospettarono che Omero finor creduto non fusse vero: tutte queste cose, dico, ora ci strascinano ad affermare che tale sia adivenuto di Omero appunto quale della guerra troiana, che, quantunque ella dia una famosa epoca de' tempi della storia, pur i critici più avveduti giudicano che quella non mai siesi stata [1] fatta nel mondo. E certamente, se, come della guerra troiana, così di Omero non fussero certi grandi vestigi rimasti, quanti sono i di lui poemi, a tante difficultà si direbbe che Omero fusse stato un poeta d'idea, il quale non fu particolar uomo in natura. Ma tali e tante difficultà, e insiememente i poemi di lui pervenutici, sembrano farci cotal forza d'affermarlo per la metà: che quest'Omero sia egli stato un'idea ovvero un carattere eroico d'uomini greci, in quanto essi narravano, cantando, le loro storie. [2]

II. 1. *non mai siesi* ecc.: si aggiunge la parola «stata»; cfr. Flora, pp. 431, 1147.

2. *Ma tali e tante* ecc.: la guerra troiana è stata negata come fatto reale (cfr. anche le *Annotazioni alla tavola cronologica*, XXV). Varie considerazioni porterebbero a negare an-

1.

LE SCONCEZZE E INVERISIMIGLIANZE DELL'OMERO FINOR CREDUTO DIVENGONO NELL'OMERO QUI SCOVERTO CONVENEVOLEZZE E NECESSITÀ

Per sì fatta discoverta tutte le cose e discorse e narrate, che sono sconcezze e inverisimiglianze nell'Omero finor creduto, divengono nell'Omero qui ritruovato tutte convenevolezze e necessità. E primieramente le stesse cose massime lasciateci incerte di Omero ci violentano [1] a dire:

I

Che per ciò i popoli greci cotanto contesero della di lui patria e 'l vollero quasi tutti lor cittadino, perché essi popoli greci furono quest'Omero.

che la realtà storica di Omero. Nel caso di Omero, sono tuttavia presenti, come *grandi vestigi* o documenti storici, i due poemi. Omero non può quindi essere interamente negato (dev'essere *affermato per la metà*): Omero non è una non-realtà, è un *carattere poetico*, e l'*Iliade* e l'*Odissea* sono il prodotto non di un individuo, ma opera collettiva dell' intero popolo greco. In questo passo, alquanto oscuro, il Croce e il Nicolini hanno visto presente una duplice affermazione vichiana: quella che riduce Omero a un poeta-simbolo e l'altra, sostenuta contemporaneamente, di una realtà storica della persona fisica di Omero. Questa interpretazione fa leva su un diverso significato attribuito all'espressione *affermarlo per la metà*. Si veda a questo proposito: B. Croce, *Vico e la critica omerica*, in *Saggio sullo Hegel*, p. 280; F. Nicolini, *Comm.*, 873. Per la spiegazione sopra proposta cfr. F. Amerio, *Introduzione allo studio di G. B. Vico*, Torino, 1947, p. 495.

1. - 1. *ci violentano*: nel paragrafo precedente Vico ha usato il termine *ci strascinano*, nel quale il Nicolini (*Comm.*, 873) ha visto l'espressione della resistenza, opposta da Vico, alla negazione dell'esistenza storica di un Omero individuo. Il fatto è che una espressione di identico significato ritorna anche in questo capitolo, proprio là cioè dove, secondo il Nicolini, Vico porrebbe effettivamente in atto la sua distinzione tra l'Omero-simbolo e l'Omero-reale (cfr. Nicolini, *Comm.*, 880). Il termine *strascinare*, così come lo usa il Vico, non sembra d'altra parte avere il significato di « trarre qualcuno con la violenza dove non vorrebbe » (Nicolini, *Comm.*, 873), ma piuttosto quello di « condurre necessariamente, date certe premesse, a certe conclusioni ». Nel quarto libro della *Scienza nuova* (qui a pag. 773) Vico scriverà per esempio: *Così costante ordinata successione di cose umane civili... debbe strascinare le nostre menti a ricevere la verità di questi princìpi* (XII).

II

Che per ciò variino cotanto l'oppenioni d'intorno alla di lui età, perché un tal Omero veramente egli visse per le bocche e nella memoria di essi popoli greci dalla guerra troiana fin a' tempi di Numa, che fanno lo spazio di quattrocensessant'anni.

III

E la cecità

IV

e la povertà d'Omero furono de' rapsodi, i quali, essendo ciechi, onde ogniun di loro si disse « omèro », prevalevano nella memoria, ed essendo poveri, ne sostentavano la vita con andar cantando i poemi d'Omero per le città della Grecia [2] de' quali essi eran autori, perch'erano parte di que' popoli che vi avevano composte le loro istorie.

V

Così Omero compose giovine l'*Iliade*, quando era giovinetta la Grecia e, 'n conseguenza, ardente di sublimi passioni, come d'orgoglio, di collera, di vendetta, le quali passioni non soffrono dissimulazione ed amano generosità; onde ammirò Achille, eroe della forza: ma vecchio compose poi l'*Odissea*, quando la Grecia aveva alquanto raffreddato gli animi con la riflessione, la qual è madre dell'accortezza; onde ammirò Ulisse, eroe della sapienza. Talché a' tempi d'Omero giovine a' popoli della Grecia piacquero la crudezza, la villania, la ferocia, la fierezza,

2, *rapsodi* ecc.: la povertà e la cecità dei rapsodi non risulta da alcuna fonte.

l'atrocità: a' tempi d'Omero vecchio già gli dilettavano i lussi d'Alcinoo, le delizie di Calipso, i piaceri di Circe, i canti delle sirene, i passatempi de' proci e di, nonché tentare, assediar e combattere le caste Penelopi; i quali costumi, tutti ad un tempo, sopra ci sembrarono incompossibili. La qual difficultà poté tanto nel divino Platone che, per solverla, disse che Omero aveva preveduti in estro tali costumi nauseanti, morbidi e dissoluti.[3] Ma egli, così, fece Omero uno stolto ordinatore della greca civiltà, perché, quantunque gli condanni, però insegna i corrotti e guasti costumi, i quali dovevano venire dopo lungo tempo ordinate le nazioni di Grecia, affinché, affrettando il natural corso che fanno le cose umane, i greci alla corrottella più s'avacciassero.

VI

In cotal guisa si dimostra l'Omero autor dell'*Iliade* avere di molt'età preceduto l'Omero autore dell'*Odissea*.

VII

Si dimostra che quello fu dell'oriente di Grecia verso settentrione, che cantò la guerra troiana fatta nel suo paese; e che questo fu dell'occidente di Grecia verso mezzodì, che canta Ulisse, ch'aveva in quella parte il suo regno.

VIII

Così Omero, sperduto dentro la folla de' greci popoli, si giustifica di tutte le accuse che gli sono state fatte da' critici, e particolarmente:

3. *Platone* ecc.: cfr. *Repubblica*, X, 3, 599 d-600 b e *Ione*, 354, ma le affermazioni platoniche appaiono qui alquanto deformate.

IX

delle vili sentenze,

X

de' villani costumi,

XI

delle crude comparazioni,

XII

degl'idiotismi,

XIII

delle licenze de' metri,

XIV

dell'incostante varietà de' dialetti,

XV

e di avere fatto gli uomini dei e gli dei uomini.

Le quali favole Dionigi Longino non si fida di sostenere che co' puntelli dell'allegorie filosofiche, cioè a dire che, come suonano cantate a' greci, non possono avergli produtto la gloria d'essere stato l'ordinatore della greca civiltà: la qual difficultà ricorre in Omero la stessa, che noi sopra, nell'*Annotazioni alla Tavola cronologica*,[4] facemmo contro d'Orfeo, detto il fondatore dell'umanità della Grecia. Ma le sopradette furono tutte propietà di essi popoli greci, e particolarmente l'ultima: che, nel fondarsi, come la teogonia naturale sopra l'ha dimostrato, i greci di sì pii, religiosi, casti, forti, giusti e magnanimi,

4. *nell'Annotazioni* ecc.: XXII.

tali fecero i dei; e poscia, col lungo volger degli anni, con l'oscurarsi le favole e col corrompersi de' costumi, come si è a lungo nella *Sapienza poetica* [5] ragionato, da sé, dissoluti estimaron gli dei, — per quella degnità, [6] la qual è stata sopra proposta: che gli uomini naturalmente attirano le leggi oscure o dubbie alla loro passione ed utilità, — perché temevano gli dei contrari a' loro voti, se fussero stati contrari a' di loro costumi, com'altra volta si è detto.

XVI

Ma di più appartengono ad Omero per giustizia i due grandi privilegi, che 'n fatti son uno, che gli danno Aristotile, che le bugie poetiche, Orazio, che i caratteri eroici solamente si seppero finger da Omero. Onde Orazio stesso si professa di non esser poeta, perché o non può o non sa osservare quelli che chiama « *colores operum* », che tanto suona quanto le « bugie poetiche », le quali dice Aristotile; come appresso Plauto si legge « *obtinere colorem* » nel sentimento di « dir bugia che per tutti gli aspetti abbia faccia di verità », qual dev'esser la buona favola. [7]

Ma, oltre a questi, gli convengono tutti gli altri privilegi, ch'a lui danno tutti i maestri d'arte poetica, d'essere stato incomparabile:

XVII

in quelle sue selvagge e fiere comparazioni,

XVIII

in quelle sue crude ed atroci descrizioni di battaglie e di morti,

5. *nella Sapienza* ecc.: nella *Morale poetica*.
6. *quella degnità*: la LIV.

7. *Onde Orazio* ecc.: *Ad Pisones*, 86-7, ma Vico deforma anche qui la sua fonte; *appresso Plauto*: nel *Miles*

XIX

in quelle sue sentenze sparse di passioni sublimi,

XX

in quella sua locuzione piena di evidenza e splendore. Le quali tutte furono propietà dell'età eroica de' greci, nella quale e per la quale fu Omero incomparabil poeta; perché, nell'età della vigorosa memoria, della robusta fantasia e del sublime ingegno, egli non fu punto filosofo.

XXI

Onde né filosofie, né arti poetiche e critiche, le quali vennero appresso, poterono far un poeta che per corti spazi potesse tener dietro ad Omero.

E, quel ch'è più, egli fa certo acquisto degli tre immortali elogi, che gli son dati:

XXII

primo, d'essere stato l'ordinatore della greca polizia o sia civiltà,

XXIII

secondo, d'essere stato il padre di tutti gli altri poeti;

XXIV

terzo, d'essere stato il fonte di tutte le greche filosofie:[8] niuno de' quali all'Omero finor creduto poteva darsi. Non lo primo, perché, da' tempi di Deucalione e Pirra, vien

gloriosus, II, 2, 32.

8. *terzo... greche filosofie*: la sapienza filosofica trae origine, per Vico, dalla sapienza poetica.

Omero da mille e ottocento anni dopo essersi incominciata co' matrimoni a fondare la greca civiltà, come si è dimostrato in tutta la scorsa della *Sapienza poetica* che la fondò. Non lo secondo, perché prima d'Omero fiorirono certamente i poeti teologi, quali furon Orfeo, Anfione, Lino, Museo ed altri, tra' quali i cronologi han posto Esiodo e fattolo di trent'anni prevenir ad Omero; altri poeti eroici innanzi d'Omero sono affermati da Cicerone nel *Bruto* e nominati da Eusebio nella *Preparazione evangelica*,[9] quali furono Filamone, Temirida, Demodoco, Epimenide, Aristeo ed altri. Non finalmente il terzo, imperciocché, come abbiamo a lungo ed appieno nella *Sapienza poetica* dimostrato, i filosofi nelle favole omeriche non ritruovarono, ma ficcarono essi le loro filosofie; ma essa sapienza poetica, con le sue favole, diede l'occasioni a' filosofi di meditare le lor altissime verità, e diede altresì le comodità di spiegarle, conforme il promettemmo nel di lui principio e 'l facemmo vedere per tutto il libro secondo.

2.

I POEMI D'OMERO SI TRUOVANO DUE GRANDI TESORI DEL DIRITTO NATURALE DELLE GENTI DI GRECIA

Ma sopra tutto, per tal discoverta, gli si aggiugne una sfolgorantissima lode:

XXV

d'esser Omero stato il primo storico, il quale ci sia giunto di tutta la gentilità;

9. *Cicerone* ecc.: *Brutus*, 18; Eusebio, *Præparatio evangelica*, X, 11.

onde dovranno, quindi appresso, i di lui poemi salire nell'alto credito d'essere due grandi tesori de' costumi dell'antichissima Grecia. Tanto che lo stesso fato è avvenuto de' poemi d'Omero, che avvenne della legge delle XII Tavole: perché, come queste, essendo state credute leggi date da Solone agli ateniesi, e quindi fussero venute a' romani, ci hanno tenuto finor nascosta la storia del diritto naturale delle genti eroiche del Lazio; così, perché tai poemi sono stati creduti lavori di getto d'un uomo particolare, sommo e raro poeta, ci hanno tenuta finor nascosta l'istoria del diritto naturale delle genti di Grecia.

3.

ISTORIA DE' POETI DRAMATICI E LIRICI RAGIONATA

Già dimostrammo sopra tre essere state l'età de' poeti innanzi d'Omero: la prima de' poeti teologi, ch'i medesimi furon eroi, i quali cantarono favole vere e severe; la seconda, de' poeti eroici, che l'alterarono e le corruppero; la terza d'Omero, ch'alterate e corrotte le ricevette. Ora la stessa critica metafisica sopra la storia dell'oscurissima antichità, ovvero la spiegazione dell'idee ch'andarono naturalmente faccendo le antichissime nazioni, ci può illustrar e distinguere la storia de' poeti dramatici e lirici, della quale troppo oscura e confusamente hanno scritto i filosofi.

Essi pongono tra' lirici Anfione metinneo, poeta antichissimo de' tempi eroici, e ch'egli ritruovò il ditirambo e, con quello, il coro, e che introdusse i satiri a cantar in versi, e che 'l ditirambo era un coro menato in giro, che cantava versi fatti in lode di Bacco.[1] Dicono che dentro il tempo della lirica fiorirono insigni tragici, e Diogene Laerzio afferma che la prima tragedia fu rappresentata dal solo coro.[2] Dicono ch'Eschilo fu il primo poeta tragico, e Pausania[3] racconta essere stato da Bacco comandato a scriver tragedie (quantunque Orazio narri Tespi esserne stato l'autore, ove nell'*Arte poetica*[4] incomincia dalla satira a trattare della tragedia, e che Tespi introdusse la satira sui carri nel tempo delle vendemmie); che appresso venne Sofocle, il quale da Palemone fu detto l'« Omero de' tragici »; e che compiè la tragedia finalmente Euripide, che Aristotile chiama *τραγικώτατον*.[5] Dicono che dentro la medesima età provenne Aristofane, che ritruovò la commedia antica ed aprì la strada alla nuova (nella quale caminò poi Menandro), per la commedia d'Aristofane intitolata *Le nebbie*,[6] che portò a Socrate la rovina. Poi altri di loro pongono Ippocrate nel tempo de' tragici, altri in quello de' lirici. Ma Sofocle ed Euripide vissero alquanto innanzi i tempi della legge delle XII Tavole,[7] e i lirici vennero anco dappoi; lo che sembra assai turbar la cronologia, che pone Ippocrate ne' tempi de' sette savi di Grecia.

La qual difficultà per solversi, deesi dire che vi furono due spezie di poeti tragici ed altrettante di lirici.

I lirici antichi devon essere prima stati gli autori degl'inni in lode degli dei, della spezie della quale sono quelli che si dicon d'Omero, tessuti in verso eroico: dipoi deon essere stati i poeti di quella lirica onde Achille canta[8] alla lira le laudi degli eroi trapassati. Siccome

3. - 1. *Anfione metinneo* ecc.: Vico confonde il mitico Anfione, figlio di Antilope e di Zeus, con Arione da Methymna, fiorito intorno al 625 a. C., e considerato inventore del ditirambo.

2 *Diogene Laerzio* ecc.: III, 56.

3. *Pausania*: I, 21, 3.

4. *Orazio* ecc.: *Ad Pisones*, 275-77.

5. *Aristotile* ecc.: « il tragicissimo », *Poetica*, 13, 1453 a, 28.

6. *Le nebbie*: *Le Nuvole*.

7. *Ma Sofocle* ecc.: non sono precedenti, ma anteriori o contemporanei.

8. *Achille* ecc.: *Iliade*, IX, 186-89.

tra' latini i primi poeti furono gli autori de' versi saliari, ch'erano inni che si cantavano nelle feste degli dei da' sacerdoti chiamati « salii » (forse detti così dal saltare, come saltando in giro s'introdusse il primo coro tra' greci), i frantumi de' quali versi sono le più antiche memorie che ci son giunte della lingua latina, c'hanno un'aria di verso eroico, com'abbiam sopra osservato. E tutto ciò convenevolmente a questi princìpi dell'umanità delle nazioni, che ne' primi tempi, i quali furon religiosi, non dovetter altro lodar che gli dei (siccome a' tempi barbari ultimi ritornò tal costume religioso, ch'i sacerdoti, i quali soli, come in quel tempo, erano letterati, non composero altre poesie che inni sagri); appresso, ne' tempi eroici, non dovetter ammirare e celebrare che forti fatti d'eroi, come gli cantò Achille. Così di tal sorta di lirici sagri dovett'esser Anfione metinneo, il qual altresì fu autore del ditirambo; e il ditirambo fu il primo abbozzo della tragedia,[9] tessuta in verso eroico (che fu la prima spezie di verso nel quale cantarono i greci, come sopra si è dimostrato); e sì che ditirambo d'Anfione sia stata la prima satira, dalla qual Orazio comincia a ragionare della tragedia.

I nuovi furono i lirici melici, de' quali è principe Pindaro, che scrissero in versi che nella nostra italiana favella si dicon « arie per musica »; la qual sorta di verso dovette venire dopo del giambico, che fu la spezie di verso nel quale, come sopra si è dimostrato, volgarmente i greci parlarono dopo l'eroico. Così Pindaro venne ne' tempi della virtù pomposa di Grecia, ammirata ne' giuochi olimpici, ne' quali tai lirici poeti cantarono; siccome Orazio venne a' tempi più sfoggiosi di Roma, quali furono quelli sotto di Augusto; e nella lingua ita-

9. *Anfione... tragedia*: cfr. la precedente n. 1 a pag. 736. Suida connette il nome di Arione da Methymna alla nascita della tragedia.

liana è venuta la melica ne' di lei tempi più inteneriti e più molli.

I tragici poi e i comici corsero dentro questi termini: che Tespi in altra parte di Grecia, come Anfione[10] in altra, nel tempo della vendemmia diede principio alla satira, ovvero tragedia antica, co' personaggi de' satiri, ch'in quella rozzezza e semplicità dovettero ritruovare la prima maschera col vestire i piedi, le gambe e cosce di pelli caprine, che dovevan aver alla mano, e tingersi i volti e 'l petto di fecce d'uva, ed armar la fronte di corna (onde forse finor, appresso di noi, i vendemmiatori si dicono volgarmente «cornuti»); e sì può esser vero che Bacco, dio della vendemmia, avesse comandato ad Eschilo di comporre tragedie; e tutto ciò convenevolmente a' tempi che gli eroi dicevano i plebei esser mostri di due nature, cioè d'uomini e di caproni, come appieno sopra si è dimostrato. Così è forte congettura che anzi da tal maschera che da ciò: — che in premio a chi vincesse in tal sorta di far versi si dasse un capro (il qual Orazio,[11] senza farne poi uso, riflette e chiama pur «vile»), il quale si dice τράγος, — avesse preso il nome la tragedia, e ch'ella avesse incominciato da questo coro di satiri. E la satira serbò quest'eterna propietà, con la qual ella nacque, di dir villanie ed ingiurie, perché i contadini, così rozzamente mascherati sopra i carri co' quali portavano l'uve, avevano licenza, la qual ancor oggi hanno i vendemmiatori della nostra Campagna felice, che fu detta «stanza di Bacco», di dire villanie a' signori. Quindi s'intenda con quanto di verità poscia gli addottrinati nella favola di Pane, perché πᾶν significa «tutto», ficcarono la mitologia filosofica che significhi l'universo, e che le parti basse pelose voglian dire la terra, il petto e la faccia rubiconda dinotino l'elemento del fuoco, e le

10. *Anfione*: cfr. la precedente n. 1. 11. *Orazio*: *Ad Pisones*, 220-24.

corna significhino il sole e la luna.[12] Ma i romani ce ne serbarono la mitologia istorica in essa voce « *satyra* »,[13] la quale, come vuol Festo, fu vivanda di varie spezie di cibi: donde poi se ne disse « *lex per satyram* » quella la quale conteneva diversi capi di cose: siccome nella satira dramatica, ch'ora qui ragioniamo, al riferire di esso Orazio[14] (poiché né de' latini né de' greci ce n'è giunta pur una), comparivano diverse spezie di persone, come dei, eroi, re, artegiani e servi. Perché la satira, la quale restò a' romani, non tratta di materie diverse, poiché è assegnata ciascheduna a ciaschedun argomento.

Poscia Eschilo portò la tragedia antica, cioè cotal satira, nella tragedia mezzana con maschere umane, trasportando il ditirambo d'Anfione,[15] ch'era coro di satiri, in coro d'uomini. E la tragedia mezzana dovett'esser principio della commedia antica, nella quale si ponevan in favola grandi personaggi, e perciò le convenne il coro. Appresso vennero Sofocle prima, e poi Euripide, che ci lasciarono la tragedia ultima. Ed in Aristofane finì la commedia antica, per lo scandalo succeduto nella persona di Socrate; e Menandro ci lasciò la commedia nuova, lavorata su personaggi privati e finti, i quali, perché privati, potevan esser finti, e perciò esser creduti per veri, come sopra si è ragionato; onde dovette non più intervenirvi il coro, ch'è un pubblico che ragiona, né di altro ragiona che di cose pubbliche.

In cotal guisa fu tessuta la satira in verso eroico, come la conservarono poscia i latini, perché in verso eroico parlarono i primi popoli, i quali appresso parlarono in verso giambico; e perciò la tragedia fu tessuta in verso giambico per natura, e la commedia lo fu per una vana

12. *favola di Pane* ecc.: cfr. F. Bacone, *De sapientia veterum, Pan sive natura*.

13. « *satyra* »: Pan era il nume dei satiri. Cfr. Festo, alla voce.

14. *Orazio*: Epistola *Ad Pisones*, 225-30.

15. *Anfione*: cfr. la precedente n. 1.

osservazione d'esemplo, quando i popoli greci già parlavano in prosa. E convenne certamente il giambico alla tragedia, perocch'è verso nato per isfogare la collera, che cammina con un piede ch'Orazio chiama «presto» (lo che in una degnità si è avvisato):[16] siccome dicono volgarmente che Archiloco avesselo ritruovato per isfogare la sua contro di Licambe, il quale non aveva voluto dargli in moglie la sua figliuola, e con l'acerbezza de' versi avesse ridutti la figliuola col padre alla disperazion d'afforcarsi: che dev'esser un'istoria di contesa eroica d'intorno a' connubi, nella qual i plebei sollevati dovetter afforcar i nobili con le loro figliuole.

Quindi esce quel mostro d'arte poetica, ch'un istesso verso violento, rapido e concitato convenga a poema tanto grande quanto è la tragedia, la qual Platone stima più grande dell'epopea,[17] e ad un poema dilicato qual è la commedia; e che lo stesso piede, propio, come si è detto, per isfogare collera e rabbia, nelle quali prorompere dee atrocissime la tragedia, siesi egualmente buono a ricevere scherzi, giuochi e teneri amori, che far debbono alla commedia tutta la piacevolezza ed amenità.

Questi stessi nomi non diffiniti di poeti «lirici» e «tragici» fecero porre Ippocrate a' tempi de' sette savi; il quale dev'esser posto circa i tempi d'Erodoto, perché venne in tempi ch'ancora si parlava buona parte per favole (com'è di favole tinta la di lui vita, ed Erodoto narra in gran parte per favole le sue storie), e non solo si era introdutto il parlare da prosa, ma anco lo scrivere per volgari caratteri, co' quali Erodoto le sue storie, ed egli scrisse in medicina le molte opere che ci lasciò, siccome altra volta sopra si è detto.

16. *in una degnità... avvisato*: nella *degnità* LXII.

17. *Platone* ecc.: forzatura di un brano della *Repubblica*, III, 7, 394 b-c.

LIBRO QUARTO

DEL CORSO CHE FANNO LE NAZIONI

In forza de' princìpi di questa Scienza, stabiliti nel libro primo; e dell'origini di tutte le divine ed umane cose della gentilità, ricercate e discoverte dentro la Sapienza poetica nel libro secondo; e nel libro terzo ritruovati i poemi d'Omero essere due grandi tesori del diritto naturale delle genti di Grecia, siccome la legge delle XII Tavole era stata già da noi ritruovata esser un gravissimo testimone del diritto naturale delle genti del Lazio: — ora con tai lumi così di filosofia come di filologia, in séguito delle degnità d'intorno alla storia ideal eterna già sopra poste, in questo libro quarto soggiugniamo il corso che fanno le nazioni, con costante uniformità procedendo in tutti i loro tanto vari e sì diversi costumi sopra la divisione delle tre età, che dicevano gli egizi essere scorse innanzi nel loro mondo, degli dei, degli eroi e degli uomini.[1] Perché sopra di essa si vedranno reggere con

1. *In forza de' princìpi* ecc.: richiamandosi al concetto di *storia ideale eterna* (cfr. *Del metodo*, nel libro I) e alle *degnità* XIII, LIII, LXVIII, Vico considera in questo quarto libro il ritmo triadico secondo il quale si svolge la storia umana: nei tempi divini o oscuri, eroici o favolosi, umani o storici si sono succedute tre forme di civiltà: la prima è caratterizzata dal predominio della corporeità e del senso, la seconda da quello della fantasia e del mito, la terza dallo spiegarsi della riflessione razionale. Questo schema triadico viene qui applicato dal Vico alla natura umana, al diritto, al governo, alla lingua, ai caratteri, all'autorità, ai giudizi ecc. Si hanno in tal modo, per esempio, tre specie di nature umane in corrispondenza di ciascuna delle tre età: la prima, poetica e creatrice, che

costante e non mai interrotto ordine di cagioni e d'effetti, sempre andante nelle nazioni, per tre spezie di nature; e da esse nature uscite tre spezie di costumi, da essi costumi osservate tre spezie di diritti naturali delle genti; e, 'n conseguenza di essi diritti, ordinate tre spezie di Stati civili o sia di repubbliche; e, per comunicare tra loro gli uomini venuti all'umana società tutte queste già dette tre spezie di cose massime, essersi formate tre spezie di lingue ed altrettante di caratteri; e, per giustificarle, tre spezie di giurisprudenze, assistite da tre spezie d'autorità e da altrettante di ragioni in altrettante spezie di giudizi; le quali giurisprudenze si celebrarono per tre sètte de' tempi che professano in tutto il corso della lor vita le nazioni. Le quali tre speziali unità, con altre molte che loro vanno di séguito e saranno in questo libro pur noverate, tutte mettono capo in una unità generale, ch'è l'unità della religione d'una divinità provvedente, la qual è l'unità dello spirito, che informa e dà vita a questo mondo di nazioni. Le quali cose sopra sparsamente essendosi ragionate, qui si dimostra l'ordine del lor corso.

I

TRE SPEZIE DI NATURE

La prima natura, per forte inganno di fantasia, la qual è robustissima ne' debolissimi di raziocinio,[1] fu una natura poetica o sia creatrice, lecito ci sia dire di-

diede ai corpi l'essere di sostanze animate di dei; la seconda, eroica, tratta dagli eroi che si credettero di discendenza divina: la terza, umana cioè intelligente e benigna, che vede nella ragione e nel dovere le sue leggi. In modo corrispondente a queste tre nature, i costumi sono prima tutti ripieni di religione e di pietà; poi collerici e puntigliosi, come in Achille; infine obbedienti alla morale del dovere.

I. - 1. *di fantasia* ecc.: cfr. la *degnità* XXXVI.

vina, la qual a' corpi diede l'essere di sostanze animate di dei, e gliele diede dalla sua idea. La qual natura fu quella de' poeti teologi, che furono gli più antichi sappienti di tutte le nazioni gentili, quando tutte le gentili nazioni si fondarono sulla credenza, ch'ebbe ogniuna, di certi suoi propi dei. Altronde era natura tutta fiera ed immane; ma, per quello stesso lor errore di fantasia, eglino temevano spaventosamente gli dei ch'essi si avevano finti. Di che restarono queste due eterne propietà: una, che la religione è l'unico mezzo potente a raffrenare la fierezza de' popoli; l'altra, ch'allora vanno bene le religioni, ove coloro che vi presiedono essi stessi internamente le riveriscano.

La seconda fu natura eroica, creduta ad essi eroi di divina origine; perché, credendo che tutto facessero i dei, si tenevano esser figliuoli di Giove, siccome quelli ch'erano stati generati con gli auspìci di Giove: nel qual eroismo essi, con giusto senso, riponevano la natural nobiltà: — perocché fussero della spezie umana; — per la qual essi furono i prìncipi dell'umana generazione. La quale natural nobiltà essi vantavano sopra quelli che dall'infame comunion bestiale, per salvarsi nelle risse ch'essa comunion produceva, s'erano dappoi riparati a' di lor asili: i quali, venutivi senza dei, tenevano per bestie, siccome l'una e l'altra natura sopra si è ragionata.

La terza fu natura umana, intelligente, e quindi modesta, benigna e ragionevole, la quale riconosce per leggi la coscienza, la ragione, il dovere.

II

TRE SPEZIE DI COSTUMI

I primi costumi [furono] tutti aspersi di religione e pietà, quali ci si narrano quelli di Deucalione e Pirra, venuti di fresco dopo il diluvio.

I secondi furono collerici e puntigliosi, quali sono narrati di Achille.

I terzi son officiosi, [1] insegnati dal propio punto de' civili doveri.

III

TRE SPEZIE DI DIRITTI NATURALI

Il primo diritto fu divino, per lo quale credevano e sé e le loro cose essere tutte in ragion degli dei, sull'oppenione che tutto fussero o facessero i dei.

Il secondo fu eroico, ovvero della forza, ma però prevenuta già dalla religione, che sola può tener in dovere la forza, ove non sono, o, se vi sono, non vagliono, le umane leggi per raffrenarla. Perciò la provvedenza dispose che le prime genti, per natura feroci, fussero persuase di sì fatta loro religione, acciocché si acquetassero naturalmente alla forza, e che, non essendo capaci ancor di ragione, estimassero la ragione dalla fortuna, per la quale si consigliavano con la divinazion degli auspìci. Tal diritto della forza è 'l diritto di Achille, che pone tutta la ragione nella punta dell'asta.

Il terzo è 'l diritto umano dettato dalla ragion umana tutta spiegata.

II. - 1. *officiosi*: civili.

IV
TRE SPEZIE DI GOVERNI

I primi furono divini, che i greci direbbono « teocratici », ne' quali gli uomini credettero ogni cosa comandare gli dei: che fu l'età degli oracoli, che sono la più antica delle cose che si leggono sulla storia.

I secondi [1] furono governi eroici ovvero aristocratici, ch'è tanto dire quanto « governi d'ottimati », in significazion di « fortissimi »; ed anco, in greco, « governi d'Eraclidi » o usciti da razza erculea, in sentimento di « nobili », quali furono sparsi per tutta l'antichissima Grecia, e poi restò lo spartano; ed eziandio « governi di cureti », ch'i greci osservarono sparsi nella Saturnia, o sia antica Italia, in Creta ed in Asia; e quindi « governo di quiriti » ai romani, o sieno di sacerdoti armati in pubblica ragunanza. Ne' quali, per distinzion di natura più nobile, perché creduta di divina origine, ch'abbiam sopra detto, tutte le ragioni civili erano chiuse dentro gli ordini regnanti de' medesimi eroi, ed a' plebei, come riputati d'origine bestiale, si permettevano i soli usi della vita e della natural libertà.

I terzi sono governi umani, [2] ne' quali, per l'ugualità di essa intelligente natura, la qual è la propia natura dell'uomo, tutti si uguagliano con le leggi, perocché tutti sien nati liberi nelle loro città, così libere popolari, ove tutti o la maggior parte sono esse forze giuste della città, per le quali forze giuste son essi i signori della libertà popolare; o nelle monarchie, nelle qual'i monarchi ugua-

IV. - 1. *I secondi*: cfr., per questo capoverso, le considerazioni svolte dal Vico nella *Politica poetica*.

2. *governi umani*: nell'età della ragione le repubbliche democratiche e le monarchie assolute.

gliano tutti i soggetti con le lor leggi, e, avendo essi soli in lor mano tutta la forza dell'armi, essi vi sono solamente distinti in civil natura.

V

TRE SPEZIE DI LINGUE

Tre spezie di lingue.

Delle quali la prima fu una lingua divina mentale per atti muti religiosi, o sieno divine cerimonie; onde restaron in ragion civile a' romani gli « atti legittimi », co' quali celebravano tutte le faccende delle loro civili utilità. Qual lingua si conviene alle religioni per tal propietà: che più importa loro essere riverite che ragionate; e fu necessaria ne' primi tempi, che gli uomini gentili non sapevano ancora articolar la favella. [1]

La seconda fu per imprese eroiche, con le quali parlano l'armi; la qual favella, come abbiam sopra detto, [2] restò alla militar disciplina.

La terza è per parlari, che per tutte le nazioni oggi s'usano, articolati.

VI

TRE SPEZIE DI CARATTERI

Tre spezie di caratteri.

De' qual' i primi furon divini, che propiamente si dissero « geroglifici », de' quali sopra pruovammo che ne' loro princìpi si servirono tutte le nazioni. E furono certi universali fantastici, dettati naturalmente da quell'inna-

V. - 1. *Delle quali la prima* ecc.: cfr. *Logica poetica*, capit. 1, 4.

2. *come* ecc.: *Logica poetica*, capit. 5, corollario III.

ta propietà della mente umana di dilettarsi dell'uniforme (di che proponemmo una degnità),[1] lo che non potendo fare con l'astrazion per generi, il fecero con la fantasia per ritratti. A' quali universali poetici riducevano tutte le particolari spezie a ciascun genere appartenenti, com'a Giove tutte le cose degli auspìci, a Giunone tutte le cose delle nozze, e così agli altri l'altre.

I secondi furono caratteri eroici, ch'erano pur universali fantastici, a' quali riducevano le varie spezie delle cose eroiche: come ad Achille tutti i fati de' forti combattitori, ad Ulisse tutti i consigli de' saggi. I quali generi fantastici, con avvezzarsi poscia la mente umana ad astrarre le forme e le propietà da' subbietti, passarono in generi intelligibili, onde provennero appresso i filosofi; da' quali poscia gli autori della commedia nuova, la quale venne ne' tempi umanissimi della Grecia, presero i generi intelligibili de' costumi umani e ne fecero ritratti nelle loro commedie.

Finalmente si ritruovarono i volgari caratteri, i quali andarono di compagnia con le lingue volgari: poiché, come queste si compongono di parole, che sono quasi generi de' particolari co' quali avevan innanzi parlato le lingue eroiche (come, per l'esemplo sopra arrecato, della frase eroica «mi bolle il sangue nel cuore», ne fecero questa voce: «m'adiro»); così di cenventimila caratteri geroglifici, che, per esemplo, usano fin oggi i chinesi, ne fecero poche lettere, alle quali, come generi, si riducono le cenventimila parole delle quali i chinesi compongono la loro lingua articolata volgare. Il qual ritruovato è certamente un lavoro di mente ch'avesse più che dell'umana; onde sopra udimmo Bernardo da Melinckrot ed Ingewaldo Elingio che 'l credono ritruovato divino.[2]

VI. - 1. *una degnità*: la XLIX, e cfr. *Logica poetica*, capit. 4.

2. *onde sopra* ecc.: *Logica poetica*, capit. 4 n. 3.

E tal comun senso di maraviglia è facile ch'abbia mosso le nazioni a credere ch'uomini eccellenti in divinità avesser loro ritruovato sì fatte lettere, come san Girolamo agl'illiri, come san Cirillo agli slavi, come altri ad altre, conforme osserva e ragiona Angelo Rocha nella *Biblioteca vaticana*, ove gli autori delle lettere, che diciamo « volgari », coi lor alfabeti sono dipinti.[3] Le quali oppenioni si convincono manifestamente di falso col solo domandare: — Perché non l'insegnarono le loro propie? — La qual difficultà abbiam noi sopra fatto di Cadmo, che dalla Fenicia aveva portato a' greci le lettere, e questi poi usarono forme di lettere cotanto diverse dalle fenicie.

Dicemmo sopra tali lingue e tali lettere esser in signoria del volgo de' popoli, onde sono dette e l'une e l'altre « volgari ». Per cotal signoria e di lingue e di lettere debbon i popoli liberi esser signori delle lor leggi, perché danno alle leggi que' sensi ne' quali vi traggono ad osservarle i potenti, che, come nelle *Degnità*[4] fu avvisato, non le vorrebbono. Tal signoria è naturalmente niegato a' monarchi di toglier a' popoli; ma, per questa stessa loro niegata natura di umane cose civili, tal signoria, inseparabile da' popoli, fa in gran parte la potenza d'essi monarchi, perch'essi possano comandare le loro leggi reali, alle quali debbano star i potenti, secondo i sensi ch'a quelle danno i lor popoli. Per tal signoria di volgari lettere e lingue è necessario, per ordine di civil natura, che le repubbliche libere popolari abbiano preceduto alle monarchie.

3. *Angelo* ecc.: Angelo Rocca, *Bibliotheca apostolica Vaticana*, Roma, 1591, pp. 152-68.
4. *nelle Degnità*: la XCII.

VII
TRE SPEZIE DI GIURISPRUDENZE

Tre spezie di giurisprudenze ovvero sapienze. [1]

La prima fu una sapienza divina, detta, come sopra vedemmo, « teologia mistica », che vuol dire « scienza di divini parlari » o d'intendere i divini misteri della divinazione, e sì fu scienza in divinità d'auspìci e sapienza volgare, della quale furono sappienti i poeti teologi, che furono i primi sappienti del gentilesimo; e da tal mistica teologia essi se ne dissero « *mystæ* », i quali Orazio, [2] con iscienza, volta « interpetri degli dei ». Talché di questa prima giurisprudenza fu il primo e propio « *interpretari* », detto quasi « *interpatrari* », cioè « entrare in essi padri », quali furono dapprima detti gli dei, come si è sopra osservato: che Dante direbbe « indiarsi », cioè entrare nella mente di Dio. E tal giurisprudenza estimava il giusto dalla sola solennità delle divine cerimonie; onde venne a' romani tanta superstizione degli atti legittimi, e nelle loro leggi ne restarono quelle frasi « *iustæ nuptiæ* » e « *iustum testamentum* », per nozze e testamento « solenni ».

La seconda fu la giurisprudenza eroica, di cautelarsi con certe propie parole, qual è la sapienza di Ulisse, il quale, appo Omero, sempre parla sì accorto, che consiegua la propostasi utilità, serbata sempre la propietà delle sue parole. Onde tutta la riputazione de' giureconsulti

VII. - 1. *Tre spezie* ecc.: alle tre età corrispondono tre specie di giurisprudenze. La prima *divina* o scienza degli oracoli e auspici divini; la seconda *eroica* nella quale domina il rispetto per le formule e i solenni cerimoniali; la terza *umana* che si volge ad una interpretazione razionale dei fatti. Quest'ultima trova per Vico la sua più piena espressione nelle monarchie assolute rette da sovrani illuminati.

2. *Orazio*: Epistola *Ad Pisones*, 391.

romani antichi consisteva in quel lor «*cavere*»; e quel loro «*de iure respondere*» pur altro non era che cautelar coloro, ch'avevano da sperimentar in giudizio la lor ragione, d'esporre al pretore i fatti così circostanziati, che le formole dell'azioni vi cadessero sopra a livello, talché il pretore non potesse loro niegarle. Così, a' tempi barbari ritornati, tutta la riputazion de' dottori era in truovar cautele d'intorno a' contratti o ultime volontà ed in saper formare domande di ragione ed articoli: ch'era appunto il «*cavere*» e «*de iure respondere*» de' romani giureconsulti.

La terza è la giurisprudenza umana, che guarda la verità d'essi fatti e piega benignamente la ragion delle leggi a tutto ciò che richiede l'ugualità delle cause; la qual giurisprudenza si celebra nelle repubbliche libere popolari, e molto più sotto le monarchie, ch'entrambe sono governi umani.

Talché le giurisprudenze divina ed eroica si attennero al certo ne' tempi delle nazioni rozze; l'umana guarda il vero ne' tempi delle medesime illuminate. E tutto ciò, in conseguenza delle diffinizioni del certo e del vero e delle degnità che se ne sono poste negli *Elementi.* [3]

VIII

TRE SPEZIE D'AUTORITÀ

Furono tre spezie d'autorità. Delle quali la prima è divina, per la quale dalla provvedenza non si domanda ragione; la seconda eroica, riposta tutta nelle solenni formole delle leggi; la terza umana, riposta nel credito di persone sperimentate, di singolar prudenza nell'agibili e di sublime sapienza nell'intelligibili cose.

3. *negli Elementi*: cfr. le *degnità* IX, CXI, CXIII.

Le quali tre spezie d'autorità, ch'usa la giurisprudenza dentro il corso che fanno le nazioni, vanno di séguito a tre sorte d'autorità de' senati, che si cangiano dentro il medesimo loro corso.

Delle quali la prima fu autorità di dominio, dalla quale restarono detti « *autores* » coloro da' quali abbiamo cagion di dominio, ed esso dominio nella legge delle XII Tavole sempre « *autoritas* » vien appellato. La qual autorità mise capo ne' governi divini fin dallo stato delle famiglie, nel quale la divina autorità dovett'essere degli dei, perch'era creduto, con giusto senso, tutto essere degli dei. Convenevolmente, appresso, nelle aristocrazie eroiche, dove i senati composero (com'ancor in quelle de' nostri tempi compongono) la signoria, tal autorità fu di essi senati regnanti. Onde i senati eroici davano la lor approvagione a ciò ch'avevano innanzi trattato i popoli, che Livio dice « *eius, quod populus iussisset, deinde patres fierent autores* »: [1] però, non dall'interregno di Romolo, come narra la storia, ma da' tempi più bassi dell'aristocrazia, ne' quali era stata comunicata la cittadinanza alla plebe, come sopra si è ragionato. Il qual ordinamento, come lo stesso Livio dice, « *sæpe spectabat ad vim* », sovente minacciava rivolte; [2] tanto che, se 'l popolo ne voleva venir a capo, doveva, per esemplo, nominar i consoli ne' qual'inchinasse il senato: appunto come sono le nominazioni de' maestrati [3] che si fanno da' popoli sotto le monarchie.

Dalla legge di Publilio Filone in poi, con la quale fu dichiarato il popolo romano libero ed assoluto signor dell'imperio, come sopra si è detto, l'autorità del senato fu di tutela; conforme l'approvagione de' tutori a' negozi

VIII. - 1. *Livio* ecc.: « di ciò che il popolo aveva ordinato, i senatori si facessero sanzionatori », I, 17.

2. *Livio* ecc.: I, 9. « Tendeva spesso alla violenza ».

3. *maestrati*: magistrati.

che si trattano da' pupilli, che sono signori de' loro patrimoni, si dice «*autoritas tutorum*».[4] La qual autorità si prestava dal senato al popolo in essa formola della legge, conceputa innanzi in senato, nella quale, conforme dee prestarsi l'autorità da' tutori a' pupilli, il senato fusse presente al popolo, presente nelle grandi adunanze, nell'atto presente di comandar essa legge, s'egli volessela comandare; altrimente, l'antiquasse e «*probaret antiqua*», ch'è tanto dire quanto ch'egli dichiarasse che non voleva novità. E tutto ciò, acciocché il popolo, nel comandare le leggi, per cagione del suo infermo consiglio, non facesse un qualche pubblico danno, e perciò, nel comandarle, si facesse regolar dal senato. Laonde le formole delle leggi, che dal senato si portavano al popolo perch'egli le comandasse, sono con iscienza da Cicerone[5] diffinite «*perscriptæ autoritates*»: non autorità personali, come quelle de' tutori, i quali con la loro presenza appruovano gli atti che si fan da' pupilli: ma autorità distese a lungo in iscritto (ché tanto suona «*perscribere*»), a differenza delle formole per azioni, scritte «*per notas*»,[6] le quali non s'intendevan dal popolo. Ch'è quello ch'ordinò la legge Publilia: che, da essa in poi, l'autorità del senato, per dirla come Livio la riferisce, «*valeret in incertum comitiorum eventum*».[7]

Passò finalmente la repubblica dalla libertà popolare sotto la monarchia, e succedette la terza spezie d'autorità, ch'è di credito o di riputazione in sapienza, e perciò auto-

4. *Dalla legge* ecc.: come chiarisce il Nicolini (*Comm.*, 945) «Vico intende dire che, dopo le *leges Publicæ*, la ratifica delle deliberazioni dei comizi, perché data dal Senato non più dopo ma prima della votazione di quelli, divenne una sorta d'autorità tutoria, esercitata mediante il senatoconsulto col quale, previa discussione, veniva approvato il disegno di legge da presentare ai comizi stessi».

5. *Cicerone*: *De oratore*, III, 12.

6. «*per notas*»: «notae» sono le sigle o abbreviazioni.

7. *Livio* ecc.: VIII, 12, «valesse anche di fronte all'incerta deliberazione dei comizi», ma la citazione è inesatta.

rità di consiglio, dalla qual i giureconsulti sotto gl'imperadori se ne dissero « *autores* ». E tal autorità dev'essere de' senati sotto i monarchi, i quali son in piena ed assoluta libertà di seguir o no ciò che loro han consigliato i senati.

IX

TRE SPEZIE DI RAGIONI

1.

Furono tre le spezie delle ragioni.

La prima, divina, di cui Iddio solamente s'intende, e tanto ne sanno gli uomini quanto è stato loro rivelato: agli ebrei prima e poi a' cristiani, per interni parlari, alle menti, perché voci d'un Dio tutto mente; ma con parlari esterni, così da' profeti, come da Gesù Cristo agli appostoli, e da questi palesati alla Chiesa; — a' gentili, per gli auspìci, per gli oracoli ed altri segni corporei creduti divini avvisi, perché creduti venire dagli dei, ch'essi gentili credevano esser composti di corpo. Talché in Dio, ch'è tutto ragione, la ragion e l'autorità è una medesima cosa; onde nella buona teologia la divina autorità tiene lo stesso luogo che di ragione. Ov'è da ammirare la provvedenza, che, ne' primi tempi che gli uomini del gentilesimo non intendevan ragione (lo che sopra tutto dovett'essere nello stato delle famiglie), permise loro ch'entrassero nell'errore di tener a luogo di ragione l'autorità degli auspìci e co' creduti divini consigli di quelli si governassero, per quella eterna propietà: ch'ove gli uomini nelle cose umane non vedon ragione, e molto più se la vedon contraria, s'acquetano negl'imperscrutabili consigli che si nascondono nell'abisso della provvedenza divina.

La seconda fu la ragion di Stato, detta da' romani

« *civilis æquitas* », la quale Ulpiano tralle *Degnità* [1] sopra ci diffinì da ciò ch'ella non è naturalmente conosciuta da ogni uomo, ma da pochi pratici di governo, che sappian vedere ciò ch'appartiensi alla conservazione del gener umano. Della quale furono naturalmente sappienti i senati eroici, e sopra tutti fu il romano, sappientissimo ne' tempi della libertà così aristocratica, [2] ne' quali la plebe era affatto esclusa di trattar cose pubbliche, come della popolare, per tutto il tempo che 'l popolo nelle pubbliche faccende si fece regolar dal senato, che fu fin a' tempi de' Gracchi.

2.
COROLLARIO DELLA SAPIENZA DI STATO DEGLI ANTICHI ROMANI

Quindi nasce un problema, che sembra assai difficile a solversi: come ne' tempi rozzi di Roma fussero stati sappientissimi di Stato i romani, e ne' loro tempi illuminati dice Ulpiano [1] ch' « oggi di Stato s'intendono soli e pochi pratici di governo »? — Perché, per quelle stesse naturali cagioni che produssero l'eroismo de' primi popoli, gli antichi romani, che furono gli eroi del mondo, essi naturalmente guardavano la civil equità, la qual era scrupolosissima delle parole con le quali parlavan le leggi; e, con osservarne superstiziosamente le lor parole, facevano camminare le leggi diritto per tutti i fatti, anco dov'esse leggi riuscissero severe, dure, crudeli (per ciò che se n'è detto più sopra), [2] com'oggi suol praticare la ragione di Stato; e sì la civil equità naturalmente sottometteva tutto a quella legge, regina di tutte l'altre, conceputa da Cicerone con gravità eguale alla materia: « *Su-*

1. - 1. *tralle Degnità*: la CX. 2. *ne' tempi della libertà così aristocratica*: cioè fino alla legge Publilia.

2. - 1. *dice Ulpiano*: cfr. a questo

prema lex populi salus esto ».[3] Perché ne' tempi eroici, ne' quali gli Stati furono aristocratici, come si è appieno sopra pruovato, gli eroi avevano privatamente ciascuno gran parte della pubblica utilità, ch'erano le monarchie famigliari conservate lor dalla patria, e, per tal grande particolar interesse conservato loro dalla repubblica, naturalmente posponevano i privati interessi minori; onde naturalmente, e magnanimi, difendevano il ben pubblico, ch'è quello dello Stato, e saggi, consigliavano d'intorno allo Stato. Lo che fu alto consiglio della provvedenza divina, perché i padri polifemi dalla loro vita selvaggia (come con Omero e Platone si sono sopra osservati),[4] senza un tale e tanto lor privato interesse medesimato col pubblico, non si potevano altrimente indurre a celebrare la civiltà, com'altra volta sopra si è riflettuto.

Al contrario, ne' tempi umani, ne' quali gli Stati provengono o liberi popolari o monarchici, perché i cittadini ne' primi comandano il ben pubblico, che si ripartisce loro in minutissime parti quanti son essi cittadini, che fanno il popolo che vi comanda, e ne' secondi son i sudditi comandati d'attender a' lor privati interessi e lasciare la cura del pubblico al sovrano principe; aggiugnendo a ciò le naturali cagioni, le quali produssero tali forme di Stati, che sono tutte contrarie a quelle che produtto avevano l'eroismo, le quali sopra dimostrammo esser affetto d'agi, tenerezza di figliuoli, amor di donne e disiderio di vita: per tutto ciò, son oggi gli uomini naturalmente portati ad attendere all'ultime circostanze de' fatti, le quali agguaglino le loro private utilità. Ch'è l' « *æquum bonum* », considerato dalla terza spezie di ragione (che qui era da ragionarsi), la quale si dice « ragion naturale », e

proposito la *degnità* CX e nota.
2. *più sopra*: cfr. la *degnità* CXI.
3. *Cicerone* ecc.: *De legibus*, III, 3, « la salvezza del popolo sia legge suprema ».
4. *come* ecc.: *degnità* XCVIII.

da' giureconsulti « *æquitas naturalis* » vien appellata, della quale sola è capace la moltitudine. Perché questa considera gli ultimi a sé appartenenti motivi del giusto, che meritano le cause nell'individuali loro spezie de' fatti; e nelle monarchie bisognano pochi sappienti di Stato per consigliare con equità civile le pubbliche emergenze ne' gabinetti, e moltissimi giureconsulti di giurisprudenza privata, che professa equità naturale, per ministrare giustizia a' popoli.

3.

COROLLARIO: ISTORIA FONDAMENTALE DEL DIRITTO ROMANO

Le cose qui ragionate d'intorno alle tre spezie della ragione posson esser i fondamenti che stabiliscono la storia del diritto romano. Perché i governi debbon esser conformi alla natura degli uomini governati, come se n'è proposta sopra una degnità; [1] — perché dalla natura degli uomini governati escon essi governi, come per questi *Princìpi* sopra si è dimostrato; [2] — e ché le leggi perciò debbon essere ministrate in conformità de' governi e, per tal cagione, dalla forma de' governi si debbono interpetrare (lo che non sembra aver fatto niuno di tutti i giureconsulti ed interpetri, prendendo lo stesso errore ch'avevano innanzi preso gli storici delle cose romane, i quali narrano le leggi comandate in varî tempi in quella repubblica, ma non avvertono a' rapporti che dovevano le leggi aver con gli stati per gli quali quella repubblica procedé; ond'escono i fatti tanto nudi delle loro propie cagioni le quali naturalmente l'avevano dovuto produrre, che Giovanni Bodino, egualmente eruditissimo giureconsulto e

3. - 1. *una degnità*: la LXIX.
2. *come... si è dimostrato*: cfr. in questo libro quarto *Tre spezie di governi*.

politico,[3] le cose fatte dagli antichi romani nella libertà, che falsamente gli storici narrano popolare, argomenta essere stati effetti di repubblica aristocratica, conforme in questi libri di fatto si è ritruovata): — per tutto ciò, se tutti gli adornatori della storia del diritto romano son domandati: — Perché la giurisprudenza antica usò tanti rigori d'intorno alla legge delle XII Tavole? perché la mezzana, con gli editti de' pretori, cominciò ad usare benignità di ragione, ma con rispetto però d'essa legge? perché la giurisprudenza nuova, senz'alcun velo o riguardo di essa legge, prese generosamente a professare l'equità naturale? — essi, per renderne una qualche ragione, danno in quella grave offesa alla romana generosità, con cui dicono ch'i rigori, le solennità, gli scrupoli, le sottigliezze delle parole e finalmente il segreto delle medesime leggi furon imposture de' nobili, per aver essi le leggi in mano, che fanno una gran parte della potenza nelle città.

Ma tanto sì fatte pratiche furono da ogn'impostura lontane, che furono costumi usciti dalle lor istesse nature, le quali, con tali costumi, produssero tali Stati, che naturalmente dettavano tali e non altre pratiche. Perché, nel tempo della somma fierezza del loro primo gener umano, essendo la religione l'unico potente mezzo d'addimesticarla, la provvedenza, come si è veduto sopra, dispose che vivessero gli uomini sotto governi divini e dappertutto regnassero leggi sagre, ch'è tanto dire quanto arcane e segrete al volgo de' popoli; le quali, nello stato delle famiglie, tanto lo erano state naturalmente, che si custodivano con lingue mutole, le quali si spiegavano con consagrate solennità (che poi restarono negli atti legittimi), le quali tanto da quelle menti balorde erano credute abbisognate per accertarsi uno della volontà efficace dell'altro d'intorno a comunicare l'utilità, quanto ora, in questa naturale

3. *Giovanni Bodino* ecc.: cfr. n. 3 al capit. 7 della *Politica poetica.*

intelligenza delle nostre, basta accertarsene con semplici parole ed anche con nudi cenni. Dipoi succedettero i governi umani di Stati civili aristocratici, e, per natura perseverando a celebrarsi i costumi religiosi, con essa religione seguitarono a custodirsi le leggi arcane o segrete (il qual arcano è l'anima con cui vivono le repubbliche aristocratiche), e con tal religione si osservarono severamente le leggi; ch'è 'l rigore della civil equità, la quale principalmente conserva l'aristocrazie. Appresso, avendo a venire le repubbliche popolari, che naturalmente son aperte, generose e magnanime (dovendovi comandare la moltitudine, ch'abbiam dimostro naturalmente intendersi dell'equità naturale), vennero con gli stessi passi le lingue e le lettere che si dicon « volgari » (delle quali, come sopra dicemmo, è signora la moltitudine), e con quelle comandarono e scrisser le leggi, e naturalmente se n'andò a pubblicar il segreto: ch'è 'l « *ius latens* », che Pomponio narra [4] non avere sofferto più la plebe romana, onde volle le leggi descritte in tavole, poich'eran venute le lettere volgari da' greci in Roma, come si è sopra detto. Tal ordine di cose umane civili finalmente si truovò apparecchiato per gli Stati monarchici, ne' quali i monarchi vogliono ministrare le leggi secondo l'equità naturale e, 'n conseguenza, conforme l'intende la moltitudine, e perciò adeguino in ragione i potenti co' deboli: lo che fa unicamente la monarchia. E l'equità civile, o ragion di Stato, fu intesa da pochi sappienti di ragion pubblica e, con la sua eterna propietà, è serbata arcana dentro de' gabinetti.

4. *Pomponio* ecc.: cfr. la *degnità* XCII e relativa n. 120.

X

TRE SPEZIE DI GIUDIZI

1.

Le spezie de' giudizi furono tre.

La prima di giudizi divini, ne' quali, nello stato che dicesi «di natura» (che fu quello delle famiglie), non essendo imperi civili di leggi, i padri di famiglia si richiamavano agli dei de' torti ch'erano stati lor fatti (che fu, prima e propiamente, «*implorare deorum fidem*»), chiamavano in testimoni della loro ragion essi dei (che fu, prima e propiamente, «*deos obtestari*»). E tali accuse o difese furono, con natia propietà, le prime orazioni del mondo, come restò a' latini «*oratio*» per «accusa» o «difesa»: di che vi sono bellissimi luoghi in Plauto e 'n Terenzio, [1] e ne serbò due luoghi d'oro la legge delle XII Tavole, che sono «*furto orare*» e «*pacto orare*» (non «*adorare*», come legge Lipsio), [2] nel primo per «*agere*» e nel secondo per «*excipere*»; talché da queste orazioni restaron a' latini detti «*oratores*» coloro ch'arringano le cause in giudizio. Tali richiami agli dei si facevano dapprima dalle genti semplici e rozze, sulla credulità ch'essi erano uditi dagli dei, ch'immaginavano starsi sulle cime de' monti, siccome Omero gli narra su quella del monte Olimpo; [3] e Tacito ne scrive tra gli ermonduri e catti una guerra con tal superstizione: che dagli dei se non dall'alte cime de' monti «*preces mortalium nusquam propius audiri*». [4]

1. - 1. *Plauto* ecc.: Plauto, *Asinaria*, atto I, scena 1, 97-8, *Epidicus*, 535; Terenzio, *Andria*, atto I, scena 1, 114; atto II, scena 4, 4-5.

2. *Lipsio*: Giusto Lipsio, *Leges regiæ et leges decemvirales studiose collectæ*, in *Opera* cit., IV, p. 281.

3. *Omero* ecc.: *Odissea*, XVIII, 35 segg.

4. *Tacito* ecc.: *Annales*, XIII, 57,

Le ragioni, le quali s'arrecavano in tali divini giudizi, eran essi dei, siccome ne' tempi ne' quali i gentili tutte le cose immaginavano esser dei: come « *Lar* » per lo dominio della casa, « *dii Hospitales* » per la ragion dell'albergo, « *dii Penates* » per la paterna potestà, « *deus Genius* » per lo diritto del matrimonio, « *deus Terminus* » per lo dominio del podere, « *dii Manes* » per la ragion del sepolcro; di che restò nella legge delle XII Tavole un aureo vestigio: « *ius deorum manium* ». [5]

Dopo tali orazioni (ovvero obsecrazioni, ovvero implorazioni) e dopo tali obtestazioni, venivan all'atto di esegrare essi rei; onde appo i greci, come certamente in Argo, vi furono i templi di essa esegrazione, e tali esegrati si dicevano ἀναθήματα, che noi diciamo « scomunicati ». E contro loro concepivano i voti (che fu il primo « *nuncupare vota* », che significa far voti solenni ovvero con formole consagrate) [6] e gli consagravano alle Furie (che furono veramente « *diris devoti* »), e poi gli uccidevano (ch'era quello degli sciti, lo che sopra osservammo, i quali ficcavano un coltello in terra e l'adoravano per dio, e poi uccidevano l'uomo). E i latini tal uccidere dissero col verbo « *mactare* », che restò vocabolo sagro che si usava ne' sagrifizi; onde agli spagnuoli restò « *matar* » ed agl'italiani altresì « ammazzare » per « uccidere ». E sopra vedemmo ch'appo i greci restò ἄρα per significar il « corpo che danneggia », il « voto » e la « furia »; ed appo i latini « *ara* » significò e l' « altare » e la « vittima ». Quindi restò appo tutte le nazioni una spezie di scomunica: della quale, tra' galli, ne lasciò Cesare un'assai spiegata memoria; [7] e tra' romani restonne l'interdetto dell'acqua e fuo-

« le preghiere dei mortali in nessun altro luogo sono ascoltate più da vicino ».

5. *restò* ecc.: cfr. Cicerone, *De legibus*, II, 23.

6. « *nuncupare vota* » ecc.: Livio, VLI, 10; Festo, alle voci *nuncupatio, nuncupatus, nuncupo*.

7. *Cesare* ecc.: *De bello gallico*, VI, 13.

co, come sopra si è ragionato. Delle quali consagrazioni molte passarono nella legge delle XII Tavole: come « consagrato a Giove » chi aveva violato un tribuno della plebe, « consagrato agli dei de' padri » il figliuolo empio, « consagrato a Cerere » chi aveva dato fuoco alle biade altrui, il quale fusse bruciato vivo (si veda crudeltà di pene divine, somigliante all'immanità, ch'abbiamo nelle *Degnità* detto,[8] dell'immanissime streghe!), che debbon essere state quelle sopra da Plauto dette « *Saturni hostiæ* ».[9]

Con questi giudizi praticati privatamente, usciron i popoli a far le guerre che si dissero « *pura et pia bella* »; e si facevano « *pro aris et focis* »,[10] per le cose civili come pubbliche così private, col qual aspetto di divine si guardavano tutte le cose umane. Onde le guerre eroiche tutt'erano di religione, perché gli araldi, nell'intimarle, dalle città, alle quali le portavano, chiamavan fuori gli dei e consagravano i nemici agli dei. Onde gli re trionfati erano da' romani presentati a Giove Feretrio nel Campidoglio e dappoi s'uccidevano, sull'esemplo de' violenti empi, ch'erano state le prime ostie, le prime vittime, ch'aveva consagrato Vesta sulle prime are del mondo; e i popoli arresi erano considerati uomini senza dei, sull'esemplo de' primi famoli: onde gli schiavi, come cose inanimate, in lingua romana si dissero « *mancipia* » ed in romana giurisprudenza si tennero « *loco rerum* ».

8. *ch'abbiamo nelle Degnità* ecc.: la XL.

9. *da Plauto dette* ecc.: *Amphitruo*, atto IV, scena 2, 15-16.

10. *pro aris* ecc.: « per gli altari e per i focolari ».

2.

COROLLARIO DE' DUELLI E DELLE RIPRESAGLIE

Talché furon una spezie di giudizi divini, nella barbarie delle nazioni, i duelli, che dovettero nascere sotto il governo antichissimo degli dei e condursi per lunga età dentro le repubbliche eroiche. Delle quali riferimmo nelle *Degnità* quel luogo d'oro d'Aristotile ne' *Libri politici*,[1] ove dice che non avevano leggi giudiziarie da punir i torti ed emendare le violenze private: lo che, sulla falsa oppenione finor avuta dalla boria de' dotti d'intorno all'eroismo filosofico de' primi popoli, il quale andasse di séguito alla sapienza innarrivabile degli antichi, non si è creduto finora.

Certamente, tra' romani furono tardi introdutti, e pur dal pretore, così l'interdetto *Unde vi* come le azioni *De vi bonorum raptorum* e *Quod metus caussa*, come altra volta si è detto. E, per lo ricorso della barbarie ultima, le ripresaglie private durarono fin a' tempi di Bartolo,[2] che dovetter essere « condiczioni », o « azioni personali » degli antichi romani, perché « *condicere* », secondo Festo,[3] vuol dire « dinonziare » (talché il padre di famiglia doveva dinonziare, a colui che gli aveva ingiustamente tolto ciò ch'era suo, che glielo restituisse, per poi usare la ripresaglia); onde tal dinonzia restò solennità dell'azioni personali: lo che da Udalrico Zasio[4] acutamente fu inteso.

Ma i duelli contenevano giudizi reali, che, perocché si

2. - 1. *nelle Degnità* ecc.: la LXXXV e nota relativa.

2. *Bartolo*: è il famoso giurista Bartolo da Sassoferrato. Vico fa riferimento al suo *Tractatus de rappresaliis* composto nel 1345. Il *ricorso della barbarie ultima* è il Medioevo.

3. *Festo*: alla voce *condicere*.

4. *Zasio*: è il giurista Udalrico Zase (1461-1535). Vico interpreta liberamente un passo contenuto in *Opera*, ed. di Lione, 1550, IV, p. 118.

facevano *in re præsenti,* non avevano bisogno della dinonzia; onde restarono le « *vindiciæ* », le quali, tolte all'ingiusto possessore con una finta forza, che Aulo Gellio chiama « *festucaria* », « di paglia » [5] (le quali dalla forza vera, che si era fatta prima, dovettero dirsi « *vindiciæ* »), si dovevano portare dal giudice, per dire, in quella *gleba* o zolla: « *Aio hunc fundum meum esse ex iure quiritium* ». Quindi coloro che scrivono i duelli essersi introdutti per difetto di pruove, egli è falso; ma devon dire: per difetto di leggi giudiziarie. Perché certamente Frotone, re di Danimarca, comandò che tutte le contese si terminassero per mezzo degli abbattimenti, [6] e sì vietò che si diffinissero con giudizi legittimi; e, per non terminarle con giudizi legittimi, sono di duelli piene le leggi de' longobardi, salii, inghilesi, borghignoni, normanni, danesi, alemanni, per lo che Cuiacio ne' *Feudi* dice: « *Et hoc genere purgationis diu usi sunt christiani tam in civilibus quam in criminalibus caussis, re omni duello commissa* ». [7] Di che è restato che in Lamagna [8] professano scienza di duello coloro che si dicon « reistri », [9] i quali obbligano quelli c'hanno da duellare a dire la verità, perocché i duelli, ammessivi i testimoni, e perciò dovendovi intervenire i giudici, passerebbero in giudizi o criminali o civili.

Non si è creduto della barbarie prima, perché non ce ne sono giunte memorie, ch'avesse praticato i duelli. Ma non sappiamo intendere come in questa parte sieno stati, nonché umani, sofferenti di torti i polifemi d'Omero, ne' quali riconosce gli antichissimi padri delle famiglie, nello

5. *Aulo Gellio* ecc.: *Noctes Atticæ,* XX, 10.

6. *Frotone* ecc.: Frotone III, re di Danimarca nei primi anni dell'era cristiana, è probabilmente figura leggendaria.

7. *Cuiacio* ecc.: *De feudis*, in *Opera,* ed. di Napoli, 1758, II, p. 1193, « I cristiani fecero uso a lungo di questo genere di purgazione sia nelle cause civili sia in quelle penali, risolvendo tutto mediante il duello ».

8. *Lamagna*: Germania.

9. « *reistri* », uomini a cavallo; dal tedesco « Reiter » o « Reuter », gallicizzato nel francese « reistres » o « reî-

stato di natura, Platone.[10] Certamente Aristotile ne ha detto nelle *Degnità*[11] che nell'antichissime repubbliche, nonché nello stato delle famiglie, che furon innanzi delle città, non avevano leggi da emendar i torti e punire l'offese, con le qual'i cittadini s'oltraggiassero privatamente tra loro (e noi l'abbiamo testé dimostro della romana antica); e perciò Aristotile pur ci disse, nelle *Degnità*, che tal costume era de' popoli barbari, perché, come ivi avvertimmo, i popoli per ciò ne' lor incominciamenti son barbari, perché non son addimesticati ancor con le leggi.

Ma di essi duelli vi hanno due grandi vestigi — uno nella greca storia, un altro nella romana — ch'i popoli dovettero incominciar le guerre (che si dissero dagli antichi latini « *duella* ») dagli abbattimenti di essi particolari offesi, quantunque fussero re, ed essendo entrambi i popoli spettatori, che pubblicamente volevano difendere o vendicare l'offese. Come, certamente, così la guerra troiana incomincia dall'abbattimento di Menelao e di Paride (questi ch'aveva, quegli a cui era stata rapita la moglie Elena), il quale restando indeciso, seguitò poi a farsi tra greci e troiani la guerra; e noi sopra avvertimmo[12] il costume istesso delle nazioni latine nella guerra de' romani ed albani, che con l'abbattimento degli tre Orazi e degli tre Curiazi (uno de' quali dovette rapire l'Orazia) si diffinì dello 'n tutto. In sì fatti giudizi armati estimarono la ragione dalla fortuna della vittoria: lo che fu consiglio della provvedenza divina, acciocché, tra genti barbare e di cortissimo raziocinio, che non intendevan ragione, da guerre non si seminassero guerre, e sì avessero idea della giustizia o ingiustizia degli uomini dall'aver essi propizi o pur contrari gli dei: siccome i gentili schernivano il

tres », indi italianizzato.

10. *i polifemi* ecc.: cfr. *degnità* XCVIII.

11. *nelle Degnità*: la LXXXV.

12. *sopra avvertimmo* ecc.: *Politica poetica*, capit. 6.

santo Giobbe dalla regale sua fortuna caduto, perocch'egli avesse contrario Dio. [13] E, ne' tempi barbari ritornati, perciò alla parte vinta, quantunque giusta, si tagliava barbaramente la destra.

Di sì fatto costume, privatamente da' popoli celebrato, uscì fuori la giustizia esterna, ch'i morali teologi dicono, delle guerre, onde le nazioni riposassero sulla certezza de' lor imperi. Così quelli auspìci, che fondarono gl'imperi paterni monarchici a' padri nello stato delle famiglie e apparecchiarono e conservarono loro i regni aristocratici nell'eroiche città e, comunicati loro, produssero le repubbliche libere alle plebi de' popoli (come la storia romana apertamente lo ci racconta), finalmente legittimano le conquiste, con la fortuna dell'armi, a' felici conquistatori. Lo che tutto non può provenire altronde che dal concetto innato della provvedenza c'hanno universalmente le nazioni, alla quale si debbono conformare, ove vedono affliggersi i giusti e prosperarsi gli scellerati, come nell'*Idea dell'opera* altra volta si è detto.

3.

I secondi giudizi, per la recente origine da' giudizi divini, furono tutti ordinari, osservati con una somma scrupolosità di parole, che da' giudizi, innanzi stati, divini dovette restar detta « *religio verborum* »; conforme le cose divine universalmente son concepute con formole consagrate, che non si possono d'una letteruccia alterare; onde delle antiche formole dell'azioni si diceva: « *qui cadit virgula, caussa cadit* ». [1] Ch'è 'l diritto naturale delle genti eroiche, osservato naturalmente dalla giurisprudenza ro-

13. *i gentili* ecc.: *Liber Job*, II, 11; IV, 7-9; V, 8. Ma il riferimento è ancora una volta inesatto.

3. - 1. *qui cadit* ecc.: « se è nulla una sola virgola nella formula, si perde la causa ».

mana antica, e fu il « *fari* » del pretore, ch'era un parlar innalterabile, dal quale furono detti « *dies fasti* » i giorni ne' quali rendeva ragion il pretore.[2] La quale, perché i soli eroi ne avevano la comunione nell'eroiche aristocrazie, dev'esser il « *fas deorum* » de' tempi ne' quali, come sopra abbiamo spiegato, gli eroi s'avevano preso il nome di « dei », donde poi fu detto[3] « *Fatum* » sopra le cose della natura l'ordine ineluttabile delle cagioni che le produce, perché tale sia il parlare di Dio: onde forse agl'italiani venne detto « ordinare », ed in ispezie in ragionamento di leggi, per « dare comandi che si devono necessariamente eseguire ».

Per cotal ordine (che, 'n ragionamento di giudizi, significa « solenne formola d'azione »), ch'aveva dettato la crudele e vil pena contro l'inclito reo d'Orazio, non potevano i duumviri essi stessi assolverlo, quantunque fussesi ritruovato innocente; e 'l popolo, a cui n'appellò, l'assolvette, come Livio il racconta, « *magis admiratione virtutis quam iure caussæ* ».[4] E tale ordine di giudizi bisognò ne' tempi d'Achille, che riponeva tutta la ragion nella forza, per quella propietà de' potenti che descrive Plauto[5] con la sua solita grazia: « *pactum non pactum, non pactum pactum* », ove le promesse non vanno a seconda delle lor orgogliose voglie o non vogliono essi adempiere le promesse. Così, perché non prorompessero in piati, risse ed uccisioni, fu consiglio della provvedenza ch'avessero naturalmente tal oppenione del giusto, che tanto e tale fusse loro diritto quanto e quale si fusse spiegato con solenni formole di parole; onde la riputazione della giurisprudenza romana e de' nostri antichi dottori fu in cautelare i clienti. Il qual diritto naturale delle genti

2. *furono detti* ecc.: cfr. Varrone, *De lingua latina*, VI, 29, 30.

3. *fu detto*: cfr. sant'Agostino, *De civitate Dei*, V, 9.

4. *Livio* ecc.: I, 26, « più per ammirazione della virtù, che per il diritto della causa ».

5. *Plauto*: *Aulularia*, atto I, 281 segg.

eroiche diede gli argomenti a più commedie di Plauto:[6] nelle qual'i ruffiani, per inganni orditi loro da' giovani innamorati delle loro schiave, ne sono ingiustamente fraudati, fatti da quelli innocentemente truovar rei d'una qualche formola delle leggi; e non solamente non isperimentano alcun'azione di dolo, ma altro rimborsa al doloso giovane il prezzo della schiava venduta, altro spiega l'altro che si contenti della metà della pena, alla qual era tenuto, di furto non manifesto, altro si fugge dalla città per timore d'esser convinto d'aver corrotto lo schiavo altrui. Tanto a' tempi di Plauto regnava ne' giudizi l'equità naturale!

Né solamente tal diritto stretto fu naturalmente osservato tra gli uomini; ma, dalle loro nature, gli uomini credettero osservarsi da essi dei anco ne' lor giuramenti. Siccome Omero narra che Giunone giura a Giove, ch'è de' giuramenti non sol testimone ma giudice, ch'essa non aveva solecitato Nettunno a muovere la tempesta contro i troiani, perocché 'l fece per mezzo dello dio Sonno; e Giove ne riman soddisfatto.[7] Così Mercurio, finto Sosia, giura a Sosia vero che, se esso l'inganna, sia Mercurio contrario a Sosia: né è da credersi che Plauto nell'*Anfitrione*[8] avesse voluto introdurre i dei ch'insegnassero i falsi giuramenti al popolo nel teatro. Lo che meno è da credersi di Scipione Affricano e di Lelio (il quale fu detto il « romano Socrate »), due sappientissimi prìncipi della romana repubblica, co' quali si dice Terenzio aver composte le sue commedie; il quale nell'*Andria* finge che Davo fa poner il bambino innanzi l'uscio di Simone con le mani di Miside, acciocché, se per avventura di ciò sia domandato dal suo padrone, possa in buona coscienza niegare d'averlovi posto esso.

6. *a più commedie* ecc.: allude al *Persa* e al *Pœnulus*.

7. *Omero* ecc.: *Iliade*, XV, 47-50; XIV, 355 segg., riferimento inesatto.

8. *Plauto* ecc.: *Amphitruo*, atto I, 234-36.

Ma quel che fa di ciò una gravissima pruova si è ch'in Atene, città di scorti ed intelligenti, ad un verso di Euripide, che Cicerone voltò in latino:

Iuravi lingua, mentem iniuratam habui, [9]

gli spettatori del teatro, disgustati, fremettero, perché naturalmente portavano oppenione che « *uti lingua nuncupassit, ita ius esto* », come comandava la legge delle XII Tavole. Tanto l'infelice Agamennone poteva assolversi del suo temerario voto, col quale consagrò ed uccise l'innocente e pia figliuola Ifigenia! Onde s'intenda che, perché sconobbe la provvedenza, perciò Lucrezio al fatto d'Agamennone fa quell'empia acclamazione:

Tantum relligio potuit suadere malorum!

che noi sopra nelle *Degnità* proponemmo. [10]

Finalmente inchiovano al nostro proposito questo ragionamento queste due cose di giurisprudenza e d'istoria romana certa: una ch'a' tempi ultimi Gallo Aquilio [11] introdusse l'azione *de dolo*; l'altra, che Augusto diede la tavoletta a' giudici d'assolvere gl'ingannati e sedutti.

A tal costume avvezze in pace, le nazioni poi, nelle guerre essendo vinte, esse, con le leggi delle rese, o furono miserevolmente oppresse o felicemente schernirono l'ira de' vincitori.

Miserevolmente oppressi furon i cartaginesi, i quali dal Romano avevano ricevuta la pace sotto la legge che

9. *un verso* ecc.: Euripide, *Ippolito*, 612; Cicerone, *De officiis*, III, 29, « giurai con la lingua, la mia mente non giurò ».

10. *Lucrezio* ecc.: *De natura deorum*, I, 101; cfr. la degnità XL.

11. *Gallo Aquilio*: giurista romano dell'ultimo secolo della repubblica, pretore nel 66 a. C., contemporaneamente a Cicerone. Morì tra il 55 e il 44 a. C. Sul *iudicium de dolo* da lui introdotto cfr. Cicerone, *De natura deorum*, III, 30, 74; *De officiis*, III, 14, 60.

sarebbero loro salve la vita, la città e le sostanze, intendendo essi la « città » per gli « edifici », che da' latini si dice « *urbs* ». Ma, perché dal Romano si era usata la voce « *civitas* », che significa « comune di cittadini », quando poi, in esecuzion della legge, comandati di abbandonar la città posta al lido del mare e ritirarsi entro terra, ricusando essi ubbidire e di nuovo armandosi alla difesa, furono dal Romano dichiarati rubelli e, per diritto di guerra eroico, presa Cartagine, barbaramente fu messa a fuoco. I cartaginesi non s'acquetarono alla legge della pace data lor da' romani, ch'essi non avevano inteso nel patteggiarla, perch'anzi tempo divenuti erano intelligenti, tra per l'acutezza affricana e per la negoziazione marittima, per la quale si fanno più scorte le nazioni. Né pertanto i romani quella guerra tennero per ingiusta; perocché, quantunque alcuni stimino aver i romani incominciato a fare le guerre ingiuste da quella di Numanzia, che fu finita da esso Scipione Affricano, però tutti convengono aver loro dato principio da quella, che poi fecero, di Corinto.

Ma da' tempi barbari ritornati si conferma meglio il nostro proposito. Corrado terzo imperadore, avendo dato la legge della resa a Veinsberga, [12] la qual aveva fomentato il suo competitore dell'imperio: — che ne uscissero solamente salve le donne con quanto esse via ne portassero addosso fuora, — quivi le pie donne veinsbergesi si caricarono de' loro figliuoli, mariti, padri; e, stando alla porta della città l'imperadore vittorioso, nell'atto dell'usar la vittoria (che per natura è solita insolentire), non ascoltò punto la collera (ch'è spaventosa ne' grandi e dev'essere funestissima ove nasca da impedimento che lor si faccia di pervenire o di conservarsi la loro sovranità), stando a

12. *Veinsberga*: Waisenberg fu espugnata da Corrado III di Hohenstaufen nel 1140. Il racconto che segue è leggendario.

capo dell'esercito, ch'era accinto, con le spade sguainate e le lance in resta, di far strage degli uomini veinsbergesi, se 'l vide e 'l sofferse che salvi gli passassero dinanzi tutti, ch'aveva voluto a fil di spada tutti passare. Tanto il diritto naturale della ragion umana spiegata di Grozio, di Seldeno, di Pufendorfio corse naturalmente per tutti i tempi in tutte le nazioni! [13]

Ciò che si è finor ragionato, e tutto ciò che ragionerassene appresso, esce da quelle diffinizioni che sopra, tralle *Degnità*, [14] abbiamo proposto d'intorno al vero ed al certo delle leggi e de' patti; e che così a' tempi barbari è naturale la ragion stretta osservata nelle parole, ch'è propiamente il «*fas gentium*», com'a' tempi umani lo è la ragione benigna, estimata da essa uguale utilità delle cause, che propiamente «*fas naturæ*» dee dirsi, diritto immutabile dell'umanità ragionevole, ch'è la vera e propia natura dell'uomo.

4.

I terzi giudizi sono tutti straordinari, [1] ne' quali signoreggia la verità d'essi fatti, a' quali, secondo i dettami della coscienza, soccorrono ad ogni uopo benignamente le leggi in tutto ciò che domanda essa uguale utilità delle cause; tutti aspersi di pudor naturale (ch'è parte dell'intelligenza), e garantiti perciò dalla buona fede (ch'è figliuola dell'umanità), convenevole all'apertezza delle repubbliche popolari e molto più alla generosità delle monarchie, ov'i monarchi, in questi giudizi, fan pompa

13. *Tanto il diritto* ecc.: cfr. la degnità CXIV.

14. *tralle Degnità*: CXI, CXIII, CXIX.

4. - 1. *I terzi* ecc.: sono i giudizi « extra ordinem » o « extraordinaria » nei quali al giudice privato si sostituiva un pubblico funzionario come delegato del magistrato o dell'imperatore. Divenuti consuetudinari nel tardo impero, conservarono la vecchia denominazione di straordinari.

d'esser superiori alle leggi e solamente soggetti alla loro coscienza e a Dio. E da questi giudizi, praticati negli ultimi tempi in pace, sono usciti, in guerra, gli tre sistemi di Grozio, di Seldeno, di Pufendorfio. Ne' quali avendo osservato molti errori e difetti, il padre Niccolò Concina ne ha meditato uno più conforme alla buona filosofia e più utile all'umana società, che, con gloria dell'Italia, tuttavia insegna nell'inclita Università di Padova, in séguito della metafisica, che primario lettor vi professa.[2]

XI
TRE SÈTTE DI TEMPI

Tutte l'anzidette cose si sono praticate per tre sètte de' tempi.[1]

Delle quali la prima fu de' tempi religiosi, che si celebrò sotto i governi divini.

La seconda, de' puntigliosi, come di Achille; ch'a' tempi barbari ritornati fu quella de' duellisti.[2]

La terza, de' tempi civili ovvero modesti, ne' tempi del diritto naturale delle genti, che, nel diffinirlo, Ulpiano lo specifica con l'aggiunto d' « umane », dicendo « *ius naturale gentium humanarum* »;[3] onde, appo gli scrittori latini sotto gl'imperadori, il dovere de' sudditi si dice « *officium civile* », e ogni peccato, che si prende nell'interpetrazion delle leggi contro l'equità naturale, si dice « *incivile* ». Ed è l'ultima setta de' tempi della giurisprudenza romana, cominciando dal tempo della libertà popolare. Onde prima i pretori, per accomodare le leggi alla

2. *Niccolò Concina* ecc.: autore del *Iuris naturalis et gentium doctrina metaphysica asserta*, Padova, 1732.

XI. - 1. *sètte de' tempi*: sono, come chiarisce più avanti Vico, i *costumi* o la mentalità di un secolo.

2. *ch' a' tempi* ecc.: nel Medioevo fu frequente costume il duello.

3. *Ulpiano* ecc.: la frase non è di Ulpiano.

natura, costumi, governo romano, di già cangiati, dovetter addolcire la severità ed ammollire la rigidezza della legge delle XII Tavole, comandata, quand'era naturale, ne' tempi eroici di Roma; e dipoi gl'imperadori dovettero snudare di tutti i veli, di che l'avevano coverta i pretori, e far comparire tutta aperta e generosa, qual si conviene alla gentilezza alla quale le nazioni s'erano accostumate, l'equità naturale.

Per ciò i giureconsulti con la « setta de' loro tempi » [4] (come si posson osservare) giustificano ciò ch'essi ragionano d'intorno al giusto: perché queste sono le sètte propie della giurisprudenza romana, nelle quali convennero i romani con tutte l'altre nazioni del mondo, insegnate loro dalla provvedenza divina, [5] ch'i romani giureconsulti stabiliscono per principio del diritto natural delle genti; non già le sètte de' filosofi, che vi hanno a forza intruso alcuni interpetri eruditi della romana ragione, come si è sopra detto nelle *Degnità.* [6] Ed essi imperadori, ove vogliono render ragione delle loro leggi o di altri ordinamenti dati da essoloro, dicono essere stati a ciò far indutti dalla « setta de' loro tempi », come ne raccoglie i luoghi Barnaba Brissonio, *De formulis romanorum*: [7] perocché la scuola de' prìncipi sono i costumi del secolo, siccome Tacito appella la setta guasta de' tempi suoi, ove dice « *corrumpere et corrumpi seculum vocatur* », [8] ch'or direbbesi « moda ».

4. *i giureconsulti* ecc.: l'espressione *secta temporum* ricorre piuttosto nelle costituzioni imperiali.

5. *le sètte propie* ecc.: in queste *sètte dei tempi* i romani non differirono dalle altre nazioni del mondo giacché ad essi, come alle altre nazioni, i costumi furono insegnati dalla Provvidenza.

6. *nelle Degnità*: invece nel libro I, *Dei Princìpi*.

7. *Barnaba Brissonio* ecc.: Brisson (1531-1591), *De formulis et solemnibus populi romani Urbis,* Halle e Lipsia, 1731, III, 18.

8. *Tacito* ecc.: *Germania,* 19, « corrompere ed essere corrotti è detto usanza ».

XII

ALTRE PRUOVE TRATTE DALLE PROPIETÀ DELL'ARISTOCRAZIE EROICHE

Così costante perpetua ordinata successione di cose umane civili, dentro la forte catena di tante e tanto varie cagioni ed effetti che si sono osservati nel corso che fanno le nazioni, debbe strascinare le nostre menti a ricevere la verità di questi princìpi. Ma, per non lasciare verun luogo di dubitarne, aggiugniamo la spiegazione d'altri civili fenomeni, i quali non si possono spiegare che con la discoverta, la qual sopra si è fatta, delle repubbliche eroiche.

1.

DELLA CUSTODIA DE' CONFINI

Imperciocché le due eterne massime propietà delle repubbliche aristocratiche sono le due custodie, come sopra si è detto, una de' confini, l'altra degli ordini.

La custodia de' confini cominciò ad osservarsi, come si è sopra veduto, con sanguinose religioni sotto i governi divini, perché si avevano da porre i termini a' campi, che riparassero all'infame comunion delle cose dello stato bestiale; sopra i quali termini avevano a fermarsi i confini prima delle famiglie, poi delle genti o case, appresso de' popoli e alfin delle nazioni. Onde i giganti, come dice Polifemo ad Ulisse,[1] se ne stavano ciascuno con le loro mogli e figliuole dentro le loro grotte, né s'impacciavano nulla l'uno delle cose dell'altro, servando in ciò il vezzo dell'immane loro recente origine, e fieramente uccidevano

1. - 1. *come dice ecc.*: *Odissea*, IX, 112.

coloro che fussero entrati dentro i confini di ciascheduno, come voleva Polifemo fare d'Ulisse e de' suoi compagni (nel qual gigante, come più volte si è detto, Platone ravvisa i padri nello stato delle famiglie); [2] onde sopra dimostrammo esser poi derivato il costume di guardarsi lunga stagione le città con l'aspetto di eterne nimiche tra loro. Tanto è soave la divisione de' campi che narra Ermogeniano giureconsulto, [3] e di buona fede si è ricevuta da tutti gl'interpetri della romana ragione! E da questo primo antichissimo principio di cose umane, donde ne incominciò la materia, sarebbe ragionevole incominciar ancor la dottrina ch'insegna *De rerum divisione et acquirendo earum dominio.* [4] Tal custodia de' confini è naturalmente osservata nelle repubbliche aristocratiche, le quali, come avvertono i politici, non sono fatte per le conquiste. Ma, poi che, dissipata affatto l'infame comunion delle cose, furono ben fermi i confini de' popoli, vennero le repubbliche popolari, che sono fatte per dilatare gl'imperi, e finalmente le monarchie, che vi vagliono molto più.

Questa e non altra dev'essere la cagione perché la legge delle XII Tavole non conobbe nude possessioni; e l'usucapione ne' tempi eroici serviva a solennizzare le tradizioni naturali, come i miglior interpetri ne leggono la diffinizione che dica « *dominii adiectio* », [5] aggiunzione del dominio civile al naturale innanzi acquistato. Ma, nel tempo della libertà popolare, vennero, dopo, i pretori ed assisterono alle nude possessioni con gl'interdetti, e l'usucapione incominciò ad essere « *dominii adeptio* », [6] modo d'acquistare da principio il dominio civile; e, quando prima le possessioni non comparivano affatto in giudizio,

2. *Platone* ecc.: cfr. la *degnità* XCVIII.

3. *Ermogeniano giureconsulto* ecc.: *Digestum,* I, 1, 5.

4. *De rerum divisione* ecc.: è il primo titolo del secondo libro delle *Institutiones* di Giustiniano.

5. *la diffinizione... dominii adiectio*: è di Modestino, in *Digestum,* XLI, 3, 3.

6. *dominii* ecc.: Ulpiano, *Fragmenta,* XIX, 8.

perché ne conosceva estragiudizialmente il pretore, per ciò che se n'è sopra detto, oggi i giudizi più accertati sono quelli che si dicono « possessorii ».

Laonde, nella libertà popolare di Roma in gran parte, ed affatto sotto la monarchia, cadde quella distinzione di dominio bonitario, quiritario, ottimo e finalmente civile, i quali nelle lor origini portavano significazioni diversissime dalle significazioni presenti: il primo, di dominio naturale, che si conservava con la perpetua corporale possessione; — il secondo, di dominio che potevasi vindicare, che correva tra plebei, comunicato loro da' nobili con la legge delle XII Tavole, ma ch'a' plebei dovevano vindicare, laudati in autori, essi nobili, da' qual' i plebei avevano la cagion del dominio, come pienamente sopra si è dimostrato; — il terzo, di dominio libero d'ogni peso pubblico nonché privato, che celebrarono tra essoloro i patrizi innanzi d'ordinarsi il censo che fu pianta della libertà popolare, come si è sopra detto; — il quarto ed ultimo, di dominio ch'avevan esse città, ch'or si dice « eminente ». Delle quali differenze, quella d'ottimo e di quiritario da essi tempi della libertà si era di già oscurata, tanto che non n'ebbero niuna contezza i giureconsulti della giurisprudenza ultima. Ma sotto la monarchia quel che si dice « dominio bonitario » (nato dalla nuda tradizion naturale) e 'l detto « dominio quiritario » (nato dalla mancipazione o tradizion civile) affatto si confusero da Giustiniano con le costituzioni *De nudo iure quiritium tollendo* e *De usucapione transformanda*,[7] e la famosa differenza delle cose *mancipi* e *nec mancipi* si tolse affatto; e restarono « dominio civile » in significazione di dominio valevole a produrre revindicazione, e « dominio ottimo » in significazione di dominio non soggetto a verun peso privato.

7. *da Giustiniano* ecc.: *Codex*, VII, 25, 1; 31, 1.

2.
DELLA CUSTODIA DEGLI ORDINI

La custodia degli ordini [1] cominciò da' tempi divini con le gelosie (onde vedemmo sopra esser gelosa Giunone, dea de' matrimoni solenni), acciocché indi provenisse la certezza delle famiglie incontro la nefaria comunion delle donne. Tal custodia è propietà naturale delle repubbliche aristocratiche, le quali vogliono i parentadi, le successioni, e quindi le ricchezze, e per queste la potenza, dentro l'ordine de' nobili; onde tardi vennero nelle nazioni le leggi testamentarie (siccome tra' germani antichi narra Tacito [2] che non era alcun testamento): il perché, volendo il re Agide introdurle in Isparta, funne fatto strozzare dagli efori, custodi della libertà signorile de' lacedemoni, com'altra volta si è detto. Quindi s'intenda con quanto accorgimento gli adornatori [3] della legge delle XII Tavole fissano nella tavola decimaprima il capo « *Auspicia incommunicata plebi sunto* », de' quali dapprima furono dipendenze tutte le ragioni civili così pubbliche come private, che si conservavano tutte dentro l'ordine de' nobili; e le private furono nozze, patria potestà, suità, agnazioni, gentilità, successioni legittime, testamenti e tutele, come sopra si è ragionato; [4] — talché, dopo avere, nelle prime tavole, col comunicare tai ragioni tutte alla plebe, stabilite le leggi propie d'una repubblica popolare, particolarmente con la legge testamentaria, dappoi, nella tavola decimaprima, in un sol capo la formano tutta aristocratica. Ma, in tanta confusione di cose, dicono pur questo, quantunque indovinando, di vero: che nelle due

2. - 1. *La custodia* ecc.: la difesa delle aristocrazie.
2. *Tacito*: *Germania*, 20.
3. *adornatori*: commentatori.
4. *come sopra* ecc.: *Politica poetica*, capit. 1 in fine.

ultime tavole passarono in leggi alcune costumanze antiche d'essi romani; il qual detto avvera che lo Stato romano antico fu aristocratico.

Ora, ritornando al proposito, poi che fu fermato dappertutto il gener umano con la solennità de' matrimoni, vennero le repubbliche popolari e, molto più appresso, le monarchie; nelle quali, per mezzo de' parentadi con le plebi de' popoli e delle successioni testamentarie, se ne turbarono gli ordini della nobiltà, e quindi andarono tratto tratto uscendo le ricchezze dalle case nobili. Perché appieno sopra si è dimostrato ch'i plebei romani sin al trecento e nove di Roma,[5] che riportarono da' patrizi finalmente comunicati i connubi, o sia la ragione di contrarre nozze solenni, essi contrassero matrimoni naturali; né, in quello stato sì miserevole quasi di vilissimi schiavi, come la storia romana pure gli ci racconta, potevano pretendere d'imparentare con essi nobili. Ch'è una delle cose massime, onde dicevamo in quest'opera la prima volta stampata[6] che, se non si danno questi princìpi alla giurisprudenza romana, la romana storia è più incredibile della favolosa de' greci, quale finora ci è stata ella narrata. Perché di questa non sapevamo che si avesse voluto dire; ma, della romana, sentiamo nella nostra natura l'ordine de' disideri umani esser tutto contrario: che uomini miserabilissimi pretendessero prima nobiltà nella contesa de' connubi, poi onori con quella che loro comunicassesi il consolato, finalmente ricchezze con l'ultima pretensione che fecero de' sacerdozi; quando, per eterna comune civil natura, gli uomini prima disiderano ricchezze, dopo di queste onori, e per ultimo nobiltà.

Laonde s'ha necessariamente a dire ch'avendo i plebei riportato da' nobili il dominio certo de' campi con la

5. *sin al trecento e nove di Roma*: fino al 445 a. C.

6. *in quest'opera* ecc.: *Scienza nuova prima*, II, 45.

legge delle XII Tavole (che noi sopra dimostrammo essere stata la seconda agraria del mondo) ed essendo ancora stranieri (perché tal dominio puossi concedere agli stranieri), con la sperienza furono fatti accorti che non potevano lasciargli *ab intestato* a' loro congionti, perché, non contraendo nozze solenni tra essoloro, non avevano suità, agnazioni, gentilità; molto meno in testamento, non essendo cittadini. Né è maraviglia, essendo stati uomini di niuna o pochissima intelligenza, come lo ci appruovano le leggi Furia, Voconia e Falcidia, [7] che tutte e tre furono plebisciti; e tante ve n'abbisognarono perché con la legge Falcidia si fermasse finalmente la disiderata utilità ch'i retaggi non si assorbissero da' legati. Perciò, con le morti d'essi plebei ch'eran avvenute in tre anni, accortisi che, per tal via, i campi loro assegnati ritornavano a' nobili, coi connubi pretesero la cittadinanza, come sopra si è ragionato. Ma i gramatici, confusi da tutti i politici, ch'immaginarono Roma essere stata fondata da Romolo sullo stato nel quale ora stanno le città, non seppero che le plebi delle città eroiche per più secoli furono tenute per istraniere, e quindi contrassero matrimoni naturali tra loro; e perciò essi non avvertirono ch'era una, quanto in fatti sconcia, tanto nelle parole men latina espressione quella della storia: che « *plebei tentarunt connubia patrum* », ch'arebbe dovuto dire « *cum patribus* » (perché le leggi connubiali parlan così per esemplo: « *patruus non habet cum fratris filia connubium* »), [8] come si è sopra detto. Che, se avessero ciò avvertito, avrebbono certamente inteso ch'i plebei non pretesero aver diritto d'im-

7. *le leggi* ecc.: cfr. Giustiniano, *Institutiones*, II, 22. Le tre leggi che riguardano il diritto testamentario. La *lex Furia* fu proposta dopo il 200 a. C. dal tribuno Caio Furio; la *lex Voconia* (« de mulieribus hereditatibus ») dal tribuno Quinto Voconio Saxa (169 a. C.); la *lex Falcidia* dal tribuno Caio Falcidio (40 a. C.).

8. *patruus* ecc.: Giustiniano, *Institutiones*, I, 10, 3: « Fratris vel sororis filiam uxorem ducere non licet », « non è lecito sposare la figlia del fratello o della sorella ».

parentare co' nobili, ma di contrarre nozze solenni, il qual diritto era de' nobili.

Quindi, se si considerano le successioni legittime, ovvero le comandate dalla legge delle XII Tavole: — ch'al padre di famiglia difonto succedessero in primo luogo i suoi, in lor difetto gli agnati e 'n mancanza di questi i gentili, [9] — sembra la legge delle XII Tavole essere stata appunto una legge salica de' romani; la quale ne' suoi primi tempi si osservò ancora per la Germania [10] (onde si può congetturare lo stesso per l'altre nazioni prime della ritornata barbarie), e finalmente si ristò [11] nella Francia e, fuori di Francia, nella Savoia. Il qual diritto di successioni Baldo, assai acconciamente al nostro proposito, chiama « *ius gentium gallorum* »: [12] alla qual istessa fatta, cotal diritto romano di successioni agnatizie e gentilizie si può con ragion chiamare « *ius gentium romanarum* », aggiontavi la voce « *heroicarum* », e, per dirla con più acconcezza, « *romanum* »; che sarebbe appunto « *ius quiritium romanorum* », che noi provammo qui sopra essere stato il diritto naturale comune a tutte le genti eroiche.

Né ciò, come sembra, egli turba punto le cose da noi qui dette d'intorno alla legge salica, in quanto esclude le femmine dalla successione de' regni: che Tanaquille, femmina, governò il regno romano. [13] Perché ciò fu detto, con frase eroica, ch'egli fu un re d'animo debole, che si fece

9. *ch'al padre* ecc.: *difonto* è « defunto » *suoi* sta per « sui heredes », *agnati* sono i figli nati quando già, per adozione parentela o testamento, si trova nella famiglia un erede legittimo, *gentili* sta per « gentiles », parenti.

10. *una legge salica* ecc.: la legge salica (« pactum legis salicæ ») è quella che codifica le consuetudini nazionali del popolo franco-salico. Risale all'ultimo decennio del secolo V. Nel Settecento si riteneva che la legge fosse stata redatta in Germania, in tedesco antico, prima della conquista della Gallia da parte dei Franchi. - *Ancora per la* sta per « anche nella ».

11. *si ristò*: ristette.

12. *Baldo... gallorum*: *Commentaria*, I, 9, 52 d.

13. *Tanaquille* ecc.: incitò Servio Tullio a usurpare il trono. Livio, I, 41.

regolare dallo scaltrito di Servio Tullio, il qual invase il regno romano col favor della plebe, alla qual aveva portato la prima legge agraria, come sopra si è dimostrato. Alla qual fatta di Tanaquille, per la stessa maniera di parlar eroico, ricorsa ne' tempi barbari ritornati, Giovanni papa fu detto femmina (contro la qual favola Lione Allacci scrisse un intiero libro), perché mostrò la gran debolezza di ceder a Fozio, patriarca di Costantinopoli, come ben avvisa il Baronio e, dopo di lui, lo Spondano.[14]

Sciolta adunque sì fatta difficultà, diciamo ch'alla stessa maniera che prima s'era detto « *ius quiritium romanorum* », nel significato di « *ius naturale gentium heroicarum romanarum* », non altrimente sotto gl'imperadori, quando Ulpiano il diffinisce, con peso di parole dice « *ius naturale gentium humanarum* », che corre nelle repubbliche libere e molto più sotto le monarchie. E per tutto ciò il titolo dell'*Instituta*[15] sembra doversi leggere: *De iure naturali gentium civili*, non solo, con Ermanno Vulteio, togliendo la virgola tralle voci « *naturali* » e « *gentium* » (supplita, con Ulpiano, la seconda « *humanarum* »), ma anco la particella « *et* » innanzi alla voce *civili* ».[16] Perché i romani dovetter attendere al diritto loro propio, come, dall'età di Saturno introdutto, l'avevano conservato prima coi costumi e poi con le leggi, siccome Varrone, nella grand'opera *Rerum divinarum et humanarum*, trattò le cose romane per origini tutte quante natie, nulla mescolandovi di straniere.[17]

14. *Giovanni papa* ecc.: Vico fa riferimento all'opuscolo di Leone Allacci, *Confutatio fabulæ de Johanna papissa,* agli *Annales ecclesiastici* a. 879, 57 segg. del Baronio, agli *Annales ecclesiastici Baronii in epitomen redacti,* ed. di Lione, 1688, II, p. 626 di Enrico de Sponde vescovo di Poitiers (1568-1643).

15. *il titolo* ecc.: il secondo titolo del libro I delle *Institutiones* di Giustiniano.

16. *Vulteio* ecc.: questa modifica non è presente nell'*In Institutiones iuris civilis a Iustiniano compositas commentarius,* Marburgo, 1613, p. 11.

17. *Varrone* ecc.: *De lingua latina*. V, 65.

Ora, ritornando alle successioni eroiche romane, abbiamo assai molti e troppo forti motivi di dubitare se, ne' tempi romani antichi, di tutte le donne succedessero le figliuole; perché non abbiamo nessun motivo di credere ch'i padri eroi n'avessero sentito punto di tenerezza, anzi n'abbiamo ben molti e grandi tutti contrari. Imperciocché la legge delle XII Tavole chiamava un agnato anco in settimo grado ad escludere un figliuolo, che trovavasi emancipato, dalla succession di suo padre. Perché i padri di famiglia avevano un sovrano diritto di vita e morte, e quindi un dominio dispotico sopra gli acquisti d'essi figliuoli: essi contraevano i parentadi per gli medesimi, per far entrar femmine nelle loro case degne delle lor case (la qual istoria ci è narrata da esso verbo «*spondere*», ch'è, propiamente, «promettere per altrui», onde vengono detti «*sponsalia*»); consideravano le adozioni quanto le medesime nozze, perché rinforzassero le cadenti famiglie con eleggere strani allievi che fussero generosi;[18] tenevano l'emancipazioni a luogo di castigo e di pena; non intendevano legittimazioni,[19] perché i concubinati non erano che con affranchite e straniere, con le quali ne' tempi eroici non si contraevano matrimoni solenni, onde i figliuoli degenerassero dalla nobiltà de' lor avoli; i loro testamenti per ogni frivola ragione o erano nulli o s'annullavano o si rompevano o non conseguivano il loro effetto, acciocché ricorressero le successioni legittime. Tanto furono naturalmente abbagliati dalla chiarezza de' loro privati nomi, onde furono per natura infiammati per la gloria del comun nome romano! Tutti costumi propi di repubbliche aristocratiche, quali furono le repubbliche eroiche, le quali tutte sono propietà confaccenti all'eroismo de' primi popoli.

18. *strani allievi* ecc.: figliuoli di altro sangue capaci di generare.

19. *legittimazioni*: per susseguente matrimonio.

Ed è degno di riflessione questo sconcissimo errore preso da cotesti eruditi adornatori della legge delle XII Tavole, i quali vogliono essersi portata da Atene in Roma: che de' padri di famiglia romani l'eredità *ab intestato*, per tutto il tempo innanzi di portarvi tal legge le successioni testamentarie e legittime, dovettero andare nelle spezie delle cose che sono dette « *nullius* ». Ma la provvedenza dispose che, perché 'l mondo non ricadesse nell'infame comunion delle cose, la certezza de' domini si conservasse con essa e per essa forma delle repubbliche aristocratiche: onde tali successioni legittime per tutte le prime nazioni naturalmente si dovettero celebrare innanzi d'intendersi i testamenti, che sono propi delle repubbliche popolari e molto più delle monarchie, siccome de' germani antichi (i quali ci danno luogo d'intendere lo stesso costume di tutti i primi popoli barbari) apertamente da Tacito ci è narrato; [20] onde testé congetturammo la legge salica, la quale certamente fu celebrata nella Germania, essere stata osservata universalmente dalle nazioni nel tempo della seconda barbarie.

Però i giureconsulti della giurisprudenza ultima, [21] per quel fonte d'innumerabili errori (i quali si sono notati in quest'opera) d'estimare le cose de' tempi primi non conosciuti da quelle de' loro tempi ultimi, han creduto che la legge delle XII Tavole avesse chiamate le figliuole di famiglia all'eredità de' loro padri, che morti fussero *ab intestato*, con la parola « *suus* », su quella massima che 'l genere maschile contenga ancora le donne. Ma la giurisprudenza eroica, della quale tanto in questi libri si è ragionato, prendeva le parole delle leggi nella propissima loro significazione; talché la voce « *suus* » non significasse altro che 'l figliuol di famiglia. Di che con un'in-

20. *da Tacito... narrato*: *Germania*, 20.

21. *i giureconsulti* ecc.: in particolare Ulpiano.

vitta pruova ne convince la formola dell'istituzione de' postumi,[22] introdutta tanti secoli dopo da Gallo Aquilio, la quale sta così conceputa: « *Si quis natus natave erit* », per dubbio che nella sola voce « *natus* » la postuma non s'intendesse compresa. Onde, per ignorazione di queste cose, Giustiniano nell'*Istituta*[23] dice che la legge delle XII Tavole con la voce « *adgnatus* » avesse chiamati egualmente gli agnati maschi e l'agnate femmine, e che poi la giurisprudenza mezzana avesse irrigidito essa legge, restringendola alle sole sorelle consanguinee; lo che dev'esser avvenuto tutto il contrario, e che prima avesse steso la parola « *suus* » alle figliuole ancor di famiglia, e dipoi la voce « *adgnatus* » alle sorelle consanguinee. Ove a caso, ma però bene, tal giurisprudenza vien detta « media », perch'ella da questi casi incominciò a rallentare i rigori della legge delle XII Tavole: la qual venne dopo la giurisprudenza antica, la quale n'aveva custodito con somma scrupolosità le parole, siccome dell'una e dell'altra appieno si è sopra detto.

Ma, essendo passato l'imperio da' nobili al popolo, perché la plebe pone tutte le sue forze, tutte le sue ricchezze, tutta la sua potenza nella moltitudine de' figliuoli, s'incominciò a sentire la tenerezza del sangue, ch'innanzi i plebei delle città eroiche non avevano dovuto sentire, perché generavano i figliuoli per fargli schiavi de' nobili, da' quali erano posti a generare in tempo ch'i parti provenissero nella stagione di primavera, perché nascessero non solo sani, ma ancor robusti (onde se ne dissero « *vernæ* », come vogliono i latini etimologi, da' quali, come si è detto sopra, le lingue volgari furono dette *vernaculæ*), e le madri dovevano odiargli anzi che no, siccome quelli de' quali sentivano il solo dolore nel

22. *postumi*: i figli nati dopo la morte del padre.

23. *Giustiniano* ecc.: *Institutiones*, III, 2, 3.

partorirgli e le sole molestie nel lattargli, senza prenderne alcun piacere d'utilità nella vita. Ma, perché la moltitudine de' plebei, quanto era stata pericolosa alle repubbliche aristocratiche, che sono e si dicon di pochi, tanto ingrandiva le popolari, e molto più le monarchiche (onde sono i tanti favori che fanno le leggi imperiali alle donne per gli pericoli e dolori del parto), quindi da' tempi della popolar libertà cominciaron i pretori a considerare i diritti del sangue ed a riguardarlo con le *bonorum possessioni*; cominciaron a sanare co' loro rimedi i vizi o difetti de' testamenti, perché si divolgassero le ricchezze, le quali sole son ammirate dal volgo.

Finalmente, venuti gl'imperadori, a' quali faceva ombra lo splendore della nobiltà, si dieder a promuovere le ragioni dell'umana natura, comune così a' plebei com' a' nobili, incominciando da Augusto, il quale applicò a proteggere i fedecommessi (per gli quali, con la puntualità degli eredi gravati, erano innanzi passati i beni agl'incapaci d'eredità), e lor assisté tanto, che nella sua vita passarono in necessità di ragione di costrignere gli eredi a mandargli in effetto. Succedettero tanti senaticonsulti, co' quali i cognati entrarono nell'ordine degli agnati; finché venne Giustiniano e tolse le differenze de' legati e de' fedecommessi, confuse le quarte falcidia e trebellianica, di poco distinse i testamenti da' codicilli e, *ab intestato*, adeguò gli agnati e i cognati in tutto e per tutto.[24] E tanto le leggi romane ultime si profusero in favorire l'ultime volontà, che, quando anticamente per ogni leggier motivo si viziavano, oggi si devono sempre interpetrar in maniera che reggano più tosto che cadano.

Per l'umanità de' tempi (ché le repubbliche popolari amano i figliuoli, e le monarchie vogliono i padri occupati nell'amor de' figliuoli), essendo già caduto il diritto

24. *Finalmente* ecc.: Vico forza in più punti le *Institutiones*, II, 23 e 25.

ciclopico ch'avevano i padri delle famiglie sopra le persone, perché cadesse anco quello sopra gli acquisti de' lor figliuoli, gl'imperadori introdussero prima il peculio castrense per invitar i figliuoli alla guerra, poi lo stesero al quasi castrense per invitargli alla milizia palatina, e finalmente, per tener contenti i figliuoli che né eran soldati né letterati, introdussero il peculio avventizio.[25] Tolsero l'effetto della patria potestà all'adozioni, le quali non si contengono ristrette dentro pochi congionti; appruovarono universalmente le arrogazioni, difficili alquanto ch'i cittadini, di padri di famiglia propia, divengano soggetti nelle famiglie d'altrui; riputarono l'emancipazioni per benefizi; diedero alle legittimazioni che dicono « *per subsequens matrimonium* » tutto il vigore delle nozze solenni. Ma sopra tutto, perché sembrava scemare la loro maestà quell'« *imperium paternum* », il disposero a chiamarsi « patria potestà »; sul lor esemplo, introdutto con grand'avvenimento da Augusto, che, per non ingelosire il popolo che volessegli togliere punto dell'imperio, si prese il titolo di « potestà tribunizia »,[26] o sia di protettore della romana libertà, che ne' tribuni della plebe era stata una potestà di fatto, perch'essi non ebbero giammai imperio nella repubblica: come ne' tempi del medesimo Augusto, avendo un tribuno della plebe ordinato a Labeone che comparisse avanti di lui, questo principe d'una delle due sètte de' romani giureconsulti ragionevolmente ricu-

25. *gl'imperadori* ecc.: il figlio di famiglia non possedeva propri beni; il « peculium castrense » (ciò che veniva guadagnato durante il servizio militare) era invece, dai tempi di Augusto, proprietà del figlio. Costantino introdusse poi il « peculium quasi-castrense »: i guadagni realizzati dal figlio in un pubblico impiego o professione erano proprietà di quest'ultimo. Giustiniano infine stabilì che tutte le acquisizioni del figlio derivanti per esempio da eredità materna (eccettuate quelle « ex substantia patris », il « peculium castrense » e « quasi-castrense ») appartenessero al figlio stesso come « bona adventicia » sui quali il padre riteneva solo l'usufrutto.

26. *Augusto* ecc.: Tacito, *Ann.*, I, 2.

sò d'ubbidire, perché i tribuni della plebe non avessero imperio. Talché né da' gramatici né da' politici né da' giureconsulti è stato osservato il perché, nella contesa di comunicarsi il consolato alla plebe, i patrizi, per farla contenta senza pregiudicarsi di comunicarle punto d'imperio, fecero quell'uscita di criare i tribuni militari, parte nobili parte plebei, « *cum consulari potestate* », come sempre legge la storia, [27] non già « *cum imperio consulari* », che la storia non legge mai.

Onde la repubblica romana libera si concepì tutta con questo motto, in queste tre parti diviso: « *senatus autoritas* », « *populi imperium* », « *tribunorum plebis potestas* ». E queste due voci restarono nelle leggi con tali loro native eleganze: che l'« imperio » si dice de' maggiori maestrati, come de' consoli, de' pretori, e si stende fino a poter condennare di morte; la « potestà » si dice de' maestrati minori, come degli edili, e « *modica coërcitione continetur* ».

Finalmente, spiegando i romani prìncipi tutta la loro clemenza verso l'umanità, presero a favorire la schiavitù e raffrenarono la crudeltà de' signori contro i loro miseri schiavi; ampliarono negli effetti e restrinsero nelle solennità le manomessioni; [28] e la cittadinanza, che prima non si dava ch'a' grandi stranieri benemeriti del popolo romano, diedero ad ogniuno ch'anco di padre schiavo, purché la madre libera (nonché nata, affranchita) nascesse in Roma. Dalla qual sorta di nascere liberi nelle città il diritto naturale, ch'innanzi dicevasi « delle genti » o delle case nobili (perché ne' tempi eroici erano state tutte repubbliche aristocratiche, delle quali era propio cotal diritto, come sopra si è ragionato), poi che vennero

27. *come sempre* ecc.: Livio, IV, 6.

28. *ampliarono* ecc.: le manomissioni, che rendevano allo schiavo la libertà, venivano effettuate con procedura solenne davanti a un magistrato; forme meno solenni (lettere di affrancamento ecc.) vennero introdotte durante l'impero.

le repubbliche popolari (nelle quali l'intiere nazioni sono signore degl'imperi) e quindi le monarchie (dove i monarchi rappresentano l'intiere nazioni loro soggette), restò detto « diritto naturale delle nazioni ».

3.
DELLA CUSTODIA DELLE LEGGI

La custodia degli ordini porta di séguito quella de' maestrati [1] e de' sacerdozi, e quindi quella ancor delle leggi e della scienza d'interpetrarle. Ond'è che si legge nella storia romana, a' tempi ne' quali era quella repubblica aristocratica, che dentro l'ordine senatorio (ch'allora era tutto di nobili) erano chiusi e connubi e consolati e sacerdozi, e dentro il collegio de' pontefici (nel quale non si ammettevano che patrizi), come appo tutte l'altre nazioni eroiche, si custodiva sagra ovvero segreta (che sono lo stesso) la scienza delle lor leggi: che durò tra' romani fin a cento anni dopo la legge delle XII Tavole, al narrare di Pomponio giureconsulto. [2] E ne restarono detti « *viri* », che tanto in que' tempi a' latini significò quanto a' greci significarono « eroi », e con tal nome s'appellarono i mariti solenni, i maestrati, i sacerdoti e i giudici, come altra volta si è detto. Però noi qui ragioneremo della custodia delle leggi, siccome quella ch'era una massima propietà dell'aristocrazie eroiche; onde fu l'ultima ad essere da' patrizi comunicata alla plebe.

Tal custodia scrupolosamente si osservò ne' tempi divini; talché l'osservanza delle leggi divine se ne chiama « religione », la quale si perpetuò per tutti i governi appresso, ne' quali le leggi divine si devon osservare con

3. - 1. *maestrati*: magistrati. 2. *al narrare di Pomponio* ecc.: *Di-*

certe innalterabili formole di consagrate parole e di cerimonie solenni: la qual custodia delle leggi è tanto propia delle repubbliche aristocratiche che nulla più. Perciò Atene (e, al di lei esemplo, quasi tutte le città della Grecia) andò prestamente alla libertà popolare, per quello che gli spartani (ch'erano di repubblica aristocratica) dicevano agli ateniesi: che le leggi in Atene tante se ne scrivevano, e le poche ch'erano in Isparta si osservavano.

Furono i romani, nello stato aristocratico, rigidissimi custodi della legge delle XII Tavole, come si è sopra veduto; tanto che da Tacito funne detta « *finis omnis æqui iuris* »,[3] perché, dopo quelle che furono stimate bastevoli per adeguare la libertà (che dovettero essere comandate dopo i decemviri, a' quali per la maniera di pensare per caratteri poetici degli antichi popoli, che si è sopra dimostra, furono richiamate), leggi consolari di diritto privato furono appresso o niune o pochissime; e per quest'istesso da Livio fu ella detta « *fons omnis æqui iuris* »,[4] perch'ella dovett'esser il fonte di tutta l'interpetrazione. La plebe romana, a guisa dell'ateniese, tuttodì comandava delle leggi singolari, perché d'universali ella non è capace: al qual disordine Silla, che fu capoparte di nobili, poi che vinse Mario, ch'era stato capoparte di plebe, riparò alquanto con le « quistioni perpetue »; ma, rinnunziata ch'ebbe la dittatura, ritornarono a moltiplicarsi, come Tacito narra,[5] le leggi singolari niente meno di prima. Della qual moltitudine delle leggi, com'i politici l'avvertiscono, non vi è via più spedita di pervenir alla monarchia; e perciò Augusto, per istabilirla, ne fece in grandissimo numero, e i seguenti prìncipi usarono sopra tutto il senato per fare senaticonsulti di privata ragio-

gestum, I, 2, 2, 6.

3. *da Tacito funne detta* ecc.: *Annales*, III, 27, « consolidamento di tutto il diritto equitativo » (Nicolini).

4. *Livio* ecc.: III, 34.

5. *Tacito* ecc.: *Annales*, III, 27.

ne. Niente di manco,[6] dentro essi tempi della libertà popolare si custodirono sì severamente le formole dell'azioni, che vi bisognò tutta l'eloquenza di Crasso, che Cicerone chiamava il «romano Demostene», perché la sustituzione pupillar espressa contenesse la volgar tacita,[7] e vi bisognò tutta l'eloquenza di Cicerone per combattere una «r» che mancava alla formola, con la qual letteruccia pretendeva Sesto Ebuzio ritenersi un podere d'Aulo Cecina.[8] Finalmente si giunse a tanto, poi che Costantino cancellò affatto le formole,[9] ch'ogni motivo particolar d'equità fa mancare le leggi: tanto sotto i governi umani le umane menti sono docili a riconoscere l'equità naturale. Così, da quel capo della legge delle XII Tavole: «*Privilegia ne irroganto*»,[10] osservato nella romana aristocrazia, per le tante leggi singolari, fatte, come si è detto, nella libertà popolare, si giunse a tanto sotto le monarchie, ch'i prìncipi non fann'altro che concedere privilegi, de' quali, conceduti con merito, non vi è cosa più conforme alla natural equità. Anzi tutte l'eccezioni, ch'oggi si dànno alle leggi, si può con verità dire che sono privilegi dettati dal particolar merito de' fatti, il quale gli tragge fuori dalla comun disposizion delle leggi.

Quindi crediamo esser quello avvenuto: che, nella crudezza della barbarie ricorsa, le nazioni sconobbero le leggi romane; tanto che in Francia era con gravi pene punito, ed in Ispagna anco con quella di morte, chiun-

6. *Niente di manco*: nondimeno.

7. *l'eloquenza di Crasso* ecc.: cfr. *Brutus*, 36; *Pro Cæcina*, 13. Contro Quinto Muzio Scevola, Crasso sostenne la tesi che l'istituzione di erede condizionata dal fatto che fosse morto un figlio postumo del testatore, restava valida anche se il presunto figlio postumo non fosse mai nato. (Nicolini, *Comm.*, 1001).

8. *Cicerone* ecc.: *Pro Cæcina*, 18. La lettera mancante alla formula era però una d: «eieci» per «deieci».

9. *Costantino* ecc.: invece Costanzo II.

10. *Privilegia ne irroganto*: «non si

que nella sua causa n'avesse allegato alcuna.[11] Certamente, in Italia si recavano a vergogna i nobili di regolar i lor affari con le leggi romane e professavano soggiacere alle longobarde; e i plebei, che tardi si disavvezzano de' lor costumi, praticavano alcuni diritti romani in forza di consuetudini: ch'è la cagione onde il corpo delle leggi di Giustiniano ed altri del diritto romano occidentale tra noi latini, e i libri *Basilici*[12] ed altri del diritto romano orientale tra' greci si seppellirono. Ma poi, rinnate le monarchie e introdutta la libertà popolare, il diritto romano compreso ne' libri di Giustiniano è stato ricevuto universalmente, tanto che Grozio[13] afferma esser oggi un diritto naturale delle genti d'Europa.

Però qui è da ammirare la romana gravità e sapienza: che, in queste vicende di stati, i pretori e i giureconsulti si studiarono a tutto loro potere che di quanto meno e con tardi passi s'impropiassero le parole della legge delle XII Tavole. Onde forse per cotal cagione principalmente l'imperio romano cotanto s'ingrandì e durò: perché, nelle sue vicende di stato, proccurò a tutto potere di star fermo sopra i suoi princìpi, che furono gli stessi che quelli di questo mondo di nazioni; come tutti i politici vi convengono che non vi sia miglior consiglio di durar e d'ingrandire gli Stati. Così la cagione, che produsse a' romani la più saggia giurisprudenza del mondo (di che sopra si è ragionato), è la stessa che fece loro il maggior imperio del mondo; ed è la cagione della grandezza romana, che Polibio, troppo generalmente, rifonde nella religione de' nobili, al contrario Macchiavello nella magnanimità della plebe, e Plutarco, invidioso della ro-

propongano privilegi ».

11. *Quindi* ecc.: Vico crede ad una scomparsa, nei primi secoli del Medioevo, del diritto giustinianeo.

12. *libri Basilici*: la raccolta di leggi dell'imperatore Basilio il Macedone.

13. *Grozio*: *De iure belli et pacis, Prolegomena*, 1.

mana virtù e sapienza, rifonde nella loro fortuna nel libro *De fortuna romanorum*, a cui per altre vie meno diritte Torquato Tasso scrisse la sua generosa *Risposta.* [14]

XIII

1.

ALTRE PRUOVE PRESE DAL TEMPERAMENTO DELLE REPUBBLICHE, FATTO DEGLI STATI DELLE SECONDE COI GOVERNI DELLE PRIMIERE

Per tutte le cose che in questo libro si sono dette, con evidenza si è dimostrato che, per tutta l'intiera vita onde vivon le nazioni, esse corrono con quest'ordine sopra queste tre spezie di repubbliche, o sia di Stati civili, e non più: che tutti mettono capo ne' primi, che furon i divini governi; da' quali, appo tutte, incominciando (per le degnità sopra poste come princìpi della storia ideal eterna [1]), debbe correre questa serie di cose umane, prima in repubbliche d'ottimati, poi nelle libere popolari e finalmente sotto le monarchie: onde Tacito, quantunque non le veda con tal ordine, dice [2] (quale nell'*Idea dell'opera* l'avvisammo) che, oltre a queste tre forme di Stati pubblici, ordinate dalla natura de' popoli, l'altre di queste tre, mescolate per umano provvedimento, sono più da disiderarsi dal cielo che da potersi unquemai conseguire, e, se per sorte ve n'hanno, non sono punto durevoli. Ma, per non trallasciare punto di dubbio d'intorno a tal naturale successione di Stati politici o sien civili, secondo questa ritruoverassi le repubbliche mescolarsi naturalmente, non

14. *Polibio* ecc.: Vico fa qui riferimento a Polibio, I, 3, 7; I, 64, 9; XVIII, 1, 4; Machiavelli, *Discorsi*, II, 1; Plutarco, *De fortuna Romanorum*, 5, 11, 12; Tasso, *Risposta di Roma a Plutarco*, in *Opere*, XIII, Venezia, 1738, pp. 274-315.

1. - 1. *per le degnità*: in particolare la *degnità* LXVIII.

2. *Tacito* ecc.: *Annales*, IV, 33.

già di forme (che sarebbero mostri), ma di forme seconde mescolate coi governi delle primiere; il qual mescolamento è fondato sopra quella degnità: [3] che, cangiandosi gli uomini, ritengono per qualche tempo l'impressione del loro vezzo primiero.

Perciò diciamo che, come i primi padri gentili, venuti dalla vita lor bestiale all'umana, eglino, a' tempi religiosi, nello stato di natura, sotto i divini governi, ritennero molto di fierezza e d'immanità della lor fresca origine (onde Platone riconosce ne' polifemi d'Omero i primi padri di famiglia del mondo); [4] così, nel formarsi le prime repubbliche aristocratiche, restaron intieri gl'imperi sovrani privati a' padri delle famiglie, quali gli avevano essi avuto nello stato già di natura; e, per lo loro sommo orgoglio, non dovendo niuno ceder ad altri, perch'erano tutti uguali, con la forma aristocratica s'assoggettirono all'imperio sovrano pubblico d'essi ordini loro regnanti; onde il dominio alto privato di ciascun padre di famiglia andò a comporre il dominio alto superiore pubblico d'essi senati, siccome delle potestà sovrane private, ch'avevano sopra le loro famiglie, essi composero la potestà sovrana civile de' loro medesimi ordini. Fuori della qual guisa, è impossibil intendere come altrimente delle famiglie si composero le città, le quali, perciò, ne dovettero nascere repubbliche aristocratiche, naturalmente mescolate d'imperi famigliari sovrani.

Mentre i padri si conservarono cotal autorità di dominio dentro gli ordini loro regnanti, finché le plebi de' loro popoli eroici, per leggi di essi padri, riportarono comunicati loro il dominio certo de' campi, i connubi, gl'imperi, i sacerdozi e, co' sacerdozi, la scienza ancor delle leggi, le repubbliche durarono aristocratiche. Ma,

3. *sopra quella degnità*: la *degnità* LXXI.

4. *onde Platone* ecc.: cfr. *degnità* XCVIII.

poi che esse plebi dell'eroiche città, divenute numerose ed anco agguerrite (che mettevano paura a' padri, che nelle repubbliche di pochi debbon essere pochi) ed assistite dalla forza (ch'è la loro moltitudine), cominciarono a comandare leggi senza autorità de' senati, si cangiarono le repubbliche, e da aristocratiche divennero popolari: perché non potevano pur un momento vivere ciascuna con due potestà somme legislatrici, senza essere distinte di subbietti, di tempi, di territori, d'intorno a' quali, ne' quali e dentro i quali dovessero comandare le leggi: come con la legge Publilia, perciò, Filone dittatore dichiarò la repubblica romana essersi per natura fatta già popolare.[5] In tal cangiamento, perché l'autorità di dominio ritenesse ciò che poteva della cangiata sua forma, ella naturalmente divenne autorità di tutela (siccome la potestà c'hanno i padri sopra i loro figliuoli impuberi, morti essi, diviene in altri autorità di tutori); per la quale autorità, i popoli liberi, signori de' lor imperi, quasi pupilli regnanti, essendo di debole consiglio pubblico, essi naturalmente si fanno governare, come da' tutori, da' lor senati; e sì furono repubbliche libere per natura, governate aristocraticamente. Ma, poi che i potenti delle repubbliche popolari ordinarono tal consiglio pubblico a' privati interessi della loro potenza, e i popoli liberi, per fini di private utilità, si fecero da' potenti sedurre ad assoggettire la loro pubblica libertà all'ambizione di quelli, con dividersi in partiti, sedizioni, guerre civili, in eccidio delle loro medesime nazioni, s'introdusse la forma monarchica.

5. *come con la legge* ecc.: cfr. *Annotazioni alla tavola cronologica*, XLII.

2.

D'UN'ETERNA NATURAL LEGGE REGIA, PER LA QUALE LE NAZIONI VANNO A RIPOSARE SOTTO LE MONARCHIE

E tal forma monarchica s'introdusse con questa eterna natural legge regia, la qual sentirono pure tutte le nazioni, che riconoscono da Augusto essersi fondata la monarchia de' romani: la qual legge non han veduto gl'interpetri della romana ragione,[1] occupati tutti d'intorno alla favola della « legge regia » di Triboniano, di cui apertamente si professa autore nell'*Istituta*,[2] ed una volta l'appicca ad Ulpiano nelle *Pandette*.[3] Ma l'intesero bene i giureconsulti romani, che seppero bene del diritto naturale delle genti, per ciò che Pomponio, nella brieve storia del diritto romano, ragionando di cotal legge, con quella ben intesa espressione ci lasciò scritto: « *rebus ipsis dictantibus, regna condita* ».[4]

Cotal legge regia naturale è conceputa con questa formola naturale di eterna utilità: che, poiché nelle repubbliche libere tutti guardano a' loro privati interessi, a' quali fanno servire le loro pubbliche armi in eccidio delle loro nazioni, perché si conservin le nazioni, vi surga un solo (come tra' romani un Augusto), che con la forza dell'armi richiami a sé tutte le cure pubbliche e lasci a' soggetti curarsi le loro cose private, e tale e tanta cura abbiano delle pubbliche qual e quanta il monarca lor ne permetta; e così si salvino i popoli, ch'anderebbono altrimente a distruggersi. Nella qual verità convengono i volgari dottori, ove dicono che « *universitates sub rege*

2. - 1. *della romana ragione*: del diritto romano.

2. *Triboniano* ecc.: *Institutiones* I, 2, 6; *Codex*, I, 17, 1, 7. Si veda, di Vico, il *Ragionamento secondo d'intorno alla legge regia di Triboniano* (*Scienza nuova*, ed. Nicolini, 1455-1459) qui riportato in *Appendice*.

3. *nelle Pandette*: *Digestum*, I, 4, 1.

4. *rebus ipsis* ecc.: *Digestum*, I, 2, 2, 11, « i regni sono nati per la forza stessa delle cose ».

habentur loco privatorum »,[5] perché la maggior parte de' cittadini non curano più ben pubblico: lo che Tacito, sappientissimo del diritto natural delle genti, negli *Annali*,[6] dentro la sola famiglia de' Cesari l'insegna con quest'ordine d'idee umane civili: avvicinandosi al fine Augusto, « *pauci bona libertatis incassum disserere* »; tosto venuto Tiberio, « *omnes principis iussa adspectare* »; sotto gli tre Cesari appresso, prima venne « *incuria* » e finalmente « *ignorantia reipublicæ tanquam alienæ* »:[7] ond'essendo i cittadini divenuti quasi stranieri delle loro nazioni, è necessario ch'i monarchi nelle loro persone le reggano e rappresentino. Ora, perché nelle repubbliche libere per portarsi un potente alla monarchia vi deve parteggiare il popolo, perciò le monarchie per natura si governano popolarmente: prima con le leggi, con le quali i monarchi vogliono i soggetti tutti uguagliati; dipoi per quella propietà monarchica, ch'i sovrani, con umiliar i potenti, tengono libera e sicura la moltitudine dalle lor oppressioni; appresso per quell'altra di mantenerla soddisfatta e contenta circa il sustentamento che bisogna alla vita e circa gli usi della libertà naturale; e finalmente co' privilegi, ch'i monarchi concedono o ad intieri ordini (che si chiamano « privilegi di libertà ») o a particolari persone, con promuovere fuori d'ordine uomini di straordinario merito agli onori civili (che sono leggi singolari dettate dalla natural equità). Onde le monarchie sono le più conformi all'umana natura della più spiegata ragione, com'altra volta si è detto.

5. *universitates* ecc.: « in regime monarchico le comunità sono considerate come i privati ».

6. *Tacito* ecc.: *Annales*, I, 1.

7. *pauci bona* ecc.: « pochi dissertavano invano dei benefici della libertà »; « tutti aspettavano i comandi del principe »; « ignoranza degli affari di stato, come si trattasse di cose estranee ».

3.

CONFUTAZIONE DE' PRINCIPI DELLA DOTTRINA POLITICA FATTA SOPRA IL SISTEMA DI GIOVANNI BODINO

Dallo che si è fino qui ragionato s'intenda quanto Gian Bodino stabilì con iscienza i princìpi della sua dottrina politica, che dispone le forme degli Stati civili con sì fatt'ordine: che prima furono monarchici, dipoi per le tirannie passati in liberi popolari, e finalmente vennero gli aristocratici. Qui basterebbe averlo appien confutato con la natural successione delle forme politiche, spezialmente in questo libro a tante innumerabili pruove dimostrata di fatto. Ma ci piace, *ad exuberantiam*, confutarlo dagl'impossibili e dagli assurdi di cotal sua posizione.[1)]

Esso, certamente, conviene in quello ch'è vero: che sopra le famiglie si composero le città. Altronde, per comun errore, che si è qui sopra ripreso, ha creduto che le famiglie sol fussero di figliuoli. Or il domandiamo: come sopra tali famiglie potevano surger le monarchie?

Due sono i mezzi: o la forza o la froda.[2)]

Per forza, come un padre di famiglia poteva manomettere gli altri? Perché, se nelle repubbliche libere (che, per esso, vennero dopo le tirannie) i padri di famiglia consagravano sé e le loro famiglie per le loro patrie, che loro conservavano le famiglie (e, per esso, erano quelli già stati addimesticati alle monarchie), quanto è da sti-

3. - 1. *Dallo che si è* ecc.: Nei *Six livres sur la République* del giurista e scrittore politico Giovanni Bodin (1530-96) non è esplicitamente presente la tesi, qui criticata dal Vico, di una successione storica monarchia-democrazia-aristocrazia. A questo ordine delle *forme degli Stati civili*, Vico ne contrappone un altro: aristocrazia-democrazia-monarchia. La critica vichiana concerne soprattutto I, 1-2; IV, 1.

2. *Due sono* ecc.: per la critica vichiana alla *forza* e alla *froda* come origine dei governi si veda *Scienza nuova prima*, II, 16, 20; 29.

marsi ch'i padri di famiglia, allor polifemi, nella recente origine della loro ferocissima libertà bestiale, si arebbono tutti con le lor intiere famiglie fatti più tosto uccidere che sopportar inegualità?

Per froda, ella è adoperata da coloro ch'affettano il regno nelle repubbliche libere, con proporre a' sedutti o libertà o potenza o ricchezze. Se libertà, nello stato delle famiglie i padri erano tutti sovrani. Se potenza, la natura de' polifemi era di starsi tutti soli nelle loro grotte e curare le lor famiglie, e nulla impacciarsi di quelle ch'eran d'altrui, convenevolmente al vezzo della lor origine immane. Se ricchezze, in quella semplicità e parsimonia de' primi tempi non s'intendevano affatto.

Cresce a dismisura la difficultà, perché ne' tempi barbari primi non vi eran fortezze, e le città eroiche, le quali si composero dalle famiglie, furono lungo tempo smurate, come ce n'accertò sopra Tucidide; [3] e, nelle gelosie di Stato, che furono funestissime nell'aristocrazie eroiche che sopra abbiam detto, Valerio Publicola, per aversi fabbricato una casa in alto, venutone in sospetto d'affettata tirannide, affin di giustificarsene, in una notte fecela smantellare, e 'l giorno appresso, chiamata pubblica ragunanza, fece da' littori gittar i fasci consolari a' piedi del popolo; [4] e 'l costume delle città smurate più durò ove furono più feroci le nazioni: talché in Lamagna [5] si legge ch'Arrigo detto l'uccellatore fu il primo che 'ncominciasse a ridurre i popoli, da' villaggi dove innanzi avevano vivuto dispersi, a celebrar le città ed a cingere le città di muraglie. [6] Tanto i primi fondatori

3. *le città eroiche* ecc.: cfr. *Annotazioni alla tavola cronologica*, XIX, e relativa nota.

4. *Valerio* ecc.: Livio, II, 7.

5. *in Lamagna*: in Germania.

6. *si legge* ecc.: dopo il 925 Enrico l'Uccellatore iniziò la costruzione di città fortificate per difesa dalle incursioni degli Ungheri. Cfr. Ekkardo, *Cronicon universale*, in *Monumenta Germaniæ historica, Scriptores*, VI, 182.

delle città essi furono quelli che con l'aratro vi disegnarono le mura e le porte, ch'i latini etimologi dicono essersi così dette *a « portando aratro »*, perché l'avessero portato alto, ove volevano che si aprisser le porte! Quindi, tra per la ferocia de' tempi barbari e per la poca sicurtà delle regge, nella corte di Spagna in sessant'anni furon uccisi più di ottanta reali; talché i padri del concilio illiberitano,[7] uno degli più antichi della Chiesa latina, con gravi scomuniche ne condennarono la tanto frequentata scelleratezza.

Ma giugne la difficultà all'infinito, poste le famiglie sol di figliuoli. Ché o per forza o per froda debbon i figliuoli essere stati i ministri dell'altrui ambizione, e o tradire o uccidere i propi padri; talché le prime sarebbono state, non già monarchie, ma empie e scellerate tirannidi: come i giovani nobili in Roma congiurarono contro i lor propi padri a favore del tiranno Tarquinio, per l'odio ch'avevano al rigor delle leggi,[8] propio delle repubbliche aristocratiche (come le benigne sono delle repubbliche popolari, le clementi de' regni legittimi, le dissolute sotto i tiranni); ed essi giovani congiurati le sperimentarono a costo delle propie lor vite; e, tra quelli, due figliuoli di Bruto, dettando esso padre la severissima pena, furon entrambi decapitati. Tanto il regno romano era stato monarchico e la libertà da Bruto ordinatavi popolare!

Per tali e tante difficultà debbe Bodino (e con lui tutti gli altri politici) riconoscere le monarchie famigliari nello stato delle famiglie che si sono qui dimostrate, e riconoscere le famiglie, oltre de' figliuoli, ancora de' famoli (da' quali principalmente si dissero le famiglie), i quali si sono qui truovati che abbozzi furono degli schiavi, i

7. *del concilio* ecc.: il riferimento al concilio di Elliberi (313) è errato.

8. *come i giovani* ecc.: cfr. Livio, II, 3.

quali vennero dopo le città con le guerre.[9] E 'n cotal guisa sono la materia delle repubbliche uomini liberi e servi, i quali il Bodino pone per materia delle repubbliche, ma, per la sua posizione, non posson esserlo.[10]

Per tale difficultà di poter essere uomini liberi e servi materia delle repubbliche con la sua posizione, si maraviglia esso Bodino che la sua nazione sia stata detta di « franchi », i quali osserva essere stati ne' loro primi tempi trattati da vilissimi schiavi; perché, per la sua posizione, non poté vedere che sugli sciolti dal nodo della legge Petelia si compierono le nazioni.[11] Talché i franchi, de' quali si maraviglia il Bodino, sono gli stessi che [gli] « *homines* », de' quali si maraviglia Ottomano essere stati detti i vassalli rustici,[12] de' quali, come in questi libri si è dimostrato, si composero le plebi de' primi popoli, i quali erano d'eroi. Le quali moltitudini, come pure si è dimostrato, trassero l'aristocrazie alla libertà popolare e, finalmente, alle monarchie; e ciò, in forza della lingua volgare, con cui, in ogniuno dei due ultimi Stati, si concepiscon le leggi, come sopra si è ragionato: onde da' latini si disse « *vernacula* » la volgar lingua, perocché venne da questi servi nati in casa, ché tanto « *verna* » significa, non « fatti in guerra »; quali sopra dimostrammo essere stati per tutte le nazioni antiche fin dallo stato delle famiglie. Il perché i greci non si dissero più « achivi » (onde da Omero si dicono « *filii achivorum* » gli eroi), ma si dissero « elleni » da Elleno, che 'ncominciò la lingua greca volgare; appunto come non

9. *si sono qui* ecc.: cfr. *Iconomica poetica*, capit. 2.

10. *E 'n cotal guisa* ecc.: interpretando inesattamente il testo del Bodin, Vico obbietta che poiché l'esistenza di schiavi presuppone le guerre, non può darsi schiavitù prima che le guerre abbiano avuto luogo.

11. *non poté vedere* ecc.: Bodin non si rese conto che l'inizio dello Stato coincide con l'affrancamento dei plebei dal predominio dei patrizi, così come accadde a Roma mediante la legge Petelia.

12. *Ottomano* ecc.: cfr. *Logica poetica*, capit. 4.

più si dissero « *filii Israël* », come ne' tempi primi, ma restò detto « popolo ebreo », da Eber, che i padri vogliono essere stato il propagator della lingua santa. Tanto Bodino, e tutti gli altri c'hanno scritto di dottrina politica, videro questa luminosissima verità, la quale per tutta quest'opera, particolarmente con la storia romana, ad evidenza si è dimostrata: che le plebi de' popoli, sempre ed in tutte le nazioni, han cangiato gli Stati da aristocratici in popolari, da popolari in monarchici, e che, come élleno fondarono le lingue volgari (come sopra appieno si è pruovato nell'*Origini delle lingue*), [13] così hanno dato i nomi alle nazioni, conforme testé si è veduto! E sì gli antichi franchi, de' quali il Bodino si maraviglia, il diedero alla sua Francia.

Finalmente gli Stati aristocratici, per la sperienza ch'ora n'abbiamo, sono pochissimi, rimastici da essi tempi della barbarie, che sono Vinegia, Genova, Lucca in Italia, Ragugia [14] in Dalmazia e Norimberga in Lamagna, [15] perocché gli altri sono Stati popolari governati aristocraticamente. Laonde lo stesso Bodino — che, sulla sua posizione, vuole il regno romano monarchico, e, cacciati indi i tiranni, vuole in Roma introdutta la popolar libertà —, non vedendo ne' tempi primi di Roma libera riuscirgli gli effetti conformi al disegno de' suoi princìpi (perch'eran propi di repubblica aristocratica), osservammo sopra che, per uscirne onestamente, dice prima che Roma fu popolare di Stato ma di governo aristocratico, ma poi, essendo costretto dalla forza del vero, in altro luogo, con brutta incostanza, confessa essere stata aristocratica, nonché di governo, di Stato.

Tali errori nella dottrina politica sono nati da quelle tre voci non diffinite, ch'altre volte abbiamo sopra osser-

13. *nell'Origini* ecc.: *Logica poetica*, capit. 4.

14. *Ragugia*: Ragusa.

15. *Lamagna*: Germania.

vato: « popolo », « regno » e « libertà ».[16] E si è creduto i primi popoli comporsi di cittadini così plebei come nobili, i quali a mille pruove qui si sono truovati essere stati di soli nobili. Si è creduto libertà popolare di Roma antica, cioè libertà del popolo da' signori, quella che qui si è truovata libertà signorile, cioè libertà de' signori da' tiranni Tarquini; onde agli uccisori di tai tiranni s'ergevano le statue, perché gli uccidevano per ordine di essi senati regnanti. Gli re, nella ferocia de' primi popoli e nella mala sicurtà delle regge, furono aristocratici, quali i due re spartani a vita in Isparta (repubblica, fuor di dubbio, aristocratica, come si è qui dimostrata), e poi furono i due consoli annali in Roma, che Cicerone chiama « *reges annuos* » nelle sue *Leggi*.[17] Col qual ordinamento fatto da Giunio Bruto, apertamente Livio professa[18] che 'l regno romano di nulla fu mutato d'intorno alla regal potestà; come l'abbiamo sopra osservato che da questi re annali, durante il loro regno, vi era l'appellagione al popolo, e, quello finito, dovevano render conto del regno da essi amministrato allo stesso popolo. E riflettemmo che, ne' tempi eroici, gli re tutto giorno si cacciavano di sedia l'un l'altro, come ci disse Tucidide;[19] co' quali componemmo i tempi barbari ritornati, ne' quali non si legge cosa più incerta e varia che la fortuna de' regni. Ponderammo Tacito (che nella propietà ed energia di esse voci spesso suol dare i suoi avvisi), che 'ncomincia gli *Annali* con questo motto: « *Urbem Romam principio reges habuere* », ch'è la più debole spezie di possessione delle tre che ne fanno i giureconsulti, quando dicono « *habere* », « *tenere* », « *possidere* »;[20] ed usò la voce « *urbem* », che, propiamente, son gli edifici, per si-

16. *abbiamo sopra*: cfr. *Annotazioni alla tavola cronologica*, XLII.

17. *Cicerone* ecc.: citazione inesatta di *De Legibus*, III, 2.

18. *Livio* ecc.: I, 2.

19. *Tucidide*: I, 5.

20. *Ponderammo Tacito* ecc.: *Annales*, I, 1, cfr. *Logica poetica*, capit. 6.

gnificare una possessione conservata col corpo: non disse « *civitatem* », ch'è 'l comune de' cittadini, i quali tutti, o la maggior parte, con gli animi fanno la ragion [21] pubblica.

XIV

ULTIME PRUOVE LE QUALI CONFERMANO TAL CORSO DI NAZIONI

1.

Vi sono altre convenevolezze di effetti con le cagioni che lor assegna questa Scienza ne' suoi princìpi, per confermare il natural corso che fanno nella lor vita le nazioni. La maggior parte delle quali sparsamente sopra e senz'ordine si sono dette, e qui, dentro tal naturale successione di cose umane civili, si uniscono e si dispongono.

Come le pene, [1] che nel tempo delle famiglie erano crudelissime quanto erano quelle de' polifemi, nel quale stato Apollo scortica vivo Marsia; e seguitarono nelle repubbliche aristocratiche: onde Perseo col suo scudo, come sopra spiegammo, insassiva color che 'l riguardavano. E le pene se ne dissero da' greci παραδείγματα, nello stesso senso che da' latini si chiamarono « *exempla* », in senso di « castighi esemplari »; e da' tempi barbari ritornati, come si è anco osservato sopra, « pene ordinarie » si dissero le pene di morte. Onde le leggi di Sparta, re-

21. *la ragion*: il diritto.

1. - 1. *Come le pene* ecc.: in corrispondenza al corso della storia ideale eterna, le pene furono *crudelissime* nell'età delle monarchie familiari e delle aristocrazie, *benigne* nelle repubbliche popolari, mentre nelle monarchie domina la clemenza. Allo stesso modo mentre nei *tempi eroici* le guerre erano *barbare* e miravano alla distruzione delle città nemiche e alla riduzione dei vinti in schiavitù; nell'età delle repubbliche popolari si lasciava ai vinti il libero uso del diritto naturale e infine, con le monarchie, si giunse ad elaborare leggi di fronte alle quali tutti i cittadini sono eguali.

pubblica a tante pruove da noi dimostrata aristocratica, élleno, selvagge e crude così da Platone come da Aristotile giudicate,[2] vollero un chiarissimo re, Agide, fatto strozzare dagli efori; e quelle di Roma, mentre fu di stato aristocratico, volevano un inclito Orazio vittorioso battuto nudo con le bacchette e quindi all'albero infelice afforcato, come l'un e l'altro sopra si è detto ad altro proposito.[3] Dalla legge delle XII Tavole condennati ad esser bruciati vivi coloro ch'avevano dato fuoco alle biade altrui, precipitati giù dal monte Tarpeo li falsi testimoni, fatti vivi in brani i debitori falliti: la qual pena Tullo Ostilio non aveva risparmiato a Mezio Fuffezio, re di Alba, suo pari, che gli aveva mancato la fede dell'alleanza;[4] [ed] esso Romolo, innanzi, fu fatto in brani da' padri per un semplice sospetto di Stato.[5] Lo che sia detto per coloro i quali vogliono che tal pena non fu mai praticata in Roma.

Appresso vennero le pene benigne, praticate nelle repubbliche popolari, dove comanda la moltitudine, la quale, perché di deboli, è naturalmente alla compassione inchinata; e quella pena — della qual Orazio (inclito reo d'una collera eroica, con cui aveva ucciso la sorella, la qual esso vedeva piangere alla pubblica felicità) il popolo romano assolvette «*magis admiratione virtutis quam iure caussæ*» (conforme all'elegante espressione di Livio, altra volta sopra osservata),[6] — nella mansuetudine della di lui libertà popolare, come Platone ed Aristotile, ne' tempi d'Atene libera, poco fa udimmo riprendere le leggi spartane,[7] così Cicerone[8] grida esser

2. *da Platone* ecc.: Platone, *Leggi*, I, 7, 635 b; Aristotele, *Politica*, VIII, 2, 1324 b.

3. *e quelle di Roma... si è detto ad altro proposito*: cfr. *Logica poetica*, capit. 7, VII.

4. *la qual pena* ecc.: Livio, I, 28; Aulo Gellio, *Noctes Atticæ*, XX, 1, 54.

5. *esso Romolo... Stato*: Livio, I, 16, ma non si parla di squartamento.

6. *magis* ecc.: Livio, I, 26, già citato nella *Logica poetica*, capit. 7, VII.

7. *Platone* ecc.: cfr., qui sopra, n. 2.

8. *Cicerone*: *Pro Rabirio*, 4.

inumana e crudele, per darsi ad un privato cavaliere romano, Rabirio, ch'era reo di ribellione. Finalmente si venne alle monarchie, nelle qual' i principi godono di udire il grazioso titolo di « clementi ».

Come dalle guerre barbare de' tempi eroici, che si rovinavano le città vinte, e gli arresi, cangiati in greggi di giornalieri, erano dispersi per le campagne a coltivar i campi per gli popoli vincitori (che, come sopra ragionammo, furono le colonie eroiche mediterranee) — quindi per la magnanimità delle repubbliche popolari, le quali, finché si fecero regolare da' lor senati, toglievano a' vinti il diritto delle genti eroiche e lasciavano loro tutti liberi gli usi del diritto natural delle genti umane ch'Ulpiano diceva (onde, [con] la distesa delle conquiste, si ristrinsero a' cittadini romani tutte le ragioni, che poi si dissero « *propriæ civium romanorum* », come sono nozze, patria potestà, suità, agnazione, gentilità, dominio quiritario o sia civile, mancipazioni, usucapioni, stipulazioni, testamenti, tutele ed eredità; le quali ragioni civili tutte, innanzi d'esser soggette, dovettero aver propie loro le libere nazioni) — si venne finalmente alle monarchie, che vogliono, sotto Antonino Pio, di tutto il mondo romano fatta una sola Roma.[9] Perch'è voto propio de' gran monarchi di far una città sola di tutto il mondo, come diceva Alessandro magno che tutto il mondo era per lui una città, della qual era rocca la sua falange. Onde il diritto natural delle nazioni, promosso da' pretori romani nelle provincie, venne, a capo di lunga età, a dar le leggi in casa d'essi romani; perché cadde il diritto eroico de' romani sulle provincie, perché i monarchi vogliono tutti i soggetti uguagliati con le lor leggi. E la giurisprudenza romana,

9. *sotto Antonino Pio* ecc.: la cittadinanza romana fu concessa a tutti gli abitanti dell'impero non sotto Antonino Pio, come qui afferma erroneamente Vico, ma sotto Caracalla nel 212 d. C.

la quale ne' tempi eroici tutta si celebrò sulla legge delle XII Tavole, e poi, fin da' tempi di Cicerone (com'egli il riferisce in un libro *De legibus*), [10] era incominciata a praticarsi sopra l'editto del romano pretore, finalmente, dall'imperador Adriano in poi, tutta s'occupò d'intorno all'*Editto perpetuo*, composto ed ordinato da Salvio Giuliano quasi tutto d'editti provinciali.

Come da' piccioli distretti, che convengono a ben governarsi le repubbliche aristocratiche, poi per le conquiste, alle quali son ben disposte le repubbliche libere, si viene finalmente alle monarchie, le quali, quanto sono più grandi, sono più belle e magnifiche.

Come da' funesti sospetti delle aristocrazie, per gli bollori delle repubbliche popolari, vanno finalmente le nazioni a riposare sotto le monarchie.

Ma ci piace finalmente di dimostrare come sopra quest'ordine di cose umane civili, corpolento e composto, vi convenga l'ordine de' numeri, che sono cose astratte e purissime. Incominciarono i governi dall'uno, con le monarchie famigliari; indi passarono a' pochi, con l'aristocrazie eroiche; s'innoltrarono ai molti e tutti nelle repubbliche popolari, nelle quali o tutti o la maggior parte fanno la ragion pubblica; finalmente ritornarono all'uno nelle monarchie civili. Né nella natura de' numeri si può intendere divisione più adeguata, né con altr'ordine che uno, pochi, molti e tutti, e che i pochi, molti e tutti ritengano, ciascheduno nella sua spezie, la ragione dell'uno; siccome i numeri consistono in indivisibili, al dir d'Aristotile, [11] e, oltrepassando i tutti, si debba ricominciare dall'uno. E sì l'umanità si contiene tutta tralle monarchie famigliari e civili.

10. *com'egli il riferisce ecc.*; *De legibus*, I, 5.

11. *Aristotile*: *Metafisica*, XIII, 9, 1085 b.

2.

COROLLARIO

IL DIRITTO ROMANO ANTICO FU UN SERIOSO POEMA E L'ANTICA GIURISPRUDENZA FU UNA SEVERA POESIA, DENTRO LA QUALE SI TRUOVANO I PRIMI DIROZZAMENTI DELLA LEGAL METAFISICA, E COME A' GRECI DALLE LEGGI USCÌ LA FILOSOFIA

Vi sono altri ben molti e ben grandi effetti, particolarmente nella giurisprudenza romana, i quali non truovano le loro cagioni che 'n questi stessi princìpi. E sopra tutto per quella degnità[1] — che, perocché sono gli uomini naturalmente portati al conseguimento del vero, per lo cui affetto, ove non possono conseguirlo, s'attengono al certo, — quindi le mancipazioni cominciarono con vera mano, per dire con « vera forza », perché « forza » è astratto, « mano » è sensibile. E la mano appo tutte le nazioni significò « potestà »; onde sono le « chirotesie » e le « chirotonie » che dicon i greci,[2] delle quali quelle erano criazioni che si facevano con le imposizioni delle mani sopra il capo di colui ch'aveva da eleggersi in potestà, queste eran acclamazioni delle potestà già criate fatte con alzare le mani in alto. Solennità propie de' tempi mutoli, conforme a' tempi barbari ritornati così acclamavano all'elezioni de' re. Tal mancipazion vera è l'occupazione, primo gran fonte naturale di tutti i domini, ch'a' romani detta poi restò nelle guerre; ond'e gli schiavi furono detti « *mancipia* », e le prede e le conquiste « *res mancipi* » de' romani, divenute con le vittorie « *res nec mancipi* » ad essi vinti. Tanto la mancipazione nacque dentro le mura della sola città di Roma per modo d'acquistar il dominio civile ne' commerzi privati d'essi romani!

2. - 1. *quella degnità*: la *degnità* IX.

2. « *chirotesie* » ecc.: χειροθεσίαι e χειροτονίαι, imposizioni delle mani.

A tal mancipazione andò di séguito una conforme vera usucapione, cioè acquisto di dominio (ché tanto suona « *capio* ») con vero uso (in senso che la voce « *usus* » significa « *possessio* »). E le possessioni dapprima si celebrarono col continuo ingombramento de' corpi sopra esse cose possedute, talché « *possessio* » dev'essere stata detta quasi « *porro sessio* » (per lo quale proseguito atto di sedere o star fermo i domicili latinamente restaron chiamati « *sedes* »), e non già « *pedum positio* », come dicono i latini etimologi, perché il pretore assiste a quella e non a questa possessione e la mantiene con gl'interdetti. Dalla qual posizione, detta *θέσις* da' greci, dovette chiamarsi Teseo, non dalla bella sua positura, come dicono gli etimologi greci, perché uomini d'Attica fondaron Atene con lo stare lungo tempo ivi fermi; [3] ch'è l'usucapione, la qual legittima appo tutte le nazioni gli Stati. [4]

Ancora, in quelle repubbliche eroiche d'Aristotile [5] che non avevano leggi da ammendar i torti privati, vedemmo, sopra, le revindicazioni esercitarsi con vera forza (che furono i primi duelli o private guerre del mondo), e le condiczioni essere state le ripresaglie private, che dalla barbarie ricorsa duraron fin a' tempi di Bartolo. [6]

Imperciocché, essendosi incominciata ad addimesticare la ferocia de' tempi e, con le leggi giudiziarie, incominciate a proibirsi le violenze private, tutte le private forze andandosi ad unire nella forza pubblica, che si dice « imperio civile », i primi popoli, per natura poeti, dovettero naturalmente imitare quelle forze vere, ch'avevan innanzi usate per conservarsi i loro diritti e ragioni: e così fecero una favola della mancipazion naturale, e ne fecero la solenne tradizion civile, la quale si rappresen-

3. *Teseo* ecc.: Teseo è inteso come personificazione dei « terrigenæ » fondatori di Atene.

4. *gli Stati*: le condizioni giuridiche.

5. *in quelle repubbliche* ecc.: cfr. la degnità LXXXV e relative note.

6. *fin a' tempi* ecc.: di Bartolo di Sassoferrato, la metà del secolo XIV.

tava con la consegna d'un nodo finto, per imitare la catena con la qual Giove aveva incatenati i giganti alle prime terre vacue, e poi essi v'incatenarono i loro clienti ovvero famoli; e, con tal mancipazione favoleggiata, celebrarono tutte le loro civili utilità con gli atti legittimi, che dovetter essere cerimonie solenni de' popoli ancora mutoli. Poscia (essendosi la favella articolata formata appresso), per accertarsi l'uno della volontà dell'altro nel contrarre tra loro, vollero ch'i patti, nell'atto della consegna di esso nodo, si vestissero con parole solenni, delle quali fussero concepute stipulazioni certe e precise; e così dappoi in guerra concepivano le leggi con le quali si facevano le rese delle vinte città, le quali si dissero « paci » da « *pacio* », che lo stesso suona che « *pactum* ». Di che restò un gran vestigio nella formola con la quale fu conceputa la resa di Collazia, che, qual è riferita da Livio, [7] ella è un contratto recettizio fatto con solenni interrogazioni e risposte; onde con tutta propietà gli arresi ne furon detti « *recepti* », conforme l'araldo romano disse agli oratori collatini: — « *Et ego recipio* ». — Tanto la stipulazione ne' tempi eroici fu de' soli cittadini romani! e tanto con buon senno si è finora creduto che Tarquinio Prisco, nella formola con cui fu resa Collazia, avesse ordinato alle nazioni com'avesser a fare le rese!

In cotal guisa il diritto delle genti eroiche del Lazio restò fisso nel famoso capo della legge delle XII Tavole così conceputo: « *Si quis nexum faciet mancipiumque, uti lingua nuncupassit, ita ius esto* », ch'è il gran fonte di tutto il diritto romano antico, [8] ch'i pareggiatori del diritto attico confessano non esser venuto da Atene in Roma. [9]

7. *Livio*: I, 38.

8. *Si quis* ecc.: « se qualcuno avrà assunto una obbligazione o avrà compiuto un negozio solenne di trasferimento di proprietà, le conseguenze giuridiche siano quelle indicate nelle parole dette »; e nell'affermazione della legge si rispecchia uno dei fondamenti del diritto antico.

9. *i pareggiatori del diritto* ecc.: i sostenitori dell'origine ateniese delle XII Tavole.

L'usucapione procedé con la possessione presa col corpo, e poi, finta, ritenersi con l'animo.[10] Alla stessa fatta favoleggiarono con una pur finta forza le vindicazioni; e le ripresaglie eroiche passarono dappoi in azioni personali, serbata la solennità di dinonziarla a coloro ch'erano debitori. Né poté usar altro consiglio la fanciullezza del mondo, poiché i fanciulli, come se n'è proposta una degnità,[11] vagliono potentemente nell'imitar il vero di che sono capaci, nella qual facultà consiste la poesia, ch'altro non è ch'imitazione.

Si portarono in piazza tante maschere quante son le persone, ché « *persona* » non altro propiamente vuol dire che « maschera », e quanti sono i nomi, i quali, ne' tempi de' parlari mutoli, che si facevan con parole reali,[12] dovetter essere l'insegne delle famiglie, con le quali furono ritruovati distinguere le famiglie loro gli americani, come sopra[13] si è detto; e sotto la persona o maschera d'un padre di famiglia si nascondevano tutti i figliuoli e tutti i servi di quella, sotto un nome reale ovvero insegna di casa si nascondevano tutti gli agnati e tutti i gentili della medesima. Onde vedemmo ed Aiace torre de' greci, ed Orazio solo sostenere sul ponte tutta Toscana, ed a' tempi barbari ritornati rincontrammo quaranta normanni eroi cacciare da Salerno un esercito intiero di saraceni; e quindi furono credute le stupende forze de' paladini di Francia (che erano sovrani principi, come restarono così detti nella Germania) e, sopra tutti, del conte Rolando, poi detto Orlando. La cui ragione esce da' princìpi della poesia che si sono sopra truovati: che gli autori del diritto romano, nell'età che non potevano intendere universali intelligibili, ne fecero universali fantastici; e come poi i poeti,

10. *L'usucapione* ecc.: il possesso era originariamente dipendente dalla presenza fisica del possessore, più tardi fu sufficiente l'« animus possidendi » (Paolo, *Digestum*, XLI, 2, 2, 1).

11. *una degnità*: la LII.

12. *parole reali*: le imprese.

13. *sopra*: *Logica poetica*, capit. 4.

per arte, ne portarono i personaggi e le maschere nel teatro, così essi, per natura, innanzi avevano portato i « nomi » e le « persone » nel foro.[14]

Perché « *persona* » non dev'essere stata detta da « *personare* », che significa « risuonar dappertutto » — lo che non bisognava ne' teatri assai piccioli delle prime città (quando, come dice Orazio,[15] i popoli spettatori erano piccioli, che si potevano numerare) che le maschere si usassero, perché ivi dentro talmente risuonasse la voce ch'empiesse un ampio teatro; né vi acconsente la quantità della sillaba, la quale, da « *sono* », debb'esser brieve; — ma dev'esser venuto da « *personari* », il qual verbo congetturiamo aver significato « vestir pelli di fiere » (lo che non era lecito ch'a' soli eroi), e ci è rimasto il verbo compagno « *opsonari* », che dovette dapprima significare « cibarsi di carne salvaggine cacciate », che dovetter essere le prime mense opime, qual'appunto de' suoi eroi le descrive Virgilio.[16] Onde le prime spoglie opime dovetter essere tali pelli di fiere uccise, che riportarono dalle prime guerre gli eroi, le quali prime essi fecero con le fiere per difenderne sé e le loro famiglie, come sopra si è ragionato, e i poeti di tali pelli fanno vestire gli eroi e, sopra tutti, di quella del lione, Ercole. E da tal origine del verbo « *personari* », nel suo primiero significato che gli abbiamo restituito, congetturiamo che gl'italiani dicono « personaggi » gli uomini d'alto stato e di grande rappresentazione.

14. *La cui ragione* ecc.: per Vico si sono succedute nel corso della storia due forme di diritto: la prima è legata alla mentalità sensitiva e fantastica dei primitivi, la seconda all'affermarsi della ragione. Alla passione e alla forza succedono la volontà ragionevole e la riflessione. Il diritto romano è quindi un *serioso poema* in quanto tutto informato dalla mentalità mitica dei romani, tutto intessuto di quegli *universali fantastici* che esercitano, nell'età mitica, la funzione che sarà poi esercitata dai concetti o *universali intelligibili*.

15. *Orazio*: *Ad Pisones*, 206.

16. *le descrive Virgilio*: *Aen.*, III, 223-24.

Per questi stessi princìpi, perché non intendevano forme astratte, ne immaginarono forme corporee, e l'immaginarono, dalla loro natura, animate.[17] E finsero l'eredità signora delle robe ereditarie, ed in ogni particolar cosa ereditaria la ravvisavano tutta intiera: appunto come una gleba o zolla del podere, che presentavano al giudice, con la formola della revindicazione essi dicevano *hunc « fundum »*. E così, se non intesero, sentirono rozzamente almeno ch'i diritti fussero indivisibili.

In conformità di tali nature, l'antica giurisprudenza tutta fu poetica, la quale fingeva i fatti non fatti, i non fatti fatti, nati gli non nati ancora, morti i viventi, i morti vivere nelle loro giacenti eredità; introdusse tante maschere vane senza subbietti, che si dissero *« iura imaginaria »*,[18] ragioni favoleggiate da fantasia; e riponeva tutta la sua riputazione in truovare sì fatte favole ch'alle leggi serbassero la gravità ed ai fatti ministrassero la ragione. Talché tutte le finzioni dell'antica giurisprudenza furono verità mascherate; e le formole con le quali parlavan le leggi, per le loro circoscritte misure di tante e tali parole — né più, né meno, né altre — si dissero « *carmina* », come sopra udimmo dirsi da Livio[19] quella che dettava la pena contro di Orazio. Lo che vien confermato con un luogo d'oro di Plauto nell'*Asinària*,[20] dove Diabolo dice il parasito esser un gran poeta, perché sappia più di tutti ritruovare cautele o formole, le quali or si è veduto che si dicevano « *carmina* ».

Talché tutto il diritto romano antico fu un serioso poema,[21] che si rappresentava da' romani nel foro, e l'an-

17. *perché non intendevano* ecc.: prima del sorgere degli universali intelligibili, le « persone giuridiche » venivano immaginate come persone reali.

18. *iura* ecc.: Ulpiano, *Digestum*, XVIII, 1, 55.

19. *Livio*: I, 26.

20. *Plauto* ecc.: *Asinaria*, IV, 1, 1-3.

21. *Talché* ecc.: cfr. qui n. 14.

tica giurisprudenza fu una severa poesia. Ch'è quello che, troppo acconciamente al nostro proposito, Giustiniano nel proemio dell'*Istituta* [22] chiama « *antiqui iuris fabulas* »: il qual motto dev'essere stato d'alcun antico giureconsulto, ch'avesse inteso queste cose qui ragionate; ma egli l'usa per farne beffe. Ma da queste antiche favole richiama i suoi princìpi, come qui si dimostra, la romana giurisprudenza; e dalle maschere, le quali usarono tali favole dramatiche e vere e severe, che furon dette « *personæ* », derivano nella dottrina *De iure personarum* le prime origini.

Ma, venuti i tempi umani delle repubbliche popolari, s'incominciò nelle grandi adunanze a ravvisar intelletto, e le ragioni astratte dall'intelletto ed universali si dissero indi in poi « *consistere in intellectu iuris* ». [23] Il qual intelletto è della volontà che 'l legislatore ha spiegato nella sua legge (la qual volontà si appella « *ius* »), che fu la volontà de' cittadini uniformati in un'idea d'una comune ragionevole utilità, la qual dovettero intendere essere spirituale di sua natura, perché tutti que' diritti che non hanno corpi dov'essi si esercitino (i quali si chiamano « *nuda iura* », diritti nudi di corpolenza) dissero « *in intellectu iuris consistere* ». Perché, adunque, son i diritti modi di sostanza spirituale, perciò son individui, [24] e quindi son anco eterni, perché la corrozione non è altro che divisione di parti.

Gl'interpetri della romana ragione [25] hanno riposta

22. *Giustiniano* ecc.: *Institutiones*, proemio, 3.

23. *Ma, venuti* ecc.: nei *tempi umani* si affacciano le capacità astrattive dell'intelletto e le cose immateriali perdono quella corporeità che era stata loro attribuita durante l'età del senso e della fantasia. Ma per la distinzione, cui si richiama qui Vico, fra « res incorporales » e « res corporales » cfr. Nicolini, *Comm.*, 1038. Si adotta la correzione del Flora, 1159, sostituendo *astratte dall'intelletto* ad *astratte dell'intelletto* dell'edizione Nicolini. Ma anche quest'ultimo nella sua prima edizione della *Scienza nuova*, Bari, 1916, p. 945, aveva adottata la forma *dall'intelletto*.

24. *individui*: indivisibili.

25. *romana ragione*: diritto romano.

tutta la riputazione della legal metafisica in considerare l'indivisibilità de' diritti sopra la famosa materia *De dividuis et individuis.* Ma non ne considerarono l'altra non meno importante, ch'era l'eternità, la qual dovevano pur avvertire in quelle due regole di ragione, che stabiliscono, la prima, che, « *cessante fine legis, cessat lex* »; [26] ove non dicono « *cessante ratione* », perché il fine della legge è l'uguale utilità delle cause, la qual può mancare; ma la ragione della legge essendo [27] una conformazione della legge al fatto, vestito di tali circostanze, le quali, sempre che vestono il fatto, vi regna viva sopra la ragion della legge; — l'altra, che « *tempus non est modus constituendi vel dissolvendi iuris* » [28] perché 'l tempo non può cominciare né finire l'eterno, e nell'usucapioni e prescrizioni il tempo non produce né finisce i diritti, ma è pruova che chi gli aveva abbia voluto spogliarsene; né, perché si dica « finire l'usufrutto », per cagion d'esemplo, il diritto finisce, ma dalla servitù si riceve alla primiera sua libertà. Dallo che escono questi due importantissimi corollari: il primo, ch'essendo i diritti eterni nel di lor intelletto, o sia nella lor idea, e gli uomini essendo in tempo, non posson i diritti altronde venire agli uomini che da Dio; il secondo, che tutti gl'innumerabili vari diversi diritti, che sono stati, sono e saranno nel mondo, sono varie modificazioni diverse della potestà del primo uomo, che fu il principe del gener umano, e del dominio ch'egli ebbe sopra tutta la terra.

Or, poiché certamente furono prima le leggi, dopo i filosofi, egli è necessario che Socrate, dall'osservare ch'i cittadini ateniesi nel comandare le leggi si andavan ad

26. *cessante fine* ecc.: « quando viene meno il fine della legge, anche la legge viene meno ».

27. *essendo*: il testo del Nicolini reca *è* diversamente dall'autografo e dall'edizione a stampa, come nota il Flora, 1159.

28. *tempus* ecc.: « il tempo non è un modo di costituzione o di dissoluzione di un diritto ».

unire in un'idea conforme d'un'ugual utilità partitamente comune a tutti, cominciò ad abbozzare i generi intelligibili, ovvero gli universali astratti, con l'induzione, ch'è una raccolta di uniformi particolari, che vanno a comporre un genere di ciò nello che quei particolari sono uniformi tra loro.[29]

Platone, dal riflettere che 'n tali ragunanze pubbliche le menti degli uomini particolari, che son appassionate ciascuna del propio utile, si conformavano in un'idea spassionata di comune utilità (ch'è quello che dicono: « gli uomini partitamente sono portati da' loro interessi privati, ma in comune voglion giustizia »), s'alzò a meditare l'idee intelligibili ottime delle menti criate, divise da esse menti criate, le qual' in altri non posson esser che in Dio, e s'alzò a formare l'eroe filosofico, che comandi con piacere alle passioni.[30]

Onde Aristotile[31] poscia divinamente ci lasciò diffinita la buona legge: che sia una « volontà scevera di passioni », quanto è dire volontà d'eroe; intese la giustizia regina, la qual siede nell'animo dell'eroe e comanda a tutte l'altre virtù.[32] Perché aveva osservato la giustizia legale (la qual siede nell'animo della civil potestà sovrana) comandar alla prudenza nel senato, alla fortezza negli eserciti, alla temperanza nelle feste, alla giustizia particolare, così distributiva negli erari, come per lo più commutativa nel foro, e la commutativa la proporzione aritmetica e la distributiva usare la geometrica.[33] E do-

29. *Socrate* ecc.: cfr. *Logica poetica*, capit. 7, VI.

30. *Platone* ecc.: Vico fa riferimento, in modo generico, alla *Repubblica* e al *Parmenide*, deformando spesso il pensiero platonico e attribuendo al filosofo greco dottrine stoiche.

31. *Aristotile*: *Politica*, III, 1287 a 32.

32. *intese la giustizia* ecc.: Aristotele, *Etica Nicomachea*, V, 3, 1129 b, 12 segg.

33. *Perché* ecc.: Vico si serve qui, come ha mostrato il Nicolini (*Comm.*, 1042) della traduzione dell'*Etica Nicomachea* di Bernardo Segni, Firenze, 1556.

vette avvertire questa dal censo, ch'è la pianta delle repubbliche popolari, il quale distribuisce gli onori e i pesi con la proporzione geometrica, secondo i patrimoni de' cittadini: perché innanzi non si era inteso altro che la sola aritmetica; onde Astrea, la giustizia eroica, ci fu dipinta con la bilancia, e nella legge delle XII Tavole tutte le pene — le quali ora i filosofi, i morali teologi e dottori che scrivono *de iure publico* dicono doversi dispensare dalla giustizia distributiva con la proporzione geometrica — tutte si leggono richiamate a «*duplio*»[34] quelle in danaio e [a] «*talio*»[35] l'afflittive del corpo. E, poiché la pena del taglione fu ritruovata da Radamanto, per cotal merito egli ne fu fatto giudice nell'inferno, dove certamente si distribuiscono pene. E 'l taglione da Aristotile ne' *Libri morali*[36] fu detto «giusto pittagorico», ritruovato da quel Pittagora che si è qui truovato fondatore di nazione, i cui nobili della Magna Grecia si dissero pittagorici, come sopra abbiamo osservato: che sarebbe vergogna di Pittagora il quale poi divenne sublime filosofo e mattematico.[37]

Dallo che tutto si conchiude che dalla piazza d'Atene uscirono tali princìpi di metafisica, di logica, di morale. E dall'avviso di Solone dato agli ateniesi: «*Nosce te ipsum*» (conforme ragionammo sopra in uno de' corollari della *Logica poetica*)[38] uscirono le repubbliche popolari, dalle repubbliche popolari le leggi, e dalle leggi uscì la filosofia; e Solone, da sappiente di sapienza volgare, fu creduto sappiente di sapienza riposta. Che sarebbe una particella della storia della filosofia narrata filosofica-

34. *a «duplio»*: al pagamento del doppio.
35. *a «talio»*: alla pena del taglione.
36. *Aristotile* ecc.: *Etica Nicomachea*, V, 8, 1132 b 21 segg.
37. *ritrovato da quel Pittagora* ecc.: la scoperta del taglione, vergognosa per il Pitagora filosofo e matematico, non lo è per il Pitagora personificazione fantastica dei politici.
38. *ragionammo sopra... Logica poetica*: capit. 3, I.

mente, ed ultima ripruova delle tante che 'n questi libri si son fatte contro Polibio, il qual diceva che, se vi fussero al mondo filosofi, non farebber uopo religioni.[39] Che se non vi fussero state religioni, e quindi repubbliche, non sarebber affatto al mondo filosofi, e che se le cose umane non avesse così condotto la provvedenza divina, non si avrebbe niuna idea né di scienza né di virtù.

Ora, ritornando al proposito e [per] conchiudere l'argomento che ragioniamo, da questi tempi umani, ne' quali provennero le repubbliche popolari e appresso le monarchie, intesero che le cause, le quali prima erano state formole cautelate di propie e precise parole (che *a « cavendo »* si dissero dapprima *« cavissæ »*, e poi restaron dette in accorcio *« caussæ »*), fussero essi affari o negozi negli altri contratti (i qual'affari o negozi oggi solennizzano i patti, i quali nell'atto del contrarre son convenuti acciocché producano l'azioni); ed in quelli che sono valevoli titoli a trasferir il dominio, solennizzassero la natural tradizione per farlo d'un in altro passare, e ne' contratti soli che si dicono compiersi con le parole (che sono le stipulazioni), in quelli esse cautele fussero le « cause » nella lor antica propietà.[40] Le quali cose qui dette illustrano vieppiù i princìpi sopra posti dell'obbligazioni che nascono da' contratti e da' patti.

Insomma — non essendo altro l'uomo, propiamente, che mente, corpo e favella, e la favella essendo come posta in mezzo alla mente ed al corpo — il certo d'intorno al giusto cominciò ne' tempi muti dal corpo; dipoi, ritruovate le favelle che si dicon articolate, passò alle certe idee, ovvero formole di parole; finalmente, essendosi spie-

39. *Polibio* ecc.: cfr. la *degnità* XXXI.

40. *e ne' contratti* ecc.: « soltanto nei cosiddetti contratti verbali la causa dell'obbligazione va rinvenuta nella stessa formula stipulatoria » (Ni-

gata tutta la nostra umana ragione, andò a terminare nel vero dell'idee d'intorno al giusto, determinate con la ragione dall'ultime circostanze de' fatti. Ch'è una formola informe d'ogni forma particolare, che 'l dottissimo Varrone chiamava « *formulam naturæ* »,[41] ch'a guisa di luce, di sé informa in tutte le ultime minutissime parti della lor superficie i corpi opachi de' fatti sopra i quali ella è diffusa, siccome negli *Elementi*[42] si è tutto ciò divisato.

colini, *Comm.*, 1044).

41. *Varrone* ecc.: sant'Agostino, *De civitate Dei*, IV, 31, ma Vico deforma il senso dell'espressione.

42. *negli Elementi*: le *degnità* CI e CXIII.

LIBRO QUINTO

DEL RICORSO DELLE COSE UMANE NEL RISURGERE CHE FANNO LE NAZIONI

Agl'innumerabili luoghi, che, per tutta quest'opera, d'intorno a innumerabili materie si sono finora sparsamente osservati corrispondersi con maravigliosa acconcezza i tempi barbari primi e i tempi barbari ritornati, si può facilmente intendere il ricorso delle cose umane nel risurgere che fanno le nazioni. [1] Ma, per maggiormente confermarlo, ci piace in quest'ultimo libro dar a quest'argomento un luogo particolare, per ischiarire con maggior lume i tempi della barbarie seconda (i quali

1. *Agl'innumerabili luoghi* ecc.: Il passaggio dalla mentalità mitica alla mentalità razionale non esclude per Vico la possibilità di una degenerazione della ragione, di un suo chiudersi alla verità. Il regresso, la dissoluzione della vita civile, una nuova *barbarie della ragione* (assai peggiore dell'originaria e generosa *barbarie del senso*) si affacciano in tal modo all'interno di quella stessa situazione cui ha dato luogo il faticoso affermarsi della ragione. Gli *ingegni maliziosi* vanno ad *arrugginire* nei lunghi secoli di una nuova barbarie. Vico rifiuta dunque ogni idea di progresso rettilineo e necessario. La storia di Grecia, e soprattutto quella di Roma, erano apparse a Vico le storie tipiche, i modelli di ogni possibile vicenda, le norme cui tutte le altre particolari storie dovevano essere commisurate. All'« umanista » Vico il Medioevo, concepito come il tipico esempio della barbarie ritornata o *ricorsa*, appare come un periodo di decadenza nel quale si riaffacciano le primitive condizioni di vita dell'umanità e si « ripetono » le esperienze sociali giuridiche politiche dei primi secoli della storia greco-romana. In questa famosa e assai discussa dottrina dei ricorsi, che Vico presenta come una legge essenziale del divenire storico, riappare l'antica idea dei « cicli storici » e sono presenti influenze del Machiavelli e del naturalismo astrologico del Rinascimento.

erano giaciuti più oscuri di quelli della barbarie prima, che chiamava « oscuri », nella sua divisione de' tempi, il dottissimo dell'antichità prime Marco Terenzio Varrone), [2] e per dimostrar altresì come l'Ottimo Grandissimo Iddio i consigli della sua provvedenza, con cui ha condotto le cose umane di tutte le nazioni, ha fatto servire agl'ineffabili decreti della sua grazia.

1.

Imperciocché, avendo per vie sovraumane schiarita e ferma la verità della cristiana religione con la virtù de' martiri incontro la potenza romana e con la dottrina de' Padri e co' miracoli incontro la vana sapienza greca, avendo poi a surgere nazioni armate, ch'avevano da combattere da ogni parte la vera divinità del suo Autore, [1] permise nascere nuovo ordine d'umanità tralle nazioni, acciocché secondo il natural corso delle medesime cose umane ella fermamente fussesi stabilita.

Con tal eterno consiglio, rimenò i tempi veramente divini, ne' quali gli re catolici dappertutto, per difendere la religion cristiana, della qual essi son protettori, vestirono le dalmatiche de' diaconi e consagrarono le loro persone reali (onde serbano il titolo di « Sagra Real Maestà »), presero degnitadi ecclesiastiche, come di Ugone Ciapeto narra Sinforiano Camperio, nella *Geanologia degli re di Francia*, che s'intitolava « conte ed abate di Parigi », [2] e 'l Paradino, negli *Annali della Borgogna*, osserva antichissime scritture nelle quali i prìncipi di Francia

2. *nella sua divisione* ecc.: cfr. sant'Agostino, *De civitate Dei*, VI, 3 sgg.

1. - 1. *combattere da ogni parte* ecc.: la negazione della divinità di Cristo presente nell'eresia ariana diffusasi tra i Germani.

2. *Sinforiano* ecc.: Simphorien Champier (1472-1559), *Liber de quadruplici vita, Theologia Asclepii... de ingressu Ludovici XII in urbem Gennam... Regum Francorum genealogia*, Lione, 1507.

comunemente « duchi ed abati » ovvero « conti ed abati » s'intitolavano.[3] Così i primi re cristiani fondarono religioni armate, con le quali ristabilirono ne' loro reami la cristiana catolica religione incontro ad ariani (de' quali san Girolamo[4] dice essere stato il mondo cristiano quasi tutto bruttato), contro saraceni ed altro gran numero d'infedeli.

Quivi ritornarono con verità quelle che si dicevano « *pura et pia bella* » da' popoli eroici, onde ora tutte le cristiane potenze con le loro corone sostengono sopra un orbe innalberata la croce, la qual avevano spiegata innanzi nelle bandiere, quando facevano le guerre che si dicevano « crociate ».

Ed è maraviglioso il ricorso di tali cose umane civili de' tempi barbari ritornati, che, come gli antichi araldi, nell'intimare le guerre, essi « *evocabant deos* » dalle città alle quali le intimavano, con l'elegantissima formola e piena di splendore qual ci si conservò da Macrobio,[5] onde credevano che le genti vinte rimanessero senza dei, e quindi senz'auspìci (ch'è 'l primo principio di tutto ciò ch'abbiamo in quest'opera ragionato) — ché, per lo diritto eroico delle vittorie, a' vinti non rimaneva niuna di tutte le civili così pubbliche come private ragioni,[6] le quali, come abbiamo sopra pienamente pruovato principalmente con la storia romana, tutte ne' tempi eroici erano dipendenze degli auspìci divini; lo che tutto era contenuto nella formola delle rese eroiche, la quale Tarquinio Prisco praticò in quella di Collazia, che gli arresi « *debebant divina et humana omnia* » a' popoli vincitori;[7] — così i barbari ultimi, nel prendere delle città, non ad altro principal-

3. *'l Paradino* ecc.: Guglielmo Paradin (1510-90), *Annales de Bourgogne*, Lione, 1566, p. 149.
4. *san Girolamo*: *Dialogus contra luciferianos*, in Migne, *Patrologia Latina*, II, p. 181.
5. *Macrobio*: *Saturnalia*, III, 9.
6. *ragioni*: diritti.
7. *debebant* ecc.: Livio, I, 38 « dovevano tutte le cose divine e umane ».

mente attendevano ch'a spiare, truovare e portar via dalle città prese famosi depositi o reliquie di santi; ond'è che i popoli in que' tempi erano diligentissimi in sotterrarle e nasconderle, e perciò tai luoghi dappertutto si osservano nelle chiese gli più addentrati e profondi: ch'è la cagione per la quale in tali tempi avvennero quasi tutte le traslazioni de' corpi santi. E n'è restato questo vestigio: che tutte le campane delle città prese i popoli vinti devono riscattare da' generali capitani vittoriosi.

Di più, perché fino dal Quattrocento, cominciando ad allagare l'Europa ed anco l'Affrica e l'Asia tante barbare nazioni, e i popoli vincitori non s'intendendo co' vinti, dalla barbarie de' nimici della catolica religione avvenne che di que' tempi ferrei non si truova scrittura in lingua volgare propia di quelli tempi, o italiana o francese o spagnuola o anco tedesca (con la quale, come vuole l'Aventino, *De annalibus boiorum*, [8] non s'incominciaron a scriver diplomi che da' tempi di Federico di Suevia, anzi voglion altri da quelli dell'imperadore Ridolfo d'Austria, come altra volta si è detto), e tra tutte le nazioni anzidette non si truovano scritture che 'n latino barbaro, della qual lingua s'intendevano pochissimi nobili, ch'erano ecclesiastici: onde resta da immaginare che 'n tutti que' secoli infelici le nazioni fussero ritornate a parlare una lingua muta tra loro. [9] Per la quale scarsezza di volgari lettere, dovette ritornar dappertutto la scrittura geroglifica dell'imprese gentilizie, le quali, per accertar i domini (come sopra si è ragionato), significassero diritti signorili sopra, per lo più, case, sepolcri, campi ed armenti.

Ritornarono certe spezie di giudizi divini, che furon detti «purgazioni canoniche»; de' quali giudizi una

8. *l'Aventino* ecc.: Giovanni Tourmayer, detto Aventinus, (morto nel 1534), *Annales Boiorum*, VII, 9, 4, ediz. di Lipsia, 1710, p. 675.

9. *onde resta* ecc.: la scomparsa del latino classico, nel Medioevo, fa ricomparire il linguaggio muto, fatto di gesti.

spezie abbiam sopra dimostro ne' tempi barbari primi essere stati i duelli, i quali però non furono riconosciuti da' sagri canoni.

Ritornarono i ladronecci eroici; de' quali vedemmo sopra che, come gli eroi s'avevano recato ad onore d'esser chiamati « ladroni », così titolo di signoria fu quello poi di « corsali ». [10]

Ritornarono le ripresaglie eroiche, le quali sopra osservammo aver durato fin a' tempi di Bartolo. [11]

E, perché le guerre de' tempi barbari ultimi furono, come quelle de' primi, tutte di religione, quali testé abbiam veduto, ritornarono le schiavitù eroiche, che durarono molto tempo tra esse nazioni cristiane medesime: perché, costumandosi in que' tempi i duelli, i vincitori credevano che i vinti non avessero Dio (come sopra, ove ragionammo de' duelli, si è detto), e sì gli tenevano niente meno che bestie. Il qual senso di nazioni si conserva tuttavia tra' cristiani e turchi. La qual voce vuol dire « cani » (onde i cristiani, ove vogliono o debbon trattare co' turchi con civiltà, gli chiamano « musulmani », che significa « veri credenti »), e i turchi, al contrario, i cristiani chiamano « porci »; e quindi nelle guerre entrambi praticano le schiavitù eroiche, quantunque con maggior mansuetudine i cristiani.

Ma sopra tutto maraviglioso è 'l ricorso che 'n questa parte fecero le cose umane, che 'n tali tempi divini ricominciarono i primi asili del mondo antico, dentro i quali udimmo da Livio essersi fondate tutte le prime città. [12] Perché — scorrendo dappertutto le violenze, le rapine, l'uccisioni, per la somma ferocia e fierezza di que' secoli barbarissimi; né (come si è detto nelle *Degnità*) [13] essen-

10. *Ritornarono* ecc.: cfr. la *Politica poetica,* capit. 6.
11. *Ritornarono* ecc.: cfr. *Tre spezie di giudizi,* capit. 2.
12. *da Livio* ecc.: I, 8.
13. *nelle Degnità*: la XXI.

dovi altro mezzo efficace di ritener in freno gli uomini, prosciolti da tutte le leggi umane, che le divine, dettate dalla religione — naturalmente, per timore d'esser oppressi e spenti gli uomini, come in tanta barbarie più mansueti, essi si portavano da' vescovi e dagli abati di que' secoli violenti, e ponevano sé, le loro famiglie e i loro patrimoni sotto la protezione di quelli, e da quelli vi erano ricevuti; le quali suggezione e protezione sono i principali costitutivi de' feudi. Ond'è che nella Germania, che dovett'essere più fiera e feroce di tutte l'altre nazioni d'Europa, restarono quasi più sovrani ecclesiastici (o vescovi o abati) che secolari, e, come si è detto, nella Francia quanti sovrani principi erano, tanti s'intitolavano conti o duchi ed abati. Quindi nell'Europa in uno sformato [14] numero tante città, terre e castella s'osservano con nomi di santi; perché in luoghi o erti o riposti, per udire la messa e fare gli altri ufizi di pietà comandati dalla nostra religione, si aprivano picciole chiesiccuole, le quali si possono diffinire essere state in que' tempi i naturali asili de' cristiani, i quali ivi da presso fabbricavano i lor abituri: onde dappertutto le più antiche cose, che si osservano di questa barbarie seconda, sono picciole chiese in sì fatti luoghi, per lo più dirute. Di tutto ciò un illustre esempio nostrale sia l'abadia di San Lorenzo d'Aversa, a cui s'incorporò l'abadia di San Lorenzo di Capova. Ella, nella Campania, Sannio, Puglia e nell'antica Calabria, dal fiume Volturno fin al Mar Picciolo di Taranto, governò cento e dieci chiese, o per se stessa o per abati o monaci a lei soggetti; e quasi di tutti i luoghi anzidetti gli abati di San Lorenzo eran essi baroni.

14. *sformato*: straordinario.

2.

RICORSO CHE FANNO LE NAZIONI SOPRA LA NATURA ETERNA DE' FEUDI E QUINDI IL RICORSO DEL DIRITTO ROMANO ANTICO FATTO COL DIRITTO FEUDALE

A questi succedettero certi tempi eroici, per una certa distinzione ritornata [1] di nature quasi diverse, eroica ed umana; da che esce la cagione di quell'effetto, di che si maraviglia Ottomano, ch'i vassalli rustici in lingua feudale si dicon « *homines* ». [2] Dalla qual voce deve venir l'origine di quelle due voci feudali « *hominium* » ed « *homagium* », che significano lo stesso; detto « *hominium* » quasi « *hominis dominium* », chc Elmodio, all'osservar di Cuiacio, [3] vuole che sia più elegante che « *homagium* », detto quasi « *hominis agium* », menamento dell'uomo o vassallo dove voglia il barone: la qual voce barbara i feudisti eruditi, per lo vicendevole rapporto, con tutta latina eleganza, voltano « *obsequium* », che dapprima fu una prontezza di seguir l'uomo, ovunque il menasse, a coltivar i suoi terreni, l'eroe. La qual voce « *obsequium* » contiene eminentemente la fedeltà che si deve dal vassallo al barone: tanto che l' « ossequio » de' latini significa unitamente e l'omaggio e la fedeltà che si debbono giurare nell'investiture de' feudi; e l'ossequio appresso i romani antichi non si scompagnava da quella ch'a' medesimi restò detta « *opera militaris* », e da' nostri feudisti si dice « *militare servitium* », per la quale i plebei

2. - 1. *distinzione ritornata*: è la antica distinzione tra eroi e famoli che ricompare nel Medioevo come distinzione tra feudatari e vassalli.

2. *Ottomano* ecc.: si tratta non dell'Hotman, ma del Cuiacio; cfr. *Logica poetica*, capit. 4.

3. *Elmodio* ecc.: si tratta (cfr. Nicolini, *Comm.*, 1057) non del prete tedesco Elmodio (sec. XII) autore di una *Historia sclavorum*, ma dello stesso Cuiacio, *Opera* cit., II, p. 1178.

romani lunga età a loro propie spese serviron a' nobili nelle guerre, come ce n'ha accertato, sopra, essa storia romana. Il qual ossequio con l'opere restò finalmente a' liberti ovvero affranchiti inverso i loro patroni, il quale aveva incominciato come sopra osservammo sulla storia romana, da' tempi che Romolo fondò Roma sopra le clientele, che truovammo protezioni di contadini giornalieri da esso ricevuti al suo asilo, le quali « clientele », come indicammo nelle *Degnità*, [4] non si possono sulla storia antica spiegare con più propietà che per « feudi », siccome i feudisti eruditi con sì fatta elegante voce latina « *clientela* » voltano questa barbara « *feudum* ».

E di tali princìpi di cose apertamente ci convincono l'origini di esse voci « *opera* » e « *servitium* ». Perché « *opera* », nella sua significazione natia, è la fatiga d'un giorno d'un contadino, detto quindi da' latini « *operarius* », che gl'italiani dicono « giornaliere »: qual operaio o giornaliere, che non aveva niun privilegio di cittadino, si duol essere stato Achille trattato da Agamennone, che gli aveva a torto tolta la sua Briseide. [5] Quindi appo i medesimi latini restarono detti « *greges operarum* », siccome anco « *greges servorum* », perché tali operai prima, siccome gli schiavi dopo, erano dagli eroi riputati quali le bestie, che si dicono « *pasci gregatim* »; [e dovettero prima essere tai greggi d'uomini, dipoi le greggi de' bestiami] e, con lo stesso vicendevol rapporto, dovettero prima essere i pastori di sì fatti uomini (come con tal aggiunto perpetuo di « pastori de' popoli » sempre Omero appella gli eroi), e dopo essere stati i pastori degli armenti e de' greggi. E cel conferma la voce νόμος, ch'a' greci significa e « legge » e « pasco », come si è sopra osservato; [6] perché con la prima legge agraria fu accordato

4. *nelle Degnità*: la LXXXII.
5. *Achille* ecc.: *Iliade*, IX, 648.
6. *sopra* ecc.: cfr. la *Politica poetica*, capit. 2.

a' famoli sollevati il sostentamento in terreni assegnati lor dagli eroi, il quale fu detto « pasco », propio di tali bestie, come il cibo è propio degli uomini.

Tal propietà di pascere tali primi greggi del mondo dev'essere stata d'Apollo, che truovammo dio della luce civile, o sia della nobiltà, ove dalla storia favolosa ci è narrato pastore in Anfriso; come fu pastore Paride, il quale certamente era reale di Troia. E tal è 'l padre di famiglia (che Omero appella « re »), il quale con lo scettro comanda il bue arrosto dividersi a' mietitori, descritto nello scudo d'Achille, dove sopra abbiamo fatto vedere la storia del mondo, e quivi esser fissa l'epoca delle famiglie. Perché de' nostri pastori non è propio il pascere, ma il guidar e guardare gli armenti e i greggi, non avendosi potuto la pastoreccia introdurre che dopo alquanto assicurati i confini delle prime città, per gli ladronecci che si celebravano a' tempi eroici. Che dev'essere la cagione perché la bucolica o pastoral poesia venne a' tempi umanissimi egualmente tra' greci con Teocrito, tra' latini con Virgilio e tra gl'italiani con Sannazaro. [7]

La voce « *servitium* » appruova queste cose istesse essere ricorse ne' tempi barbari ultimi: per lo cui contrario rapporto il barone si disse « *senior* », nel senso nel qual s'intende « signore ». Talché questi servi nati in casa dovetter esser gli antichi franchi de' quali si maraviglia il Bodino, [8] e generalmente ritruovati, sopra, gli stessi che « *vernæ* », li quali si chiamarono dagli antichi romani; da' quali « *vernaculæ* » si dissero le lingue volgari, introdutte dal volgo de' popoli, che noi sopra truovammo essere state le plebi dell'eroiche città, siccome la lingua poetica era stata introdutta dagli eroi, ovvero nobili delle prime repubbliche.

7. *Che dev'essere* ecc.: cfr. nel libro III la *Istoria de' poeti dramatici e lirici ragionata.*

8. *de' quali* ecc.: cfr. nel libro III, la *Confutazione de' princìpi della dottrina politica fatta sopra il siste-*

Tal ossequio d'affranchiti — essendosi poi sparsa e quindi dispersa la potenza de' baroni tra' popoli nelle guerre civili, nelle qual' i potenti han da dipender da' popoli, e quindi facilmente riunita essendosi nelle persone de' re monarchi — passò in quello che si dice «*obsequium principis*», nel qual, all'avviso di Tacito,[9] consiste tutto il dovere de' soggetti alle monarchie. Al contrario, per la differenza creduta delle due nature, un'eroica, altra umana, i signori de' feudi furon detti «baroni», nello stesso senso che noi qui sopra truovammo essere stati detti «eroi» da' poeti greci e «*viri*» dagli antichi latini; lo che restò agli spagnuoli, da' quali l'«uomo» è detto «*baron*»,[10] appresi tai vassalli, perché deboli, nel sentimento eroico, che sopra dimostrammo, di «femmine».

Ed oltre a ciò che testé abbiam ragionato, i baroni furon detti «signori», che non può altronde venire che dal latino «*seniores*», perché d'essi si dovettero comporre i primi pubblici parlamenti de' nuovi reami d'Europa; appunto come Romolo il Consiglio pubblico, che naturalmente aveva dovuto comporre de' più vecchi della nobiltà, aveva detto «*senatum*». E, come da quelli, che perciò erano e si dicevano «*patres*», dovettero venire detti «*patroni*» coloro che danno agli schiavi la libertà; così, in italiano, da questi dovettero venir chiamati «padroni» in significazione di «protettori», i quali «padroni» ritengono nella loro voce tutta la propietà ed eleganza latina. A' quali, per lo contrario, con altrettanta latina eleganza e propietà risponde la voce «*clientes*», in sentimento di «vassalli rustici», a' quali Servio Tullio, con ordinar il censo, qual è stato sopra spiegato,[11] permise sì fatti feudi, col più corto passo col quale poté procedere

ma di Giovanni Bodino.

9. *Tacito*: *Annales*, I, 3 riferito però in modo inesatto.

10. «*baron*»: invece *varón.*

11. *sopra* ecc.: cfr. le *Annotazioni alla tavola cronologica*, XLII.

sulle clientele di Romolo, come si è sopra pienamente pruovato. Che son appunto gli affranchiti, i quali poi diedero il nome alla nazione de' franchi, come si è detto, nel libro precedente, al Bodino.

In cotal guisa ritornarono i feudi, uscendo dalla lor eterna sorgiva additata nelle *Degnità*,[12] dove indicammo i benefizi che si possono sperare in civil natura; onde i feudi, con tutta propietà ed eleganza latina, da' feudisti eruditi si dicono «*beneficia*»; ch'è quello ch'osserva, ma senza farne uso, Ottomano: che i vincitori tenevano per sé i campi colti delle conquiste e davano a' poveri vinti i campi incolti per sostentarvisi.[13] E sì ritornarono i feudi del primo mondo che nel secondo libro si son truovati, rincominciando però (come dovett'essere per natura, quale sopra abbiam ragionato) da feudi rustici personali, che truovammo essere state dapprima le clientele di Romolo, delle quali osservammo nelle *Degnità*[14] essere stato sparso tutto l'antico mondo de' popoli. Le quali clientele eroiche, nello splendore della romana libertà popolare, passarono in quel costume col qual i plebei con le toghe si portavano la mattina a far la corte a' grandi signori, e davano loro il titolo degli antichi eroi: «*Ave, rex*», gli menavano nel foro e gli rimenavano la sera in casa; e i signori (conforme gli antichi eroi furon detti «pastori de' popoli») davano loro la cena.

Tai vassalli personali devon essere stati appo gli antichi romani i primi «*vades*», che poi restarono così detti i rei obbligati nella persona di seguire i lor attori in giudizio: la qual obbligazione dicesi «*vadimonium*». I quali «*vades*», per le nostre *Origini della lingua latina*,[15]

12. *nelle Degnità*: la LXXX e la LXXXI.

13. *Ottomano* ecc.: l'Hotman, *Opera*, II, 2, pp. 809 e 914, dice cosa diversa.

14. *nelle Degnità*: la LXXXII.

15. *Origini* ecc.: cfr. *Scienza nuova prima*, III, 38.

debbon esser derivati dal retto « *vas* », che da' greci fu detto βάς e da' barbari « *was* », onde fu poi « *wassus* » e finalmente « *vassallus* ». Della quale spezie di vassalli abbondano oggi tuttavia i regni del più freddo Settentrione, che ritengono ancor troppo della barbarie, e sopra tutti quel di Polonia, ove si dicono « *kmetos* », e son una spezie di schiavi, de' quali que' palatini sogliono giucarsi l'intiere famiglie, le quali debbono passare a servir ad altri nuovi padroni; [16] che debbon essere gl'incatenati per gli orecchi, che, con catene d'oro poetico (cioè del frumento) che gli escono di bocca, gli si mena, dove vuol, dietro l'Ercole gallico.

Quindi si passò a' feudi rustici di spezie reali, a' quali [si giunse] con la prima legge agraria delle nazioni, che truovammo essere stata tra' romani quella con la quale Servio Tullio ordinò il primo censo, per lo quale permise, come ritruovammo, a' plebei il dominio bonitario de' campi loro assegnati da' nobili sotto certi non, come innanzi, sol personali ma anco reali pesi; che dovetter esser i primi « *mancipes* », che poi restaron detti coloro i quali in robe stabili son obbligati all'erario. Della qual spezie debbon essere stati i vinti, a' quali Ottomano disse poc'anzi ch'i vincitori davano i campi incolti delle conquiste per sostentarvisi col coltivargli; e sì ritornarono gli Antei annodati alle terre da Ercole greco e i nessi del dio Fidio, ovvero Ercole romano (qual sopra truovammo), sciolti finalmente dalla legge Petelia.

Tali nessi della legge Petelia, per le cose le quali sopra ne ragionammo, con tutta loro propietà cadon a livello per ispiegar i vassalli, che dapprima si dovettero dire « ligi », [17] da cotal nodo legati; i quali ora da' feudisti

16. *quel di Polonia* ecc.: cfr. Martino Cromer, *Polonia, sive de origine et rebus gestis polonorum*, Colonia, 1589, p. 499.

17. *i vassalli* ecc.: cfr. Hotman, *Opera* cit., II, 2, pp. 819-20.

son diffiniti coloro i quali debbono riconoscere per amici o nimici tutti gli amici o nimici del lor signore: ch'è appunto il giuramento ch'i vassalli germani antichi, appo Tacito,[18] come altra volta l'udimmo, davano a' loro prìncipi di servire alla loro gloria. Tali vassalli ligi, poscia, isplendidendosi tali feudi fin a sovrani civili, furono gli re vinti, a' quali il popolo romano, con la formola solenne con cui la storia romana il racconta, « *regna dono dabat* », ch'era tanto dire quanto « *beneficio dabat* »; e ne divenivano alleati del popolo romano, di quella spezie d'alleanza che i latini dicevano « *fœdus inæquale* », e se n'appellavano « re amici del popolo romano », nel sentimento che dagl'imperadori si dicevano « amici » i loro nobili cortegiani. La qual alleanza ineguale non era altro ch'un'investitura di feudo sovrano, la quale si concepiva con quella formola che ci lasciò stesa Livio: che tal re alleato « *servaret maiestatem populi romani* »;[19] appunto come Paolo giureconsulto dice che 'l pretore rende ragione « *servata maiestate populi romani* »,[20] cioè che rende ragione a chi le leggi la danno, la niega a chi le leggi la niegano. Talché tali re alleati erano signori di feudi sovrani soggetti a maggiore sovranità: di che ritornò un senso comune all'Europa, che per lo più non vi hanno il titolo di « Maestà » che grandi re, signori di grandi regni e di numerose provincie.

Con tali feudi rustici, da' qual' incominciarono queste cose, ritornarono l'enfiteusi, con le quali era stata coltivata la gran selva antica della terra; onde il laudemio restò a significar egualmente ciò che paga il vassallo al signore e l'enfiteuticario al padrone diretto.

Ritornarono l'antiche clientele romane, che furono det-

18. *appo Tacito*: *Germania*, 14.
19. *Livio* ecc.: XXXVIII, 11 « rispettasse la maestà del popolo romano ».
20. *come Paolo* ecc.: interpretazione inesatta di un passo del *Digestum*, XLIX, 15, 7, 11.

te « commende », le quali poco più sopra abbiamo fatto vedere; onde i vassalli, con latina eleganza e propietà, da' feudisti eruditi ne sono detti « *clientes* », ed essi feudi si dicono « *clientelæ* ».

Ritornarono i censi, delle spezie del censo ordinato da Servio Tullio, per lo quale i plebei romani dovettero lungo tempo servir a' nobili nelle guerre a lor propie spese; talché i vassalli detti ora « *angarii* » e « *perangarii* » furono gli antichi « *assidui* » romani, che, come truovammo sopra, « *suis assibus militabant* »; e i nobili fino alla legge Petelia, che sciolse alla plebe romana il diritto feudale del nodo, ebbero la ragione del carcere privato sopra i plebei debitori.

Ritornarono le precarie, che dovettero dapprima essere di terreni dati da' signori alle preghiere de' poveri per potervisi sostentare col coltivargli; ché tali sono le possessioni appunto, le quali non mai conobbe la legge delle XII Tavole, come sopra si è dimostrato.[21]

E perché la barbarie con le violenze rompe la fede de' commerzi, né lascia altro curar a' popoli ch'appena le cose le quali alla natural vita fanno bisogno, e perché tutte le rendite dovetter esser in frutti che si dicono « naturali », perciò a' medesimi tempi vennero anco i livelli come permutazioni di beni stabili. De' quali si dovett'intender l'utilità, com'altra volta si è detto, ch'altri abbondasse di campi che dassero una spezie di frutti de' quali altri avesse scarsezza, e così a vicenda, e perciò gli scambiassero tra di loro.

Ritornarono le mancipazioni, con le quali il vassallo poneva le mani entro le mani del suo signore, per significare fede e suggezione; onde i vassalli rustici, per lo censo di Servio Tullio, poco sopra abbiam detto essere

21. *Ritornarono* ecc.: in questo e nei paragrafi precedenti Vico si fonda sul testo dell'Hotman, *Opera* cit., II, 2, pp. 877, 909-10, 915, 934, 950.

stati i primi « *mancipes* » de' romani. E, con la mancipazione, ritornò la divisione delle cose *mancipi* e *nec mancipi*, perché i corpi feudali sono *nec mancipi*, ovvero innalienabili dal vassallo, e sono *mancipi* del signore; appunto come i fondi delle romane provincie furono *nec mancipi* de' provinciali e *mancipi* de' romani. Nell'atto delle mancipazioni, ritornarono le stipulazioni, con le infestucazioni o investiture, che noi sopra dimostrammo essere state l'istesse. [22] Con le stipulazioni, ritornarono quelle che dall'antica giurisprudenza romana osservammo sopra propiamente essere state dapprima dette « *cavissæ* », che poi in accorcio restarono dette « *caussæ* », che da' tempi barbari secondi della stessa latina origine furon dette « cautele »; e 'l solennizzare con quelle i patti e i contratti si disse « *homologare* », da quelli « uomini » da' quali qui sopra vedemmo detti « *hominium* » ed « *homagium* »: perocché tutti i contratti di quelli tempi dovetter esser feudali. Così, con le cautele, ritornarono i patti cautelati nell'atto della mancipazione, che « *stipulati* » si dissero da' giureconsulti romani, che sopra truovammo detti da « *stipula* » che veste il grano; e sì nello stesso senso ch'i dottori barbari, da esse investiture, dette anco « infestucazioni », dissero « patti vestiti », e i patti non cautelati, con la stessa significazione e voce, da entrambi si dissero « patti nudi ».

Ritornarono le due spezie di dominio diretto ed utile, ch'a livello rispondono al quiritario e bonitario degli antichi romani. E nacque il dominio diretto come tra' romani era nato prima il dominio quiritario, che noi truovammo nel suo incominciamento essere stato dominio de' terreni dati a' plebei da' nobili; dalla possessione de' quali se questi fussero caduti, dovevano sperimentare la revindicazione con la formola « *Aio hunc fundum meum esse ex*

22. *Nell'atto* ecc.: cfr. Hotman, *Opera* cit., II, 2, p. 932.

iure quiritium », in tal senso (come abbiamo sopra dimostro) ch'essa revindicazione non altro fusse ch'una laudazione di tutto l'ordine de' nobili (che nell'aristocrazia romana aveva fatto essa città) in autori, da' quali essi plebei avevano la cagione del dominio civile, per lo quale potevano vindicar essi fondi. Il qual dominio dalla legge delle XII Tavole fu sempre appellato « *autoritas* », dall'autorità di dominio ch'aveva esso senato regnante sul largo fondo romano, nel quale il popolo poi, con la libertà popolare, ebbe il sovrano imperio, come sopra si è ragionato. [23]

Della qual « autorità » della barbarie seconda, alla quale, come ad innumerabili altre cose, noi in quest'opera facciam luce con le antichità della prima (tanto ci sono riusciti più oscuri de' tempi della barbarie prima questi della seconda!), sono rimasti tre assai evidenti vestigi in queste tre voci feudali: prima nella voce « diretto », la qual conferma che tal azione dapprima era autorizzata dal diretto padrone; dipoi nella voce « laudemio », che fu detto pagarsi eziandio per lo feudo che si fusse dovuto per cotal laudazione in autore che noi diciamo; finalmente nella voce « laudo », che dovette dapprima significare sentenza di giudice in tali spezie di cause, che poi restò a' giudizi che si dicono « compromessi », perché tali giudizi sembravano terminarsi amichevolmente a petto de' giudizi che si agitavano d'intorno agli allodi (che Budeo oppina [24] essere stati così detti quasi « allaudi », come appo gl'italiani da « laude » si è fatto « lode »), per gli quali prima i signori in duello la si avevan dovuto veder con l'armi, come sopra si è dimostrato: il qual costume ha durato infino alla mia età nel nostro Reame

23. *come sopra* ecc.: cfr. la *Metafisica poetica*, capit. II, 2, e nel libro IV *Tre spezie d'autorità*.

24. *Budeo* ecc.: Guglielmo Budè, *Adnotationes in Pandectas*, in *Opera*, Basilea, 1557, vol. III, fol. 270.

di Napoli, dove i baroni, non coi giudizi civili, ma co' duelli vendicavano gli attentati fatti da altri baroni dentro i territori de' loro feudi. E come il dominio quiritario degli antichi romani, così il diretto degli antichi barbari restarono finalmente a significare il dominio che produce azione civile reale.

E qui si dà un assai luminoso luogo di contemplare nel ricorso che fanno le nazioni anco il ricorso che fece la sorte de' giureconsolti romani ultimi con quella de' dottori barbari ultimi: [25] ché, siccome quelli avevano già a' tempi loro perduto di vista il diritto romano antico, com'abbiamo a mille pruove sopra fatto vedere, così questi negli ultimi loro tempi perderono di veduta l'antico diritto feudale. Perciò gl'interpetri eruditi della romana ragione [26] risolutamente niegano queste due spezie barbare di dominio essere state conosciute dal diritto romano, attendendo al diverso suono delle parole, nulla intendendo essa identità delle cose.

Ritornarono i beni «*ex iure optimo*», qual'i feudisti eruditi diffiniscono i beni allodiali, liberi d'ogni peso pubblico nonché privato, e 'l confrontano con quelle poche case che Cicerone osserva [27] «*ex iure optimo*» a' suoi tempi essere restate in Roma. Però, come di tal sorta di beni si perdé la notizia entro le leggi romane ultime, così di tali allodi non si truova a' nostri tempi pur uno affatto. E, come i predii «*ex iure optimo*» de' romani innanzi, così dopoi gli allodi ritornarono ad essere beni stabili liberi d'ogni peso reale privato, ma soggetti a' pesi reali pubblici; perché ritornò la guisa con la quale dal censo ordinato da Servio Tullio si formò il censo che fu il fondo dell'erario romano: la qual guisa sopra si è ritruovata.

25. *dottori barbari* ecc.: il già ricordato Bartolo di Sassoferrato e i suoi discepoli, i cosiddetti «bartolisti».

26. *romana ragione*: diritto romano.

27. *Cicerone* ecc.: *De haruspicum responso*, 7.

Talché gli allodi e i feudi, ch'empiono la somma divisione delle cose in diritto feudale, si distinguettero tra loro dapprima: ch'i beni feudali portavano di séguito la laudazione del signore, gli allodi non già. Dove, senza questi princìpi, si debbono perdere tutt'i feudisti eruditi, come gli allodi, ch'essi, con Cicerone, voltano in latino « *bona ex iure optimo* », ci vennero detti « beni del fuso », i quali, nel propio loro significato, come sopra si è detto, erano beni di un diritto fortissimo, non infievolito da niuno peso straniero, anche pubblico; che, come pure sopra abbiam detto, furono i beni de' padri nello stato delle famiglie, e durarono molto tempo in quello delle prime città, i quali beni essi avevano acquistato con le fatighe d'Ercole. La qual difficultà, per questi stessi princìpi, facilmente si scioglie con quel medesimo Ercole il quale poi filava, divenuto servo di Iole e d'Onfale: cioè che gli eroi s'effeminarono e cedettero le loro ragioni [28] eroiche a' plebei, ch'essi avevano tenuti per femmine (a petto de' quali essi si tenevano e si chiamavano « *viri* », come si è sopra spiegato), e soffersero assoggettirsi i loro beni all'erario col censo, il quale prima fu pianta delle repubbliche popolari e poi si truovò acconcio a starvi sopra le monarchie. [29]

Così, per tal diritto feudale antico, che ne' tempi appresso si era perduto di vista, ritornarono i fondi « *ex iure quiritium* », che spiegammo « diritto de' romani in pubblica ragunanza, armati di lancie », che dicevano « *quires* »; de' quali si concepì la formola della revindicazione: « *Aio hunc fundum meum esse ex iure quiritium* », ch'era, come si è detto, una laudazione in autore della città eroica romana; — come dalla barbarie seconda certamente i feudi si dissero « beni della lancia », i quali

28. *ragioni*: diritti.
29. *le monarchie*: per l'ultima parte di questo paragrafo cfr. il capit. 6 della *Politica poetica*.

portavano la laudazione de' signori in autori, a differenza degli allodi ultimi, detti « beni del fuso » (col quale Ercole, invilito, fila, fatto servo di femmine): onde sopra diemmo l'origine eroica al motto dell'arme reale di Francia, iscritto « *Lilia non nent* », ché 'n quel regno non succedon le donne.[30] Perché ritornarono le successioni gentilizie della legge delle XII Tavole, che truovammo essere « *ius gentium romanorum* », quale da Baldo udimmo la legge salica dirsi « *ius gentium gallorum* »; la qual fu celebrata certamente per la Germania, e così dovette osservarsi per tutte l'altre prime barbare nazioni d'Europa, ma poi si ristrinse nella Francia e nella Savoia.

Ritornarono finalmente le corti armate, quali sopra truovammo essere state le ragunanze eroiche che si tenevano sotto l'armi, dette di « cureti » greci e di « quiriti » romani; e i primi parlamenti de' reami d'Europa dovetter essere di « baroni », come quel di Francia certamente lo fu di « pari ». Del quale la storia francese apertamente ci narra essere stati capi sul principio essi re, i quali in qualità di commessari criavano i pari della curia, i quali giudicasser le cause; onde poi restaron detti i « duchi e pari » di Francia. Appunto come il primo giudizio, che Ciceron dice[31] essersi agitato della vita d'un cittadino romano, fu quello in cui il re Tullo Ostilio criò i duumviri in qualità di commessari, i quali, per dirla con essa formola che Tito Livio n'arreca, « *in Horatium perduellionem dicerent* », il qual aveva ucciso la sua sorella.[32]

Perché, nella severità di tai tempi eroici, ogn'ammazzamento di cittadino (quando le città si componevano di soli eroi, come sopra pienamente si è dimostrato) era riputato un'ostilità fatta contro la patria, ch'è appunto « *perduellio* »; ed ogni tal ammazzamento era detto « *par-*

30. *onde sopra* ecc.: *ibidem.*
31. *Ciceron dice*: *Pro Milone*, 3.
32. *Tito Livio... la sua sorella*: I, 26.

ricidium », perch'era fatto d'un padre, o sia d'un nobile, siccome sopra vedemmo in tali tempi Roma dividersi in padri e plebe. Perciò da Romolo infin a Tullo Ostilio non vi fu accusa d'alcun nobile ucciso, perché i nobili dovevan esser attenti a non commettere tali offese, praticandosi tra loro i duelli, de' quali sopra si è ragionato; e, perché, nel caso di Orazio, non v'era chi con duello avesse vindicato privatamente l'ammazzamento d'Orazia, perciò da Tullo Ostilio ne fu la prima volta ordinato un giudizio. Altronde, gli ammazzamenti de' plebei o eran fatti da' loro padroni medesimi, e niuno li poteva accusare, o erano fatti da altri, e, come di servi altrui, si rifaceva al padrone il danno, come ancor si costuma nella Polonia, Littuania, Svezia, Danimarca, Norvegia. Ma gl'interpetri eruditi della romana ragione non videro questa difficultà, perché riposarono sulla vana oppenione dell'innocenza del secol d'oro, siccome i politici, per la stessa cagione, riposarono su quel detto d'Aristotile:[33] che nell'antiche repubbliche non erano leggi d'intorno a' privati torti ed offese; onde Tacito, Sallustio[34] ed altri per altro acutissimi autori, ove narrano dell'origine delle repubbliche e delle leggi, raccontano, del primo stato innanzi delle città, che gli uomini da principio menarono una vita come tanti Adami nello stato dell'innocenza. Ma, poi che entrarono nella città quelli « *homines* » de' quali si maraviglia Ottomano[35] e da' quali viene il diritto naturale delle genti che Ulpiano dice[36] « *humanarum* », indi in poi l'ammazzamento d'ogni uomo fu detto « *homicidium* ».

Or in sì fatti parlamenti dovettero discettarsi cause

33. *su quel detto* ecc.: cfr. la degnità LXXXV.

34. *Tacito, Sallustio*: il primo negli *Annales*, III, 26; il secondo nel *De coniuratione Catilinæ*, 2.

35. *Ottomano*: si tratta non dell'Hotman, ma del Cuiacio; cfr. la *Logica poetica*, capit. 4.

36. *Ulpiano dice*: cfr. la *Morale poetica*, capit. 2,

feudali d'intorno [a] o diritti o successioni o devoluzioni de' feudi per cagione di fellonia o di caducazione; le quali cause, confermate più volte con tali giudicature, fecero le consuetudini feudali, le quali sono le più antiche di tutte l'altre d'Europa, che ci attestano il diritto natural delle genti esser nato con tali umani costumi de' feudi, come sopra si è pienamente pruovato.

Finalmente, come dalla sentenza, con la qual era stato condennato Orazio, permise il re Tullo al reo l'appellagione al popolo, ch'allor era di soli nobili, come sopra si è dimostrato, perché da un senato regnante non vi è altro rimedio a' rei che 'l ricorso al senato medesimo; così e non altrimente dovettero praticar i nobili de' tempi barbari ritornati di richiamarsi ad essi re ne' di lor parlamenti, come per esemplo agli re di Francia, che dapprima ne furon capi.

De' quali parlamenti eroici serba un gran vestigio il Sagro Consiglio napoletano, al cui presidente si dà titolo di « Sagra Regal Maestà », i consiglieri s'appellano « *milites* » e vi tengono luogo di commessari (perché ne' tempi barbari secondi [37] i soli nobili eran soldati, e i plebei servivano lor nelle guerre, come de' tempi barbari primi l'osservammo in Omero e nella storia romana antica), e dalle di lui sentenze non v'è appellagione ad altro giudice, ma solamente il richiamo al medesimo tribunale.

Dalle quali cose tutte sopra qui noverate hassi a conchiudere che furono dappertutto reami, non diciamo di Stato, ma di governo aristocratici; come ancora nel freddo Settentrione or è la Polonia (come, da cencinquant'anni fa, lo erano la Suezia e la Danimarca), [38] che, col tempo, senonsé le impediscano il natural corso straordinarie cagioni, verrà a perfettissima monarchia.

37. *tempi barbari secondi*: il Medioevo.

38. *come* ecc.: il regno di Svezia divenne invece ereditario nel 1544.

Lo che è tanto vero ch'esso Bodino giugne a dire [39] del suo regno di Francia che fu, non già di governo (come diciam noi), ma di Stato aristocratico duranti le due linee merovinga e carlovinga. Ora qui domandiamo il Bodino: — Come il regno di Francia diventò, qual ora è, perfettamente monarchico? Forse per una qualche legge regia, con la quale i paladini di Francia si spogliarono della loro potenza e la conferirono negli re della linea capetinga? — Se egli ricorre alla favola della legge regia finta da Triboniano, con la quale il popolo romano si spogliò del suo sovrano libero imperio e 'l conferì in Ottavio Augusto, per ravvisarla una favola, basta leggere le prime pagine degli *Annali* di Tacito, nelle quali narra l'ultime cose d'Augusto, con le quali legittima nella di lui persona aver incominciato la monarchia de' romani, la qual sentirono tutte le nazioni aver incominciato da Augusto. — Forse perché la Francia da alcuno de' capetingi fu conquistata con forza d'armi? — Ma di tal infelicità la tengono lontana tutte le storie. Adunque e Bodino, e con lui tutti gli altri politici e tutti i giureconsulti c'hanno scritto *de iure publico*, devono riconoscere questa eterna natural legge regia, [40] per la quale la potenza libera d'uno Stato, perché libera, deve attuarsi: talché, di quanto ne rallentano gli ottimati, di tanto vi debbano invigorire i popoli, finché vi divengano liberi; di quanto ne rallentano i popoli liberi, di tanto vi debbano invigorire gli re, fintanto che vi divengan monarchi. Per lo che, come quel de' filosofi (o sia de' morali teologi) e della ragione, così questo delle genti è diritto naturale dell'utilità e della forza; il quale, com'i giureconsulti dicono, « *usu exigente*

39. *Bodino* ecc.: cfr. Giovanni Bodin, *Les six livres de la république*, cit., VI, 5; II, 2, ma Vico deforma anche qui il senso delle affermazioni del Bodin.

40. *questa eterna* ecc.: concernente la successione aristocrazia-democrazia-monarchia.

humanisque necessitatibus expostulantibus », dalle nazioni vien celebrato.[41]

Da tante sì belle e sì eleganti espressioni della giurisprudenza romana antica, con le quali i feudisti eruditi mitigano di fatto e possono mitigare vieppiù la barbarie della dottrina feudale (sulle quali si è qui dimostrato convenirvi l'idee con somma propietà), intenda Oldendorpio (e tutti gli altri con lui) se 'l diritto feudale è nato dalle scintille dell'incendio dato da' barbari al diritto romano;[42] ché 'l diritto romano è nato dalle scintille de' feudi, celebrati dalla prima barbarie del Lazio, sopra i quali nacquero tutte le repubbliche al mondo. Lo che, siccome in un particolare ragionamento sopra (ove ragionammo della *Politica poetica* delle prime)[43] si è dimostrato, così in questo libro (conforme nell'*Idea dell'opera* avevamo promesso di dimostrare) si è veduto dentro la natura eterna de' feudi ritruovarsi l'origini de' nuovi reami d'Europa.

Ma finalmente, con gli Studi aperti nell'Università d'Italia, insegnandosi le leggi romane comprese ne' libri di Giustiniano, le quali vi stanno concepute sul diritto naturale delle genti umane, le menti, già più spiegate e fattesi più intelligenti, si diedero a coltivare la giurisprudenza della natural equità, la qual adegua gl'ignobili co' nobili in civile ragione, come lo son eguali in natura umana. E appunto come, da che Tiberio Coruncanio cominciò in Roma ad insegnare pubblicamente le leggi, n'incominciò ad uscire l'arcano di mano a' nobili,[44] e a poco a poco se n'infievolì la potenza; così avvenne a'

41. *usu* ecc.: cfr. *Institutiones*, I, 2, 2; « esigendolo l'uso e chiedendolo le umane necessità ». L'ultima parola è aggiunta vichiana.

42. *Oldendorpio* ecc.: Vico deforma il testo di Giovanni Oldendorp, *Actionum forensia progymnasmata*, Colonia, 1544, p. 845.

43. *Politica poetica* ecc.: capit. 2.

44. *Tiberio Coruncanio* ecc.: il pri-

nobili de' reami d'Europa, che si erano regolati con governi aristocratici, e si venne alle repubbliche libere e alle perfettissime monarchie.

Le quali forme di Stati, perché entrambe portano governi umani, comportevolmente si scambiano l'una con l'altra; ma richiamarsi a Stati aristocratici egli è quasi impossibile in natura civile. Tanto che Dione siragosano, quantunque della real casa, ed aveva cacciato un mostro de' prìncipi, qual fu Dionigio tiranno, da Siragosa, ed era tanto adorno di belle civili virtù che 'l resero degno dell'amicizia del divino Platone,[45] perché tentò riordinarvi lo Stato aristocratico, funne barbaramente ucciso; e i pittagorici (cioè, come sopra abbiamo spiegato, i nobili della Magna Grecia), per lo stesso attentato, furono tutti tagliati a pezzi, e pochi, che s'erano in luoghi forti salvati, furono dalla moltitudine bruciati vivi. Perché gli uomini plebei, una volta che si riconoscono essere d'ugual natura co' nobili, naturalmente non sopportano di non esser loro uguagliati in civil ragione;[46] lo che consieguono o nelle repubbliche libere o sotto le monarchie. Laonde, nella presente umanità delle nazioni, le repubbliche aristocratiche, le quali ci sono rimaste pochissime, con mille sollecite cure e accorti e saggi provvedimenti, vi tengon, insiem insieme, e in dovere e contenta la moltitudine.

mo pontefice massimo plebeo.

45. *Dionigio tiranno, da Siragosa* ecc.: cfr. Platone, *Lettere*, VII.

46. *ragione*: diritto.

3.

DESCRIZIONE DEL MONDO ANTICO E MODERNO DELLE NAZIONI OSSERVATA CONFORME AL DISEGNO DE' PRINCIPI DI QUESTA SCIENZA

Questo corso di cose umane civili non fecero Cartagine, Capova, Numanzia, dalle quali tre città Roma temé l'imperio del mondo: perché i cartaginesi furono prevenuti dalla natia acutezza affricana, che più aguzzarono coi commerzi marittimi; i capovani furono prevenuti dalla mollezza del cielo e dall'abbondanza della Campagna felice; e finalmente i numantini, perché sul loro primo fiorire dell'eroismo furono oppressi dalla romana potenza, comandata da uno Scipione Affricano, vincitor di Cartagine ed assistito dalle forze del mondo. Ma i romani, da niuna di queste cose mai prevenuti, camminarono con giusti passi, faccendosi regolar dalla provvedenza per mezzo della sapienza volgare, e per tutte e tre le forme degli Stati civili,[1] secondo il lor ordine naturale, ch'a tante pruove in questi libri si è dimostrato, durarono sopra di ciascheduna finché naturalmente alle forme prime succedessero le seconde; e custodirono l'aristocrazia fin alle leggi Publilia e Petelia, custodirono la libertà popolare fin a' tempi d'Augusto, custodirono la monarchia finché all'interne ed esterne cagioni che distruggono tal forma di Stati poterono umanamente resistere.

Oggi una compiuta umanità sembra essere sparsa per tutte le nazioni, poiché pochi grandi monarchi reggono questo mondo di popoli; e, se ve n'hanno ancor barbari, egli n'è cagione perché le loro monarchie hanno durato sopra la sapienza volgare di religioni fantastiche e fiere,

3. - 1. *per tutte e tre le forme* ecc.: aristocratica, democratica, monarchica.

col congiugnervisi in alcune la natura men giusta delle nazioni loro soggette.

E, faccendoci capo dal freddo Settentrione, lo czar di Moscovia, quantunque cristiano, signoreggia ad uomini di menti pigre. Lo cnez o cam di Tartaria domina a gente molle, quanto lo furono gli antichi seri, che facevano il maggior corpo del di lui grand'imperio, ch'or egli ha unito a quel della China. Il negus d'Etiopia e i potenti re di Efeza e Marocco regnano sopra popoli troppo deboli e parchi.

Ma in mezzo alla zona temperata, dove nascon uomini d'aggiustate nature, incominciando dal più lontano Oriente, l'imperador del Giappone vi celebra un'umanità [2] somigliante alla romana ne' tempi delle guerre cartaginesi, di cui imita la ferocia nell'armi, e, come osservano dotti viaggiatori, ha nella lingua un'aria simile alla latina; ma, per una religione fantasticata assai terribile e fiera di dei orribili, tutti carichi d'armi infeste, ritiene molto della natura eroica. Perché i padri missionari, che sonvi andati, riferiscono che la maggior difficultà, ch'essi hanno incontrato per convertire quelle genti alla cristiana religione, è ch'i nobili non si possono persuadere ch'i plebei abbiano la stessa natura umana ch'essi hanno. Quel de' chinesi, perché regna per una religion mansueta e coltiva lettere, egli è umanissimo. L'altro dell'Indie è umano anzi che no, e si esercita nell'arti per lo più della pace. Il persiano e 'l turco hanno mescolato alla mollezza dell'Asia, da essi signoreggiata, la rozza dottrina della loro religione; e così, particolarmente i turchi, temperano l'orgoglio con la magnificenza, col fasto, con la liberalità e con la gratitudine. [3]

2. *un'umanità*: una civiltà *umana*, non *eroica*.

3. *come osservano dotti* ecc.: il Nicolini (*Comm.*, 1091) rimanda alle seguenti fonti: Pier Francesco Charlevoix (1682-1761), *Histoire de l'établissement, des progrès et de la décadence du christianisme dans l'empire du*

Ma in Europa, dove dappertutto si celebra la religion cristiana (ch'insegna un'idea di Dio infinitamente pura e perfetta e comanda la carità inverso tutto il gener umano), vi sono delle grandi monarchie ne' lor costumi umanissime. Perché le poste nel freddo Settentrione (come da cencinquant'anni fa furono la Suezia e la Danimarca, così oggi tuttavia la Polonia e ancor l'Inghilterra), quantunque sieno di Stato monarchiche, però aristocraticamente sembrano governarsi; ma, se 'l natural corso delle cose umane civili non è loro da straordinarie cagioni impedito, perverranno a perfettissime monarchie.[4] In questa parte del mondo sola, perché coltiva scienze, di più sono gran numero di repubbliche popolari che non si osservano affatto nell'altre tre. Anzi, per lo ricorso delle medesime pubbliche utilità e necessità, vi si è rinnovellata la forma delle repubbliche degli etoli ed achei; e, siccome quelle furon intese da' greci per la necessità d'assicurarsi della potenza grandissima de' romani, così han fatto i Cantoni svizzeri e le Provincie Unite ovvero gli Stati d'Olanda, che di più città libere popolari hanno ordinato due aristocrazie, nelle quali stanno unite in perpetua lega di pace e guerra. E 'l corpo dell'imperio germanico è egli un sistema di molte città libere e di sovrani prìncipi, il cui capo è l'imperadore, e nelle faccende che riguardano lo stato di esso imperio si governa aristocraticamente.

E qui è da osservare che sovrane potenze, unendosi in leghe, o in perpetuo o a tempo, vengon esse di sé a formare Stati aristocratici, ne' quali entrano gli anziosi sospetti propi dell'aristocrazie, come si è sopra dimostro. Laonde, essendo questa la forma ultima degli Stati civili[5] (perché

Japon, Rouen, 1715, I, 11; Daniello Bartoli (1608-85), *Asia*, ediz. di Roma, 1667, p. 129; Giovanni Crasset (1618-92), *Histoire de l'église du Japon*, ediz. di Parigi, 1715, I, 14-18.

4. *perfettissime* ecc.: la monarchia assoluta è per Vico la più perfetta forma di monarchia.

5. *Laonde* ecc.: sulla validità della confederazione come forma politica perfetta, Vico aveva insistito nella *Scienza nuova prima*, II, 15.

non si può intendere in civil natura uno Stato il quale a sì fatte aristocrazie fusse superiore), questa stessa forma debb'essere stata la prima, ch'a tante pruove abbiamo dimostrato in quest'opera che furono aristocrazie di padri, re sovrani delle loro famiglie, uniti in ordini regnanti nelle prime città. Perché questa è la natura de' princìpi: che da essi primi incomincino ed in essi ultimi le cose vadano a terminare.

Ora ritornando al proposito, oggi in Europa non sono d'aristocrazie più che cinque, cioè Vinegia, Genova, Lucca in Italia, Ragugia[6] in Dalmazia e Norimberga in Lamagna,[7] e quasi tutte son di brevi confini. Ma dappertutto l'Europa cristiana sfolgora di tanta umanità, che vi si abbonda di tutti i beni che possano felicitare l'umana vita, non meno per gli agi del corpo che per gli piaceri così della mente come dell'animo. E tutto ciò in forza della cristiana religione, ch'insegna verità cotanto sublimi che vi sono ricevute a servirla le più dotte filosofie de' gentili, e coltiva tre lingue come sue: la più antica del mondo, l'ebrea; la più dilicata, la greca; la più grande, ch'è la latina. Talché, per fini anco umani, ella è la cristiana la migliore di tutte le religioni del mondo, perché unisce una sapienza comandata con la ragionata, in forza della più scelta dottrina de' filosofi e della più colta erudizion de' filologi.

Finalmente, valicando l'oceano, nel nuovo mondo gli americani correrebbono ora tal corso di cose umane, se non fussero stati scoperti dagli europei.

Ora, con tal ricorso di cose umane civili, che particolarmente in questo libro si è ragionato, si rifletta sui confronti che per tutta quest'opera in un gran numero di materie si sono fatti circa i tempi primi e gli ultimi delle nazioni antiche e moderne; e si avrà tutta spiegata la

6. *Ragugia*: Ragusa.

7. *Lamagna*: Germania.

storia, non già particolare ed in tempo delle leggi e de' fatti de' romani o de' greci, ma (sull'identità in sostanza d'intendere e diversità de' modi lor di spiegarsi) si avrà la storia ideale delle leggi eterne, sopra le quali corron i fatti di tutte le nazioni, ne' loro sorgimenti, progressi, stati, decadenze e fini, [8] se ben fusse (lo che è certamente falso) che dall'eternità di tempo in tempo nascessero mondi infiniti. Laonde non potemmo noi far a meno di non dar a quest'opera l'invidioso titolo di *Scienza nuova*, perch'era un troppo ingiustamente defraudarla di suo diritto e ragione, ch'aveva sopra un argomento universale quanto lo è d'intorno alla natura comune delle nazioni, per quella propietà c'ha ogni scienza perfetta nella sua idea, la quale ci è da Seneca spiegata con quella vasta espressione: « *Pusilla res hic mundus est, nisi id, quod quærit, omnis mundus habeat* ». [9]

8. *Ora, con tal ricorso* ecc.: il fine della *Scienza nuova*, cui Vico ritiene di aver dato inizio, è dunque la determinazione della *storia ideale delle leggi eterne sopra le quali corron i fatti* delle nazioni. Ponendo mente a questa contrapposizione della *storia particolare* a quella *ideale*, e della storia che si svolge nel tempo (la *storia in tempo*) alle *leggi eterne* del processo temporale, si potrà facilmente avvertire come ci sia « un fondo di verità non trascurabile nella veduta positivistica che attribuisce a Vico la paternità di una filosofia della storia nel senso più tradizionale e teologico della parola ». Cfr. Guido De Ruggiero, *Storia della filosofia, Da Vico a Kant*, Bari, 1941, p. 79.

9. *da Seneca* ecc.: citazione inesatta da Seneca, *Naturales quæstiones*, VII, 31, 2 « Assai piccola cosa è questo mondo se esso tutto non abbia ciò che cerca ».

CONCHIUSIONE DELL'OPERA

SOPRA UN'ETERNA REPUBBLICA NATURALE, IN CIASCHEDUNA SUA SPEZIE OTTIMA, DALLA DIVINA PROVVEDENZA ORDINATA

Conchiudiamo adunque quest'opera con Platone, il quale fa una quarta spezie di repubblica, nella quale gli uomini onesti e dabbene fussero supremi signori: che sarebbe la vera aristocrazia naturale. Tal repubblica, la qual intese Platone, così condusse la provvedenza da' primi incominciamenti delle nazioni, ordinando che gli uomini di gigantesche stature, più forti, che dovevano divagare per l'alture de' monti, come fanno le fiere che sono di più forti nature, eglino, a' primi fulmini dopo l'universale diluvio, da essi atterrandosi per entro le grotte de' monti, s'assoggettissero ad una forza superiore, ch'immaginarono Giove, e, tutti stupore quanto erano tutti orgoglio e fierezza, essi s'umiliassero ad una divinità: ché, 'n tale ordine di cose umane, non si può intender altro consiglio essere stato adoperato dalla provvedenza divina per fermargli dal loro bestial errore entro la gran selva della terra, affine d'introdurvi l'ordine delle cose umane civili.

Perché quivi si formò uno stato di repubbliche, per così dire, monastiche, ovvero di solitari sovrani, sotto il governo d'un Ottimo Massimo, ch'essi stessi si finsero e si credettero al balenar di que' fulmini, tra' quali rifulse loro questo vero lume di Dio: — ch'egli governi gli uomini; — onde poi tutte l'umane utilità loro somministrate e tutti gli aiuti porti nelle lor umane necessità immaginarono esser dei, e, come tali, gli temettero e riverirono. Quindi, tra forti freni di spaventosa superstizione e pugnentissimi stimoli di libidine bestiale (i quali entrambi in tali uomini dovetter esser violentissimi), perché sentivano l'aspetto del cielo esser loro terribile e perciò impedir loro l'uso della venere, essi l'impeto del moto corporeo della libidine dovettero tener in conato; e sì, incominciando ad usare l'umana libertà (ch'è di tener in freno i moti della concupiscenza e dar loro altra direzione, che, non venendo dal corpo, da cui vien la concupiscenza, dev'essere della mente, e quindi propio dell'uomo), divertirono in ciò: ch'afferrate le donne a forza, naturalmente ritrose e schive, le strascinarono dentro le loro grotte e, per usarvi, le vi tennero ferme dentro in perpetua compagnia di lor vita; e sì, co' primi umani concubiti, cioè pudichi e religiosi, diedero principio a' matrimoni, per gli quali con certe mogli fecero certi figliuoli e ne divennero certi padri; e sì fondarono le famiglie, che governavano con famigliari imperi ciclopici sopra i loro figliuoli e le loro mogli, propi di sì fiere ed orgogliose nature, acciocché poi, nel surgere delle città, si truovassero disposti gli uomini a temer gl'imperi civili. Così la provvedenza ordinò certe repubbliche iconomiche di forma monarchica sotto padri (in quello stato prìncipi), ottimi per sesso, per età, per virtù; i quali, nello stato che dir debbesi « di natura » (che fu lo stesso che lo stato delle famiglie), dovettero formar i primi ordini naturali, siccome quelli ch'erano pii, casti e forti, i quali, fermi nelle lor terre, per difenderne sé e le loro famiglie, non potendone più campare fuggendo (come avevano innanzi fatto nel loro divagamento ferino), dovettero uccider fiere, che l'infestavano, e, per sostentarvisi con le famiglie (non più divagando per truovar pasco), domar le terre e seminarvi il frumento; e tutto ciò per salvezza del nascente gener umano.

A capo di lunga età — cacciati dalla forza de' propi mali, che loro cagionava l'infame comunione delle cose e delle donne, nella qual erano restati dispersi per le pianure e le valli in gran numero — uomini empi, che non temevano dei; impudichi, ch'usavano la sfacciata venere bestiale; nefari, che spesso l'usavano con le madri, con le figliuole; deboli, erranti e soli, inseguiti alla vita da violenti robusti, per le risse nate da essa infame comunione, corsero a ripararsi negli asili de' padri; e questi, ricevendogli in protezione, vennero con le clientele ad ampliare i regni famigliari sopra essi famoli. E sì spiegarono repubbliche sopra ordini naturalmente migliori per virtù certamente eroiche; come di pietà, ch'adoravano la divinità, benché da essi per poco lume moltiplicata e divisa negli dei, e dei formati secondo le varie loro apprensioni [1] (come da Diodoro siculo, e più chiaramente da Eusebio ne' libri *De præparatione evangelica*, e da san Cirillo l'alessandrino ne' libri *Contro Giuliano apostata*, si deduce e conferma); [2] e, per essa pietà, ornati di prudenza, onde si consigliavano con gli auspìci degli dei; di temperanza, ch'usavano ciascuno con una sola donna pudicamente, ch'avevano co' divini auspìci presa in perpetua compagnia di lor vita; di fortezza, d'uccider fiere, domar terreni; e di magnanimità, di soccorrere a' deboli e dar aiuto a' pericolanti: che furono per natura le repubbliche erculee, nelle quali pii, sappienti, casti, forti e magnanimi debellassero superbi e difendessero deboli, [3] ch'è la forma eccellente de' civili governi.

1. *e dei formati* ecc.: nelle varie divinità si rifletteva la mentalità degli uomini che le adoravano.

2. *come da Diodoro* ecc.: cfr. Eusebio, *Præparatio evangelica*, II, 2, ediz. Migne, III, pp. 114-20, ove è riportato un passo di Diodoro; Cirillo, *Adversus Iulianum imperatorem*, VII, in *Opera*, ediz. Migne, IX, pp. 860 segg.

3. *debellassero* ecc.: Vico si richiama al « parcere subiectis et debellare

Ma finalmente i padri delle famiglie, per la religione e virtù de' loro maggiori lasciati grandi con le fatighe de' lor clienti abusando delle leggi della protezione, di quelli facevan aspro governo; ed essendo usciti dall'ordine naturale, ch'è quello della giustizia, quivi i clienti loro contro si ammutinarono. Ma, perché senz'ordine (ch'è tanto dir senza Dio) la società umana non può reggere nemmeno un momento, menò la provvedenza naturalmente i padri delle famiglie ad unirsi con le lor attenenze in ordini contro di quelli; e, per pacificarli, con la prima legge agraria che fu nel mondo, permisero loro il dominio bonitario de' campi, ritenendosi essi il dominio ottimo o sia sovrano famigliare: onde nacquero le prime città sopra ordini regnanti di nobili. E sul mancare dell'ordine naturale, che, conforme allo stato allor di natura, era stato per spezie, per sesso, per età, per virtù, fece la provvedenza nascere l'ordine civile col nascere di esse città, e, prima di tutti, quello ch'alla natura più s'appressava: — per nobiltà della spezie umana (ch'altra nobiltà, in tale stato di cose, non poteva estimarsi che dal generar umanamente con le mogli prese con gli auspìci divini); — e sì per un eroismo, i nobili regnassero sopra i plebei (che non contraevano matrimoni con sì fatta solennità); e, finiti i regni divini (co' quali le famiglie si erano governate per mezzo de' divini auspìci), dovendo regnar essi eroi in forza della forma de' governi eroici medesimi, la principal pianta di tali repubbliche fusse la religione custodita dentro di essi ordini eroici, e per essa religione fussero de' soli eroi tutti i diritti e tutte le ragioni [4] civili. Ma, perché cotal nobiltà era divenuta dono della fortuna, tra essi nobili fece surgere l'ordine de' padri di famiglia medesimi, che per età erano naturalmente più degni; e

superbos » di Virgilio, *Aen.*, VI, 853 già precedentemente citato nel capitolo 2 della *Iconomica poetica.*

4. *le ragioni*: i diritti.

tra quelli stessi fece nascere per re gli più animosi e robusti, che dovettero far [da] capo agli altri e fermargli in ordini per resistere ed atterrire i clienti ammutinati contr'essoloro.

Ma, col volger degli anni, vieppiù l'umane menti spiegandosi, le plebi de' popoli si ricredettero finalmente della vanità di tal eroismo, ed intesero esser essi d'ugual natura umana co' nobili; onde vollero anch'essi entrare negli ordini civili delle città. Ove dovendo a capo di tempo esser sovrani essi popoli, permise la provvedenza che le plebi, per lungo tempo innanzi, gareggiassero con la nobiltà di pietà e di religione nelle contese eroiche di doversi da' nobili comunicar a' plebei gli auspìci, per riportarne comunicate tutte le pubbliche e private ragioni civili che se ne stimavano dipendenze; e sì la cura medesima della pietà e lo stesso affetto della religione portasse i popoli ad esser sovrani nelle città: nello che il popolo romano avanzò tutti gli altri del mondo, e perciò funne il popolo signor del mondo. In cotal guisa, tra essi ordini civili trammeschiandosi vieppiù l'ordine naturale, nacquero le popolari repubbliche: nelle quali, poiché si aveva a ridurre tutto o a sorte o a bilancia, perché il caso o 'l fato non vi regnasse, la provvedenza ordinò che 'l censo [5] vi fusse la regola degli onori; e così gl'industriosi non gl'infingardi, i parchi non gli pròdigi, [6] i providi non gli scioperati, i magnanimi non gli gretti di cuore, ed in una i ricchi con qualche virtù o con alcuna immagine di virtù non gli poveri con molti e sfacciati vizi, fussero estimati gli ottimi del governo. Da repubbliche così fatte — gl'intieri popoli, ch'in comune voglion giustizia, comandando leggi giuste, perché universalmente buone, ch'Aristotile divinamente diffinisce « volontà senza passioni », e sì

5. *'l censo* ecc.: nelle democrazie. 6. *pròdigi*: prodighi.

volontà d'eroe che comanda alle passioni[7] — uscì la filosofia, dalla forma di esse repubbliche destata a formar l'eroe e, per formarlo, interessata della verità; così ordinando la provvedenza: che, non avendosi appresso a fare più per sensi di religione (come si erano fatte innanzi) le azioni virtuose, facesse la filosofia intendere le virtù nella lor idea, in forza della quale riflessione, se gli uomini non avessero virtù, almeno si vergognassero de' vizi, ché soltanto i popoli addestrati al mal operare può contenere in ufizio. E dalle filosofie permise provenir l'eloquenza, che dalla stessa forma di esse repubbliche popolari, dove si comandano buone leggi, fusse appassionata del giusto; la quale da esse idee di virtù infiammasse i popoli a comandare le buone leggi. La qual eloquenza risolutamente diffiniamo aver fiorito in Roma a' tempi di Scipione Affricano, nella cui età la sapienza civile e 'l valor militare, ch'entrambi sulle rovine di Cartagine stabilirono a Roma felicemente l'imperio del mondo, dovevano portare di séguito necessario un'eloquenza robusta e sappientissima.

Ma — corrompendosi ancora gli Stati popolari, e quindi ancor le filosofie (le quali cadendo nello scetticismo, si diedero gli stolti dotti a calonniare la verità), e nascendo quindi una falsa eloquenza, apparecchiata egualmente a sostener nelle cause entrambe le parti opposte — provenne che, mal usando l'eloquenza (come i tribuni della plebe nella romana) e non più contentandosi i cittadini delle ricchezze per farne ordine, ne vollero fare potenza; [e], come furiosi austri il mare, commovendo civili guerre nelle loro repubbliche, le mandarono ad un totale disordine, e sì, da una perfetta libertà, le fecero cadere sotto una perfetta tirannide (la qual è piggiore di tutte), ch'è l'anarchia, ovvero la sfrenata libertà de' popoli liberi.

7. *Aristotile* ecc.: *Etica nicomachea*, 1129 b. 12 segg.

Al quale gran malore delle città adopera la provvedenza uno di questi tre grandi rimedi con quest'ordine di cose umane civili.

Imperciocché dispone, prima, di ritruovarsi dentro essi popoli uno che, come Augusto, vi surga e vi si stabilisca monarca, il quale, poiché tutti gli ordini e tutte le leggi ritruovate per la libertà punto non più valsero a regolarla e tenerlavi dentro in freno, egli abbia in sua mano tutti gli ordini e tutte le leggi con la forza dell'armi; ed al contrario essa forma dello stato monarchico, la volontà de' monarchi, in quel loro infinito imperio, stringa dentro l'ordine naturale di mantenere contenti i popoli e soddisfatti della loro religione e della loro natural libertà, senza la quale universal soddisfazione e contentezza de' popoli gli Stati monarchici non sono né durevoli né sicuri. [8)]

Dipoi, se la provvedenza non truova sì fatto rimedio dentro, il va a cercar fuori; e, poiché tali popoli di tanto corrotti erano già innanzi divenuti schiavi per natura delle sfrenate lor passioni (del lusso, della dilicatezza, dell'avarizia, dell'invidia, della superbia e del fasto) e per gli piaceri della dissoluta lor vita si rovesciavano in tutti i vizi propi di vilissimi schiavi (come d'esser bugiardi, furbi, calonniatori, ladri, codardi e finti), divengano schiavi per diritto natural delle genti ch'esce da tal natura di nazioni, e vadano ad esser soggette a nazioni migliori, che l'abbiano conquistate con l'armi, e da queste si conservino ridutte in provincie. Nello che pure rifulgono due grandi lumi d'ordine naturale: de' quali uno è che chi non può governarsi da sé, si lasci governare da altri che 'l possa; l'altro è che governino il mondo sempre quelli che sono per natura migliori.

8. *essa forma* ecc.: l'assolutismo illuminato (la monarchia borghese di Carlo di Borbone) è per Vico la forma più matura di reggimento politico.

Ma, se i popoli marciscano in quell'ultimo civil malore, che né dentro acconsentino ad un monarca natio, né vengano nazioni migliori a conquistargli e conservargli da fuori, allora la provvedenza a questo estremo lor male adopera questo estremo rimedio: che — poiché tai popoli a guisa di bestie si erano accostumati di non ad altro pensare ch'alle particolari propie utilità di ciascuno ed avevano dato nell'ultimo della dilicatezza o, per me' dir, dell'orgoglio, a guisa di fiere, che, nell'essere disgustate d'un pelo, si risentono e s'infieriscono, e sì, nella loro maggiore celebrità o folla de' corpi,[9] vissero come bestie immani in una somma solitudine d'animi e di voleri, non potendovi appena due convenire, seguendo ogniun de' due il suo propio piacere o capriccio —, per tutto ciò, con ostinatissime fazioni e disperate guerre civili, vadano a fare selve delle città, e delle selve covili d'uomini; e, 'n cotal guisa, dentro lunghi secoli di barbarie vadano ad irruginire le malnate sottigliezze degl'ingegni maliziosi, che gli avevano resi fiere più immani con la barbarie della riflessione che non era stata la prima barbarie del senso. Perché quella scuopriva una fierezza generosa, dalla quale altri poteva difendersi o campare o guardarsi; ma questa, con una fierezza vile, dentro le lusinghe e gli abbracci, insidia alla vita e alle fortune de' suoi confidenti ed amici. Perciò popoli di sì fatta riflessiva malizia, con tal ultimo rimedio, ch'adopera la provvedenza, così storditi e stupidi, non sentano più agi, dilicatezze, piaceri e fasto, ma solamente le necessarie utilità della vita; e, nel poco numero degli uomini alfin rimasti e nella copia delle cose necessarie alla vita, divengano naturalmente comportevoli; e, per la ritornata primiera semplicità del primo mondo de' popoli, sieno religiosi, veraci e fidi; e così ritorni tra essi la pietà, la fede, la verità, che sono i

9. *nella loro maggiore* ecc.: cresciuti di fama e di numero.

naturali fondamenti della giustizia e sono grazie e bellezze dell'ordine eterno di Dio.

A questa semplice e schietta osservazione fatta sulle cose di tutto il gener umano, se altro non ce ne fusse pur giunto da' filosofi, storici, gramatici, giureconsulti, si direbbe certamente questa essere la gran città delle nazioni fondata e governata da Dio. Imperciocché sono con eterne lodi di sappienti legislatori innalzati al cielo i Ligurghi, i Soloni, i decemviri, perocché si è finor oppinato che co' loro buoni ordini e buone leggi avesser fondato le tre più luminose città che sfolgorassero mai delle più belle e più grandi virtù civili, quali sono state Sparta, Atene e Roma; le quali pure furono di brieve durata e pur di corta distesa a riguardo dell'universo de' popoli, ordinato con tali ordini e fermo con tali leggi, che dalle stesse sue corrottelle [10] prenda quelle forme di Stati, con le quali unicamente possa dappertutto conservarsi e perpetuamente durare. E non dobbiam dire ciò esser consiglio d'una sovrumana sapienza, la quale, senza forza di leggi (che, per la loro forza, Dione ci disse sopra, nelle *Degnità*, [11] essere simiglianti al tiranno), ma facendo uso degli stessi costumi degli uomini (de' quali le costumanze sono tanto libere d'ogni forza quanto lo è agli uomini celebrare la lor natura, onde lo stesso Dione ci disse le costumanze essere simili al re, perché comandano con piacere), ella divinamente la regola e la conduce?

Perché pur gli uomini hanno essi fatto questo mondo di nazioni (che fu il primo principio incontrastato di questa Scienza, dappoiché disperammo di ritruovarla da' filosofi e da' filologi); ma egli è questo mondo, senza dubbio, uscito da una mente spesso diversa ed alle volte tutta contraria e sempre superiore ad essi fini particolari ch'essi uomini si avevan proposti; quali fini ristretti, fatti mezzi

10. *corrottelle*: corruttele.

11. *nelle Degnità*: la CIV.

per servire a fini più ampi, gli ha sempre adoperati per conservare l'umana generazione in questa terra. Imperciocché vogliono gli uomini usar la libidine bestiale e disperdere i loro parti, e ne fanno la castità de' matrimoni, onde surgono le famiglie; vogliono i padri esercitare smoderatamente gl'imperi paterni sopra i clienti, e gli assoggettiscono agl'imperi civili, onde surgono le città; vogliono gli ordini regnanti de' nobili abusare la libertà signorile sopra i plebei, e vanno in servitù delle leggi, che fanno la libertà popolare; vogliono i popoli liberi sciogliersi dal freno delle lor leggi, e vanno nella soggezion de' monarchi; vogliono i monarchi, in tutti i vizi della dissolutezza che gli assicuri, invilire i loro sudditi, e gli dispongono a sopportare la schiavitù di nazioni più forti; vogliono le nazioni disperdere se medesime, e vanno a salvarne gli avanzi dentro le solitudini, donde, qual fenice, nuovamente risurgano. Questo, che fece tutto ciò, fu pur mente, perché 'l fecero gli uomini con intelligenza; non fu fato, perché 'l fecero con elezione; non caso, perché con perpetuità, sempre così faccendo, escono nelle medesime cose.

Adunque, di fatto è confutato Epicuro, che dà il caso e i di lui seguaci Obbes e Macchiavello; di fatto è confutato Zenone, e con lui Spinosa, che danno il fato: al contrario, di fatto è stabilito a favor de' filosofi politici, de' quali è principe il divino Platone, che stabilisce regolare le cose umane la provvedenza. [12)] Onde aveva la ragion Cicerone, che non poteva con Attico ragionar delle leggi, se non lasciava d'esser epicureo e non gli concedeva prima la provvedenza regolare l'umane cose: [13)] la quale Pufendorfio sconobbe con la sua ipotesi, Seldeno suppose e Grozio ne prescindé; ma i romani giureconsulti la stabi-

12. *Adunque* ecc.: cfr. le degnità V e XXXI e, nel libro I, *De' princìpi*.

13. *Cicerone... l'umane cose*: *De legibus*, I, 7.

lirono per primo principio del diritto natural delle genti. Perché in quest'opera appieno si è dimostrato che sopra la provvedenza ebbero i primi governi del mondo per loro intiera forma la religione, sulla quale unicamente resse lo stato delle famiglie; indi, passando a' governi civili eroici ovvero aristocratici, ne dovette essa religione esserne la principal ferma pianta; quindi, innoltrandosi a' governi popolari, la medesima religione servì di mezzo a' popoli di pervenirvi; fermandosi finalmente ne' governi monarchici, essa religione dev'essere lo scudo de' prìncipi. Laonde, perdendosi la religione ne' popoli, nulla resta loro per vivere in società; né scudo per difendersi, né mezzo per consigliarsi, né pianta dov'essi reggano, né forma per la qual essi sien affatto nel mondo.

Quindi veda Bayle se possan esser di fatto nazioni nel mondo senza veruna cognizione di Dio! E veda Polibio quanto sia vero il suo detto: che, se fussero al mondo filosofi, non bisognerebbero al mondo religioni! [14] Ché le religioni sono quelle unicamente per le quali i popoli fanno opere virtuose per sensi, i quali efficacemente muovono gli uomini ad operarle, e le massime da' filosofi ragionate intorno a virtù servono solamente alla buona eloquenza per accender i sensi a far i doveri delle virtù. Con quella essenzial differenza tralla nostra cristiana, ch'è vera, e tutte l'altre degli altri, false: che, nella nostra, fa virtuosamente operare la divina grazia per un bene infinito ed eterno, il quale non può cader sotto i sensi, e, 'n conseguenza, per lo quale la mente muove i sensi alle virtuose azioni; a rovescio delle false, ch'avendosi proposti beni terminati e caduchi così in questa vita come nell'altra (dove aspettano una beatitudine di corporali piaceri), perciò i sensi devono strascinare la mente a far opere di virtù.

14. *Quindi veda* ecc.: cfr. *De' princìpi,* nel libro I e per Polibio, la *degnità* XXXI.

Ma pur la provvedenza, per l'ordine delle cose civili che 'n questi libri si è ragionato, ci si fa apertamente sentire in quelli tre sensi: — uno di maraviglia, l'altro di venerazione c'hanno tutti i dotti finor avuto della sapienza innarrivabile degli antichi, e 'l terzo dell'ardente disiderio onde fervettero di ricercarla e di conseguirla; — perch'eglino son infatti tre lumi della sua divinità, che destò loro gli anzidetti tre bellissimi sensi diritti, i quali poi dalla loro boria di dotti, unita alla boria delle nazioni (che noi sopra per prime degnità proponemmo[15] e per tutti questi libri si son riprese), loro si depravarono; i quali sono che tutti i dotti ammirano, venerano e disiderano unirsi alla sapienza infinita di Dio.

Insomma, da tutto ciò che si è in quest'opera ragionato, è da finalmente conchiudersi che questa Scienza porta indivisibilmente seco lo studio della pietà, e che, se non siesi pio, non si può daddovero esser saggio.

15. *sopra* ecc.: *degnità* III e IV.

APPENDICE

Nell'edizione in otto volumi delle *Opere* vichiane il Nicolini ha dato, oltre al testo definitivo della *Scienza nuova* del 1744, tutti i brani delle precedenti redazioni autografe e a stampa soppressi o modificati nella redazione definitiva. Si son qui raccolti alcuni di questi brani tratti dalle *Correzioni miglioramenti e aggiunte terze* (stese dal Vico tra l'aprile e l'agosto 1731) che non furono poi compresi nell'ultima edizione. In questa redazione del 1731, Vico aveva aggiunto quindici nuovi capitoli (il primo e il secondo brano qui riportati sono appunto due di questi capitoli) e aveva arricchito l'opera di una appendice contenente, fra l'altro, i due *Ragionamenti* (qui riprodotti ai numeri III e IV). Questi ultimi rivestono un'importanza particolare poiché, mentre rifiutava le precedenti redazioni della *Scienza nuova,* Vico ne poneva in luce la "necessità": « Anzi, acciocché nemmeno si desiderassero i libri del *Diritto universale,* de' quali assai meno della *Scienza nuova prima,* siccome d'un abbozzo di quella, il Vico era contento, e gli stimava solamente necessari per gli due luoghi: uno della favola d'intorno alla Legge delle XII Tavole venute da Atene, l'altro d'intorno alla favola della Legge regia di Triboniano, — anco li rapportò in due *Ragionamenti,* con più unità e maggior nerbo trattati ». Sul significato e l'importanza della posizione assunta dal Vico di fronte alla questione delle XII Tavole si vedano le considerazioni del Nicolini, *Comm.,* 1412 segg.

I.

RIPRENSIONE DELLE METAFISICHE DI RENATO DELLE CARTE, DI BENEDETTO SPINOSA E DI GIOVANNI LOCKE

Laonde se non s'incomincia da

un dio ch'a tutti è Giove

non si può avere niuna idea né di scienza né di virtù. Così ha facile l'uscita la supposizione di Polibio, il quale dice che se fusser al mondo filosofi, non sarebber uopo religioni. Perché le Metafisiche de' filosofi debbon andar di concerto con questa Metafisica de' poeti, in quest'importantissimo punto: onde dall'idea d'una divinità sono provenute tutte le scienze c'hanno arricchito il mondo di tutte le arti dell'umanità; come questa Metafisica volgare insegnò agli uomini perduti nello stato bestiale a formar il primo pensiero da quello di Giove, così gli addottrinati non debbon ammettere alcun vero in Metafisica che non cominci dal vero Ente, ch'è Dio.

E Renato delle Carte certamente l'arebbe riconosciuto, se l'avesse avvertito dentro la stessa dubitazione che fa del suo essere. Imperciocché, se io dubito se io sia o no, dubito del mio esser vero, del qual è impossibile ch'io vada in ricerca, se non vi è il vero Essere, perch'è impossibile ricercar cosa della quale non s'abbia verun'idea. Or, dubitando io dell'esser mio né dubitando del vero Essere, il vero Essere è realmente distinto dall'esser mio. Il mio essere è terminato da corpo e da tempo, che mi fanno necessità: adunque l'Ente vero è scevero da corpo, e perciò sopra il corpo, e quindi sopra il tempo, il qual'è misura del corpo secondo il prima e 'l poi, o (per me' dire) è misurato dal moto del corpo. E 'n conseguenza di tutto ciò l'Ente vero è eterno, infinito, libero. Così egli Renato arebbe, come a buon filosofo conveniva, cominciato da una idea semplicissima, che non ha mescolata niuna composizione, qual'è quella dell'Ente; onde Platone con peso di parole chiamò la Metafisica *Ωντολογία* « scienza dell'Ente ». Ma egli sconosce l'Ente e 'ncomincia a conoscer le cose dalla sostanza; la qual è idea composta di due cose: d'una che sta sotto e sostiene, d'altra che vi sta sopra e s'appoggia.

Cotal maniera di filosofare diede lo scandalo a Benedetto Spinosa, uomo senza pubblica religione e 'n conseguenza rifiuto di tutte le repubbliche, e per odio di tutte intimò una guerra aperta a tutte le religioni. E non dando altro che la sostanza, e questa esser o mente o corpo, e non terminando né corpo mente né mente corpo; per tutto ciò stabilì un Dio d'infinita mente in infinito corpo, e perciò operante per necessità.

Incontro a Spinosa si è fatto dalla parte opposta Giovanni Locke, il quale sullo stesso scandalo del Cartesio adorna la Metafisica d'Epicuro, e vuole che tutte l'idee sien in noi per supposizione ed esser risalti del corpo; e sì, è costretto a dar un Dio tutto corpo operante a caso. Ma il Locke veda s'ella è per supposizione l'idea del vero Essere, la qual io mi ritruovo aver innanzi l'idea del mio essere, ch'è tanto dira quanto innanzi del mio supposto; la quale, perché è del vero Ente (essendo del vero bene), mi mena a ricercare nel suo Essere l'esser mio: talché ella non mi *è* venuta dal mio corpo, del qual io ancor dubito dentro la dubitazion del mio essere. Dal corpo è nato il tempo; e dal corpo e dal tempo, che si misura col moto del corpo (ove non sia mente la qual regoli il moto del corpo) esce il Caso.

Con tali ragioni, se non andiamo errati, abbiamo scoverti manifestamente i paralogismi delle Metafisiche che tengono diverso cammino dalla platonica. Perocché quella d'Aristotile non è altro che la Metafisica di Platone trasportata dal dialogo al metodo didascalico, che noi diremmo « insegnativo »; siccome Proclo, gran mattematico e filosofo platonico, con un aureo libro portò i principii fisici d'Aristotile (che sono quasi gli stessi ch'i principii metafisici di Platone) al metodo geometrico.

Ora incominciamo ormai a ragionare partitamente delle subalterne scienze poetiche.

II.

PRATICA DI QUESTA SCIENZA NUOVA

Ma tutta quest'opera è stata finora ragionata come una mera scienza contemplativa d'intorno alla comune natura delle nazioni. Però sembra, per quest'istesso, mancare di soccorrere alla prudenza umana, ond'ella s'adoperi perché le nazioni, le quali vanno a cadere, o non rovinino affatto o non s'affrettino alla loro roina; e 'n conseguenza mancare nella pratica, qual dee essere di tutte le scienze che si ravvolgono d'intorno a materie le quali dipendono dall'umano arbitrio, che tutte si chiamano « attive ».

Cotal pratica ne può esser data facilmente da essa contemplazione del corso che fanno le nazioni; dalla qual avvertiti, i sappienti delle repubbliche e i loro prìncipi potranno con buoni ordini e leggi ed essempli richiamar i popoli alla loro *ἀκμή* o sia stato perfetto. La pratica, la qual ne possiamo dar noi da filosofi, ella si può chiudere dentro dell'accademie. Ed è che 'n questi tempi umani, ne' quali siam nati, d'ingegni scorti ed intelligenti, dee qui, nel fine, guardarsi a rovescio la figura proposta nel principio; e che l'accademie colle loro sètte de' filosofi non secondino la corrottella della setta di questi tempi, ma quelli tre princìpi sopra i quali si è questa Scienza fondata — cioè: che si dia provvedenza divina; che, perché si possano, si debbano moderare l'umane passioni; e che l'anime nostre sien immortali — e quel criterio di verità: che si debba riverire il comun giudizio degli uomini, o sia il senso comune del gener umano, del quale Iddio, che non lascia sconoscersi dalle quantunque perdute nazioni, non mai desta loro più forte riflessione che quando esse son corrottissime. Perché, mentre i popoli son ben costumati, essi operano le cose oneste e giuste più che ne parlano, perché l'operano, più che per riflessione, per sensi: ma, quando sono guasti e corrotti, allora, perché mal soffrono internamente sentirne la mancanza, non parlan d'altro che d'onestà e di giustizia (come naturalmente avviene ch'uomo non d'altro parla che di ciò ch'affetta d'essere e non lo è); e, perché sentono resister loro la religione (la qual non possono naturalmente sconoscere e rinniegare), per consolare le loro perdute coscienze, con essa religione, empiamente pii, consagrano le loro scellerate e nefande azioni. Onde sono que' due orrendi umani fenomeni che si leggono sulla storia di Roma corrotta: uno di Messalina, la qual aveva appo il balordo e scimonito Claudio tutto l'agio, licenza e libertà di sfogare l'intiere notti nel chiasso la sua insaziabil libidine, ma, nel tempo stesso ch'era maritata con l'imperadore, vuol godersi Caio Silio con tutta la santità e celebrità delle nozze; l'altro è di Domizio Nerone, ch'aveva svergognata la maestà dell'imperio romano col far il musico per gli pubblici teatri, e co' sagrifici ed augùri e tutte l'altre cerimonie divine volle maritarsi nefariamente a Pittagora.

Per tutto ciò i maestri della sapienza insegnino a' giovani come dal mondo di Dio e delle menti si discenda al mondo della natura, per poi vivere un'onesta e giusta umanità nel mondo delle nazioni. Ciò vuol dire che l'accademie, con tai princìpi e con tal criterio di verità, addottrinino la gioventù che la natura del mondo civile, ch'è 'l mondo il qual è stato fatto dagli uomini, abbia tal materia e tal forma quali essi uomini hanno; laonde ciascuno di essi due princìpi, che 'l compongono, sia della stessa natura ed abbia le stesse propietà c'hanno esso corpo ed essa anima ragionevole, delle quali due parti la prima è la materia e la seconda è la forma dell'uomo.

Le propietà della materia sono d'esser informe, difettuosa, oscura, poltrona, divisibile, mobile, « altro », come Platon la chiama, o sia sempre da sé diversa; e per tutte queste propietà essa materia ha questa natura d'esser disordine, confusione e cao, ingordo di distruggere tutte le forme. Le propietà della forma sono d'essere perfezione, luminosa, attiva, indivisibile, costante, o sia che, quanto più può, si sforza di persistere nel suo stato, nel qual è (che è quello onde Platone suol appellarla « l'istesso »); per le quali propietà la natura della forma dell'uomo è d'essere ordine, lume, vita, armonia e bellezza.

Quindi la materia (ch'è 'l corpo del mondo delle nazioni),

per la propietà d'essere informe, sono gli uomini che non hanno né propio consiglio né propia virtù; per la propietà d'esser difettuosa, sono gli uomini viziosi, perché tutti i vizi altro non son che difetti; per la propietà dell'oscurezza, sono gli uomini i quali traccurano, nonché la gloria (ch'è un lume grande e strepitoso), anco la lode (ch'è un lume quieto e picciolo); per la propietà d'essere neghittosa ed infingarda, sono tutti i poltroni, dilicati, molli e dissoluti; per la divisibilità, sono gli uomini che non vanno appresso ad altro che alle loro propie particolari utilità (le quali dividono gli uomini) ed a' corporali piaceri o sieno gusti de' sensi (i quali tanti sono quanti son gli uomini); per la mobilità, sono tutti gli uomini stolti, che sempre si pentono, non mai sono contenti del medesimo, sempre amano ed affettano novità (che, in una parola, si chiama « volgo », di cui è aggiunto perpetuo quello d'esser « mobile »); per lo disordine e la confusione, sono gli uomini che, per tutte queste propietà della materia, ridurrebbono, quanto è per essi, il mondo delle nazioni al cao de' poeti teologi (qual è stato da noi truovato essere la confusione de' semi umani), e 'n conseguenza alla vita bestiale nefaria, quando questa terra era un'infame selva di bestie.

Per lo contrario, la forma e mente di questo mondo di nazioni, per la propietà d'esser perfezione, sono gli uomini che possono consigliare e difendere sé ed altrui, che son i saggi e i forti; per l'attività, sono gli uomini industriosi e diligenti; per la propietà d'esser luminosa, sono gli uomini che s'adornano privatamente di lode, pubblicamente di gloria; per l'indivisibilità, sono gli uomini i qual'in ciascuna loro azione o professione sono tutti occupati con tutte le potenze e con tutta la propietà: il cavaliere nell'arti cavalleresche, il letterato negli studi delle scienze, il politico nelle pratiche della corte, ciascun artegiano nell'arte sua; per la costanza, sono gli uomini seriosi e gravi; per la propietà d'essere « lo stesso », sono gli uomini uniformi, circospetti, convenevoli e decorosi; e 'n fine, per quelle d'essere ordine, bellezza ed armonia, sono gli uomini che, compiendo ciascuno i doveri del suo ordine propio, cospirano all'armonia e bellezza delle repubbliche e, con tutte queste belle virtù civili, si sforzano di conservare gli Stati. Il quale sforzo non potendo essi celebrare per la loro debole corrotta natura, la provvedenza ha posto tali ordini alle cose umane, che loro il promuovano le religioni e le leggi assistite dalla forza dell'armi. La qual forza incominciò tra' gentili dalla forza di Giove con le religioni, la quale promosse lo sforzo de' pochi più robusti giganti a fondare l'umanità. Alla qual forza i pochi forti sono tratti per natura e, 'n conseguenza, con piacere, perché promuove loro lo sforzo, ch'è connaturale de' forti; e i molti deboli vi son tenuti dentro a dispetto, perché non dissolvano l'umana società. Ch'è lo spirito di tutta quest'opera.

Così, con questi princìpi di metafisica discesi nella fisica e quindi per la morale innoltrati all'iconomica, o sia nell'educazione de' giovani, sien essi guidati alla buona politica e con tal disposizione d'animi passino finalmente alla giurisprudenza (la qual perciò noi nella *Scienza nuova prima* proponemmo alle Università dell'Europa doversi trattare con tutto il complesso dell'umana e divina erudizione, e, 'n conseguenza, ponemmo sopra a tutte le scienze), perché i giovani da erudirsi, così disposti, apparino la pratica di questa Scienza, fondata su questa legge eterna, c'ha posto la provvedenza al mondo delle nazioni: ch'allora son salve, fioriscono e son felici, quando il corpo vi serva e la mente vi comandi; e sì mostrar loro il vero bivio di Ercole (il quale tutte le gentili fondò): se vogliamo entrare nella via del piacere con viltà, disprezzo e schiavitù loro e delle loro nazioni, o in quella della virtù con onore, gloria e felicità.

III.

RAGIONAMENTO PRIMO

D'INTORNO ALLA LEGGE DELLE XII TAVOLE VENUTA DA FUORI IN ROMA

Questa legge con la legge regia di Triboniano hanno corso un destino tutto contrario alle due leggi Publilia e Petelia. Perocché quelle han giaciuto finora oscure e neglette, le quali contenevano due mutazioni massime della romana repubblica; e queste han fatto tanto romore d'aver portato due mutazioni massime del romano stato e governo, e non sono giammai state nel mondo. E, con un fato comune ad entrambe, di una, ch'è la legge delle XII Tavole, si è tanto variato circa al luogo dond'ella sia venuta; dell'altra, ch'è la legge regia, si è variato tanto circa il tempo nel qual essa sia stata comandata: talché entrambe fanno l'Omero ch'è stato finor creduto. Del quale primo lume di Grecia la storia ci ha lasciato al buio d'intorno alle due sue più importanti parti, che sono la cronologia e la geografia, e per lo tempo di quattrocensessant'anni ogni età l'ha voluto suo contemporaneo; e sì, per la ragione del noverare geanologica, ne han fatto da presso a quattordici Omeri, e, per lo luogo, ogni città della Grecia avendolo voluto suo cittadino, ne han fatto Omeri senza numero.

Noi, in questo primo ragionamento, che sarà d'intorno alla legge delle XII Tavole, ragioneremo di sette cose:

I. di esso fatto qual si racconta;

II. degli storici che ne scrissero;

III. degli autori i quali non la credettero;

IV. de' danni c'ha fatti alla scienza del diritto, governo, istoria ed alla giurisprudenza romana;

V. dell'utilità che ci ha intercettato d'intorno a' princìpi della scienza di questo mondo di nazioni;

VI. del vero che diede occasione e durata a sì fatta tradizione volgare;

VII. e finalmente de' motivi onde tal vero restò seppellito tra tanto falso.

1.

D'INTORNO AL FATTO QUAL SI RACCONTA

Con tal fatto, qual si racconta, tutti gli eruditi al popolo principe del mondo per virtù e per sapienza, circa i princìpi della sapienza han fatto un onore corrispondente all'altro che gli han fatto circa i princìpi delle virtù. Ché, come per la virtù, l'han fatto venire da' troiani, che fu una gente vinta e vagabonda; così, per la sapienza, come brutta ciurma d'eslegi venuti dall'infame vita ferina, gli han fatto andare vagabondi per le nazioni, cercando leggi da ordinare la loro repubblica, le quali tanto sappientemente seppero con l'interpetrazione custodire sopra que' popoli i quali (lo che era stato più) avevan avuto la mente di ritruovarle. E, da quarant'anni dopo essa legge venuta da Grecia oltramare — che i tarantini, greci d'Italia, non sapevano chi fussero i romani e donde fussero venuti ad approdare a' loro lidi (la qual ignoranza fu la cagione di quella guerra), — tanto, non solo per la Grecia oltramare, ma anco per l'Asia, era celebre la fama di Roma, che da Efeso (magnifica città capitale dell'Ionia, che fece pompa del templo di Diana efesia, una delle sette maraviglie del mondo) Ermodoro, per consolarne l'esiglio, si eleggè Roma, che ancor non sapeva cosa fusse libero viver civile. A cui Eraclito, dal diserto dove se n'era ito a fare l'esiglio suo, per le poste per le quali aveva fatti tanti e sì lontani viaggi per tutta la terra Pittagora, scrive la ridevolissima lettera ad Ermodoro, la quale dagli eruditi si rapporta per uno de' grandi elogi di lode dati alla legge delle XII Tavole, e con essolui si rallegra di avere sognato che tutte le nazioni del mondo venivano ad adorare le di lui leggi. La qual lettera è veramente un sogno, che rovina essi pareggiatori del diritto attico col romano che la rapportano, perché ella fa Ermodoro autore di quella legge della quale fu traduttore; ch'è un'adulazione indegna di un tanto filosofo a dirla e di un sì saggio e valoroso principe d'ascoltarla, i quali Strabone riputò tanto, che stima gli efesi tutti degni d'essere strozzati infin all'ultimo per aver dato l'esiglio a tal'uomini. Dipoi i pareggiatori, onde credono di sostenere tal favola, indi le fanno sopra cader la rovina; perché, se, per buona ventura, a capo di tre anni che stiede fuori l'ambasciaria per le leggi, non si ritruova vivo Ermodoro in Roma che gliele interpetri, i romani non sanno essi che fare delle leggi greche, le quali si avevano portato dentro delle balici. Non sono queste inezie più ridevoli di quelle che d'intorno a questo fatto istesso racconta la *Glossa* del pazzo romano e del filosofo ateniese, posti a disputare tra loro d'intorno alle più alte verità rivelate della nostra santa religione, le quali noi qui ci vergognamo di riferire?

Né i pareggiatori si salvan punto perocché Pomponio giureconsulto faccia Ermodoro, non interpetre, ma autor del consiglio a' romani donde essi potevano mandare a domandare le leggi. Perché questo sarebbe stato un fatto somigliantissimo a quello d'Anacarsi scita, ricolmo dell'innarrivabil sapienza barbaresca che dice l'Ornio; e, ritornato dalla Grecia nella sua Scizia, volendo addimesticare con le leggi quella barbara nazione, non le seppe esso trovar da sé con la filosofia barbaresca dell'Ornio e, volendola ordinare con le leggi di Grecia, funne ucciso dal re Caduido, suo fratello. Così Ermodoro, principe di tanta virtù e sapienza, non seppe da sé dar le leggi a' romani per ordinare tra essoloro la popolar libertà, e, come un viaggiatore mercadante, dà loro la notizia da quali città libere di Grecia potessero andarle a domandare.

La statova poi d'Ermodoro, che scrive Plinio essersi veduta a' tempi suoi nel comizio, è da porsi nel museo dell'ignorante credulità, insieme con la colonna dell'osservazioni celesti avantidiluviane mostrata a Giuseffo nella Siria col treppiedi da Esiodo consagrato ad Apollo nel monte Elicona, con le statove di Laomedonte e Laocoonte iscritte con lettere volgari, che si videro per la Grecia (le quali antichità sono state tutte da noi sopra confutate), e con tutte quelle de' tempi barbari ricorsi, le quali tuttavia dal volgo delle città, ove si sono immaginate, si dimostrano agli stranieri: come presso l'antica Cuma la grotta della sibilla cumana, nel capo di Pausilippo la scuola dove Virgilio insegnava d'artc poetica, e in Napoli, in San Giovanni Maggiore, il sepolcro della sirena Partenope col segno della santa croce e iscritto con lettere gotiche.

Ora scorriamo brievemente esse tavole, e vediamo che diritto ateniese vi fu trapportato.

Nella tavola prima v'ha un capo: che « 'l pretore abbia ferma la transazione della lite fatta tra 'l reo e l'attore mentre questo menava quello da lui »; e Demostene, nell'orazione contro Panteneto, recita questa legge di Solone. Come se non l'avesse insegnato a tutte le nazioni la ragion che si osservino i patti almeno per la difesa, la quale è da essa natural ragione dettata! — In un altro capo: ch' « al tramontare del sole terminassero i giudici di conoscere le cause »; e Samuello Petito osserva che gli àrbitri in Atene conoscevano le cause fin alla sera. Ma ogniun sa che tutti gli antichi infin a sera attendevano a' negozi, e che poi andavano a' bagni, e appresso cenavano: onde di essi le cene si leggono e non gli pranzi.

Nella tavola seconda: che « 'l ladro di notte in ogni modo, quel di giorno se si difendesse con armadura, fusse lecito uccidere »; la qual legge di Solone recita Demostene contro Timocrate. Ma questa fu anco legge giudiziaria degli ebrei, come osserva Rufino, pareggiatore delle leggi romane con le mosaiche; talché dovette Solone portarla agli ateniesi da Palestina.

Nella tavola ottava: che « i collegi delle arti non facciano leggi contrarie alle pubbliche »; e Samuello Petito e Claudio Salmasio, ne ricontrano una legge di Solone. Perché, certamente, può vivere una repubblica nella quale i corpi dell'arti combattono con lo Stato!

Nella tavola nona: che « i giudizi criminali non sieno ordinati con leggi singolari »; e Giacomo Gotofredo ne ritruova una simile di Solone. Ma troppo di tempo vi volle che Lucio Silla con leggi criminali universali ordinasse le quistioni perpetue.

Nella tavola decima, per Giacomo Gotofredo, si proibisce il

lusso de' funerali; e Cicerone osserva che i decemviri il vietarono quasi con le stesse parole con le quali l'aveva proibito Solone. Perché se n'era introdutto in Roma il lusso alla moda greca: altrimenti, che sapienza sarebbe stata d'insegnarlo vietando? Lo che avvenne molto dopo questi tempi, e, per gli nostri princìpi della logica poetica, ne fu appiccata cotal legge a' decemviri.

Del gius prediatorio dice Gaio giureconsulto ch'i romani avevano una legge arbitraria ad esemplo d'una attica di Solone. Il qual gius era tanto tenuto a vile, che Quinto Muzio Scevola, principe de' giureconsulti della sua età, ove n'era domandato, mandava per le risposte i litiganti a Furio e Cascellio prediatori, ch'erano com'oggi sono i tavolari del nostro Sagro Regio Consiglio.

Di queste ed altre poche leggieri cose vennero le leggi da Atene in Roma, per comporre la gran contesa della plebe co' padri, che per sedare fu bisogno di cangiare la forma del governo e criare i decemviri, i quali la comandassero.

Ma, per Dio! vedemmo in quest'opera tutti gli ordini necessari allo stato monarchico essere stati osservati da Gian Bodino gli stessi affatto in sostanza tra gli ebrei, romani, turchi e francesi, e sol variare nel suono delle parole di tai quattro lingue diverse; né pertanto la legge regia di Samuello, con la quale per ordine di Dio fu Saulle ordinato re, fu portata d'una in altra all'anzidette nazioni.

Però questo pur è un ragionare da' simiglianti. Prendiamo dalle viscere di essa cosa le pruove.

Essi pareggiatori attici non rincontrano le leggi di Solone con niuna di tutte quelle che fanno il maggior corpo del diritto romano, le quali sono d'intorno al connubio, alla patria potestà, alla suità, agnazione, gentilità, alle quindi provenienti successioni legittime, all'usucapione, alla mancipazione e stipulazione, le quali entrambe davano la forma a tutti gli atti legittimi, co' quali i romani, fusser o tra vivi o nell'ultima volontà, celebravano tutte le loro civili faccende. I quali, perché nel *Diritto universale* si sono ridutti ad un'esatta divisione e spiegati con la loro propietà, ci piace qui rapportare.

Namque actus legitimi, de quibus neque lex decemviralis, neque lex ulla regia, neque consularis, neque tribunicia concepta est, sunt formulæ agitandi romani iuris, a gentibus minoribus inventæ, ad ius nexi mancipiique in legis XII Tabularum defluxum accommodatæ; quos, a Papiniano confusim strictimque numeratos, sic omnes diggesseris et explicaveris. Ii autem sunt; manumissio, adoptio, tutoris datio, testamenti factio, cretio, optio, mancipatio, nexus traditio, acceptilatio, in iure cessio. Iis enim acquiritur vel potestas in se; idque agebatur vel manumissione, eaque vel una et vera, si servus, sin liber nempe filiusfamilias, trina et imaginaria; - vel acquiritur potestas in alios; eaque vel in uxores et filios, idque agebatur iustis nuptiis, vulgo per conventionem in manum, inter sacerdotes autem coëmptione et farre, quæ utraque erat species mancipationis; - vel acquiritur potestas in filios tantum, idque agebatur adoptione; vel in servos, quod utrumque agebatur mancipatione; nempe hominum liberorum simulata, servorum vera; - vel acquiritur potestas in pupillos; idque agebatur tutoris datione; - vel acquiritur dominium rerum per universitatem, et agebatur testamenti factione per æs et libram, quae mancipatio quædam erat (unde «familiæ venditor» et «familiæ emptor» dicti); cui successit postea testamentum prætorium (inventa scriptura vulgari), uti ante legem XII Tabularum erat testamentum calatis comitiis, et ea acquisitio fiebat cretione, cui postea successit deliberatio, demum aditio; - vel acquiritur dominium rerum singularium ex ultima voluntate, idque agebatur rei legatæ optione (præter autem eam caussam cetera legata cretione heredis legatariive acquirebantur); - vel acquiritur dominium rerum singularium inter vivos, et tunc id mancipatione et nexus traditione agebatur; alioqui usucapione opus erat anni vel biennii, prout res mobilis erat vel soli, et usucapio tunc erat dominii adiectio, qua dominio bonitario, acquisito ex naturali traditione, adiiciebatur dominium ex iure quiritium usucapione; - vel acquiritur obligatio ex contractibus aut pactis, et in stipulationem erat transfundenda, quæ postea acceptilatione tolleretur: - vel postremo acquiritur domi-

nium adiudicatione, idque agebatur cessione in iure. Quapropter tales fuere, non alii, quia vel ad acquirendum vel ad solvendum alienandumve sive potestatem sive dominium sive obligationem iure optimo pertinebant; ideo nec plures nec pauciores, quia iis omne acquisitionis, solutionis et alienationis negotium iure optimo transigebatur.

Ora qui diamo a' pareggiatori attici questa miserevole elezione; qual essi più tosto vogliono delle due, se tutte queste leggi sieno state native del Lazio, o sien venute da Grecia. Se rispondon il primo, sono perduti, perché su queste leggi, donde era nato, crebbe in casa e si formò tutto il vasto corpo del diritto romano. Se rispondono il secondo, qui si veda, d'uomini per altro in erudizione chiarissimi e valenti critici degli scrittori, che cimmeria grotta di tenebre è la loro memoria, ond'esce una densissima notte di errore, ch'ingombrava loro l'intendimento! che mostro di assurdezza si nasconde nella lor fantasia (come sopra dicemmo di tutt'i critici sì fatti, nell'incominciar i princìpi di questa Scienza)! che, senza niuna di quelle leggi le quali regolano l'iconomiche e civili faccende degli uomini, fanno viver i romani fin al trecento e tre di Roma, dentro il qual tempo avevano ingrandito un potente regno nel Lazio! Lo che non può farsi ragionevole che con la giustizia del secolo dell'oro, con la qual Ermogeniano ci disse in quest'opera essersi dapprima divis'i campi e custoditi i termini fino che venissero le città, e che perciò i romani fussero stati gli eroi del mondo perché serbarono la giustizia dell'età dell'oro fino che le leggi vi fussero portate da Atene! Ma — cotesto eroismo galante avendo noi in questi libri dimostrato esser una fola, una vanità, e fattala veder sulla storia romana certa, dentro il tempo di cotesta finor cotanto ammirata romana virtù (stabilito da Livio fin alla guerra con Pirro, più disteso da Sallustio fin alle guerre cartaginesi), co' superbi, avari e crudeli costumi de' nobili contro la povera plebe romana, — essi pareggiatori, ove credono di sporre i romani in comparsa di semidei, ne vanno a fare gli eslegi della vita bestiale e nefaria; onde debbono i deboli più tosto esser ricorsi in Atene a salvare le loro vite dagli empi violenti di Obbes all'altare degli infelici di Teseo (com'abbiamo sopra spiegato) che all'Areopago per aver le leggi da ordinare la loro popolar libertà. Oltreché, qual libertà popolare era da ordinarsi in quella città, nella quale fin al trecento e nove (ch'è tanto dire quanto sei anni dopo esser venuta cotal legge da Atene) la plebe romana non era di cittadini, i quali lo 'ncominciaron ad essere col comunicarsi loro da' padri il connubio, come sta pienamente in questi libri pruovato? E sono essi pareggiatori necessitati di convenirvi, i quali, dopo avere con minuta diligenza nelle [prime] dieci tavole ripartito le leggi confaccenti alla libertà popolare, e particolarmente la testamentaria (per la quale vedemmo sopra che Agide, re di Sparta, repubblica aristocratica, perché voleva comandarla a pro della plebe spartana, funne fatto impiccare dagli efori), [rapportano la legge con cui i padri serbano a sé gli auspìci].[1] La qual legge Giacomo Gotofredo rapporta nella tavola undecima, in quel capo: « *Auspicia incommunicata plebi sunto* », e la rapporta in una delle due ultime, nelle quali conferirono molte delle leggi regie e molte romane costumanze. Perché la romana storia narra apertamente che Romolo aveva con gli auspìci fondato Roma, de' quali auspìci noi per tutti questi libri abbiamo ad evidenza dimostrato essere state dipendenze tutte le parti del diritto così privato come pubblico de' romani. E 'n conseguenza tutto il diritto civile romano in quel capo chiudesi dentro l'ordine de' nobili; e così, d'una repubblica nelle prime dieci tavole ordinata popolare, con tal capo solo della tavola undecima, la fanno tutto ad un tratto severissima aristocratica.

Non diciamo quanto sapesse del buon gusto ateniese quel capo che « 'l reo infermo, citato, egli sull'asinello o dentro la carriuola comparisse innanzi al pretore »; quanto esprimeva della dilicatezza dell'arti greche l'azione *Tigni iuncti,* come se allora gli uomini cominciassero a farsi le pergole e le capanne! di quant'acutezza di greco ingegno sfolgori quella coppia di pene *duplio* e *talio,* che Radamanto, per aver ritruovato questa del

1. I passi posti fra parentesi quadra sono integrazioni di F. Nicolini.

taglione, o sia del contrapasso, ne fu fatto giudice nell'inferno, dove certamente si distribuiscono pene; la qual pena Aristotile ne' *Libri morali* chiama « giusto pittagorico». Tanto Pittagora sul principio fu saccente di mattematica!

Di che abbiamo sopra ragionato alquanto: ora ne diremo questo di più. Che così dovette procedere questa istoria d'umane idee d'intorno alle due proporzioni: che gli uomini prima intendessero il peso, il quale si estima con le forze, c'han pur troppo di corpolenza: ond'è a' latini « *pendere* » « *expendere* » per « giudicare », ed Astrea nella storia eroica se ne descrive in cielo con la bilancia; — dipoi s'intese misura, che si estima con la vista, la qual ha più dello spirito: ond'è a' latini « *arbitrari* », che significa « *spectare* », come da Plauto si dicono « *arbitri* » gli spettatori della commedia, e n'abbiamo la frase « *remotis arbitris* », «sgombrati coloro i quali ne possano star a vedere » (il qual antichissimo costume eroico i romani serbarono ne' senaticonsulti che dicevano farsi « *per concessionem* » o « *discessionem* », perocché, con lo star a vedere la quantità de' senatori, i quali « *pedibus ibant* » nella parte di quello ch'aveva detto il parere, estimavano gli più o meno che stassero da quella parte); — finalmente s'intese il numero, il qual è astrattissimo, tanto che se ne disse l'« umana ragione ». Quindi prima intesero proporzione arismetica, perché si contiene entro tre termini (per cagion d'esemplo: come quattro è a sei, così è sei a dieci; onde sei è 'l mezzo di due e dieci: per lo che si prendano i due numeri avvanzato due ed avvanzante quattro e se ne faccia altro sei, che fa l'altrettanto); laonde in tali tempi ogni giustizia, così distributiva (a cui certamente s'appartengono le pene) come commutativa, procedeva con la proporzione arismetica, che faceva l'equità civile considerata dalla giurisprudenza antica; e così, per cagion d'esemplo, si aveva a cacciar un occhio a uno, quantunque nobile, per l'occhio che questi aveva cacciato ad un vilissimo plebeo. Dappoi s'intese proporzione geometrica, perché è infra quattro termini (per cagion d'esemplo: come uno è a tre, così quattro è a dodici). E vennero i filosofi e stabilirono dalla commutativa l'arismetica e dalla distributiva doversi usare la geometrica proporzione.

Finalmente a' tempi de' Platoni, degli Alcibiadi, de' Senofonti, ne' quali Atene sfolgorava della più civile e colta umanità (come il proponemmo nella *Tavola cronologica* e l'avvertimmo nelle di lei *Annotazioni*), si porta in Roma la legge delle XII Tavole, tanto rozza quanto si è veduto del debitore infermo obbligato a comparire sull'asinello o dentro la carriuola innanzi al pretore; tanto incivile, che, se ricusasse il reo di venire dal pretore, il creditore allora *obtorto collo* lo vi strascinasse; tanto immane, crudele e fiera, che chi a bella posta avesse appiccato il fuoco alle biade altrui fusse bruciato vivo; che 'l falso testimone e 'l giudice, che per froda giudicasse ingiustamente, fusse precipitato dal monte Tarpeo; che chi mietesse o pascolasse l'altrui biade ed erbaggi di notte, fusse appiccato (la qual Plinio riprende che più gravemente punisca costui che chi abbia ucciso un uomo); e finalmente che 'l debitore fallito si segasse vivo e che i brani se ne dassero a' creditori, siccome Romolo aveva punito uno re suo pari, Mezio Fuffezio, che gli aveva fallito la fede dell'allianza (la qual legge, appo Aulo Gellio, fa orrore al filosofo Favorino). Le quali tutte sono leggi degne di venire dalle grotte de' polifemi, sparse per sotto i monti della, ne' suoi primi antichissimi tempi, fiera e selvaggia Sicilia, non dalla città la quale, in questi tempi, in buon gusto era la più riputata del mondo.

2.
DE' PRIMI STORICI CHE N'HANNO SCRITTO

Tal è esso fatto: veniamo agli storici i quali prima di tutt'altri ne scrissero. Eglino sono due: Tito Livio e Dionigi d'Alicarnasso, i qual'entrambi vissero a' tempi d'Augusto. De' quali Livio scrive (reciteremo le sue parole) che « *tribunorum aequandae libertatis desiderium patres non aspernabantur* », e funne mandata l'ambasciaria, la qual portò in Roma le leggi. Dionigi, meglio di Livio informato, siccome colui che scrisse la sua *Istoria* istrutto delle memorie antiche, le quali ne serbava Marco Terenzio Varrone, comunemente acclamato « il dottissimo delle romane antichità », scrive che, ritornata l'ambasciaria, i consoli di quell'anno, Caio Menenio e Publio Sestio, diedero mille remore e presero mille pretesti per non far comandare le leggi, e che, Sestio finalmente avendone riferito in senato, vi furono de' senatori i quali erano di parere che si dovesse seguitar a vivere con le consuetudini e che non fusse mestieri che la città governassesi con le leggi. Di più i consoli in quell'anno intimarono più prestamente del solito le ragunanze consolari per liberarsi dalle moleste istanze de' tribuni della plebe, e per l'anno appresso disegnarono uno de' consoli Appio Claudio, d'una famiglia superbissima e (per dirla con esso Livio), sempre fatale a' tribuni ed alla povera plebe (la qual, com'era nobilissima, così osservava il giuramento eroico, che dice Aristotile, d'essere eterna nimica a' plebei); e che, dopo essere stati i consoli designati, Menenio e Sestio non diedero più orecchio a' tribuni, i quali, così bruttamente del loro desiderio falliti, non avevano dove voltarsi. Talché i custodi della romana libertà furono necessitati di ricorrere ad esso Appio, d'una casa (per dirla con Livio altresì) imperiosissima (finché pur finalmente giunse, presso a cinquecento anni dopo, nella persona di Tiberio Nerone, ad esser signora dell'imperio romano), e, per usare l'espressione di che esso Dionigi si serve, « gli offerirono la potenza », con la quale nell'anno appresso proruppe nella tirannide, e difatto i decemviri ne furono « dieci tiranni » appellati. Queste cose sono narrate da Dionigi d'Alicarnasso. Per le quali apertamente si vede quanto benignamente i padri avevano dato orecchio alla pretensione de' tribuni di « adeguare (come Livio dice) la libertà », che vi dovetter avvenire de' grandi mutamenti e rivolte, talché fu d'uopo di mutarsi la forma dello Stato e criarsi un maestrato sovrano di dieci, tra' quali entrato, Appio Claudio (perché i potenti ambiziosi, per una degnità soprapposta, col promuover le leggi si fanno la strada alla tirannide) finalmente fecela comandare!

Ora — poiché questi due soli sono gli più antichi autori i quali scrivono di tal fatto, e ne scrivono presso a cinquecento anni dopo, e sono cotanto tra essoloro contrari; — e i romani, nazione ch'attese alla villereccia ed alla guerra, non ebbero il privilegio, che non poteron aver i greci, nazion di filosofi, i quali infin al tempo del padre di Tucidide, il quale fiorì ne' tempi più luminosi di Grecia, essi non seppero nulla delle loro propie antichità; — e, oltre di ciò, questi due autori avendoci lasciati incerti d'una delle due cose più importanti alla storia, ch'è la geografia; ond'è tanta varietà d'oppenioni, ch'altri l'han fatta venire da altre città del Lazio, e nominatamente dagli equicoli (forse indutti a crederlo dalla voce di « coltivatori dell'equità »), altri da altre città d'Italia, Triboniano nell'*Istituta* la fa venire e da Atene e da Sparta; e tutto ciò perché i due primi autori non si accordano in questa parte (faccendola Livio venire da Atene ed altre città della Grecia; al contrario Dionigi la fa anco venire da altre città greche d'Italia, lasciata Sparta tralle città della Grecia, dalla qual sola meglio s'arebbe fatta venire che da Atene, poiché Platone ed Aristotile riprendevano le leggi spartane di troppa rozzezza e severità): onde Tacito, scrittor avvedutissimo, per non esser còlto di falso, si pone al coverto e generalmente dice che fu una raccolta delle più scelte leggi del mondo; — per tutto ciò, più sano consiglio è di non credere né all'uno né all'altro, e tanta fede prestarne agli scrittori i quali tanto variamente ne scrissero appresso, quanta, per le ragioni critiche anzidette, essi primi autori ne meritano.

3.

DEGLI AUTORI I QUALI NON LA CREDETTERO

Veniamo or agli autori i quali non la credettero. Questi furono altresì due contemporanei di Dionigi e di Livio, anzi di questi alquanto più vecchi. Uno è Marco Terenzio Varrone, celebrato per filologo dottissimo delle romane antichità; l'altro è Cicerone, senza dubbio acutissimo filosofo e sappientissimo principe di quell'immortale repubblica.

E primieramente Varrone non credette tal favola, il quale lavorò la sua grand'opera *Rerum divinarum et humanarum* de' romani ragionandola per origini tutte natie del Lazio e che nulla traessero dalla Grecia, e n'ebbe il gran motivo dall'osservare la legge delle XII Tavole conceputa con tanta eleganza nativa, che nulla odorava di greco. La qual nostra congettura ci vien confermata da un greco scrittore medesimo, Diodoro sicolo, il quale dà questo giudizio della frase di cotal legge: ch'« ella è vergognosa [per bellamente significare che poco dice e molto intende, la qual è virtù di lingua intelligente] e, con tutto ciò, differisce a tutto cielo dalla maniera greca di favellare ». Tanta scienza ebbe di lingua latina Ermodoro, il quale la tradusse, che anche ritruovò, in questa straniera, voci ch'essi greci confessano non aver con ugual eleganza nella loro nativa, come Dion Cassio dice della parola « *auctoritas* » (la quale da noi si è dimostro contenere tutto l'affare di quela legge). perocché, quantunque ella venga da *αὐτός* (come sopra si è da noi dimostrato), però non è nuovo né rado che le nazioni prendono da altre l'origini delle voci, e poi le spiegano e le stendono a' significati che le lingue originarie non hanno.

Ma il luogo di Cicerone in uno degli aurei libri *De oratore,* i quali scrisse nella sua età più matura con una maravigliosa senil prudenza (il qual luogo è volgatissimo a tutti gli anco mediocremente eruditi), il quale gli adornatori della legge delle XII Tavole ne arrecano per una più luminosa testimonianza di lode, egli turba affatto e confonde tutti cotesti pareggiatori del diritto attico col romano. Noi l'adorneremo, recitandone le parole. Egli, sotto la persona di Marco Crasso l'oratore, ch'esso medesimo chiama « il romano Demostene », parla così:

« *Fremant licet, dicam quod sentio*: bisogna che i letteratuzzi grecanti, che dovevano far una gran turba, fussero troppo interessati di cotal favola: *bibliothecas, mehercule, omnium philosophorum*; i quali non seppero far Grecia signora di Roma, e forse fecero che Roma fusse signora e di Grecia e del mondo; *unus mihi videtur XII Tabularum libellus, siquis legum fontes et capita viderit*; le quali fonti e sorgive fecero poi, con l'interpetrazione, il grande regal fiume, anzi l'ampio mare di tutto il diritto romano; *et auctoritatis pondere*, di quell'autorità di cui noi abbiamo in questi libri ragionata la filosofia; *et utilitatis ubertate*, la qual produsse il maggior imperio del mondo, come sta in quest'opera pienamente pruovato, *superare. Percipietis etiam illam ex cognitione iuris lætitiam et voluptatem, quod quantum præstiterint nostri maiores prudentia ceteris gentibus*: ecco i romani anteposti, con merito di verità, nella civil sapienza a tutte l'altre nazioni dell'universo, e sì generalmente niegato che da alcuna nazione straniera venne la legge delle XII Tavole a' romani; *tum facillime intelligatis, si cum illorum Licurgo*: quindi Cicerone scende al particolare de' greci, e niega cotal legge esser venuta da Sparta, di cui era stato legislatore Ligurgo, *Dracone et Solone*; or la niega altresì venuta da Atene, a cui prima Dragone e poi Solone avevano dato le leggi; *nostras leges conferre volueritis. Incredibile enim est quam sit omne ius civile, præter hoc nostrum, inconditum ac pene ridiculum*; perocché ogni altro non reggeva sopra un sistema, sia stato anco appo gli ateniesi, appo i quali quelli che si chiamavano « pramatici » facevano professione non di altro che di conservar i zibaldoni delle leggi fatte in varî tempi in quella repubblica e tenerle a memoria per prontamente somministrarle agli oratori nelle cause, le quali consistevano in articoli di ragione, senza averne né gli uni né gli altri alcuna scienza di princìpi; perciocché i filosofi perciò forse non applicarono a meditarvi, onde i sofisti con troppo di ardire si presero a trattare questa difficil provincia e dar precettuzzi ridicoli di ragionar le cause, le quali da essi « stati legali » sono appellate. *De quo multa soleo in sermonibus quotidianis dicere, cum hominum nostrorum prudentiam ceteris hominibus et maxime græcis antepono*: ed ecco finalmente che Cicerone anco la niega venuta dalle città greche d'Italia ».

E certamente egli non per altro (e crediamo d'apporci al vero) fa, solamente in questa giornata, intervenirvi Quinto Muzio Scevola, veneratissimo principe de' giureconsulti della sua e forse di tutte l'altre età, se non perché, essendo allora divise le professioni di giureconsulto e d'avvocato, e dovendo Marco Crasso, ch'era avvocato, non giureconsulto, ragionare d'intorno alla giurisprudenza ed alle leggi, e particolarmente contro cotal favola della legge delle XII Tavole venuta da Atene, perché, per le due borie e delle nazioni e de' dotti, n'erano troppo comunemente i romani persuasi (che Dionigi e Livio, dovendo seguire, com'è obbligazione degli storici, le comuni persuasioni de' popoli de' quali scrivono, e riserbar a' critici il giudicarne la verità, rapportarono cotal favola nelle loro storie), acciocché ne fusse con rispetto ricevuta la riprensione, finge esservi stato presente Quinto Muzio: il quale, se Crasso avesse detto delle leggi alcuna cosa con errore, egli ne l'arebbe senza alcun dubbio ripreso; siccome, appresso Pomponio, ne riprese, questo istesso, Sulpizio, il quale in questi ragionamenti interviene e interloquisce, ché, non avendo inteso una sua risposta ad un dubbio di ragione che questi gli aveva proposto, gli disse quelle gravi parole: «*turpe esse patricio viro ius, in quo versaretur, ignorare*».

4.

DE' DANNI CHE COTAL FAVOLA HA ARRECATO ALLA SCIENZA DEL DIRITTO, GOVERNO, ISTORIA ED ALLA GIURISPRUDENZA ROMANA

I danni poi, che tal favola ha cagionato alla scienza del diritto, governo, istoria ed alla giurisprudenza romana fin a questo tempo, sono stati gravissimi e senza numero.

E primieramente cotal favola ha danneggiato la scienza del diritto romano; perché, essendo ogni diritto civile composto parte d'un diritto comune a tutte le nazioni e parte propio di ciascheduna città (e quello è 'l diritto naturale delle genti, e questo diritto civile), ci ha fatto sembrare il diritto romano non esser composto né dell'uno né dell'altro, ed esser tutto un diritto particolare straniero; anzi, con una brutta perversità, il diritto civile romano ci ha rappresentato per un diritto comune a' romani con l'altre nazioni, e 'l diritto attico (il quale pur doveva essere mescolato del diritto natural delle genti, introdutto tra gli ateniesi con essi naturali costumi) ha sposto in comparsa d'un diritto tutto civile, comandato a' romani con le leggi. Il qual errore è nato dalla boria così de' greci d'aver essi disseminata l'umanità per lo mondo, come de' romani di vantare romorose origini, tanto della loro gente da Enea troiano quanto della loro sapienza dal principe della sapienza greca e capo de' sette sappienti, Solone; la qual boria di nazioni è stata fomentata dalla boria de' dotti, i quali tutto ciò ch'essi sanno, dicono aver origini sappientissime fin dagli più antichi tempi del mondo (come dell'una e dell'altra ne proponemmo, tralle prime, due degnità).

Ha nociuto alla scienza del romano governo; perché, uscendo i governi dalla natura de' popoli governati, e 'l governo romano essendo uscito da questa legge, ha fatto credere il regno romano essere stato monarchico e la libertà ordinata da Bruto essere stata popolare, che con tal legge la plebe la volesse adeguata poi con le leggi. Ma noi a mille pruove per tutta questa opera abbiam dimostro il regno romano essere stato aristocratico, e la libertà ordinatavi da Bruto essere stata signorile.

Ha svisato la scienza della romana storia; perché, i fatti pubblici uscendo da' governi e i governi uscendo dalla natura di essi popoli governati, vedemmo sopra Gian Bodino perdersi col suo sistema politico, osservando i fatti degli antichi romani essere stati di repubblica ch'era di Stato nonché di governo aristocratica.

Finalmente ha danneggiato alla romana giurisprudenza, oscurandole la dovuta gloria d'essere stata la cagione di tutta la romana grandezza; perché, se gli Stati s'ingrandiscono con lo star fermi sui loro princìpi, la giurisprudenza principalmente fece grandi i romani, la quale religiosamente custodì i loro costumi, co' quali fu dapprima fondata; e poi, essendo tai costumi passati e fissi in leggi nelle tavole, l'interpetrazione, fil filo co' passi più corti e più tardi conducendole alle nuove nature, costumi e governi i quali vennero appresso, le tenne ferme incontro al corso, sempre andante a cangiarsi, che fanno nella loro vita le nazioni. La qual fu la fortuna cagione della romana grandezza, la quale non seppe veder Plutarco; onde Torquato Tasso poteva confutarlo nella *Risposta*; perché tal forma fu pur effetto della romana virtù, così della magnanimità della plebe di volere le leggi scritte in tavole, come della fortezza de' padri nel custodirle e sapienza nel ministrarle. Per le quali cagioni, siccome la più eccellente al mondo fu la romana giurisprudenza, così fu sola al mondo la romana virtù, dalla quale provvenne sola al mondo la romana grandezza.

5.

DELL'UTILITÀ CHE CI HA INTERCETTATO D'INTORNO ALLA SCIENZA DE' PRINCIPI DEL MONDO DELLE NAZIONI

Cotal favola ne ha finor intercettato la grande utilità d'aver la scienza, la qual finor ha mancato, d'intorno a' princìpi di questo mondo di nazioni, perché a tutti i dotti non ha fatto ravvisare che quella era un grande veritiero antichissimo testimone del diritto naturale delle genti del Lazio, le quali pur erano incominciate in Italia dall'età di Saturno. E la perpetuità de' costumi n'è stata interrotta dalle due favole: una d'Enea fondatore del regno d'Alba, la qual è stata da noi sopra in questi libri confutata; l'altra di questa legge venuta di Grecia; e, come quello i troiani, così questa vi avesse introdutti i greci costumi. Onde questa legge ha corso l'istesso destino che ha corso Omero: ché, come, perché questi è stato finor creduto un particolar uomo valentissimo in eroica poesia, ch'avesse finto di getto quanto egli canta, non si è saputo che i suoi poemi erano due grandi testimoni del diritto delle genti di Grecia, siccome per un intiero di questi libri da noi pienamente si è dimostrato; così, perché questa legge è stata finor creduta tutta ad un colpo comandata a' romani, non si è saputo ch'ella era un gran testimone del diritto naturale delle genti del Lazio.

6.

DEL VERO CHE DIEDE OCCASIONE E DURATA A SÌ FATTA VOLGARE TRADIZIONE

Ora, per la legge, che ci abbiamo proposta ed osservata per tutta quest'opera, di non disprezzar punto le volgari tradizioni ma d'investigarne il vero che loro diede motivo di pubblicamente nascere e conservarsi, e di spiare le cagioni onde poi ci sono venute ricoverte di falso, diciamo che 'l vero, come sta dimostrato in questi libri, e nel secondo particolarmente, fu che in tal contesa non si trattò d'altro che 'l contenuto in questo capo: «*Forti sanate nexo soluto idem sirempse ious esto*», il qual «forte sanate prosciolto dal nodo» in una preziosissima scheda del gran Fulvio Ursino si truova essere lo straniero ridutto all'ubbidienza, la qual erudizione, per gli princìpi che lor mancavano di questa Scienza, mal usando gli adornatori di cotal legge, han detto che per questo capo fu data la cittadinanza a' soci latini, prima rivoltati e poi venuti di nuovo alla ubidienza de' romani. E sì hanno con troppo di errore creduto la plebe romana aver fatto tante mosse e rivolte quante la storia ne racconta, perché si dasse a' latini quella cittadinanza la quale in tali tempi non avevano essi, come sta pienamente da noi pruovato in quest'opera, e che i nobili, in quella loro severissima aristocrazia eroica, a quelli l'avessero conceduta; quando più di trecento anni appresso, dopo essere sfiorata tutta la libertà popolare romana, Livio Druso avendola per suoi ambiziosi disegni promessa a' soci latini, e 'l senato gli resistette e (quel che fa a maraviglia al nostro proposito) essi tribuni della plebe (che da trecento [anni innanzi], per costoro, vollero la cittadinanza romana a' soci comunicata) loro la contrastarono; onde, per dirla con Tacito, restarono i soci latini di tal loro desiderio «*per intercessionem illusi*»; il perché Druso, oppresso dalla gran mole, esso se ne morì e, come narra Floro, ne lasciò in retaggio al popolo romano la guerra sociale, che fu la più pericolosa di quante innanzi n'aveva fatto giammai. Ma i «forti sanati» della scheda d'Ursino furono gli stranieri, i quali la storia greca in questi libri ci ha narrato che rovesciarono tutte le greche città da aristocratiche in popolari, ch'abbian truovato essere state le plebi delle repubbliche eroiche, e tale nella storia romana abbiam letto essere stata la plebe romana.

Laonde in tal contesa non d'altro trattossi ch'i plebei, nessi del dominio bonitario de' campi, ch'avevano avuto da' signori per la prima legge agraria (che abbiam truovato essere stata la legge del re Servio Tullio, ch'ordinò il censo, pianta della libertà de' signori, il qual essi plebei a' signori pagar dovessero per gli campi da quelli ad esso lor conceduti), da tal rivolta ridutti di nuovo all'ossequio della romana signoria, sciolti di tal nodo per quest'Agraria seconda, n'avessero il dominio quiritario, ma simile in effetto, non già l'istesso nella cagione a quello che ne avevano essi signori. Che è la forza di quella voce «*sirempse*» (la qual è accorciata insieme e ridondante, come pruovammo nella *Locuzion poetica* essere stati per lo più i parlari delle prime nazioni), che vuol dire «*simile rempse*», che poi si fece «*reapse*», che ci restò. La qual congettura ci si conferma da que' versi di Plauto nel prologo dell'*Anfitrione,* dove Mercurio pubblica questa legge di Giove: che chiunque procurasse la palma ad alcuno de' comedianti ingiustamente, tal delitto

Sirempse lege iussit esse Iupiter,
quasi magistratum sibi alterive ambiverit.

Talché essi plebei per questa Agraria seconda restassero nessi del nodo del dominio quiritario, che dà la forma alla mancipazione solenne in quel famoso capo: «*Qui nexum faciet mancipiumque, uti lingua nuncupassit, ita ius esto*», ch'abbiamo dimostrato fonte di tutti gli atti legittimi e sì di tutto il diritto civile romano antico; del qual nodo poscia i plebei furono liberati, a capo di cento e sedici anni, dalla legge Petelia. Che è la mano regia, il gius incerto e nascosto, delle quali cose si lamenta la plebe appresso Pomponio, onde tanto bramarono cotal legge. Perché i nobili, dal re (qual'essi sono nelle repubbliche de' signori), si riprendevano i campi ch'essi plebei avevano coltivati, lo gius de' quali era ad essi plebei incerto, perché il dominio bonitario non produceva la revindicazione da recuperarglisi; ond'essi disiderarono uno gius certo e manifesto con l'intagliarsi e restar fisso nelle Tavole; — perché la mano regia (di riferir al senato le pubbliche emergenze e di ministrare le leggi a chi domandava ragione) restò divisa a' consoli con le relazioni in senato ed a' pretori col dar le formole ne' giudizi; e le leggi, tenute nascoste dentro l'ordine de' nobili, nulla in que' tempi appartenevano alla plebe, che, come straniera, non aveva niuna parte di ragione non solo pubblica ma nemmeno privata nella città.

Or di che confusione debbon esser coverti i pareggiatori attici, che cotanto si travagliano di pareggiare il diritto attico col romano! E quel gius del nodo, ch'essi non ardiscono dire esser venuto da Grecia in Roma, perché nella storia romana ne odono gli strepiti e i rumori innanzi di cotal legge, è l'unico affare che si diffinì in quella contesa, e se ne concepì il capo *De forti sanate nexo soluto,* ch'essi tutti non intesero affatto!

7.

DE' MOTIVI ONDE TAL VERO RESTÒ SEPPELLITO FRA TANTO FALSO

Le cagioni onde tal vero ci venne ricoverto di tanto falso, oltre alle due generali delle due borie delle nazioni e de' dotti, furono particolarmente queste seguenti:

I

L'ambasciaria, che fu un pretesto de' padri, ch'essi non ne sapevano concepire la formola (in que' tempi che tutte le ragioni erano dalle formole contenute, per ciò ch'appieno abbiamo dimostrato d'intorno al diritto eroico), con isperanza che frattanto da cosa nascesse cosa e, governandola il tempo, cotal ardore della plebe si raffreddasse; il quale per tre anni (ché tanto durò l'ambasciaria), col frapporvisi di più in mezzo una pestilenza, nulla punto s'intiepidì.

II

Le tante leggi, che contiene in tante tavole, furon appresso intagliate dalla maniera poetica di pensare de' popoli eroici che noi scuoprimmo nella *Logica poetica*, e n'arrecammo questa legge ne' corollari: ch'ogni legge ch'appresso si scriveva (come la legge contro il lusso de' funerali), per questa parte di libertà popolare: — ch'ella fosse scritta, — s'appiccava a' decemviri, ch'avevano scritta la prima; siccome tante leggi, che favorivano alla popolar libertà, avevano appiccato a Servio Tullio, ch'ordinò il censo, perché incominciò con quello a sollevare la povera plebe oppressa da' nobili.

III

La moltitudine e diversità dell'oppenioni dond'ella fusse venuta in Roma nacque dalla stessa maniera di pensare poetico delle prime nazioni. Ma, a rovescio di quello, ch'ovunque i greci eran iti per lo mondo, vi avevano osservati sparsi i loro cureti, i lor Ercoli, i lor Evandri (come si è appieno sopra pruovato), i romani, per dovunque uscirono, videro gli stessi costumi: nel Lazio, nell'Italia, nella Magna Grecia e nella Grecia oltramare, di cui le più luminose città furono Sparta ed Atene, che la divisero tutta in due parti nella guerra peloponnesiaca, fatta tra loro per lo imperio del mare di Grecia. Onde Tacito disse, indovinando, il vero: che in cotal legge si era raccolto il fior fiore delle leggi di tutte le nazioni del mondo. E, finché durò la giurisprudenza antica (che fu finché Roma fu repubblica aristocratica, nella quale la giurisprudenza fu rigida, ch'aveva per obbietto la civil equità), la legge si disse venuta da Sparta, che fu repubblica aristocratica; ma, invigorendo poi la giurisprudenza nuova (ch'è benigna ed ha per obbietto l'equità naturale), indi in poi si disse venuta da Atene, che fu repubblica popolare, perché tal oppenione nacque ne' tempi della romana libertà popolare, e sotto gl'imperadori ristò.

IV

Esse tavole ci vennero dodici noverate dalla maniera di noverare delle prime genti, che con tal novero certo significavano ogni moltitudine: come i latini, avendo più spiegate le menti, il fecero poi col numero « seicento »; e noi, che l'abbiamo spiegatissima, il facciamo col numero prima di cento, poi di mille, finalmente di cento e mille, per significar infiniti. Onde furono dodici gli dèi delle genti maggiori, dodici le fatighe d'Ercole, dodici i villaggi de' quali Teseo compose Atene, quattro tempi dell'anno divisi in dodici mesi, l'antichissime leghe delle dodici città dell'Ionia, di dodici città di Toscana, dodici le parti dell'asse. Così « dodici » furon dette le Tavole.

IV.

RAGIONAMENTO SECONDO

D'INTORNO ALLA LEGGE REGIA DI TRIBONIANO

1.

Ma non altronde si può con maggior evidenza intendere questa gran verità: ch'ove si parla con falsi princìpi, perché dal falso non può nascere che più enorme falso, non vi ha cosa tanto sconcia, ridevole, mostruosa, la qual non si dica seriosamente e si riceva con gravità. Tutti gl'interpetri eruditi delle leggi romane, senza punto riflettere alla *Storia augusta* e senza combinarla con la favola della legge regia, da Triboniano detta una volta apertamente nell'*Istituta,* un'altra volta nascosta sotto la maschera di Ulpiano nelli *Digesti* (il qual grecuzzo fu più ignorante delle cose romane che non fu Pietro, Martino ed altri primi barbari glossatori), hanno ricevuto con tanta sicurezza con l'odiosissima nominazione di « regia » (errore affatto somigliante a quell'altro della legge detta « tribunizia » da Pomponio, con la quale Giunio Bruto dichiarò gli re eternalmente discacciati da Roma, il quale errore abbiamo noi sopra già confutato); quando apertamente Cornelio Tacito, parlando di Augusto, dice da lui « *non regno neque dictatura, sed principis nomine rempublicam constitutam* », ben avvisato il saggio principe che la dittatura fu infausta a Cesare e che 'l nome di « re » era tanto da' romani abborrito, che, mentre, per concertato tra loro, Marc'Antonio vuol coronare Cesare nella ringhiera onde questi ragionava al popolo, per fare sperienza come il ricevesse il popolo romano, nella ragunanza, nella quale, per Triboniano, egli comandò la legge regia, se n'udì tanto fremito, che Cesare, temendo, ne fece accortamente un disdegnoso rifiuto. Perché, fin da' tempi de' tiranni Tarquini cacciati da Roma, il nome di « re » e la corona reale tanto pubblicamente furono condennati, che per la sola certezza della religione « re delle cose sagre » ne restò detto il capo de' feciali, ma per altro tenuto a vilissimo conto; e i sacerdoti, i quali appo tutte le nazioni antiche andarono coronati, indi in poi usarono cingersi il capo d'un sottil filo di lana, dal quale vogliono i latini etimologi essere poi stati detti « *flamines* », quasi « *filamines* ».

E non per altro lo stesso politico narra l'ultime cose d'Augusto che per cominciare gli *Annali* dallo stato monarchico, il quale si stabilì in Roma co' trent'anni di pace che fece Augusto godere a tutto il mondo romano; per dare gli avvisi necessari a' prìncipi come nelle repubbliche libere, tutte guaste e corrotte dalle civili guerre, possano stabilirsi monarchi: tra' quali avvisi importantissimi è quello che serbino « *eadem magistratuum vocabula* », perch'è natura del volgo di risentirsi al nuovo tuono delle parole e di nulla penetrar nelle cose. Perlocché Augusto non si prese altro titolo che di « tribunizia potestà », la quale dasse ad intendere che fusse una possanza di fatto, con cui egli era protettore della romana libertà per non ingelosir il popolo ch'egli gli attentasse nulla della ragion dell'imperio, siccome i tribuni della plebe non ebber alcun imperio giammai, conforme si è nell'opera dimostrato. Ed esso Augusto ed i prìncipi romani per gli primi tempi con la « tribunizia potestà » numeravano gli anni del principato; e, lunga età appresso, come Tacito il narra espressamente di Otone, non di altro erano soleciti gl'imperadori che dal senato fusse loro cotal titolo decretato, per legittimarsi giusti successori dell'imperio. Anzi Tiberio, avendogli il senato offerto il titolo di « *dominus* », perché gli donava ciò che non era suo e 'l dono era invidioso al popolo, l'accorto principe, perché questi non se n'offendesse, faccendo sembiante di modesto, nol volle ricevere, dicendo ch'esso era principe di cittadini, non signore di schiavi. E la natura istessa delle cose civili diede agl'imperadori un titolo così fatto di « protettori della popolare libertà de' romani ». Imperciocché, la civil libertà conservandosi con le leggi, per quel detto di Cicerone veramente d'oro: « *ideo legum servi sumus, ut liberi esse possimus* » — la qual libertà il popolo romano aveva perduto, perché aveva fatto le leggi servir all'armi, con le quali s'andava a perdere nelle guerre civili —, essi romani prìncipi, da Augusto incominciando, si posero in mano la forza dell'armi per far goder a' romani l'ugualità delle leggi (ch'è una delle massime propietà delle monarchie: che sieno i potenti a' deboli con le leggi uguagliati e 'l solo monarca vi sia in civil natura distinto); con la qual ugualità quelli romani, ch'in pochi altri anni si sarebbero tutti spenti con altre guerre civili, si salvaron e vissero tanti secoli appresso in luminosissima nazione. Ch'è l'eterna natural legge regia ch'abbiamo ragionata nel quarto libro, con cui le nazioni dentro essoloro medesime vanno a fondarsi le monarchie.

Perché 'l marmo capitolino, ch'arrecano per pruovare tal favola, altro non contiene ch'una formola di giuramento di fedeltà che 'l senato dava agl'imperadori (e quindi a poco vedremo con quanta libertà se 'l facesse). Se non pure, prima il senato portava ne' rostri le formole delle leggi che 'l popolo voleva comandare: in questa il popolo portò la formola nella curia, acciocché la comandasse il senato. E quindi si veda che assurdo: che, mentre gli eruditi si sforzano col marmo capitolino legittimare la monarchia, fanno la romana repubblica da libera popolare divenir aristocratica!

Ma essi, da un certo senso occulto rimorsi, non soddisfaccendosi del marmo capitolino, si disperano che non truovano una qualche medaglia che gli accertasse del tempo di cotal legge. Poiché altri, niegandolo di quelli d'Augusto, la vogliono comandata a' tempi di Tiberio, sotto di cui gli più nobili romani vilissimamente inchinavano l'atroce fasto di un gentilominuzzo di Volsena, Elio Seiano; altri la richiamano a' tempi di Claudio, sotto il quale i signori delle più splendide case romane si recavano a somma fortuna di far la corte a tre vilissimi schiavi: Narciso, Pallante e Licino, affranchiti da quello stolido imperadore; altri la vogliono comandata ne' tempi dopo Nerone, sotto il quale il senato, non che caduto in vilissimi ossequi (per gli quali assai minori, molto innanzi, lo stesso Tiberio, il qual odiava a morte la verità, con forte disdegno, in uscire dal senato una volta, disse ad alta voce: — « *O homines ad servitutem paratos!* », — volendo dire che erano gli schiavi già per natura che dice Aristotile, i quali naturalmente non possono viver liberi), ma precipitato nel fondo delle più scellerate adulazioni, ch'i rendimenti di grazie, le quali prima soleva determinare agli dèi per grandi benefizi da quelli fatti al popolo romano, sotto quel mostro de' prìncipi le decretavano per le più orrende scelleratezze da lui commesse, come, per cagion d'esemplo, d'aver fatto uccider empiamente la sua madre Agrippina. Di questa libertà era signor il senato, la quale col marmo capitolino trasferì negl'imperadori!

E, dopoché l'imperio romano, al dire di Galba, appo Tacito, era stato come retaggio della casa de' Cesari per cinque imperadori, e 'l popolo aveva pazientemente sopportato le funeste malincolie di Tiberio, i rovinosi furori di Caligola, le perniziose scempiezze di Claudio e le in sommo grado vergognose ed immani dissolutezze di Domizio Nerone; dopo le tre sanguinose tempeste per le quali aveva naufragato in un mare di sangue civile nelle guerre di Galba, Otone e Vitellio, e che non per altro aveva ucciso Galba per Otone che perché questi somigliava Nerone e nel sembiante e ne' costumi dissolutissimi; — come stata fusse una tradizione d'un podere, vogliono con la formola di cotal legge cautelato Vespasiano, che con la sua virtù e sapienza fermò il romano imperio pericolante, tanto che per augurio di felicità gl'imperadori appresso presero il di lui cognome di Flavio; — dopo tutto ciò, diciamo, il vollero cautelato con la formola di cotal legge di avergli trasferito il romano imperio, del qual esso co' costumi e co' fatti (co' quali si sperimenta e da' quali si estima il diritto natural delle genti) fin da' tempi d'Augusto se n'era di già spogliato. Il quale Tacito, sappientissimo del gius pubblico (la qual scienza bisognava per essere, qual fu, gran politico), legittima monarca con la natural legge regia che nel quarto libro abbiamo noi ragionata, conceputa in quel motto: « *qui cuncta discordiis civilibus fessa nomine principis* (non già con la formola cautelata di Triboniano) *sub imperium accepit* ». Che gliel'aveva offerto e dato essa repubblica per truovar rimedio a' suoi propi gravissimi mali, da' quali era guasta e corrotta in tutte le parti sue; che pur Tacito dice: « *non aliud discordantis patriæ reme-*

dium quam ut ab uno regeretur ». E così infatti col senso comune del gener umano, il qual è 'l giusto estimatore del diritto natural delle genti, tutte le nazioni convengono Augusto aver fondato la monarchia de' romani.

2.

COROLLARI

Da questo *Ragionamento* escon i seguenti corollari, i quali contengono verità le più importanti di tutte l'altre, che si son intese in quest'opera.

I

Confutato il grande comun errore de' dottori, i quali ragionano del gius pubblico con le regole del gius privato.

II

Che l'imperio delle leggi va di séguito all'imperio dell'armi, non, come volgarmente si è oppinato, al rovescio.

III

Che perciò con un comun senso umano tutte le nazioni conferiscono maggior onori alla milizia armata ch'alla milizia palatina.

IV

Che 'l gius civile si celebra tra' cittadini, perché sono soggetti ad un sommo imperio d'armi comune, e perciò non resta loro altro che contendere di ragione.

V

Che 'l diritto natural delle genti è un diritto della forza pubblica, il quale corre tra le civili potestà, le quali non hanno un diritto civile comune.

VI

Ch'i trattati de' prìncipi tra essoloro sono materia del diritto natural delle genti, perché sono sostenuti dalla forza ch'essi prìncipi esercitano tra loro, ed altre potenze non se ne risentono; e molto più se vi convengon anch'esse, e più di tutto se esse li garantiscono.

VII

Che i regni e gl'imperi non, come le private servitù, s'introducono con la pazienza de' sudditi, ma che essi sudditi, co' loro costumi (i quali sono segni della nostra volontà più deliberati e gravi che non sono le parole e le loro formole, perché sono tanto volontari che niuna cosa piace più che celebrare i propi costumi), essi vi convengono e gli stabiliscono; e quello: « *pauci bona libertatis in cassum disserere* » sono velleità, perché la volontà efficace è quella con la quale, per celebrar i loro costumi, vivono soggetti al monarca.

VIII

Che non si può far forza ad un intiero popolo libero (il quale non è intiero se non sono tutti o la maggior parte di tutti), il qual ha quella magnanima disgiontiva spiegata con quella sublime espressione: « *aut vivere aut occumbere liberos* »; come il mostrano quattromila numantini, non più, d'una picciola città smurata, i quali disfecero più romani eserciti, e rendettero il loro nome sì spaventoso a' romani ch'in udir « numantino » fuggivano; talché fu di bisogno d'uno Scipione Affricano (ch'aveva in Cartagine vinta stabilito a Roma l'imperio del mondo) per vincerla, e pure non ne riportò altro in trionfo ch'un mucchio di ceneri inzuppato del sangue di quelli eroi.

IX

Che l'eroismo de' primi padri sulle famiglie de' famoli nello stato di natura e poi de' nobili sulle plebi de' primi popoli nello stato delle città (che perciò nacquero aristocratiche), egli, nelle repubbliche popolari conservato col comandare le buone leggi (ch'Aristotile ci disse essere volontà di eroi scevere di passioni), dissipato poi e disperso con le guerre civili, si riunisce nella persona de' prìncipi ch'indi provengono, i quali perciò son i soli distinti in civil natura, che con le leggi tengono tutti i soggetti uguagliati.

X

Esser falso che nella setta de' tempi umani il diritto naturale tenga in dovere le nazioni col pudore; ma che tal setta solamente glielo fa intendere per esserne obbligate, perché, se gli uomini non l'adempiono, si costringono con le leggi giudiziarie. Ma i sovrani prìncipi sono soli quelli che, non potendo esser costretti dentro da niuna umana forza, sono menati dal lor pudore ad osservare le leggi, perché essi soli sono tenuti dal diritto natural delle genti, fuori con la forza dell'armi, e dentro col pudor naturale. Lo che Tacito, sappientissimo di cotal diritto, ben avvertì ove, trattandosi in senato di moderare con le leggi suntuarie il lusso profusissimo delle cene, Tiberio rispose che non abbisognavano, con quel motto pieno d'una elegantissima sapienza civile: « *Pauperes necessitas, divites satietas, nos pudor in melius vertet* ». Che è la profonda e finor nascosta ragione della legge « *Digna vox* ».

XI

Perciò esser falso quello:

Regis ad exemplum totus componitur orbis,

ma esser vero tutto il contrario; perché i sovrani prìncipi, che per lo corollario precedente sono per natura civile gentilissimi, si vergognano di vivere diversamente dalla maniera con la quale vivon i popoli: onde in un luogo di questi libri dicemmo che i pubblici e veri (e, perché pubblici, veri) maestri de' prìncipi son essi popoli. Nerone ed altri cattivi imperadori vennero dissolutissimi e fierissimi, perché nacquero in tempo ch'eran all'eccesso dissoluti e fieri i romani, i quali gli agi, le dilicatezze, i lussi avevano renduto vilissimi; e quindi, codardi, con volti finti di traditori ed assassini, simulavano l'amicizie per farsi la fortuna sopra le teste mozze e le case rovinate de' lor amici. I quali scellerati costumi, perché uscivano da nature affatto guaste e corrotte, le quali co' pravi esempli si formavano loro dalla fanciullezza e si fermavano con l'età, i prìncipi buoni con gli esempli buoni loro non emmendavano, ma, quasi corrente di furioso fiume, riprimevano a gran pena per lo lor tempo. Lo che è tanto vero che, se continovarono più di questi, quelli più violentemente proruppero, onde uscirono prìncipi più cattivi: come, dopo i buoni Vespasiano e Tito, videsi rinnato Nerone in Domiziano; da' buoni Nerva, Traiano, Antonino Pio, Marc'Aurelio filosofo venne il brutto di Commodo; tramò alla vita del bellicoso Pertinace un «sacerdote della santa giustizia» (per dirlo con la frase di Ulpiano), qual egli fu il giureconsulto Didio Giuliano, il quale con immense ricchezze porta a vilissimo mercato e si compera il romano imperio; al conquistatore Severo africano succede Caracalla, fratricida del fratello Geta; e finalmente venne Elagabalo dall'effeminata mollissima Siria, che fu l'orrore del gener umano.

XII

Che la fortuna degli auspìci, i quali sono tanti propi de' prìncipi, che, per lo diritto natural delle genti, come sta in quest'opera pienamente pruovato, non posson essi trasferirgli nella persona de' lor medesimi capitani generali (i quali perciò si dicono guerreggiare con la loro condotta e comando, ma vincere con la fortuna de' loro sovrani, onde ad essi naturalmente ritorna la gloria delle conquiste); — tal fortuna degli auspìci, diciamo, legittima le guerre ingiuste e i principati sopra i popoli liberi, ch'è 'l principio della giustizia esterna delle guerre e de' regni che dice Grozio. La qual Tacito, sappientissimo di tal diritto, pone in bocca d'Otone, c'ha vòlte l'armi de' soldati pretoriani contro il suo e loro imperadore Galba, e 'l suo infame attentato pubblicamente nell'adunanza de' soldati medesimi chiama « *consilium quod non potest laudare nisi peractum* », cioè se la provvedenza divina nol prospera con l'evento; onde Niccolò Macchiavelli, nelle *Lezioni di Livio,* ove tratta delle congiure, dice che le più sono state infelici, pochissime prosperate, niuna onesta.

SOMMARIO

Finito di stampare nel mese di ottobre 1988
dalla RCS Rizzoli Libri S.p.A. - Via A. Scarsellini, 17 - 20161 Milano

Printed in Italy